utb 1758

Eine Arbeitsgemeinschaft der Verlage

Brill | Schöningh – Fink · Paderborn
Brill | Vandenhoeck & Ruprecht · Göttingen – Böhlau Verlag · Wien · Köln
Verlag Barbara Budrich · Opladen · Toronto
facultas · Wien
Haupt Verlag · Bern
Verlag Julius Klinkhardt · Bad Heilbrunn
Mohr Siebeck · Tübingen
Narr Francke Attempto Verlag – expert verlag · Tübingen
Ernst Reinhardt Verlag · München
transcript Verlag · Bielefeld
Verlag Eugen Ulmer · Stuttgart
UVK Verlag · München
Waxmann · Münster · New York
wbv Publikation · Bielefeld
Wochenschau Verlag · Frankfurt am Main

Tobias Singelnstein
Karl-Ludwig Kunz

Kriminologie

Eine Grundlegung

8., vollständig überarbeitete und erweiterte Auflage

Haupt Verlag

Prof. Dr. Tobias Singelnstein ist Inhaber des Lehrstuhls für Kriminologie an der Juristischen Fakultät der Ruhr-Universität Bochum. Seine Arbeitsschwerpunkte liegen in der Kriminologie sowie im Strafrecht und Strafprozessrecht. Er ist Mitherausgeber der Fachzeitschriften „Kriminologisches Journal" und „Neue Kriminalpolitik". Näheres zur Person unter https://www.kriminologie.rub.de.

Prof. Dr. Karl-Ludwig Kunz war Inhaber des Lehrstuhls für Strafrecht, Kriminologie und rechtswissenschaftliche Grundlagenfächer an der Universität Bern. Näheres zur Person unter http://kaluku.blogspot.com.

8. Auflage: 2021
7. Auflage: 2016
6. Auflage: 2011
5. Auflage: 2008
4. Auflage: 2004
3. Auflage: 2001
2. Auflage: 1998
1. Auflage: 1994

Bibliografische Information der Deutschen Nationalbibliothek:
http://dnb.dnb.de

UTB-Bandnr.: 1758
ISBN 978-3-8252-5643-2

Einbandgestaltung: Atelier Reichert, Stuttgart
Satz: Die Werkstatt Medien-Produktion GmbH, Göttingen
Printed in Germany

www.haupt.ch

Vorwort zur 8., vollständig überarbeiteten und erweiterten Auflage

Die Neuauflage bietet eine umfassend überarbeitete Fassung des seit 1994 bewährten Lehrbuches. Daten, Literatur und Text wurden vollständig aktualisiert und die Darstellung durchgehend auf den aktuellen Stand der Forschung gebracht. Mehrere Kapitel wurden im Zuge dessen um neue Abschnitte erweitert, etwa zu neueren Theorien, Kriminalität im Kontext staatlicher Macht, Migration und Digitalisierung. An manchen Stellen ist der Aufbau der Darstellung zugunsten einer besseren Verständlichkeit verändert worden. Schließlich hat das Buch eine neue Gestaltung erfahren und das Stichwortverzeichnis wurde deutlich erweitert.

Der besondere Charakter des Buches als grundlegende wie auch tiefgehende Einführung in die Kriminologie wurde beibehalten. Als solche versucht der Band, die derzeitige soziale Wahrnehmung des „Kriminalität" genannten Phänomens und die Stile seiner Verarbeitung aufzuspüren. Selbst wenn Veränderungen eher klein erscheinen, zeigt ihre wissenschaftliche Aufzeichnung doch Bewegungen, die auch im Großen bedeutsam sind, da sie auf grundlegendere gesellschaftliche Veränderungen hinweisen.

Die Neuauflage wurde erneut von uns beiden gemeinsam bearbeitet. Dabei wurden wir mit großem Engagement von den Wissenschaftlichen Mitarbeiter:innen am Lehrstuhl für Kriminologie der Ruhr-Universität Bochum unterstützt, wofür wir uns sehr herzlich bedanken möchten. *Jana Berberich, Johannes Busch, Benjamin Derin, Julia Habermann* und *Louisa Zech* haben uns nicht nur bei der Aktualisierung von Daten und Befunden sowie der Auswertung neuer Literatur unterstützt, sondern auch wichtige inhaltliche Beiträge geliefert. Dank gebührt auch den studentischen und wissenschaftlichen Hilfskräften *Nicky Aryanfar, Carla Burchartz, Marie Fischer, Julia Gruß, Lina Makrutzki, Matthias Michel, Franca Nonn* und *Kira Rusert*, die uns bei Recherchen, Formalien und Korrekturen sehr unterstützt haben.

Bern und Bochum im Mai 2021,
Karl-Ludwig Kunz und *Tobias Singelnstein*

Aus dem Vorwort zur 1. Auflage

Das Buch ist ein Lehrbuch und ein Nachschlagewerk, doch es ist hoffentlich mehr. Es unternimmt eine „Darstellung" der Kriminologie im doppelten Wortsinne: Indem eine Bestandsaufnahme des Fachs präsentiert und zugleich dem Umstand Rechnung getragen wird, dass jede Präsentation eine Inszenierung ist, die aus Geschriebenem auswählt, es szenisch verdichtet und zu einem neuen Gesamtbild arrangiert.

Mit einiger Vermessenheit könnte man das Werk als eine Denk-Schrift bezeichnen. Erstrebt wird eine durchaus anspruchsvolle, doch allgemeinverständliche Vermittlung des Standes der allgemeinen Kriminalitätsforschung. Das Buch setzt auf die entlarvende Kraft des Nach-Denkens über eine Disziplin, über die schon manch Gescheites gedacht und gesagt worden ist. Die Philosophie bezeichnet dieses Vorgehen als Reflexion; burschikoser könnte man – mit *Horst Schüler-Springorum* – von einem „think twice" reden. Solches Denken hat mit Verständigung zu tun, die darauf hofft, dass der Funke des Gedankens auf die Leserin und den Leser überspringen und dort ein Feuerwerk von Assoziationen auslösen möge, die im Buch nicht einmal im Keime angelegt sind.

Erstrebt wird so etwas wie eine Unterhaltung, durchaus in der doppelten Bedeutung von Dialog wie Divertimento. In der Wiener Klassik bezeichnet Divertimento ein in meist kleiner Besetzung aufgespieltes Instrumentalwerk, dazu bestimmt, eine tafelnde Gesellschaft zu unterhalten. Die unterhaltsame Zerstreuung der kriminologischen Tafelrunde verfolgt verschiedene Anliegen: Sie will gewisse inhaltliche Aspekte des Gesprächs aufgreifen und vertiefen, mittlerweile gängige Betrachtungswinkel erweitern und zu einer Verständigung über Gemeinsames und Trennendes anregen. Um einen hoch gegriffenen Vergleich zu wagen: Die verfolgten Anliegen lassen sich in der Aussage bündeln, die *Ludwig Wittgenstein* seiner berühmten Logisch-Philosophischen Abhandlung vorangestellt hat: Der „Zweck" des Buchs „wäre erreicht, wenn es einem, der es mit Verständnis liest, Vergnügen bereitete"[1].

Lesefreundlichkeit wird durch eine Reihe von Vorkehrungen erstrebt. Den meisten Abschnitten sind knappe Lektüreempfehlungen vorangestellt, die Hinweise für eine vertiefende Befassung etwa zur Prüfungsvorbereitung geben.

1 *Wittgenstein* 1969, Vorwort.

KJ	Kritische Justiz
KrimJ	Kriminologisches Journal
KrimOJ	Kriminologie – Das Online-Journal
KriPoZ	Kriminalpolitische Zeitschrift
KritV	Kritische Vierteljahresschrift für Gesetzgebung und Rechtswissenschaft
KZfSS	Kölner Zeitschrift für Soziologie und Sozialpsychologie
MschrKrim	Monatsschrift für Kriminologie und Strafrechtsreform
NJW	Neue Juristische Wochenschrift
NK	Neue Kriminalpolitik
NStZ	Neue Zeitschrift für Strafrecht
Opferberatungen (CH) [Berichtsjahr]	*Bundesamt für Statistik*: Opferberatungen nach Leistungen
Personal in der Strafjustiz (EU)	*Eurostat:* Personal in der Strafjustiz nach Geschlecht – Anzahl und Quote für die jeweilige Geschlechtsgruppe
PKS [Berichtsjahr]	*Bundeskriminalamt*: Polizeiliche Kriminalstatistik, Bundesrepublik Deutschland
PKS (AT) [Berichtsjahr]	*Bundesministerium für Inneres; Bundeskriminalamt*: Polizeiliche Kriminalstatistik (Österreich)
PKS (CH) [Berichtsjahr]	*Bundesamt für Statistik* (zuvor: *Bundesamt für Polizeiwesen*): Polizeiliche Kriminalstatistik (Schweiz)
Prisoners (USA) [Berichtsjahr]	*US Department of Justice, Bureau of Justice Statistics*: Prisoners in [Berichtsjahr]
RdJB	Recht der Jugend und des Bildungswesens
Rechtspflege – Bestand der Gefangenen und Verwahrten [Berichtsjahr]	*Statistisches Bundesamt*: Rechtspflege – Bestand der Gefangenen und Verwahrten in den deutschen Justizvollzugsanstalten
Rechtspflege – Staatsanwaltschaften [Berichtsjahr]	*Statistisches Bundesamt*: Rechtspflege – Staatsanwaltschaften. Fachserie 10 Reihe 2.6
Rechtspflege – Strafverfolgung [Berichtsjahr]	*Statistisches Bundesamt*: Rechtspflege – Strafverfolgung. Fachserie 10 Reihe 3

Querverbindungen im Text sind durch Verweise auf Vorangehendes (< § … Rn …) und Nachfolgendes (> § … Rn …) leicht nachvollziehbar. Tabellen und Schaubilder sollen komplexe Aussagen anschaulich machen. Das Stichwortregister erlaubt die rasche punktuelle Information. Das verwertete Schrifttum ist im Literaturverzeichnis dokumentiert. Die berücksichtigte Literatur stellt eine Auswahl dar, die versucht, die Vielfalt der Sichtweisen einzufangen. Vollständigkeit anzustreben widerspräche der Konzeption des Buchs.

Inhaltsverzeichnis

4. KAPITEL Kriminalisierung und andere Formen sozialer Kontrolle

5. KAPITEL Kriminalität, soziale Kontrolle und Gesellschaft

Abkürzungsverzeichnis

AJS	American Journal of Sociology
ASR	American Sociological Review
BBl (CH)	Bundesblatt, Schweiz
BetmG (CH)	Betäubungsmittelgesetz der Schweiz
Bevölkerung und Erwerbstätigkeit – Ausländische Bevölkerung [Berichtsjahr]	*Statistisches Bundesamt*: Bevölkerung und Erwerbstätigkeit – Ausländische Bevölkerung. Ergebnisse des Ausländerzentralregisters. Fachserie 1 Reihe 2
BewHi	Bewährungshilfe
BGBl.	Bundesgesetzblatt
BGHSt	Entscheidungen des Bundesgerichtshofs in Strafsachen, Amtliche Sammlung
BKA	Bundeskriminalamt
BR-Drs.	Bundesrats-Drucksache
Crit Crim	Critical Criminology
Drogen und Strafrecht (CH) [Berichtsjahr]	*Bundesamt für Statistik*: Drogen und Strafrecht
Entschädigung und Genugtuung (CH) [Berichtsjahr]	*Bundesamt für Statistik*: Entschädigungs- und Genugtuungsfälle nach Kanton und Leistungen
Erster Periodischer Sicherheitsbericht	*Bundesministerium des Innern; Bundesministerium der Justiz*: Erster Periodischer Sicherheitsbericht
Freiheitsentzug: Insassenbestand (CH) [Berichtsjahr]	*Bundesamt für Statistik*: Freiheitsentzug, Insassenbestand am Stichtag
GA	Goltdammer's Archiv für Strafrecht
Gerichtliche Kriminalstatistik (AT) [Berichtsjahr]	*Statistik Austria – Bundesanstalt Statistik Österreich*: Gerichtliche Kriminalstatistik
GG	Grundgesetz, Deutschland
JGG	Jugendgerichtsgesetz, Deutschland
JRCD	Journal of Research in Crime and Delinquency
KFN	Kriminologisches Forschungsinstitut Niedersachsen

Rechtspflege – Strafvollzug [Berichtsjahr]	*Statistisches Bundesamt*: Rechtspflege – Strafvollzug. Demographische und kriminologische Merkmale der Strafgefangenen. Fachserie 10 Reihe 4.1 bzw. Reihe 2
RevIntCrim	Revue Internationale de Criminologie et de Police Technique
Rückfallraten – Erwachsene (CH)	*Bundesamt für Statistik*: Rückfall innerhalb von drei Jahren nach einer Entlassung 2014 für ein Verbrechen oder ein Vergehen, nach demografischen Merkmalen und Anzahl Vorstrafen
Sanktionen und Untersuchungshaft (CH) [Berichtsjahr]	*Bundesamt für Statistik*: Hauptsanktion, Massnahmen und Untersuchungshaft
Sicherheitsbericht (AT) [Berichtsjahr]	*Bundesministerium für Inneres*: Sicherheitsbericht
Sicherheitsbericht (AT) [Berichtsjahr] – Strafjustiz	*Bundesministerium für Justiz*: Sicherheitsbericht. Bericht über die Tätigkeit der Strafjustiz
SozProb	Soziale Probleme
Ständige Wohnbevölkerung (CH) [Berichtsjahr]	*Bundesamt für Statistik*: Ständige Wohnbevölkerung nach Staatsangehörigkeitskategorie, Geschlecht und Gemeinde
StGB	Strafgesetzbuch, Deutschland
StGB (AT)	Strafgesetzbuch, Österreich
StGB (CH)	Strafgesetzbuch, Schweiz
StPO	Strafprozessordnung, Deutschland
StPO (AT)	Strafprozessordnung, Österreich
StPO (CH)	Strafprozessordnung, Schweiz
StraFo	Strafverteidiger-Forum
Strafvollzug: Einweisungen, mittlerer Bestand, Aufenthaltstage (CH) [Berichtsjahr]	*Bundesamt für Statistik*: Straf- und Massnahmenvollzug: Einweisungen, mittlerer Bestand, Aufenthaltstage
Strafvollzug: Entlassungsart und Aufenthaltsdauer (CH) [Berichtsjahr]	*Bundesamt für Statistik*: Straf- und Massnahmenvollzug: Entlassungsart und Aufenthaltsdauer
StV	Strafverteidiger
StVollzG	Strafvollzugsgesetz, Deutschland
Verurteilungen (CH) [Berichtsjahr]	*Bundesamt für Statistik*: Verurteilungszahlen für Erwachsene und Jugendliche

Verurteilungen Erwachsene (CH) 1984-2019	*Bundesamt für Statistik*: Erwachsene: Verurteilungen für ein Vergehen oder Verbrechen nach Artikeln des Strafgesetzbuches (StGB), Schweiz und Kantone, 1984-2019
Verurteilungen Erwachsene nach Hauptstrafe (CH) 1984-2019	*Bundesamt für Statistik*: Erwachsene: Verurteilungen für ein Verbrechen oder Vergehen, nach Art und Dauer der Hauptstrafe, Schweiz und Kantone (CH), 1984-2019
Verurteilungen Jugendliche (CH) 1999-2019	*Bundesamt für Statistik*: Jugendliche: Verurteilungen für eine Übertretung, ein Vergehen oder ein Verbrechen nach Artikeln des Strafgesetzbuches (StGB), Schweiz und Kantone, 1999-2019
Wiederverurteilung Erwachsene nach Ausprägung des Rückfalls (CH)	*Bundesamt für Statistik*: Erwachsene: Wiederverurteilung innerhalb von drei Jahren nach einem 2015 erfolgten Referenzurteil, nach unterschiedlichen Ausprägungen des Rückfalls
Wiederverurteilung Erwachsene nach Merkmalen der Ausgangsbevölkerung (CH)	*Bundesamt für Statistik*: Erwachsene: Wiederverurteilung innerhalb von drei Jahren nach einem 2015 erfolgten Referenzurteil, nach Merkmalen der Ausgangsbevölkerung
ZeFKo	Zeitschrift für Friedens- und Konfliktforschung
ZfRSoz	Zeitschrift für Rechtssoziologie
ZfStrVo	Zeitschrift für Strafvollzug und Straffälligenhilfe
ZIS	Zeitschrift für internationale Strafrechtsdogmatik
ZJJ	Zeitschrift für Jugendkriminalrecht und Jugendhilfe
ZRP	Zeitschrift für Rechtspolitik
ZStrR	Schweizerische Zeitschrift für Strafrecht
ZStW	Zeitschrift für die gesamte Strafrechtswissenschaft
Zweiter Periodischer Sicherheitsbericht	*Bundesministerium des Innern; Bundesministerium der Justiz*: Zweiter Periodischer Sicherheitsbericht

KAPITEL 1

Was ist und was will die Kriminologie?

§ 1 Annäherung an Aufgabe und Gegenstand

I. Kriminologie

1 Kriminologie bedeutet wörtlich **Lehre vom Verbrechen**. Erstmals in einem Buchtitel des italienischen Juristen *Raffaele Garofalo* (1851-1934) so benannt[1], ist das heutige Verständnis der Disziplin weiter. Es umfasst nicht nur die gesellschaftlich als „kriminell" gedeuteten Verhaltensweisen und Personen, sondern auch den gesellschaftlichen Umgang damit (→ § 2 Rn 1). Zu diesen Themen produziert die Kriminologie forschungsbasiertes Expert:innenwissen. Dieses Wissen unterscheidet sich von den Inhalten alltäglicher, moralischer und populistisch-politischer Diskurse durch seine Ansprüche an eine Vernunft, welche von der wissenschaftlichen Gemeinschaft anerkannt wird. Anders als etwa die Naturwissenschaften hat die Kriminologie kein Autoritätsmonopol über ihr Fachthema. Sie agiert vielmehr in einem Umfeld, das von ungesicherten Alltagsverständnissen und Vorurteilen gegenüber Kriminalität geprägt ist und diesen oft den Vorzug vor Expert:innenwissen gibt.

2 Die Kriminologie thematisiert – anders als die normative Strafrechtswissenschaft – Kriminalität als Realphänomen. Es geht um Geschehensabläufe von denen sich sagen lässt: Es ereignet sich, es geschieht. Von der ebenfalls mit der Kriminalitätswirklichkeit befassten **Kriminalistik** unterscheidet sich die Kriminologie durch ihre Fragestellungen und die größere Distanz zum Kriminaljustizsystem. Die Kriminalistik verschreibt sich der fallbezogenen Vorbeugung und Aufdeckung von Straftaten. Sie versteht sich als dienende Hilfswissenschaft, insbesondere der Strafverfolgung, und ist in Einrichtungen der Polizei sowie der Gerichtsmedizin institutionalisiert. Demgegenüber bestimmt sich die Kriminologie als akademische Wissenschaft, welche insbesondere die Funktionsweise und die Wirksamkeit des Kriminaljustizsystems zur Kriminalitätsbearbeitung zum Thema macht. Sie nimmt daher gegenüber der Strafrechtspraxis eine Art Metaperspektive ein, die sich vom Anliegen der Kriminalitätsbearbeitung entfernt.

3 Kriminologische **Bezugswissenschaften** wie etwa Kriminalsoziologie, -psychologie, -biologie und dergleichen fokussieren bestimmte Bereiche der sozialen

1 *Garofalo* 1885.

Wirklichkeit: Die Soziologie die gesellschaftlichen Beziehungen[2], die Psychologie das menschliche Verhalten und Erleben und die Biologie die naturgesetzlichen Grundbedingungen des (menschlichen) Lebens. Bei der Kriminologie gibt es keinen solchen fachspezifischen Bereich, sondern ein umfassend auf Kriminalität bezogenes Erkenntnisanliegen, das sich der Methoden und Ergebnisse sämtlicher Bezugsfächer bedient. Als Fach, das eine gegenstandsbezogene interdisziplinäre Perspektive einnimmt, ist es multiperspektivisch, disparat und den Einflüssen des Zeitgeists über den jeweils maßgeblichen fachspezifischen Bezug ausgesetzt.

Die Kriminologie ist gegenüber ihren Bezugswissenschaften organisatorisch 4
und institutionell eigenständig. Seit Mitte des 20. Jahrhunderts wird das Fach weltweit an Universitäten in Studiengängen und in der Postgraduiertenausbildung unterrichtet – im deutschsprachigen Raum vor allem im Rahmen des Studiums der Rechtswissenschaft. Zahllose universitäre Institute, Departemente, Colleges sowie nationale und internationale Vereinigungen sind ihm gewidmet. Zudem existieren in den Führungsetagen der Sicherheitsinstitutionen, etwa beim *FBI* und bei internationalen Instanzen (*UNO*, *Europarat*), kriminologische Forschungsdienste[3]. Diese Selbstständigkeit verdankt die Kriminologie freilich nicht der Kohärenz ihres Fachwissens, sondern der gesellschaftlichen und politischen Bedeutung des sich auf Kriminalität richtenden Erkenntnisinteresses.

Die intellektuelle Originalität des Fachs ist hingegen umstritten. Die Krimino- 5
logie pflegt ein bestimmtes Genre des Diskurses über Kriminalität, welches sich um eine theoriegeleitete, empirisch geprüfte, nicht moralisch aufgeladene Argumentation bemüht. Es organisiert in diesem Sinne die Zusammenkunft von Forschenden, welche dieses Bemühen und das Interesse für das Thema Kriminalität teilen. Das scheinbar einheitliche kriminologische Forschungsfeld ergibt sich indes aus bezugswissenschaftlichen Zugängen, die nebeneinander relativ unabhängige Versionen des Fachs produzieren. Ob in der Diversität der Perspektiven überhaupt ein einheitliches Fach erkennbar ist, wird bezweifelt – speziell von Forschenden, die sich theoretisch stark an einer bestimmten Grundlagendisziplin orientieren.[4] Demgegenüber beschwören andere – die zumeist

2 *Lautmann* 2014.
3 In Deutschland bestehen solche Dienste beim Bundeskriminalamt (BKA), beim Kriminologischen Forschungsinstitut Niedersachsen (KFN) sowie bei der Kriminologischen Zentralstelle (KrimZ). Daneben sind in den Landesjustizministerien sogenannte Kriminologische Dienste eingerichtet.
4 So etwa *Sack* 1990, 15.

um Einflussnahme auf die Strafrechtspraxis bemüht und darum am „Gütesiegel" fachlicher Eigenständigkeit interessiert sind – die Unabhängigkeit und Eigenart der Kriminologie.[5]

6 Indem wir der **historischen Entwicklung** des Fachs nachspüren, werden die Muster der Verteilung und Streuung wissenschaftlicher Aussagen über Kriminalität und gesellschaftliche Reaktionen darauf in der kriminologischen Ideengeschichte sichtbar (→ § 4). In der vormodernen klassischen Phase des 18. Jahrhunderts gelang es der Kriminologie nur unzureichend, im Spektrum von aufklärerischer Strafrechtskritik und ökonomischem Kalkül des wirksamen Strafens ihr spezifisches Markenzeichen zu setzen. Die moderne Schulrichtung des 19. Jahrhunderts nahm die individuelle, besonders die gewaltsame, Kriminalität mit ihren möglichen Ursachen ins medizinisch geprägte Blickfeld und vernachlässigte dabei deren soziale Produktionsbedingungen. Die massenhafte Alltagskriminalität sozial Benachteiligter fand im frühen 20. Jahrhundert in den USA durch Sozialisation in Kulturkonflikten eine Erklärung. Mit der weitgehend von Strafe verschonten, aber strafbedürftigen Kriminalität der Mächtigen und des Weißen Kragens gab *Edwin H. Sutherland* (1883-1950) erstmals die thematische Bindung der Kriminologie an förmlich strafbares Verhalten auf. Die Kriminologie beschäftigte sich fortan mit der Kriminalfrage, also dem gesellschaftlichen Umgang mit Normabweichungen, nicht nur mit Kriminalität. Das Fach beschränkt sich nicht auf das Vorkommen und die Ursachen des Handelns, das der nationale Gesetzgeber hier und heute als strafbar erklärt hat. Die Kriminalfrage ist politisch: Sie bezieht die soziale Verunsicherung durch Kriminalitätsfurcht, die Entstehung von Straferwartungen und die Prozesse der Ent- oder Neukriminalisierung mit ein. Später wird die Kriminalfrage auf Phänomene ausgeweitet, die ursprünglich in einem rein politischen Kontext verstanden wurden: Ordnungsvorstellungen, System- und Staatsunrecht, Polizeigewalt, moderner Terrorismus, normative oder faktische Praktiken der systematischen Impunität (Straflosigkeit).

7 Die Kriminalität markiert einen „sozialen Problembereich", der mit Dramatik ausgestattet ist und mit Handlungsbedarf assoziiert wird. Als Wissenschaft über etwas, das ein Übel darstellt und gegen das etwas unternommen werden sollte, ist die Kriminologie von gesellschaftlichen Problemwahrnehmungen beeinflusst und gibt ihrerseits Impulse für deren Inhalte. Soweit die derzeitige Ge-

5 „Unified body of knowledge", so *Fattah* 1997, 173; ähnlich *Göppinger* 2008, § 1 Rn. 5, § 3 Rn. 13 ff.; *Schneider* 1993, 3.

sellschaft aus verschiedenen zu erörternden Gründen (→ § 24) mehr als früher darauf angewiesen ist, die Zukunft zu beherrschen, Risiken zu kontrollieren und Sicherheit im Inneren zu schaffen, gewinnt die Aufgabe der Prävention und Reduktion von Kriminalität an Bedeutung. Der Ruf nach drastischen oder gar definitiven „Lösungen" des Kriminalitätsproblems (→ § 23 Rn 43 ff.) steigert den Erwartungsdruck auf die Wissenschaft, dafür zweckdienliche Erkenntnisse zu produzieren. Indessen besteht ein Konflikt zwischen wissenschaftlicher Autonomie und praxisdienlicher Wissensproduktion, der innerhalb des Fachs eine Kluft zwischen akademischer und instanzennaher, eher „kriminalistischer" Kriminologie öffnet.[6]

In der Nähe von Instanzen der Strafverfolgung und der sonstigen Kriminalitätsbearbeitung wird die Kriminologie zur anwendungsbezogenen **Bedarfsforschung** und zielt auf die Produktion eines empirisch geprüften Erfahrungswissens.[7] Dabei geht es um das Erklären von Daten, welche als Indikatoren für Umfang und Struktur des tatsächlichen Kriminalitätsvorkommens verstanden werden, durch deren statistische Inbezugsetzung zu anderen Sozialdaten. Die Beschreibung von tatsächlichen Funktionsabläufen der Strafverfolgung erlaubt dieser eine folgenorientierte Selbstbeurteilung mit der Möglichkeit, aus Erfahrung zu lernen. Die systematische Analyse der faktischen Auswirkungen von Interventionen der Strafverfolgungsinstanzen ermöglicht die Prüfung, ob diese den erwarteten Erfolg haben. Die Eignung der kriminologischen Bedarfsforschung zur Optimierung der staatlichen Kriminalitätskontrolle und zur Evaluation kriminalpolitischer Handlungsstrategien macht diese Forschung zu einer bedeutsamen Informations- und Beratungsinstanz der praktischen Kriminalpolitik. Freilich geht es bei einer solchen Bedarfsforschung einzig um die Befriedigung des Informationsbedarfs staatlicher Instanzen zur Optimierung ihrer Strategien der Kriminalitätsverhütung und -bearbeitung. 8

Die Servicefunktion der erklärenden Bedarfsforschung sollte indes nicht überschätzt werden. Empirische Befunde fallen selten genug eindeutig aus und noch seltener wecken sie einen ganz bestimmten kriminalpolitischen Handlungsbedarf. Da praktische Kriminalpolitik und Strafrechtsanwendung von Repräsentant:innen verschiedener politischer Interessen und Gruppen betrieben werden, verwundert es nicht, wenn jede der Gruppen aus dem reichlich vorhandenen er- 9

6 Zur Frage der Eigenständigkeit der Kriminologie s. *Kunz* 2014.
7 *Walter* 1982.

fahrungswissenschaftlichen Informationsangebot auf die ihr genehme Empirie zurückgreift bzw. sie im eigenen Interesse interpretiert.

10 Als **Gegenrichtung** zur Bedarfsforschung haben sich verschiedene Strömungen der akademischen Kriminologie entwickelt. Diese bündeln sich heute im Wesentlichen im Erkenntnismodell des Verstehens, welches dem des Erklärens gegenübersteht (→ § 2). Ihnen ist gemein, dass sie die der Kriminologie zugedachte Rolle der Stabilisierung des Kriminaljustizsystems ablehnen. Im Rahmen dessen wird verschiedentlich ein explizit „kritisches", „radikales" Fachverständnis vertreten (→ § 13 Rn 11, 22 ff.). So haben in den 1930er Jahren *Georg Rusche* (1900-1950) und *Otto Kirchheimer* (1905-1965)[8] erstmals auf der Basis der marxistischen Gesellschaftstheorie bezweifelt, dass das Kriminaljustizsystem Kriminalitätsverhütung bezwecke. Die Autoren nehmen an, die Kriminalitätskontrolle und gerade der Strafvollzug schaffe vielmehr ein vorbildhaftes Muster für die Disziplinierung der proletarischen Klasse. Ihre ökonomische Analyse des Strafvollzugs kommt zu dem Ergebnis, dieser steuere im Wesentlichen den Zufluss und die Abschöpfung von Arbeitskräften.[9] Die Arbeitssituation im Strafvollzug sei eine Imitationsvorlage für die allgemeine Arbeitsmoral.[10] 1945 skandalisierte *Edwin H. Sutherland* die Kriminalität der Mächtigen und stellte mit Blick darauf die provokante Frage:

> „Is ‚White Collar Crime' Crime?"[11]

11 Die Frage bezieht ihre bleibende Aktualität aus der darin anklingenden Annahme, dass das Kriminaljustizsystem kriminelle Handlungen und Personen selektiv erfasst und andere verschont. Das Schlagwort *crimes of the powerful*[12] steht seither als Sinnbild für die zumeist nicht wahrgenommene, nicht verfolgte und nicht bestrafte Kriminalität der Träger:innen sozialer, ökonomischer und politischer Macht.

12 Im Gefolge der 1968er-Studierendenbewegung entwickelt sich in der westlichen Welt eine zunächst vor allem marxistisch inspirierte **kritische Kriminologie**. Diese sieht in der offiziellen Ideologie der Kriminalitätsbekämpfung eine Verschleierung der Disziplinierung von sozial ohnehin Benachteiligten, die im Interesse der Aufrechterhaltung des gesellschaftlichen Status quo erfolgt.

---

8 *Rusche/Kirchheimer* 1981.
9 *Platt* 1984, 153; skeptisch *Steinert/Treiber* 1978.
10 *Melossi* 1976, 29; *Wächter* 1984, 168.
11 *Sutherland* 1983.
12 *Pearce* 1976.

Michel Foucault (1926-1984) sah seinerseits gerade in der vermeintlich zivilisatorischen Entwicklung des Strafrechts von den „grässlichen" und „pittoresken" Strafen hin zur *disziplinierenden* Freiheitsstrafe die Herrschaftslogik des modernen Strafrechts verwirklicht, das sich durch subtilere Kontrollmechanismen fortschreitend der Individuen bemächtige.[13] Der vernichtende Zugriff auf den Körper wird danach durch die umfassendere und effektivere Vereinnahmung der Seele ersetzt.

> „Das Gefängnis, diese düstere Region im Justizapparat, ist der Ort, wo die Strafgewalt, die ihr Geschäft nicht mehr mit offenem Antlitz zu betreiben wagt, stillschweigend ein Feld von Gegenständlichkeit organisiert, damit die Bestrafung als Therapie und das Urteil als Diskurs des Wissens öffentlich auftreten kann."[14]

In Großbritannien kritisiert die radikale Kriminologie den professionellen *control talk* des *crime control establishments* als ein Muster, das unter dem Deckmantel von Sozialnutzen, Wohltätigkeit und wissenschaftlicher Notwendigkeit operiere.[15] Als von Vertreter:innen des *left realism* entdeckt wird, dass auch die Opfer von Straftaten sozialen Benachteiligungen ausgesetzt sind, gewinnt die Forderung nach Ersetzung des Strafrechts durch andere gesellschaftliche Umgangsformen mit konflikthaften Situationen an Bedeutung. Die vor allem in den USA und Skandinavien starke Bewegung des Abolitionismus (Abolition = Abschaffung, Aufhebung, Beseitigung) knüpft an die Abschaffung der Sklaverei an. Die Assoziation, dass in der Sklaverei wie im Gefängnis Menschen wie Tiere gehalten werden, will gegen das Gefängnis einen ähnlichen Sturm moralischer Entrüstung auslösen wie dies der Roman „Onkel Toms Hütte" gegen die Sklaverei tat. Der Buchtitel „Überwindet die Mauern!"[16] steht hierfür als Programm. Aus der Ablehnung der „durchstaatlichten" Gesellschaft ergibt sich zudem die antietatistische Grundtendenz, soziale Konflikte, aus denen Kriminalität entsteht, in ihren unmittelbaren gesellschaftlichen Entstehungszusammenhang zurückzuverweisen und auf die Selbstheilungskräfte autonomer zwischenmenschlicher Verständigung zu vertrauen.[17] In Deutschland werden diese verschiedenen Tendenzen einer kritischen Deutung der Kriminalitätskontrolle vor allem im Kontext des *Labeling Approach* (→ § 13 Rn 7 ff.) diskutiert, der auf Kriminalisierungsprozesse anstatt auf kriminelles Verhalten fokussiert ist.[18] 13

13 *Foucault* 1976b; zum Stellenwert von *Foucault* in der Kriminologie *Althoff/Leppelt* 1991; *Krasmann/Volkmer* 2007.
14 *Foucault* 1976b, 328.
15 *Taylor/Walton/Young* 1975, 26.
16 *Mathiesen* 1979.
17 *Christie* 1986, 84 ff., 134 ff.
18 *Cremer-Schäfer* 2015.

Kriminalität stellt danach keine Gegebenheit an sich dar, sondern wird durch Diskurse der Ausgrenzung hergestellt. Infolgedessen gilt es, nicht das kriminelle Verhalten, sondern die ordnungsstiftende Funktion des Strafrechts zur erklärungsbedürftigen Variable[19] zu machen.

14 Inzwischen richtet die kritische Kriminologie ihr Augenmerk auf die zunehmenden Unterschiede von Macht und Wohlstand in einer globalisierten politischen Ökonomie. Risikogeschäfte in internationalen Finanzmärkten, Staatskriminalität und ihre mangelhafte Aufarbeitung, als Polizeiaktionen getarnte militärische Einsätze, die Ursachen des neueren Terrorismus, Umweltschäden, welche von multinationalen Unternehmen zur Gewinnmaximierung systematisch einkalkuliert werden, die Gewalt von Rechtsextremen und die häusliche männliche Gewalt werden auch von der kritischen Kriminologie als bearbeitungsbedürftige Szenarien verstanden.[20] Dabei entsteht mitunter ein gewisses Spannungsfeld mit einer staatskritischen, formale Sanktionen ablehnenden Grundeinstellung.

15 Weiterentwicklungen des kritischen Ansatzes finden sich in der **feministischen Kriminologie** (→ § 9 Rn 36 ff.) sowie in der besonders im englischsprachigen Raum verbreiteten **Cultural Criminology** (→ § 13 Rn 29 ff.). Dabei handelt es sich um eine Heranführung der Kriminologie an die Kulturwissenschaften (*cultural studies*). Kriminalität und ihre Kontrolle werden dabei als Ausprägungen des kulturellen Lebens verstanden – von Lebensstilen, der Dynamik der Massenmedien, gebräuchlichen Riten und Symbolen. Diese Richtung untersucht etwa, wie Polizei, Justiz und Strafvollzug ihre Autorität in Sprachstil, Auftreten und Gebäuden zum Ausdruck bringen oder welche besonderen Kriminalitätsbilder Massenmedien und Politiker:innen vermitteln. Die kriminologischen Themen werden dabei als Wahrnehmungsphänomene verstanden, denen von Täter:innen, Opfern, Kontrollierenden und Bürger:innen eine womöglich unterschiedliche Bedeutung beigemessen wird.[21]

16 **Methodisch** hat sich die Kriminologie ebenfalls differenziert. In der beginnenden Moderne an den biologisch-naturwissenschaftlichen Disziplinen orientiert, war sie dem einheitswissenschaftlichen Positivismus verpflichtet, der gesellschaftliche Zusammenhänge nach denselben Regeln wie ein den Kausal-

---

19 *Sessar* 1986, 381.
20 *Michalowski* 2016.
21 *Ferrell* 2009; *Hayward/Young* 2012.

gesetzen der Physik unterworfenes Objekt der Natur durch quantitativen Vergleich mit anderen vermeintlich vorgegebenen Objekten zu bestimmen trachtet. Diese Traditionslinie wurde nie aufgegeben, aber durch alternative qualitative anthropologische und kulturwissenschaftliche Sichtweisen ergänzt.

II. Kriminalität

Verglichen mit dieser vielfältigen und uneinheitlichen Präsentation des Fachs 17
scheint dessen Gegenstand, die Kriminalität, auf den ersten Blick leichter zugänglich. Wir alle haben dazu illustrierende Alltagsvorstellungen. Indes sollte eine seriöse Bestimmung mehr leisten – und stößt dabei auf erstaunliche Schwierigkeiten. Kriminalität ist nicht direkt anschaubar oder betastbar. Sie verbirgt sich im *common sense* des Alltagsverständnisses, das wir für eine wissenschaftliche Bestimmung aufbereiten und rekonstruieren müssen. Auf dem Umschlag eines Einführungsbuchs in die Humanmedizin kann das Thema durch die anatomische Zeichnung eines menschlichen Körpers vollständig versinnbildlicht werden. Aber wie sollte man Kriminalität korrekt illustrieren?

Das Wort „Kriminalität" geht zurück auf das lateinische *crimen* (Anklage, Be- 18
schuldigung), eine Ableitung von *cernere* (auswählen, entscheiden). Es bedeutet ursprünglich etwas, das ausgewählt und beurteilt wird. Später erfolgte die semantische Einengung auf den förmlichen strafrechtlichen Vorwurf und die Handlungen, auf welche sich dieser Vorwurf bezieht. Etymologisch weist der Begriff Kriminalität zunächst auf eine **strafrechtliche Attribution** und sodann auf die in dieser Attribution als strafrechtlich relevant bestimmten Handlungen hin. „Kriminalität" hat also einerseits mit dem Vorgang der Zuschreibung dieser Bezeichnung im strafrechtlichen Vorwurf zu tun und andererseits mit dem Verhalten, auf welches sich diese Zuschreibung bezieht. Dieses in der ursprünglichen Begriffsbedeutung angelegte ambivalente Verständnis der Kriminalität als Verhalten und als Zuschreibung wurde in der Kriminologie des ausgehenden 20. Jahrhunderts wiederentdeckt und führte zu einem Grundlagenkonflikt zwischen erklärenden traditionellen Richtungen und der seinerzeit neuen Perspektive des *Labeling Approach* (→ § 13 Rn 7 ff.).

Der Begriff „Kriminalität" ist einerseits ein ordnender Sammelbegriff, anderer- 19
seits ein zu emotionaler Distanzierung animierender Unterscheidungsbegriff. Als Sammelbegriff bestimmt er die Gesamtheit der vom Gesetz mit Strafe bedrohten Handlungen unter diesem Gesichtspunkt als artgleich. Als Unterschei-

dungsbegriff ist Kriminalität negativ besetzt und markiert eine Sinndifferenz zu positiv besetzten Begriffen wie Ansehen, Erwünschtheit oder Privileg. Das Wissen über die ordnende und die orientierende Funktion von Kriminalität wird in einem vorurteilsbesetzten Verständnis erarbeitet und ist als ein generelles und implizites, jedoch bei Bedarf situativ explizierbares Hintergrundwissen den sozialen Akteur:innen präsent. Durch Aktivierung dieses Hintergrundwissens lassen sich wahrgenommene Handlungen in einen Vorrat an Unterscheidungen einordnen und Sinnzuschreibungen vornehmen.

20 Für Begriffe wie Kriminalität ist charakteristisch, dass ihr Bedeutungskern nicht fix bestimmt ist, sondern sich je nach seiner Rahmung in einem spezifischen kulturellen Kontext innerhalb des Begriffshofs verschiebt. Die **relative Flexibilität** der Bedeutung von Kriminalität wird dadurch gefördert, dass das Thema aus unterschiedlichen Blickwinkeln aufgegriffen wird. Aufklärerische Philosophie, Anthropologie, Soziale Arbeit, Psychologie, Soziologie, Ökonomie und Strafrechtswissenschaft gewinnen ihm jeweils eine andere Bedeutung ab, deren Relevanz begrenzt bleibt. Die Pluralität der wissenschaftlichen Anschauungen bewirkt, dass der Rahmen des Themas sich diesen entsprechend anders spannt. Für die einen geht es um biologische Dispositionen, für andere um das persönliche Umfeld, die Sozialstruktur oder um soziale Reaktionen auf Kriminalität.

21 Die offizielle Zuschreibung von Kriminalität erfolgt durch das **Strafrecht**, dessen Inhalte je nach Zeitalter, Gesellschaft und Rechtskreis unterschiedlich sind. Was hier und heute bei Strafe verboten ist, kann früher und anderswo erlaubt (gewesen) sein und morgen erneut gestattet werden und umgekehrt. Die aufklärende Lehre des *Sokrates* (469-399 v. Chr.) – im antiken Griechenland als kriminelle Verführung der Jugend geahndet – erscheint uns heute als Tugend. Der strikte Befehlsgehorsam der Nazi-Schergen offenbart sich heute als Banalität des Bösen (*Hannah Arendt*, 1906-1975).

22 Die Bestimmung von Kriminalität durch das Strafgesetz ist generell-abstrakt. Um diese Bestimmung konkretem Verhalten zuordnen zu können, muss das Strafgesetz von den Instanzen der Strafjustiz auf solches Verhalten angewandt werden. Die konkretisierende Rechtsanwendung ist mit den Vagheiten der Sprache behaftet. Entscheidungen könnten stets abweichend getroffen und anders begründet werden. Das staatliche Entscheidungsmonopol über die offizielle Bestimmung von Kriminalität hindert nicht daran, dass wir alle unsere eigenen Vorstellungen über Anwendungen des Strafrechts bilden, wobei diese unterschiedlich ausfallen mögen. Nicht nur der Verlauf der Strafzone ist ver-

schieden bestimmbar. Auch die Bedeutungen, welche den als verboten geltenden Handlungen zugewiesen werden, sind perspektivenhaft unterschiedlich: Was sich für die Polizei als beschädigende Eigentumsverletzung darstellt, verstehen Sprayer:innen als subversive Kunst. Dazu variieren die Auffassungen über die Sinnhaftigkeit und Angemessenheit des strafrechtlichen Verbots in Zeit und Raum sowie innerhalb einer Gesellschaft, wie Kontroversen um die Reichweite der Zulässigkeit von Sterbehilfe und Schwangerschaftsabbruch zeigen.

Wie bei der Zuschreibung von Kriminalität ergibt sich eine verwirrende Vielfalt von Aspekten und jetzt auch kniffligen Fragen, wenn wir Kriminalität **als konkretes Verhalten** verstehen, auf welches sich diese Zuschreibung bezieht. Was eigentlich macht „kriminelles Verhalten" aus, wenn nicht seine strafrechtliche Ausweisung als Rechtsbruch? Und was verbindet so disparate Handlungen wie Ladendiebstahl und Eifersuchtsmord außer dem oberflächlichen Band des strafrechtlichen Verbots? Ist die unentdeckt bleibende Straftat (→ § 17) oder das Delikt, von dessen Bestrafung man sich bei der Staatsanwaltschaft freikauft (§ 153a StPO), Kriminalität? Ist es überhaupt möglich, ein kriminelles Verhalten zu studieren, wo doch seine kennzeichnende Eigenschaft „kriminell" nicht im Verhalten angelegt ist, sondern durch Zuschreibung erfolgt? 23

Wenn wir unterstellen, dass der Verhaltensaspekt von Kriminalität als solcher studiert werden kann, bleibt zu klären, mit welcher Brennweite wir uns diesen vor Augen führen wollen. Mikroskopisch stellt sich etwa die Frage: Warum brechen bestimmte Personen das Recht und andere nicht? Mesoskopisch interessiert vor allem das Entscheidungsverhalten von Polizei und Justiz. Makroskopisch sind Einflüsse der Gesellschaft und ihrer Struktur auf Menge und Form der registrierten Kriminalität von Interesse. Innerhalb dieser Möglichkeiten ist abermals zu differenzieren, etwa danach, was genau an kriminellem Verhalten zu erklären sei: Die einzelne Verhaltenssequenz, die auf solches Verhalten bezogene charakterliche Anlage, die Rückfälligkeit, der kriminelle Lebensstil, der Einstieg, das Verbleiben oder der Ausstieg aus einer kriminellen Karriere? 24

Die Bandbreite der Verständnismöglichkeiten von „Kriminalität" ist nicht verwunderlich. Auch „Familie" bedeutet für die katholische Kirche nicht dasselbe wie für die alleinerziehende Mutter, in Deutschland nicht dasselbe wie in der Türkei oder Kolumbien und in der Spätmoderne etwas anderes als im Mittelalter. Der Grund für die Bedeutungsvielfalt besteht darin, dass Kriminalität keine ontologische Realität besitzt: Ihr Wirklichkeitsbezug erschöpft sich in der Anwendung des Begriffs auf spezifische Handlungen, die damit als krimi- 25 nell erscheinen. Die Handlungen selbst sind nicht „in sich" kriminell. Vielmehr werden in Zeiten und Gesellschaften unterschiedliche Anwendungen des Begriffs Kriminalität praktiziert, wobei teilweise durchaus Bagatellen erfasst und manches extrem sozialschädliche Verhalten ausgespart wird. Die Kriminalität ist, kurz gesagt, ein Produkt der Gesellschaft und drückt deren jeweilige kulturelle Einschätzung aus.

26 Die Gesellschaft ist die Aushandlungsinstanz von Kriminalität. Die soziale Interaktion über Normalität und Normabweichung, Erwünschtes und Geächtetes, Toleranz und Repressionsbedürftigkeit bestimmt die Inhalte der Kriminalität. Diese ist nicht ohne ihren Charakter als Abweichung von einem gesellschaftlich definierten **Normalitätsmaßstab** definierbar, also selbst gesellschaftlich geprägt. Sie ist Teil des kollektiven Sinnsystems der Sozialwelt, in der Bedeutungen verliehen und Sinn erzeugt wird. Mehr noch: Kriminalität ist ein Spiegel der Gesellschaft. In der jeweiligen inhaltlichen Bestimmung der Kriminellen drückt sich *pars pro toto* die jeweilige Gesellschaft in ihrem Normalitätsverständnis und ihrer Toleranzbereitschaft aus. Der Charakter der Kriminalität als Werk und Spiegel der Gesellschaft ist die Basis, auf der die miteinander wetteifernden Grundverständnisse der Kriminologie entwickelt und eigene Positionen bezogen werden können.

III. Der Verbrechensbegriff

27 Mit dem Begriff des „Verbrechens" ist anders als im Strafrecht keine Abgrenzung zum Vergehen (§ 12 StGB) gewollt, sondern eine diffuse Sammelbezeichnung angesprochen, deren Inhalt klärungsbedürftig ist. Angesichts dessen bestehen verschiedene Verbrechensbegriffe, die je verschiedene klärende Antworten geben.[22]

28 Dem **formellen oder legalistischen** Verbrechensbegriff zufolge sind Verbrechen alle von gesetzlichen Normen mit Strafe bedrohten Verhaltensweisen. Was Verbrechen ist und was nicht, hängt damit stets von den jeweils in einer Gesellschaft geltenden Strafgesetzen ab. Diese Definition von Verbrechen ist klar und gut abgrenzbar. Andererseits kann sie nicht erfassen, dass sich die gesellschaftlichen Vorstellungen davon, was Kriminalität ist, im Laufe der Zeit wandeln.

22 *Fabricius* 2015, 117 ff.; *Göppinger* 2008, § 1 Rn. 6.

Damit wird die Bestimmung des Forschungsgegenstandes von den Wertungen der Gesetzgebung abhängig.[23]

Dagegen wenden sich die **materiellen** Verbrechensbegriffe mit dem Versuch, 29
das Wesen des Verbrechens aus seiner strafrechtlichen Bestimmung zu lösen. Welche Kriterien stattdessen heranzuziehen sind, wird unterschiedlich beantwortet. Nach dem **natürlichen** (oder naturrechtlichen) Verbrechensbegriff lassen sich Handlungen, die epochen- und kulturübergreifend als verwerflich angesehen werden, von solchen unterscheiden, die erst durch gesetzliche Regelungen als solche definiert werden. Den *delicta mala per se* (in sich schlechte Taten) stehen die *delicta mala quia prohibita* (schlicht verbotene Taten) gegenüber. Dem Verbrechensbegriff sollen nur erstere unterfallen. Ein anderer Ansatz orientiert sich an den geschützten **Rechtsgütern.** Werden bestimmte Interessen von der Rechtsordnung als schützenswert anerkannt, wird demzufolge ihre Verletzung als Verbrechen eingeschätzt. Damit bleibt die normative und nationalstaatliche Bindung des formellen Verbrechensbegriffs bestehen, wird aber nicht auf das geltende Strafrecht und seine Tatbestände beschränkt.

Der **soziologische** Verbrechensbegriff stellt demgegenüber auf die Sozial- 30
schädlichkeit des Verhaltens ab. Danach stellen alle abweichenden bzw. sozialschädlichen[24] Verhaltensweisen ein Verbrechen dar – unabhängig davon, ob sie strafrechtlich verboten sind. Umgekehrt verneint dieser Verbrechensbegriff das Vorliegen eines Verbrechens bei Verhaltensweisen, die zwar rechtlich verboten sind, aber nur aus moralischen Erwägungen sanktioniert werden. Versteht man das Thema der Kriminologie als sozial abweichendes Verhalten, so definiert man Abweichungen zunächst unbemerkt aus einer Perspektive, welche die gesellschaftliche Mehrheit aus ihrer Sicht von Normalität einnimmt. Das Normalitätsverständnis der Mehrheit, ihre Vorverständnisse und ihre Auseinandersetzung mit Abweichungen verdienen deshalb Beachtung. Darum befasst sich die Kriminologie auch mit dem sozialen Problembewusstsein, dem Bild des Strafrechts in der öffentlichen Meinung, mit sozialen und vor allem mit staatlichen strafrechtlichen Reaktionen auf Kriminalität.

Ein **interaktionistischer** Verbrechensbegriff definiert demgegenüber nur sol- 31
ches Verhalten als Verbrechen, das von den Strafverfolgungsinstanzen bzw. der Gesellschaft als solches behandelt wird. Er erfasst also insbesondere nicht das

23 Zur Kritik am legalistischen Verbrechensbegriff *Lamnek* 2018, 49 f.
24 Insofern differenzierend *Fabricius* 2015, 119 ff.

Dunkelfeld.[25] Ein gegen Strafnormen verstoßendes Verhalten wird zum sozialen Problem, wenn es als solches behandelt wird; erst durch seine Beurteilung als schädliches und strafbares Verhalten, seine tatsächliche Verfolgung und Ahndung wird es als Straftat sichtbar. Kriminalität als gesellschaftlich definiertes Objekt kann deshalb nur adäquat in der Hülle seiner sozialen Einschätzung wahrgenommen werden. Schon die Alltagsdiskussion nimmt Kriminalität in ihrer Bewertungshülle wahr, indem die Diskussion sich auf Politiker:innen und Medien beruft, vorgefasste Meinungen in Frage stellt oder stillschweigend bestätigt. Deshalb muss auch die Wissenschaft auf diese Bewertung Bezug nehmen, sie reflektieren, Vorverständnisse erörtern, Interessenbezüge aufdecken.

32 Eine abschließende Definition des Verbrechens im kriminologischen Sinne ist nicht möglich. Die verschiedenen Ansätze ermöglichen vielmehr unterschiedliche Perspektiven auf die zu erfassenden Verhaltensweisen und sind je nach Kontext hierfür besser oder schlechter geeignet. Entscheidend ist es, sich die Variabilität des Begriffs vor Augen zu führen und stets darauf zu achten, auf welchen Verbrechensbegriff sich die jeweilige Debatte stützt.

IV. Strafe und Gesellschaft

Lektüreempfehlung: *Brown, Michelle* (2009): The culture of punishment. New York/London, 4-53.

33 Die Kriminalität wie ein Objekt der natürlichen Welt darzustellen, ist eine manchmal zweckdienliche, aber immer verzerrende Abstraktion. Kriminalität ist nicht einfach eine empirisch beschreibbare Tatsache. Wie „Ängstlichkeit" oder „Aggressivität" ist Kriminalität eine **Sinnzuweisung** bezüglich des Verhaltens eines anderen von einem bestimmten Beurteilungsstandpunkt aus. Die Erforschung dieses Phänomens darf sich deshalb nicht in dem nackten Verhalten erschöpfen, das in der einen Nation als strafbar, in der anderen als straflos gelten mag. Der dem Verhalten zugewiesene Sinn des Strafbaren, die gesellschaftliche Aushandlung dieses Sinns, seine faktische Durchsetzung und der soziale Wandel der Anschauungen verdienen Beachtung. Erst das Strafgesetz und die Gesellschaft, welche jenes produziert, machen ein bestimmtes Verhalten zu einer Straftat. Kriminalität zu studieren verlangt deshalb die Mitberücksichtigung seiner Produktionsbedingungen innerhalb der pönalisierenden Gesellschaft. Wir werden deshalb neben theoretischen Verhaltenserklärungen

25 Dazu auch *Lamnek* 2018, 52 ff.

auf die kriminalpolitische Dimension der gesellschaftlichen Gemachtheit von Kriminalität eingehen. Dabei werden uns die Auswirkungen der Rahmenbedingungen der heutigen neoliberalen Konsumgesellschaft auf die Kriminalität und den sozialen Umgang damit besonders interessieren.

Strafe ist Bedürfnisbeschneidung in einem auf Erfüllung menschlicher Bedürf- 34
nisse gepolten Umfeld. Die Ambivalenz zwischen Übelzufügung und ihrem schieren Gegenteil, zwischen alltäglicher Praxis in Gefängnissen und Segregation der Gefangenen vom Alltagsleben markiert die Spannweite des Sozialen und reicht in die Wurzeln menschlichen Zusammenlebens. Die Übelzufügung durch Strafe ist durch die Annahme der vorangehenden Übelzufügung der Täter:innen veranlasst; in dieser Kette gleichartiger Geschehnisse besteht die in ihrer scheinbaren Trivialität überzeugende **Logik der Vergeltung.** Diese wird in der westlichen Kultur durch die protestantische Ethik des fleißigen Arbeitens[26], die Herrschaftstechnik einer blutleer rationalen Staatsbürokratie[27] und die punitiven medial gestützten Rufe nach Strafhärte[28] untermauert.

Strafende Vergeltung antwortet auf ein gesellschaftlich relevantes Geschehen 35
und ist zugleich als angeblich zweckfrei von solchem Geschehen abgelöst. Vergeltung bestätigt die Annahmen individueller Wahlfreiheit und Verantwortlichkeit. Das Konzept reduziert damit die Komplexität interaktiver menschlicher Beziehungen auf einseitige Ursächlichkeiten. Rechtfertigungsversuche der Strafe gründen darauf und setzen sich so zu dem zweckbezogenen Anliegen der Nützlichkeit und dem gesellschaftlichen Unterfangen der Integration in Widerspruch. Dem Anliegen wird in Rehabilitationsversuchen Rechnung getragen. Das Verständnis der Straftat als „Bruch" des grundlegenden Gesellschaftsvertrags, der exzeptionelle Maßnahmen feindlicher Art[29] erlaubt, stempelt die Bestraften zu „Anderen", geradezu „ultimativen Fremden", die sich aus der Gesellschaft ausgegrenzt haben und deren Ausgrenzung deshalb förmlich zu bestätigen ist. Die Arbeit an Gefangenen scheint damit in Widerspruch zu stehen. Sie gedeiht in einem Klima der „aggressiven Solidarität", in welchem wohlmeinende Reaktionen auf sich selbst zugestandene Fehltritte und harte Sanktionen gegen als bedrohlich empfundene Gesellschaftsfeinde zugleich vorhanden sind (→ § 19 Rn 72 f.).

26 *Weber* 1905.
27 *Weber* 1976, 1. Teil Kap. III.
28 *Kunz* 2013.
29 *Jakobs* 2003.

36 Individuelle **Opfer** von Straftaten stehen im Zentrum des öffentlichen Interesses, soweit ihr Leiden einfach nachvollziehbar ist und jedem bzw. jeder passieren könnte. Das dadurch erzeugte Mitgefühl konzentriert sich auf Ereignisse durch Gewalt und Übergriffe durch (vermeintlich) Fremde. Die oft sozialschädlicheren opferlosen oder fahrlässig verübten Delikte drohen dabei ähnlich wie das nichtkriminelle Opferwerden in den Hintergrund gedrängt zu werden. Ehrenwerte Bemühungen, das im Strafverfahren lange vernachlässigte Opfer mit mehr Rechten auszustatten, schränken Verteidigungsrechte ein und sind nur begrenzt möglich. Die organisierte Opferhilfe bezieht sich auf virtuelle Opfer und gipfelt oft in Forderungen nach härterer Bestrafung. Die Belange realer Opfer, ihre Respekt- und Entschädigungswünsche werden dabei vernachlässigt (→ § 24 Rn 25 ff.).

37 Das soziale Leben in der Gesellschaft wird in der Auseinandersetzung mit zumeist medial vermittelten Straftaten und ihrer Behandelbarkeit gestaltet. Die rituellen Prozesse der Bestrafung, die Diskurse des Verurteilens und des Wiedereingliederns schaffen den gesellschaftlichen Rahmen, in welchem inklusive Praktiken für alle (anderen) möglich sind. Aus der **exemplarischen Ausgrenzung** der Einen wird der soziale Kontrakt der Zugehörigkeit der Anderen geschmiedet. Je brüchiger die Bande der Teilhabe ausfallen, desto entschiedener müssen die Praktiken der Ausgrenzung durch Strafe sein (→ § 21 Rn 30 ff.). Eine Werbekultur, die Konsumierende ästhetisch und symbolisch anspricht anstatt sie nüchtern zu informieren[30], stützt dabei einen sensationslüsternen Umgang mit Verbrechen und Strafe, in der das medial zur Schau Gestellte von der Wirklichkeit nicht mehr unterscheidbar ist und das Allgemeinwissen sowie die Kriminalpolitik prägt.

30 *Bauman* 2009.

§ 2 Der Forschungsgegenstand und seine Erschließung: Kriminalität erklären oder verstehen?

Lektüreempfehlung: *Reckwitz, Andreas* (2012): Die Transformation der Kulturtheorien. 3. Aufl., Weilerswist, 13-26.

I. Der Forschungsgegenstand

Nach konventionellem Verständnis lässt sich der Gegenstand kriminologischer Forschung als Trias darstellen und umfasst 1

- die gesellschaftlich, vor allem rechtlich, als „kriminell" gedeuteten Verhaltensweisen;
- die Personen, die sich dergestalt verhalten oder denen solches Verhalten zugeschrieben wird;
- die gewählten Reaktionsweisen auf dieses Verhalten, ihren Zusammenhang mit Verunsicherungsgefühlen und Punitivitätserwartungen und die gesellschaftliche Sinnbestimmung von Reaktionen auf Kriminalität.

Um es prägnant auszudrücken: Die Kriminologie ist

> „a study of lawmaking, lawbreaking, and reactions to lawbreaking"[31].

Diese drei Teile des kriminologischen Forschungsgegenstandes geben eine sehr grobe Übersicht über relevante Themenbereiche.[32] Einzelne Richtungen der Kriminologie konzentrieren sich in der Regel auf bestimmte Themenbereiche und betrachten diese unter einem bestimmten Blickwinkel (→ §§ 4-13). Die Themenbereiche untergliedern sich in verschiedene Forschungsfelder. So bezieht sich der Reaktionsbereich auf die Erfassung der Kriminalität als zählbares Merkmal sozialer Einheiten (→ §§ 15-18) wie auf die Wirkungen strafrechtlicher Sanktionen (→ § 20). Mitunter verlangt ein Thema eine bereichsübergreifende Betrachtung wie bei der Kriminalprävention und -prognose, wo die Möglichkeit der Beeinflussung individuellen Verhaltens (auch) mit Mitteln strafrechtlicher Sanktionen und begleitender Therapie von Interesse ist. Die kriminologischen Themenfelder sind um neue Bereiche erweiterbar. So hat sich, analog zur 2

31 *Sutherland/Cressey* 1978, 21.
32 Einen genaueren Überblick bietet *Kinzig* 2020.

traditionell täter:innenbezogenen Ursachenforschung strafbaren Verhaltens (→ §§ 6-13), eine gleichermaßen ätiologisch ausgerichtete, also an Ursachen interessierte, „Viktimologie" genannte Opferforschung entwickelt (→ § 18 Rn 22 ff.). Schließlich haben die kriminologischen Themenfelder Außenbezüge etwa zur Kriminalistik (→ § 1 Rn 2) und zur Kriminalpolitik (→ § 21 Rn 43 ff.).

3 Mit einer solchen Definition des Forschungsgegenstandes ist aber weniger gewonnen als auf den ersten Blick scheinen mag. Denn wie jede verallgemeinernde sprachliche Kategorie benennt „Kriminalität" keine Sachverhalte, sondern deutet sie. Die Kategorie stellt Gemeinsamkeiten her, welche keine Gemeinsamkeiten der Sachverhalte sind, sondern Verwandtschaftsbeziehungen beim *Begreifen* der Sachverhalte. „Kriminalität" schreibt die Attribution „kriminell" im Wege des strafrechtlichen Vorwurfs zu. Freilich bezeichnet die Zuschreibung dabei nicht, wie gemeinhin angenommen, direkt und unvermittelt ein von ihr unabhängig und vorgängig existentes Verhalten an sich. Vielmehr deutet die Zuschreibung selbst das Verhalten als kriminell, gibt ihm einen hinweisend bewertenden Eindruck und bettet es darin ein. Erst das sinngebende Begreifen macht das Verhalten zum kriminellen Verhalten. Die Charakteristik des kriminellen Verhaltens liegt in seiner Charakterisierung als solches.

4 Kriminalitätsdefinitionen der Kriminaljustiz und der Gesellschaft sind stets Ergebnisse eines Bestimmungsvorganges, welcher unter konkreten historischen und sozialen Bedingungen abläuft. Damit erstreckt sich das kriminologische Erkenntnisinteresse auf die Umstände solcher Bestimmungen, ihre geschichtlichen und gesellschaftlichen Differenzen, ihre Selektivität und die damit verfolgten Interessen. Der kriminologisch relevante Themenbereich umfasst deshalb nicht nur als kriminell gedeutete Handlungen und ihre Verursachung, sondern gleichermaßen die Bedingungen der strafrechtlichen und gesellschaftlichen Bestimmung als Kriminalität. Es geht zentral um die **gesellschaftliche Konstruktion von Kriminalität** (→ § 13 Rn 7 ff.). Ein gesellschaftlich produzierter Gegenstand kann nur unter Mitberücksichtigung seiner sozialen Produzierenden und Produktionsbedingungen angemessen erfasst werden. Die Kriminalität ist, ihrer ursprünglichen lateinischen Bedeutung entsprechend, notwendig im Zusammenhang mit ihrer Kontrolle zu betrachten. Das Forschungsinteresse richtet sich damit auf die Regeln der gesellschaftlichen Vergabe des Etiketts Kriminalität. Da das Verständnis eines Verhaltens als Kriminalität durch Kontrollvorgänge geschaffen wird, erscheint für manche Kriminolog:innen zweifelhaft, ob daneben überhaupt noch Erklärungsbedarf für die Beschaffenheit der so getauften Verhaltenspraxis besteht.

Den Schwierigkeiten einer angemessenen Bestimmung des Forschungsgegenstandes ist die Kriminologie nicht allein ausgesetzt.[33] Die Probleme spiegeln vielmehr den Zustand einer fortgeschrittenen Sozialwissenschaft wider, welche sich ihres reflexiven Charakters bewusst wird. Dieser besteht darin, dass sozialwissenschaftliche Disziplinen die Gesellschaft zum Forschungsgegenstand machen, deren Bestandteil sie selbst sind. Die angesprochenen Probleme rühren daher, dass die in naiver Annäherung gewählte Frage nach Aufgabe und Gegenstand der Kriminologie nur eindeutig zu beantworten wäre, wenn man mit dem Erklärungsmodell annehmen könnte, der Gegenstand sei der Disziplin als eine Faktizität von Sachverhalten vorgegeben und die Aufgabe bestünde darin, diese Faktizität zu bestimmen und zu beschreiben. Inwieweit diese Annahme zutrifft, ist umstritten und hat notwendigerweise Konsequenzen für das methodische Herangehen an die kriminologische Forschung. 5

II. Das Modell des Erklärens

Kriminologie ist, wie andere Sozialwissenschaften, in der Aufklärung des 18. Jahrhunderts verwurzelt und entfaltet sich in der Moderne, die in der Wohlstandsgesellschaft des ausgehenden 20. Jahrhunderts ihren Zenit erreicht. Prägend für die Epoche wie das Fach ist das Vertrauen auf die Macht der Vernunft, mit der sich die Natur beherrschen, das soziale Leben kontrollierend gestalten und die Geschichte zum Vorteil der Menschheit verändern lässt. Der Fortschrittsoptimismus wird vor allem durch die beeindruckenden Entwicklungen in den Naturwissenschaften und ihre technologische Umsetzung genährt. Fortan gelten die „exakten" Naturwissenschaften als vorbildhaft für die Erkenntnis des Sozialen. Mitte des 19. Jahrhunderts entwickelt *Auguste Comte* (1798-1857) die Idee, die Regeln der Naturbeobachtung auf die Wahrnehmung gesellschaftlicher Vorgänge zu übertragen. Das damit begründete einheitswissenschaftliche Modell des Erkennens nennt *Comte* „positivistische Philosophie"[34]. Er will damit die wissenschaftliche Wahrnehmung des Sozialen auf die Beobachtung von Gegebenheiten begrenzen und damit Glaubensüberzeugungen, Wertungen und überhaupt Subjektivität aus der Wissenschaft verbannen. 6

Der Positivismus geht davon aus, der Gegenstand der wissenschaftlichen Erkenntnis sei unabhängig vom methodischen Zugang und der subjektiven Ein- 7

33 Ausführlich *Eisenberg/Kölbel* 2017, § 1 Rn. 4 f.
34 *Comte* 1975.

stellung der oder des Erkennenden als etwas naiv und unbestreitbar Gegebenes positiv vorhanden und könne deshalb wie ein Faktum unbeteiligt, also streng wertneutral und „objektiv" erkannt werden. Diese Annahme bestimmt die Entwicklung der Kriminologie und prägt ihren erklärenden empirischen Zweig bis heute. Demzufolge wird kriminelles Verhalten als objektive Gegebenheit verstanden, das in seinem tatsächlichen Vorkommen wahrgenommen, gezählt und auf soziale, psychologische und biologische Einflüsse zurückgeführt werden kann. Die Suche nach allgemeingültigen ursächlichen Erklärungen für Kriminalität folgt dem kriminalpolitischen Anliegen, Kriminalität kontrollieren zu können und stellt damit die Wissenschaft in den Verwendungszusammenhang der kriminalpolitischen Praxis.

8 Als Kind der Aufklärung und Schwester der Moderne ist die Kriminologie ursprünglich auf ein **Erklären** von kriminellem Verhalten angelegt. In dem für Natur- wie Sozialwissenschaften gültigen, also einheitswissenschaftlichen, Modell des Erklärens wird ein wahrgenommenes Geschehen aus seiner kausalen statistischen Abhängigkeit von einem anderen wahrgenommenen Geschehen bestimmt. Dabei geht es darum, eine Beobachtung hypothetisch mit anderen Beobachtungen („Randbedingungen") zusammenzubringen (zu „korrelieren") und zu prüfen, ob dieser unterstellte Zusammenhang einer allgemeinen statistischen Gesetzmäßigkeit folgt. Ein Geschehen („Explanandum") gilt danach als erklärt, wenn es sich unter bestimmten Randbedingungen aus einer solchen Gesetzmäßigkeit („Explanans") herleiten lässt. Die Erklärung erfolgt durch statistische Auswertung der Zusammenhänge innerhalb der Quantität von getroffenen Beobachtungen, folgt also einer **quantitativen Methode** (→ § 5 Rn 2 f.). Das Ergebnis der Erklärung ist eine Wahrscheinlichkeitsaussage. So können Gewalttaten von Jugendlichen mit frühkindlichen Misshandlungen der Täter:innen in Zusammenhang gebracht und geprüft werden, ob zwischen jugendlicher Gewaltdelinquenz und dem Erleiden von Gewalt im Kindesalter ein allgemeiner statistischer Zusammenhang besteht.

9 Beim Erklären werden Geschehnisse zueinander in Bezug gesetzt, die als dinghaft gegeben und wie Naturobjekte als sinnlich wahrnehmbar verstanden werden. Das wahrgenommene Objekt prägt sich angeblich auf der Wachstafel unserer Wahrnehmung ein wie es ist und kann deshalb von jedem bzw. jeder unter den gleichen Voraussetzungen in gleicher Weise, also objektiv, erkannt werden.

In der Gegenwart sind sowohl die erkenntnistheoretischen Voraussetzungen wie die forschungspraktischen Konsequenzen dieses positivistischen Zuschnitts der Kriminologie fragwürdig geworden. Vom Positivismusstreit in den Sozialwissenschaften in den 1960er Jahren[35] beeinflusst, entwickelte sich in der Kriminologie seit Mitte der 1970er Jahre eine Debatte darüber, ob Kriminalität nach positivistischem Muster zu erklären oder aber in einer nichtpositivistischen Weise zu verstehen sei. 10

III. Das Verstehensmodell

Die beschriebene Grundannahme, dass das äußerlich Gegebene einfach objektiv wahrgenommen werden könnte, ist bei kulturell und gesellschaftlich geprägten Gegenständen wie Kriminalität fragwürdig. Die Kultur- und Sozialwelt ist den Forschenden nicht rein äußerlich vorgegeben; wer diese Welt erforscht, ist selbst Teil von ihr und nimmt sie auf eine bestimmte Art und Weise wahr. Sozialwissenschaftliche und damit auch kriminologische Forschung ist also selbst Teil der sozialen Praxis, die erforscht wird. Das wissenschaftliche Beobachten gesellschaftlich-kulturellen Geschehens ist daher zwangsläufig auch von den eigenen Standpunkten und Perspektiven beeinflusst. Die Idee eines voraussetzungsfreien „reinen" Erkennens ist hier Illusion, der „Mythos des Gegebenen"[36], der dem Erklärungsmodell zugrunde liegt, anzuzweifeln. 11

Nach dem **Verstehensmodell** folgt die sozialwissenschaftliche Erkenntnis deshalb anderen Regeln als das naturwissenschaftliche Erklären. Gesellschaftliche Realphänomene sind danach keine Objekte, die der Beobachtung unmittelbar zugänglich wären, sondern man kann verschiedene Bilder und Vorstellungen von ihnen haben. Die soziale Welt ist von Menschen immer schon mit Sinn verbunden, in einer bestimmten Weise mit Bedeutungen versehen. Dieser Sinn wird im gesellschaftlichen Alltag durch soziale Akteur:innen interpretiert, verstanden, mit anderen Deutungen konfrontiert und möglicherweise neu ausgehandelt. Diese Praktiken schaffen ein Verständnis der sozialen Wirklichkeit und machen diese für uns verfügbar. Alle sozialen Akteur:innen, welche die betreffende Sprache beherrschen, sind befähigt, Bedeutungen von Dingen zu verstehen, indem sie diese mit ihren eigenen Assoziationen versehen und so sich davon „ihr" Bild machen. 12

35 *Habermas* 1967.
36 *Sellars* 1997, 117, sect. 63: „The myth of the given".

13 Wenn wir ein Verhalten als Diebstahl wahrnehmen, mag uns dies als klar und selbstverständlich erscheinen. Diese Wahrnehmung folgt aber daraus, dass wir die Bedeutung, die wir dem beobachteten Verhalten zuschreiben, tief als Wissen verinnerlicht haben. Diebstahl ist keine natürliche Gegebenheit, sondern eine Wahrnehmung und Deutung eines bestimmten Geschehens in einer bestimmten Weise. Dabei werden juristische Voraussetzungen wie der „Diebstahlsvorsatz" in Alltagsvorstellungen übersetzt, die wahrgenommene Handlung in ihrer nur aufgrund von Indizien deutbaren Intention – Vorsatz sieht man nicht – in ihrem Sinn bestimmt und dieser Sinn bewertet.

14 Menschliches Handeln wird stets in solcher durch Bedeutung gerahmten Form wahrgenommen und ist nur so anderen vermittelbar. Wer die Handlungsbedeutung verstehen will, muss sich mit dieser Sinnsetzung auseinandersetzen, sie teilen oder ihr eine andere entgegensetzen. Daraus ergibt sich

> „[…] der Leitgedanke einer symbolischen, sinnhaften Konstitution der sozialen Welt und des menschlichen Handelns", demzufolge „die Sozialwelt und ihre Handlungsformen durch kollektive Sinnsysteme konstituiert werden"[37].

15 Jede Wahrnehmung der sozialen „Dinge" beruht also auf einem von ihnen gewonnenen persönlichen Eindruck, der das Wahrgenommene wertend nach Belangvollem und Unbedeutendem strukturiert und den Dingen Sinn beimisst. Da die Wahrnehmung sozialer „Dinge" stets mit **subjektiver Sinngebung** verbunden ist, kommt auch die Wissenschaft nicht ohne sie aus.[38] Wo sich die soziale Welt durch diskursive Praktiken bildet und erschließt, müssen auch die Forschenden diese Praktiken rekonstruieren und dabei auf dieselben Fertigkeiten zurückgreifen, welche diejenigen ausüben, deren Verhalten sie zu analysieren versuchen. Die Sozialwissenschaft ist deshalb bei der Reinterpretation ihres durch Vor-Interpretationen sozialer Akteur:innen gebildeten Themas in den Prozess gesellschaftlicher Bedeutungs- und Identitätsstiftung eingebunden und wirkt mit ihren wissenschaftlichen Interpretationen auf den gesellschaftlichen *common sense* zurück.

16 Dies gilt für die Kriminologie in besonderer Weise. Kriminalität ist keine natürliche Gegebenheit, kein Objekt, das ohne die Beimessung von Sinn und Bedeutung verstanden werden könnte, sondern ein Produkt des gesellschaftlichen

---

37 *Reckwitz* 2012, 15, 32.
38 *Göppinger* 2008, § 4 Rn. 4 ff.

Diskurses. Kriminalität ist ein „negatives Gut“[39], das mit ausgrenzender Distanz, Stigmatisierung und Beschneidung von Ressourcen assoziiert wird. Was als Kriminalität verstanden wird, ist gesellschaftlich ausgehandelt. Das Erkennen von Kriminalität verlangt deshalb, diese Aushandlungen und Assoziationen unter Einbringung des eigenen Vorverständnisses interpretierend nachzuvollziehen.[40]

Die verstehende Perspektive macht deutlich, dass der Mensch und seine Handlungen nicht bloß passives Produkt externer gesellschaftlicher Kräfte sind, auch wenn die Gesellschaft ihn und sein Verhalten prägt. Die „Prägung“ ist eine durchaus wechselseitige, dialektische. Denn soziales Handeln wirkt auf eine symbolisch vermittelte gesellschaftliche Umwelt verändernd ein, die ihrerseits individuelle Reaktionen stimuliert, wobei durch reflexive Verarbeitung von Umwelteinflüssen ein neues Identitätsverständnis geformt wird. Darum muss menschliches Handeln auf der Basis des Selbstverständnisses der Akteur:innen und der Bedeutung, die sie ihrem Handeln beilegen, erschlossen werden. Anders als bei einem Naturgeschehen, das sich durch Bestimmung von Ursachen erklären lässt, geht es hier um das Verstehen menschlichen Handelns.[41] 17

Danach geht es in den Sozialwissenschaften darum, die Bedeutungen und Sinnsetzungen, die Menschen mit ihrem Handeln verbinden, deutend zu rekonstruieren, also gleichsam Bedeutungen von Bedeutungen zu erstellen. Dies wirkt auf den gesellschaftlichen Diskurs über Bedeutungen menschlichen Handelns zurück, gibt ihm Anregungen und neue Akzente. In der kreislauf- oder besser spiralförmigen Dynamik dieser Entwicklung reproduziert sich die Gesellschaft stets aufs Neue, stiftet ihre Identität und findet so zu sich selbst. 18

Die unvermeidbar zirkuläre Struktur des Verstehens der Bedeutungen menschlichen Handelns wird gemeinhin als **hermeneutischer Zirkel** bezeichnet. Dieser ist, um im Bilde zu bleiben, jedoch eher eine weiterführende Spirale als ein sich fruchtlos im Kreise drehendes Gebilde. Denn das anfängliche Verständnis, das Vorverständnis der Interpretierenden, wird an den vorläufig verstandenen gesellschaftlichen Sinnsetzungen geprüft, die Sinnerwartung gegebenenfalls geändert, diese neuerlich mit gesellschaftlichen Deutungen konfrontiert und so weiter. Fern einer nicht erzielbaren strengen Objektivität gelten dabei die Gebote von Sinnadäquanz und diskursiver Begründbarkeit. 19

39 *Sack* 1968, 469.
40 *Ferrell/Hayward/Young* 2015, 1 ff.
41 So das „interpretative Paradigma“ in der Sozialforschung, das Interaktion als interpretativen Prozess versteht, s. *Lamnek/Krell* 2016, 46; ausführlich *Keller* 2012.

> „Die Soziologie […] hat es mit einer Welt zu tun, die schon innerhalb von Bedeutungsrahmen durch die gesellschaftlich Handelnden selbst konstituiert ist, und sie reinterpretiert diese innerhalb ihrer eigenen Theoriekonzepte, indem sie normale und Theoriesprache vermittelt […] es gibt ein fortwährendes ‚Abrutschen' der in der Soziologie geschaffenen Begriffe in den Sprachschatz derer, deren Verhalten mit ihnen eigentlich analysiert werden sollte […].“[42]

20 Da die Kriminologie, wie die Sozialwissenschaften überhaupt, in den gesellschaftlichen Prozess der Sinnstiftung menschlichen Handelns eingebunden ist, folgt auch sie dem erkenntnisleitenden Prinzip einer „doppelten Hermeneutik“[43]. Es gilt, sich beim kriminologischen Rückgriff auf das rechtlich und sozial vorinterpretierte Thema Kriminalität die Einbindung der Kriminologie in den nicht zum Ende kommenden Prozess der gesellschaftlichen Reinterpretation dieses Themas bewusst zu machen. Die wissenschaftlichen Interpretationen dessen haben Rückwirkung auf das gesellschaftliche Verständnis. Dieses Vorgehen lässt sich auch als Reflexivität gesellschaftsbezogenen Erkennens bestimmen, und zwar in einem doppelten Sinne. Zum einen ist die sich über Sinnsetzungen verständigende Gesellschaft reflexiv; zum anderen verdoppelt deren wissenschaftliche Beobachtung diese soziale Reflexivität.

21 Angesichts der beschriebenen Prozesse befindet sich der Forschungsgegenstand in laufender Veränderung. In diesem Sinne prägt auch der Zeitgeist die wissenschaftliche Wahrnehmung und führt dazu, dass das Erkenntnisinteresse sich wandelt und neue Deutungsmodelle bevorzugt werden. So wird Kriminalität heute – anders als noch vor dreißig Jahren – weniger als sozialschädliches Verhalten verstanden, das nach Reaktionen verlangt, sondern eher als Risiko, das vor Schadenseintritt zu kalkulieren und kontrollieren ist. Dementsprechend haben sich die regulierenden Praktiken der Kriminalpolitik von der Reaktion zu präventiven Interventionen verlagert, wobei das staatliche Sicherheitsmonopol zugunsten von Eigenvorsorge und einer Marktöffnung für nichtstaatliche Sicherheitsanbieter:innen durchbrochen wurde. Die Kriminalprävention hat ihren Schwerpunkt von personenbezogenen sozialpolitischen und resozialisierenden Interventionen, mit denen man mutmaßliche Kriminalitätsursachen anzugehen glaubte, auf die situationsbezogene Erschwerung von Tatgelegenheiten in pragmatischen kleinen Schritten verlagert (→ § 22 Rn 18 ff.).

42 *Giddens* 1984, 199.
43 *Giddens* 1984, 199.

Das Verstehensmodell in der Kriminologie bestimmt damit auch seinen **Forschungsgegenstand** in anderer Weise. Das Interesse gilt zum einen den Regeln des Gebrauchs der Kriminalitätsdefinition im gesellschaftlichen Diskurs und durch die Instanzen der Kriminalitätskontrolle – was wird unter welchen Umständen als Kriminalität verstanden? Zum anderen wird nach Regeln geforscht, denen das damit bezeichnete Verhalten folgt – warum handeln Menschen auf diese Weise? Die Kriminologie betrachtet diese Regeln des *crime talk* unter dem Aspekt ihres tatsächlichen Gebrauchs: Nicht in ihrer logischen Konsistenz oder der normativen Korrektheit ihrer Anwendung, sondern in ihrer tatsächlichen Verwendung in der gesellschaftlichen Praxis. 22

Die Bildung besonderer Kriminalitätserscheinungen (→ § 18) kann hier weitgehend unberücksichtigt bleiben, weil die charakteristische Besonderheit einzelner Formen von Kriminalität weniger in diesen selbst liegt, sondern in ihrer deutenden Bestimmung. Darum wäre es irreführend, „besondere Kriminalitätserscheinungen" als gegebene Phänomene anzusehen, die durch Beobachtung in ihrer Ähnlichkeit erkannt werden könnten. Die Teile existieren nicht an sich, sondern werden erst durch Deutungen gebildet. Begriffe wie „Ausländerkriminalität" oder „Organisierte Kriminalität" beschreiben nicht vorrangig Phänomene, sondern sind Ausdruck gesellschaftlicher Wahrnehmungs- und Akzentuierungsbedürfnisse, die zu bestimmten Zeiten vorhanden sind und sich wandeln. 23

In Anlehnung an die dem Erklären komplementäre Erkenntnisform des Verstehens hat sich in der empirischen Sozialwissenschaft neben der objektivierenden quantitativen Forschung eine eigenständige Richtung **qualitativer Forschung** herausgebildet (→ § 5 Rn 2 f.). Diese unternimmt anhand einer in der Regel geringeren Basis von Daten oder Beobachtungen Sondierungen in die Tiefe. Das Interesse gilt der möglichst authentischen Erfassung der „Sinndeutungen" des relevanten Geschehens aus der Subjektperspektive der Betroffenen.[44] Beobachtungen finden „im Feld" einer natürlichen Situation statt, wobei die Forschenden an den situativen Interaktionen teilnehmen. So werden etwa Befragungen in dialogisch geführten und ergebnisoffenen Interviews erstellt, deren Auswertung intensiv erfolgt und nicht auf statistische Kennwerte beschränkt bleibt.[45] 24

44 *Ferrell/Hayward/Young* 2015, 209 ff.
45 *Diekmann* 2020, 531 ff.; *Flick* 2019; *Mayring* 2016.

und Kriminalisierung von Interesse: Etwa die Strafrechtsgeschichte, die bildhaft und hautnah Kontrast- und Analogieerlebnisse zur aktuellen Situation zu vermitteln weiß.[59] Die Romanliteratur, welche die menschlichen Aspekte von Kriminalität und Strafverfolgung veranschaulicht[60] und uns in die Abgründe der Psyche von Täter:innen, Opfern und Verfolgenden blicken lässt[61]. Die Poesie von *Charles Baudelaire*, welche die „Blumen des Bösen“ zum Erblühen bringt.[62] Die Gerichtsreportagen von *Sling*, dem Klassiker des Genres.[63] Die Briefe aus dem Gefängnis von *Vaclav Havel* und *Antonio Gramsci*.[64] Filme wie *Stanley Kubricks* „Clockwork Orange“ und *Milos Formans* „Einer flog über das Kuckucksnest“. Oder nicht zuletzt ganz unvermittelt das Gespräch mit Inhaftierten, Opfern und deren hinterbliebenen Angehörigen.

§ 4 Geschichte der Kriminologie

I. Anfänge und Wegbereiter kriminologischen Denkens

Überlegungen zu den Gründen des Straffälligwerdens und zur sozialen Funktion der Strafe finden sich bereits bei den griechischen Philosophen *Plato* (427-347 v. Chr.), *Aristoteles* (384-322 v. Chr.) und *Hippokrates* (460-377 v. Chr.). Das Mittelalter begreift das Verbrechen als Sünde wider Gott und sperrt sich damit gegen weltliche Kriminalitätserklärungen. Immerhin stützt sich das mittelalterliche Inquisitionsverfahren auf experimentelle Techniken der Gerichtsuntersuchung. Seit Beginn des 14. Jahrhunderts sind Bemühungen um eine richterliche Erforschung der materiellen Wahrheit durch Leichenöffnung und Leichenschau bekannt. Die Peinliche Gerichtsordnung *Karls V.* (*Constitutio Criminalis Carolina*, 1532) schreibt bei Tötung und Kindstötung den Sachverständigenbeweis zur empirischen Abklärung der Verbrechensursache vor. Humanismus und Renaissance vermitteln ein neues säkularisiertes Weltbild, das den Menschen als konkretes Individuum in den Mittelpunkt stellt. Die Säkularisierung erfasst auch das Strafrecht, das sich nunmehr von seinen religiösen Bezügen löst und 1

59 Vgl. den Bildband *Schild* 1985.
60 Dazu *Ruggiero* 2003.
61 *Dostojewskij* 1994; *Genet* 1982.
62 *Baudelaire* 1979.
63 *Sling* (alias *Paul Schlesinger*) 1929.
64 *Gramsci* 1988; *Havel* 1984.

25 In diesem Sinne können gewalttätige Jugendliche nach den Motiven ihres Tuns befragt, die Empfindungen der Opfer ermittelt, der prügelnde Vater auf seine „Erziehungspraxis“ und deren mögliche Spätfolgen angesprochen und daraus eine Deutung des Geschehens in seiner interaktiven Vernetzung vorgenommen werden. Auf die wissenschaftliche Deutung reagiert das Untersuchungsfeld wie die Gesellschaft insgesamt und verlangt nach neuerlicher Prüfung der Sinnadäquanz dieser Deutung. Dem Modell des Erklärens sind solche Zugänge zu den Sinngebungen menschlichen Handelns und der Praxis der gesellschaftlichen Verständigung darüber versperrt. Es reduziert in seiner Beobachtung der Gesellschaft deren sinngebende Strukturen auf buchstäblich „sinnlose“ naturhafte Gegebenheiten.[46]

IV. Schlussfolgerungen

26 Vorerst ist festzuhalten, dass beide Standpunkte in der Kriminologie vertreten werden, wobei das Modell des Erklärens in der deutschen Kriminologie immer noch vorherrschend ist. Die Dominanz des Erklärens in der Kriminologie ist naheliegend, da ihr Datenmaterial weitgehend über Kriminalstatistiken verfügbar ist und der Staat als größter Auftraggeber der kriminologischen Forschung (→ § 1 Rn 8 ff.) sich bevorzugt für die quantitativ-vergleichende Bestimmung des Kriminalitätsvolumens und der Wirksamkeit staatlicher Interventionen interessiert.

27 Allerdings werden wesentliche Aspekte des Forschungsgegenstandes wie gezeigt nur bei einem Vorgehen sichtbar, das dem Verstehensmodell folgt – denn ein maßgeblicher Teil der Auseinandersetzung mit Kriminalität ist die Beschäftigung mit dem interaktiven Prozess ihrer Konstruktion durch die Beobachtenden. Einer auf kausale Erklärungen bedachten, rein objektiv und vermeintlich von außen wahrnehmenden Perspektive bleibt diese Ebene jedoch verborgen.

28 Die Kriminologie setzt sich also (auch) mit den gesellschaftlichen Sinnsetzungen bezüglich Normabweichung und Kriminalität auseinander, wobei der kriminologische Diskurs nicht vollständig unabhängig von der gesellschaftlichen Verständigung verläuft, sondern auf diesen zurückwirkt und ihn mittelbar beeinflusst. Schon bevor Kriminolog:innen sich mit Kriminalität befassten, war dies ein Thema des alltäglichen Diskurses. Kriminolog:innen greifen ein Thema auf, welches bereits mit Bedeutungen versehen ist, die die „normalen“ Leute ihm beimessen, und sie

46 *Sack* 2003, 87.

müssen diese „normalen" Bedeutungen – nicht anders als die Lai:innen es tun – reinterpretieren, um den Gegenstand ihrer Analyse zu bestimmen.

Schaubild 1.1: Erklären und Verstehen 29

	Kausales Erklären	Interpretatives Verstehen
Modell	Monistisch: erklärt „Ursachen" menschlichen Verhaltens wie die verursachenden Faktoren eines Naturgeschehens	Dualistisch: Sinnhaftigkeit und Intentionalität der „Gründe" des Handelns von Subjekten müssen anders als eine Naturgegebenheit bestimmt werden
Sozialwelt als Gegenstand	Unabhängig von den Beobachtenden als mit ihnen nicht kommunizierendes Objekt materiell vorhanden	Forschende sind mit Sozialwelt reflexiv verbunden: sie haben daran Anteil, agieren mit der Forschung in ihr und diese reagiert kommunikativ auf Forschungsergebnisse
Beobachtung	Erfolgt einseitig: Beobachtende → Objekt	Verläuft interaktiv: Beobachtende ↔ Objekt
Methode	Quantitativ an statistischen Zusammenhängen interessiert	Qualitativ an der Rekonstruktion des Sinns interessiert, den der:die Handelnde mit seinem Handeln verbindet

Damit stellt sich die prekäre Frage, was die kriminologische Wahrnehmung zur wissenschaftlichen macht, also vom Lai:innenverständnis unterscheidet. Die Antwort fiele nur leicht, wenn man mit dem Erklärungsmodell davon ausgehen könnte, dass die kriminologische Beobachtung in der streng objektiven wissenschaftlichen Wahrnehmung und Erklärung von Faktizität bestünde. Jedoch gibt es zur Beobachtung der Sozialwelt nicht den einen externen objektiven Standpunkt, sondern nur Standpunkte in ihr, die den Beobachtenden einbeziehen, die seine Wahrnehmung perspektivisch und seine Feststellungen bestreitbar machen. 30

Darum kann die Kriminologie, wie die Sozialwissenschaften überhaupt, nicht mit der unbezweifelbaren Autorität einer „exakten" Wissenschaft auftreten. Dennoch unterscheiden sich wissenschaftliche Auseinandersetzungen mit Kriminalität von Debatten in den Medien, der Politik oder am Stammtisch. Was die Wissenschaft auszeichnet, ist das reflexive Bewusstsein ihrer Perspektivengebundenheit, ihr Bemühen um Unbefangenheit und die diskursive Begründung ihrer Annahmen. Dies soll im folgenden Abschnitt genauer erläutert werden. 31

§ 3 Das Problem kriminologischer Unbefangenheit

Lektüreempfehlung: *Kunz, Karl-Ludwig* (2008): Die wissenschaftliche Zugänglichkeit von Kriminalität. Wiesbaden, 35-53; *Sack, Fritz* (1996): Kriminalität dementieren – sonst nichts? KrimJ 28, 297-300.

1 An sich ist es erwünscht und soweit möglich geboten, sich bei der wissenschaftlichen Annäherung an Kriminalität von der schillernden Ambiguität der Empfindungen zu lösen. Die Faszination der Kriminalität, ihr geheimnisvoller und leidenschaftlicher Gehalt, löst in uns wie kaum sonst ein Thema Empfindungen des Mitgefühls und der Abscheu, der Neugier und der Verängstigung aus, deren Widerstreit nicht zum Ende kommt, sondern sich problembezogen immer wieder neu entzündet. Die von der Kriminalität in uns ausgelöste Erregung (ver)leitet unsere Wahrnehmungsgabe, (ver)führt uns zu einseitigen Schlüssen, macht uns in Vorurteilen befangen. Unsere subjektiven Vorstellungen über Kriminalität sind stark durch unsere Lebensgeschichte und durch persönliche Erlebnisse in Rollen wie denen des Opfers, der mitfühlenden Angehörigen, der spitzbübisch über ein gelungenes Ganovenstück sich freuenden Zeitungslesenden geprägt. Die subjektive Wahrnehmung und Einstellung zur Kriminalität ist kontextabhängig. Dieser Kontext ist anderen kaum je vollständig vermittelbar, ist vielfach uns selbst gar nicht bewusst. Eigene Wahrnehmung vermischt sich in der Erinnerung mit Berichten vom Hörensagen. Unmittelbare Erfahrungen werden überlagert durch vielerlei Aufarbeitungen des Themas in Presse und Literatur, auf die wir je nach Geschmack zurückgreifen und die unser Vorstellungsbild unterschiedlich prägen. All dies erschwert einen möglichst vorurteilslosen, allgemein nachvollziehbaren Zugang zum Thema.[47]

2 Ausdruck eines solchen möglichst wertungsfreien Zugangs zum Thema ist die Ablösung der Bezeichnungen „Kriminelle:r“ und „Kriminalität“ durch den Begriff des **„abweichenden“** oder „devianten“ Verhaltens. Damit soll von einer einseitig negativen, stigmatisierenden Wertung Abstand genommen und ein unbefangener, sich moralischer Parteinahme enthaltender Zugang erleichtert werden. Zugleich werden damit Verbindungslinien gezeichnet zu anderen, nicht strafbaren sozialen Auffälligkeiten. Mag es sich auch um eine zunächst gekünstelt wirkende Beschreibung handeln – das Verständnis der Kriminalität als sozial abweichendes Verhalten, dessen Eigenart allein in der Abweichung von gesellschaftlich herrschenden Normen besteht, ist eine tragfähigere Basis

47 *Sack* 1996, 297 ff.

für eine Wissenschaft, die sich dem Anspruch eines möglichst vorurteilsfreien Studiums stellt.

In der Regel wird die gebotene **wissenschaftliche Unbefangenheit** sehr radikal dahin verstanden, die Wissenschaft müsse strikt „wertfrei" und „objektiv" vorgehen. Gefordert ist eine Trennung der emotional befrachteten lebenspraktischen Wahrnehmung von der wissenschaftlichen Untersuchung. Letztere müsse von den Trübungen dieser Wahrnehmung gereinigt, rein „wertneutral", also gleichsam auf einer kognitiven *tabula rasa* erfolgen. In den Naturwissenschaften erscheint diese Auffassung noch einigermaßen plausibel, obwohl auch die modernen Naturwissenschaften ihren fragwürdigen Rigorismus nicht mehr teilen[48]: Chemiker:innen, die eine unbekannte Reagenz auf ihre Bestandteile analysieren, mögen dabei von Neugier, Wissensdurst und Streben nach Reputation geplagt sein. Solange sie die Regeln der experimentellen Forschung einhalten, werden sie ungeachtet des eigenen möglichen Interesses an spektakulären Ergebnissen einigermaßen „wertneutral" zu „objektiven" Erkenntnissen gelangen. 3

Dies gilt für die Kriminalität so nicht. Sie ist nie reines Objekt, das unabhängig vom erkennenden Subjekt existiert und – nur deshalb und nur dann – in theoretischer Distanz streng „wertneutral" analysiert werden könnte. Kriminalität ist ein gesellschaftlicher Gegenstand, an dem Forschende als gesellschaftliche Subjekte immer schon je spezifisch Anteil haben, und den sie aus ihrer je besonderen persönlichen Perspektive wahrnehmen. Eine völlige Befreiung von dieser Perspektive, die die Forschenden gleichsam auf einen fremden Stern versetzen und ihnen dadurch den objektiven Blick auf die Gesellschaft verschaffen würde, ist weder möglich noch zur Erlangung der gebotenen Unbefangenheit nötig. Strenge „Objektivität" bedeutet die Illusion der Möglichkeit eines Blicks von Nirgendwo.[49] Stattdessen geht es darum, angesichts der zwangsläufigen Eingebundenheit der Forschenden in eine spezifische Lebenspraxis, welche auch spezifische Vorstellungen über Kriminalität vermittelt, Unbefangenheit herzustellen: Es gilt, sich bei wissenschaftlichen Aussagen über Kriminalität die Subjektivität der eigenen lebenspraktischen Einstellung zu dem Thema reflexiv bewusst zu machen, sich so gut wie möglich davon im Erkenntnisvorgang zu distanzieren, sich für Deutungsmöglichkeiten zu öffnen, die von dem eigenen Vorstellungsbild abweichen, und quer zu antrainierten Mustern zu denken. 4

48 *Feyerabend* 1986.
49 *Nagel* 1986.

5 Kriminolog:innen gewinnen in dem Maße wissenschaftliche Unbefangenheit, wie es ihnen gelingt, die Selbstevidenz vertrauter Kriminalitätswahrnehmungen zu meiden, sich von routinemäßigen Denkhaltungen zu befreien und am gesellschaftlichen Diskurs über Kriminalität gleichsam wie irritierende Fremde teilzunehmen, welche Fragen stellen, auf die andere nicht kommen. So lässt sich die Wissenschaftlichkeit der Kriminologie in ähnlicher Weise bestimmen, wie *Zygmunt Bauman* (1925-2017) dies für die Soziologie tut. Damit distanziert sich dieses Verständnis wissenschaftlicher Unbefangenheit deutlich von dem Postulat des „wertfreien" Erkennens.

> „One could say that the main service the art of thinking sociologically may render to each and every one of us is to make us more *sensitive*; it may sharpen up our senses, open our eyes wider so that we can explore human conditions which thus far had remained all but invisible [...] Sociological thinking is, one may say, a power in its own right, an *antifixating* power. It renders flexible again the world hitherto oppressive in its apparent fixity; it shows it as a world which could be different from what it is now. It can be argued that the art of sociological thinking tends to widen the scope, the daring and the practical effectiveness of your and my *freedom*. Once the art has been learned and mastered, the individual may well become just a bit less manipulable, more resilient to oppression and regulation from outside, more likely to resist being fixed by forces that claim to be irresistible."[50]

6 Im Bemühen um eine objektive wissenschaftliche Erkenntnis wurde um die Jahrhundertwende von Anhänger:innen des sogenannten Logischen Empirismus die Auffassung vertreten, werturteilsbehaftete moralische Aussagen seien schlechthin unzulässig. Diese rigoros metaphysikfeindliche These wurde im **Kritischen Rationalismus** von *Karl Popper* (1902-1994) abgeschwächt. Aus der Einsicht, dass Forschende als Menschen zu einem gesellschaftlichen Forschungsgegenstand ein je spezifisches Verhältnis haben, das auch ihr Forschungsverhalten bestimmt, wurde abgeleitet, werturteilsbehaftete Aussagen seien Forschenden wie allen anderen sonst im politisch-moralischen Diskurs unbenommen, im Forschungsprozess haben sie sich ihrer aber zu enthalten. Das Problem, wie dies möglich sei, sucht *Popper* mit einer Analogie zum Kaffeetrinken zu lösen: Die notwendig auf eine subjektive Stellungnahme hinauslaufende Anteilnahme der Forschenden am gesellschaftlichen Forschungsgegenstand entfalte eine bloß anregende Wirkung wie der Kaffee, den der:die Chemiker:in vor Erstellen des Experiments genieße. Sofern nur die Forschung selbst nach dem Modell eines naturwissenschaftlichen Experiments durchge-

50 *Bauman/May* 2019, 16 f.

führt werde, seien deren Befunde objektiv gültig. Erst die Tilgung, oder besser: die Verleugnung der subjektiven Komponente macht die erfahrungswissenschaftliche Versuchsanordnung möglich:

> „Jeder empirisch-wissenschaftliche Satz (muss) durch Angabe der Versuchsanordnung u. dgl. in einer Form vorgelegt werden, dass jeder, der die Technik des betreffenden Gebiets beherrscht, imstande ist, ihn nachzuprüfen."[51]

Nach dem von *Poppers* Kritischem Rationalismus geprägten Wissenschaftsverständnis der objektivierenden empirischen Forschung muss man sich als Kriminolog:in von der eigenen persönlich-moralischen Werthaltung zur Kriminalität freimachen, muss sich auf die Aufstellung solcher Behauptungen („Hypothesen") beschränken, die experimentell überprüfbar sind, d. h. an Erfahrungen scheitern können. Die Wahl eines bestimmten Wirklichkeitsausschnitts der Kriminalität – etwa Kriminalität als mögliches Ergebnis einer bestimmten biologischen Veranlagung oder einer bestimmten gesellschaftlichen Struktur – ist im Kritischen Rationalismus zwar Teil des unverbindlichen Entstehungszusammenhanges, in dem Forschende nach ihren persönlichen Neigungen ein ihnen anregend erscheinendes Thema wählen. Die Wissenschaftlichkeit ihres Vorgehens ergibt sich hingegen allein aus dem Begründungs- oder Rechtfertigungszusammenhang, in welchem die Beobachtungen und Schlussfolgerungen ohne subjektive Beimengung rein objektiv empirisch getestet und systematisch geprüft werden. 7

Aber wie sollen ausgerechnet Kriminalität und Bestrafungsvorgänge, die doch eminente Leiden schaffen und heftiges Mitfühlen auslösen, völlig leidenschaftslos studiert werden können? Die kriminologischen Untersuchungsgegenstände sind jedenfalls keine rein wertneutral zugänglichen Präparate unter dem Mikroskop der Forschenden, sondern Produkte menschlicher Handlung und Deutung, die die Forschenden interpretativ erschließen und auf die sie mit ihrer Forschung verändernd einwirken. Bereits die Wahrnehmung als erster Filter der empirischen Beschäftigung mit sinnlich erfassbaren Aspekten von Kriminalität ist vom Menschen als einem empathisch empfindenden Sozialwesen geprägt. Davor vermag auch das Bemühen um scheinbar „objektivierende", menschliches Verhalten quasi naturwissenschaftlich erschließende Zugangswege nicht zu schützen. Zudem fließen bei der Wahl eines dem:der Forschenden unter den Nägeln brennenden Themas interindividuell unterschied- 8

51 *Popper* 1971, 257.

liche Empfindungen und Assoziationen zum Kriminalitätsthema unvermeidlich mit ein (→ § 2 Rn 11).

> „Der Unterschied zwischen Gesellschaft und Natur besteht darin, dass Natur nicht vom Menschen gemacht ist, nicht *durch* den Menschen erzeugt wurde. [...] Die Gesellschaft [...] ist nicht von einer einzelnen Person geschaffen worden, sie wird vielmehr (wenn auch nicht *ex nihilo*) durch die Teilnehmer eines jeden gesellschaftlichen Kontakts geschaffen und aufrechterhalten. Die *Produktion der Gesellschaft* ist eine auf Fertigkeiten beruhende, vom Menschen getragene und ‚geschehen gemachte' Leistung. Sie ist nur möglich, weil jedes (kompetente) Gesellschaftsmitglied ein praktischer Gesellschaftstheoretiker ist; bei jeder Art von Kontakt, den es unterhält, greift es normalerweise ungezwungen und routinemäßig auf sein Wissen und seine Theorien zurück, und der Gebrauch dieser praktischen Ressourcen ist genau die Bedingung für die Herstellung gesellschaftlicher Kontakte überhaupt. Solche Ressourcen [...] sind *als solche* vom theoretischen Standpunkt der Sozialwissenschaftler *nicht zu verbessern*, sondern werden *von diesen* im Laufe jeder Untersuchung, die sie durchführen, selbst in Anspruch genommen. D. h., die Beherrschung der Ressourcen, die Gesellschaftsmitglieder zur sozialen Interaktion befähigt, ist ebenso eine Voraussetzung für das Verstehen dieses Verhaltens durch den Sozialwissenschaftler wie sie es für jene Mitglieder selbst ist."[52]

9 Die Praxis der deutschsprachigen Kriminologie wird indes nach wie vor von dem vorherrschenden Erklärungsmodell (→ § 2 Rn 6 ff.) bestimmt. Danach gilt es, „die Gesamtheit des Erfahrungswissens"[53] zu sammeln und zu ordnen. Kriminologie wird so als Erfahrungswissenschaft verstanden, die sich auf die Beobachtung erhobener Fakten gründet und die gewonnenen Wahrnehmungen an theoriegeleiteten Hypothesen überprüft. Ziel ist die Gewinnung eines „festen Bestandes an gesichertem Wissen"[54]. Damit soll sich die Kriminologie zu einer **„harten" Wissenschaft** entwickeln, die streng auf aussagekräftigen Beobachtungen beruht.[55] Der in den Sozialwissenschaften unhaltbare Rigorismus eines „wertfreien" Erkennens vermittelt den trügenden Eindruck, die Sozialwelt sei als eine Fülle vermeintlich naturalistisch beobachtbarer „Befunde", „Daten" oder „Tatsachen" vorgegeben.

10 Diesem Eindruck entspricht die Vorstellung, die erhobenen Beobachtungen ergänzten einander und würden sich, Mosaiksteinchen ähnlich, *à la longue* zu dem linearen Gesamtbild eines gesicherten Wissensbestandes zusammenfügen.

---

52 *Giddens* 1984, 16 f.
53 *Kaiser* 1997, 1.
54 *Kaiser* 1997, 9.
55 *Killias* 2007, 315, 329.

Diese Vorstellung eines schrittweisen Erkenntnisfortschritts durch quantitatives Wissenswachstum wäre nur in dem Maße zutreffend, wie homogene Erkenntnisraster verwandt und Beurteilungen getroffen würden, über die in der Forschendengemeinschaft Konsens bestehen. Indes ist jede Erhebung von Daten theorie- bzw. hypothesengeleitet. Die jeweils gewählten methodischen Instrumente bestimmen die Untersuchungsanordnung, die sich notwendig auf die Prüfung bestimmter Aspekte des zu untersuchenden Phänomens beschränkt. Die theoriegeleitete Wahl des Untersuchungsfeldes und die Entscheidung, gewonnene Ergebnisse als vorläufig verbindlich zu akzeptieren, verlangen wertende Entschlüsse, die nicht erfahrungswissenschaftlich begründbar sind, sondern nur in dem Maße Gültigkeit beanspruchen, wie sie diskursiv begründet, argumentativ belastbar und von der Gemeinschaft der Forschenden akzeptiert sind.

Der von der kriminologischen Bedarfsforschung (→ § 1 Rn 8) erweckte falsche Anschein der strikt wertneutralen Wissensproduktion trifft jedoch den Bedarf der Politik. Von der Vorstellung scheinbar makellos wertfrei gewonnener Befunde geht eine Faszination aus, der die praktische Kriminalpolitik bereitwillig erliegt. Die Magie scheinbar eindeutiger „Fakten“ verleiht dem kriminalpolitischen Argument, das sich darauf bezieht, etwas vermeintlich Objektives und Definitives. *Foucault* macht angesichts dessen für diese Richtung eine „geschwätzige und aufdringliche“ Anbiederung an die offizielle staatlich dominierte Kriminalpolitik aus: 11

> „Haben Sie schon Texte von Kriminologen gelesen? Da haut es Sie um. Ich sage das nicht aggressiv, sondern erstaunt, weil ich nicht verstehen kann, wie dieser Diskurs der Kriminologen auf diesem Niveau bleiben konnte. Er scheint für das System so nützlich und notwendig zu sein, dass er auf theoretische Rechtfertigung oder methodische Konsistenz verzichten zu können glaubt. Er ist einfach ein Gebrauchsartikel.“[56]

Die quantifizierende empirische Erfassung und Erklärung von „Sozialdaten“ bildet die soziale Welt nicht ab, sondern simuliert diese in einem Artefakt, dessen Struktur durch die empirische Recherchetechnik vorgegeben ist. Der dem naturwissenschaftlichen Experiment nachgebildete empirische Erfahrungstest reproduziert durch Verwendung von standardisierten Fragebögen und statistischen Auswertungsverfahren Individuen und ihr Handeln so, als ob es sich dabei um mikroskopische Präparate handelte, deren Merkmale objektiv 12

56 *Foucault* 1976a, 41.

messbar seien. Ausgeblendet bleiben dabei die nur verstehend erschließbaren Intentionen der Agierenden kriminalisierter und kriminalisierender Handlungen, die intersubjektiven Wirkungszusammenhänge, die mitmenschlich nachfühlbare Leidensgeschichte von Opfern und Bestraften, kurz: die spezifisch **menschliche Subjektivität** von Kriminalität und Kriminalisierung. Die Umformung dieser Subjektivität in empirisch erfassbare Eigenschaften von Subjekten muss deren Handlungen als durch solche Eigenschaften im Sinne einer statistischen Wahrscheinlichkeit determiniert verstehen.[57] Objektivierende quasi naturwissenschaftliche Versuchsanordnungen in der Kriminologie tragen dazu bei, die „Kriminellen" als autonome Personen zu vernichten.

> „Par la connaissance scientifique, la société prend d'elle même une conscience réflexive: elle se voit, elle se décrit, elle voit dans le voleur un de ses innombrables produits; elle l'explique par des facteurs généraux. Quand elle a fini son travail, il ne reste plus rien de lui."[58]

13 Aus diesem Befund lassen sich mehrere Konsequenzen ziehen. Erstens besteht Bedarf für eine **alternative** verstehende kriminologische Erkenntnismethode, die

- die Unvoreingenommenheit des Erkennens anders als durch das uneinlösbare Postulat strikter Wertfreiheit erstrebt;
- die zu beobachtenden Subjekte als intentional handelnde Akteur:innen und nicht als in ihrem Verhalten determinierte Objekte versteht;
- die sich auf die Komplexität der zu erschließenden Wirklichkeit einlässt, anstatt die Wirklichkeit auf die mit standardisierten Erhebungsverfahren sichtbar zu machenden Merkmale zu reduzieren.

Eine solche sich interpretativ verstehende Forschung gewinnt gerade bei einem kritischen, für unkonventionelle Perspektiven aufgeschlossenen Publikum immer stärkere Bedeutung.

14 Zweitens sind neben der dem Verstehensmodell (→ § 2 Rn 11 ff.) folgenden qualitativen Forschung andere Zugangswege zu den Phänomenen von Kriminalität

57 *Kunz* 1990, 92.

58 *Sartre* 1952, 545: „Durch ihre wissenschaftliche Wahrnehmung gewinnt die Gesellschaft von selbst ein reflexives Bewusstsein: sie beobachtet sich, sie beschreibt sich, sie erkennt im Dieb eines ihrer unzähligen Werke; sie erklärt sich durch generelle Umstände. Wenn sie ihre Arbeit beendet hat, bleibt von ihm nichts mehr übrig." Diese brillante Analyse aus dem Standpunkt eines „Zuchthäuslers" war ursprünglich als Einführung zu den gesammelten Werken des wegen Raubes und Päderastie mehrfach inhaftierten Dichters *Jean Genet* gedacht.

nach einer weltlichen Begründung der Strafe sucht. Spekulationen über gesellschaftliche Verbrechensursachen lösen erstmals eine Kritik der geltenden Strafpraxis aus. So stellt der Humanist *Thomas Morus* (1478-1535) die bezeichnende Frage nach der „Herkunft der Diebe“ und schlägt eine vorbeugende Kriminalitätsbekämpfung durch Minderung von Armut und Elend vor.[65]

2 Eine **systematische Befassung** mit Kriminalität setzt im 18. Jahrhundert ein. Die französische Aufklärungsphilosophie bekämpft die „Unvernunft“ mythisch-religiöser Vorstellungen und postuliert die Ideale der Freiheit, Gleichheit und Brüderlichkeit. Damit liefert die Aufklärung die methodischen Instrumente einer Kritik der diesen Idealen widersprechenden Sozialordnung des *Ancien Régime*. Die Verwirklichung dieser Ideale bildet die politische Rechtfertigung der Revolution von 1789. Indem die französische Aufklärungsphilosophie einerseits die Entfaltung säkularer Wissenschaften beflügelt und andererseits eine kritische, auf politische Veränderungen hin abzielende Gesellschaftstheorie anleitet, bildet sie die Basis für eine bipolare Entwicklung der Gesellschaftswissenschaften, die alsdann in zwei Lager auseinanderdriften. Das eine Lager übernimmt die in den rasch expandierenden exakten Naturwissenschaften entwickelten Methoden empirischer Beschreibung und Erklärung in die Gesellschaftswissenschaften und unterwirft diese einem sozialtechnologischen Erkenntnisinteresse. Das andere Lager bezieht Ideale, die auf eine Gesellschaftsveränderung abzielen, in die Theoriebildung ein und verfolgt damit ein kritisches Erkenntnisinteresse.

3 Beide Lager finden sich in der Folge zeitversetzt in der Kriminologie vertreten: Während die Klassische Schule der Kriminologie des 18. Jahrhunderts noch beide Erkenntnisinteressen zu verfolgen trachtet, wird im 19. Jahrhundert in der anthropologisch-positiven Schule (→ § 4 Rn 19) ein sozialtechnologischer Umgang mit Kriminalität ausgebildet.

65 *Morus/Campanella/Bacon* 1960.

II. Die Klassische Schule des 18. Jahrhunderts

Lektüreempfehlung: *Foucault, Michel* (1976b): Überwachen und Strafen. Frankfurt a. M., 93-132; *Naucke, Wolfgang* (1989): Die Modernisierung des Strafrechts durch Beccaria. In: *Deimling, Gerhard* (Hrsg.): Cesare Beccaria. Heidelberg, 37-53.

Noch nicht 26-jährig, veröffentlicht der Mailänder Graf *Cesare Beccaria Bonesana* (1738-1794) 1764 ein schmales Buch unter dem Titel „Dei delitti e delle pene" („Über Verbrechen und Strafen"). Diese bald ins Französische und ins Deutsche übersetzte Schrift entfacht in wenigen Jahren europaweit eine hitzige Debatte über Strafgesetzgebung und Kriminalpolitik. So verfasst *Voltaire* (1694-1778) 1766 einen Kommentar zu diesem Buch, der mit den Worten beginnt: 4

> „Ich stand mitten in der Lektüre des kleinen Buchs über Verbrechen und Strafen, das in der Moral ist, was in der Medizin die wenigen Heilmittel sind, mit denen unsere Übel erleichtert werden können. Ich schmeichelte mir, dieses Werk werde den Rest der Barbarei im Rechtswesen so vieler Nationen verringern; ich hoffte auf einige Reformen im Menschengeschlecht […]."[66]

Beccarias Werk, dessen Titel bereits den Zusammenhang des Verbrechens mit der Gesellschaft betont, liest sich heute als eine **humanitäre Kritik** der sinnlosen Brutalität des menschenunwürdigen Strafrechts seiner Zeit und als Grundlegung eines modernen und effizienzorientierten Strafrechts. Die in einem politisch-philosophischen Räsonnement vorgetragene Kritik wendet sich gegen ein despotisches und irrationales Strafrecht, das Handlungen ohne Rücksicht auf die Verletzung sichtbarer Rechtsgüter pönalisiert. Angeprangert werden die Nutzlosigkeit und Ungerechtigkeit der Todesstrafe und der Folter. Gefordert wird ein für alle gleiches gesetzlich bestimmtes Strafrecht, das sich an der Sozialschädlichkeit von unter Strafe gestellten Handlungen ausrichtet und das von unabhängigen gesetzlichen Richtenden vollzogen wird. 5

Die Grundannahme der Aufklärung, dass alle Menschen gleich und frei seien, formt das Menschenbild eines rational und autonom handelnden Individuums. Für das Kriminalitätsverständnis folgt daraus, dass prinzipiell jeder Mensch fähig ist, eine unter Strafe stehende Handlung zu begehen und es keine individuellen Ursachen des Straffälligwerdens jenseits der freien Entscheidung der Täter:innen gibt. Damit werden mögliche täter:innenorientierte Erklärungen des Straffälligwerdens, welche das strafbare Verhalten von Umständen jenseits des freien Willens als abhängig erscheinen lassen, verworfen. 6

66 Zitiert nach *Alff* 1989, 85 f.

7 Die Ursachen der Kriminalität bestimmt *Beccaria* vor allem in einer unvernünftigen Gesetzgebung, welche die Zahl der mit Strafe bedrohten Handlungen vermehrt, anstatt sie zu vermindern, die widersprüchliche, für den Bürger unverständliche Gesetze produziert, welche die natürlichen Rechte des Individuums missachtet und die Furcht in der Bevölkerung steigert. Weitere Ursachen sind eine korrupte Rechtsprechung, ein gesetzlich unzureichend geregeltes Strafverfahren sowie die Begünstigung des Denunziantentums durch geheime Anklagen. Damit sind für *Beccaria* die Ursachen der Kriminalität im Kriminaljustizsystem selbst, in seiner unvernünftigen und ungerechten Struktur, angelegt. Eine erfolgreiche Verbrechensvorbeugung erfordert deshalb einen grundlegenden Wandel des Strafrechts und seiner Anwendung, ja letztlich der politischen und gesellschaftlichen Verhältnisse.[67] Nicht von ungefähr ist *Beccarias* Mailänder Lehrstuhl der „Politischen Ökonomie und Wissenschaft der Polizei" gewidmet, wobei „Polizei", dem griechischen *politeia* folgend, sich umfassend mit der Innenpolitik befasst.

8 Der Erklärungsansatz *Beccarias* besitzt Aktualität. Indem er die Verbrechensursachen in kriminogenen Befindlichkeiten des Kriminaljustizsystems und in der gesellschaftlichen Makrostruktur sucht, deutet er die Kriminalität als ein rechtlich und gesellschaftlich produziertes Phänomen, das durch die soziale Reaktion darauf erklärbar wird.

9 Für die von *Beccaria* geprägte Klassische Schule folgt – anders als für den philosophischen Idealismus *Immanuel Kants* (1724-1804) – die Notwendigkeit einer rechtsstaatlichen Mäßigung der Strafgewalt aus Nützlichkeitserwägungen. Das Übermaß der Züchtigungen wird weniger als Missbrauch denn als Regellosigkeit und fehlende Ökonomie des Strafens kritisiert. Die Klassische Schule propagiert mit ihrer humanitär motivierten Kritik keine neue Empfindsamkeit, sondern ein neues **ökonomisches Kalkül** des Strafens, das dessen Wirksamkeit und soziale Akzeptanz erhöhen soll. Die Strafe dient nunmehr zur differenzierten Behandlung der Gesetzwidrigkeiten. Die Willkür und Maßlosigkeit wird ersetzt durch eine proportionale Ökonomie, die nur gerade so viel bestrafen will, wie ausreicht, um Delikte zu verhindern.[68] Damit wird die Grundlage für ein präventionsbezogenes und effizienzorientiertes Strafrecht gelegt, das sozialtechnisch bestimmt ist.

67 *Deimling* 1989, 171.
68 *Foucault* 1976b, 93 ff.; *Newburn* 2017, 126.

10 Diese Entwicklungslinie der Klassischen Schule wird besonders in England weiterverfolgt. Der von *Jeremy Bentham* (1748-1832) geprägte britische Utilitarismus ist um höchste technologische Strafeffizienz bemüht. In diesem Sinne schlägt *Bentham* Gefängnisbauten in Form eines die totale Überwachung ermöglichenden *Panopticons* vor. Für den Utilitarismus sind menschliche Handlungen vom Streben nach persönlichem Wohlergehen und der Vermeidung von schmerzhaftem Leid motiviert. Die Aufgabe des Strafrechts besteht folglich in der Sicherstellung, dass das angedrohte Leid der Bestrafung potenzielle Täter:innen von dem mit Straftaten verbundenen persönlichen Gewinn abschrecken wird. Die Vorstellung der Strafe als eine Art ökonomische Lenkungsmaßnahme, die potenzielle Täter:innen in ihrer autonomen Entscheidung für oder gegen ein Straffälligwerden beeinflussen könne, wird in der Gegenwart von der neoklassischen ökonomischen Kriminalitätstheorie wieder aufgegriffen (→ § 12 Rn 11 ff.).

11 Die Klassische Schule bildet die Kriminologie noch nicht als eigenständiges Fach aus. Die Befassung mit Kriminalität erfolgt nicht aus Expert:innensicht, sondern aus der Perspektive einzelner Universalgelehrter und folgt dem zwiespältigen Anliegen einer humanitären und zugleich effizienzorientierten Strafrechtskritik. Bewusst wird auf die Suche nach charakteristischen Merkmalen von Rechtsbrecher:innen verzichtet. Ein Konzept für einen speziell auf Kriminalität bezogenen Untersuchungsansatz fehlt. Das Verbrechen wird als eine allgegenwärtige Versuchung für alle Menschen betrachtet. Differenzierende Erklärungen dafür, warum einige dem Verbrechen verfallen und andere nicht, werden nicht gegeben.

III. Die Herausbildung der modernen Kriminologie im 19. Jahrhundert

Lektüreempfehlung: *Becker, Peter* (2002): Verderbnis und Entartung. Göttingen, 11-34; *Crews, Angela D.* (2009): Biological Theory. In: *Miller, J. Mitchell* (Hrsg.): 21st Century Criminology. Vol 1. Thousand Oaks, 184-200.

12 Nachdem das Bürgertum an die Macht gelangt ist, setzen sich die Vorstellungen *Beccarias* nur unvollkommen durch. Das ökonomische Kalkül des Strafens der Klassischen Schule ist auf eine Gesellschaft gleicher, wirtschaftlich und politisch emanzipierter *Citoyens* gemünzt. Mit dem Aufkommen des Industrieproletariats und der zunehmenden Verhärtung der Klassenauseinandersetzung verliert *Beccarias* Konzept seinen gesellschaftlichen Bezug. Die weitgehend mit Armut

und Elend zusammenhängende Kriminalität wird zu Beginn des 19. Jahrhunderts als Gefahr für das Bürgertum durch verdorbene, Freiheiten missbrauchende Halunk:innen interpretiert. Der moralisierende Diskurs über das verbreitete Gauner:innentum dient dem Schutz von Eigentum und Privilegien der wohlhabenden Bürger und legitimiert sicherheitspolizeiliche Interventionen.

13 Im Verlaufe des 19. Jahrhunderts bestimmen zwei weitere, einander konträre Vorstellungen das Bild der Kriminellen: Der sozial verelendete und der von seiner Natur her degenerierte, krank entartete Mensch. In Abgrenzung von der Klassischen Schule verbindet sich mit beiden Vorstellungen eine Abhängigkeit der Kriminalität von **determinierenden Umständen**, welche das Individuum dauerhaft prägen und besonders die karrierehafte schwerwiegende Kriminalität erklären sollen.[69] Erstmals in Frankreich erfolgt durch *Alexandre Lacassagne* (1843-1924) und *Gabriel Tarde* (1843-1904) eine milieubezogene Betrachtung des Verbrechens. Die frühen Studien formulieren eher Programmsätze als prüfbare Annahmen (*Lacassagne*: „Les sociétés ont les criminels qu'elles méritent!"[70]) und verfolgen keine spezifischen Ziele der Kriminalitätsprävention, sondern wollen allgemeiner private karitative Bemühungen in Abstinentenverbänden und Besserungsvereinen sowie staatliche Benachteiligtenhilfe fördern.

14 Eine zunächst ähnlich vorwissenschaftliche Neugier richtet sich auf die aus physikalischen Eigenheiten von Individuen erkennbare naturhafte Veranlagung zum Verbrechen. Die Physiognomie als die Lehre von der charakterlichen Bestimmung eines Menschen durch äußerliche Merkmale wird bereits von *Aristoteles* praktiziert und erstmals 1586 von *Giambattista della Porta* (1535-1615) systematisch entwickelt. Ausgangs des 18. Jahrhunderts studiert der Zürcher Pfarrer *Johann Caspar Lavater* (1741-1801) die Gesichtszüge hingerichteter Missetäter:innen und leitet daraus eine „Kriminalphysiognomie" ab.[71] Wenige Jahrzehnte später schließt der badische Arzt *Franz Josef Gall* (1758-1828) aus der Schädelform des Menschen, die sich den je individuell ausgeprägten Hirnteilen anpasse, auf charakteristische Anlagen und begründet mit seiner „Cranioscopie" genannten Methode die später umfassend auf Gehirn, Veranlagung und Verhalten bezogene Phrenologie.[72]

69 *Becker* 2002, 11 ff.
70 Sinngemäß: „Jede Gesellschaft hat die Kriminellen, die sie verdient".
71 *Lavater* 1775-1779, 490.
72 *Gall/Spurzheim* 1809.

Die **moderne Kriminologie** als Fach mit einem systematisch erlangten und wissenschaftlich akkreditierten Wissensbestand entwickelt sich, als im zweiten Drittel des 19. Jahrhunderts das wissenschaftliche Interesse an einer Erklärung der Ursachen von Kriminalität mit den spezifischen administrativen Bedürfnissen des Kriminaljustizsystems zusammentrifft. Die Verbindung des wissenschaftlich auf die Kriminalitätsursachen gerichteten, also ätiologischen, mit dem auf staatliche Kriminalitätsbekämpfung gerichteten gouvernementalen Anliegen erschafft die Kriminologie als Wissenschaft der Kriminalitätsursachenergründung im Dienste der staatlichen Kriminalitätskontrolle. Noch immer sind es die gesellschaftliche Umwelt und die natürliche Veranlagung, die als Kriminalitätsursachen in den Blick genommen werden. Aber nun erfolgt die Prüfung möglicher Ursachen professionalisierter und mit klarem Fokus auf die Optimierung der Kriminalitätskontrolle. 15

Seither ist die Kriminologie im Kräftefeld zwischen wissenschaftlicher Autonomie und Praxisnutzen gefangen und bewegt sich darin auf unterschiedlichen Positionen. Dies hätte sich auch anders entwickeln können: Das theoretische Projekt einer akademischen Wissenschaft der gesellschaftlichen Normabweichung ohne strafrechtlichen Themen- und Relevanzbezug wäre ebenso möglich gewesen wie eine auf die Zulieferung nützlicher Informationen gepolte instanzenabhängige Institution ohne akademischen Anspruch.[73] 16

Die **gesellschaftliche Beeinflussung** der Kriminalität wird von dem französischen Soziologen *Emile Durkheim* (1858-1917) auf Modernisierungsprozesse in der arbeitsteiligen Industriegesellschaft bezogen und führt zu einer eigenständigen Kriminalitätserklärung aus einem „anomisch“ genannten gesellschaftlichen Zustand (→ § 9 Rn 3 ff.). Ähnlich ambitiös ist die von dem Belgier *Lambert Adolphe Quételet* (1796-1874) in seiner „Physique Sociale“ von 1834/35 entwickelte Politische Arithmetik.[74] In dieser „Sozialen Physik“ geht es darum, menschliche Handlungen, die einzeln betrachtet willkürlich erscheinen, in ihrer Gesamtheit zu studieren und dabei statistische Gleichförmigkeiten zu erkennen. Gerade bei der mengenmäßigen Betrachtung von Verbrechen, bei denen man eigentlich annehmen würde, dass sie der menschlichen Voraussicht entgehen, sei eine auffällige Beständigkeit hinsichtlich Art und Häufigkeit, die Voraussagen erlaube, erkennbar. Der Gebrauchsnutzen der Kriminalarithmetik wird ausdrücklich darin gesehen, durch die Betrachtung der Kriminalität als 17

73 *Garland* 2002, 8 f.
74 *Quételet* 1914; *Quételet* 1921.

aggregierte Datenmenge zu einem vernunftgerechten Einsatz der Ressourcen des Kriminaljustizsystems beizutragen:

> „Es gibt ein Budget, das mit erschreckender Regelmäßigkeit bezahlt wird, nämlich das der Gefängnisse, der Galeeren und Schafotte. [...] Wir können im voraus aufzählen, wie viele ihre Hände mit dem Blute ihrer Mitmenschen besudeln werden, wie viele Fälscher, wie viele Giftmischer es geben wird, fast so, wie man im voraus die Geburten und Todesfälle angeben kann, die einander folgen müssen."[75]

18 Das Ende des 19. Jahrhunderts ist durch einen kometenhaften Fortschritt in den medizinischen und biologischen Wissenschaften geprägt. *Charles Darwins* (1809-1882) Theorie der Evolution kraft natürlicher Selektion wird von *Herbert Spencer* (1820-1903) auf das Prinzip des *survival of the fittest* zugespitzt und auf das Lebewesen Mensch und gesellschaftliche Prozesse übertragen. Dies bildet nunmehr den theoretischen Deutungsrahmen für die Entstehung von Kriminalität. Zudem kommt die für die Psychologie folgenreiche Vorstellung auf, Menschen verrieten ihre Charaktereigenschaften unbewusst durch die Art ihres Benehmens, durch ihre Körpersprache und Mimik. Die Zurückführung der Kriminalität auf dauerhafte und vererbliche Einflüsse der **menschlichen Natur** verdrängt nunmehr Spekulationen über gesellschaftliche Faktoren und wird zur dominanten monokausalen Kriminalitätserklärung. Die Identifizierung und Aussonderung von Individuen mit negativ bestimmten, als dauerhaft und vererblich eingeschätzten Eigenschaften ist ein seit der Antike bekanntes Mittel staatlicher Bevölkerungskontrolle, welches nunmehr zum Programm einer naturwissenschaftlich „rationalen" staatlichen Kriminalitätsbekämpfung gemacht wird.[76]

19 Das Bemühen um methodische Tatsachenerkenntnis der biologischen Einflüsse auf Kriminalität führt zur Bildung der „positiven" biologisch-anthropologischen Schule. Diese findet in den stark belegten Gefängnissen des 19. Jahrhunderts ein Observatorium, in dem der *homo criminalis* in Aussehen, Konstitution und Alltagsverhalten durch Verhaltensforschende und Ärzt:innen studiert werden kann. Die dort mögliche Beobachtung dient der Optimierung der dem Strafvollzug zugedachten Wirkungen: In der Tradition der (wörtlich zu nehmenden) Korrektur-Anstalt und des Zucht-Hauses sucht man in den Strafanstalten Arbeitsdisziplin zu vermitteln. Damit soll innerhalb der Gefängnispopulation eine Auslese getroffen werden zwischen den an die Arbeitsmoral Anpassungsfä-

75 *Quételet* 1914, 104 f., 107.
76 *Crews* 2009.

higen, die sich alsbald in Freiheit bewähren dürfen, und den Unverbesserlichen. Prägend ist die Vorstellung, dass es neben besserungsfähigen die unverbesserlichen Straftäter:innen gebe, die unschädlich zu machen seien. Von daher ist es nur folgerichtig, dass sich das Augenmerk der Kriminologie nunmehr auf die Identifizierung jener unverbesserlichen Straftäter:innen richtet, deren Natur zum Verbrechen drängt.[77]

Gründer und Leitfigur der positiven Schule ist der Veroneser Arzt *Cesare* 20
Lombroso (1835-1909). Dieser entwickelt in seinem 1876 erschienenen Buch „L'uomo delinquente"[78] das biologische Verständnis der Kriminalität zu einem in sich geschlossenen Erklärungsansatz mit wissenschaftlichem Anspruch. Die klassische Prämisse rational und willensfrei handelnder Individuen wird durch die Annahme ersetzt, menschliches Verhalten sei durch angeborene Charakterzüge determiniert. Die Menschen werden nicht als gleich verstanden, sondern unterschiedlichen Typen zugeordnet, von denen jeder eine bestimmte charakteristische Neigung zur Tugend oder zum Laster besitzt. Daraus folgt, dass die Kriminalität nunmehr täter:innenbezogen erklärbar wird durch die mit medizinisch-naturwissenschaftlichen Untersuchungen zu erlangende Erkenntnis jener Faktoren, welche die fundamentalen angeborenen Unterschiede zwischen den „Kriminellen" und den übrigen Menschentypen ausmachen.

Untersuchungen an Sträflingen und teils gewagte, durch *Darwins* Evolutions- 21
theorie inspirierte Mutmaßungen lassen *Lombroso* annehmen, Verbrecher:innen seien an ererbten körperlichen und seelischen Anomalien wie einer fliehenden Stirn, hohen Backenknochen, krausem Haar, Gemütsarmut, Grausamkeit, Hemmungslosigkeit und weitgehender Schmerzunempfindlichkeit erkennbar. Delinquent:innen würden einen Rückfall in frühe Entwicklungsstadien der Menschheit verkörpern, ein von tierähnlichen Trieben beherrschtes wildes, atavistisches Wesen. Aufgrund ihrer ererbten und daher unveränderlichen Anlage würde jedenfalls ein Teil der Delinquent:innen (bis zu 35 %) zwanghaft zum Verbrechen getrieben; diese verkörperten den anthropologischen Typus des „geborenen Verbrechers".

> „Wer uns bis hierher gefolgt ist, wird zugeben, dass viele Charaktere, welche die Wilden darbieten, sich sehr oft bei den geborenen Verbrechern finden, so z. B. die geringe Körperbehaarung, die geringe Schädelkapazität, die fliehende Stirn, die stark entwickelten Sinus frontales, die grosse Häufigkeit der Schaltknochen, die

77 *Debuyst u. a.* 2008.
78 *Lombroso* 1887.

frühzeitigen Synostosen, das Vorspringen der Schläfenbogenlinie, die Einfachheit der Nähte, die grössere Dicke der Schädelknochen, die gewaltige Entwicklung der Kiefer und Jochbögen, die Prognathie, die Schiefe der Orbiten, die starke Pigmentation der Haut, das dichte krause Haar, die grossen Ohren, ferner der Lemuren-Fortsatz des Unterkiefers, die Anomalien des Ohrs, das Diastem, die grosse Agilität, die Herabsetzung der Berührungs- und Schmerzempfindung, die hohe Sehschärfe, die Gleichgültigkeit gegen Verletzungen, die Gefühlsabstumpfung, die Frühzeitigkeit der sexuellen Regungen, die zahlreichen Analogien zwischen beiden Geschlechtern, die geringe Besserungsfähigkeit des Weibes (Spencer), die Faulheit, das Fehlen von Gewissensvorwürfen, die Haltlosigkeit, physisch-psychische Erregbarkeit, die Unvorsichtigkeit, welche manchmal wie Mut aussieht und der Wechsel von Wagehalsigkeit und Feigheit, die grosse Eitelkeit, die Spielleidenschaft und die Neigung zum Alkoholismus, die Gewalttätigkeit und die Flüchtigkeit ihrer Leidenschaften, der Aberglaube, die aussergewöhnliche Empfindlichkeit in Bezug auf die eigene Persönlichkeit und der besondere Begriff von Gott und von Moral."[79]

22 Die kriminalanthropologischen Studien *Lombrosos* sowie seiner Schüler *Enrico Ferri* (1856-1929) und *Raffaele Garofalo* finden in der Fachwelt unterschiedliche Wertschätzung. Für die einen sind diese Studien eine Stammwurzel der empirischen täter:innenbezogenen Kriminologie, der gerichtlichen Psychiatrie und der Rechtspsychologie.[80] Für andere sind die vertretenen Annahmen grotesk und wissenschaftlich unhaltbar. Die Darstellung des „geborenen Verbrechers" wird verbreitet als eine zerrbildliche Kuriositätenmalerei verstanden, die den Mythos von der Bestialität des „Wilden" in eine empirische Form zu bringen sucht. Bereits die Prämisse von der Wildheit als dem Ursprung des Bösen ist wissenschaftlich nicht begründbar, wie die Gegenposition von *Friedrich Nietzsche* (1844-1900) belegt, der den Gewaltüberschwang des Lebens nicht bloß als Ausdruck von Gesundheit, sondern gar von Moral versteht[81]. Zeitgenössische empirische Studien etwa durch den Berliner Gefängnisarzt *Baer* und den englischen Psychiater *Goring*[82] bestreiten die biologische Bestimmbarkeit eines Verbrecher:innentypus.

23 Aus heutiger Sicht ist die positive Schule angreifbar. Methodisch ist sie unzulänglich: Zu kleine Untersuchungseinheiten, kaum Vergleichsgruppen, Beschränkung auf Extremgruppen von Straftäter:innen. Ihre Rolle in der nationalsozialistischen Rassen- und Sippenforschung ließ eine Art Berührungsangst

79 *Lombroso* 1902, 326 f.
80 *Kürzinger* 1977.
81 *Strasser* 2005, 47.
82 *Goring* bei *Vold* 1958, 58.

gegenüber biologischen Kriminalitätserklärungen aufkommen. Freilich erlebt derzeit der Versuch, das Verbrechen auf die menschliche Natur zurückzuführen, eine neue Blüte (→ § 7 Rn 15 ff.; § 8).[83]

Die Einseitigkeit der biologischen Verbrechenserklärung ließ diese stets umstritten bleiben. Der zwischen Mediziner:innen und Psychiater:innen gegen Soziolog:innen ausgetragene Streit um den Anlagen- oder Umwelteinfluss auf die Kriminalität erschien Polizei, Strafjustiz und Strafvollzug jedoch bald als müßig. Im Interesse konkreter Reformen drängte die Praxis auf eine nicht wissenschaftlich begründete, sondern eher im Sinne eines pragmatischen Kompromisses zu verstehende Formel, dass das Verbrechen sowohl durch die Anlage als auch durch die Umwelt beeinflusst werde. Dieser Kompromiss wurde von der 1888 gegründeten *Internationalen Kriminalistischen Vereinigung* beschlossen und durch den Strafrechtsreformator *Franz von Liszt* (1851-1919) als **Vereinigungsgedanken** formuliert: 24

> „Das Verbrechen ist [...] wie jede menschliche Handlung, das notwendige Ergebnis aus der teils angeborenen Eigenart des Täters einerseits, der ihn im Augenblick der Tat umgebenden gesellschaftlichen, insbesondere wirtschaftlichen Verhältnisse andererseits."[84]

Ein solches „sowohl als auch" ist weithin konsensfähig, weil es sich unter Ausklammerung eines unentscheidbaren wie unergiebigen theoretischen Disputs den kleinsten gemeinsamen Nenner der Theorieannahmen zu eigen macht. Dies entspricht nicht nur dem gerne bemühten „gesunden Menschenverstand", der schon immer um das Körnchen Wahrheit wusste, das jeder Erklärungsmöglichkeit von Kriminalität eigen ist. 25

Die von verschiedenartigen Ursachen der Kriminalität ausgehende, also: **multikausale** Kriminalitätserklärung (→ § 10 Rn 24 ff.) kommt verbreiteten Vorstellungen entgegen, wie sie in einem gemäßigten kriminalpolitischen Klima, das der Prävention Vorrang vor der Repression einräumt, eine gute Sozialpolitik als die beste Kriminalpolitik versteht und die Besserung der Rechtsbrechenden zur vordringlichen Aufgabe des Strafrechts erklärt, vorherrschen. Mit seiner Marburger Antrittsvorlesung 1882 („Marburger Programm"[85]) beeinflusst *von Liszt* 26

83 *Gebhardt/Heinz/Knöbl* 1996.
84 *von Liszt* 1905, 65.
85 *von Liszt* 1883.

dieses Klima maßgeblich und stellt damit die Weichen für das spezialpräventive Behandlungsstrafrecht.

27 Die Vermählung von wissenschaftlicher Kriminalitätsursachenforschung mit staatlicher Kriminalitätsbearbeitung, welche die moderne Kriminologie kennzeichnet, vollendet sich um die Wende zum 20. Jahrhundert in der Generation der Schüler von *Lacassagne* und *Lombroso*. Die nachfolgende Generation entstammt verschiedenen Nationen und Berufsgruppen. Sie setzt sich aus Vertreter:innen der Medizin, der Naturwissenschaften, der Soziologie und zunehmend der Rechtswissenschaft zusammen. Sie ist nicht auf eine bestimmte Bezugswissenschaft fixiert, sondern eher an der kriminalpolitischen Nutzbarmachung des breiten Spektrums bezugswissenschaftlicher Problemzugänge.

IV. Der Ausbau der Kriminologie in den USA

28 Im 20. Jahrhundert entwickelt sich die Kriminologie in den USA zu einer vom Strafrecht institutionell unabhängigen Disziplin. Das beginnende Jahrhundert verändert die nordamerikanische Gesellschaft rasch und grundlegend. Einwanderung und Industrialisierung bewirken eine Expansion der Großstädte. Die Bevölkerung Chicagos verdoppelt sich binnen 20 Jahren. Die Eingewanderten sind zumeist mittellos, finden keine oder nur schlecht bezahlte Arbeit und siedeln in Elendsquartieren. Die Prohibition erlaubt Riesengewinne aus dem illegalen Verkauf von Spirituosen, über die sich rivalisierende Banden streiten.

29 1899 wird in Chicago unter dem Einfluss der religiös-moralischen Bewegung der „Kinderretter" das erste Jugendgericht gebildet. Mit der Gründung des *American Institute of Criminal Law and Criminology* 1909 in Chicago setzt eine intensive, von Anbeginn an praxisnahe Forschungstätigkeit ein. Die sogenannte **Chicagoer Schule** befasst sich soziologisch und sozialpsychologisch mit schädlichen gesellschaftlichen Einflüssen und erschließt das Praxisfeld der Sozialarbeit. Erklärungsbedarf besteht nunmehr für den Zusammenhang zwischen den gesellschaftlichen Lebensverhältnissen und der Kriminalität. Die aus Frankreich stammende milieubezogene Betrachtung (→ § 4 Rn 13), insbesondere die inzwischen veröffentlichten Arbeiten des französischen Soziologen *Durkheim*, lenken die Aufmerksamkeit auf die gesellschaftlichen Strukturen und die darin enthaltenen sozialen Spannungen (→ § 9 Rn 3 ff.). Soziale Desorganisation und Chancenungleichheit werden für die Konzentration der Kriminalität in gesellschaftlich benachteiligten Kreisen als bestimmend erkannt.

Beobachtungen zeigen, dass kriminelles Verhalten in bestimmten Kontakten „differentiell" erlernt wird (→ § 10 Rn 13 ff.) und vom differentiell verteilten Zugang zu illegitimen Mitteln abhängt (→ § 9 Rn 24 ff.). Das Lernen erfolgt oft kollektiv, indem sich sozial Benachteiligte in einer „Subkultur" zusammenfinden, welche Werte pflegt, die von dem dominierenden mittelschichtbestimmten Wertesystem abweichen (→ § 10 Rn 16 ff.). Feldstudien weisen darauf hin, dass Kriminelle aus der Unterschicht sich gegenüber den Wertvorstellungen ihrer Schicht konform verhalten, diese Wertvorstellungen aber von denjenigen der maßgeblichen Mittelschicht abweichen. Der „Kulturkonflikt" erlaubt oder verlangt sogar Rechtsbrüche, um dem Wertesystem der Unterschicht treu zu bleiben. 30

Daneben werden Studien zu den **individuellen Ursachen** kriminellen Verhaltens fortgeführt. Die rein anlagenbezogene, auf vererbliche biologische Defizite gerichtete Kriminalitätserklärung *Lombrosos* wird um andere mögliche biologische Faktoren ergänzt. Vor allem wird nunmehr angenommen, der Anlageneinfluss präge bloß eine Prädisposition, die sich erst unter bestimmten Umwelteinflüssen zu abweichendem und kriminellem Verhalten ausbilde (→ § 7 Rn 4 f.). Unter dem Einfluss der Psychologie und der Psychiatrie werden persönlichkeitsbezogene Kriminalitätserklärungen entwickelt (→ § 8), die sich auf die wiederholte Begehung schwerer Gewalt- und Sexualstraftaten konzentrieren und teils „antisoziales" Verhalten mit einer „psychopathischen" Persönlichkeit in Zusammenhang bringen oder, im Sinne des Mehrfaktorenansatzes (→ § 4 Rn 24 ff.; § 10 Rn 24 ff.), ein Zusammenspiel biologischer, psychologischer und sozialer Faktoren annehmen. 31

In der Mitte des 20. Jahrhunderts interessiert sich die nordamerikanische Kriminologie in einem vorwiegend theoretischen Diskurs für die Prozesse, welche die **gesellschaftliche Konstruktion** von Kriminalität bestimmen (→ § 2 Rn 4). Der *Labeling Approach* rückt den Kriminalisierungsprozess und seine Akteur:innen ins Blickfeld (→ § 13 Rn 7 ff.). Seit den 1980er Jahren gewinnen, unter dem gesellschaftspolitischen Vorzeichen des Neoliberalismus, spätmoderne Theorien an Einfluss, die eine soziale Geprägtheit von Kriminalität bestreiten und sich wieder unverblümt den individuellen Ursachen kriminellen Verhaltens zuwenden (→ § 12). 32

Neben Forschungen über das Zustandekommen „klassischer" Kriminalität werden Konzepte zur Erfassung der Kriminalität in **Wirtschaft und Oberschicht** (*white collar crime*, → § 18 Rn 12 ff.) entwickelt und dabei die Strate- 33 gien analysiert, mit denen es den Träger:innen weißer Kragen gelingt, nicht nur dem strafrechtlichen Kontrollnetz zu entschlüpfen, sondern sogar zu verhindern, dass strafrechtliche Verbote gegen ihr sozialschädliches Verhalten zustande kommen. Landesweit periodisch wiederholte Opferbefragungen haben die Entwicklung einer systematischen Opferforschung (Viktimologie) ermöglicht (→ § 18 Rn 22 ff.). Die Frage, welche Maßnahmen der **Kriminalprävention** gleichermaßen realisierbar, kostengünstig und erfolgversprechend sind, ist ein nachhaltiges Thema der nordamerikanischen Kriminologie. Die überaus harte Sanktionierungsstrategie in den USA (→ § 20 Rn 53 ff.) ist Gegenstand kritischer Studien. In der jüngeren Vergangenheit steht die verbreitete gesellschaftliche Verunsicherung über kriminelle Ereignisse (→ § 23 Rn 21 ff.; § 24 Rn 18 ff.) sowie die Prävention besonders „brennender" Kriminalitätsprobleme in den Bereichen der Straßengewalt, des Drogenhandels, der organisierten Kriminalität und des Terrorismus im Blickfeld.

34 Angesichts all dieser Entwicklungen bildet sich der Eindruck eines komplexen Forschungsrepertoires, das in seiner Reichhaltigkeit, aber auch Disparität weltweit einzigartig ist, ein Sammelbecken sämtlicher aktueller Perspektiven der Kriminologie bildet und als Steinbruch für jegliche kriminalpolitische Argumentation dienen kann. Die Kriminologie in den USA ist weltweit prägend und richtungsweisend.

§ 5 Kriminologische Forschungsmethoden

1 Als Erfahrungswissenschaft liegt ein Schwerpunkt kriminologischer Forschung neben theoretischen Arbeiten auf der empirischen Forschung. Anders als normative Wissenschaften, wie etwa die Rechtswissenschaft, untersucht die Kriminologie die Lebenswirklichkeit – so unverstellt wie möglich. Dabei sollen in der Theorie entwickelte Annahmen überprüft und/oder weiterentwickelt werden, die sowohl die Entstehung von abweichendem Verhalten als auch die Praxis des Kriminalisierungsprozesses betreffen können. Solches Vorgehen nennt man „empirisch", „erfahrungswissenschaftlich" oder, mit einem Modewort ausgedrückt, *evidence-based*. Für diese Forschung greift die Kriminologie auf die Methoden verschiedener Bezugswissenschaften zurück, im Besonderen auf die der empirischen Sozialforschung. Diesen kommt die Aufgabe zu, den Forschungs-

prozess möglichst frei von unerwünschten Einflüssen zu strukturieren und so allgemein gültige Erkenntnisse zu erlangen.[86]

I. Grundlagen

2 Innerhalb der Methoden der empirischen Sozialforschung besteht die Wahl zwischen **quantitativen** und **qualitativen Methoden**. Beide Herangehensweisen haben ihre Berechtigung und können methodisch gültige empirische Erkenntnisse erbringen. Allerdings sind sie für verschiedene Fragestellungen in unterschiedlichem Maße geeignet.[87] Welche Methoden man wählt hängt also nicht nur von der Weltsicht der Forschenden ab (→ § 2 Rn 6 ff.), sondern auch von der jeweiligen Forschungsintention und Forschungsfrage. Quantitative Methoden messen zählbare Eigenschaften und versuchen anhand der Häufigkeit ihres Vorkommens und des Zusammentreffens mit anderen Elementen Aussagen über Kausalzusammenhänge zu treffen. So kann beispielsweise gefragt werden, ob eigene Gewalterfahrungen in der Kindheit zu einer höheren Gewaltbereitschaft im Erwachsenenalter führen. Für die Aussagekraft solcher Untersuchungen kommt es darauf an, dass eine repräsentative Stichprobe aus der jeweiligen Gesamtheit untersucht wird.

3 Qualitative Methoden der Sozialforschung verfolgen als sinnverstehende, interpretative Herangehensweise eine Perspektive des Verstehens anstelle des Erklärens (→ § 2 Rn 11 f.).[88] Dabei bemühen sie sich um ein tieferes Verständnis der sozialen Zusammenhänge im Sinne eines Nachvollziehens.[89] So können z. B. Täter:innen gefragt werden, wie und warum es zu bestimmten Handlungen gekommen ist, welchen Sinn sie diesen beigemessen haben und wie sie ihr Verhalten heute betrachten. Qualitative Methoden wurden aus der Erkenntnis entwickelt, dass quantitative Verfahren sich im Bemühen um Objektivität den Zugang zu einem intersubjektiv gebildeten sozialen Forschungsgegenstand verstellen. Zugleich sind quantitative Verfahren angesichts ihres geplanten Forschungsablaufs der Gefahr ausgesetzt, weniger offensichtliche Umstände und Zusammenhänge, die vom Forschungsdesign nicht erfasst worden sind, im Laufe des Forschungsprozesses zu übersehen und so zu einer selektiven Wahr-

86 *Bock* 2019, Rn. 56 ff.
87 *Fuchs/Hofinger/Pilgram* 2016.
88 S. *Bohnsack* 2014, 13 ff.
89 Dazu *Flick* 2019, 28 f., 95; *Meier* 2021, § 4 Rn. 7 f.

nehmung zu gelangen.[90] Demgegenüber handelt es sich bei qualitativen Methoden oft um Verfahren, die bemüht sind, möglichst frühzeitig und unvoreingenommen mit dem praktischen Forschungsprozess zu beginnen, um aus dem empirischen Material heraus das konkrete Vorgehen zu entwickeln. Dies kann die Gefahr bergen, das eigene Vorverständnis unhinterfragt als allgemein gültig zu unterstellen.

4 Unabhängig von der methodischen Herangehensweise stellt sich weiterhin die Frage, ob die für das Forschungsvorhaben notwendigen Daten selbst erhoben werden sollen (**Primärdaten**) oder ob bereits für einen anderen Zweck erhobene Daten ausgewertet werden können (**Sekundärdaten**).[91] Auswertungen von Sekundärdaten haben den Vorteil, dass die meist ressourcenintensive eigene Datenerhebung entfällt. Zugleich ergeben sich auch Nachteile, da Sekundärdaten ein durch das spezifische Interesse bei der Datenerhebung und die gewählte Erhebungstechnik verzerrtes Bild der Wirklichkeit liefern.

II. Einzelne Methoden der Datenerhebung

5 Wichtige Quellen im Bereich der Kriminologie sind zum einen die amtlichen Statistiken (Polizeiliche Kriminalstatistik, Staatsanwaltschafts-, Strafverfolgungs- und Strafvollzugsstatistik) sowie die durch Strafverfolgungsbehörden angelegten Akten. Insbesondere amtliche Quellen, wie aktenmäßige Erfassungen und Statistiken, betreffen nur das amtlich bekannt gewordene Hellfeld der Kriminalität; zudem dürfen sie nicht als Abbild der Wirklichkeit missverstanden werden (→ § 15 Rn 6).

6 Aus der empirischen Sozialforschung sind für kriminologische Forschungsvorhaben sodann vor allem die verschiedenen Formen der Befragung, der Beobachtung und des Experiments von Bedeutung. Diese können jeweils quantitativ bzw. qualitativ ausgestaltet werden oder es können beide Aspekte kombiniert werden, was als Triangulation oder *mixed-method*-Forschung bezeichnet wird.[92] Die Methodenwahl ist von der angestrebten Erkenntnis abhängig. Besondere Problemstellungen hinsichtlich der Methoden ergeben sich bei der Dunkelfeldforschung, die daher gesondert behandelt wird (→ § 17 Rn 19 ff.).

---

90 S. *Eisenberg/Kölbel* 2017, § 13 Rn. 5.
91 *Wincup* 2013, 103.
92 *Bock* 2019, Rn. 74; *Neubacher/Oelsner/Schmidt* 2013, 675.

Befragungen können in Form von Fragebögen (von den Befragten selbst auszufüllen) oder von Interviews (Befragung durch Interviewende) durchgeführt werden. Fragebögen, die online oder in Papierform zur Verfügung gestellt werden, sind das Standardinstrument in vielen quantitativen kriminologischen Forschungen und in sehr unterschiedlicher Form möglich.[93] Sie sind kostengünstig, weshalb große Stichproben realisierbar sind. Anonymität und die Abwesenheit von Interviewenden ermöglichen auch die Abfrage sensibler Daten, z. B. hinsichtlich eigener Viktimisierungs- oder Täter:innenerfahrung. Allerdings sind bei Befragungen mit Fragebögen die Rücklaufquoten meist niedrig, was die Aussagekraft erheblich einschränken kann. Werden die Befragungen unmittelbar durch Interviewende geführt, ist der Anteil abgeschlossener Befragungen deutlich höher und eventuell auftretende Missverständnisse können direkt beseitigt werden.[94] Allerdings ist dieses Vorgehen kostenintensiver und mit Möglichkeiten der subjektiv verzerrten Datenerfassung belastet. 7

Bei Fragebögen sind die Fragen meist geschlossen formuliert, d. h. mit der Frage wird den Befragten gleichzeitig eine begrenzte Anzahl möglicher Antworten vorgegeben.[95] Auf diesem Weg lassen sich die erhobenen Daten vergleichsweise einfach statistisch und sogar automatisiert auswerten. Im Gegenzug begründet die Vorstrukturierung der Antwortmöglichkeiten durch die Forschenden die Gefahr, dass von diesen übersehene, aber relevante Antwortmöglichkeiten in der Untersuchung nicht erfasst werden.[96] 8

Bei Interviews können verschiedene methodische Herangehensweisen unterschieden werden, die zu erheblichen Divergenzen bei den sichtbar gemachten Daten führen. Die Unterschiede bestehen insbesondere in einer unterschiedlich starken Strukturierung der Interviews. Bei strukturierten (standardisierten) Interviews stehen Inhalt, Anzahl und Reihenfolge der Fragen schon vor der Befragung fest. Ein solches Vorgehen dient in der Regel dazu, mit geschlossenen Fragen vor allem quantitativ auswertbare Daten zu erzeugen. Demgegenüber werden freie Interviews mit offenen Fragen für ethnografische und andere qualitative Studien eingesetzt. Dazwischen gibt es zahlreiche Möglichkeiten eines semi-strukturierten Interviews, etwa anhand von Leitfäden, in denen die interviewende Person die Möglichkeit hat, die Interaktion zu beeinflussen und so 9

93 *Wittenberg* 2014, 96 ff.
94 *Newburn* 2017, 996.
95 *Wincup* 2013, 104.
96 *Eisenberg/Kölbel* 2017, § 13 Rn. 18.

auch außerhalb der ursprünglichen Fragen liegende Aspekte aufzunehmen, die sich erst im Laufe der Befragung ergeben.[97]

10 Bei jeglicher Form der Befragung ist die Datenerhebung durch das Erinnerungsvermögen der Befragten begrenzt. Dies kann zu Verzerrungen führen, da kürzlich als einschneidend empfundene Erlebnisse und Erfahrungen besser erinnert werden als solche, die als üblich oder bagatellhaft empfunden werden und schon länger zurückliegen. Durch die Formulierung der Fragen haben die Forschenden großen Einfluss auf das Antwortverhalten, z. B. durch Suggestivfragen, die Art der Formulierung und die Reihenfolge der Fragen. Dies kann zu einer Beeinflussung der Ergebnisse führen.[98]

11 Eine weitere Methode zur Gewinnung qualitativer Daten sind moderierte **Gruppendiskussionen** oder *focus groups*, bei denen Expert:innen oder Akteur:innen eines bestimmten sozialen Feldes über vorgegebene Fragestellungen diskutieren.[99] Die Diskussion zwischen den zumeist sechs bis acht Teilnehmenden wird von diesen selbständig geführt, um eine dynamische Gruppeninteraktion zu erreichen, die möglichst ohne Einmischung der forschenden Personen viele inhaltliche Aspekte zu dem jeweiligen Thema hervorbringt. Der Einsatz von *focus groups* eignet sich vor allem für explorative Studien, mittels derer ein Überblick über das Forschungsfeld gewonnen werden soll.[100]

12 Die **Beobachtung** ist überwiegend ein Verfahren zur Gewinnung qualitativer Daten. Sie kann offen oder verdeckt erfolgen, die beobachtende Person kann sich als solche zu erkennen geben oder nicht. Eine weitere Unterscheidung wird vorgenommen zwischen teilnehmenden Beobachtungen, also solchen, bei denen die Beobachtenden durch bloße Anwesenheit oder aktive Teilnahme Teil des Interaktionsgeschehens sind, und nicht-teilnehmenden Beobachtungen. Während ethnografische Studien auf Grundlage von Beobachtungen im angloamerikanischen Raum häufiger vorkommen, sind sie in der deutschsprachigen kriminologischen Forschung eher selten. Aus der Nähe der Forschenden zum Feld ergibt sich einerseits die Möglichkeit, menschliche Interaktionen direkt und nicht vermittelt über die Aussagen Dritter wahrzunehmen und den nonverbalen Kontext des Verhaltens zu beobachten. Andererseits hat die Anwesenheit von Beobachtenden einen Einfluss auf die Situation, in der sich die Beobachtung

97 *Göppinger* 2008, § 5 Rn. 32 f.; *Wincup* 2013, 105.
98 *Eisenberg/Kölbel* 2017, § 13 Rn. 20; § 16 Rn. 13.
99 *Häder* 2019, 285 ff.
100 *Wincup* 2013, 106.

vollzieht. Eine neutrale Beobachtung ohne Interaktion mit dem sozialen Beobachteten ist nicht möglich.[101] Dies wird als reaktiver Effekt bezeichnet und kann dazu führen, dass die Testpersonen ein anderes Verhalten an den Tag legen, als sie dies ohne (offene) Beobachtung tun würden.[102]

Bei der Methode des **Experiments** wird ein Verhalten oder Geschehen untersucht, dessen Bedingungen durch die forschende Person vorab festgelegt sind.[103] 13
Das zu untersuchende Geschehen wird dabei unter verschiedenen Bedingungen wiederholt, um so die Abhängigkeit einer Variable von einer anderen festzustellen, z. B. den Einfluss einer Interventionsart auf das generelle Ausmaß an Straffälligkeit.[104]

III. Ablauf eines Forschungsprojekts

Eine empirische Untersuchung kann in Konzipierungs-, Durchführungs- und 14
Auswertungsphase eingeteilt werden. In der **Konzipierungsphase** wird festgelegt, *was* erforscht wird und *wie* dies passieren soll. Hierfür wird eine Forschungsfrage formuliert und eine Forschungsstrategie entwickelt.[105] Dabei reflektieren die Forschenden idealerweise auch ihre ontologischen und erkenntnistheoretischen Positionen. Ontologische Positionen betreffen die eigenen Vorstellungen über die „Natur" der Wirklichkeit, erkenntnistheoretische die Frage nach der „Natur" von Wissen und die Zugänglichkeit der Wirklichkeit. Hierbei lassen sich zwei Grundpositionen unterscheiden: Eine konstruktivistische, die Wirklichkeit als soziales Konstrukt versteht, das nur subjektiv erfassbar ist, und eine positivistische, die die Wirklichkeit als unabhängig existierenden und objektiv erfassbaren Gegenstand auffasst, der erklärt werden kann (→ § 2 Rn 6 ff.).[106] Ebenfalls entscheidend sind die eigenen Vorannahmen über den Forschungsgegenstand Kriminalität. Dieser kann eher aus einer ätiologisch-erklärenden Perspektive oder aus einer interaktionistischen Perspektive untersucht werden, wobei bei letzterer die Kriminalisierung das primäre Erkenntnisinteresse ausmacht.

---

101 *Kromrey/Roose/Strübing* 2016, 326 f.
102 *Eisenberg/Kölbel* 2017, § 13 Rn. 24; *Schneider* 2007, 226.
103 *Kromrey/Roose/Strübing* 2016, 359 ff.
104 *Schneider* 2007, 219; ebenso *Meier* 2021, § 4 Rn. 19.
105 *Eisenberg/Kölbel* 2017, § 13 Rn. 1; *Meier* 2021, § 4 Rn. 10 ff.
106 *Coomber u. a.* 2014, 35.

15 Auf dieser Basis wird dann das **Forschungsdesign** entwickelt. Hier ist zu klären, welche Daten mit welchen Methoden wie erhoben und ausgewertet werden sollen, um die jeweilige Fragestellung möglichst optimal zu untersuchen.[107] Dabei kann zwischen Längsschnitt- und Querschnitt-Design unterschieden werden. Bei Längsschnitt-Studien gibt es wiederholte Erhebungen zu mindestens zwei unterschiedlichen Zeitpunkten, um so prozesshafte Entwicklungen nachzuzeichnen. Die wiederholten Erhebungen können entweder bei unterschiedlichen Stichproben (Trenddesign) oder bei ein und derselben Stichprobe erfolgen (Paneldesign). Bei Querschnitt-Forschungen werden hingegen nur einmalig Daten erhoben, sodass keine Aussagen über Veränderungen im Zeitverlauf möglich sind.[108]

16 Generelle theoretische Kategorien und Konzepte wie Kriminalität oder das Klima einer Strafanstalt können mit den beschriebenen Methoden nicht direkt gemessen werden. Sie müssen hierfür **operationalisiert**, also die Operationen beschrieben werden, die zur Messung des jeweiligen Konzepts erforderlich sind.[109] Dies bedeutet, Kriterien zu entwickeln, anhand derer die jeweilige Kategorie bzw. das Konzept mit den gewählten Methoden messbar ist. Um z. B. Kriminalität zu messen, muss festgelegt werden, anhand welcher messbaren Kriterien bestimmt werden soll, was als Kriminalität im Sinne des Forschungsprojektes gilt, beispielsweise ein angezeigter Fall oder verurteilte Tatverdächtige.

17 Bei der Datenerhebung muss zunächst über deren Umfang entschieden werden. Dies ist bei quantitativen Methoden von besonderer Relevanz. Da eine Totalerhebung, bei der die interessierenden Aspekte der Wirklichkeit umfassend untersucht werden, nur selten möglich und ökonomisch sinnvoll ist, wird in der Regel eine Teilerhebung vorgenommen. Um z. B. Aussagen über eine Großstadt treffen zu können, müssen nicht all deren Einwohner:innen befragt werden, sondern es genügt die Befragung eines Teils der Bevölkerung – sogenannte Stichprobe –, um Aussagen über die Gesamtbevölkerung der Stadt treffen zu können. Damit die Aussagen über die Stichprobe auf die Gesamtheit übertragen werden können, ist es wesentlich, dass die **Stichprobe** (*sample*) repräsentativ ist. Dies erfolgt in Form einer Zufallsstichprobe und damit in der Weise, dass alle Einheiten der Grundgesamtheit die gleiche Wahrscheinlichkeit haben, Teil der Stichprobe zu werden.[110] Allerdings sind die Stichproben nicht bei allen empi-

107 *Kromrey/Roose/Strübing* 2016, 77 ff.
108 *Häder* 2019, 117 ff.; *Meier* 2021, § 4 Rn. 22b.
109 *Meier* 2021, § 4 Rn. 24; *Schneider* 2007, 231 f.
110 *Kromrey/Roose/Strübing* 2016, 375.

rischen Untersuchungen repräsentativ. Vielmehr gibt es auch viele quantitative Studien, die nicht repräsentativ sind, etwa weil es methodisch nicht möglich oder zu teuer wäre, eine repräsentative Stichprobe zu bilden. Auch solche Untersuchungen erbringen wissenschaftliche Erkenntnis. Ihre Ergebnisse können aber nicht einfach verallgemeinert und auf die Grundgesamtheit bezogen werden.

Auf die Konzipierung folgt die Durchführungsphase, in der die Datenerhebung 18
vorgenommen wird. In der daran anschließenden **Auswertungsphase** werden die erhobenen Daten eingehend analysiert und bewertet, um das so gewonnene Wissen mit den Ausgangshypothesen abzugleichen. Dabei lassen sich quantitative Daten statistisch auswerten. Auf diesem Weg sind Aussagen über die Häufigkeitsverteilung bestimmter Merkmale in einer Gruppe oder über Beziehungen (Korrelationen) zwischen zwei oder mehreren Variablen möglich.[111] So kann in einer Studie z. B. untersucht werden, ob die Wahrscheinlichkeit, Opfer einer Straftat zu werden, gleichmäßig nach Geschlecht, Alter oder ethnischer Zugehörigkeit verteilt ist oder ob zwischen den Variablen Alter und strafrechtliche Registrierung eine Korrelation besteht. Qualitative Verfahren erfordern hingegen andere Auswertungsmethoden, die je nach dem gewählten Forschungsdesign variieren. Neben freieren Formen der Interpretation ist die Qualitative Inhaltsanalyse nach *Mayring*[112] mit einer systematischen Vorgehensweise eine häufig genutzte Methode.[113]

111 Hierzu *Meier* 2021, § 4 Rn. 38 ff.
112 *Mayring* 2016.
113 *Bock* 2019, Rn. 87.

KAPITEL 2

Kriminalitäts- und Kriminalisierungstheorien

§ 6 Notwendigkeit und Begrenztheit von theoretischen Vorstellungen

1 Theorien sind gedankliche Operationen zur Erfassung der Wirklichkeit über den wahrgenommenen Einzelfall hinaus. Sie machen Aussagen über die Struktur der Welt, in der wir leben. Sie stellen den Versuch dar, unsere Wahrnehmungen zu ordnen, Erwartungssysteme zu stabilisieren und eine Kontrolle über die Umwelt zu erlangen. Theorien vereinfachen die Komplexität der Wirklichkeit so weit, dass ein Verständnis von Wirkungszusammenhängen möglich wird. Eine wissenschaftliche Theorie will eine Optimierung zwischen Abstraktion und Konkretisierung finden: Sie will einerseits durch Reduktion der Komplexität der Wirklichkeit deren Begreifbarkeit, Kommunizierbarkeit und systematische Überprüfbarkeit ermöglichen. Andererseits will sie die Wirklichkeit in ihrer Komplexität so weit erhellen, dass die jeweils interessierende Fragestellung möglichst reich an Eindrücken „wirklichkeitsverankert" und „wirklichkeitsgesättigt" beantwortet werden kann. Während Theorien, die sich quantitativer Verfahren bedienen, starkes Gewicht auf die Reduktion der Komplexität von Wirklichkeit legen, sind Theorien, welche qualitative Verfahren benutzen (→ § 2 Rn 11 ff.; § 5 Rn 2 ff.), um eine möglichst gegenstandsadäquate Wahrnehmung der Wirklichkeit bemüht.

2 Die Wahl eines bestimmten **theoretischen Zugangs** zum Thema Kriminalität ist eine unabdingbare Voraussetzung dafür, Kriminalität überhaupt wahrnehmen und sinnvolle Aussagen darüber machen zu können. Dies gilt nicht nur für die systematischen Wahrnehmungen der kriminologischen Wissenschaft, sondern bereits für Alltagswahrnehmungen von Kriminalität. Denn alle sozial Agierenden entwickeln routinemäßig für sich überzeugende schematische Vorstellungen über den Sinn des eigenen Handelns und dasjenige anderer. Jede Wahrnehmung menschlichen Handelns ist deutungsabhängig und damit theoriegeleitet, mag die Anleitung auch unbewusst geschehen und es sich dabei um eine unüberprüfte Alltagstheorie handeln.[1] Insofern theoriegeleitete Vorstellungen unabdingbar sind, ist es vorzugswürdig, sich die theoretischen Hintergründe der eigenen Vorstellungen bewusst zu machen und sie kritisch zu prüfen, anstatt diese unreflektiert hinzunehmen.

1 Dies gilt auch für die Wahrnehmung der Forschenden selbst, s. *Eisenberg/Kölbel* 2017, § 4 Rn. 5.

I. Entwicklung kriminologischer Theorien

Die Suche nach Verhaltensursachen gleicht einer unendlichen Geschichte. Möglichen Erklärungen ist gemeinsam, dass sie von der Gegebenheit Kriminalität ausgehend nach Gründen *ex post* suchen und diese in Defiziten vermuten. Die Ursachen für Kriminalität stehen nie fest; stets sind neue Erklärungen möglich, die alte zur Makulatur werden lassen. Während in den anfänglichen Phasen der Kriminologie (→ § 4) eine „Schule" – oder zumindest die Auseinandersetzung mit ihr – das kriminologische Denken einer Epoche bestimmte, ist im 20. Jahrhundert das Monopol einer epochalen Kriminalitätserklärung gebrochen und hat einem freien Markt vielfältiger Erklärungsangebote Platz gemacht. Im Zuge dessen haben sich unterschiedliche Vorstellungen über kriminelles Verhalten, seine fördernden, es stabilisierende oder unterbrechende Einflüsse und – ganz allgemein – über das Bewirken von Kriminalität durch die biologische Anlage, die Gesellschaft und die Kriminalitätskontrolle entwickelt. Dabei steht seit dem Bedeutungsverlust der klassischen Schule (→ § 4 Rn 4 ff.) die Frage nach den individuellen Ursachen kriminellen Verhaltens im Zentrum. 3

Diesen Vorstellungen ist gemeinsam, dass sie kriminelles Verhalten nach Erklärungsmustern bestimmen, welche für **menschliches Handeln** überhaupt gelten. Kriminelles Verhalten folgt keinen besonderen Gesetzmäßigkeiten, sondern den allgemeinen Regeln menschlichen Handelns. Ob ich danach frage, warum Menschen kriminell werden, zu übermäßigem Alkoholkonsum neigen oder ihre Partner:innen sozial toleriert demütigen: Die Gründe für all das sind nach einheitlichen Vorstellungen über menschliches Handeln zu bestimmen, welche in der menschlichen Natur, den sozialen Abhängigkeiten oder in sonstigen Einflussfaktoren liegen mögen. Aus der Erklärung krimineller Betätigung nach allgemeinen Verhaltenskonzepten folgt, dass eine Klärung der Zusammenhänge kriminellen Handelns *pars pro toto* zur Klärung der Zusammenhänge menschlichen Handelns überhaupt beiträgt. Ebendies macht die wissenschaftliche Befassung mit dem Verbrechen von Anbeginn zu einer „Schule der Bildung" und einer „umfassenden Menschheitswissenschaft". 4

Die Unterschiede zwischen verschiedenen kriminologischen Schulen und Theorieansätzen rühren daher, dass sie unterschiedliche Vorstellungen über das Wesen menschlichen Handelns favorisieren. Die vertretenen Handlungsmodelle lassen sich in einem ersten Schritt grob danach einteilen, ob ihnen ein **deterministisches** oder ein **indeterministisches** Menschenbild zugrunde liegt. Die Klassische Schule (→ § 4 Rn 4 ff.) vertrat in der Tradition der Aufklärung eine inde- 5 terministische Position, die das Individuum als rational und eigenverantwortlich handelnd versteht. Die biologisch-anthropologische Schule (→ § 4 Rn 19 ff.) und die aufkommenden soziologischen, auf das soziale Milieu bzw. die Anomie der gesellschaftlichen Strukturen bezogenen, Erklärungen (→ § 4 Rn 17; § 9 Rn 3 ff.) beruhen hingegen auf einem deterministischen Menschenbild. Dieses erachtet menschliches Verhalten als durch nicht von Wahlfreiheit getragene, empirisch benennbare Faktoren im Sinne statistischer Wahrscheinlichkeit kausal determiniert. Aus den jeweiligen Verhaltenskonzepten ergeben sich je unterschiedliche praktische Konsequenzen für die Prävention und die strafrechtliche Intervention.

6 **Schaubild 2.1: Menschenbilder und Verhaltenskonzepte der frühen Kriminologie**

Menschenbild	kompetent, zielgerichtet, eigenverantwortlich	Mensch ist von empirisch benennbaren Faktoren kausal abhängig	
	Indeterminismus	**Biologischer Determinismus**	**Sozialer Determinismus**
Verhaltens-konzept	zweckrationales Handeln gemäß individueller Kosten-Nutzen-Maximierung	Angeborene Veranlagung bestimmt individuelles Handeln	Soziale Einflüsse bestimmen individuelles Handeln
Prägende Disziplin	Klassische Schule (→ § 4 Rn 4 ff.)	Positive Schule (→ § 4 Rn 18 ff.)	Anomietheorie (→ § 9 Rn 3 ff.)
Konsequenzen für den Bereich der Prävention	unnötige & kontraproduktive Normen abschaffen	Anlage nicht veränderbar, nur Tatgelegenheiten zu beeinflussen	Veränderung gesellschaftl. Strukturen & Sozialisationsbedingungen
Konsequenz für strafrechtliche Intervention	Dosierung des Strafübels als Kostenfaktor	Sicherung der Gesellschaft durch Strafe	generell: sozial gerecht; individuell: Nachsozialisation mit Strafe

7 Aus der fortschreitenden Differenzierung jener Verhaltenskonzepte entwickelten sich die heute vertretenen theoretischen Zugangswege zur Kriminalität, die wir **Kriminalitätstheorien** nennen. Das deterministische Verhaltenskonzept ist die Basis für die Mehrzahl der bis in die 1980er Jahre entwickelten Kriminalitätstheorien. Ihm entspricht erkenntnistheoretisch das Erklärungsmodell und das Selbstverständnis der Kriminologie als einer vorzugsweise quantitativ vorgehenden, die Ursachen kriminellen Verhaltens empirisch erforschenden

Erfahrungswissenschaft (→ § 2 Rn 8 f.). Dem indeterministischen Verhaltenskonzept folgen in Reinform die ökonomische Kriminalitätstheorie (→ § 12 Rn 12 ff.), ferner ansatzweise die Kontrolltheorien (→ § 11) und jene theoretischen Zugangswege zur Kriminalität, welche, wie der symbolische Interaktionismus (→ § 13 Rn 1 ff.), am sinnhaften Verstehen des Handelns interessiert sind und qualitative Methoden bevorzugen (→ § 2 Rn 11 ff.).

Die Entwicklung im 20. Jahrhundert hat somit zur Ausbildung verschiedener kriminologischer Theorien geführt, die – jede in sich schlüssig – aus einer jeweiligen bezugswissenschaftlichen Perspektive (→ § 1 Rn 4) eine bestimmte Wahrnehmung von Kriminalität vermitteln – und damit jeweils in ihrer Aussagekraft begrenzt bleiben. Der Großteil der auf diese Weise entstandenen Theorien befasst sich mit der Erklärung der Kriminalitätsentstehung und -verbreitung. Diese Theorien werden **ätiologische Theorien** (Ätiologie = Ursachenforschung) oder auch Kriminalitätstheorien genannt. Die meisten aktuellen Theorien dieser Art studieren Kriminalität als eine besondere Form menschlichen Verhaltens und nehmen an, dieses Verhalten sei mit einer empirisch belegbaren Wahrscheinlichkeit von vorgegebenen Umständen der Biologie oder der Psyche des Individuums oder von dessen sozialer Umgebung abhängig. Die Annahme einer solchen Abhängigkeit im Sinne einer Wahrscheinlichkeitsbeziehung charakterisiert die Theorien als deterministisch (→ § 3 Rn 12; § 4 Rn 13 f.). Durch die Prüfung und Bestätigung dieser Wahrscheinlichkeitsdetermination in Erfahrungstests wird das kriminelle Verhalten aus seiner Abhängigkeit von den es beeinflussenden Faktoren erklärt. Daneben haben sich **Kriminalisierungstheorien** entwickelt, die den Blick auf die Kriminalitätskontrolle richten, sich also mit den förmlichen Reaktionen auf Kriminalität und den Verläufen der Reaktionsprozesse befassen. Diese Theorien sind zugleich auch Kriminalitätstheorien, sofern sie das Auftreten „sekundärer Devianz" (→ § 13 Rn 7) aus der Übernahme eines durch Kontrollvorgänge erzeugten kriminellen Selbstbildes bestimmen. 8

II. Zur Überprüfbarkeit kriminologischer Theorien

Erklären (→ § 2 Rn 8 f.) meint, beobachtete Regelmäßigkeiten von Ereignissen und die kausalen Beziehungen zwischen ihnen einer Theorie zuzuordnen.[2] So könnte die Beobachtung, dass heute in X-land trotz gleicher Bevölkerungsgröße 9

2 *Meier* 2021, § 3 Rn. 5.

mehr Straftaten registriert werden als vor zehn Jahren, mit der inzwischen gestiegenen Arbeitslosigkeit zusammenhängen. Bei der Erklärung wird zunächst eine Aussage („Registrierte Kriminalität hängt mit gemeldeter Arbeitslosigkeit zusammen") aufgestellt, die einen solchen Zusammenhang behauptet und empirisch überprüfbar ist (durch Vergleich der Registrierungen von Kriminalität und der Arbeitslosigkeit heute mit den Daten von vor zehn Jahren). Diese Aussage wird als **Hypothese** bezeichnet. Die Hypothese formuliert eine Beziehung (Grund-Folge-Relation) zwischen dem Effekt Kriminalität und den diesen Effekt mutmaßlich bedingenden davon unabhängig existierenden Faktoren. Die bedingenden Faktoren werden unabhängige Variablen, der dadurch bewirkte Effekt abhängige Variable genannt. Dann wird mit empirischen Forschungsmethoden überprüft, ob die Hypothese mit der sozialen Wirklichkeit übereinstimmt.[3]

> „Warum platzte über Nacht der Kühler meines Autos? Der Tank war bis an den Rand mit Wasser voll; der Deckel war fest verschlossen; es war kein Anti-Frost-Mittel eingefüllt worden; der Wagen stand im Hof; die Temperatur sank während der Nacht wider Erwarten auf einige Grade unter Null. Dies waren die Antecedensdaten. In Verbindung mit den Gesetzen der Physik – insbesondere dem Gesetz, dass sich das Volumen von Wasser ausdehnt, wenn es gefriert – erklären sie, dass der Kühler geplatzt ist. Mit der Kenntnis der Antecedensdaten und der Gesetze hätten wir das Ereignis mit Sicherheit voraussagen können. Dies ist in der Tat ein gutes Beispiel für eine Erklärung."[4]

10 Die erklärende retrospektive Annahme, das erhöhte Kriminalitätsvorkommen stehe mit der inzwischen gestiegenen Arbeitslosigkeit in Zusammenhang, lässt sich zwanglos in die prospektive prognostische Aussage umkehren, dass bei weiter steigender Arbeitslosigkeit vermutlich auch die Kriminalität weiter zunehmen werde. Daraus wird die praktische Bedeutung kriminalätiologischer Aussagen deutlich: Eine zureichende Ursachenerklärung gibt die Grundlage für eine **Kriminalitätsprognose** (→ § 10 Rn 26 ff.) und damit für ein Kriminalitätsvorbeugungsprogramm ab.[5]

11 Doch Vorsicht: Wir sollten uns an die vom Kritischen Rationalismus bezeichneten Grenzen erfahrungswissenschaftlicher Realitätserfassung (→ § 3 Rn 6 ff.) und an die insoweit beschränkte Verwertbarkeit von am Erklärungsmodell

3 *Atteslander* 2010, 24 ff.; *Friedrichs* 1990, 94; *Kromrey/Roose/Strübing* 2016, 28.
4 S. *von Wright* 1974, 25.
5 *Meier* 2021, § 3 Rn. 6.

orientierten empirischen „Sozialdaten“ (→ § 3 Rn 12) für die praktische Kriminalpolitik erinnern, um diesen Gedanken nicht zu überzeichnen. Empirische Belege für theoretische Annahmen über das Zustandekommen, die Entwicklung und die Verbreitung kriminellen Verhaltens können die Kriminalitätsentstehung nicht definitiv „klären“. Empirisch erweisbar ist nur die Widerlegung, nicht die Bestätigung einer Theorieannahme. Die Erfahrungsübereinstimmung einer Hypothese besagt bloß, dass die Vermutung ihrer Wahrheit in den veranstalteten Erfahrungstests nicht entkräftet wurde, die Hypothese also in einem vorläufigen, mit prinzipiellen Irrtumsmöglichkeiten behafteten Sinne als bestätigt anzusehen ist. Kriminalätiologische Aussagen bleiben allemal Wahrscheinlichkeitsannahmen, deren „Wahrheit“ empirisch nicht endgültig beweisbar ist.

Demgemäß ist es unmöglich, die „letztlichen“ oder „eigentlichen“ Ursachen der 12
Kriminalität erfahrungswissenschaftlich auszumachen.[6] Kriminalätiologische Theorien können nur Faktoren benennen, deren kausaler Zusammenhang mit kriminellem Verhalten einstweilen mehr oder weniger gut auf kontrollierte Beobachtung gestützt werden kann. Die Feststellung eines solchen Zusammenhanges lässt lediglich die probabilistische Aussage zu, dass bei bestimmten Ausgangsbedingungen die **Wahrscheinlichkeit** späteren Auftretens bestimmter Kriminalitätsphänomene größer ist als bei Fehlen dieser Ausgangsbedingungen. Nicht hingegen lässt sich daraus ableiten, die Kriminalitätsphänomene seien durch die Ausgangsbedingungen in einem strengen Sinne verursacht. Eine solche unzulässige Verwechslung von Korrelation mit Kausalität liefe auf den induktiven Fehlschluss *post hoc, ergo hoc* (weil Ereignis X nach Ereignis Y gehäuft auftritt, wurde Ereignis X durch Ereignis Y bewirkt) hinaus.

Induktionen – also Schlüsse von erfahrungsgestützten Einzelaussagen auf allge- 13
meine **Gesetzmäßigkeiten** – sind nicht logisch zwingend. Wenn wir beobachten, dass Schwäne weiß gefiedert sind und Gefangene aus armen und zerrütteten Familien stammen, neigen wir zu generalisierenden Aussagen wie: Alle Schwäne sind weiß, sämtliche Strafgefangene entstammen armen und zerrütteten Familien. Solche Aussagen bezeichnen nicht Gesetzmäßigkeiten, sondern enthalten bloß einstweilen durch Erfahrung gestützte Hypothesen, die an neu zu gewinnender Erfahrung scheitern können. Mit der Beobachtung eines schwarzen Schwans oder der Feststellung, dass es Strafgefangene aus reichen und intakten Familien gibt, werden die vorläufig bestätigten Hypothesen widerlegt.[7] Stets ist

6 *Göppinger* 2008, § 8 Rn. 13; *Neubacher* 2020, Kapitel 8 Rn. 1.
7 *Taleb* 2007, xvii.

mit der Widerlegung auf Erfahrung beruhender Annahmen über die Kriminalitätsentstehung zu rechnen. Die Suche nach den „eigentlichen", „letzten" Kriminalitätsursachen ist deshalb unnütz. Diese Frage zu stellen, hieße, mit Ursachen zu rechnen, die kriminelles – wie überhaupt menschliches – Handeln in einem zwingenden Sinne, nicht nur im Sinne statistischer Wahrscheinlichkeit, determinierten. Richtig verstanden, behaupten kriminalätiologische Theorien deshalb keine zwingende Determiniertheit kriminellen Verhaltens durch bestimmte Ursachen, sondern nur einen einstweilen unwiderlegten statistisch begründbaren Wahrscheinlichkeitszusammenhang von Kriminalität mit bestimmten Einflussfaktoren.

14 Diese Einsicht relativiert die Erklärungskraft entsprechender vor allem ätiologischer Theorien. Die Feststellung bestimmter Zusammenhänge schließt nämlich prinzipiell nicht aus, dass es andere Zusammenhänge im Sinne **intervenierender Variablen**[8] gibt, die nicht geprüft wurden und die unter Umständen vom gewählten theoretischen Ausgangspunkt her gar nicht überprüfbar sind. Die Beobachtung, dass Kinder und Jugendliche mit großen Füßen statistisch über eine höhere Intelligenz als solche mit kleinen Füßen verfügen, lässt keinen Schluss von der Schuhgröße auf die Intelligenz zu, weil dabei das Alter als intervenierende Variable unberücksichtigt bleibt, das sowohl die Schuhgröße wie die Entwicklung der Intelligenz beeinflusst. Erfahrungsgestützte Theorien sind nichts weiter als Orientierungen des Verstandes, welche die freie Assoziation disziplinieren, indem sie diese in eine bestimmte Richtung lenken – und damit von anderen gleichermaßen konsistent verfolgbaren Denkrichtungen entfernen. Nicht die Theorien, sondern nur die mit Hilfe der Theorien erbrachten Erklärungen können wahr oder falsch sein. Erfahrungsgestützte Theorien erweisen sich bei der Anwendung als mehr oder weniger plausibel und brauchbar, um getätigte Wahrnehmungen zu interpretieren und sinnvolle Zusammenhänge zwischen Einzelbeobachtungen herzustellen.

III. Reichweite und Synthese der Theorien

15 Genau genommen suggeriert der Begriff „Kriminalitätstheorie" eine **falsche Vorstellung.** Er weckt die uneinlösbare Erwartung, die Kriminalitätsgenese mittels konsistenter empirisch überprüfbarer Theorieannahmen adäquat und umfassend darstellen und erklären zu können. Dies ist jedoch unmöglich, weil

8 *Friedrichs* 1990, 94.

die theoretische Wahrnehmung notwendig perspektivgebunden und eine endliche Menge von Wahrnehmungsperspektiven nicht nachweisbar ist. Je nach gewählter theoretischer Prämisse fallen das Abstraktionsniveau und die Reichweite der zu prüfenden Annahmen sowie die empirischen Prüfmöglichkeiten unterschiedlich aus. Die Unsicherheit bei der Beantwortung der eingangs (→ § 1 Rn 1 ff.) gestellten Frage: „Was ist Kriminalität und was ist daran erklärungsbedürftig?" deutete die Problematik bereits an.

Wegen der Unterschiede hinsichtlich Fragestellung, Abstraktionsgrad, Erklä- 16
rungsreichweite und empirischer Prüfmöglichkeit sind die einzelnen Kriminalitätstheorien auch nicht ohne weiteres vergleichbar. Entgegen des begrifflichen Anscheins wollen und können Kriminalitätstheorien nicht die Kriminalität und die damit assoziierbaren Realphänomene *in toto* erklären, sondern weisen nur einzelne Zugangswege zu jeweils **besonderen Aspekten** des Kriminalitätsphänomens. Sie sind Anwendungen bezugswissenschaftlicher (→ § 1 Rn 4) Theorien auf das Problemfeld Kriminalität, von dem aus der gewählten bezugswissenschaftlichen Perspektive immer nur die jeweils fachimmanent zugänglichen Aspekte ins Blickfeld gelangen.

Für jede bislang vertretene Kriminalitätstheorie ist charakteristisch, dass sie 17
weder notwendige Bedingungen kriminellen Verhaltens angibt, noch die von ihr angegebenen Bedingungen zur Erklärung des Auftretens kriminellen Verhaltens hinreichen. Wieso keineswegs jede Integration in eine deviante Subkultur kriminelles Verhalten auslöst, kriminelle Karrieren trotz gleichbleibend negativer Einflüsse mitunter unvermutet abbrechen, frühkindliche Fehlentwicklungen oder psychopathologische Auffälligkeiten großteils anders als durch Delinquenz kompensiert werden, lässt sich bislang ebenso wenig zulänglich beantworten wie unter welchen Randbedingungen ein Ladendiebstahl anomietheoretisch oder frustrationstheoretisch zu beantworten ist. Die Ableitung prognosetauglicher Aussagen aus kriminalitätstheoretischen Annahmen scheitert an der derzeit unüberwindlichen Schwierigkeit, die Zusatzvoraussetzungen erschöpfend und zugleich hinlänglich präzise zu benennen, welche die behauptete Stringenz der jeweiligen kriminalitätsindizierenden Faktoren erst herstellen.

Kriminalitätstheorien sind darum bloß Fragmente einer universellen Erklärung 18
der Kriminalitätsgenese, Versatzstücke, die in ihrer Eindimensionalität prinzipiell inadäquat ausfallen. Sie liefern Teilerklärungen bestimmter Phasen der delinquenten Entwicklung, deren Gesamtverlauf einstweilen nicht adäquat dar-

stellbar ist. Deshalb sind sie nicht im (anspruchsvollen) Wortsinne Theorien der Kriminalität, sondern nützliche heuristische Vorstellungshilfen oder **modellhafte Ansätze** mit je beschränkter Perspektive und Reichweite.

19 Diese zurückhaltend-skeptische Einschätzung macht die Beantwortung der kriminalätiologischen Frage nach den Bestimmungsgründen für das Zustandekommen, die Entwicklung und die Verbreitung kriminellen Verhaltens schwieriger denn je. Die meisten von uns werden – mehr oder weniger intuitiv – eine bestimmte Ursachenerklärung anderen vorziehen. Der Glaube an die Abhängigkeit strafbaren Verhaltens von Einflüssen der biologischen Anlage, des sozialen Umfeldes oder der Gesellschaftsstruktur verleitet zur gleichsam statischen Annahme eines strengen Ursache-Wirkungs-Zusammenhanges, die der Komplexität und Dynamik von Kriminalitätsphänomenen nicht gerecht wird. Eine solche statische Annahme ist verlockend, weil sie eine erschöpfende Erklärung von Kriminalitätsphänomenen behauptet. Der Hinweis, dass eine bestimmte Anlage, ein bestimmtes soziales Umfeld oder eine bestimmte Gesellschaftsstruktur keineswegs zwingend zu kriminellem Verhalten führt, irritiert die um eingängige und endgültige Antworten bemühten Gemüter. Machen wir uns frei von solchen allzu simplen Vorstellungen und seien wir bereit, anzuerkennen, dass die Kriminalitätsentstehung komplexer ist, als die um vorschnelle Problemlösungen bemühten eindimensionalen Alltagsvorstellungen.

20 Da jede Theorie nur bestimmte, ihrem Wahrnehmungshorizont zugängliche Relevanzstrukturen des Kriminalitätsphänomens berücksichtigt, liegt es nahe, sich um eine **Kombination** verschiedener Theorien zu bemühen.[9] Doch ist die Erwartung, dass die einzelnen Theorien in gegenseitiger fruchtbarer Ergänzung ein aussagekräftiges Gesamtbild der Kriminalität und ihrer Bezüge formen würden, wohl nicht einzulösen. Die Theorien liefern eben nicht Teile eines Puzzles, die einfach zusammengelegt werden könnten, sondern gleichsam Stücke mit runden und eckigen Kanten, die nicht ohne Lücken zusammenpassen, und deren unterschiedliche Höhen sich nicht auf die Zweidimensionalität des Puzzlebildes reduzieren lassen.

21 Der erste Versuch einer Synthese verschiedener theoretischer Zugangswege zur Kriminalität erfolgte durch den **Vereinigungsgedanken** *von Liszts*. Kennzeichnend dafür war das Bemühen, den Anlage-Umwelt-Streit in einem pragmatischen Sowohl-als-auch aufzulösen (→ § 4 Rn 24 ff.), das keiner bestimmten

9 So auch *Eisenberg/Kölbel* 2017, § 2 Rn. 14.

theoretischen Vorstellung verpflichtet war, sondern sich allein von dem praktischen Anliegen leiten ließ, aus der Erkenntnis der Ursachen des Verbrechens Ratschläge für seine Verhütung und die Besserung von Kriminellen zu entwickeln.

Unabhängig von jenem historischen Beispiel sind Zweifel anzumelden, ob es 22
überhaupt möglich ist, verschiedene theoretische Zugangswege zur Kriminalität ohne die Entwicklung eines diese Theorien überspannenden gemeinsamen theoretischen Dachs („**Metatheorie**") zu bündeln. Die Annahme, es gebe viele verschiedenartige Kriminalitätsursachen, lässt nämlich offen, worin diese konkret bestehen und in welchem Ausmaß sie jeweils für die Entstehung von Kriminalität verantwortlich sind. Um den Vereinigungsgedanken in einem theoretisch anspruchsvollen Sinne formulieren zu können, müsste man die verschiedenen Einflussfaktoren auf die Entstehung von Kriminalität kennen und wissen, welchen Anteil sie jeweils besitzen. Sogar der als solcher theoretisch anspruchslose Vereinigungsgedanke ist auf theoriegeleitete Annahmen angewiesen, weil eine zureichende Kriminalitätserklärung nicht ohne die zumindest implizite und heuristische Festlegung auf bestimmte theoretische Prämissen auskommt. Auch das induktive Sammeln von vermeintlich mit Kriminalität zusammenhängenden Fakten beruht auf theoretischen Vorentscheidungen, durch welche die Faktenauswahl eingegrenzt und strukturiert wird. Der Verzicht auf eine bewusste theoretische Orientierung bewirkt keine Theorieabstinenz, sondern bloß die ungeprüfte Übernahme spekulativer Alltagstheorien. Diese Probleme werden uns bei der heutigen Version des Vereinigungsgedankens, dem multifaktoriellen Ansatz (→ § 10 Rn 24 ff.), noch beschäftigen.

IV. Einteilung kriminologischer Theorien

Obgleich Kriminalitätstheorien zumindest derzeit nicht zu einer in sich kon- 23
sistenten Globaltheorie geordnet werden können, bestehen doch zwischen den einzelnen Theorien Zusammenhänge und Abhängigkeiten. Der zunächst naheliegende Eindruck eines beziehungslosen Nebeneinanders von unterschiedlichen Beobachtungsfeldern und -perspektiven täuscht. Dies wird schon dadurch deutlich, dass die verschiedenen Theorien in Konkurrenz zueinanderstehen. Obwohl die theoretischen Deutungsmuster je einzeln eine konsistente Kriminalitätserklärung abzugeben beanspruchen, sind sie doch immer nur als Alternative zu gleichzeitig vertretenen anderen Deutungsmustern zu verstehen. Wie überzeugt man von einer bestimmten Kriminalitätserklärung auch sein mag –

das Bewusstsein, dass auch andere Deutungsmöglichkeiten wissenschaftlich vertretbar sind, bleibt allgegenwärtig.

24 Die **Konkurrenzsituation** ist erklärungsbedürftig, scheint doch die Befassung mit dem einen thematischen Aspekt oder Gegenstandsbezug so legitim wie die Behandlung eines anderen. Weshalb zwischen den sich mit kriminellen Individuen befassenden Mikrotheorien und den soziale Strukturen thematisierenden Makrotheorien Brücken bestehen sollen, ist zunächst ebenso wenig einsichtig wie, weshalb den Mikrotheorien vorzuwerfen sei, dass sie die Makroperspektive vernachlässigen und umgekehrt. Indes ergeben sich Zusammenhänge daraus, dass sich einzelne Theorien in ihren Erklärungsansprüchen überschneiden, wobei die empirische Bestätigung der einen Erklärungshypothese die der anderen in Zweifel zieht. So wird die biologische Annahme der kriminellen Veranlagung bestimmter Individuen durch den Nachweis von Einflüssen des sozialen Umfeldes oder der gesellschaftlichen Struktur auf das Kriminalitätsvorkommen irritiert: denn wenn kriminelles Verhalten mit der individuellen Veranlagung zusammenhinge, müsste dieser Zusammenhang in unterschiedlichen sozialen Umfeldern und Strukturen stabil bleiben.

25 Wir wollen das Theorienspektrum in seiner gesamten thematischen Bandbreite erörtern. Freilich ist angesichts der schier unendlichen Nuancierungsmöglichkeiten keine vollständige, sondern eine typisierende Darstellung angezeigt.[10] Die Darstellung folgt einer systematischen Einteilung und nicht stets chronologisch der historischen Entstehung der erörterten Theorien.

26 Drei **Typen** kriminologischer Theorien können unterschieden werden: Theorien, welche individuelle Merkmale benennen, die die Wahrscheinlichkeit kriminellen Verhaltens erhöhen. Ferner Theorien, welche Strukturmerkmale sozialer Einheiten bezeichnen, die die Häufigkeit und Verteilung des Kriminalitätsvorkommens beeinflussen. Schließlich Theorien, welche sich mit der Kontrolle der Kriminalität befassen.[11] Individuenbezogene Theorien verwenden biologische, psychologische und psychiatrische Erklärungen. Diese Theorien gehen davon aus, dass die Bereitschaft zur Verübung kriminellen Verhaltens bei manchen Menschen größer als bei anderen ist, unabhängig von der sozialen Situation, in der sich diese befinden. Auf soziale Einheiten bezogene Theorien verwenden soziologische und sozialpsychologische Erklärungen. Sie nehmen

10 Weitere Differenzierungen etwa bei *Eifler* 2002, 59, 69, 72.
11 *Snipes/Bernard/Gerould* 2019, 7 ff.; so auch *Meier* 2021, § 3 Rn. 13.

an, dass gewisse ungünstige Beschaffenheiten des sozialen Umfelds mit einem erhöhten Kriminalitätsvorkommen und einer bestimmten Kriminalitätsverteilung zusammenhängen, unabhängig von den Merkmalen der Individuen, die sich in diesem Umfeld befinden. Neben diesen beiden Gruppen von Kriminalitätstheorien, die also die Erklärung kriminellen Verhaltens beabsichtigen, finden sich Kriminalisierungstheorien, die auf die Kriminalitätskontrolle bezogen sind und die förmlichen Reaktionen auf Kriminalität untersuchen.

In den folgenden Kapiteln werden zunächst **individuenbezogene** Theorien er- 27
läutert, welche um die Aufklärung der individuellen Ursachen des Straffälligwerdens (also ätiologisch) bemüht sind und das deterministische Verhaltenskonzept sowie das Erklärungsmodell (→ § 2 Rn 6 ff.) zugrunde legen. Wir werden diesen Theorietyp anhand von Entwicklungen der Biokriminologie (→ § 7) sowie psychologischer und psychiatrischer Persönlichkeitskonzepte (→ § 8) darstellen.

Bei den Theorien, die auf **soziale Einheiten** (z. B. das soziale Umfeld, Subkul- 28
turen, die Gesellschaft insgesamt) bezogen sind, wird Devianz mit den Strukturen und Beschaffenheit dieser Einheiten (z. B. Normen, Kriminalitätsaufkommen, Sozialstruktur) in Zusammenhang gebracht. Diese Theorien nehmen also an, dass die Bedingungen sozialer Einheiten verhaltensbestimmend sind. Solche sozialen Einheiten lassen sich auf der Mikroebene des Umfelds der Täter:innen, der Mesoebene sozialer Teilsysteme und der Makroebene gesamtgesellschaftlicher Strukturen lokalisieren. Auch diese Theorien sind (im Sinne statistischer Wahrscheinlichkeit) deterministisch, erklärend und ätiologisch. Wir werden diesen Theorietyp an Beispielen sozialstruktureller Konzepte (→ § 9) und der Sozialisation im sozialen Nahbereich (→ § 10) studieren. Die anschließend zu erörternden Kontrolltheorien (→ § 11) beruhen im Kern auf der Annahme von kriminalitätsbegünstigenden Kontrolldefiziten und lassen sich ebenfalls dem Typ der Kriminalitätserklärung aus Abnormitäten sozialer Einheiten zuordnen. Bei den aktuellen spätmodernen Theorien (→ § 12) ist eine eindeutige Typisierung nicht möglich. Während die ökonomische Kriminalitätstheorie eine von sozialen Einflüssen freie, also indeterministische Verhaltenswahl behauptet (→ § 12 Rn 12 ff.), geht die allgemeine Theorie von *Gottfredson* und *Hirschi* (→ § 12 Rn 43 ff.) von einer frühkindlichen, lebenslang erhalten bleibenden Verhaltensprägung durch Bezugspersonen aus.

Als auf die **Kriminalitätskontrolle** bezogene Theorie ist der *Labeling Approach* 29
(→ § 13 Rn 7 ff.) bekannt. Dieser befasst sich mit den Bedingungen der Vergabe der Eigenschaft „kriminell" durch den Gesetzgeber und die Instanzen der

Strafrechtsanwendung. Um die Verbindung des *Labeling Approach* mit dem Verstehensmodell (→ § 2 Rn 11 ff.) deutlich zu machen und die fortwährende Bedeutung dieses Modells auch nach dem inzwischen eingetretenen Bedeutungsverlust des *Labeling Approach* zu begründen, wird Kriminalität in den Zusammenhang mit sozialer Interaktion gerückt und das **interpretative Paradigma** (→ § 13 Rn 1 ff.) als Leitidee präsentiert. Schließlich wird die soziale Konstruktion der Geschlechterrollen von „Weiblichkeit" und „Männlichkeit" in der Genderforschung als allgemeiner Deutungsrahmen für das Verständnis der Kriminalitätskontrolle und als Anwendungsbeispiel des interpretativen Paradigmas herausgearbeitet (→ § 9 Rn 36 ff.).

§ 7 Entwicklungen der Biokriminologie

Lektüreempfehlung: *Laue, Christian* (2010): Evolution, Kultur und Kriminalität. Berlin/Heidelberg, 17-58; *Wilson, Edward O.* (1975): Sociobiology: The New Synthesis. Cambridge.

Nützliche Webseiten: http://www.geneticsandsociety.org/article.php?id=4713.

1 Biologische Erklärungen besitzen gemeinsame Funktionen: Sie verbinden biologische mit sozialer Abweichung, markieren schwer überwindbare Grenzen zwischen Normalität und sozialer Abweichung, stehen in einem besonderen Näheverhältnis zur staatlichen Strafverfolgung, reproduzieren und legitimieren deren Praxis der Exklusion von Schwer- und Karrierekriminellen und rechtfertigen die Selektivität der Strafverfolgung durch Abgrenzung der „Unverbesserlichen" von Gelegenheitstäter:innen.[12]

2 Heute ist nur ein Teil der Erklärungen anlagebezogen; andere Erklärungen stützen sich auf biochemische Einflüsse der Umwelt, die durch die Nahrung, die Luft, durch Unfälle oder Krankheiten die Psyche in kriminogener Weise verändern können sollen. Die uns heute skurril anmutende Erkennbarkeit der Verbrecherpersönlichkeit an leicht erkennbaren äußerlichen Merkmalen wird nicht mehr vertreten. Vor allem nicht evidente, nur noch der Fachperson durch aufwendige wissenschaftliche Prozeduren erkennbare, zumeist genetische, Merkmale werden in einen Zusammenhang mit Kriminalität gebracht.

12 *Hofinger* 2013, 10.

3 Zudem wird der bereits von *Lombroso* als bloß typisch, jedoch nicht zwingend angenommene Zusammenhang zwischen bestimmten Anlagen und Kriminalität weiter gelockert. Der Anlageneinfluss wird nur noch im Sinne einer biologischen **Prädisponiertheit** und eines Risikofaktors für antisoziales Verhalten verstanden. Schon *Lavater* hat diese Einsicht weitsichtig formuliert:

> „Keiner muss ein Bösewicht aus Anlage werden, aber alle können's. Die Übeltat kann nicht stehenden Fußes sich dem Schädel einprägen – sowenig so und so ein Schädel diese oder jene Übeltat begehen muss."[13]

4 Biosoziale Theorien rechnen mit einem **Zusammenwirken** von Anlagen- und Umwelteinflüssen. Durch die moderne Soziobiologie[14] inspiriert, wird Umwelteinflüssen eine intermediäre, doch prinzipiell nachrangige Bedeutung zugestanden.[15] Anstelle einer kurzschlüssigen Verknüpfung von ungünstiger Anlage und Kriminalität nach dem simplen Muster „Böses gebiert Böses" wird angenommen, dass die biologische Prädisposition bei gegenläufigen Umwelteinflüssen latent bleibe und kompensiert werden könne. Dementsprechend ist der Begriff der kriminellen Anlage im Sinne einer anlagebedingten Aggressionsbereitschaft bestimmter Menschentypen zu verstehen, deren Entwicklung je nach Umwelteinfluss auch in nicht kriminellen Bahnen verlaufen kann. Ein Beispiel bilden Zwillingsbrüder, von denen der eine die Karriere eines Gewaltverbrechers, der andere die eines Rausschmeißers in einem Nachtlokal einschlägt. Der biologische Genotyp eines Individuums bestimmt nach dieser Vorstellung die Grenzen seiner möglichen Phänotypen, deren konkrete Gestalt freilich durch Umwelteinflüsse konturiert wird. Bündig ausgedrückt: Die Anlage disponiert Möglichkeiten, welche die Umwelt ausschöpft.

5 Dies bedeutet einen Schritt hin zu einer integrativen Betrachtung der Täter:innenpersönlichkeit (→ § 10 Rn 24 ff.), die mit einem Zusammenwirken von Anlage- und Umwelteinflüssen rechnet. Dem Anliegen der spätmodernen Kontrollgesellschaft entsprechend (→ §§ 19 Rn 67 ff.; § 20 Rn 53 ff.; § 21 Rn 24 ff.; § 22; § 24) richtet sich das Interesse weniger auf Einzelne und ihre Disziplinierung als auf die (möglichst frühe) Prävention.[16]

---

13 *Lavater* 1775-1779, 14.

14 *Barash* 1980; *Wilson* 1975.

15 Deutlich etwa bei *Zerbin-Ruedin* 1984, 14: „Was die Anlagenseite betrifft, so wird nicht das erscheinungsbildliche Merkmal (Kriminalität) vererbt, sondern kodierte Information. Dies gibt Anweisung für den Aufbau und die Regulierung von Proteinen, Enzymen, Hormonen, Neurotransmittern, die dann ihrerseits zu einem erhöhten Risiko für kriminelles Verhalten führen können"; vgl. auch *Zerbin-Ruedin* 1985, 15 ff., 25 ff.

16 *Hofinger* 2013, 20.

I. Zwillings- und Adoptionsforschung

6 Wegbereitend für biokriminologische Studien, die auch mit Umwelteinflüssen rechnen, ist die **Zwillingsforschung**. Sie stellt den Versuch dar, mit Hilfe eines naturgegebenen Experiments den verhaltensbestimmenden Einfluss der (Erb-) Anlage vom Einfluss der Umwelt zu isolieren und die jeweilige Stärke dieser Einflüsse zu prüfen. Die Zwillingsforschung macht sich den Umstand zunutze, dass eineiige Zwillinge das gleiche Erbgut aufweisen, zweieiige Zwillinge dagegen – wie Geschwister im Übrigen – erbverschieden sind. Durch Verhaltensvergleiche von eineiigen mit zweieiigen Zwillingen und sonstigen Geschwistern soll der Anlageneinfluss bei relativ konstant gehaltenen Umweltbedingungen erhoben werden. Eine gehäufte Verhaltensübereinstimmung bei erbgleichen Personen wird als Beleg für die Bedeutung der Anlagen gewertet.[17]

7 Die Ergebnisse dieser Studien lassen sich dahin zusammenfassen, dass zwar ein gewisser empirischer Zusammenhang zwischen vererbten Eigenschaften und Kriminalität zu bestehen scheint, dieser Zusammenhang freilich eher schwach ausgeprägt ist und desto schwächer ausfällt, je aktueller die Studien und je größer die untersuchten Fallzahlen sind sowie je anspruchsvoller das methodische Design der Untersuchung ist.[18]

8 Der Beweis, dass kriminelles Verhalten durch die Anlage disponiert wird, lässt sich mit Zwillingsstudien nicht führen. Eineiige Zwillinge verhalten sich womöglich häufiger übereinstimmend, weil sie mehr aneinanderhängen, mehr Zeit miteinander verbringen, öfter Freund:innen und Hobbys teilen als andere Geschwister. Sie werden vielleicht eher gemeinsam straffällig, weil sie häufiger sonstige gemeinsame Lebensgewohnheiten aufweisen. Vielleicht werden sie auch nur häufiger gemeinsam erwischt, weil sie als „doppelte Lottchen" eine erhöhte Aufmerksamkeit auf sich ziehen oder bei Ermittlungen, die sich gegen einen eineiigen Zwilling richten, der Verdacht einer Beteiligung des Zwillings näherliegt als bei sonstigen Geschwistern. Dafür spricht eine weitere Studie, die Straftaten nicht nach amtlichen Registern, sondern nach anonymem Selbstberichten erhob, aus denen sich keine erhöhte kriminelle Verhaltensübereinstimmung bei eineiigen Zwillingen ergab.[19]

17 *Newburn* 2017, 147.
18 *Christiansen* 1977a; *Christiansen* 1977b; *Mednick/Volavka* 1980.
19 *Rowe*, zitiert nach *Zerbin-Ruedin* 1984, 3.

Bei der **Adoptionsforschung** werden Anlage- und Umwelteinfluss durch Vergleich der Kriminalitätsbelastung von Adoptivkindern mit derjenigen ihrer leiblichen Eltern einerseits und ihrer Adoptiveltern andererseits erhoben.[20] Die Verhaltenskonkordanz bei biologischer Verwandtschaft wird als Indiz für genetische Disposition zur Kriminalität, die Konkordanz in der Adoptivbeziehung als Hinweis auf sozialen Einfluss gewertet.[21] 9

Auch Adoptionsstudien fallen nicht eindeutig zugunsten vererbter Einflüsse aus. 10
So erbrachte eine breitere und verfeinerte Replikationsstudie deutlich schwächere Indizien für biologische Einflüsse als die ursprüngliche Studie.[22] In einer Metaanalyse wurde für den Einfluss von Erbfaktoren lediglich eine mittlere Effektstärke von 0.11 nachgewiesen.[23] Demnach gilt auch bei Adoptionsstudien: Je aktueller, je statistisch aussagekräftiger und je methodisch ausgefeilter die Untersuchung, desto stärker nivellieren sich angenommene vererbte Effekte.

Wo die Ergebnisse der Adoptionsforschung genetische Effekte zu belegen 11
scheinen, sind die Befunde auch anders verstehbar. Eltern, die ihre Kinder zur Adoption weggeben, sind häufig psychischen und sozialen Belastungen ausgesetzt, die mit Kriminalität einhergehen. Bei den Kindern kann das Adoptionsverhältnis eine erhöhte kriminelle Gefährdung bewirken. Die oft als Trauma erlebte Adoption erschwert die soziale Eingliederung. Adoptionen geht nicht selten ein für die kindliche Entwicklung schädlicher Heimaufenthalt voraus.

II. Genetische Annahmen

In den 1960er Jahren haben **Chromosomenstudien** Aufmerksamkeit erregt. 12
Spektakuläre Kriminalfälle, deren Ursache unerfindlich schien, fanden in der Chromosomenanomalie überführter Täter eine scheinbar befriedigende Erklärung. Die irrtümliche Meldung etwa, dass der achtfache Frauenmörder *Richard Speck* aus Chicago ein überzähliges Y-Chromosom (XYY-Syndrom) aufgewiesen habe, fand breite Resonanz in der Öffentlichkeit und wurde als Entdeckung des „Mörderchromosoms" gefeiert.

20 *Snipes/Bernard/Gerould* 2019, 75 f.
21 *Burt/Simons* 2014, 241.
22 Vgl. *Mednick/Gabrielli/Hutchings* 1984 im Gegensatz zu *Hutchings/Mednick* 1977.
23 *Walters* 1992.

13 Nachfolgende Untersuchungen lassen diese Annahmen **zweifelhaft** erscheinen.[24] So ist die Anzahl der XYY-Männer unter Strafgefangenen nicht signifikant höher als in der Gesamtbevölkerung.[25] Überhaupt scheint ein überzähliges Y-Chromosom mit aggressivem Verhalten in keiner kausalen Verknüpfung zu stehen.[26] Amerikanische Studien deuten im Gegenteil trotz gewisser psychischer Auffälligkeiten auf eine verminderte Aggressionsneigung von XYY-Männern hin.[27] Eine auslesefreie Untersuchung sämtlicher (31.436) in Kopenhagen in den Jahren 1944 bis 1947 geborener Männer untermauert dies.[28] Auch die Überzähligkeit von X-Chromosomen bei Männern (sog. Klinefelter-Syndrom) dürfte entgegen früherer Mutmaßungen in keinem Zusammenhang zur Kriminalität stehen. Die Feststellung erhöhter Häufigkeit dieses Syndroms unter Straffälligen erreicht keine signifikanten Werte; zudem bleibt die Kriminalität von Klinefelter-Männern typischerweise im Lebenslängsschnitt episodenhaft.[29]

14 In der neuseeländischen Stadt Dunedin wurden alle 1972 und 1973 in demselben Krankenhaus geborenen Personen (N = 1.037) während 30 Jahren von einem Team Forschender um das Ehepaar *Terrie Moffitt* und *Avshalom Caspi* im Hinblick auf während der Kindheit erlittene Misshandlungen und späterem gewalttätigem Verhalten beobachtet (→ § 10 Rn 38 ff.). Dabei ergab sich, dass zwar Opfer von Misshandlungen im Kindesalter später zu etwa 50 % eher zu gewalttätigem Verhalten neigen als nicht misshandelte Kinder, diese Beziehung jedoch für die meisten misshandelten Kinder nicht zutrifft. Die Forschenden vermuten einen Einfluss eines nur bei Männern vorhandenen Gens, das für die Bildung des Enzyms Monoaminoxidase A (MAOA) verantwortlich ist. Dieses Gen sorgt dafür, dass Aggressivität fördernde Neurotransmitter im Gehirn wie Norepinephrin (NE), Serotonin (5-HT) und Dopamin (DA) deaktiviert werden. Als Knaben misshandelte Männer, bei denen diese hemmende Funktion unzureichend ist (*low-activity*-Allel), benahmen sich später zu mehr als 80 % antisozial und zu mehr als 30 % gewalttätig. Angenommen wird, dass die genetischen Dispositionen erst durch Misshandlung in der Kindheit **„angeschaltet“** würden.[30] In den Forschungsberichten werden allerdings die Art der erlittenen Misshandlungen und der verübten Gewalt nicht spezifiziert. Ebenso bleiben Einflüsse des Lebensabschnittes zwischen kindlicher Misshandlung und späterer Gewalt-

24 *Zang* 1984.
25 *Shah/Roth* 1974, 137.
26 *Kaiser* 1983, 56.
27 *Edelhoch* 1980, 54 ff.; *Rennie* 1978, 223 ff.
28 *Mednick/Volavka* 1980, 93; *Witkin u. a.* 1976.
29 *Sorensen/Nielsen* 1984.
30 *Caspi u. a.* 2002; *Moffitt u. a.* 2001.

ausübung ausgeblendet. So wird aufgrund der festgestellten statistischen Beziehung der Eindruck eines fast zwingenden Zusammenhanges von erlittener und verübter Gewalt bei entsprechender genetischer Ausstattung erzeugt. Die intergenerationale Weitergabe erlebter Gewalt kann indes auch soziologisch über die Theorie des sozialen Lernens, Bindungstheorien und den Aspekt der niedrigen Selbstkontrolle der allgemeinen Kriminalitätstheorie erklärt werden.[31]

III. Hirnforschung

Lektüreempfehlung: *Hallmann, Amina* (2017): Wie ernst muss die Kriminologie die Neurowissenschaften nehmen? – Zum möglichen Aufkommen einer neuen Biokriminologie. NK 29, 3-14; *Heinemann, Torsten* (2014): Gefährliche Gehirne: Verdachtsgewinnung mittels neurobiologischer Risikoanalysen. KrimJ 46, 184-199; *Kunz, Karl-Ludwig* (2010a): Lebenswissenschaft und Biorenaissance in der Kriminologie. In: *Böllinger, Lorenz. u. a.* (Hrsg.): Gefährliche Menschenbilder. Baden-Baden, 124-137; *Strasser, Peter* (2013): Brains and Would-be Brains. KrimJ 45, 58-68.

Nützliche Webseiten: http://www.gehirn-und-geist.de/artikel/852357&_z=798884.

Die neuronale Hirnforschung gilt als eines der zukunftsträchtigsten und spektakulärsten Forschungsgebiete. Dabei zeigt sich, dass das Gehirn ein höchst komplexes biologisches System ist, in dem bestimmte Hirnregionen – besonders solche des limbischen Systems – arbeitsteilig spezifische Aufgaben der Verhaltenssteuerung wahrnehmen. Das untere, über den Augen liegende Stirnhirn, der **präfrontale Cortex**, funktioniert als Kontrollinstanz, welche die in limbischen Hirnbereichen entstehenden Gefühle und Impulse im Zaum hält. Beobachtungen an erwachsenen Patient:innen mit frontalen Hirnverletzungen durch Schädel-Hirn-Traumata belegen, dass sich diese Verletzungen häufig in erhöhter Reizbarkeit niederschlagen. Nach retrospektiven Untersuchungen an Gewalttäter:innen soll der präfrontale Cortex bei aggressiven Erwachsenen deutliche Auffälligkeiten aufweisen, welche entweder durch Verletzungen hervorgerufen oder angeboren und genetisch bedingt seien. Gewalttätiges Verhalten hänge ferner mit männlichem Geschlecht, Alter und persönlichen Gewalterfahrungen in der Kindheit zusammen. Zusätzlich wird eine Abhängigkeit der Gewalt von einem hohen Testosteron- und niedrigen Serotoninspiegel angenommen. Hirnanomalien sollen vor allem dann zu Gewalt führen, wenn sie von Kindheit an bestehen und psychosoziale Risikofaktoren wie massive Störungen der frühen 15

31 *Manzoni/Schwarzenegger* 2019, 236.

Mutter-Kind-Beziehung, inkonsequente Erziehung, Misshandlung und Missbrauch im Kindesalter hinzukommen.[32]

16 Über diese Fälle beobachtbarer Auffälligkeiten und Defekte des präfrontalen Cortex hinaus zeigt die Hirnforschung, dass geistig-psychische Zustände nicht jenseits der physikalisch-physiologischen Materie des Gehirns angesiedelt sind, sondern sich innerhalb dieser Materie vollziehen. Damit ist die auf *René Descartes* (1596-1650) zurückgehende Annahme einer substantiellen Verschiedenheit von menschlichem Körper und Geist widerlegt. Bewusstseinszustände, Gedanken und Gefühle werden durch körperliche Gehirnprozesse verursacht; das Mentale ist vom Gehirnsystem biologisch produziert.

17 Als einer der bekanntesten Belege dafür gilt das *Libet*-Experiment[33], welches nach der Interpretation seines Erfinders zeigt, dass die Gehirnaktivität, welche zu einer Handbewegung führte, vor dem Moment einsetzte, in welchem sich die Person zu der Bewegung entschloss. Aufgrund solcher experimentell erlangter Befunde bezweifeln zahlreiche Hirnforscher:innen die Möglichkeit menschlicher **Willensfreiheit:** Was man als vermeintlich autonome Willensentscheidung wahrnehme, sei tatsächlich das Ergebnis sich unwillentlich vollziehender Gehirnaktivitäten. Damit werden angeblich auch der strafrechtliche Schuldvorwurf und die Legitimität der staatlichen Strafe infrage gestellt: Da der Entschluss zum Rechtsbruch neuronal gesteuert werde, könne das strafbare Verhalten nicht zum Vorwurf gemacht werden. Anstatt Strafen seien demnach nur rein präventive, also auf die Sicherung oder Besserung der Täter:innen abzielende, Maßnahmen der sozialen Verteidigung zulässig.[34]

18 Mit Hinweisen auf Zusammenhänge zwischen Aggressionsneigungen und pathologischen Auffälligkeiten der Struktur bzw. der Aktivitäten des präfrontalen Cortex behauptet die neuronale Hirnforschung eine biologische – und damit moralisch standpunktfreie – **Bestimmbarkeit des Bösen** in der Anlage. Von humanistischen Ansprüchen befreit, wird das Individuum in einem naturwissenschaftlichen Rigorismus ohne Wahlfreiheit konzipiert.[35] Insofern führt der Fortschritt der Biowissenschaften zu einer Rückkehr zu kriminologischen Positionen, die seit *Lombroso* in dieser Ungeschminktheit nicht mehr eingenommen

32 *Lück/Strüber/Roth* 2005, 11 ff., 121 ff.; *Markowitsch/Siefer* 2007, 170.

33 *Benjamin Libet* bat Testpersonen, in einem beliebigen Moment das Handgelenk zu bewegen, während sie eine Art Uhrzeiger verfolgten, und zeichnete dabei deren Gehirnaktivitäten auf.

34 *Markowitsch/Siefer* 2007, 132; *Roth* 2003, 544.

35 *Strasser* 2013, 58.

wurden: Es scheint demzufolge „gefährliche" Menschen zu geben, die sich naturwissenschaftlich nachweisbar in ihrer individuellen biologischen Ausstattung von Ungefährlichen und Gesetzestreuen unterscheiden sollen.[36]

Mit der Anzweiflung der Willensfreiheit beansprucht die neuronale Hirnforschung, das über Jahrhunderte in der Philosophie des Geistes umstrittene Verhältnis von menschlichem Körper und Geist geklärt zu haben. Die neuronale Hirnforschung präsentiert sich damit wie die Evolutionstheorie von *Charles Darwin* als universelle Leitwissenschaft, die grundlegende bislang umstrittene Fragen der menschlichen Existenz beantwortet.[37] Wie zu Zeiten *Darwins* wird das Zusammenspiel von Körper und Geist naturwissenschaftlich monistisch gedeutet und auf Körperfunktionen zurückgeführt: In Verwerfung des *Cartesianischen* Dualismus wird das Geistige als mit den Aktivitäten der *Physis* des Gehirns identisch begriffen. 19

Die Zusammenhänge von neuronalen Hirnaktivitäten und menschlichem Verhalten sind vielfach und sorgfältig belegt. Es erscheint auch plausibel, dass menschliches Verhalten durch die biologische Befindlichkeit des jeweiligen Individuums beeinflusst werden kann, speziell, wenn diese Befindlichkeit ungewöhnlich oder gar pathologisch auffällig ist. Entscheidend ist, was solche Zusammenhänge bedeuten: Folgt daraus wirklich, dass menschliches Verhalten durch Gehirnprozesse kausalgesetzlich determiniert wird? Dass sich menschliche Subjektivität auf neurobiologische Prozesse reduzieren lässt? 20

Dies wird häufig mit großer Vereinfachung und in reißerischer Sprache behauptet. „Tatort Gehirn"[38], „Die Gene des Bösen"[39], „Das Verbrechergehirn"[40] und ähnlich lauten durchaus seriös gemeinte Schlagzeilen und Buchtitel. Der dem zugrunde liegende Reduktionismus, wonach alle Manifestationen unseres Geistes ausschließlich eine Konsequenz der Aktivität physiologischer Prozesse im Gehirn seien, beruht auf einer **unzutreffenden Überinterpretation** empirischer Befunde. In eigentümlicher Verdrehung wird dabei das Gehirn zum Subjekt erklärt, das den Menschen als ausführendes Werkzeug benutzt, die neuronalen Prozesse zur Quelle von Gedanken. Nur durch diese Redeweise wird der 21

36 *Heinemann* 2014; s. auch *Maier/Helmchen/Sass* 2005.
37 „Manifest der Hirnforschung im 21. Jahrhundert", Gehirn und Geist 6/2004; 3/2005; *Roth/Grün* 2009.
38 *Markowitsch/Siefer* 2007.
39 http://www.tagesspiegel.de/meinung/gewaltverbrechen-die-gene-des-boesen/4310446.html.
40 http://www.deutschlandfunk.de/das-verbrechergehirn-die-neuvermessung-des-boesen.740.de.html?dram:article_id=305637.

Eindruck eines die Eigenheit des Mentalen verdrängenden biologischen Determinismus erweckt.[41] Was die Hirnforschung als neuronale Prozesse benennt, sind im Alltagsverständnis schlicht unsere Gedanken, und die vermeintliche Subjektstellung des Gehirns schrumpft in diesem Verständnis zu der Annahme, dass wir davon zumeist unbewusst und unwillentlich Gebrauch machen. Die Annahme, dass „das" (nicht etwa unser!) Gehirn unser Verhalten steuert[42], lässt sich schwerlich dahin erweitern, dass das Gehirn seine neuronalen Prozesse selbst neuronal steuert. Also muss der eigentlich bekämpfte Freiheitsgedanke wiedererweckt und nun dem Gehirn zugeschrieben werden, das als autonomes Subjekt nicht anders kann, als „seine Freiheit"[43] wahrzunehmen.

22 In ähnlicher Weise wie bei der Hypostasierung des Gehirns als steuerndes Subjekt wird bei der Antwort auf die klassische kriminalitätstheoretische Frage nach den Ursachen des Verbrechens die in genetischen und neurobiologischen Strukturen und Funktionen ausgedrückte menschliche Natur zur Produktionsstätte des gewalttätigen kriminellen Verhaltens stilisiert.[44] Kriminelle mögen durch ihre veranlagten Triebe gesteuert sein – aber was sind ihre Triebe anderes als sie selbst?

IV. Gemeinsame Probleme und Defizite

Lektüreempfehlung: *Strasser, Peter* (2005): Verbrechermenschen. 2. Aufl., Frankfurt a. M., 127-154, 229-245.

23 Die Biokriminologie beschränkt ihr Augenmerk auf Kriminalität, die mit **Gewaltbereitschaft** und Gewaltausübung zu tun hat. Sie wählt den zu untersuchenden Personenkreis zumeist aus der Gefängnispopulation oder aus biologisch auffälligen Menschen, die aggressiv wurden. Die Untersuchungseinheiten sind klein, die Untersuchungen meist retrospektiv, Vergleichsgruppen werden kaum herangezogen.

24 Jeder Entwicklungsschub der Humanbiologie scheint die alte Frage nach dem **„geborenen Verbrecher"** aufs Neue zu beleben. Nicht wissenschaftliche Indizien, sondern die schauerliche Faszination der Vorstellung, dass es Menschen mit „bösen" Genen oder Hirnen gibt, ist die Antriebsquelle der Biokrimino-

41 Dazu lehrreich *Reemtsma* 2006.
42 *Roth* 2003.
43 *Roth/Grün* 2009.
44 *Neubacher* 2020, Kapitel 8 Rn. 6 ff.

logie. Offenbar assoziiert der Alltagsverstand unbegründete Gewaltausbrüche, die durch Erziehung und Behandlung nicht gezügelt werden konnten, hartnäckig mit einer abartigen biologischen Veranlagung. Die Biokriminologie „bedient" dieses Vorurteil mit ihrem aktuellen wissenschaftlichen Repertoire und erhält dafür im Gegenzug eine ansonsten in der Kriminologie kaum erzielbare Öffentlichkeitswirkung.

Im Gegensatz zur beeindruckenden technologischen Entwicklung der Biowissenschaften ist der Diskurs um ihre kriminologischen Erträge bemerkenswert zurückgeblieben, ja fast auf der Position *Lombrosos* erstarrt. Auch die neuen biowissenschaftlichen Deutungen der Kriminalität leiden darunter, 25

- die Menschheit nach einer **binären Logik** in Kategorien von Gute und Schlechte, Normkonforme und Abweichende zu unterscheiden,
- einen **Determinismus** zu behaupten, der den Menschen und seine Handlungen als Objekt biologischer Steuerung versteht,
- einen Diskurs zu führen, der Indizien für biologische Einflüsse dazu verwendet, Abweichung zu **pathologisieren** und dadurch die soziale Verteidigung naturwissenschaftlich zu legitimieren,
- das **Böse im Innern** bestimmter Menschen zu lokalisieren, sie in dieser scheinbar unabänderlichen Eigenschaft zu definieren und eine lebenslange Persistenz der Neigung zu asozialem Verhalten zu unterstellen,
- den mangelnden Erfolg therapeutischer Interventionen dem Individuum zuschreibend als **Unbehandelbarkeit** zu deuten,
- auf Behandlungsangebote, welche Autonomie und Würde des Einzelnen respektierten, zu verzichten, um stattdessen einem Programm zur **Unterdrückung** von Charaktermängeln zu folgen,
- im Übrigen auf Maßnahmen der **Neutralisierung** von menschlichen Risikoträgern zu setzen, die vom medikamentösen Ruhigstellen über die chemische Kastration bis zu dereinstigen eugenischen Neuzüchtungen der humanen Biomasse im „Menschenpark"[45] reichen.

Der geläufigste Einwand gegen biologische Verbrechenserklärungen beanstandet die allzu kurzschlüssige Verbindung zwischen biologischen Eigenschaften und kriminellem Verhalten, bei welcher der vermittelnde Einfluss des sozialen Umfeldes außer Betracht bleibt. Zwar werden Befunde der Biokriminologie nicht durch Belege für zusätzlich bestehende soziale Einflussfak- 26

45 *Sloterdijk* 1999.

toren der Kriminalitätsentstehung entkräftet, da biologische Einflüsse durchaus neben und hinter sozialen Einflüssen bestehen mögen (→ § 7 Rn 3 ff.). Indessen gewinnt die Kriminalität immer erst durch das Bindemittel Umwelt eine erfahrbare und wissenschaftlich zugängliche Form.

27 Auch ausgeprägte **statistische Zusammenhänge** belegen nicht unbedingt biologische Einflüsse. So ist in den USA die registrierte Kriminalität von Schwarzen, und erst recht deren Inhaftierungsrate, um ein Mehrfaches höher als es eigentlich ihrem Bevölkerungsanteil entsprechend zu erwarten wäre. Die Erklärung dessen mit einem durchschnittlich deutlich niedrigeren Intelligenzquotienten von Schwarzen im Vergleich zum Bevölkerungsdurchschnitt[46] hat eine heftige Kritik entfacht[47]. Die Gründe für die überproportionale Registrierung sind vielmehr in sozialen Umständen zu suchen: Die Schwarze Bevölkerung ist in Ausbildung, Einkommen, Wohnqualität und Ansehen benachteiligt und begegnet zudem einem überwiegend weißen Strafverfolgungsapparat mit entsprechenden strukturellen Problemen (Stichwort *racial profiling*). Allerdings hat die geringe Beeinflussbarkeit des Befundes einer höheren Belastung mit strafrechtlicher Registrierung durch den überproportional auf Schwarze gerichteten abschreckungsorientierten Strafvollzug die Vorstellung genährt, dass die Verhaltensstabilität biologische Ursachen haben müsse.

28 Vollends triftig wird die Kritik an der Biokriminologie, wenn sie die gesellschaftliche Prägung der Kriminalität nicht auf die gesellschaftlichen Verhältnisse als Verhaltensursache, sondern auf die Gesellschaft als Aushandlungsinstanz der Inhalte von Kriminalität bezieht. Kriminalität und Gewalt lassen sich nicht biologisch bestimmen, weil diese Begriffe erst mit Blick auf gesellschaftliche Reaktionen definierbar sind, sich in gesellschaftlichen Aushandlungen des Normalen und des Normabweichenden herausbilden und dem Wandel sozialer Anschauungen des Gewünschten und Geächteten unterliegen (→ § 13 Rn 8 ff.).

29 Die Kriminalität auf biologische Zusammenhänge zu reduzieren bedeutet, das Phänomen des Rechtsbruchs aus seinem jeweiligen **kulturellen und sozialen Kontext** zu lösen. Kriminalität ist nicht ohne ihren von einem gesellschaftlich bestimmten Normalitätsmaßstab abweichenden Charakter definierbar, also selbst gesellschaftlich geprägt. Sie ist Teil des kollektiven Sinnsystems der Sozialwelt, in der Bedeutungen verliehen und Sinn erzeugt wird. Insofern handelt

46 *Murray/Herrnstein* 1994.
47 *Gebhardt/Heinz/Knöbl* 1996.

es sich bei kriminellen Rechtsbrüchen nicht um objekthaft und nichtkommunizierend vorhandene Gegebenheiten (→ § 2 Rn 11 ff.), deren Charakteristika durch Zusammenhänge mit natürlich „sinnlos“ vorhandenen biologischen Befundtatsachen bestimmbar wären. Die biokriminologische Sicht entbehrt der gebotenen Gegenstandsadäquanz ihres methodischen Erklärungsrahmens für ein gesellschaftlich überformtes und nur mit Blick auf seine gesellschaftliche Problemwahrnehmung erkennbares Phänomen.[48]

Humanbiologische Befunde sind nicht bloß zur Erklärung kriminellen Verhaltens unzureichend, sondern – abgesehen von der Konditionierung durch pathologische Defekte – zur Erklärung menschlichen Verhaltens überhaupt unzulänglich. Der Versuch, menschliches Verhalten durch Belege seiner kausalen Abhängigkeit von Körperfunktionen erklären zu wollen, übersieht das **Bewusstsein als Instanz,** in der man sich selbst als agierende Person erlebt und Handlungsintentionen bildet. Zwar hat das Mentale keine eigene physische Existenz neben der Materie des Gehirns. Dennoch ist das Bewusstsein, im Rahmen des subjektiv Beherrschbaren als Agierende:r autonom auf die Umwelt gestaltend einzuwirken, eine menschliche Grunderfahrung, die sich nicht mit Hinweisen auf die neurobiologische Bildung des Bewusstseins leugnen lässt. Geist und Bewusstsein sind zwar als Produkte körperlicher Funktionen durch Gehirnprozesse bewirkt, können jedoch nicht auf diese reduziert werden. Menschliches Handeln ist von der biologisch nicht fassbaren Erste-Person-Wahrnehmung vom Bewusstsein getragen, subjektiv sinnhaft zu agieren. Willensfreiheit ist daher, obwohl wir endliche und externen Einflüssen ausgesetzte Wesen sind, immerhin beschränkt möglich: Was von uns nicht beherrschbar ist, geschieht ohne unseren Willen. Im Übrigen aber handeln wir in unserer subjektiven Lebenswahrnehmung und im Rahmen einer Kultur, die uns Eigenverantwortung zuweist, frei.[49] 30

48 *Kunz* 2008, 72 ff.
49 Ausführlich dazu *Searle* 2006.

§ 8 Psychologische und psychiatrische Persönlichkeitskonzepte

1 Der Begriff „**Persönlichkeit**“ bezeichnet die individuellen psychischen Eigenschaften eines Menschen, welche in veränderten Lebenssituationen relativ stabil bleiben und das Verhalten beeinflussen. Speziell persistente, also dauerhaft gleichförmig praktizierte Verhaltensgepflogenheiten eignen sich für eine persönlichkeitsbezogene Deutung. Obwohl die Persönlichkeit eines jeden Individuums singulär ist, bestehen Vergleichsmöglichkeiten, insofern Individuen Persönlichkeitsmerkmale aufweisen, die auch bei anderen anzutreffen sind.[50] Persönlichkeitskonzepte sind offen für unterschiedliche Vorstellungen darüber, welche Einflüsse zum Erwerb einer bestimmt gearteten Persönlichkeit führen: Biologische, insbesondere ererbte Eigenschaften kommen ebenso in Betracht wie Einflüsse der sozialen Umgebung, deren Verinnerlichung man sich mit Hilfe des sozialen Lernens (→ § 10 Rn 7 ff.) vorstellt. Insofern bilden persönlichkeitsbezogene Verhaltenserklärungen ein Bindeglied, das sich zur Verklammerung biologischer und sozialer Annahmen eignet.[51]

2 Während die Psychologie sich vor allem für die generell erwartbaren Dimensionen der „normalen“ Persönlichkeit interessiert, konzentriert sich die Psychiatrie auf die Pathologie der „gestörten“ Persönlichkeit. Beide Zugangswege sind für die Suche nach Zusammenhängen zwischen einer bestimmt gearteten Persönlichkeit und kriminellem Verhalten von Interesse. Die Schwierigkeit, Kriminalität als ein Produkt gesellschaftlicher Aushandlung persönlichkeitsbezogen zu erklären, wird dadurch zu umgehen versucht, dass die kriminologische Persönlichkeitsforschung zumeist nicht nach Merkmalen krimineller, sondern „antisozialer“ Persönlichkeiten sucht. Freilich ist das nicht dasselbe. Und auch Dis- oder Antisozialität sind normative, an einer Normalvorstellung ausgerichtete Begriffe (→ § 8 Rn 16 ff.).

50 *Lösel* 1993.
51 *Bliesener* 2020.

I. Psychologische Perspektiven

Lektüreempfehlung: *Hollin, Clive R.* (2012): Criminological psychology. In: *Maguire, Mike; Morgan, Rod; Reiner, Robert* (Hrsg.): The Oxford Handbook of Criminology. 5. Aufl., Oxford, 81-112; *Rafter-Hahn, Nicole* (1997): Psychopathy and the Evolution of Criminological Knowledge. Theoretical Criminology 1, 235-259.

Nützliche Webseiten: http://www.e-criminalpsychology.com.

In der allgemeinen Persönlichkeitsforschung wurden neben individualdiagnostischen Methoden zunehmend quantitative Verfahren entwickelt, mit denen **Persönlichkeitseigenschaften** standardisiert erhoben und statistisch geprüft werden. Diese Verfahren ermöglichen induktiv erstellte Persönlichkeitsinventare, welche die Verteilung der verschiedenen Dimensionen der Persönlichkeit der untersuchten Probanden in Skalen abbilden. Die Inventare werden sodann in Frageform Versuchspersonen vorgelegt, deren Antwortverhalten eine quantitativ-skalenmäßige Zuordnung der Person zu einem bestimmten Persönlichkeitsprofil oder mehreren solcher Profile erlaubt. Von der Anwendung dieser Verfahren auf verschiedene Gruppen strafrechtlich Erfasster und Vergleichsgruppen nicht strafrechtlich auffällig gewordener Personen verspricht man sich Aufschluss über persönlichkeitsbezogene Eigenarten Straffälliger.[52] 3

So verglich das Ehepaar *Sheldon* (1896-1980) und *Eleanor Glueck* (1898-1972) 1950 in den USA je 500 delinquente und nicht delinquente Jugendliche (→ § 10 Rn 26 ff., 38 ff.) und kam zum Ergebnis, die „delinquente Persönlichkeit" sei eher extrovertiert, impulsiv und unnachsichtig, weniger selbstkontrolliert, weniger um Konventionen bekümmert und um Misserfolg besorgt.[53] Ähnliche Befunde ergeben sich aus dem multivariaten *Minnesota Multiphasic Personality Inventory* (MMPI) und dem *Freiburger Persönlichkeitsinventar* (FPI).[54] Im MMPI erwies sich die Skala für „psychopathische Devianz" zur Bestimmung persönlichkeitsbezogener Unterschiede straffällig Auffälliger und Unauffälliger als statistisch am ausgeprägtesten. Freilich enthielt diese Skala Fragen nach Problemen mit dem Gesetz, kindlichem Stehlen, Freude an der Schule und häuslicher Geborgenheit und spiegelte damit eher unterschiedliche Lebensumstände als eine gesteigerte „Psychopathie" der straffällig Auffälligen.[55] Zumeist wird das Ergebnis von Persönlichkeitsvergleichen straffällig Auffälliger und Unauffälliger 4

52 Kritisch dazu *McGuire* 2004, 101 f.
53 *Glueck/Glueck* 1950.
54 Zu den Tests *Stemmler u. a.* 2016, 117 f.
55 *Waldo/Dinitz* 1967.

dahin zusammengefasst, dass solche Tests für ein theoretisches Verständnis der Ursachen kriminellen Verhaltens wenig Bedeutung besitzen.[56]

5 Ergänzend zu Persönlichkeitsinventaren wurde das Konzept der **psychopathischen** oder soziopathischen Persönlichkeit zur Beschreibung der Charaktereigenschaften von Straftäter:innen entwickelt, die scheinbar grundlos besonders grausame Verbrechen verübt hatten. In einem Buch mit dem bezeichnenden Titel „Die Maske der geistigen Gesundheit"[57] beschrieb *Cleckley* (1903-1984) 1964 Psychopath:innen als moralische „Idioten", die frei von Psychosen, doch unfähig zu Mitgefühl sind, chronisch lügen, überdurchschnittlich intelligent und egozentrisch veranlagt sind. Indikatoren für Psychopathie zeigten sich schon in frühen Lebensabschnitten in Form von Bettnässen, Schlafwandeln, Grausamkeit zu Tieren, Brandlegen und Vandalismus. In ihrer Impulsivität und ungezügelten Aggression, ihrer reinen Ichbezogenheit und Unfähigkeit zu moralischem Urteilen gerieten diese Personen früher oder später zwangsläufig mit dem Strafgesetz in Konflikt.

6 Das Konzept der Psychopathie birgt empirisch dürftig abgesicherte Verallgemeinerungen. Es enthält ein erfahrungswissenschaftlich nicht vertretbares deklassierendes Werturteil über die damit bezeichnete Person.[58] Seit 1968 ist es deshalb in der *American Psychiatric Association* üblich geworden, den Begriff der psychopathischen Persönlichkeit durch den der „antisozialen" bzw. „dissozialen" Persönlichkeit zu ersetzen und für deren Charakterisierung präzisere Merkmale zu verwenden (→ § 8 Rn 16 ff.).[59]

7 In der Psychologie und mittlerweile auch in der Kriminologie (→ § 9 Rn 27 ff.) wird Kriminalität mitunter als eine **Anpassung** an psychische Stresssituationen verstanden.[60] Kriminelles Verhalten ist demzufolge von triebhaften Empfindungen – wie dem aus dem Schuldgefühl resultierenden unbewussten Verlangen nach Bestrafung – geleitet, die dem Bedürfnis nach Unauffälligkeit und Konformität entgegengerichtet sind. Daraus entstehe ein innerer Konflikt, der mitunter nicht ausgehalten und durch kriminelle Betätigung entladen werde. Kriminelles Verhalten dient danach der Bewältigung psychischer Zwänge, die andernfalls als übermächtig empfunden würden. Es verschaffe der gestressten

56 *Snipes/Bernard/Gerould* 2019, 123.
57 *Cleckley* 1988.
58 *Rafter-Hahn* 1997.
59 *Wortley* 2011, 106 ff.
60 *Rowe* 1996.

Psyche im Augenblick der Tat ein gutes Gefühl der Autonomie und Überlegenheit über andere.[61] Gerade für Personen, die durch soziale Benachteiligung und Unterdrückung belastet sind, sei die kriminelle Betätigung eine Form der Selbstbestätigung und mitunter gar eine Überlebenshilfe.

> „During the planning and execution of a criminal act, the offender is a free man. The value of this brief taste of freedom cannot be overestimated. Many of the criminal's apparently unreasonable actions are efforts to find a moment of autonomy."[62]

Diese Deutung gewinnt eine neue Dimension, wenn die zu Kriminalität dis- 8
ponierende psychische Beschaffenheit nicht in der negativen Belastung durch Stress, sondern in den **positiven Erlebnisinhalten** gesehen wird, welche die Verübung von Straftaten vermittelt. Die Möglichkeit, einmal in die Rolle des Bösen zu schlüpfen und sie genussvoll auszuleben; der adrenalinsprühende Nervenkitzel beim unbemerkten Griff in die fremde Ladenkasse; das Auskosten der Überlegenheit beim angsterfüllten Angesicht des Opfers; kurzum: die Lust an der Amoralität ist Balsam für die Seele.

Solche Vorstellungen fallen aus dem Rahmen konventioneller Kriminalitätsver- 9
ständnisse. Die Annahme, dass Kriminalität Genuss verschaffe und wegen dieses Genusses verübt werde, hat so gar nichts von der moralinsauren Ernsthaftigkeit, die Kriminalitätstheorien ansonsten anhaftet. Insofern die Lust am Bösen letztlich der normalen Natur des Menschen entspricht, ist sie nicht eigentlich verwunderlich. Für die herkömmliche ätiologisch-quantitative Theorienbildung ist diese Perspektive schwer zugänglich, was der Grund dafür sein mag, warum die Wissenschaft dieses Thema bislang nur vereinzelt behandelt: In der sogleich zu erörternden psychoanalytischen Perspektive und in der ökonomischen Kriminalitätstheorie, die annimmt, Individuen täten aufgrund autonomer Wahlentscheidungen das, was ihnen am meisten Vergnügen bereite (→ § 12 Rn 13, 22 f.).

61 *Hollin* 2012.
62 *Halleck* 1971, 77.

II. Die psychoanalytische Perspektive

10 Die Psychoanalyse sucht die Ursachen von Delinquenz – wie allgemein von sozialem Fehlverhalten und psychischen Störungen – in der **frühkindlichen Entwicklung**.[63] Nach *Sigmund Freud* (1856-1939) werden im Verlauf der Persönlichkeitsreifung dem ursprünglichen triebhaften *Es* das realitätsbezogene *Ich* und das die Moral repräsentierende *Über-Ich* gegenübergestellt.

11 Das normale, noch von ungebändigten Trieben geleitete Kind ist für *Freud* ein „polymorph-perverses" und „universell kriminelles" Wesen, das in den ersten Lebensjahren unter dem Einfluss der sich allmählich bildenden *Ich* und *Über-Ich* lernt, Triebbedürfnisse zu kontrollieren. Die wichtigste Triebquelle sei der Sexualtrieb, die *Libido*. Die *Libido* des Kleinkindes entwickele sich in Phasen (*orale, anale, phallische*). Falls die frühkindliche Befriedigung und Weiterentwicklung der Triebe behindert wird, soll es später zu irreversiblen Entwicklungsstörungen wie mangelndem Selbstwertgefühl, Beziehungsschwäche und Bindungsarmut kommen. Die moralische Instanz des *Über-Ich* könne durch Versagen der für Identifikationsprozesse entscheidenden Vaterfigur unzureichend ausgebildet werden. Umgekehrt könne ein strenges *Über-Ich* Triebansprüche des *Es* ins Unterbewusste verdrängen. Die Unfähigkeit des Kindes, sich rechtzeitig von Vater und Mutter zu lösen, bewirke speziell bei Personen mit ausgeprägtem *Über-Ich* den *Oedipuskomplex* und damit unbewusste Schuldgefühle. All dies könne zu bestimmten Straftaten führen. So könnten Verbrechen aus Schuldgefühl begangen werden, ausgelöst durch das unbewusste Verlangen nach Bestrafung, um dadurch das Schuldgefühl zu erleichtern.

12 Psychoanalytische Erklärungen sind freilich nicht zwingend täter:innen- oder überhaupt **kriminalitätsbezogen**. Sie beanspruchen auch Erklärungskraft für die Geständnisbereitschaft, die Aggressionsneigung von Polizist:innen[64], Ängste und Strafverlangen der Gesellschaft[65] und generell für die Funktion des Strafrechts[66].

63 Zusammenfassend *Herren* 1973; *Möhring* 2014, 23 ff.; *Schneider* 1983.
64 *Alexander/Staub* 1974.
65 *Robinson/Gadd* 2016.
66 *McGuire* 2004, 196 f.; *Ostermeyer* 1972.

Theodor Reik (1888-1969) legt in seiner erstmals 1925 erschienenen Abhandlung über Geständniszwang und Strafbedürfnis[67] dar, dass nicht die Bestrafung, sondern das Entdecktwerden Angst erzeuge, und somit die Strafangst in Geständnisangst umgesetzt werde. Dem Bemühen, das Verbrechen zu vertuschen, sei jedoch der Zwang, das Geheimnis zu lüften und sich so von einer psychischen Belastung zu befreien, entgegengesetzt. Durch das Geständnis vollziehe sich eine verbale Wiederholung der Tat, welche die Angst überwinde und aufgestaute Schuldgefühle befreie. Die Unfähigkeit zu einer „Geständnisarbeit“ erkläre viele Selbstmorde. Ein unbewusster Geständniszwang bewirke, dass Straftäter:innen trotz minutiöser Planung oft eine grobe Nachlässigkeit begingen, die ihre Entdeckung ermögliche. 13

Mehr noch befasst sich die Psychoanalyse mit der tiefenpsychologischen Funktionsbestimmung des Strafrechts und der **strafenden Gesellschaft**.[68] Das Strafrecht wird als Mittel legaler Aggressionsabfuhr verstanden. In einer berühmt gewordenen Sequenz formuliert *Freud*: 14

> „Wenn einer es zustande gebracht hat, das verdrängte Begehren zu befriedigen, so muss sich in allen Gesellschaftsgenossen das gleiche Begehren regen; um diese Versuchung niederzuhalten, muss der eigentlich Beneidete um die Frucht seines Wagnisses gebracht werden, und die Strafe gibt den Vollstreckern nicht selten Gelegenheit, unter der Rechtfertigung der Sühne dieselbe frevle Tat auch ihrerseits zu begehen.“[69]

Die Rechtstreuen finden in der Bestrafung der Rechtsbrechenden demnach eine Ersatzbefriedigung für ihren eigenen Triebverzicht, mit der sie ihr eigenes unbewusstes Schuldgefühl auf die Kriminellen als **Sündenböcke** projizieren. 15

> „Der Sühnedrang ist also eine Schutzreaktion des Ichs gegen die eigenen Triebe im Dienste ihrer Verdrängung, um das seelische Gleichgewicht zwischen verdrängenden und verdrängten Kräften aufrechtzuerhalten. Das Verlangen nach Bestrafung des Täters ist gleichzeitig eine Demonstration nach innen, um die Triebe einzuschüchtern: ‚Was wir dem Täter verbieten, darauf müsst auch ihr verzichten‘. Je grösser nun der Druck der verdrängten Tendenzen ist, umso mehr benötigt das Ich die Sühne als abschreckendes Beispiel gegenüber der Urwelt der eigenen verdrängten Triebe.“[70]

---

67 *Reik* 1974.
68 Vgl. hierzu z. B. *Gadd/Jefferson* 2007, 17.
69 *Freud* 1954, 89.
70 *Alexander/Staub* 1974, 410.

Damit bestehen Verbindungen von der Psychoanalyse zur kritischen Kriminologie (→ § 13 Rn 22 f.) und zu generalpräventiven Straftheorien (→ § 20 Rn 7 ff.).[71]

III. Psychiatrische Perspektiven

Lektüreempfehlung: *Dilling, Horst; Mombour, Werner; Schmidt, Martin H.* (Hrsg.) (2015): Internationale Klassifikation psychischer Störungen. 10. Aufl., Bern; *Nedopil, Norbert* (2006): Prognosen in der Forensischen Psychiatrie. Ein Handbuch für die Praxis. Lengerich.

Nützliche Webseiten: https://dsm.psychiatryonline.org/doi/book/10.1176/appi.books.9780890425596 (zu DSM-5);https://www.dimdi.de/dynamic/de/klassifikationen/icd/icd-10-gm/; http://www.who.int/classifications/icd/en/index.html (zu ICD-10).

16 Auch in der Kriminalpsychiatrie werden neben den traditionellen „klinischen" individualdiagnostischen Methoden, die assoziativ Fachwissen auf den Einzelfall anwenden, zunehmend standardisierte quantitative und statistisch geprüfte Verfahren eingesetzt. Deutlicher als in der Kriminalpsychologie richtet sich das Augenmerk auf Ausprägungen einer „gestörten" Persönlichkeit zur Erklärung vor allem von repetierender Gewalt- und Sexualkriminalität und sonstiger „klassischer" Rückfallkriminalität männlicher Täter. Die Annahme einer mit Kriminalität in Zusammenhang stehenden psychiatrisch diagnostizierbaren Persönlichkeitsstörung reiht sich in den breiten Strom jener Vorstellungen, die Kriminalität aus einem Manko erklären (→ § 14 Rn 7 ff.).

1. Klassifikationssysteme

17 Die Bemühungen um empirisch geprüfte Instrumente zur Bestimmung psychischer Störungen führten zur Entwicklung von zwei international verbreiteten und aufeinander abgestimmten Klassifikationssystemen: Der von der *Weltgesundheitsorganisation* herausgegebenen Internationalen Klassifikation psychischer Störungen (**ICD-10**)[72] und dem von der *Amerikanischen Psychiatrischen Vereinigung* verfassten Diagnostischen und Statistischen Manual Psychischer Störungen (**DSM-5**)[73].

18 Diese Klassifikationssysteme gehen auf bevölkerungsstatistische Erhebungen zurück, anhand derer Glossare mit Beschreibungen psychischer Störungen und

71 *Haffke* 1976.

72 *Dilling/Mombour/Schmidt* 2015; ICD-11 ist bereits veröffentlicht, tritt aber erst am 1.1.2022 in Kraft, der Zeitpunkt der Einführung in Deutschland ist noch unklar.

73 *Falkai/Wittchen* 2015.

diagnostischer Kriterien erstellt wurden. Unter Berücksichtigung der Anwendungserfahrung bei der Diagnosestellung wurden die Kriterien schrittweise validiert und revidiert. Wegen der ICD-10 zugrunde liegenden interkulturellen Perspektive sind die diagnostischen Kriterien dort allgemeiner und weniger kategorisch als in DSM-5 formuliert. Insbesondere klammert ICD-10 – anders als das nordamerikanische DSM-5 – bei der Definition des Störungsbildes Beeinträchtigungen in sozialen und beruflichen Funktionsbereichen aus. In Deutschland und in der Schweiz ist ICD-10 für die offizielle Dokumentation verpflichtend vorgeschrieben. Daneben wird – insbesondere im Bereich der Forschung – auch das DSM-5 häufig angewendet.

Persönlichkeitsstörungen werden in diesen Klassifikationssystemen als tief 19
verwurzelte, lang anhaltende Verhaltensmuster bestimmt, die sich in starren Reaktionen auf persönliche und soziale Lebenslagen zeigen[74]. Beispielhaft sei zitiert:

ICD-10 F60.2 Dissoziale Persönlichkeitsstörung

Diese Persönlichkeitsstörung fällt durch eine große Diskrepanz zwischen dem Verhalten und den geltenden sozialen Normen auf und ist charakterisiert durch:

1. Kaltes Unbeteiligtsein und Rücksichtslosigkeit gegenüber den Gefühlen anderer.
2. Grobe und andauernde Verantwortungslosigkeit und Missachtung sozialer Normen, Regeln und Verpflichtungen.
3. Unvermögen zur Beibehaltung längerfristiger Beziehungen, aber keine Schwierigkeiten, Beziehungen einzugehen.
4. Sehr geringe Frustrationstoleranz und niedrige Schwelle für aggressives, auch gewalttätiges Verhalten.
5. Unfähigkeit zum Erleben von Schuldbewusstsein oder zum Lernen aus Erfahrung, besonders aus Bestrafung.
6. Ausgeprägte Neigung, andere zu beschuldigen oder einleuchtende Rationalisierungen für das eigene Verhalten anzubieten, durch welches die Person in einen Konflikt mit der Gesellschaft geraten ist.

Andauernde Reizbarkeit kann ein zusätzliches Merkmal sein. Eine Störung des Sozialverhaltens in der Kindheit und Jugend stützt die Diagnose, muss aber nicht vorgelegen haben.

74 *Dilling/Mombour/Schmidt* 2015, 274.

DSM-5 Diagnostische Kriterien für 301.7: Antisoziale Persönlichkeitsstörung

A. Ein tief greifendes Muster von Missachtung und Verletzung der Rechte anderer, das seit dem 15. Lebensjahr auftritt. Mindestens drei der folgenden Kriterien müssen erfüllt sein:

1. Versagen, sich in Bezug auf gesetzmäßiges Verhalten gesellschaftlichen Normen anzupassen, was sich in wiederholtem Begehen von Handlungen äußert, die einen Grund für eine Festnahme darstellen.
2. Falschheit, die sich in wiederholtem Lügen, dem Gebrauch von Decknamen oder dem Betrügen anderer zum persönlichen Vorteil oder Vergnügen äußert.
3. Impulsivität oder Versagen, vorausschauend zu planen.
4. Reizbarkeit und Aggressivität, die sich in wiederholten Schlägereien oder Überfällen äußert.
5. Rücksichtslose Missachtung der eigenen Sicherheit oder der Sicherheit anderer.
6. Durchgängige Verantwortungslosigkeit, die sich im wiederholten Versagen zeigt, eine dauerhafte Tätigkeit auszuüben oder finanziellen Verpflichtungen nachzukommen.
7. Fehlende Reue, die sich in Gleichgültigkeit oder Rationalisierung äußert, wenn die Person andere Menschen gekränkt, misshandelt oder bestohlen hat.

B. Die Person ist mindestens 18 Jahre alt.

C. Eine Störung des Sozialverhaltens war bereits vor Vollendung des 15. Lebensjahres erkennbar.

D. Das antisoziale Verhalten tritt nicht ausschließlich im Verlauf einer Schizophrenie oder einer bipolaren Störung auf.

20 Die Kategorien der „anti-" bzw. „dissozialen" oder „im Sozialverhalten" gestörten Persönlichkeiten ergeben sich nicht aus einer induktiven Beobachtung mit psychiatrischem Sachverstand. Da diese Persönlichkeitskategorien jenseits eines rein medizinisch bestimmbaren Krankheitsbildes durch Merkmale der sozial nicht tolerierten Abweichung von dem Spektrum der „normalen" Persönlichkeit gekennzeichnet sind, bedarf ihre Bestimmung der Angabe, welches Spektrum von Persönlichkeitseigenschaften als erwünscht und normal gilt. Persönlichkeitsstörungen können nur definiert und identifiziert werden, indem ein in der betreffenden Persönlichkeit nicht vorhandener, externer **Normalitätsmaßstab** auf sie angewandt wird. Die Normalität beruht auf einer konventionellen Festlegung, die nicht objektiv oder universell sein kann. Der Normalitätsmaßstab entspricht dem, was die maßgeblichen Mitglieder der jeweiligen Gesellschaft als normal empfinden. Ist anhand eines Normalitätsmaßstabes eine Störung definiert, so lassen sich anschließend die Symptome dieser Störung bei bestimmten Individuen beobachten und beschreiben. Hier – und erst hier! – ist psychiatrischer Sachverstand verlangt.

Die kriminologische Relevanz der verschiedenen Konzepte von sozial nicht tolerierten antisozialen Persönlichkeitsstörungen ergibt sich aus zwei empirisch geprüften Beobachtungen. Zum einen scheinen Individuen mit solchen Persönlichkeitsstörungen in der Population der inhaftierten Verurteilten häufiger vorzukommen als in der Normalbevölkerung.[75] Zum anderen bleibt offenbar die Bereitschaft zur Begehung von Gewalt- und Sexualdelikten in der biografischen Entwicklung einer Person relativ stabil erhalten. Abgesehen von der auf den Alterungsprozess des Organismus zurückzuführenden generellen Aktivitätsabnahme im vorgerückten Lebensalter bleibt die Disposition zur Begehung solcher Delikte offenbar auch nach längerem Zeitablauf bestehen und kann namentlich weder durch Veränderung der Lebensumstände noch durch Sanktionierungserfahrungen entscheidend beeinflusst werden. Nimmt man diese Befunde beim Wort und versteht sie nicht bloß als Artefakte einer auf Persönlichkeitsauffälligkeiten von Kriminellen fokussierten Wahrnehmung, so erbringen sie eindrückliche Belege für die Persönlichkeitsabhängigkeit von Delinquenz – und diskreditieren sowohl den klassischen Standpunkt, dass kriminelles Verhalten eine Konsequenz freier Wahl des Individuums sei, wie die soziologische Sichtweise, die Kriminalität auf gesellschaftliche Einflüsse zurückführt. 21

2. Diagnose in der Praxis

Freilich ist die Grundlage für eine **Diagnose** der antisozialen Persönlichkeit alles andere als gefestigt. Angesichts der Methodenvielfalt werden unterschiedliche Diagnoseschlüssel nebeneinander eingesetzt. Von den konkurrierenden Methoden der Diagnosestellung werden bevorzugt jene verwandt, deren Kategorien möglichst klare Symptombeschreibungen enthalten, die statistisch geprüft sind und die sich auf eine breite, möglichst internationale Akzeptanz unter Forschenden stützen können. Die diagnostischen Kategorien beruhen auf Merkmalskombinationen, deren Vorhandensein bei einem Individuum auf eine psychische Störung schließen lässt. Dabei ist keine eindeutige Identifikation des Individuums möglich. Vielmehr besteht die Diagnose in der analogischen Wiedererkennung genereller Symptombeschreibungen bei einem Individuum, wobei die Symptome nur als Indizien für eine psychische Störung zu verstehen sind und ihre jeweilige graduelle Ausprägung ein Beurteilungsermessen belässt. 22

Die Konzepte der antisozialen Persönlichkeitsstörungen sind keine beschreibenden, um differenzierende Wahrnehmung bemühte Begriffe, sondern zu Kon- 23

75 *Fazel/Danesh* 2002.

trollzwecken dienende **zuschreibende Definitionen**: Wer die Merkmale erfüllt, bedarf danach der sorgsamen Überwachung und der Neutralisierung seines Gefährdungspotenzials. Das die Erkenntnis überlagernde Kontrollbedürfnis ist stets im Spiel, wenn es um die Beobachtung psychischer Auffälligkeit geht.

24 Der **Stabilität** der Persönlichkeitsprägung entsprechend soll der Hang zu „antisozialem" Verhalten vom Wandel der Lebensumstände unberührt im Lebensverlauf erhalten bleiben, bis infolge des Alterns des Organismus ein Abbau der Triebkräfte einsetzt. Demgemäß ist die Diagnose der antisozialen Persönlichkeitsstörung bei verurteilten Straftäter:innen gleichbedeutend mit der Annahme des Drohens weiterer schwerer Straftaten, die eine Sicherung der Allgemeinheit durch langandauernde Inhaftierung verlange. Die Verlässlichkeit dieser Diagnose ist umstritten.[76]

25 Weil die Folgen der Diagnose einer antisozialen Persönlichkeit für den Betreffenden in außerordentlichen und langandauernden Freiheitsbeschränkungen bestehen, bedarf nicht bloß die Diagnose im Einzelfall einer sorgfältigen kritischen Überprüfung, sondern mehr noch deren konzeptionelle Grundlage einer relativierenden Beurteilung. Auch die vergleichsweise ausgefeilten und erprobten Klassifizierungen von ICD-10 und DSM-5 verwenden eine nicht stets eindeutige Begrifflichkeit der diagnostischen Merkmale. Deren graduell unterschiedliche Ausprägungsstärke und ihre Kumulierbarkeit belassen Interpretationsspielräume, die je nach Vorverständnis der diagnostizierenden Person zu divergierenden Beurteilungen führen können. Besonders bei DSM-5 entstammen die Merkmale dem kulturellen Kontext der Mittelschicht und tragen Situationen sozialer Benachteiligung nicht Rechnung.

26 Vielfach beziehen sich die Merkmalsbeschreibungen auf sozial bewertete Sachverhalte, die als regelwidrig und störend gelten. Dabei besteht die Gefahr eines empirisch gehaltlosen **Zirkelschlusses**, indem auf die Persönlichkeitsstörung, die sozial auffälliges und schädigendes Verhalten erklären soll, aus einem Verhaltensmuster geschlossen wird, das als sozial störend bewertet wird. Bei einer „antisozialen" Persönlichkeitsstörung, die zu repetierendem, zumeist gewalttätigem kriminellen Verhalten disponiere, ist die Gefahr tautologischer Argumentation gerade wegen der Plausibilität des Zusammenhanges von Gewalttätigkeit und gestörter Persönlichkeit besonders groß. *Wilhelm Busch* (1832-1908) parodierend, ist man versucht zu sagen:

76 Zur Bandbreite der Einschätzungen vgl. nur *Cornel* 1994; *Hinz* 1987 sowie die Beiträge in *Dölling* 1995.

„Es findet keine Überraschung statt, so man es schon erwartet hat."

Eine zirkuläre Beweisführung bei der Anwendung des Konzepts der antisozialen Persönlichkeitsstörung liegt besonders nahe, wenn die Persönlichkeitsstörung mit der Fähigkeit zur manipulatorischen Täuschung über die Sozialgefährlichkeit in Zusammenhang gebracht wird.[77] 27

Oft ist die Vertretbarkeit universaler und konsistenter Eigenschaften von delinquenten Persönlichkeiten fraglich. Individuelle Dispositionen bestehen gleichermaßen zur Verhaltenskonstanz wie zur Verhaltensflexibilität. Die auf allgemeine Wesenszüge der Persönlichkeit bezogene Kriminalitätserklärung dürfte den komplexen Wechselwirkungen von Person und Situation nicht ausreichend Rechnung tragen. Geht man davon aus, dass Eigenschaften von Personen durch soziale Interaktion gebildet und verfestigt werden, so sind Beschreibungen von Täter:innenpersönlichkeiten das **Ergebnis der sozialen Aushandlung** von Kriminalität durch rückblickend „stimmige" Deutungen des Kriminalitätsereignisses. Effekte der Stigmatisierung und der Prisonisierung können zu Veränderungen des Ichbildes im Sinne der Übernahme einer Rolle als abweichende Person führen („sich selbst erfüllende Prophezeiung", → § 13 Rn 14). Soweit Persönlichkeitsunterschiede zwischen sozial Unauffälligen und später Verurteilten bereits vor der offiziellen Registrierung von Kriminalität vorgefunden wurden, lassen sich diese mit vorangegangen Interaktionen erklären, in denen soziale Auffälligkeiten bestimmt werden, die ihrerseits die spätere offizielle Registrierung, den Verlauf der Strafverfolgung und die Sanktionierung beeinflussen.[78] 28

Wer in der Strafrechtspflege tätig ist, wird unschwer bei der typischen Klientel der wiederholt rückfälligen Sexual- und Gewaltstraftäter:innen die beschriebenen Persönlichkeitsmerkmale wiederfinden. Die Übereinstimmung persönlichkeitstheoretischer Befunde mit forensischer Alltagserfahrung bedeutet jedoch keine Bestätigung auf Plausibilitätsniveau. Die Berufserfahrung der Strafrichter:innen und Staatsanwält:innen bezieht sich nicht auf einen Menschenschlag, der zu Straftaten disponiert ist, sondern auf Personen, die gewöhnlich wiederholt und wegen bestimmter gravierender Delikte vor Gericht stehen und einem höheren Strafverfolgungsdruck ausgesetzt sind. Über die Vielzahl der Personen, die unerkannt Straftaten verüben, weiß die Justiz nichts. Auch ist der Blick vom Richtendenstuhl höchst selektiv. Angeklagte Wirtschaftskriminelle erscheinen 29

77 So *Haas* 1996.
78 *Lösel* 1983, 38.

als „Personen ohne Eigenschaften“, bei denen die Annahme eines Zusammenhanges zwischen Persönlichkeit und Delikt fernliegt. Man erinnert sich nur derer, die regelmäßig vor Gericht erscheinen, mehr noch: deren Rückkehr als Angeklagte absehbar ist. Für die Annahme, dass „es so kommen musste“, bietet sich die Erklärung einer durch die Persönlichkeit der Angeklagten disponierten Verhaltenskonstanz zwanglos an. Diese Annahme ist bequem, weil sie von desozialisierenden Einflüssen vorangegangener Sanktionierungen absieht und damit die Strafjustiz von Verantwortung entlastet. Doch sind bequeme Antworten nicht immer überzeugend.

30 Die **Verhaltenskontinuität** von manchen Angeklagten ist nicht befremdlich. Wir alle sind in Routinen gefangen, haben ein Bedürfnis nach Stabilität unserer Lebensweise und Schwierigkeiten, die einmal erworbene soziale Rolle abzustreifen. Da der „Rückfall“ im sozialen Verhalten typisch ist, ist seine persönlichkeitsbezogene Erklärungsbedürftigkeit nur und gerade im Bereich devianten Sozialverhaltens schwer einzusehen. Dies gilt umso mehr, als die Rückfallkriminalität nicht ausschließlich durch eine kriminelle Verhaltenskonstanz des Individuums bedingt ist. Der Rückfall wird für die Strafjustiz erst wahrnehmbar durch das Zusammenspiel zwischen Kontinuität des beurteilten rechtswidrigen Verhaltens und Kontinuität der institutionellen Reaktion auf die Rechtsverletzung. Der Beharrlichkeit des Rechtsbrechenden folgt eine beharrliche Reaktion, die förmlich die Rückfälligkeit feststellt und diskreditiert. Mit rückfallbeeinflussenden Faktoren ist demnach nicht nur auf der individuellen Verhaltensebene der Straffälligen, sondern auch auf der Ebene des Kontrollverhaltens zu rechnen. Schon *von Liszt* veranlasst das Studium der Reichskriminalstatistik zu der Aussage:

> „Wenn ein Jugendlicher oder auch ein Erwachsener ein Verbrechen begeht und wir lassen ihn laufen, so ist die Wahrscheinlichkeit, dass er wieder ein Verbrechen begeht, geringer, als wenn wir ihn bestrafen.“[79]

Denn unter den Ursachen des Rückfalls

> „nehmen die Fehler unseres Strafgesetzbuchs, unserer Strafrechtspflege, unseres Strafvollzugs weitaus die erste Stelle ein“.[80]

79 *von Liszt* 1905, 346.
80 *von Liszt* 1905, 346.

Für eine **Prognosestellung** werden mittlerweile empirisch validierte Kriterienlisten als Leitfaden eingesetzt (s. auch → § 22 Rn 9 ff.).[81] Dabei wird die prognostische Einzelfallbeurteilung anhand von Kriterienlisten vorgenommen, welche relevante Risikofaktoren benennen und gewichten.[82] Solche Listen dienen zum einen als Arbeitsinstrument für die fachpsychiatrische Individualbeurteilung, zum anderen ermöglichen sie Lai:innen, erstellte Prognosegutachten auf ihre Plausibilität zu überprüfen.[83] In der Schweiz ist bei der Prüfung einer Entlassung aus dem Massnahmenvollzug und der Gemeingefährlichkeit vor Gewährung von Vollzugslockerungen eine Kommission aus Vertreter:innen der Strafverfolgungsbehörden, der Vollzugsbehörden sowie der Psychiatrie anzuhören (Art. 62d Abs. 2, 75a Abs. 1, 2 StGB [CH]), welche eine solche Kriterienliste verwendet und mit ihrem Vorschlag die von der Behörde zu treffende Entscheidung oft faktisch vorwegnimmt.[84] Die in den Kriterienlisten aufgeführten Risikofaktoren beruhen stets auf retrospektiven Studien über die persönlichen und sozialen Zusammenhänge mit schwerer Rückfallkriminalität. Prospektiv wurden Prognosekriterien bislang noch nicht auf ihre Validität überprüft.[85] 31

Zu den bekanntesten Kriterienlisten zählt der in Kanada zur Prognose von Gewaltdelikten bei psychisch auffälligen oder persönlichkeitsgestörten Personen entwickelte **HCR-20**[86]. Mit diesem Prognoseinstrument werden 20 Kriterien geprüft, die sich auf die Vorgeschichte (**H**istorical), das gegenwärtige Störungsbild (**C**linical) sowie auf die künftig zu erwartenden äußeren Umstände (**R**isk) beziehen. In Deutschland wurde der HCR-20 von *Norbert Nedopil* (*1947) in eine erweiterte Liste von Risikovariablen **(ILRV)** integriert.[87] Daneben ist der ebenfalls aus Kanada stammende SVR-20 zur Vorhersage sexueller Gewalttaten[88] gebräuchlich. HCR-20 wie SVR-20 verwenden Kriterien des **PCL-R** (*Psychopathy Checklist Revised*), einem Instrument zur Ermittlung des klinischen Störungsbildes *psychopathy*, das sich nur schwer ins Deutsche übersetzen lässt.[89] 32

81 Überblick bei *Rettenberger/von Franqué* 2013.
82 *Nedopil* 2005.
83 *Dittmann* 1999.
84 Kritisch *Stratenwerth* 2002.
85 *Nedopil* 1995, 83 ff.
86 Deutsche Bearbeitung von *Müller-Isberner/Gonzalez Cabeza/Jöckel* 1998.
87 *Nedopil* 2005, 122 ff.
88 Deutsche Bearbeitung von *Müller-Isberner/Gonzalez Cabeza/Eucker* 2000.
89 Deutschsprachige Version bei *Mokros u. a.* 2017; zur Kritik *Endres/Schwanengel* 2019.

Integrierte Liste von Risikovariablen nach Nedopil

A. Ausgangsdelikt
1. Statistische Rückfallwahrscheinlichkeit.
2. Bedeutung situativer Faktoren für das Delikt.
3. Einfluss einer vorübergehenden Krankheit.
4. Zusammenhang mit einer Persönlichkeitsstörung.
5. Erkennbarkeit motivationaler Zusammenhänge.

B. Anamnestische Daten (Vorgeschichte)
1. Frühere Gewaltanwendung.
2. Alter bei erster Gewalttat.
3. Stabilität von Partnerbeziehungen.
4. Stabilität in Arbeitsverhältnissen.
5. Alkohol- / Drogenmissbrauch.
6. Psychische Störung.
7. Frühe Anpassungsstörungen.
8. Persönlichkeitsstörung.
9. Frühere Verstöße gegen Bewährungsauflagen.

C. Postdeliktische Persönlichkeitsentwicklung (klinische Variablen)
1. Krankheitseinsicht und Therapiemotivation.
2. Selbstkritischer Umgang mit bisheriger Delinquenz.
3. Besserung psychopathologischer Auffälligkeiten.
4. Pro- / antisoziale Lebenseinstellung.
5. Emotionale Stabilität.
6. Entwicklung von Coping-(Bewältigungs-)Mechanismen.
7. Widerstand gegen Folgeschäden durch Institutionalisierung.

D. Sozialer Empfangsraum (Risikovariablen)
1. Arbeit.
2. Unterkunft.
3. Soziale Beziehungen mit Kontrollfunktion.
4. Offizielle Kontrollmöglichkeiten.
5. Verfügbarkeit von Opfern.
6. Zugangsmöglichkeiten zu Risiken (destabilisierende Einflüsse).
7. Compliance (Bereitschaft zur Mitarbeit an therapeutischen Maßnahmen).
8. Stressoren (mögliche belastende Anforderungen).

E. PCL-R Wert

33 Die Prognosestellung mit Hilfe von Kriterienlisten ist transparenter als die herkömmliche Individualprognose und erlaubt es den Gerichten, die Sachverständigenbeurteilung zumindest auf ihre Plausibilität hin zu überprüfen. Freilich ist auch deren prognostische Verlässlichkeit **umstritten**.[90] Nach *Nedopil* ist es

90 *Nedopil/Müller* 2017, 360 ff.; zu weiteren Problemen s. *Endres/Stemmler* 2021.

allein bei therapiebedürftigen Testpersonen mit spezifischen Defiziten mithilfe eines hypothesengeleiteten Therapieprogrammes, dessen Interventionen kontinuierlich überprüft und korrigiert werden, „in Ansätzen" möglich, Risikoeinschätzungen zu erarbeiten, die „einem gewissen" wissenschaftlichen Anspruch genügen.[91]

Mitunter führt die Prognose zur Annahme einer „**Therapieresistenz**"[92]. Für dieses Verdikt, das dem im 19. Jahrhundert durch *von Liszt* entworfenen Konzept des unverbesserlichen – und daher dauerhaft unschädlich zu machenden – Rückfallverbrechers entspricht, gibt es keine empirische Entsprechung in Befundtatsachen. Vielmehr handelt es sich dabei um ein begriffliches Konstrukt, das die Gründe für die Undurchführbarkeit einer Therapie ausschließlich in der Testperson verortet und diese mit dem apodiktischen Verdikt der Unverbesserlichkeit belegt, das sich erst recht dazu eignet, „Therapieresistenz" zu fördern. Mitunter liegt die „Untherapierbarkeit" schlicht daran, dass geeignete Therapiemöglichkeiten und -einrichtungen fehlen. Das Urteil der „Untherapierbarkeit", besser bezeichnet als „Nicht-Entlassbarkeit"[93], ist jedenfalls nur vorläufig für überschaubare Zeiträume gültig.[94] Zudem weist die begriffliche Konstruktion von „Therapieresistenz" einen politischen Zuschnitt auf, der den resozialisierenden Behandlungsvollzug delegitimiert (→ § 20 Rn 53 ff.) und das populistisch vereinfachte Rezept, gefährliche Straftäter:innen einzusperren und den Schlüssel wegzuwerfen, stützt. 34

Darüber hinaus entspricht die „Therapieresistenz" dem generellen Schema der von Persönlichkeitstheorien vorausgesagten Verhaltensstabilität. Ebendarum ist hier die Gefahr einer Fehleinschätzung, die bestätigt findet, was der Ansatz von vornherein erwarten ließ, besonders groß. 35

> „Die diagnostischen Kriterien für Persönlichkeitsstörungen, ebenso wie die Prognoseinstrumente für Rückfälligkeit in Delinquenz, betonen die statischen Elemente bei derartigen Störungen und implizieren damit, dass eine Änderung der Prognose durch Therapie oder durch Zeitablauf nicht zu erwarten ist. Bei einem Verharren in diesen Annahmen erscheint eine Therapie von vornherein aussichtslos, weil das diagnostische und prognostische Instrument eine Änderung nicht zulässt bzw. nicht erkennen kann. Trotz dieser Vorannahmen haben persönlichkeitsgestörte Probanden nur eine relativ kurze Aufenthaltsdauer im

---

91 *Nedopil* 1995, 90.
92 *Haas* 1996.
93 *Braasch* 2007, 262 f.
94 So auch *Braasch* 2007, 265 ff.

Maßregelvollzug. Daraus ließe sich ableiten, dass sich die Prognose von der Einweisung in den Maßregelvollzug bis zur Entlassung aus dem Maßregelvollzug in kurzer Zeit erheblich verbessert hat, ein Ergebnis, welches den Voranmahmen widerspricht. Es erscheint wichtig, Prognoseparameter in die Entscheidung über die Entlassung aufzunehmen, die eine Änderung erfassen und eine Verbesserung der Prognose widerspiegeln können."[95]

36 Das Erstarken persönlichkeitsbezogener Erklärungen von Kriminalität in den vergangenen 30 Jahren geht mit einer Veränderung des kriminalpolitischen Klimas einher. Zuvor herrschte die Auffassung, dass das Individuum durch in seinem sozialen Umfeld erlernte Gewohnheiten geprägt sei (→ § 10). Dieser Vorstellung entsprach eine offizielle Kriminalpolitik, welche die kulturellen Gewohnheiten straffälliger Personen durch eine breite Palette drohender, strafender und sozial stützender Interventionen zu verändern trachtete. Die (zu) großen Erwartungen an die aufwendigen Bemühungen um eine teils erzwingende, teils helfende Verhaltenskorrektur erfüllten sich nicht. Gerade bei sozial gefährlichen Mehrfachtäter:innen, auf die sich die Anstrengungen konzentrierten, wurde der Ertrag der Interventionsbemühungen als enttäuschend empfunden (→ § 20 Rn 46 ff.). Wie so oft, wenn Versuche der externen Verhaltenskorrektur scheitern oder auch nur hinter zu hohen Erwartungen zurückbleiben, liegt es nahe, die interne Beschaffenheit des Individuums für die kriminelle Verhaltenskonstanz verantwortlich zu machen.

§ 9 Sozialstrukturelle Konzepte

1 Während die bisher erörterten biologischen und psychischen Kriminalitätserklärungen auf das Individuum bezogen sind und davon ausgehen, dass insbesondere gewalttätige Kriminelle Abweichungen von der Durchschnittspopulation der (mehr oder weniger) Rechtstreuen aufweisen, welche durch systematische Beobachtung zu ermitteln sind, thematisieren die nun vorzustellenden Konzepte gleichsam den am weitesten vom Individuum entfernt liegenden Pol möglicher Kriminalitätsursachen. Indem wir individuelle mit sozialstrukturellen Kriminalitätserklärungen konfrontieren, spannen wir einen weiten Bogen, innerhalb dessen anschließend Sozialisationstheorien platziert werden können.

95 *Nedopil* 1997, 79.

Unter **Sozialstruktur** versteht man die charakteristischen Merkmale des sozialen Beziehungsgefüges einer bestimmten Gesellschaft. Untersuchungen der Sozialstruktur befassen sich mit der vergleichenden Betrachtung verschiedener Gesellschaften und der Veränderung einer Gesellschaft im Zeitverlauf. Spezifische Sozialstrukturen führen zur Ausbildung besonderer Netzwerke, innerhalb derer Individuen in unter bestimmten Aspekten gleichförmige Lebensbedingungen eingebunden werden. Von diesen Netzwerken sind jene am stabilsten gewoben, die eine Gesellschaft vertikal in Schichten oder Klassen gliedern und damit soziales Kapital (Bildung, Status, berufliche Stellung, Einkommen) ungleich verteilen. Die Einbindung in solche Netzwerke eröffnet bestimmte Möglichkeiten der Selbstverwirklichung und prägt damit das Selbstverständnis und die Lebenschancen der Individuen. Deren Verhalten ist ein durch die Zugehörigkeit zu einem bestimmten Netzwerk und letztlich durch die Sozialstruktur geprägtes Sozialverhalten. Daraus folgt demnach, dass auch kriminelles Verhalten sozialstrukturelle Ursachen hat und nicht anders als sozialstrukturell erklärt werden kann. 2

I. Anomietheorien

Eine herausgehobene Stellung innerhalb der sozialstrukturellen Theorien spielen die verschiedenen Formen der Anomietheorie, die schon früh einen solchen Erklärungsansatz vorgelegt und nicht an Aktualität eingebüßt hat. 3

1. Modernisierung und Anomie (Durkheim)

Émile Durkheim (1858-1917) begründet Ende des 19. Jahrhunderts das sozialstrukturelle Kriminalitätsverständnis und bezieht dieses auf die Struktur der damaligen modernen europäischen Industriegesellschaft. Diese Gesellschaft ist für *Durkheim* durch **raschen sozialen Wandel**, Arbeitsteilung und stabile soziale Schichtung mit ungleichen Lebensverhältnissen gekennzeichnet. Der soziale Wandel lässt die Einheitlichkeit, Allgemeingültigkeit und selbstverständliche Anerkanntheit religiöser und moralischer Vorstellungen schwinden. 4

Im Gefolge der bürgerlichen Revolutionen und der Aufstände der arbeitenden Klasse wird das Postulat der Chancengleichheit vermittelt, das sich durch die allgemeine Schulpflicht und die Legalisierung der Gewerkschaften auch bei den unteren sozialen Schichten verbreitet und zunehmend von diesen beansprucht wird. In Wirklichkeit bleibt den Angehörigen dieser Schichten der Zugang zu 5 sozialen Privilegien aber weitgehend verschlossen. Die Arbeitsteilung zementiert die objektive, den subjektiven Erwartungen an Chancengleichheit widersprechende soziale Ungleichheit. Sie schafft kaum überwindliche vertikale Beziehungen (Unternehmer zu Arbeiter, Facharbeiter zu Tagelöhner), Abhängigkeiten der Individuen untereinander (der Schuster kann ohne den Schreiner nicht mehr leben) und bestimmt die Ausgestaltung des sozialen Nahraums (die Großfamilie mutiert zur Kleinfamilie mit räumlicher Anbindung an den Arbeitsplatz des Mannes, häuslicher Arbeit und Kinderbetreuung durch die Frau etc.). Bezugsgruppen wie die Familie sind nur noch als Segmente der sozialen Struktur wahrnehmbar und durch diese geprägt.

6 Dabei ist Kriminalität nach *Durkheim* an sich kein erklärungsbedürftiges Phänomen, sondern **normaler Bestandteil** einer jeden Gesellschaft, der durch seine Sanktionierung sogar zur Stabilisierung der sozialen Struktur beitragen könne.[96] In der modernen Industriegesellschaft erhalte die Kriminalität durch ihre zivil- und strafrechtliche Sanktionierung die bestehenden sozialen Unterschiede aufrecht. Erst wenn die Kriminalität als Massenereignis überdurchschnittliche Ausmaße annehme, sei dieser Anstieg besorgniserregend. Ursache eines solchen Gesamtanstiegs könnten dann weder individuelle Pathogenität noch defizitäre Nahbeziehungen sein, sondern nur Umstände, welche die Sozialstruktur krankhaft gestalten. *Durkheim* bezeichnet diese soziale Krankheit als Anomie.[97]

7 Der aus dem Griechischen stammende Begriff „Anomie" meint wörtlich „Gesetzlosigkeit" und hier einen durch die rasche wirtschaftliche und soziale Entwicklung der modernen arbeitsteiligen Gesellschaft ausgelösten **Zustand sozialer Desintegration**, in dem die Gesellschaft nicht mehr in der Lage ist, die Mittel individueller Bedürfnisbefriedigung zu kontrollieren. Da die Bedürfnisse eines jeden Menschen, auch der sozial Benachteiligten, zunächst grenzenlos seien, aber nicht jeder Mensch über die gleichen Mittel verfüge, diese Bedürfnisse zu befriedigen, bedürfe es einer durch die Gesellschaft als „moralische Erziehung" vermittelten Begrenzung. Indem die Menschen ihre Stellung in der gesellschaftlichen Hierarchie akzeptieren, lernen sie demzufolge, ihre Bedürfnisse auf ein für ihre Schicht angemessenes Niveau einzustellen. In einer krisengeschüttelten und sich umwälzenden Gesellschaft gehe dieses Korrektiv verloren, das kollektive Wertebewusstsein vermöge keine moralische Orientierung mehr

96 *Snipes/Bernard/Gerould* 2019, 138.
97 *Newburn* 2017, 182 ff.

zu bieten und es häuften sich Abweichungen in Form von Suizid, Alkoholismus und Kriminalität.[98]

Durkheim zeichnet die anomische Situation der Moderne in Grundzügen ähnlich wie *Karl Marx* (1818-1883): Solidarität beschränke sich auf Individuen in demselben sozialen Netzwerk.[99] Im Übrigen schüre die Industriegesellschaft eher soziale Konflikte anstatt sie auszugleichen, erzwinge „entfremdete" Arbeit und passe Menschen ohne Rücksicht auf ihre Bedürfnisse in Produktionsprozesse ein, damit sie wie Zähne in einem Zahnrad funktionieren. Zyklen von Überproduktion und Depression lösten einander ab. Zeiten relativen Wohlstands weckten erst recht für diejenigen, die sich dies nicht leisten können, den Appetit auf mehr. Moralische Skrupel schwänden angesichts aussichtslos erscheinender Erwartungen an Chancengleichheit. 8

Durkheims Einfluss auf die Kriminologie und – mehr noch – die Soziologie ist kaum zu überschätzen.[100] Seine Anomietheorie bleibt in Grundzügen noch heute aufschlussreich: Kriminalität als **Modernisierungsfolge**, als Konsequenz des Mangels an einheitlichen moralischen Wertvorstellungen und des ungezügelten Appetits auf Mehr sind aktuell relevante Stichworte. Andererseits ist die Inbezugsetzung von Eigentumskriminalität mit unerfüllten Erwartungen von Mitgliedern der Unterschicht wenig plausibel: Heute dominieren Erklärungen einer verbreiteten Eigentumskriminalität aus entsprechend verbreiteten kriminellen Gelegenheiten (→ § 22 Rn 28). 9

2. Anomie und der „amerikanische Traum" (Merton)

Lektüreempfehlung: *Merton, Robert K.* (1968): Sozialstruktur und Anomie. In: *Sack, Fritz; König, René* (Hrsg.): Kriminalsoziologie. Frankfurt a. M., 283-313.

Die Anomietheorie wird Mitte des 20. Jahrhunderts von *Robert K. Merton* (1910-2003) auf die US-amerikanische Gesellschaft übertragen. *Merton* bringt Anomie nicht mit Modernisierung und raschem sozialen Wandel, sondern mit den damaligen für ihn charakteristischen Verhältnissen in den USA in Verbindung: Relativ hohe soziale Stabilität, vergleichsweise hohe Raten registrierter Kriminalität und Übervertretung der registrierten Kriminalität in den unteren 10

98 *Mehlkop/Graeff* 2006, 57 ff.
99 *König* 1978, 153.
100 *Fenton* 1984.

sozialen Schichten. Dies führt ihn zu einer Erklärung der Eigentumskriminalität von sozial zu kurz Gekommenen aus Benachteiligung und Belastung.

11 Danach ist das Auseinanderdriften der **kulturellen** und der **sozialen Struktur** der Gesellschaft entscheidend für die Entstehung abweichenden Verhaltens. Die kulturelle Struktur umfasst die von allen Gesellschaftsmitgliedern, ungeachtet ihrer verschiedenen sozialen Platzierung, als legitim anerkannten Ziele und jene Normen, die festlegen, welche Wege zum Erreichen dieser Ziele zulässig sind.[101] Die Sozialstruktur hingegen umfasst faktische Beziehungen und Handlungsmöglichkeiten, die schichtspezifisch unterschiedlich verteilt sind.[102] Auf diesem Weg nimmt der Ansatz die Ungleichverteilung von Gütern und Ressourcen in der Gesellschaft in den Blick.

12 Die US-amerikanische Kultur ist für *Merton* durch das ungebremste Streben nach möglichst viel persönlichem Wohlstand gekennzeichnet. Angehäufter Reichtum sei gleichbedeutend mit hohem sozialem Prestige. Umgekehrt würden Arme als faul und unehrgeizig missachtet, auch wenn sie über persönliche Eigenschaften verfügen, die in anderen Kulturen hochgeschätzt werden. Die protestantische Arbeitsmoral, nach der man sich nicht einfach am Mitspielen erfreuen, sondern gewinnen solle, bewirke Frustrationserlebnisse bei den Verlierenden. Wer sich an den Werten der Arbeitsmoral orientiere, ehrliche harte Arbeit verrichte, Belohnungen aufschiebe und dennoch wegen seiner sozial benachteiligten Ausgangslage keine Chance habe, nennenswerten materiellen Wohlstand zu erwerben, sehe sich doppelt betrogen. Die Verbindung von Streben nach materiellem Wohlstand als primärem gesellschaftlich anerkannten Ziel mit einer dieses Ziel für viele unerreichbar machenden Sozialstruktur bezeichnet *Merton* als **Anomie.**[103]

> „Nur wenn das kulturelle Wertsystem bestimmte *gemeinsame* Erfolgsziele *für die ganze Bevölkerung* über alle übrigen Ziele setzt, während die Sozialstruktur *für einen großen Teil dieser Bevölkerung* den Zugang zu den gebilligten Mitteln zum Erreichen dieser Ziele entscheidend einengt oder sogar völlig verwehrt, haben wir abweichendes Verhalten in größerem Umfang zu erwarten."[104]

13 Infolge einer egalitären Ideologie, welche die Erreichbarkeit kultureller Ziele für jede Person ungeachtet der sozialen Platzierung behaupte („vom Tellerwäscher

101 *Lamnek* 2018, 116 f.
102 *Lamnek* 2018, 118.
103 *Snipes/Bernard/Gerould* 2019, 155.
104 *Merton* 1968, 298.

zum Millionär“), würden vor allem sozial benachteiligte Individuen einem Anomiedruck ausgesetzt. Auch sie strebten nach Wohlstand und Anerkennung. Wo die scheinbar chancenoffene Industriegesellschaft die Zugänge zu sozialen Privilegien für die Mehrheit geschlossen halte, griffen Enttäuschung und Unmut um sich.

Merton unterscheidet fünf **Arten individueller Anpassung** an den auf diese Weise entstehenden Anomiedruck, die sich aus den Möglichkeiten der Annahme oder Ablehnung der kulturellen Ziele oder der institutionalisierten, also sozial gebilligten, Mittel zur Zielerreichung ergeben. 14

Konformität ist danach durch die Übereinstimmung mit den kulturell anerkannten Zielen und die Beschränkung auf die Verwendung sozial gebilligter Mittel der Zielerreichung gekennzeichnet; sie ist die aus Sicht der Gesellschaft „erfolgreiche“ Anpassung. Innovation stehe hingegen mit den meisten Formen krimineller Abweichung, insbesondere der Kriminalität sozial Benachteiligter, in Zusammenhang. Dabei habe das Individuum die kulturellen gesellschaftlichen Ziele (wie sozialer Aufstieg und wirtschaftlicher Erfolg) internalisiert; es billige und verfolge diese Ziele freilich mit illegitimen, rechtswidrigen Mitteln (wie Diebstahl oder Betrug), weil ihm in der Regel die notwendigen sozial gebilligten Mittel nicht verfügbar seien. 15

Schaubild 2.2: Arten der Anpassung 16

kulturelle Ziele	institutionalisierte Mittel	
+	+	= Konformität
+	-	= Innovation
-	+	= Ritualismus
-	-	= Rückzug
neu	neu	= Rebellion

Der Ritualismus versagt sich demzufolge den Zielen der Leistungsgesellschaft, hält aber zwanghaft am Einsatz institutionalisierter Mittel fest. Die Erreichung der Ziele werde also aufgegeben bei konformem Verhalten. Rückzug ist durch Desinteresse und Apathie gekennzeichnet, wobei sowohl die sozial gebilligten 17

Ziele wie die institutionalisierten Mittel abgelehnt werden; dieser Verhaltenstyp ist nach *Merton* etwa bei Psychopath:innen, Landstreicher:innen, Alkoholiker:innen und anderen Drogenabhängigen anzutreffen. Die Rebellion fällt gleichsam aus dem Rahmen; sie lehnt sich gegen sozial gebilligte Ziele und Mittel auf und sucht nach grundsätzlichen Alternativen.

18 **Einwände** gegen das Anomiekonzept *Mertons* sind zahlreich: Der theoretische Erklärungsraum betrifft vor allem die Eigentumskriminalität sozial Unterprivilegierter. Ausgespart bleibt die Kriminalität der Mächtigen. Das Konzept ist auf Gesellschaften zugeschnitten, in denen sozialer Aufstieg und Wohlstand als beherrschende kulturelle Ziele gelten. Für spätmoderne Gesellschaften mit multiplen Lebensformen, die teilweise nicht wohlstands- und konsumorientiert sind, schwindet ihr Erklärungswert.

19 Darüber hinaus liefert die Anomietheorie eher Denkanregungen auf hohem Abstraktionsniveau als konsistent nachprüfbare Erklärungen. Sie benennt nicht die Bedingungen, unter denen struktureller Anpassungsdruck zu abweichendem Verhalten führt, und erklärt nicht, warum viele Menschen trotz Anomiedrucks konform handeln. Individuen werden als reine Objekte sozialer Einwirkung verstanden, die unter äußerem Druck agieren. Kriminalität wird nicht im Zusammenhang mit der aktiven Teilnahme an zwischenmenschlichen Interaktionen gesehen, sondern als etwas, das infolge der gesellschaftlichen Anomie „über" die Täter:innen kommt und dem sie – im Sinne des deterministischen Verhaltenskonzepts (→ § 4 Rn 13 ff.) – gleichsam zwanghaft ausgeliefert sind. Registrierte Kriminalität wird fälschlich (→ § 15 Rn 6; § 16 Rn 11 ff.) mit realem Kriminalitätsvorkommen gleichgesetzt. Konformität und Abweichung werden als dichotomische Gegensätze dargestellt, ohne Raum zu lassen für Übergänge und prozesshafte Entwicklungen von dem einen zum anderen.

3. Institutional Anomie Theory

20 Eine Erweiterung und Verfeinerung des Anomiekonzepts und seiner Anwendung auf den „amerikanischen Traum" liefern *Steven F. Messner* (* 1951) und *Richard Rosenfeld* (* 1948) mit ihrer *Institutional Anomie Theory* (IAT), die der Frage nachgeht, warum die USA im Vergleich zu anderen Industrienationen eine derart hohe Kriminalitätsrate aufweisen. Zur Erklärung dessen konstatieren die Autoren zum einen eine Zuspitzung des kulturellen Ungleichgewichts im Mertonschen Sinne. Danach betont der *American Dream* sehr stark das Streben nach materiellem Zuwachs, während der Anforderung, zur Ziel-

erreichung lediglich legitime Mittel zu verwenden, keine besondere Bedeutung beigemessen wird. Vielmehr werde verlangt, die eigenen Ziele mit möglichst effizienten Mitteln und um jeden Preis zu erreichen.[105] Es herrsche eine „Alles-geht"-Mentalität, die von der **Verabsolutierung des Erfolges** („the winner takes it all"), Egoismus und einer Fetischisierung materiellen Wohlstands geprägt sei. Angesichts dieser Zuspitzung steigt dem Ansatz zufolge auch der Anomiedruck als zentraler Faktor zur Erklärung der hohen Kriminalitätsraten, u. a. im Bereich der schweren Kriminalität.[106]

Zum anderen erweitern *Messner* und *Rosenfeld* den Ansatz von *Merton* auf der Makro-Ebene, indem sie die Sozialstruktur und im Besonderen die Machtbalance zwischen verschiedenen **sozialen Institutionen** (z. B. Wirtschaft, Gemeinwesen, Familie, Schule) einbeziehen.[107] Danach haben die sozialen Institutionen verhaltenssteuernde Wirkung, indem sie stabilisierend auf Wert- und Normvorstellungen einwirken, soziale Kontrolle ausüben, aber auch Unterstützung anbieten und dadurch den individuellen Anomiedruck abmildern.[108] Dies soll jedoch nur gelten, wenn sich die Institutionen in einem Zustand der Balance befinden. 21

Für die USA beobachten *Messner* und *Rosenfeld* eine **Dominanz der Wirtschaft** im institutionellen Gefüge. Diese Dominanz zeige sich in der Entwertung (*devaluation*) nichtökonomischer Funktionen und Ziele sowie einer Anpassung (*accomodation*) an und Durchdringung (*penetration*) nichtökonomischer Institutionen mit ökonomischen Logiken, z. B. wenn sich das Familienleben nach dem Arbeitsmarkt richte oder die Gestaltung des Gemeinwesens lediglich ökonomischen Prinzipien folge.[109] Dieses Ungleichgewicht führt dem Ansatz zufolge dazu, dass die anderen sozialen Institutionen ihre Aufgaben, nichtökonomische Normen und Werte zu vermitteln und soziale Kontrolle auszuüben, nicht mehr erfüllen können.[110] Dabei verstärken sich die beiden Effekte gegenseitig, wenn die kulturell bedingte Dominanz der Wirtschaft zu einem Mangel der Regulation durch nichtökonomische Institutionen und dies wiederum zu einer Stärkung der Kultur des *American Dream* führt.[111] 22

105 *Messner/Rosenfeld* 2012, 71.
106 *Baumer* 2010, 624.
107 *Messner/Rosenfeld* 2012, 88.
108 *Baumer* 2010, 625.
109 *Snipes/Bernard/Gerould* 2019, 168 f.
110 *Messner/Rosenfeld* 2012, 77 ff.
111 *Khruakham* 2014, 1120.

23 Allerdings ist das Anomiekonzept in dieser Form nicht auf die USA beschränkt, sondern dominiert die Wirtschaft im institutionellen Gefüge praktisch überall – wenn auch in unterschiedlichem Maße, sodass sich Länderunterschiede auf diese Weise erklären ließen.[112] So weisen Staaten mit ausgeprägteren sozialen Sicherungssystemen – beispielsweise in Form von Sozialhilfe, Krankenversicherung und vergüteter Elternzeit – eine niedrigere Rate an Tötungsdelikten auf.[113] Noch allgemeiner lässt sich ein negativer Zusammenhang zwischen Ausgaben für den Sozialstaat und Kriminalitätsraten konstatieren. Länder, die einen größeren Anteil ihres BIP für soziale Sicherung ausgeben, weisen niedrigere Inhaftierungsraten auf (→ § 24 Rn 37 ff.).[114] Der Ansatz kann darüber hinaus auch auf andere Formen institutioneller Anomie übertragen werden. So ist etwa zu überlegen, inwiefern es als Erklärungsansatz für die Situation in ehemals kolonialistisch beherrschten Staaten zutrifft, wenn dort Korruption, Bürgerkriegs- und Bandengewalt sowie die enge Verflechtung staatlicher und krimineller Strukturen bestehen.

II. Differentielle Gelegenheiten

Lektüreempfehlung: *Cloward, Richard A.* (1968): Illegitime Mittel, Anomie und abweichendes Verhalten. In: *Sack, Fritz; König, René* (Hrsg.): Kriminalsoziologie. Frankfurt a. M., 314-338.

24 Die von *Richard A. Cloward* (1926-2001) und *Lloyd E. Ohlin* (1918-2008) entwickelte Theorie differentieller Gelegenheiten[115] lässt sich als eine frühe Weiterentwicklung des Anomiekonzepts verstehen. Die Erklärung dafür, dass längst nicht alle mit Anomiedruck belasteten Personen kriminelle Handlungen verüben, findet sich gemäß der Theorie differentieller Gelegenheiten darin, dass eine unter Anomiedruck stehende Person auch **Zugang zu illegitimen Mitteln** – im weiten Sinne von technischem Knowhow, faktischen Gelegenheiten und Neutralisation psychischer Hemmungen – haben muss, um sich abweichend zu verhalten.[116] Jugendliche aus der Unterschicht haben kaum die Möglichkeit, ein lukratives Wirtschaftsdelikt zu verüben; als Hehler:in kann sich nur etablieren, wer über gute Kontakte zu erfolgreichen Dieb:innen verfügt; eine kleinbürgerliche Erziehung, die Schuld- und Angstgefühle schürt, kann bewirken, dass

112 *Weiss/Testa/Santos* 2020, 473 ff.
113 *Messner/Rosenfeld* 1997; *Savolainen* 2000.
114 *Downes/Hansen* 2006; *Garland* 2017, 83 ff.
115 *Cloward/Ohlin* 1960.
116 *Cloward* 1968.

trotz Anomiedrucks an sich vorhandene Fertigkeiten und Gelegenheiten zu kriminellem Verhalten nicht genutzt werden. Migrant:innen, deren Aktionsradius durch bestimmte Traditionen ihres Herkunftslandes in der Öffentlichkeit beschränkt ist, haben kaum die Gelegenheit zu einer von den Behörden wahrnehmbaren Straftat.

Hingegen eröffnen sich illegale Wege zum Erfolg nicht nur durch Bedarf und 25
dem Vorhandensein von dazu nötigem technischem Knowhow. Eine **entsprechende Motivation** ist gefordert: Lukrative kriminelle Karrieren üben für manche einen starken Anreiz aus. Wer diese nicht schafft, kann in einer kriminellen Organisation mitlaufen. Wer auch das nicht schafft, gilt als „Doppelversager:in", dem:der eine erfolgreiche Lebensgestaltung weder im sozial institutionalisierten noch im abweichend kriminellen Bereich gelingt, und der:die in der Fremd- wie in der Eigenbetrachtung als gescheiterte Existenz enden mag.[117]

Ein angesichts der objektiven Situation überraschendes Auftreten oder Aus- 26
bleiben von Kriminalität lässt sich damit erklären, dass Menschen unterschiedliche Anspruchsniveaus haben und daher auch kulturelle Ziele subjektiv unterschiedlich definieren.[118] Während der eine seine kulturellen Ziele mit einem Urlaub an der Ostsee oder auf Mallorca erfüllt sieht, empfindet die andere dies nicht als Zielerreichung und strebt nach anderen Zielen, sei es der Strandurlaub auf den Seychellen oder die Safari in Afrika.

III. Allgemeine Belastungstheorie

Mertons Anomiekonzept ist die erste Version der allgemeinen **Stressbelastungs-** 27
theorie (*general strain theory*), die dem auf bestimmten Individuen lastenden Anomiedruck eine spezifischere Bedeutung als psychische Belastung durch Frustrationserlebnisse und dadurch ausgelösten Stress gibt. Diese Theorie versteht sich als „allgemein", weil sie sich weder auf die Eigentumskriminalität sozial Unterprivilegierter noch auf Belastungen wegen Scheiterns des Bestrebens um materiellen Wohlstand beschränkt, sondern schlicht alle subjektiven Belastungen, die zu irgendwelchen kriminellen Handlungen führen, erfassen möchte.

117 *Snipes/Bernard/Gerould* 2019, 160.
118 *Hyman* 1966; *Mizruchi* 1964.

28 Mit der Thematisierung von Stress und Belastung wird eine Verbindung zwischen dem ursprünglich rein sozialstrukturellen Anomiekonzept, den individualisierenden psychologischen Kriminalitätserklärungen (→ § 8) sowie dem Verständnis subkultureller Sozialisation (→ § 10 Rn 16 ff.) hergestellt. Jene Brückenfunktion der Stressbelastungstheorie macht sie zu einem weithin akzeptierten Modell der Kriminalitätserklärung. Elterliche Zurückweisung, Kindesmissbrauch und -vernachlässigung, negative Schulerlebnisse, Arbeitslosigkeit, eheliche Konflikte, fehlende Chancen erwünschter Zielerreichung und Ähnliches führen zu Frustrationserlebnissen und Stressbelastungen. Diese werden mitunter bewältigt, indem man sich Gruppen von Personen in ähnlicher Lage anschließt und sich an den vermeintlichen Ursachen rächend Straftaten begeht. Die **Stressbewältigung** durch kriminelle Betätigung findet bevorzugt bei Personen statt, die wenig zu verlieren haben und mit anderen Straftäter:innen Umgang pflegen. Präventiv stehen Vermeidungsstrategien krimineller Stressbewältigung durch Abbau der Stressbelastung und Förderung normkonformer Stressbewältigung im Vordergrund.[119]

29 Aktuelle Vertreter:innen der Stressbelastungstheorie sind um Vermeidung der thematischen Fokussierung auf die Eigentumskriminalität der Unterschicht und um Präzisierung der theoretischen Annahmen bemüht. Dem Umstand, dass viele Stressbelastete sich konform verhalten, trägt *Robert Agnew* (* 1953) in seiner viel beachteten Version des Belastungskonzepts differenziert Rechnung. Danach führt Stress eher zu kriminellem Verhalten, wenn dieser als ungerecht empfunden wird und Empörung auslöst, ferner wenn der Stress so stark sei, dass er nicht mehr beherrscht werde, schließlich wenn Stress unter Bedingungen niedriger sozialer Kontrolle erlitten werde.[120] Vorhandene oder antizipierte Belastungsquellen werden differenziert bestimmt: Die subjektive Unerreichbarkeit positiv bewerteter Ziele (soziales Ansehen, Vermögen), der Verlust positiv bewerteter Anreize (Tod einer nahestehenden Person, Verlassen oder Entlassen werden) und das Vorhandensein negativer Anreize (bildungsferne Umgebung). Diese drei Belastungsquellen werden nach dem Konzept von *Agnew* durch konditionierende Umstände ergänzt, die entweder kriminelle Aktivität befördern (geringe Selbstkontrolle, Zusammensein mit delinquenten Personen, Übernahme antisozialer Werthaltungen) oder hemmen (individuelle

119 *Agnew* 2009.
120 *Agnew* 2001; *Agnew* 2009.

Stressbewältigungsstrategien, konforme soziale Beziehungen und Unterstützung, Furcht vor Strafe).[121]

Kritisch lässt sich anmerken, dass Stress ein doch recht unspezifisches Phänomen mit Randunschärfen ist, welches sich ganz allgemein nur subjektiv bestimmen lässt. Kaum eine Situation ist für sich genommen stressig, entscheidend für die Stressbildung ist vielmehr die subjektive Befähigung zur Situationsbewältigung mit spezifischen persönlichen Ressourcen. Da diese subjektive Befähigung kaum je vor Begehung einer Straftat überprüft wird, besteht trotz des Bemühens von *Agnew* um Präzisierung des Zusammenhanges von Stress und Kriminalität die Gefahr, jede Straftat retrospektiv als stressbedingt zu interpretieren. Damit würde sich das Stresskonzept zu einer unergiebigen Pauschalerklärung jeglichen kriminellen Verhaltens verflüchtigen.[122] 30

IV. Konflikttheoretische Ansätze

Zentral für konflikttheoretische Ansätze in der Kriminologie ist die Vorstellung, dass Gesellschaften maßgeblich durch Konflikte geprägt sind und dass es einen Zusammenhang gibt zwischen diesen Konflikten und Kriminalität.[123] Dieser Zusammenhang lässt sich einmal ätiologisch verstehen, insbesondere in frühen Ansätzen wird eine Beziehung zwischen gesellschaftlichen Konflikten und der Entstehung von Kriminalität betont; er kann aber auch im Hinblick auf Kriminalisierung gewendet werden. 31

Die von *Thorsten Sellin* (1896-1994) entwickelte **Kulturkonflikttheorie** (*culture conflict*)[124] als ätiologische Perspektive setzt bei der Feststellung an, dass soziale Normen und insbesondere Strafgesetze Ausdruck der in einer Gesellschaft dominierenden Kultur und ihrer Werte sind. Widersprüche entstehen dabei, wenn unterschiedliche Verhaltensnormen miteinander kollidieren. Solche Widersprüche treten nach *Sellin* in Form des primären Kulturkonflikts zwischen verschiedenen Kulturen auf, erstens an den Grenzen zwischen von unterschiedlichen Kulturen bewohnten Gebieten, zweitens bei der Kolonisation, also der Anwendung des Rechts einer Kultur auf das Gebiet einer anderen und drittens bei der Migration von Mitgliedern einer Kultur in das Gebiet einer anderen 32

121 *Agnew* 2001; *Agnew* 2009.
122 *Snipes/Bernard/Gerould* 2019, 167.
123 *Snipes/Bernard/Gerould* 2019, 271.
124 *Sellin* 1938b.

(→ § 23 Rn 60 ff.). Möglich sind aber auch sekundäre Kulturkonflikte innerhalb einer Kultur, die sich durch fortschreitende Subkulturbildung und Pluralisierung von Lebensformen aufgliedert und in der sich unterschiedliche Verhaltensnormen herausbilden.[125]

33 Obwohl die Thematisierung von differierenden Norm- und Wertvorstellungen innerhalb einer Gesellschaft wichtige Aspekte der Entstehung abweichenden Verhaltens anspricht, lässt der Ansatz **viele Fragen offen**. So bestehen hinsichtlich zahlreicher grundlegender Wertvorstellungen zwischen den verschiedenen Kulturen schon keine maßgeblichen Differenzen, da zumindest der Kern strafbaren Unrechts kulturübergreifend festzustellen ist.[126] Verhaltensweisen, die sich auf kulturelle Unterschiede zurückführen lassen, wie etwa die Genitalverstümmelung, sind gemessen an der Gesamtkriminalität selten. Zum anderen weisen die heutigen westlichen Gesellschaften selbst ein recht ausdifferenziertes Norm- und Wertesystem auf, sodass es bereits innerhalb dieser zu Kulturkonflikten kommen kann. Darüber hinaus bleibt offen, wie, in welchem Ausmaß und warum Kulturkonflikte tatsächlich zu abweichendem Verhalten führen – dessen Definition der Mehrheitsgesellschaft vorbehalten bleibt. Empirisch betrachtet gilt auch für Personen mit Zuwanderungsgeschichte, dass nur eine kleine Minderheit strafrechtlich erfasst wird.

34 Konflikttheoretische Ansätze lassen sich sodann auch für das Feld der **Kriminalisierung** fruchtbar machen und zwar sowohl bezüglich Gesetzgebungsprozessen (→ § 21 Rn 3 ff.) wie auch konkreter Kriminalisierungsvorgänge (→ § 19 Rn 2 ff.). Dieses Verständnis versteht wie der *labeling approach* (→ § 13 Rn 7 ff.) Kriminalität als soziale Konstruktion und nicht als etwas objektiv Gegebenes. Kriminalität wird danach erst in Zuschreibungsprozessen durch die Definition von strafwürdigem Verhalten durch die Gesetzgebung und die Anwendung dieser Definitionen auf menschliche Handlungen erzeugt.[127] Diese Definitionsprozesse verlaufen nicht gleichmäßig, sondern selektiv, weshalb konflikttheoretische Ansätze an dieser Stelle gesellschaftliche Machtverhältnisse einbeziehen und die Aushandlungsmacht der an den Prozessen jeweils beteiligten Akteur:innen in den Blick nehmen.[128]

125 *Sellin* 1938a, 98.
126 *Bock* 2019, Rn. 179.
127 *Black* 2014; *Quinney* 1970.
128 *Eisenberg/Kölbel* 2017, § 8 Rn. 1 ff.

Dies gilt einerseits für die Entstehung von Strafgesetzen, die als Auseinandersetzung gesellschaftlicher Gruppen verstanden wird, die jeweils ihre Interessen verfolgen. Je größer die politische und wirtschaftliche Macht einer Gruppe, desto höher ist danach ihr Potenzial, ihren Interessen im Gesetzgebungsvorgang zur Durchsetzung zur verhelfen.[129] Andererseits zeige sich ein solcher Einfluss von politischer und wirtschaftlicher Macht aber auch auf der Ebene konkreter Kriminalisierungsprozesse. Je größer die Macht der Betroffenen ist, desto schwieriger und aufwendiger ist die Bearbeitung durch die Strafverfolgungsbehörden (→ § 19 Rn 10 f.). Als bürokratisch organisierte Behörden tendierten diese zur Bearbeitung von einfachen, wenig ressourcenintensiven Fällen und weniger zu solchen von Betroffenen mit großem politischem und wirtschaftlichem Einfluss.[130] 35

V. Feministische und intersektionale Perspektiven

Lektüreempfehlung: *Carrington, Kerry* (2018): Feminist Criminologies. In: *Carlen, Pat; França, Leandro Ayres* (Hrsg.): Alternative Criminologies. Abingdon/New York, 110-124; *Heidensohn, Frances; Silvestri, Marisa* (2012): Gender and crime. In: *Maguire, Mike; Morgan, Rod; Reiner, Robert* (Hrsg.): The Oxford Handbook of Criminology. 5. Aufl., Oxford, 336-369; *Micus-Loos, Christiane* (2018): Geschlecht und Kriminalität. In: *Hermann, Dieter; Põge, Andreas* (Hrsg.): Kriminalsoziologie. Baden-Baden, 219-232; *Potter, Hillary* (2013): Intersectional Criminology: Interrogating Identity and Power in Criminological Research and Theory. Crit Crim 21, 305-318.

Nützliche Webseiten: http://www.justiceforwomen.org.uk; http://www.fawcettsociety.org.uk.

Gesellschaften sind anhand von **Identitätsmerkmalen** (z. B. *gender, race, class* usw.) strukturiert. Dem symbolischen Interaktionismus folgend (→ § 13 Rn 1 ff.), bilden sich diese Merkmale in gesellschaftlicher Alltagsverständigung. Bei ihnen handelt es sich also nicht um ein naturhaft Gegebenes, sondern um eine soziale Konstruktion, deren Inhalt variabel ist und an verschiedenen Orten und zu verschiedenen Zeiten unterschiedlich ausfällt. Die soziale Konstruiertheit dieser Merkmale heißt nicht, dass sie keine Wirksamkeit hätten. Gesellschaftliche Macht, Chancen und Anerkennung hängen in allen Bereichen des sozialen Zusammenlebens maßgeblich von diesen Identitätsmerkmalen ab. Es liegt deshalb nahe, sie auch bei der Untersuchung von Kriminalität, Kriminalisierung und Viktimisierung zu berücksichtigen.[131] 36

129 *Chambliss/Seidman* 1971, 63.
130 *Chambliss/Seidman* 1971, 269: *Snipes/Bernard/Gerould* 2019, 282.
131 *Potter* 2013, 305.

37 Das erste Merkmal, das in kriminologischer Forschung Beachtung fand, ist das **Geschlecht**, bei dem zwei unterschiedliche Aspekte differenziert werden müssen. Das soziale Geschlecht (*gender*) bezeichnet im Unterschied zum biologischen Geschlecht (*sex*) die Gesamtheit der Merkmale, welche in einer Kultur für Frau bzw. Mann oder nicht-binäre Formen als typisch angesehen werden. Die jeweiligen Inhalte des sozialen Bildes von „Weiblichkeit" und „Männlichkeit" werden durch gesellschaftliche Bedingungen wie die geschlechtsspezifischen Aufteilungen von Arbeit und Macht geformt und drücken die gesellschaftlichen Machtstrukturen zwischen Mann und Frau aus. Männer stellen in Übereinstimmung mit ihrer überhöhten sozialen Stellung bestimmte Bilder von Männlichkeit her, die dominant werden und ihren Zugang zu Macht und Ressourcen erhalten.[132]

38 **Feministische Ansätze** in der Kriminologie sind eine spezifische Ausprägung des sozialwissenschaftlichen Feminismus[133], der die gesellschaftliche Unterdrückung der Frau und geschlechtsspezifische Rollenzuschreibungen thematisiert und darauf zielt, diese Unterdrückung abzubauen und die Geschlechterrollen zu öffnen. Dabei geht es nicht nur um die soziale Stellung und Emanzipation der Frau, sondern um die damit verbundene Struktur gesellschaftlicher Machtausübung, die als patriarchalisch, aber auch als ethnozentrisch und klassenspezifisch analysiert wird (→ § 9 Rn 46 f.). Das gesellschaftliche Bild der Frau spiegelt asymmetrische Machtbeziehungen, die unter anderem Kriminalisierungsprozesse steuern. Die sozialen Praktiken und Diskurse, welche die Konfiguration des Weiblichen entwerfen, haben dabei eine doppelte Normalisierungsfunktion: Sie lösen Anpassungserwartungen an die gesellschaftlich dominanten Rollenbilder aus und stellen zugleich die damit verbundene Verteilung sozialer Macht als normal dar.

39 Die feministische Perspektive hat das Verständnis der Kriminologie entscheidend verändert. Lange Zeit zeichnete sich die Kriminologie durch die Unsichtbarkeit von Frauen aus, sie war von Männern verfasst und mit Männern befasst. Sie behandelte entweder ausschließlich männliche Delinquenz oder entwickelte aus und an männlichem Verhalten vermeintlich genderneutrale Theorien, deren Übertragbarkeit auf Frauen stillschweigend unterstellt wurde. Wenn weibliche Kriminalität thematisiert wurde, dann als ein durch das biologische Geschlecht bestimmtes Studienobjekt, das durch in anderen Kontexten entwickelte Theo-

132 *Connell/Messerschmidt* 2005; dazu ausführlich *Micus-Loos* 2018, 223.
133 *Burman/Gelsthorpe* 2017, 214; *Sharp* 2009; *Snipes/Bernard/Gerould* 2019, 318 ff.

rieannahmen zu erklären ist[134] und nicht selten war die Erörterung von stereotypen Vorstellungen über „die" Frauen geprägt.[135] Die feministische Perspektive entwickelt stattdessen Ansätze, die gender-bezogene gesellschaftliche Rollenbilder und die damit verbundenen Machtstrukturen in den Blick nimmt. Im Zuge dessen befasst sie sich mit der ungleichen Verteilung von Kriminalität zwischen den Geschlechtern (*gender ratio problem*), der Frage der Übertragbarkeit von am männlichen Verhalten entwickelten Theorieannahmen (*generalizability problem*)[136] und spezifischen Formen der Viktimisierung durch männliche Gewalt und Unterdrückung, etwa in Form häuslicher Gewalt.

Nach allen quantitativen Kriminalitätsdaten ist die registrierte **Kriminalität überwiegend Männersache**. Personen weiblichen Geschlechts werden deutlich seltener strafrechtlich erfasst, verurteilt und dem Strafvollzug unterworfen. So machen Frauen nur rund ein Viertel der polizeilich ermittelten Tatverdächtigen aus; nur etwa ein Zwanzigstel der Strafgefangenen in Deutschland sind Frauen. Dunkelfelduntersuchungen legen nahe, dass sich die Unterrepräsentation von Frauen bei der selbstberichteten Delinquenz (→ § 17 Rn 19) zwar reduziert, in abgeschwächter Form jedoch bestehen bleibt.[137] Die strafrechtliche Verfolgung von Frauen bezieht sich überwiegend und nahezu auf dem Niveau der Männer auf Massendelikte wie Schwarzfahren, Ladendiebstahl, Steuerbetrug und Alkohol am Steuer. Als Tatverdächtige von Gewaltdelikten werden sie höchst selten registriert. 40

Zur Erklärung dessen wurden und werden die jeweils zeitgerecht erscheinenden allgemeinen Kriminalitäts- und Kriminalisierungstheorien herangezogen.[138] Biologische und anthropologische Erklärungsversuche bemühten eine angebliche körperliche Schwäche und psychische Passivität der Frau und bringen die weibliche Kriminalität mit psychischen Ausnahmezuständen während Menstruation, Schwangerschaft und Klimakterium in Zusammenhang. Sozialisationsorientierte Erklärungen verweisen auf geschlechtsspezifische Erziehungsstile und die kulturelle Einweisung in spezifisch weibliche Rollen, sozialstrukturelle Deutungen auf die primär innerhalb der Familie angesiedelte gesellschaftliche Stellung der Frau. Diese Stellung biete weniger Tatgelegenheiten 41

134 Deutlich in diesem Sinne *Kaiser* 1986, 678.
135 *Newburn* 2017, 320 ff.
136 *Daly/Chesney-Lind* 1988, 508.
137 *Adler* 1984, 27 ff.; *Heidensohn/Silvestri* 2012, 339 ff.; *Kaiser* 1986, 668; *Micus-Loos* 2018, 220 f.; gute Übersicht zum Stand der empirischen Forschung bei *Gelsthorpe* 1993.
138 *Haverkamp* 2020, 266 ff.

und -anreize, schütze besser vor Entdeckung und Verfolgung und gebe zu einer nachsichtigeren Reaktion Anlass.[139] Solchen Deutungen ist gemeinsam, dass sie Erklärungsmodelle, die primär aufgrund von männlich assoziiertem Verhalten entwickelt wurden, auf das Verhalten von Frauen übertragen und geschlechtsspezifische Unterschiede aus (vermeintlichen) weiblichen Eigenarten ableiten. Auch für die Viktimisierung von Frauen wird deren „Schwäche" verantwortlich gemacht. Während Kriminolog:innen früher davon ausgingen, dass Frauen aufgrund ihrer sozial geschützteren Position einem geringeren Viktimisierungsrisiko unterliegen würden[140], nimmt man heute eher an, dass Frauen aufgrund ihrer zumeist körperlichen Unterlegenheit kaum seltener als Männer Opfer von Straftaten, speziell von (auch nicht sexuell motivierten) Gewaltdelikten, werden.

42 Erklärungen geschlechtsspezifisch unterschiedlicher Kriminalitäts- und Viktimisierungsraten aus der Eigenart des „schwachen" Geschlechts und seiner ihm zugewiesenen sozialen Rolle sind aus **feministischer Perspektive** nicht nur unzureichend, sondern verfremdend. Der Erklärungsrahmen der *malestream criminology*, die durch die herrschenden männlichen Lebenserfahrungen und Wertmaßstäbe geprägt sei, behandele das Weibliche und seine gesellschaftliche Stellung als eine entpolitisierte, gleichsam naturgesetzlich vorfindbare Gegebenheit und konserviere so das Klischee der Schwäche der Frau.[141] Damit würden die gesellschaftlichen Strukturen reproduziert, die Frauen eine untergeordnete Rolle zuweisen und ihnen vorzugsweise „weiche" Kontrollmechanismen der Selbstdisziplinierung bis hin zur Flucht in psychiatrische Auffälligkeiten oktroyieren.

> „Dieses Problem betrifft auch die Untersuchungen über ‚Frauenkriminalität', in denen versucht wird, eine spezifisch weibliche Erfahrung nachzuzeichnen und eine weibliche Lebenswelt in den Vordergrund zu stellen. Die Folge davon ist ein geschlechtlicher Essentialismus, der letztendlich zu einer erneuten Konstitution und Festlegung des Weiblichen führt."[142]

Indem Geschlechterdifferenzen nicht als solche analysiert und kenntlich gemacht würden, werde durch geschlechtsneutrale Verallgemeinerung das asymmetrische Verhältnis der Geschlechter verschleiert und die Dominanz der Männerwelt bestätigt.

139 *Feest* 1993, 142 f.; ausführlich auch *Köhler* 2012, 45 ff.
140 So noch *Kaiser* 1986, 659 f.
141 S. *van Swaaningen* 1989, 165.
142 *Althoff/Leppelt* 1991, 104.

Das Thema „Frauenkriminalität" ist vor diesem Hintergrund kein spezielles Segment der Gesamtkriminalität (→ § 2 Rn 23, „besondere Kriminalitätserscheinung"), sondern ein Studienfeld, welches sich aus der Perspektive der kriminologischen **Geschlechterrollenforschung** ergibt. Diese Perspektive bildet die Basis für Erklärungen sowohl des Zustandekommens und der Verläufe von geschlechterrollenbestimmter Kriminalisierung wie des Auftretens sekundärer Devianz durch Übernahme des sozialen Geschlechterrollenbildes. Das Geschlechterrollenthema ist damit, ähnlich wie dasjenige der sozialen Interaktion, sowohl zur Erklärung der Kriminalisierung wie der Kriminalität von Bedeutung. Feministische Kriminologie befasst sich im Zuge dessen etwa mit genderbezogenen Aspekten bei Migration und Menschenhandel[143], aber auch mit der frauendegradierenden Konstruktion juristischer Kategorien wie Abtreibung, Pornographie, Prostitution, Vergewaltigung und Gewalt gegen Frauen[144], mit patriarchalen Strukturen im Kriminaljustizsystem[145] und der alternativen Bewältigung von Kriminalitätskonflikten etwa in Frauenhäusern und Selbsthilfegruppen[146]. Aber auch kriminelles Verhalten von Männern ist Gegenstand dieses Forschungsfeldes[147], wird es doch beeinflusst von ihrer gesellschaftlichen Position, den Ressourcen, auf die sie zurückgreifen können und den gesellschaftlichen Rollenerwartungen an Maskulinität[148]. Diese Forschung bezieht sich etwa auf das in sozialen Interaktionen erzeugte Männlichkeitsbild und seine Übernahme ins Selbstbild junger Männer. Die wissenschaftliche Reinterpretation des Männlichkeitsverständnisses ist ein Anwendungsfeld des interpretativen Paradigmas (→ § 13 Rn 1 ff.) und ein exemplarisches Beispiel für die verstehende Sozialforschung (→ § 2 Rn 11 ff.). 43

Neben sozialer Abweichung sind die strukturellen Bedingungen der sehr hohen **weiblichen Konformität** für die Genderforschung von Interesse.[149] Die Vermutung liegt nahe, dass diese Bedingungen für Konformität und Abweichung ähnlich, ja partiell identisch sind. Der Vergleich in der feministischen Literatur zwischen Ehe, Haushalt und Frauengefängnis verweist in plakativer Übertreibung auf den Befund, dass Häuslichkeit und soziale Kontrolle von Männern und Frauen typischerweise verschieden wahrgenommen werden: Während für Männer die soziale Kontrolle außerhalb des den privaten Freiraum verkör- 44

143 *Burman/Gelsthorpe* 2017, 226 ff.
144 *Pitch* 1985; *Tong* 1984.
145 Nachweise bei *Morris/Gelsthorpe* 1991, 7.
146 *Davidson* 1986.
147 *Heidensohn/Silvestri* 2012, 348 ff.; *Snipes/Bernard/Gerould* 2019, 326 ff.
148 *Messerschmidt* 1997.
149 *Heidensohn/Silvestri* 2012, 337 ff.

pernden Häuslichen stattfinde, sei für Frauen der Haushalt ein Ort beständiger Verpflichtungen, deren Missachtung zu Selbstbestrafungen mit Neurosen und Depressionen und zu informellen oder formellen Reaktionen führe.[150] Zusätzlich zu den Erwartungen und Kontrollen, denen Frauen im „privatisierten" Bereich des Haushalts unterliegen, ist der Bereich des Öffentlichen für Frauen weniger „offen" als für Männer. Das Eintrittsgeld für die Berufstätigkeit von Frauen besteht üblicherweise in der Doppelbelastung mit Haushalt und Beruf. Weibliche Arbeit ist schlechter bezahlt und die Kontrolle des öffentlichen Auftretens ist bei Frauen rigider als bei Männern. Befürchtungen, durch „provokantes" Auftreten zu Belästigungen Anlass zu geben, den „guten Ruf" zu gefährden oder einfach „aus der Rolle zu fallen", bewirken für Frauen einen besonderen Konformitätsdruck.

45 **Kriminalpolitisch** hielt der Feminismus lange Zeit Distanz zum Strafrecht, dessen Disziplinierungstechniken einer „männlichen Logik" zugerechnet werden und dessen Täter-Tat-Orientierung den strukturellen Bedingungen weiblicher Unterdrückung und den konkreten Opferinteressen nur begrenzt Rechnung tragen könne. Damit verbunden ist die Einschätzung, dass das Strafrecht – welches formale Gleichbehandlung und die Wiederherstellung des Rechtsfriedens verheiße – in seinen verallgemeinernden Verklausulierungen jene öffentliche Moral zementiere, die die gesellschaftliche Unterordnung der Frau festschreibe. Stattdessen wurde und wird auf Maßnahmen konkreter Opferhilfe und auf alternative, die Verletzbarkeit und das Verletzlichkeitsgefühl durch Selbsthilfe abbauende Präventionsmaßnahmen gesetzt.[151] Seit einiger Zeit wird das Strafrecht von Teilen des Feminismus aber durchaus auch als ein Instrument angesehen, das zum Schutz von Frauen insbesondere vor männlicher Gewalt und Unterdrückung dienen könne. Aus dieser Perspektive werden daher entsprechende inhaltliche Änderungen des als männlich geprägt verstandenen Strafrechts forciert, vor allem in Form von Ausweitungen und Strafschärfungen im Sexualstrafrecht.

46 Schon früh haben feministische Forschende darauf hingewiesen, dass neben dem (sozialen) Geschlecht auch andere Identitätsmerkmale für die Analyse von Kriminalität und Kriminalisierung eine Rolle spielen. Insbesondere haben Wissenschaftler:innen *of color* herausgearbeitet, dass nicht alle Frauen die gleichen (Diskriminierungs-)Erfahrungen machen und dass diese neben dem Geschlecht

150 *Heidensohn* 1996, 176 ff.
151 *van Swaaningen* 1989, 170 f., 175 ff.

auch durch Kategorien wie *race* oder Klasse beeinflusst werden.[152] Diese Verwobenheit verschiedener Identitätsmerkmale und ihr Zusammenspiel in Diskriminierungen wird als **Intersektionalität** bezeichnet.[153] So zeigt sich etwa beim Thema Anzeigeerstattung auf der Ebene der Gesamtbevölkerung eine überwiegende Zufriedenheit mit der Arbeit der Polizei.[154] Verborgen bleibt bei einer solchen Betrachtung, dass marginalisierte Gruppen im Kontakt mit der Polizei andere Erfahrungen machen. Mitunter erleben sie bei Sicherheitsbehörden, bei denen sie Schutz suchen, sogar erneut Gewalt und Kriminalisierung.[155] Internationale Arbeiten konnten Unterschiede in der Behandlung weißer und schwarzer Frauen in Festnahmesituationen[156] oder die höhere Wahrscheinlichkeit von jungen Männern *of color* zeigen, Opfer von *racial profiling* zu werden.[157]

Intersektionale Perspektiven lassen sich somit auch in der Kriminologie gewinnbringend nutzen, um einen essenzialisierenden Blick auf „die Frauen“ zu vermeiden und **Erfahrungen von marginalisierten Gruppen** zu verstehen und sichtbar zu machen.[158] Auch wenn diese Ansätze für sich genommen keinen hinreichenden Erklärungsansatz für kriminelles Verhalten bilden mögen, können sie doch das Verständnis von Kriminalität und Kriminalisierung entscheidend voranbringen. Zum einen erweitern sie das ätiologische Verständnis außerhalb der Gruppe weißer Jugendlicher und Männer. Zum anderen kann eine solche Perspektive im Bereich der Kriminalisierung helfen, Interaktionsgeschehen zwischen Bürger:innen untereinander wie auch zwischen Bürger:innen und Sicherheitsbehörden besser zu verstehen. 47

VI. Urbane Strukturen und soziale Desorganisation

Lektüreempfehlung: *Belina, Bernd* (2009): Broken Windows Redux: Stimmt‘s also doch? KrimJ 41, 58-62; *Wilson, James Q.*; *Kelling, George* (1996): Polizei und Nachbarschaftssicherheit: Zerbrochene Fenster. KrimJ 28, 121-137; *Young, Jock* (1999): The Exclusive Society. London/Thousand Oaks/New Delhi, 121-147.

Die Theoretiker:innen der sogenannten Chicagoer-Schule der 1920er Jahre nahmen nicht die Sozialstruktur der gesamten Gesellschaft in den Blick, son- 48

152 *Carrington* 2018, 116; *Ehrmann/Thompson* 2019, 173 ff.; *Potter* 2015, 40 ff.
153 *Crenshaw* 1989; *Crenshaw* 1991.
154 Zweiter Periodischer Sicherheitsbericht 2006, 56 f.
155 *Ehrmann/Thompson* 2019, 174 f.; s. zur intersektionalen Perspektive auf Strafe *Stubbs* 2020, 307 ff.
156 *Visher* 1983.
157 Kollaborative Forschungsgruppe Racial Profiling in der Schweiz 2019, 72 f.
158 *Potter* 2015, 3, 149 ff.

dern setzten bei der Beobachtung an, dass sich innerhalb derselben Stadt Gebiete mit unterschiedlich hoher Kriminalitätsbelastung ausmachen lassen.[159]

49 Die **Theorie der sozialen Desorganisation** geht maßgeblich auf Untersuchungen von *Clifford Shaw* (1895-1957) und *Henry McKay* (1899-1980) zurück, wonach die Wohnsitze jugendlicher Delinquent:innen in bestimmten Vierteln (*delinquency areas*) konzentriert waren, die sich durch ethnische Heterogenität, geringen sozial-ökonomischen Status, schwache Infrastruktur und eine hohe Bevölkerungsfluktuation auszeichneten.[160] Da die Kriminalitätsbelastung der Gebiete trotz des häufigen Wechsels der Wohnbevölkerung konstant blieb, sahen die Anhänger:innen dieses als ökologisch bezeichneten Ansatzes die Ursache der Kriminalität in den jeweiligen Stadtteilen. Konventionelle Institutionen sozialer Kontrolle (wie Familie, Schule und Kirchen) seien dort zu schwach, um einheitliche Werte durchzusetzen, während sich unter Jugendlichen alternative „kriminelle Traditionen“ bildeten und an die nächste Generation weitergegeben würden. Dieser durch den ständigen Wechsel der Bevölkerung begünstigte Zustand sozialer Desorganisation führe so zu einer hohen Kriminalitätsbelastung, wobei vor allem ökonomisch schwache Bevölkerungsgruppen (wie etwa neue Einwanderer:innen) in diese Viertel gedrängt würden.

50 Der Ansatz erteilte damit solchen Erklärungsversuchen eine Absage, die bestimmte ethnische Gruppen oder Personen mit Zuwanderungsgeschichte als besonders kriminalitätsaffin ausmachen wollten. Zugleich wendete er sich gegen eine eindimensionale Verknüpfung von Armut und Kriminalität. Die Theorie vermag jedoch nur die geografischen Unterschiede in der Kriminalitätsbelastung zu erklären. Kriminalität in sozial-ökonomisch starken Gegenden und das dennoch großteils konforme Verhalten auch in den *delinquency areas* behandelt sie nicht. Die fehlende Differenzierung zwischen Kriminalitätsregistrierung und tatsächlicher Kriminalitätsbelastung (→ § 15) fällt nicht allzu schwer ins Gewicht, da sich in Dunkelfeldstudien ähnliche Beobachtungen machen ließen.[161]

51 Eine ökologische Perspektive nimmt auch die **Broken Windows-These** ein, die im ausgehenden zwanzigsten Jahrhundert entstanden ist. *James Wilson* (1931-2012) und *George Kelling* (1935-2019) postulieren dabei einen Kreislauf abweichenden Verhaltens, der mit Kennzeichen der Unordnung in einer Gegend

159 *Snipes/Bernard/Gerould* 2019, 179 ff.

160 *Shaw/McKay* 1942.

161 *Sampson/Groves* 1989.

beginne, wie z. B. zerbrochenen Fensterscheiben oder Graffiti.[162] Derart verwahrloste Grundstücke würden eine niedrige soziale Kontrolle signalisieren und die Hemmschwelle für Vandalismus senken. Mit zunehmender Verwahrlosung des Straßenbildes nehme niedrigschwelliges abweichendes Verhalten zu. Dieses steigere sich zwar nicht notwendigerweise zu schwerer Kriminalität, führe aber zu erhöhter Kriminalitätsfurcht der konformen Anwohner:innen, die sich zurückziehen und damit tatsächlich die soziale Kontrolle schwächen würden. Dies locke Kriminelle an, deren Straftaten den Kreislauf des *urban decay* weiter verstärkten. Die Vertreter:innen dieses Ansatzes zogen daraus den Schluss, dass soziale Kontrolle bereits möglichst früh in dem Kreislauf ansetzen müsse, idealerweise bei den als Ausgangspunkt angesehenen Ordnungsstörungen. Nötig sei eine starke Polizeipräsenz und frühes Einschreiten bei abweichendem Verhalten in der Öffentlichkeit; das Dulden solcher Verhaltensweisen auch in Einzelfällen befördere den Kreislauf.[163]

Die *Broken Windows*-Theorie lieferte damit die Grundlage für polizeiliche **Null-Toleranz-Strategien**, die ein vehementes Vorgehen gegen Graffiti, Betteln, Drogenkonsum oder Trunkenheit vorsehen (→ § 22 Rn 53 ff.), wie in den 1990er Jahren in New York.[164] Die Wirksamkeit solcher Maßnahmen ist bis heute stark umstritten, da sich auch bei einem etwaigen Rückgang der Kriminalität der Einfluss der Null-Toleranz-Strategie nicht ausreichend von anderen Faktoren wie Verdrängungseffekten und der ökonomischen Lage isolieren lässt.[165] Grundlegende Bedenken bestehen auch wegen der massiven Grundrechtsbeeinträchtigungen durch diese extrem eingriffsintensive Strategie. Zudem hat sich gezeigt, dass dort, wo die Strategie eingesetzt wurde, polizeiliches Fehlverhalten massiv zugenommen hat. So haben etwa in den USA die Städte mit den zehn größten Polizeibehörden allein zwischen 2010 und 2015 über eine Milliarde Dollar an Schadensersatz für rechtswidriges Polizeiverhalten ausgezahlt.[166] 52

Als Ansatz zur Erklärung abweichenden Verhaltens und seiner Entstehung ist *Broken Windows* kaum tauglich. Der Ansatz beantwortet weder die Frage, warum manche Menschen in entsprechenden Situationen Straftaten begehen, 53

162 *Wilson/Kelling* 1996 (1982).

163 Der wichtigste Einflussfaktor für regelkonformes Verhalten scheint jedoch nicht das Eingreifen der Strafverfolgungsbehörden zu sein, sondern Anzeichen dafür, dass andere Personen den normativen Appell von Regeln respektieren, vgl. *Keizer/Lindenberg/Steg* 2013.

164 *Meier* 2021, § 3 Rn. 54.

165 *Schwind* 2016, § 15 Rn. 37 f.

166 Wall Street Journal vom 15. Juli 2015 (http://www.wsj.com/articles/cost-of-police-misconduct-cases-soars-in-big-u-s-cities-1437013834).

andere aber nicht, noch kann er hinreichend erklären, unter welchen Umständen *urban decay* einsetzt. Neuere Untersuchungen zeigen, dass die diesbezüglichen Zusammenhänge wesentlich komplexer sind. Statt Unordnung kommt danach vor allem der Sozialstruktur und ethnischer Diversität Bedeutung zu; zugleich hängt die Wahrnehmung und Auswirkung solcher sozialräumlichen Merkmale von weiteren Faktoren wie individuellen Einstellungen ab.[167] Es handelt sich daher vor allem um ein kriminalpolitisches Programm, das ein sehr frühzeitiges und extrem eingriffsintensives Vorgehen fordert.

§ 10 Sozialisation im sozialen Nahbereich

1 Sozialisation meint den Prozess, durch den das Individuum die Kenntnisse, Fertigkeiten und Orientierungen erwirbt, die es zum Zusammenleben in Gruppen und in der Gesellschaft befähigen. Im Unterschied zu Persönlichkeitstheorien thematisieren Sozialisationstheorien die Schnittstelle zwischen Individuum und Gesellschaft, jenen Zwischenbereich also, in dem sich die lebensgeschichtliche Entwicklung des Menschen zu einem **sozialen Wesen** vollzieht. Die Mechanismen, die das Individuum zu einem sozialen Wesen werden lassen, sind vielgestaltig und miteinander verzahnt. So ist mit einem Zusammenspiel angeborener Dispositionen und sozialer Einflüsse unterschiedlicher Art und Ausprägung zu rechnen. Demgemäß bezieht die Sozialisationstheorie Anleihen von verschiedensten Wissenschaften.

2 Während der psychoanalytische Zugang zur Sozialisation bei der frühkindlichen Entwicklung ansetzt (→ § 8 Rn 10 f.), beleuchtet die Psychologie – etwa die Entwicklungs- und die Verhaltenspsychologie – kognitive Einflüsse innerhalb der Eltern-Kind- oder der Lehrer:innen-Schüler:innen-Beziehung. In deutlicher Abgrenzung zur Psychoanalyse wird hier eine erfahrungswissenschaftliche Methodik verwandt, mit welcher der Anspruch erhoben wird, den Standards der exakten Wissenschaften zu genügen. Die Kulturanthropologie ihrerseits sucht – überwiegend durch das Studium archaischer Gesellschaften – den typischen Niederschlag einer jeweiligen Kultur in ihren Angehörigen zu erfassen.

167 *Oberwittler/Janssen/Gerstner* 2017.

Verschiedene soziologische Beiträge studieren gesellschaftliche Wirkungen auf den Sozialisationsprozess in komplexen Gegenwartsgesellschaften. Die Analyse solcher Wirkungen erfolgt vor allem anhand der Konstrukte *soziale Schicht* und *Bezugsgruppe*. Dem Schichtkonzept liegt die Annahme zugrunde, dass der hauptsächlich durch die berufliche Stellung geprägte Status des:der Haupternährenden einer Familie die Sozialisationserfahrungen der Kinder beeinflusse. Bezugsgruppen – wie Familie, Schule, Freund:innen, berufliche Umgebung – werden als Sozialisationsfelder verstanden, und die individuelle Lebensgeschichte als ein Prozess der Ablösung eines Sozialisationsfeldes durch ein anderes begriffen. Zur Erklärung der Dynamik der allmählichen Übernahme von Gefühlen, Werthaltungen und Verhaltensweisen werden in psychologischen wie in soziologischen Beiträgen lerntheoretische Annahmen verwandt. 3

Der Sozialisationsprozess ist damit ein Sammelbecken, in das höchst heterogene Einflüsse münden, und aus dem unterschiedliche Interpretationen der Kriminalitätsentstehung geschöpft werden können. Das **Lernparadigma** dient als gemeinsamer Rahmen, der zwanglos auf kriminelles Verhalten übertragen werden kann, indem Kriminalität als Ergebnis misslungener Sozialisation gedeutet wird: 4

> „Kriminelle haben durch einen misslungenen Sozialisationsprozess die sozialannehmbaren Verhaltensweisen nicht angemessen gelernt, oder sie haben sich kriminelles Verhalten in einem kriminellen Milieu angeeignet.“[168]

Dies ist in dieser Allgemeinheit so einleuchtend wie banal. Solange die entscheidende Frage, *wie* Kriminalität gelernt wird, unbeantwortet bleibt, ist die Annahme einer defekten Sozialisation nach allen Seiten offen: für Erklärungen aus frühkindlicher pathogener Rollenzuweisung[169], aus einem gestörten Elternhaus (*overprotective mother, broken home*[170]) oder aus Stimulierungen durch Gewaltdarstellungen in den Massenmedien[171]. 5

Bei aller Vagheit bringt das Sozialisationskonzept eine grundlegende und folgenreiche Neuerung in das Verständnis der Kriminalitätsentstehung ein. Kriminalität wird nicht mehr ausschließlich aus Eigenheiten des abweichenden Individuums erklärt, sondern aus einer **Wechselbeziehung** des Individuums mit seinem sozialen Umfeld. Täter:innen werden zugleich als Personen und als 6

168 *Schneider* 1987, 501.
169 *Richter* 1963.
170 *Glueck/Glueck* 1950.
171 *Schneider* 1987, 715 ff.

Interagierende mit den in ihrem Umfeld agierenden anderen Menschen zum integralen Forschungsthema gemacht. Die Betrachtung von Täter:innen in ihren sozialen Bezügen[172] als eine (auch) in der Forschungsperspektive unauflösliche Einheit verlangt einen Problemzugang, der den Facettenreichtum des so bestimmten Forschungsgegenstandes durch ein möglichst breit gefächertes Spektrum zunächst durchaus intuitiver Annahmen und Beobachtungen zu erfassen sucht.

I. Soziales Lernen

Lektüreempfehlung: *Bandura, Albert* (1976b): Verhaltenstheorie und die Modelle des Menschen. In: *Bandura, Albert* (Hrsg.): Lernen am Modell. Stuttgart, 205-229; *Roupetz, Sophie* (2018): Sozialisation und soziales Lernen. In: *Decker, Oliver* (Hrsg.): Sozialpsychologie und Sozialtheorie. Band 1. Wiesbaden, 155-171.

7 Die Theorie der klassischen **Konditionierung** wurde von *Iwan Petrowitsch Pawlow* (1849-1936) begründet und besagt, dass ein ehemals neutraler Reiz (z. B. Klingelton) durch gleichzeitige Darbietung eines erwünschten oder unerwünschten Reizes (z. B. Essensausgabe oder Schmerzzufügung) zu einem bedingten Reiz werden könne, der ein reflexhaftes (nicht dem Willen unterliegendes) Verhalten nach sich ziehe. Im Unterschied zur klassischen Konditionierung bezieht sich die Theorie der operanten oder instrumentellen Konditionierung auf willensgetragenes (nicht reflexhaftes) Verhalten. Hier wird Lernen verstanden als kognitiv geleistete Verknüpfung von belohnenden oder bestrafenden Konsequenzen auf ein bestimmtes Verhalten, wodurch Lernende zur Wiederholung bzw. Vermeidung des entsprechenden Verhaltens ermutigt werden. Beide lerntheoretischen Ansätze sind behavioristisch, weil sie sich auf beobachtbares Verhalten beziehen. Klassische und operante Konditionierung schließen sich nicht aus; sondern haben nur unterschiedliche Bezugspunkte.[173]

8 Diese Forschungsrichtung ist in Zweifel geraten, nicht nur, weil die Begriffe „Konditionierung" und „Behaviorismus" negative Vorstellungen wie speichelabsondernde Hunde und manipulative Praktiken assoziieren: Es ist unangemessen, den Menschen auf konditioniertes Erfahrungslernen zu reduzieren. Die Einsicht, dass Menschen nicht automatisch reflexhaft, sondern willensgetragen (kognitiv) und gefühlsgesteuert (emotional) reagieren, ist dahin zu ergänzen,

172 *Göppinger* 2008, § 2 Rn. 13 f.
173 Für einen Überblick zu beiden Ansätzen vgl. *Roupetz* 2018, 156 ff.

dass die Reaktionen nicht automatisch ausgelöst, sondern durch Verhaltenserwartungen aktiviert werden: ich verhalte mich – hoffentlich! – zumeist so, wie meine Umgebung es erwartet, enttäusche mitunter aber auch die Erwartungen, wenn ich meinerseits eine gewisse Toleranz der sozialen Umwelt für meine Erwartungsenttäuschung erwarte. Menschen sind nicht mechanische Puppen, die von Umweltkräften gelenkt werden.

Der Lernvorgang kann durch externe Einflüsse der Belohnung oder Bestrafung verstärkt werden. Jedoch ist die unmittelbare äußere Verstärkung nur eine – und nicht die wichtigste – Form der Verhaltenssteuerung. Für die neuere Sozialisationsforschung ist soziales Lernen vorwiegend ein **Lernen am Modell**.[174] Darunter sind wahrgenommene Belohnungen oder Bestrafungen anderer in vergleichbaren Situationen zu verstehen, welche die Beurteilung erlauben, ob eigenes Tätigwerden voraussichtlich gleichfalls auf soziale Zustimmung oder Missbilligung stoßen wird. Menschen stellen ihr (gegenwärtiges) Verhalten demnach über gedanklich vorweggenommene Konsequenzen, die sie selbst bewerten, ein.[175] 9

Menschen lernen nicht nur durch persönliche Erfahrung, sondern auch durch Beobachtung des Verhaltens Dritter, bei denen diese belohnt, nicht beachtet oder bestraft werden. Die Beobachtung führt dem Konzept zufolge nicht zur simplen Nachahmung, sondern bewirkt vielmehr, dass bestimmte Klassen situationsspezifischer Verhaltensweisen und ihre Konsequenzen kognitiv verknüpft und zu einer „antizipativen Verhaltenssteuerung"[176] modelliert werden. Über das Beobachtungslernen werden danach auch stellvertretende Verstärkungen ins Kalkül der Verhaltensplanung gezogen. Die Konsequenzen, die man selbst erfahren hat, werden gegen jene abgewogen, die anderen aus ähnlichen Verhältnissen erwuchsen. Eine Handlung, für die ich bestraft wurde, kann sich demzufolge gleichwohl als weiterhin erstrebenswert darstellen, wenn andere bei Begehung derselben Handlung unentdeckt blieben oder gar aus ihr Profit zogen. 10

Die Blickschärfung für Selbststeuerungsprozesse von Lernenden lässt nunmehr nicht bloß nach den Bedingungen eines möglichst reibungslosen Ein- und Anpassens, sondern auch nach der Entwicklung eines Widerstandspotenzials gegenüber sozialem Druck fragen. Von Interesse sind das Erlernen der Fähig- 11

174 *Abels* 2016.
175 *Newburn* 2017, 165 f.
176 *Hoffmann* 1993.

keit zu kritischer Distanz, zum Ausbalancieren von Fremdanforderungen und eigenen Vorstellungen, und die Möglichkeiten der Förderung dieses Vorganges. Darüber hinaus befolgen Menschen selbstgeschaffene Verhaltensstandards: sie tun Dinge, die ihnen Freude bereiten und meiden Tätigkeiten, die ihnen nicht genehm sind oder gar eine Selbstbestrafung auslösen.

> „Nach der Theorie des sozialen Lernens üben die Beobachter eine höchst aktive Funktion aus, indem sie die Modellierungsreize in leicht erinnerliche Schemata umformen, klassifizieren und organisieren. Sie sind beileibe nicht regungslose Kameras oder Tonbänder, die einfach isomorphe Repräsentationen der modellierten Ereignisse aufnehmen."[177]

12 In gewissem Kontrast zu diesem anspruchsvollen theoretischen Konzept des sozialen Lernens stehen die Möglichkeiten seiner **praktischen Umsetzung** und – erst recht – seiner Anwendung auf die Frage der Kriminalitätsentstehung und -verhinderung. Empirisch überprüfte Erfahrungen mit dem Erlernen von deviantem Verhalten nach dem Konzept des Lernens am Modell sind wenig vorhanden.[178] Überhaupt dürfte dieses Konzept eher als heuristische Anleitung weiterer Theorieentwicklung denn als experimentell überprüfbare Theorie zu verstehen sein.

II. Differentielle Assoziationen

Lektüreempfehlung: *Sutherland, Edwin H.* (1968): Die Theorie der differentiellen Kontakte. In: *Sack, Fritz; König, René* (Hrsg.): Kriminalsoziologie. Frankfurt a. M., 395-399.

13 Unsere bisherigen Erörterungen melden unausgesprochen den Bedarf nach einem explizit theoriegeleiteten und generellen, weder spezifisch auf Kriminalität noch auf besondere Bezugsgruppen beschränkten Sozialisationsmodell an, das die kommunikativen Momente sozialen Lernens berücksichtigt. Dem kommt die 1939 im Umkreis der Chicagoer soziologischen Schule (→ § 4 Rn 29) von *Sutherland* formulierte und mit seinem Schüler *Donald R. Cressey* (1919-1987) weiterentwickelte Theorie differentieller Assoziationen oder Kontakte[179] entgegen.

177 *Bandura* 1976a, 28.
178 *Lazarus/Folkman* 1984.
179 *Sutherland/Cressey/Luckenbill* 1992.

14 Danach wird Verhalten durch assoziative Verknüpfung in einem Kommunikationsprozess mit Personen erlernt, die solche Verhaltensmuster praktizieren.[180] Der Lernvorgang, der zu kriminellem Verhalten führt, unterscheide sich nicht, auch nicht hinsichtlich der damit verfolgten Motive und Bedürfnisse, von anderen sozialen Lernvorgängen: allein die Art der jeweils gepflegten Kontakte, ihre Häufigkeit, Dauer, Priorität und Intensität, bestimmten über die Inhalte des Lernens. Betont wird damit einerseits die Prozesshaftigkeit, andererseits die soziale Kontextabhängigkeit des Erwerbs kriminellen Verhaltens. Kriminalität wolle einerseits wie legale Berufe in einem langwierigen, oft mühsamen Prozess erlernt sein, wobei nicht nur die technischen *modi operandi*, sondern auch die notwendigen Attitüden und Rationalisierungen erworben werden müssten. Andererseits sei die Kommunikation in einer kriminellen Gruppenkultur notwendige Bedingung für kriminelles Verhalten. Niemand könne sich kriminell verhalten, ohne im Kontakt mit spezifischen Gruppen in solches Verhalten eingeführt worden zu sein. Die unterschiedlichen **(„differentiellen") Kontakte**, über die Menschen verfügen, erklären demnach die gesellschaftlich unterschiedliche Verteilung normkonformen und kriminellen Verhaltens.[181]

15 Die Theorie differentieller Assoziationen entspricht in hohem Maße der Selbsterfahrung kriminell Agierender, wie die von *Sutherland* herausgegebene und kommentierte Biografie eines professionellen Diebes belegt.[182] Freilich macht die Theorie keine Angaben darüber, wann der Einfluss eines kriminalitätsbegünstigenden Kontaktbereichs den eines kriminalitätshemmenden überwiegt. Die Theorie beansprucht, auch in späteren Präzisierungen[183], keine umfassende Kriminalitätserklärung. Sie erklärt nicht, warum Personen bestimmte Kontakte haben und Personen mit kriminellen Kontakten mitunter nicht kriminell werden, ist nicht auf sämtliche Kriminalitätsformen (etwa: Affekt- und Triebtaten) anwendbar, und vernachlässigt den differentiellen Einfluss von Identifikationen mit durch die Medien vermittelten Verhaltensmustern.

---

180 *Sutherland* 1968.
181 *Newburn* 2017, 205 f.; *Snipes/Bernard/Gerould* 2019, 213 f.
182 *Sutherland* 1937.
183 Etwa *Akers* 1985; *Opp* 1974, 156 ff.

III. Subkultur und Neutralisationstechniken

Lektüreempfehlung: *Blackman, Shane J.* (2014): Subculture Theory: An Historical and Contemporary Assessment of the Concept for Understanding Deviance. Deviant Behavior 35, 496-512; *Cohen, Albert K.; Short, James F. Jr.* (1968): Zur Erforschung delinquenter Subkulturen. In: *Sack, Fritz; König, René* (Hrsg.): Kriminalsoziologie. Frankfurt a. M., 372-394; *Sykes, Gresham M.; Matza, David* (1968): Techniken der Neutralisierung: Eine Theorie der Delinquenz. In: *Sack, Fritz; König, René* (Hrsg.): Kriminalsoziologie. Frankfurt a. M., 360-371.

16 Unter dem Einfluss praktischer Sozialarbeit mit jugendlichen Bandenmitgliedern im Chicago der Prohibitionszeit (→ § 4 Rn 29) entwickelt sich die **Subkulturtheorie.** Diese ist einerseits anschaulicher und praxisbezogener als die Theorie differentieller Assoziationen. Andererseits analysiert sie im Unterschied zu dieser kriminelles Verhalten nicht aus der Perspektive der handelnden Person, sondern des sozialen Subsystems, der diese Person zugehört: unter Ausblendung individueller Momente erklärt sie Kriminalität aus der sozialstrukturellen und kulturellen Differenzierung der Gesellschaft.[184]

17 Subkulturen sind nach *Albert K. Cohen* (1918-2014) kollektive Reaktionen auf Anpassungsprobleme, die aus gesellschaftlich ungleichen Lagen entstehen und für die eine bestehende Kultur keine zureichenden Lösungen zur Verfügung stellt.[185] Sofern die soziale Lage es nicht zulasse, den Standards der bestehenden Kultur zu entsprechen, entstehe eine Statusfrustration, die durch einen Zusammenschluss von Personen mit ähnlichen ungelösten Anpassungsproblemen kompensiert werden könne. Durch Interaktionsprozesse innerhalb der Gruppe bilden sich demnach allmählich homogene Werte und Normen, die vom gesellschaftlich anerkannten Wertesystem abweichen und die folglich bestimmte Arten abweichenden Verhaltens rechtfertigen.

18 So wird die Bildung krimineller Banden durch Unterschichtenjugendliche als Reaktion auf Versagens- und Frustrationserlebnisse in einer am Anspruchsniveau der Mittelschicht orientierten Gesellschaft erklärt. Einerseits suggeriere die Gesellschaft egalitäre Aufstiegschancen und definiere die Erfolgsziele gleich. Andererseits fehlten den Unterschichtenjugendlichen die materiellen und ideellen Voraussetzungen (Bildung, Geld, Ehrgeiz, Fähigkeit zum Gratifikationsaufschub), um diese Ziele zu erreichen. Der durch das objektive Versagen drohende Verlust der Selbstachtung sei ein kollektives Problem, das unter wech-

184 *Blackman* 2014.
185 *Lamnek* 2018, 157.

selseitiger Verständigung und Beeinflussung gemeinsam bewältigt werde. Die Lösung bestehe in der Bildung eines abweichenden Werte- und Verhaltenssystems, das dem herrschenden entgegengesetzt sei. Die Subkultur verleihe ihren Mitgliedern einen sonst nicht erreichbaren Status. Sie rechtfertige Aggressionen gegen jene, deretwegen die Selbstachtung ihrer Mitglieder leide. Sie entlaste von Schuld- und Angstgefühlen und verschaffe moralische Rückendeckung durch emphatische kollektive Billigung und Unterstützung.

> „Die Kultur der Bande, an der sich der Junge aus der Unterklasse beteiligt, hat erstens die Funktion, ein System von Statuskriterien zu schaffen, an denen sich der Junge erfolgreich messen kann. Ihre zweite Funktion ist, an den Normen Vergeltung zu üben, unter denen sein Ich zu leiden gehabt hat, indem diese Kultur der Bande ‚Tugend' und ‚Verdienst' in Kategorien definiert, die den üblichen Normen entgegengesetzt sind."[186]

Cohen unterscheidet verschiedene Prototypen delinquenter Subkulturen, zwischen denen Vermischungen und Übergänge möglich sind: Die *männliche Basis-Subkultur* kleiner Jugendcliquen aus der Unterschicht, deren nichtutilitaristischer, negativistischer, „bösartiger" Charakter sich etwa in scheinbar sinnloser Aggression und Vandalismus äußere; die *konfliktorientierte Subkultur* großer Banden mit komplexer Organisation, klar gegliederter Hierarchie und Rollenteilung; die *Subkultur der Rauschgiftsüchtigen*; die *Subkultur des halbprofessionellen Diebstahls*, in der sich Jugendliche von der Basis-Subkultur absetzen und sich mehr auf utilitaristische, geldbringende Delikte konzentrieren würden; die *delinquente Mittelklassen-Subkultur*, in der Identitätsprobleme in Macho-Manier durch ein planvolles Spielen mit der Gefahr und durch rücksichtsloses Ausleben von Erwachsenenrollen, die um Sex, Alkohol und Autos kreisten, bewältigt würden; schließlich verschiedene Arten *weiblicher delinquenter Subkulturen* im Umfeld von Sucht und Prostitution.[187] 19

Das Subkultur-Konzept geht auf die sozialstrukturelle Vorstellung zurück, menschliches Verhalten werde durch die wechselseitigen Erwartungen der Interaktionspartner:innen, die sich zu gemeinsamen Normen und Werten verfestigten, bestimmt. Wenn mithin kriminelles, also institutionalisierte Erwartungen verletzendes, Verhalten auftrete, dann müsse notwendig ein dem dominanten System entgegengesetztes **normatives System der Subkultur** existieren, das dieses kriminelle Verhalten steuere. Diese Vorstellung einer oppo- 20

186 *Cohen* 1961, 127.
187 *Cohen/Short* 1968, 378 ff.

sitionellen Entgegensetzung von dominanter Kultur und Subkultur und ihres deterministischen Einflusses auf das Verhalten ist anfechtbar.[188] Sie widerspricht der Erfahrung, dass bei der Mehrzahl delinquenter Jugendlicher die Bindung an die Werte und Normen der konformen Umwelt erhalten bleibt, etwa indem Delinquenz bei ihnen häufig Schuld- und Schamgefühle auslöst und sie feine Unterscheidungen treffen zwischen „ehrenwerten" und „jagdbaren" gesetzestreuen Personen oder zwischen angemessenem und unangemessenem deliktischen Verhalten („Kameraden bestiehlt man nicht"). Damit stellt sich die Frage,

> „[...] warum Delinquenz trotz einer größeren oder geringeren Anerkennung der Gepflogenheiten konformen Verhaltens vorkommt"[189].

21 Die Erklärung für das überraschende Auftreten von Delinquenz trotz mindestens teilweiser Anerkennung der herrschenden sozialen Ordnung wird durch *Sykes* und *Matza* mit dem Begriff der **Neutralisationstechniken** geliefert. Darunter verstehen sie fünf Rechtfertigungsstrategien für kriminelles Verhalten, durch die grundsätzlich anerkannte herrschende Wertvorstellungen zeitweise außer Kraft gesetzt werden könnten:

- Ablehnung der Verantwortung (*denial of responsibility*) im Sinne eines Billard-Ball-Selbstverständnisses, in dem Delinquent:innen sich hilflos in neue Situationen getrieben sehen,
- Verneinung des Schadens bzw. der Verletzung (*denial of injury*) durch bagatellisierendes Umdefinieren etwa von Autodiebstahl in „Borgen",
- Ablehnung des Opfers (*denial of the victim*) durch dessen Verwandlung in eine Person, die Unrecht geübt und Rache verdient hat,
- Verdammung der Verdammenden (*condemnation of the condemners*), indem Rechtstreue als Heuchler:innen, Lehrende als Sadist:innen und die Polizei als korrupt, dumm und brutal dargestellt werden,
- Berufung auf höhere Instanzen (*appeal to higher loyalties*) etwa beim Konflikt zwischen Ansprüchen der Freundschaft und solchen des Gesetzes, der gemäß den Wertvorstellungen der Delinquent:innen auf Kosten des Gesetzes gelöst werden muss.

22 Mit den Techniken der Neutralisierung wird das Subkultur-Konzept durch die zentrale Erkenntnis korrigiert, dass zwischen der Welt der Konformen und der-

188 *Pfeiffer/Scheerer* 1979, 42 f.
189 *Sykes/Matza* 1968, 364.

jenigen der Abweichenden keine rigide Trennung besteht.[190] Die Neutralisationstechniken machen plausibel, warum Angehörige einer delinquenten Subkultur bei der Beurteilung des offiziellen Wertesystems und des eigenen deliktischen Verhaltens **ambivalent** sind; warum sie zwischen Schuldgefühlen, Neutralisationstechniken und moralischem Auftanken im Kreise Gleichgestellter hin und her schwanken. Zudem wird einsichtig, dass die delinquente Subkultur keine Gegen-Welt, sondern eine Unter-Welt ist, in der herrschende und deviante Wertvorstellungen dialektisch aufeinandertreffen, und das allgemeine Wertesystem karikierend uminterpretiert wird. So ist *Al Capone* kein Gegenbild, sondern das Zerrbild eines erfolgreichen Selfmademan, der Ellbogen einzusetzen weiß, sich mit schönen Frauen umgibt und die Aura des Unbesiegbaren pflegt. Hooligans treiben die Attitüden von Fußballfans auf die Spitze. Rapper können als karikierende Verfremdungen von konformen Jugendgruppen verstanden werden.

Die **Grenzen** des Subkultur-Konzepts zeigen sich in seiner beschränkten Über- 23
tragbarkeit auf aktuelle Formen der – legalen wie illegalen – Alternativkultur.[191] In dem Maße, wie Alternativkulturen sich als grundlegend anders als die übrige Gesellschaft definieren und originäre Wertvorstellungen postulieren, sind sie – zumindest aus der Innensicht – originäre autonome Gebilde und keine Subsysteme.

IV. Ein multifaktorieller Ansatz: Täter:innen in ihren sozialen Bezügen

Täter:innen in ihren sozialen Bezügen sind ein bevorzugtes Erprobungsfeld 24
multifaktorieller Ansätze der Kriminalitätserklärung. Kein anderer kriminologischer Forschungsgegenstand weist eine vergleichbare Offenheit – in der Doppelbedeutung von Vagheit wie Aufgeschlossenheit – für heterogene Deutungen und neue Erkenntnisse auf. Eine Offenheit, die allein durch die täter:innenorientierte Perspektive Konturen und Grenzen erhält. Mehrfaktorenansätze verzichten auf angebliche theoretische Bevormundung. Aus der Einsicht, dass die Kriminalitätsentstehung komplexer ist als eine einzige Theorie darzustellen vermag, verstehen sie theoriegeleitetes Denken als einseitig voreingenommen,

190 *Pfeiffer/Scheerer* 1979, 43.
191 Vgl. aber *Pisoiu* 2015, wo die Wirkung illegitimer Gelegenheitsstrukturen für Jihadist:innen und Rechte bestätigt wird; ferner zu russischen Hacker:innen *Dremliuga* 2014.

und verpflichten sich auf das induktive Sammeln einer möglichst großen Vielfalt von „Fakten“, unabhängig davon, ob diese sich in einen theoretischen Rahmen einfügen.

25 Frühe multifaktorielle Kriminalitätserklärungen sind noch aus grobem Holz geschnitzt. Sie erheben nur äußere Umstände und verwenden teilweise Konditionierungsannahmen nach einem kruden Reiz-Reaktions-Schema. Auch beschränken sie sich auf **defekte Sozialisationsverläufe** im engen persönlichen Umfeld der Täter:innen, wobei die wechselseitigen Interaktionen im Wesentlichen verkürzt werden auf die einseitige Einwirkung des Umfelds auf die später kriminell werdende Person. Dieser einseitige Blickwinkel suggeriert fälschlich, dass es möglich sei, durch additives Summieren der Umwelteinflüsse ein vollständiges Gesamtbild der Faktoren der Kriminalitätsentstehung zu gewinnen.

26 Beispielhaft hierfür sind die breit angelegten Untersuchungen des amerikanischen Ehepaars *Glueck*[192] über Einflüsse der Familie (*broken home*) und des elterlichen Erziehungsstils auf späteres kriminelles Verhalten. Angenommen wird, dass die Wahrscheinlichkeit späteren Straffälligwerdens von der Zahl und dem Gewicht negativer erzieherischer Einflüsse abhänge. Die unterschiedliche Stärke der Einflüsse wird retrospektiv ermittelt, indem beispielsweise festgestellt wird, dass Rückfalltäter:innen x-mal häufiger als einmalig Verurteilte einer Familie ohne Zusammenhalt entstammen und dass sie y-mal häufiger als diese eine übermäßig strenge oder launenhafte Erziehung genossen. Daraus wird induktiv eine Prognosetafel erstellt, die die einzelnen kriminalitätsindizierenden Faktoren auflistet und ihr jeweiliges Gewicht zahlenmäßig ausdrückt. Anhand dieser Tafel soll eine statistische Wahrscheinlichkeitsaussage über das **individuelle Kriminalitätsrisiko** von Personen möglich werden, indem ermittelt wird, welche der in der Prognosetafel aufgeführten Umstände für die Testperson zutreffen, und die individuell vorhandenen „Schlechtpunkte“ gegen die „Gutpunkte“ aufgerechnet werden. Die Höhe der Punktesumme soll eine Aussage über den Grad der Wahrscheinlichkeit späteren Straffälligwerdens erlauben.[193]

27 Die Verlässlichkeit der statistischen Prognose bestätigt sich nur bei Anwendung auf Extremgruppen sehr hoch oder praktisch nicht risikobehafteter Personen – dort also, wo die Prognosebeurteilung trivial, weil nahezu tautologisch wird. Im Übrigen überschätzen statistische Beurteilungen das Kriminalitätsrisiko. Ihre

192 Unter anderem *Glueck/Glueck* 1950; *Glueck/Glueck* 1962; *Glueck/Glueck* 1972.
193 *Glueck/Glueck* 1972, 185 ff.

mangelnde Treffsicherheit erklärt sich aus der viel zu simplen Vorstellung, die Kriminalität werde von der starren Mechanik isolierter äußerlich wahrnehmbarer und einander ergänzender Faktoren ausgelöst. Diese für den pragmatischen Mehrfaktorenansatz typische Vorstellung[194] trägt Feedback-Effekten nicht Rechnung, weshalb durch ungünstige soziale Voraussagen und, mehr noch, durch Sanktionierungen die Wahrscheinlichkeit des Eintritts des vorausgesagten oder bereits einmal sanktionierten Ereignisses wächst. Die Vorstellung verkennt das Wechselspiel **interagierender Einflüsse**, wonach die Zerrüttung der Familie ebenso soziale Auffälligkeiten des Kindes auslösen kann wie umgekehrt bereits bestehende Auffälligkeiten des Kindes zur familiären Zerrüttung führen können, die dann diese Auffälligkeiten noch verstärkt.

Andere multifaktorielle Erklärungen individueller Kriminalitätsentstehung berücksichtigen – belehrt durch die Theorie sozialen Lernens (→ § 10 Rn 7 ff.) – die persönlichkeitsabhängige kognitive Verarbeitung sozialer Einflüsse und das Wechselspiel zwischen Fremdeinwirkung und Selbstbehauptungstendenzen. Sie sind von der Vorstellung geprägt, dass das Individuum von der Sozietät gestaltetes Objekt sei und zugleich gesellschaftliche Interaktion mitgestalte. Dies trägt der an sich profanen Einsicht Rechnung, dass Straftäter:innen immer auch von den gesellschaftlichen Bereichen geprägt sind, in denen sie sich bewegen, dieser Einfluss aber durch die Individualität der Persönlichkeit der jeweiligen Personen moderiert wird. 28

Die wechselseitige Verschränkung persönlichkeitsbezogener Prädispositionen, sozialer Prägungen durch bestimmte, im Lebenslängsschnitt allmählich wechselnde Bezugsgruppen, und die wiederum persönlichkeitsspezifisch unterschiedliche Verarbeitung sozialer Einflüsse wurde in der von *Hans Göppinger* (1919-1996) geleiteten **Tübinger Jungtäter-Vergleichsuntersuchung** studiert.[195] Die Frage, was Straftäter:innen von der sonstigen Bevölkerung unterscheidet, veranlasst *Göppinger* zum Vergleich von Persönlichkeit und Sozialbezügen junger Strafgefangener mit dem Querschnitt der entsprechenden Altersgruppe in der allgemeinen Population. Durch eine Kombination statistischer Auswertungen mit intensiven Einzelfallanalysen wird eine beeindruckende Fülle von Daten erhoben. Beiderlei Daten werden sodann durch kontrastierende Beschreibung schrittweise verdichtet und interpretierende „Erfahrungsregeln“ aufgestellt, die „kriminorelevante Konstellationen“ sowie charakteristische in- 29

194 *Kaiser* 1996, 965 f.
195 *Göppinger* 1983.

dividuelle Relevanzbezüge und Wertorientierungen beider Gruppen von Testpersonen idealtypisch sichtbar machen sollen.[196]

30 Die **idealtypisch-vergleichende** Beurteilung ist in ihrer Differenziertheit besser als bloße statistische Verfahren geeignet, kriminelle Gefährdungen zu diagnostizieren und die Chancen der Verhaltensbeeinflussung durch korrigierende Interventionen zu prognostizieren. Einwände gegen diese Beurteilung ergeben sich hinsichtlich ihrer methodischen Stringenz und ihrer Beschränkung auf Täter:innen im sozialen Umfeld.

31 Mit dem Bemühen, Sinnzusammenhänge „idealtypisch" zu erfassen, die den „charakteristischen Kern einer Erscheinung auf den Begriff bringen"[197], wird ein subjektiver Problemzugang gewählt, der sich mit dem damit verbundenen Vorverständnis nicht auseinandersetzt. „Evidenzerlebnisse", welche die Deutungen von Zusammenhängen bestimmen sollen, sind nicht verallgemeinerbar, die genauen Konstruktionskriterien der Idealtypen nicht expliziert, und damit die Auswertungen nicht nachprüfbar.[198] Indem die kriminelle Gefährdung nicht mehr wie in früheren multifaktoriellen Studien auf äußere Störungen des subjektiven Lebensraumes, sondern auf deren persönlichkeitsabhängige Bewältigung zurückgeführt wird, nähert sich *Göppingers* Ansatz persönlichkeitstheoretischen Erklärungen und setzt sich den gegen sie vorgebrachten Einwänden aus (→ § 8 Rn 25 ff.).

32 Gegen multifaktorielle Täter:innenstudien ist generell einzuwenden, dass die Zurückführung der Kriminalität auf negative Einflüsse des engen persönlichen Umfelds **Scheinzusammenhänge** suggerieren kann, indem aus dem Blickfeld gerät, dass das kriminalitätsbedingende persönliche Umfeld seinerseits durch übergreifende gesellschaftliche Umstände bedingt ist (→ § 9 Rn 1), die das Auftreten kriminellen Verhaltens erklären. So verstellt der vom Ehepaar *Glueck* festgestellte kriminalitätsfördernde Einfluss einer von Fürsorgeeinrichtungen abhängigen Familie die viel schlichtere Feststellung, dass nicht die Familie, sondern die Armut als sogenannte intervenierende Variable (→ § 6 Rn 14) kriminalitätsfördernd wirkt. Womöglich besteht zwischen Kriminalität und falschem Erziehungsverhalten nur deshalb ein (scheinbarer) Zusammenhang, weil das Erziehungsverhalten seinerseits durch einen allgemeinen Lebensstil geprägt ist,

196 *Göppinger* 1985.
197 *Göppinger* 1983, 183.
198 Allgemein zur Typenbildung *Kuchartz* 2020, 809.

der sich durch Auflösung persönlicher Bindung und Zuwendung auszeichnet. Bezugsgruppen wie die Familie sind als gesellschaftlich ausdifferenzierte Untergemeinschaften analog zur jeweiligen gesellschaftlichen Struktur ausgebildet und reproduzieren deren Zusammenhänge – von der Arbeitsteilung über die Geschlechterrollenstereotypisierung bis hin zu abgeschirmten Fluchträumen für Privatheit und Gefühl. Um es mit *Durkheim* auszudrücken:

> „Wenn man zum Beispiel, wie es oft vorgekommen ist, in der Organisation der Familie den logisch notwendigen Ausdruck der menschlichen Gefühle sieht, die jedem Bewusstsein innewohnen, dann dreht man die wirkliche Reihenfolge um. Die soziale Organisation der Verwandtschaftsbeziehungen hat im Gegenteil die entsprechenden Gefühle der Eltern und der Kinder bestimmt. Sie wären ganz anders, wenn die soziale Struktur anders wäre."[199]

Die thematische Beschränkung auf bezugsgruppenspezifische Sozialisationsleistungen greift daher zu kurz. Sie verkennt im Übrigen, dass Bezugsgruppen nicht nur Sozialisations-, sondern auch Kontrollleistungen erbringen, indem sie begünstigen oder verhindern, dass abweichendes und kriminelles Verhalten außerhalb der Gruppe wahrgenommen wird und offizielle Reaktionen auslöst.[200] Kriminalitätserklärungen, die sich auf Sozialisationsleistungen des persönlichen Umfelds der Straftäter:innen beschränken, sind deshalb nicht gegen den Vorwurf gefeit, Oberflächenphänomene zu beschreiben, deren Erklärungskraft fragwürdig bleibt. 33

Als Kritik der multifaktoriellen Orientierung hat folgende – meist verkürzt zitierte – Textpassage Berühmtheit erlangt: 34

> „Ein Mehr-Faktoren-Ansatz ist keine Theorie; er ist der Verzicht auf die Suche nach einer Theorie. Er erklärt lediglich, dass dieses bestimmte Ereignis durch diese bestimmte Kombination konkreter Umstände, jenes bestimmte Ereignis durch eine andere Kombination von Umständen ‚verursacht' wird. [...] Sind diese ‚Ursachen' aber nicht abhängig vom subjektiven Willen oder von der ‚Intuition' des Beobachters? Wenn man es dabei bewenden lässt, gewiss! So beruht vermutlich in vielen Fällen die Behauptung, dass dieser Komplex von Umständen kausal mit jenem Ereignis verbunden sei, auf impliziten, unausgesprochenen, ‚vorbewussten' theoretischen Annahmen im Denken des Beobachters; dagegen liegt die Erklärung gerade darin, dass man diese theoretischen Voraussetzungen ausdrücklich bestimmt, indem man ihre Anwendbarkeit bei konkret oder ‚phänotypisch' verschiedenen ‚Einzelfällen' der allgemeinen Theorie aufzeigt und

199 *Durkheim* 1977, 391.
200 *Sack* 1993b.

nachweist, dass dieser spezifische Komplex von Umständen den von der Theorie geforderten Bedingungen entspricht."[201]

V. Entwicklungsbezogene Kriminologie (developmental criminology)

Lektüreempfehlung: *Healy, Deirdre* (2014): Becoming a Desister. Exploring the Role of Agency, Coping and Imagination in the Construction of a New Self. The British Journal of Criminology 54, 873-891; *Oberwittler, Dietrich* (2021): Jugend und Kriminalität. In: *Krüger, Heinz-Hermann; Grunert, Cathleen; Ludwig, Katja* (Hrsg.): Handbuch Kindheits- und Jugendforschung. Wiesbaden, 1-40; *Schumann, Karl F.* (2018): Jugenddelinquenz im Lebensverlauf. In: *Dollinger, Bernd; Schmidt-Semisch, Henning* (Hrsg.): Handbuch Jugendkriminalität. 3. Aufl., Wiesbaden, 261-279.

Nützliche Webseiten: http://www.uni-bielefeld.de/soz/krimstadt (Längsschnittuntersuchung Münster, Duisburg); https://www.mpicc.de/de/forschung/forschungsarbeit/kriminologie/kohortenstudie.html (Freiburger Kohortenstudie).

35 Dem wachsenden Einfluss der **Lebenslaufforschung** auf die Sozialwissenschaften entsprechend ist derzeit bei der Analyse des Zusammenhanges zwischen Lebensaltersverlauf und Kriminalität eine integrierende Neubestimmung des Verhältnisses persönlichkeits- und sozialisationstheoretischer Ansätze im Gange. Es wird angenommen, dass Faktoren der individuellen bio-psychischen Beschaffenheit und der sozialisierenden Umwelt zueinander in einer Wechselwirkung stehen, wobei deren Einfluss durch die Dynamik des Lebensverlaufs modelliert wird. In der Interaktion zwischen bio-psychischen Ausgangsbedingungen, Einflüssen der familiären Bindung und der schulischen Erziehung, der Freund:innen, strukturellen Hintergrundfaktoren und Kontrollvorgängen bilde sich altersentsprechend die Persönlichkeit, deren Entwicklung im Lebenslängsschnitt verfolgt werden könne. Statt nach stabilen Unterschieden zwischen Täter:innen und Nichttäter:innen zu suchen, wendet sich das Interesse den Kontextbedingungen zu, in welchen die verschiedenen Altersphasen desselben Individuums („Sturm und Drang"-Zeit der Jugend, stärkere Risikoscheu im Alter) die Attraktivität krimineller Betätigung beeinflussen. Dem widmet sich die entwicklungsbezogene Kriminologie[202] (*Developmental Criminology*), die auch als Lebensverlaufskriminologie (*Life Course Criminology*) vertreten wird.

201 *Cohen* 1968, 221.

202 Dazu *Jennings/Piquero* 2009; *Loeber* 1996; *Loeber/Le Blanc* 1990; *Moffitt* 1993; *Paternoster/Brame* 1997; *Patterson/Yoerger* 1993; *Patterson/DeBaryshe/Ramsey* 1989.

Diese entwicklungsbezogene Kriminologie sucht den Ausprägungen der Kontinuität und des Wandels im biografischen Alterungsprozess einer Person gleichermaßen Rechnung zu tragen. Sie unterscheidet innerhalb der Kriminalitätserscheinungen typologisch nach ihrer Altersentsprechung, zieht die Dynamik wechselnder Lebensumstände, Altersphasen und situativer Entwicklungsmöglichkeiten als erklärende Variablen in Betracht und bietet differenzierende Präventionsrezepte an (*different strokes for different folks*). Als Forschungsfelder werden bevorzugt die Wege zur strafrechtlichen Auffälligkeit im besonders aktiven Jugendalter und die weitere strafrechtlich relevante Entwicklung im Lebensverlauf gewählt.[203] 36

Als studierte Grundgesamtheit dient oft die Kohorte sämtlicher Personen eines bestimmten Geburtsjahrganges in einem bestimmten Raum, deren kriminelle Auffälligkeit im weiteren Lebensverlauf durch periodische Erfassung von polizeilichen Registrierungen, Strafregisterauszügen und (zunehmend) durch Selbstberichte sowie Interviews studiert wird. Solche Kohortenstudien sind aufwendig und langfristig angelegt. Während früher das Interesse eher einseitig den Bedingungen einer kriminellen Karriere galt, stehen heute die verschiedenen **Entwicklungspfade** (*trajectories*) in die Normalität bzw. in die strafrechtliche Normabweichung, die zu einer Verhaltensänderung führenden Wendepunkte (*turning points*)[204] und die vor krimineller Betätigung bewahrenden protektiven Faktoren im Zentrum des Interesses. 37

Nachdem das Ehepaar *Glueck* erstmals 1930 und dann 1950 begonnen hatte, eindrucksvolles Datenmaterial zu sammeln, das sich zumindest teilweise im entwicklungsbezogenen Sinne auswerten ließ (→ § 10 Rn 26),[205] erfolgte 1972 die erste *Philadelphia Birth Cohort Study*, die retrospektiv – also mit im Nachhinein festgelegter Stichprobe – angelegt war und sich auf bescheidene demografische Informationen und offizielle Datenquellen beschränkte.[206] Die zweite replizierende und methodisch aufwendigere *Philadelphia Birth Cohort Study 1990* umfasste mehr als 27.000 dort 1958 Geborene.[207] Das Datenmaterial der *Gluecks* weiter verfolgend, analysierten *Robert J. Sampson* und *John Laub* 1993 und 2003 in einer prospektiven Langzeitstudie die Entwicklung der Probanden 38

203 *Schumann* 2018; *Smith* 2007.
204 *Carlsson* 2012; *Healy* 2014; grundlegend *Sampson/Laub* 1993.
205 *Glueck/Glueck* 1930; *Glueck/Glueck* 1950.
206 *Wolfgang/Figlio/Sellin* 1972.
207 *Tracy/Wolfgang/Figlio* 1990.

bis zum 70. Lebensjahr.[208] Sie entwickelten aufgrund dessen die Theorie der altersabhängigen informellen sozialen Kontrolle (*Theory of Age-Graded Informal Social Control* → § 12 Rn 54), nach der das im Lebensverlauf angesammelte oder verlorene soziale Kapital durch die mit diesem verbundene informelle soziale Kontrolle für Auftreten oder Unterbleiben von Kriminalität maßgeblich ist. Weitere Beispiele sind die *Cambridge Study in Delinquent Development*[209], die seit 1961 die Lebensläufe von 411 Londoner Jungen verfolgt und deren Karrieren derzeit bis zum 56. Lebensjahr ausgewertet hat, und die 1972 begonnene *Dunedin Multidisciplinary Health and Development Study*[210], die seitdem eine Kohorte von rund 1.000 Männern und Frauen untersucht. Auch in Deutschland werden vergleichbare Kohortenstudien durchgeführt.[211]

39 **Wesentliche Befunde** besagen: Obwohl generell die Häufigkeit krimineller Betätigung im späten Kindes- bzw. Jugendalter ihren Höhepunkt findet und dann rasch zurückgeht, verläuft die Beziehung zwischen Kriminalität und Alter für verschiedene Individuen unterschiedlich.[212] Gruppierungen dieser Individuen zeigen klar unterscheidbare Entwicklungspfade in die und aus der Delinquenz, von denen die Entwicklung zu hochgradig rückfallgefährdeten Delinquent:innen („Intensivtäter:innen") und solchen, die nur in der Jugend auffällig sind, die größte Beachtung findet. Während etwa *Moffitt* hieraus eine vielbeachtete grundsätzlich zweigleisige Klassifizierung ableitet, der zufolge sich die nur vorübergehend Auffälligen einerseits und frühauffällige, lebenslang persistente Dauertäter:innen andererseits gegenüberstehen,[213] scheinen die tatsächlichen Verläufe komplexer.

40 Die große Mehrzahl der strafrechtlich Auffälligen tritt demnach nur im Jugendalter wegen eher unbedeutender Delikte und nicht häufig in Erscheinung. Die Mehrzahl der im Jugendalter verübten Delikte wird gemeinsam mit Gleichaltrigen begangen, während die mit 20 und mehr Jahren verübten Delikte zumeist alleine begangen werden. Die Zahl der „Intensivtäter:innen" ist sehr klein, jedoch sind diese für eine Vielzahl gerade auch schwerwiegender krimineller Handlungen verantwortlich.[214] Das Spektrum der von Vielfachauffälligen begangenen

208 *Sampson/Laub* 1993; vgl. auch *Laub/Sampson* 2006.

209 Grundlegend *Piquero/Farrington/Blumstein* 2007; aktuell etwa *Basto-Pereira/Farrington* 2019; *Farrington/Piquero/Jennings* 2013.

210 *Moffitt u. a.* 2001; neuere Übersicht bei *Poulton/Moffitt/Silva* 2015.

211 S. *Boers u. a.* 2014; *Grundies* 2013; Überblick bei *Boers* 2019.

212 *Snipes/Bernard/Gerould* 2019, 346 ff.

213 *Moffitt* 1993.

214 *Boers u. a.* 2014.

Delikte ist breit. Sie beginnen ihre Karriere oft in jungem Alter (*early starter*). Dazwischen bewegen sich jedoch auch diverse weniger eindeutige Verläufe.

Schaubild 2.3: Selbstberichtete Delinquenzpfade nach Boers u. a. 2010, 2014 41

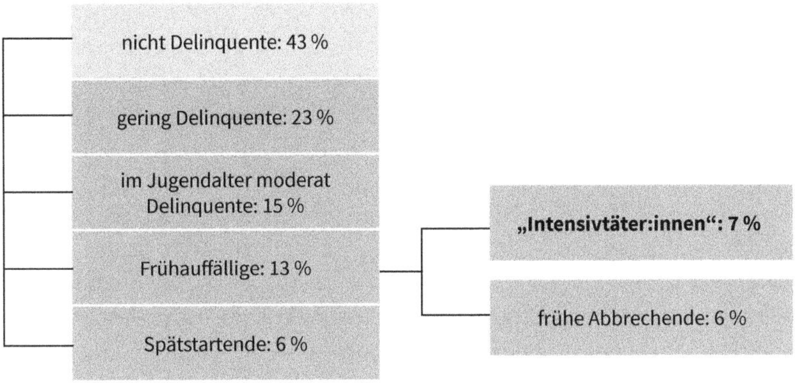

Quelle: *Boers u. a.* 2010; *Boers u. a.* 2014.

Gewisse in Kindheit und früher Jugend beobachtbare Auffälligkeiten der Persönlichkeit und des Verhaltens werden demzufolge in der Tradition multifaktorieller Ansätze (→ § 10 Rn 24 ff.) als **Risikofaktoren**, andere Merkmale als Schutzfaktoren hinsichtlich späterer dauerhafter Delinquenz bestimmt. Dabei ist jedoch zu berücksichtigen, dass eine statistische Korrelation noch keinen ursächlichen Zusammenhang belegt.[215] Angesichts der kleinen Anzahl der Intensivtäter:innen ist es zudem schwierig bis unmöglich, prospektiv eindeutig für dauerhafte Delinquenz Anfällige im Kindes- und frühen Jugendalter zu identifizieren. Und auch diese persistierenden Rechtsbrechenden werden mit zunehmendem Alter nicht mehr auffällig. Dies ist meist spätestens mit 40 Jahren der Fall, kann aber auch bereits im Jugendalter eintreten.[216] Eine verlässliche Prognose intensiver Delinquenzverläufe lässt sich letztlich auch mit der entwicklungsbezogenen Herangehensweise nicht aufstellen.[217] 42

Die Vorstellung von der Stabilität kriminellen Verhaltens im Lebenslängsschnitt entspricht dem verbreiteten Vorurteil, dass Übel gemeinhin von Dauer sei und 43

215 *Farrington/Loeber/Ttofi* 2012; *Glaubitz/Bliesener/Klatt* 2017; *Wikström* 2020, 190 f.; spezifisch zu Schutzfaktoren und Resilienz *Bliesener* 2018.

216 *Boers u. a.* 2014, 186 ff.; *Nagin/Trembla* 2005; *Sampson/Laub* 2003; *Widom u. a.* 2018.

217 *Boers* 2019.

sich dabei verschlimmere. Solche Stabilität zu erklären, ist relativ einfach: Biopsychische Veranlagungen zu Impulsivität und Aggressivität (→ § 8 Rn 4), der elterliche Erziehungsstil (→ § 10 Rn 26) und frühkindliche Schlüsselerlebnisse als Opfer häuslicher Gewalt prägen die Persönlichkeit dauerhaft. Förmliche Kontrollvorgänge begünstigen die Übernahme eines darin erzeugten kriminellen Selbstbildes (→ § 13 Rn 11 ff.), die Orientierung an delinquenten Normen und den Kontakt zu delinquenten Gleichaltrigen, während sie konforme Wege verschließen. Diesbezüglich bestätigen Untersuchungen, dass gerade frühe formelle Interventionen die Faktoren für eine kriminelle Entwicklung verstärken können.[218]

44 Schwieriger ist es, das **Abstandnehmen** von Kriminalität (*desistance from crime*) zu erklären, welches bei sämtlichen kriminellen Karrieren früher oder später stattfindet. Ein früher Karriereabbruch mag mit der Veränderung des Lebensstils beim Erwachsenwerden (weniger Freizeit, mehr Verpflichtungen) zusammenhängen.[219] Bei persistenten Karrieren sind Abbrüche mit den in Lebensgeschichten häufigen Wendepunkten, letztlich auch mit der geschwächten Leistungsfähigkeit im Alter, erklärbar. So kann ein dauerhaftes Arbeitsverhältnis oder eine feste Liebesbeziehung eine Verhaltensänderung veranlassen. Umgekehrt können Wendepunkte negative Entwicklungen einleiten. Die Entwicklungspfade führen zu mitunter unerwarteten Gewinnen oder Verlusten von sozialem Kapital, wodurch sich Probleme kumulativ anhäufen oder gleichsam von selbst lösen. Für den Karriereabbruch entscheidend kann auch ein nicht unmittelbar auf äußere Ereignisse zurückführbares soziales Engagement oder eine Neubestimmung des Selbstbildes (*remaking the self*) sein.[220] Möglicherweise interagieren äußere und innere Faktoren auch dahingehend, dass etwa veränderte externe Bedingungen den Anlass zu einem folgenreichen inneren Wandel bieten, oder umgekehrt aufgrund eines solchen Wandels ein Arbeitsverhältnis oder eine Beziehung eingegangen werden.[221] Eine neuere entwicklungsbezogene Variante der *Situational Action Theory* betont die Bedeutung des interaktiven Zusammenwirkens von Person und Umwelt, das sich im Altersverlauf ändern oder stabil bleiben könne (→ § 12 Rn 64 ff.).

---

218 *Huizinga u. a.* 2003; *Murray u. a.* 2014; *Schulte* 2019; *Wiley* 2015; Überblick bei *Boers* 2019, 30 ff.
219 Zu relevanten Faktoren im Jugendalter *Boers u. a.* 2014, 190 ff.
220 *Laub/Sampson* 2006.
221 Überblick hierzu bei *Boers/Herlth* 2016.

VI. Gemeinsame Probleme und Defizite

Die von Sozialisationstheorien gezogene Verbindung zwischen einer von den gesellschaftlich dominanten Normalitätserwartungen abweichenden Sozialisation und späterer Kriminalität ist, ungeachtet der Plausibilität ihres ersten Anscheins, fragwürdig. Unkonventionelle, von den Mehrheitsvorstellungen abweichende Lebensstile sind *en vogue*. Mangelnde Angepasstheit trägt oft das Gütesiegel der selbstbestimmten, alternativen Lebensform und ist keineswegs notwendig mit Kriminalität assoziiert. Der (vermeintliche) Zusammenhang mit Kriminalität stellt sich erst her, wenn die abweichende Sozialisation mit einer bewertenden Begrifflichkeit als „defizitär" gekennzeichnet wird. „Sozialisationsmängel" sind keine objektiv feststellbare Befindlichkeit, sondern eine bewertende Charakterisierung der Eigenart sozialer „Problemgruppen", aus denen sich die gewöhnliche Klientel der Strafjustiz speist. 45

Die Alltagswahrnehmung, dass die sich im Netz der Kriminaljustiz verfangenden Personen üblicherweise Sozialisationsmängel aufweisen, die umso auffälliger sind, je häufiger und intensiver der strafrechtliche Zugriff erfolgt, belegt den angenommenen Zusammenhang zwischen Sozialisationsmängeln und Kriminalität nicht. Der Zusammenhang zwischen wahrgenommenen Defiziten und strafrechtlichem Zugriff lässt nur darauf schließen, dass die mangelnde „Geregeltheit" der Lebensverhältnisse die Wahrnehmung und die Zuschreibung von Kriminalität bestimmt. Wenn sich bestätigt, dass die Wahrnehmung und die Zuschreibung von Kriminalität selektiv erfolgen, wobei sozial missbilligte Lebensstile ein maßgebendes Selektionskriterium abgeben, verlieren Sozialisationstheorien ihre Überzeugungskraft: Sie interpretieren dann das Zustandekommen von Kriminalität mit einem Kriterium, das in Wahrheit mit Kontrollverhalten im Zusammenhang steht. 46

Zudem ist fraglich, was **„defekte" Sozialisationsverläufe** als kriminologische Kategorie auszeichnet. Wenn der Defekt im Sinne schädlicher Neigungen zu kriminellem Verhalten (§ 17 Abs. 2 JGG) zu verstehen ist, schwindet die Eigenständigkeit seiner Bedeutung. „Defekte" Sozialisation ist dann keine Bedingung für Kriminalität, sondern ein Synonym für kriminelle Gefährdung im Sinne einer negativen Rückfallprognose, deren Voraussetzungen unbestimmt sind und deren Verwendung stigmatisierende Stereotypisierungen fördert. Versteht man „defekte" Sozialisation hingegen umfassender, so verliert sich ihr Zusam- 47 menhang mit Kriminalität; der Defekt verdünnt sich dann zu vagen antisozialen Tendenzen, die schlechthin jeder von uns aufweist.

48 Dennoch genießen sozialisationstheoretische Kriminalitätserklärungen verbreitete Anerkennung.[222] Dies nicht nur, weil sie mit nach eigenem Geschmack gewählten Zusatzannahmen nahezu beliebig anzureichern sind. Ihre Ansiedlung an der Schnittstelle zwischen Individuum und Gesellschaft verleiht ihnen Integrationskraft und macht sie ergänzungsfähig durch andere, etwa persönlichkeitsbezogene und sozialstrukturelle Erklärungen.

49 Vor allem ist das Sozialisationskonzept **kriminalpolitisch attraktiv**, weil es die Grundlage für Reformmaßnahmen bereitet, die sich an betreuender Fürsorge und resozialisierender Behandlung orientieren. Während biologische und persönlichkeitsbezogene Kriminalitätserklärungen kriminalpolitisch resignativ sind, weil sie sich auf zumeist unveränderbare Prädispositionen beziehen, geben Sozialisationsannahmen zukunftsgerichtet ein Programm zur Verhütung und Verhinderung von Kriminalität ab. Sozialisationsmängeln kann vorbeugend begegnet werden, vorhandene Defekte sind grundsätzlich durch Nacherziehung behebbar. Das Sozialisationskonzept paart die Zuversicht, der Kriminalität wirksam begegnen zu können, mit der menschenfreundlichen Vorstellung, dass Kriminelle nicht als unverbesserlich aufzugeben seien, und verknüpft diesen Optimismus im Grundsätzlichen mit konkreten, pragmatisch realisierbaren Vorschlägen zur Korrektur defekter Sozialisationsverläufe.

50 Die Gefahren sozialisierender Beeinflussung beruhen auf der Unbestimmtheit ihrer Voraussetzungen und der potenziellen Unbegrenztheit ihres Zugriffs. Eine als Wohltat verstandene sozialisierende Intervention erlegt sich keine Beschränkungen auf. Durch die Institutionalisierung der Sozialarbeit entsteht ein Beschäftigungsbedarf für diese professionellen Personen, die die Sozialisation unterstützen. Der Gefahr einer Vorverlagerung der sozialen Kontrolle unter dem Deckmantel der Betreuung ist zu begegnen, indem Sozialisationsbemühungen auf freiwillig in Anspruch zu nehmende Angebote der Hilfe zur Selbsthilfe beschränkt bleiben, die Unabhängigkeit der Sozialarbeit gewährleistet wird und ein Vorrang informeller vor institutioneller Betreuung gesichert ist (s. indes zur Prävention → § 22 Rn 10 ff.).

---

222 *Hassemer* 1990, 33; s. auch *Eifler/Leitgöb* 2018, 24 ff.

§ 11 Kontrolltheorien

Lektüreempfehlung: *Newburn, Tim* (2017): Criminology. 3. Aufl., Abingdon/New York, 246-261; *Otto, Hans-Jochen* (1982): Generalprävention und externe Verhaltenskontrolle. Freiburg, 49-72.

Der bisherige Theoriediskurs liefert mit einer ansprechenden konsequentualistischen Ästhetik Argumente dafür, weshalb Menschen kriminelle Handlungen begehen. Als Prognosebasis zur Vorhersage kriminellen Verhaltens taugen diese Argumente wenig (→ § 6 Rn 17). Sie überschätzen offensichtlich die Stringenz der Zusammenhänge ihrer Ausgangsannahmen mit Kriminalität und sagen infolgedessen zu viel Kriminalität voraus. Nur wenige Theorien – wie die um den Aspekt differentieller Gelegenheiten erweiterte Anomietheorie (→ § 9 Rn 24 ff.) – interessieren sich dafür, wie der Appetit nach unkonventioneller krimineller Bedürfnisbefriedigung innerhalb der breiten Mehrheit der Gesetzestreuen gezügelt wird. Nicht die Befriedigung des Appetits durch einige wenige, sondern die Zurückhaltung beim Ausleben krimineller Impulse auf Seiten der zahlenmäßig überlegenen grundsätzlich Normkonformen wird erklärungsbedürftig. Kontrolltheorien beziehen sich in diesem Sinne auf die interindividuell variierende **Wirksamkeit sozialer Kontrolle.** 1

> „The question: ‚Why do they do it?' is simply not the question the theory is designed to answer. The question is: ‚Why don't we do it?'"[223]

Der Perspektivenwechsel von der Erklärungsbedürftigkeit der Abweichung zur **Erklärungsbedürftigkeit der Konformität** ist für eine Kriminalitätstheorie durchaus revolutionär, insofern die Kriminalität demzufolge streng genommen keiner Erklärung mehr bedarf. Die Entstehungsgründe von Kriminalität werden nicht nur theoretisch uninteressant, es gibt sie in dieser Wahrnehmungsperspektive nicht mehr. Dies bedeutet nicht weniger, als dass nunmehr von einem deterministischen Kriminalitätsverständnis auf ein indeterministisches (→ § 6 Rn 5) gewechselt wird. 2

Sozial abweichendes und kriminelles Verhalten ist danach durch eine freie Entscheidung hierfür in Abwesenheit von individuell wirksamer Sozialkontrolle veranlasst, die als autonomer Akt der subjektiven Willkür nicht auf empirische Zusammenhänge zurückführbar ist. Damit wird eine Gegenposition zu sozialisationstheoretischen wie zu sozialstrukturellen Erklärungen bezogen: Wäh- 3

223 *Hirschi* 1969, 34.

rend sozialisationstheoretische Erklärungen Kriminalität positiv als Produkt eines misslungenen Lernprozesses bestimmen und nach den Gründen hierfür forschen (→ § 10 Rn 4), stellen Kontrolltheorien Kriminalität negativ aus dem Fehlen kontrollierender Einflussnahme dar, die dem Individuum die Freiheit zur Abweichung belässt. Weil diese Freiheit Konsequenz der postulierten Handlungsautonomie ist, stellt sich die Frage nach den Gründen für die Abweichung nicht.[224] Während sozialstrukturelle Erklärungen auf gesamtgesellschaftliche Zusammenhänge verweisen (→ § 9 Rn 1 f.), wird hier ein individueller Ansatzpunkt gewählt, der auf die autonome Entscheidungsmöglichkeit bei Fehlen von Kontrolle abstellt.

I. Bindungstheorien

Lektüreempfehlung: *Bernard, Thomas J.; Snipes, Jeffrey B.; Gerould, Alexander L.* (2019): Vold's Theoretical Criminology. 8. Aufl., New York/Oxford, 252-256.

4 Während ältere, als Halttheorien (*Containment Theories*) bezeichnete Kontrolltheorien – wie die von *Walter Reckless* (1899-1988) entwickelte, wonach abweichendes Verhalten auf einen Mangel an innerem Halt (Selbstwertgefühl) und äußerem Halt (soziales Umfeld) zurückzuführen sei[225] – sich mit der Ausarbeitung erklärender Modelle der Immunisierung vor krimineller Gefährdung begnügten, stellen die neueren Bindungstheorien (*Social Bond Theories*) Interaktionen in den Vordergrund, die nachhaltige **affektive Beziehungen** stiften. Die Assoziation der haltgebenden Geborgenheit einer festen Bindung mit einer ehelichen oder eheähnlichen Partner:innenschaft ist durchaus berechtigt, nehmen Bindungstheorien doch in der Tat konservative Wertvorstellungen einer stabilen emotionalen Verbundenheit zum Maßstab.

5 Die bekannteste Bindungstheorie wurde 1969 von *Travis Hirschi* (1935-2017) entwickelt.[226] *Hirschi* nimmt an, kriminelle Handlungen seien die Folge eines schwachen oder zerbrochenen Bandes des Individuums zur Gesellschaft. Normalerweise gebe die Gruppe, in die das Individuum integriert sei, diesem Halt. Nationen, Dörfer, Familienverbände und andere Gruppen besäßen die Fähigkeit, ihre Angehörigen in den Grenzen akzeptierter Normen und Erwartungen

224 *Otto* 1982, 51, 65.
225 *Reckless* 1973.
226 *Hirschi* 1969.

zu halten. Vier Elemente bestimmen demnach die soziale Einbindung, deren Intensität die Wahrscheinlichkeit krimineller Betätigung verringert:[227]

- Bindung an andere (*attachment*) im Sinne von emotionaler Bindung an konkrete Bezugspersonen und Sensitivität für deren Empfindungen.
- Verpflichtungsgefühl gegenüber dem bisher Erreichten (*commitment to achievement*) als Vorhandensein eines legalen Besitzstandes, der durch kriminelle Aktivität aufs Spiel gesetzt würde, und der bei der rationalen Entscheidung für kriminelles Verhalten als Kostenfaktor gegenüber dem möglichen kriminellen Nutzen abzuwägen ist.
- Einbindung in konventionelle Aktivitäten (*involvement in conventional activities*) in Schule, Wehrdienst und Beruf, die für „dumme" Gedanken – und erst recht Taten – keine Zeit und Gelegenheit bietet.
- Schließlich der Glaube an die Verbindlichkeit moralischer Wertvorstellungen (*belief in the moral validity of rules*) im Sinne von Billigung des konventionellen gesellschaftlichen Wertesystems.

Das Bindungskonzept ist allgemein genug, um eine Vielzahl persönlichkeits- und sozialisationstheoretischer Annahmen zu integrieren. Die graduierbare Ausprägungsstärke von Bindungen eignet sich zur empirischen Überprüfung. Die Integrationskraft und leichte Prüfbarkeit dieses Ansatzes verhalf ihm zu großer Beachtung und Akzeptanz.[228] Die kühne Anknüpfung an ein indeterministisches Handlungsverständnis und die Vereinbarkeit mit Überlegungen zu den problematischen Folgen des Bindungsverlustes in der spätmodernen globalisierten Gesellschaft machen Bindungstheorien zu Vorläuferinnen spätmoderner Theorien (→ § 12). Offen bleibt dabei, ob geschwächte Bindungen kriminelles Verhalten begünstigen, dieses Verhalten Bindungen schwächt oder eine sich verstärkende Wechselbeziehung anzunehmen ist. 6

Eine Spezifizierung hat die Theorie deshalb durch die **Wechselwirkungstheorie** von *Terence Thornberry* erfahren.[229] Danach wird abweichendes Verhalten nicht durch schwache Bindungen alleine ausgelöst. Neben die auf *Hirschi* aufbauenden, für die Bindung maßgeblichen Faktoren (*attachment to parents, commitment to school, belief in conventional values, commitment to conventional activities*) treten solche, die kriminelle Handlungsweisen eröffnen und verstärken: 7

227 *Hirschi* 1969, 18 ff.
228 *Niggli* 1992.
229 *Thornberry* 1987, 863 ff.

- *association with delinquent peers,*
- *adopting delinquent values,*
- *engaging in criminal behavior.*[230]

8 Die Faktoren beeinflussen sich dem Ansatz zufolge gegenseitig, zwischen ihnen besteht eine Wechselwirkung. Je schwächer etwa die Bindung an die Familie ist, umso höher sei die Wahrscheinlichkeit des Umgangs mit delinquenten Gleichaltrigen. Damit steige das Risiko kriminellen Verhaltens, welches wiederum den Glauben an konventionelle Werte schwäche.

9 Wegen seiner Allgemeinheit haftet dem Bindungskonzept eine gewisse Oberflächlichkeit an. Die angeblich schichtindifferente und kulturell unterschiedslose Anwendbarkeit macht es zu einem Allerweltsmodell. Zur Erfassung der intersubjektiven Bedeutung von Bindungen wären Differenzierungen unerlässlich. Auch bedürfte die Dynamik der Entstehung von und der Befreiung aus Bindungen einer Analyse. Bindungstheorien entwickeln keine Vorstellungen darüber, unter welchen Bedingungen welche Delikte von unkontrollierten Personen zu erwarten sind. Dem Bindungskonzept widersprechend bestätigen Befunde die um die Neutralisierungstechniken modifizierte Subkulturtheorie (→ § 10 Rn 28 ff.), wonach Kriminelle regelmäßig über durchaus beachtliche Bindungen zu konventionellen Normen verfügen. Gerade aus der Zugrundelegung dessen beziehen Neutralisierungstechniken ihre Erklärungsleistung.

II. Theorie der reintegrativen Beschämung

Lektüreempfehlung: *Braithwaite, John* (2000): Survey Article. Repentance Rituals and Restorative Justice. The Journal of Political Philosophy 8, 115-131; *Domenig, Claudio* (2008): Restorative Justice und integrative Symbolik. Bern/Stuttgart/Wien, 9-22, 247-353; *Newburn, Tim* (2017): Criminology. 3. Aufl., Abingdon/New York, 238-242.

10 *John Braithwaites* (*1951) Konzept der reintegrativen Beschämung[231] will das Ausbleiben krimineller Handlungen erklären und zugleich den Weg zu einer wirksamen Kriminalitätskontrolle weisen. Das Schämen als Beweggrund, ein erwogenes Verhalten zu unterlassen, war im viktorianischen England und ist in ostasiatischen Gesellschaften noch heute ein wichtiges Verhaltensregulativ. Scham bildet sich als Reaktion auf ein Verhalten, das den Konventionen wi-

230 *Thornberry* 1987, 867, 880.
231 *Braithwaite* 1989.

derspricht und als anormal und amoralisch empfunden wird; es ist damit eine Emotion, in der sich die institutionelle Ordnung widerspiegelt. Dem individuellen Schamgefühl entspricht auf gesellschaftlicher Ebene die **Missbilligung** der verübten Tat, die eine Beschämung der Täter:innen erreichen soll – sowohl offiziell durch das Strafrecht wie auch informell durch die Äußerung der Ablehnung des Handelns durch die Gesellschaft.

Bei uns wird Beschämen gewöhnlich mit einem autoritären Erziehungsstil assoziiert („Stelle dich in die Ecke und schäme dich!"). Dieses Beschämen grenzt aus und veranlasst die beschämte Person zur Selbstisolation und zur Flucht in die Depression. Die Vorstellung, Beschämen sei sozial desintegrativ und zerstöre das Selbstbewusstsein, mag hinter einem verbreiteten Unbehagen gegenüber dem strafrechtlichen Schuldvorwurf stehen, jedenfalls soweit mit diesem der moralische Vorwurf verbunden wird, der:die Täter:in hätte sich zur Tatzeit tatsächlich rechtstreu verhalten können. 11

Für *Braithwaite* ist eine Beschämung nicht stets stigmatisierend, sondern kann **sozial integrativ** sein.[232] Beschämung ist nach *Braithwaite* zur Kriminalitätsverhütung nützlich, falls sie mit Zeremonien der symbolischen Wiedereingliederung der Täter:innen verbunden ist, die am wirksamsten im unmittelbaren zwischenmenschlichen Kontakt erfolgen. Die Bevölkerung soll sich darum aktiv an der Kriminalitätsverarbeitung beteiligen, indem sie einerseits persönlich die Täter:innen beschämen und andererseits anschließend sich tätig um deren Wiedereingliederung bemühen. Die an das Beschämen anschließende Reintegration besteht danach typischerweise in der Geste des Vergebens. Das reintegrative Beschämen ähnelt somit der Konfliktbewältigung innerhalb urchristlicher Gemeinschaften. Damit enthält das Konzept der Schamerzeugung zugleich ein Rezept zur Senkung der Kriminalitätsraten: Jede:r ist herausgefordert, gleichsam moralisch Flagge zeigend sich zu den gesellschaftlichen Werten zu bekennen, der Toleranz gegenüber Abweichungen klare Grenzen zu setzen und sich aktiv an der Beschämung und anschließend an der Wiedereingliederung straffällig gewordener Personen zu beteiligen. 12

Beschämen durch förmliche Bestrafung wird von *Braithwaite* als präventiv wenig wirksam eingeschätzt, da die mit der Bestrafung verbundene Degradierungszeremonie die Gefahr kontraproduktiver Stigmatisierung schaffe. Stattdessen gilt Beschämen als eher reintegrativ und damit wirksam, wenn es im persönlichen 13

232 *Braithwaite* 2000.

Umfeld von Individuen praktiziert wird, welche die Tat scharf verurteilen, aber die Bande zu den Täter:innen im Sinne der christlichen Devise aufrechterhalten: „Hasse die Sünde, aber liebe den Sünder!" Dem reintegrativen Konzept entsprechend beschämen ferner Gesellschaften wirksamer, wenn sie **kommunitarisch** strukturiert sind.[233] Als kommunitarisch gelten Gesellschaften, in denen die Beziehungen zwischen Individuen durch gegenseitige Hilfe und Vertrauen geprägt sind und in denen die Loyalität zur Gruppe persönlichen Interessen vorgeht. Westliche Gesellschaften seien demgegenüber infolge von Urbanisierung und Mobilität zunehmend individualistisch konzipiert. Ihre an sich schlechten Voraussetzungen für eine erfolgreiche Kriminalitätskontrolle können demzufolge verbessert werden, indem sich alternative kommunitarische Lebensformen bilden, die auch für Personen in kriminellen Subkulturen realistische Reintegrationschancen bieten.

14 Die Annahme einer Überlegenheit der Beschämung gegenüber der Schuldzuweisung ist auch in der Psychiatrie verbreitet:

> „Shame […] involves more self-consciousness and more self-imaging than guilt. The experience of shame is directly about the self which is in the focus of evaluation. In guilt, the self is not the central object of negative evaluation, but rather the thing done or undone is the focus."[234]

15 Die Kriminalitätstheorie der reintegrativen Beschämung ist zum einen eine kontrolltheoretische Konzeption, welche die informelle Sozialkontrolle einer Beschämungskultur etwa Japans als kontrollierende Instanz benennt und die in westlichen Gesellschaften zumeist fehlende Bereitschaft, sich persönlich gegenüber Straftäter:innen zu engagieren, zur Erklärung der dort vergleichsweise höheren Kriminalitätsbelastung heranzieht. Vor allem ist die Theorie der reintegrativen Beschämung eine Anleitung zur Kriminalitätsverhütung durch praktiziertes reintegratives Beschämen, welche gesellschaftliche Konsequenzen durch Favorisierung kommunitarischer Lebensformen und Bürger:innenbeteiligung bei der Kriminalitätsbewältigung nahelegt.

16 Die Theorie hat nach eigener Einschätzung[235] ihren zentralen Erklärungswert bei Gewaltdelikten, deren Strafwürdigkeit einer klaren Mehrheitsmoral entspricht. Schwindet der soziale Konsens über die Strafwürdigkeit des Verhaltens

---

233 *Snipes/Bernard/Gerould* 2019, 372.
234 *Lewis* 1971, 30.
235 *Braithwaite* 1989, 13 f.

(wie bei einer mancherorts immer noch praktizierten Bestrafung der Homosexualität), so nimmt auch die Aussagekraft der Theorie ab. Das Konzept des Beschämens soll auch bei Wirtschafts- und speziell Unternehmenskriminalität Wirksamkeit beanspruchen: Da der Geschäftserfolg von einem untadeligen Ruf abhängt, ist die öffentliche Beschämung hier eine scharfe Waffe.

Im Gegensatz zu anderen Theorien, die Kriminalitätsverhütung entweder als eine Angelegenheit für Fachleute erscheinen lassen und damit die Kriminalität als gesellschaftliches Problem entsorgen oder die in liberaler Permissivität Zusehen und Nichtstun nahelegen, betont *Braithwaites* Ansatz die originäre **Verantwortung** der einzelnen Gesellschaftsmitglieder für den Umgang mit Kriminalität, eine Verantwortung, die an Professionelle nur begrenzt delegierbar ist. In gleicher Weise, wie wir den persönlichen Umgang mit Todkranken verlernt haben, indem wir sie in anonyme Hände in Sterbekliniken abgeben, haben wir den Umgang mit Täter:innen verlernt, indem wir Kriminalität als eine Sache der Polizei, der Gerichte und des Strafvollzugs betrachten. Die Wiedererlernung des Umgangs mit solchen Menschen wäre in beiden Fällen wichtig: für sie wie für alle anderen, die doch mit ihnen eine Gemeinschaft bilden, deren Bande stets aufs Neue geknüpft werden müssen. 17

Braithwaites Konzept stützt und legitimiert Strategien der informellen **alternativen Konfliktbewältigung** bei der Kriminalitätsbearbeitung im Dunkelfeld (→ § 17) und durch verschiedene Diversionsmaßnahmen (→ § 19 Rn 33 ff.; § 20 Rn 12 ff.). Die Annahme der besseren sozialen Integrationskraft kommunitarischer Gesellschaften offenbart Sympathien für selbstbestimmte alternative Lebensformen. Trotz der Abgrenzung von einer *law and order*-Politik bleibt *Braithwaites* Plädoyer für aktive Bürger:innenbeteiligung zwiespältig. Wer für Bürger:innenbeteiligung bei der Beschämung von Straftäter:innen – und nicht etwa bei der Herstellung eines sozialen Ausgleichs! – eintritt, spielt mit dem Feuer. Unter den realen Bedingungen einer überwiegend nichtkommunitarischen Gesellschaft, in der sich die Bevölkerung eher bei der Ächtung als bei der tätigen Wiedereingliederung von Täter:innen engagiert, dürfte die Praktizierung des Beschämungskonzepts überwiegend nicht reintegrativ, sondern stigmatisierend wirken. Auch wird kaum von einer einheitlichen Meinungsbildung sowohl darüber, ob ein Fehlverhalten überhaupt vorliegt als auch darüber, welche Reaktion auf das Fehlverhalten die angemessene sein soll, ausgegangen werden können. Rechtsstaatliche Verfahren sind mit ihrer Schutzfunktion vor staatlicher Willkür (→ § 24 Rn 2) um eine Präzisierung dessen bestrebt. 18

III. Theorie der Kontrollbalance

Lektüreempfehlung: *Tittle, Charles R.* (2004): Refining Control Balance Theory. Theoretical Criminology 8, 395-428.

19 Nach dem Konzept der Kontrollbalance[236] von *Charles Tittle* (*1939) hängt kriminelles Verhalten mit der individuellen *Kontroll-Ratio* zusammen. Diese ergibt sich für jeden Menschen individuell aus dem Verhältnis zwischen dem Ausmaß seiner Macht zur Kontrollausübung über andere und dem Ausmaß der Kontrolle, der das Individuum selbst unterworfen ist. Dieses Verhältnis kann in zweierlei Hinsicht unausgeglichen sein: Personen in einflussreicher sozialer Stellung verfügen über einen Kontrollüberschuss, während Personen mit niedrigem sozialen Status ein Kontrolldefizit besitzen. Die Theorie der Kontrollbalance behauptet, dass beide Formen der **unausgeglichenen Kontrolle** Devianz begünstigen.[237]

20 Die Stärke dieser Theorie besteht darin, mit einem einheitlichen und einfachen Grundmuster eine Vielzahl von Kriminalitätsvarianzen zu erklären. Kontrolldefizite lösen danach Gefühle der Ohnmacht und des mangelnden Selbstwertes aus, die durch Gewalt- und Eigentumsdelinquenz kompensiert werden. Kontrollüberschüsse hingegen korrumpieren. Das Bewusstsein, dass andere sich einem unterzuordnen pflegen, verleite dazu, die als selbstverständlich erlebte Machtfülle auszunutzen, wo immer sich dies auszahlen kann. Die Bereitschaft dazu sei umso größer, als die Fremdkontrolle von Personen mit Kontrollüberschüssen (definitionsgemäß) schwach ausfalle. Subordination werde von Machthabenden stets und bedingungslos erwartet. Wo sie ausbleibt, geraten sie demzufolge in Rage und reagieren sich affekthaft ab. Patriarchales Verhalten, das häusliche und sexuelle Gewalt aus scheinbar nichtigem Anlass auslöst (etwa weil das Essen nicht rechtzeitig aufgetischt wird), findet so eine Erklärung. Zugleich erklärt sich danach die häufige Reziprozität der Gewalt in Partner:innenbeziehungen[238] aus der Beherrschung und Erniedrigung, die die dominierten (zumeist weiblichen) Partner:innen erleiden und durch Gegengewalt zu überwinden suchen.

236 *Tittle* 1995; vgl. auch *Tittle* 2004.
237 *Snipes/Bernard/Gerould* 2019, 373.
238 *Lamnek u. a.* 2012.

Schaubild 2.4: Kontrollbalance 21

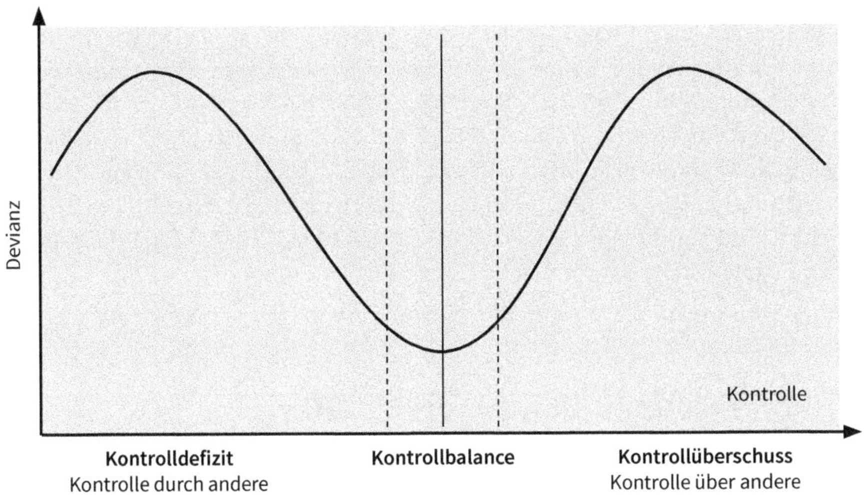

Die Idee der unausgeglichenen Kontrollbalance lässt sich darüber hinaus auf 22
gesellschaftliche Strukturen anwenden. Eine inegalitäre Gesellschaft, die der breiten Mehrheit kaum bürgerliche Rechte und Einkommen zuweist, begünstigt Eigentums- und Vermögensdelikte: der Armen aus Bedarf für Gebrauchsgüter und der Reichen zur weiteren Akkumulation ihres Kapitals. Politisch motivierte Gewalttaten können als Reaktion auf erlittene oder zumindest empfundene Erniedrigung gedeutet werden.

Die Theorie der Kontrollbalance behauptet nicht, dass die Wahrscheinlichkeit 23
devianten Verhaltens mit der Intensität der Kontrollunausgeglichenheit linear zunehme.[239] Vielmehr nimmt sie an, dass ein hohes Maß an Kontrollunausgeglichenheit andere, eher pathologisch deutbare, Devianzformen begünstige als geringe Kontrollunausgeglichenheit, die zu eher rational motivierten Abweichungen veranlasse. So setzen Bereicherungshandlungen der Habenichtse voraus, dass ihr Kontrolldefizit nicht (mehr) allzu hoch ist. Ein hohes Kontrolldefizit breche die Persönlichkeit und führe zu unterwürfigem und resignativem Verhalten, wohingegen für eine eigennützige Gewinnorientierung eine gewisse Selbstsicherheit nötig sei.

239 *Tittle* 1997, 101.

24 Der **praktische Anwendungsbezug** der Theorie ist eindeutig: Jenseits der kriminalpolitischen Interventionen geht es darum, die Voraussetzungen für eine egalitäre republikanische Gesellschaft zu schaffen, die soziale Macht und Einkommen umverteilt, Kontrolle gleichförmiger und menschenwürdiger anwendet und kommunitarisch Bindungen unter dem Vorzeichen des Machtgleichgewichts fördert.[240] Damit bezieht die Theorie der Kontrollbalance eine gesellschaftspolitische Position, die sich, wie die Theorie der reintegrativen Beschämung (→ § 11 Rn 10 ff.), von dem konservativen Standpunkt der traditionellen Bindungstheorien abhebt. Freilich bleibt sie Hinweise darauf schuldig, wie die Intensität der Kontrolle bestimmt werden kann.

§ 12 Kriminalität als individuelles, situationsbezogenes Verhalten

1 Seit den 1980er Jahren haben sich zunächst in den USA und im Anschluss hieran in den übrigen westlichen Gesellschaften und inzwischen nahezu weltweit die Lebensverhältnisse so grundlegend verändert, dass die Sozialforschung von einer neuen Ära der Spätmoderne spricht, die das moderne Industriezeitalter ablöst. Die damit einhergehenden gesellschaftlichen Veränderungen (→ § 24 Rn 1 ff.) führen auch zu einem Wandel theoretischer Grundannahmen in der Kriminologie ebenso wie zu grundlegenden Veränderungen bei den Formen sozialer Kontrolle (→ § 20 Rn 53 ff.; § 22). Kriminalität wird dabei vor allem als individuelles, situationsbezogenes Verhalten in den Blick genommen.

I. Gesellschaftlicher Wandel in der Spätmoderne

2 Das moderne Industriezeitalter schuf Arbeitsbedingungen nach dem Muster der vom Automobilhersteller *Henry Ford* (1863-1947) 1909 eingeführten Fließbandproduktion. Diese als **Fordismus** bezeichnete Produktionsorganisation war mit hoher Arbeitsteilung, gering qualifizierten Tätigkeiten, stereotypen Arbeitsvorgängen und hoher Produktivität verbunden. Parallel dazu propagierte *John Maynard Keynes* (1883-1946) in der ökonomischen Theorie die staatliche Regulierung des Marktgeschehens im Interesse der allgemeinen

240 *Braithwaite* 1997, 89 ff.

Wohlfahrt. Dank steigender Einkommen und wachsenden Konsums infolge hoher Arbeitsproduktivität sowie staatlicher Interventionen zum sozialen Ausgleich entwickelte sich nach dem Zweiten Weltkrieg in Westeuropa das Modell des Wohlfahrtsstaates, das zum Leitbild und Kulminationspunkt der modernen Industriegesellschaft wurde (→ § 24 Rn 4 ff.).

In der Industriegesellschaft waren die Lebensverhältnisse traditionsgestützt und solide. Man wurde in standardisierte Lebensformen hineingeboren, die man kaum abstreifen konnte. Aus dem Zusammenspiel von Arbeit, Familie und Geschlechterrolle ergab sich eine enge räumliche und soziale Bindung. Der Mann arbeitete sein Leben lang in derselben Fabrik, wohnte in der Nähe, hatte die eine, an Scholle und Kinder gebundene Ehefrau und wählte kontinuierlich die Partei, mit welcher schon der Vater sympathisiert hatte. Die Triebkräfte der technisch-industriellen Entwicklung wurden als Motoren eines kontinuierlichen Fortschritts begriffen, der die Beherrschung von Naturgewalten, die Solidarität unter den Generationen und die Entwicklung der sozialen Wohlfahrt versprach. Soweit sich revolutionäre Ideen entwickelten, beschränkten diese sich auf den Versuch, den gegebenen soliden gesellschaftlichen Zustand durch einen anderen nicht minder soliden – und gleichfalls von der technisch-industriellen Fortschrittsgläubigkeit bestimmten – abzulösen. 3

Seit den 1970er Jahren treffen Umstände zusammen, welche die vordem stabilen Strukturen zunehmend auflösen. Die Produktion wird stark automatisiert, was bald zur Einsparung von Arbeitsplätzen führt. Die Arbeitsteilung wird weltweit ausgedehnt, wodurch die staatliche Marktregulierung an Bedeutung verliert und Arbeitsplätze in Billiglohnländer verlagert werden. Unter dem Einfluss der neoliberalen Wirtschaftstheorie von *Milton Friedman* (1912-2006) werden sozial stützende staatliche Interventionen als Hindernis für die Markteffizienz verstanden. **Neoliberale Reformen** deregulieren zunehmend den Markt, privatisieren staatliche Leistungen und bauen Sozialleistungen ab. Die Flexibilisierung der Beschäftigungsverhältnisse, Teilzeitarbeit und Jobsharing zerstören die früher stabile Einbindung der Individuen in die Arbeitswelt (→ § 24 Rn 12). 4

Parallel dazu verlieren die oft als beengend empfundenen lokalen, kulturellen und familiären Bindungen an Bedeutung. „Ständische" Zuordnungen zum Bildungsbürgertum und zur arbeitenden Klasse werden brüchiger, Geschlechterrollen lösen sich auf, neben der Kleinfamilie erlangen andere Formen des Zusammenlebens stärkere Bedeutung. Die Orientierung an kollektiven Identifikationen mit Nation und Religion wird schwächer. Dies lässt sich als Befreiung 5 von der „miefigen" Enge lokaler Verortung, aber auch als Verlust an haltgebender Geborgenheit verstehen. Die spätmoderne Entwicklung befördert einen Emanzipations- und **Individualisierungsprozess**, welcher neue Freiheiten gewährt, aber auch Bindungsverlust bewirkt und die Menschen auf sich alleine stellt.[241] Zugleich relativieren Globalisierung, neue Möglichkeiten der elektronischen Kommunikation und weltweite Mobilität von Menschen und Waren Begrenzungen für bestimmte Bevölkerungsgruppen. Die sozialen, ökologischen und ökonomischen Probleme der Weltgesellschaft rücken näher.

6 In diesem Kontext ist das Individuum nunmehr gefordert, selbst seine Biografie zu entwickeln, sich selbst zu vermarkten und sich in der Konkurrenz um begrenzte Ressourcen gegen andere durchzusetzen. Die spätmoderne Freisetzung aus Traditionen bedeutet dabei nicht für alle die Chance zur Selbstverwirklichung. Um diese Chance wahrnehmen zu können, müssen vielmehr individuelle Zugangsvoraussetzungen – wie Bildung, Integration in den Arbeitsprozess, soziale Sicherheit – erfüllt sein. Die Eintrittskarten dazu werden aber ungleich verteilt: Die Globalisierung und der Abbau des Sozial- und Wohlfahrtsstaates haben zu einem Wandel der Arbeitswelt geführt, zu einer starken Zunahme prekärer Lebens- und Beschäftigungsverhältnisse am Rande des Existenzminimums.[242] Der Wahlfreiheit bei der Entwicklung der eigenen Person entspricht die Möglichkeit des persönlichen Scheiterns bei abnehmender sozialer Abfederung. Es ergeben sich Risiken des Bindungsverlusts, der Vereinsamung und des Durchfallens durch die brüchig gewordenen sozialen Netze. Indem die Menschen gleichsam auf ein Drahtseil gestellt werden, das ihren Lebensweg riskant macht, werden in ihnen Kräfte der Selbstbehauptung freigesetzt, rücken aber auch das Selbst und die eigenen Bedürfnisse stärker in den Mittelpunkt.

7 Die Auflösung kleinräumiger Gemeinschaftlichkeit, der Geltungsverlust überlieferter moralischer Vorstellungen, die gesellschaftliche Entsolidarisierung, die Ausrichtung an kommerziell zu befriedigendem Lustgewinn und die zunehmende Prekarität von Arbeitsverhältnissen bewirken spezifisch **spätmoderne Lebensverhältnisse**, in denen soziale und sogar rechtliche Normen an Eindeutigkeit und Orientierungskraft verlieren. Die Einstellung zu Normen wird „flüchtig"[243] und zu einer Frage des Standpunktes, der stärker von subjektiven Interessen und Durchsetzungschancen beeinflusst ist. Die spätmoderne Belie-

241 *Busch* 2006, 208 f.
242 Vgl. *Niederfranke/Drewes* 2017.
243 *Bauman* 2000.

bigkeit frisst an der Normakzeptanz und macht die Normbefolgung zu einer Frage eigennütziger Kalkulation.

Infolgedessen entstehen **neue Kontrollbedürfnisse**. Da Normkonformität in geringerem Maße durch Sozialisation erreicht wird, wird verstärkt versucht, sie zu erzwingen. Die Notwendigkeit von mehr formeller Sozialkontrolle kann dabei – nur scheinbar paradox – mit der Vergrößerung der individuellen Freiräume in der Spätmoderne gerechtfertigt werden: Die zugestandene Fähigkeit und Freiheit zu freiwilligem Rechtsgehorsam, zu Selbstdisziplin und Selbstkontrolle auf der einen Seite korrespondiert mit der Selbstverantwortung eines aus tradierten Bindungen entlassenen Individuums für jegliches Tun auf der anderen Seite. Im Zuge einer Politik der eigenverantwortlichen Lebensführung kann jeder Mensch im Guten wie im Schlechten zur Rechenschaft gezogen werden, muss jeder Mensch sich an der Summe seiner Handlungen festhalten lassen. Aus Freiheit folgt die Fähigkeit zu freiwilligem Rechtsgehorsam, zu Selbstdisziplin und Selbstkontrolle, kurzum: zu einer Politik der eigenverantwortlichen Lebensführung[244]. Darin besteht die ordnungspolitische Kernidee des Neoliberalismus, der in der Spätmoderne und bis heute die Politik wesentlich prägt.[245] 8

Die Ära der Spätmoderne verlangt damit auch nach neuen, ihr angemessenen wissenschaftlichen Deutungsmustern. Der neoliberalen politischen Philosophie entsprechend sind nunmehr auch zur Erklärung von Kriminalität Theorien gefordert, denen zufolge die Individuen ihr Handeln beherrschen.[246] Mit der Unterstellung individueller Handlungsfreiheit folgt der Neoliberalismus einem Konzept, das weniger neoklassisch als vielmehr ökonomisch ist. Ohne den „idealistischen" Ballast des Freiheitsverständnisses der Aufklärungsphilosophie wird individuelle Freiheit nunmehr als Wahlfreiheit zwischen Handlungsalternativen selbstbestimmter Präferenz verstanden (→ § 24 Rn 11). Damit hat sich die Ökonomie von einer Spezialdisziplin wirtschaftlicher Sachverhalte zu einer umfassenden Wissenschaft menschlicher Wahlhandlungen entwickelt. 9

In der Kriminologie gewinnt im Zuge dessen das **ökonomische Paradigma** gegenüber dem soziologischen an Bedeutung. Dem „soziologischen Funktionalismus" wird vorgehalten, er weise einseitig der Gesellschaft die Verantwortung für Kriminalität zu und versage, wenn es darum gehe, praktikable und plausible 10

244 *Giddens* 1991, 209 ff.
245 Vgl. *Springer* 2015.
246 Zum politischen Kontext *Gordon* 1990, 180 ff.

Rezepte zur Eindämmung des Kriminalitätsgeschehens zu entwickeln. Gerade in den USA, die im Vergleich zu Nationen mit ähnlichem Entwicklungsstand ein deutlich höheres Kriminalitätsaufkommen aufweisen, ist dieses Argument auf politischen Nährboden gefallen. In diesem Kontext war insbesondere die Theorie des rationalen Wahlhandelns (*Rational Choice*) als Kriminalitätstheorie (→ § 12 Rn 21 ff.) wie auch als Wegbereiterin einer Kriminalpolitik bedeutsam, die auf ideologisch verstandener Eigenverantwortung beruht. Aber auch darüber hinaus wird nun die individuelle Entscheidung für kriminelles Verhalten ins Zentrum der Überlegungen gerückt. Während der *Rational Choice*-Ansatz eine rationale Handlungsmotivation behauptet, rechnen die *Dual Process*-Theorien (→ § 12 Rn 39 ff.) und die Allgemeine Kriminalitätstheorie von *Gottfredson* (*1951) und *Hirschi* (→ § 12 Rn 43 ff.) mit weiteren Entstehungszusammenhängen. Dabei liegt ein Schwerpunkt auf situationsbezogenen Bedingungen für abweichendes Verhalten.

II. Die ökonomische Kriminalitätstheorie des rationalen Wahlhandelns

Lektüreempfehlung: *Becker, Gary S.* (1993): Der ökonomische Ansatz zur Erklärung menschlichen Verhaltens. 2. Aufl., Tübingen, 1-15, 39-96; *Hochstetler, Andy* (2009): Classical Perspectives. In: *Miller, J. Mitchell* (Hrsg.): 21st Century Criminology. Thousand Oaks, 201-209; *Karstedt, Susanne; Greve, Werner* (1996): Die Vernunft des Verbrechens. In: *Bussmann, Kai.-D.; Kreissl, Reinhard* (Hrsg.): Kritische Kriminologie in der Diskussion. Opladen, 171-210.

11 In der Kriminologie äußert sich das neoliberale Verständnis in drei Grundannahmen: Erstens, dass kriminelles Verhalten das Ergebnis einer freien Wahl des Individuums sei. Zweitens, dass kriminelles Verhalten von den Handelnden als lohnend empfunden werde, weil es Attraktionen wie Gewinn, Aufregung und Ruhm biete. Drittens, dass wegen der individuellen Verantwortung für kriminelles Verhalten Maßnahmen der sozialen Stützung für Kriminelle nicht angezeigt seien. Manche spätmodernen Theorien postulieren schließlich viertens, dass die staatliche Strafe eine im Prinzip nützliche und aus Gerechtigkeitserwägungen gebotene Antwort auf Kriminalität sei.[247]

247 *Posner* 2014, 239 ff.

1. Das ökonomische Paradigma in der Kriminologie

In Anlehnung an die utilitaristische Sozialphilosophie von *Jeremy Bentham* (→ § 4 Rn 10) wird die Eigenart kriminellen Verhaltens von den neoliberalen Ansätzen darin gesehen, dass die Handelnden verfügbare Tatgelegenheiten und -hemmnisse abschätzen und sich aufgrund einer Entscheidung, welche Handlungsalternativen und potenzielle Konsequenzen sie in Betracht ziehen, zu einem strafrechtlich verbotenen Tun entschließen. Dieses auf den ersten Blick pragmatisch und unprätentiös erscheinende Verständnis verzichtet bewusst auf tiefgründigere sozialstrukturelle und individualpsychologische Erklärungen. Es geht davon aus, kriminelles Verhalten beruhe auf der **kalkulatorischen Handlungswahl** eines autonomen Individuums, die in Abwägung situativer Tatgelegenheiten getroffen werde. 12

Bentham hatte dem Menschen die universelle Eigenart des ungezügelten Strebens nach Vergnügen und Vermeidung von Schmerzen zugeschrieben.[248] Wenn der Mensch seine Handlungen an diesen natürlichen Bedürfnissen orientiert, folgt er ihnen danach nicht zwanghaft, sondern trifft eine Entscheidung, die zweckrational auf maximalen persönlichen Lustgewinn ausgerichtet ist. Damit wird der Mensch als ein Wesen bestimmt, das seine Handlungen selbstverantwortlich steuert und „vernünftig" agiert, indem es dem „hedonistischen Kalkül" folgend das tut, was ihm am meisten Vergnügen und am wenigsten Schmerzen bereitet. Ausgehend vom philosophischen Axiom eines in der menschlichen Natur begründeten Egoismus, versteht die neoliberale Kriminologie Kriminalität infolgedessen als ein Verhalten, das vom Individuum gewählt wird, um damit subjektive Bedürfnisse zu befriedigen. Kriminelles Verhalten sei folglich die Konsequenz einer unbeeinflusst getroffenen Beurteilung, dass seine Begehung **mehr Vorteile** als rechtskonformes Verhalten biete, und dass das von ihm erwartete Vergnügen die voraussichtlichen Schmerzen überwiege.[249] Von anderem Verhalten unterscheide sich das kriminelle Verhalten nur dadurch, dass die möglichen Schmerzen (auch) in strafrechtlichen Sanktionen bestehen. 13

Der bei der Wahlentscheidung für kriminelles Verhalten zu Buche schlagende Nutzen könne neben dem rein materiellen Gewinn auch im sinnlichen Erlebnis der verbotenen Tätigkeit bestehen. Der besondere *thrill*, der mit den Gefahren 14

248 *Bentham* 1789, 1.
249 *Dölling* 2012, 282.

des Erwischtwerdens verbunden sei[250], die Erregung bei der Tatausführung und der Triumph beim Gelingen entziehen sich demzufolge der Optik einer nach externen Verhaltenserklärungen suchenden Kriminologie (→ § 8 Rn 8 f.). Erst wenn die eigennützige Entscheidung des Individuums zur unhinterfragbaren Prämisse seines Handelns gemacht wird, wird der verlockende Erlebnisgehalt krimineller Betätigung zu einem zentralen Baustein der Kriminalitätserklärung. Kriminalität erscheint dann als Ausdruck des Wunsches nach Freiheit und Luxus, der Suche nach dem Erfolgskick.

15 Nicht die Abhängigkeit des Individuums von seinem sozialen Umfeld und den gesellschaftlichen Strukturen, sondern seine Ich-Zentriertheit – die individuelle Bedürfnisse zur Richtschnur seines Handelns macht – wird nunmehr zum Erklärungsmuster des Verhaltens. Dem Individuum wird eine utilitaristisch-kalkulierende Einstellung gegenüber Rechtsnormen unterstellt. Seine Entscheidung für Konformität oder Abweichung scheint damit von einem individuellen **Risiko-Nutzen-Kalkül** abhängig zu sein. Rechtsverletzungen werden als riskante Einsätze in einem Spiel verstanden, in dem man gewinnen oder verlieren kann. Wer verliert, muss den Preis des Bestraftwerdens zahlen und darf sich darüber nicht beklagen. Diese Sichtweise passt vorzüglich zu einer verbreiteten Einstellung in Teilen der Bevölkerung, welche das eigentliche Problem der Kriminalität in populistischer Vereinfachung im Verhalten der Kriminellen ortet.

16 Mit der Grundannahme einer kalkulierenden autonomen Verhaltenswahl wird – aus der Sicht der Strafrechtspraktiker:innen endlich wieder – eine Brücke von der kriminologischen Theorie zum strafrechtlichen Prinzip individueller Verantwortung geschlagen. In einem frühen zentralen Diktum zum Schuldbegriff hatte der deutsche Bundesgerichtshof ausgeführt:

> „Schuld ist Vorwerfbarkeit. Mit dem Unwerturteil der Schuld wird dem Täter vorgeworfen, dass er sich nicht rechtmäßig verhalten, dass er sich für das Unrecht entschieden hat, obwohl er sich rechtmäßig hätte verhalten, sich für das Recht hätte entscheiden können. Der innere Grund des Schuldvorwurfs liegt darin, dass der Mensch auf freie, verantwortliche, sittliche Selbstbestimmung angelegt und deshalb befähigt ist, sich für das Recht und gegen das Unrecht zu entscheiden."[251]

17 Dieses klassische **„holzschnittartige" Schuldverständnis** des Strafrechts wird durch das spätmoderne Konzept der Kriminologie rehabilitiert – welches damit

250 Dazu grundlegend *Katz* 1990.
251 BGHSt 2, 200.

eine Position bezieht, die zuvor von Kriminolog:innen eher belächelt und von Strafrechtswissenschaftler:innen nur noch zurückhaltend im Sinne eines unüberprüfbaren „Dogmas" verteidigt worden war.

Das Verständnis der utilitaristisch-kalkulierenden Verhaltenswahl ist in gewisser Weise ambivalent, sieht es doch einerseits das ökonomisch nüchterne Verfahren der Risiko-Nutzen-Bestimmung vor, das sich andererseits auf die Befriedigung beliebig lustgieriger Bedürfnisse bezieht. Diese Ambivalenz setzt sich in der kriminalitätstheoretischen Rezeption des Verständnisses fort und führt zur Ausbildung zweier Kriminalitätstheorien, von denen die eine den Akzent auf das ökonomische Wahlhandeln setzt (→ § 12 Rn 21 ff.) – auch wenn heute differenziertere Modelle daran anschließen (→ § 12 Rn 39 ff.) – während die andere den Fokus auf eine an materiellen Genüssen orientierte egoistische Lebenseinstellung richtet (→ § 12 Rn 47 ff.). 18

Mit der Leitvorstellung von Risiken und Gewinne kalkulierenden Kriminellen wird die Hoffnung genährt, die Kriminalität durch eine **Intensivierung der Kriminalitätskontrolle** wirksam eindämmen zu können: Wenn die individuelle Entscheidung zu kriminellem Verhalten auf einem Kosten-Nutzen-Kalkül beruhe, sei diese Entscheidung beeinflussbar, indem durch Erhöhung der Verfolgungswahrscheinlichkeit und Verschärfung von Strafen die externen Kosten des strafrechtlich relevanten Verhaltens erhöht werden. Repression durch Strafe präsentiert sich aus dieser Sicht also als ein erfolgversprechendes Mittel der Abschreckung. 19

Zugleich erscheint Repression durch eine **tatproportionale Strafe** als gerecht, da die Täter:innen sich in Kenntnis dieses „Tarifs" zur Tatbegehung entschlossen und deshalb die Strafe verdient hätten. Weil Kriminalität nicht auf Defekte des Individuums oder seiner Sozialisation, sondern auf eine freie Wahl zurückgeführt wird, bemisst sich die Strafe allein an der Abschöpfung des Gewinns, den die jeweilige Tat bietet (→ § 20 Rn 71 ff.). Abschreckung durch tatangemessene Bestrafung und „faire" Strafgerechtigkeit (*just deserts*) werden als zwei Seiten einer Medaille verstanden. Zur tatangemessenen Ahndung werden enge deliktspezifische Straftarife (*determinate sentencing schemes*) und standardisierte Zumessungsregeln (*sentencing guidelines*)[252] vorgeschlagen (→ § 20 Rn 71 ff.). Die Möglichkeit vorzeitiger Entlassung aus dem Strafvollzug widerspricht der gerechten Tatproportionalität und untergräbt die Abschreckung. Deshalb sind die 20

252 *Lynch/Bertenthal* 2016.

verhängten Strafen diesen Vorstellungen zufolge zumindest annähernd in voller Länge zu verbüßen (*truth in sentencing*).

2. Rational Choice als Kriminalitätstheorie

21 Zwischen der klassischen Schule der Kriminologie (→ § 4 Rn 4 ff.) und der heutigen ökonomischen Kriminalitätstheorie bestehen Verbindungen, weshalb letztere auch als „neoklassisch" bezeichnet wird. Beide Strömungen wurzeln im Utilitarismus und bemühen sich um Effizienzsteigerung und Nutzenoptimierung des Kriminaljustizsystems nach überprüfbaren zweckrationalen Maßstäben.[253] Während freilich die klassische Schule die Strafpraxis als irrational und exzessiv kritisiert und gegenüber den zu erwartenden Strafwirkungen skeptisch eingestellt ist, versteht die ökonomische Kriminalitätstheorie die strafrechtlichen Sanktionen als grundsätzlich geeignete Instrumente der Verhaltenssteuerung mit realen Chancen eines zweckrational wirksamen Einsatzes.

22 Die Übertragung ökonomischer Prinzipien auf menschliches Verhalten schlechthin – eine Leistung, für die dem Chicagoer Ökonomen *Gary S. Becker* (1930-2014) 1992 der Nobelpreis zuerkannt wurde – beruht auf der Vorstellung, der Mensch sei ein **homo oeconomicus**, der seine knappen Mittel kraft rationaler Wahl zur Erlangung des größten subjektiven Nutzens einsetzt. Die ökonomische Verhaltenserklärung geht davon aus, dass Menschen ihren subjektiven Bedürfnissen nach stabilen Präferenzen folgen, die verfügbaren Ressourcen aber nicht ausreichen, um sämtliche Bedürfnisse vollständig zu befriedigen. Infolgedessen ergebe sich die Notwendigkeit der Entscheidung über alternative Möglichkeiten des Einsatzes von Ressourcen. Diese Entscheidung werde (zweck-)rational getroffen, insofern sie sich entweder an der maximalen Zielerreichung bei gegebenen Mitteln oder bei gegebenen Zielen an einem minimalen Mitteleinsatz ausrichte. „Ökonomisch" ist nach dem *Subjective Expected Utility Model of Crime* gemäß *Becker* das auf subjektive Nutzenmaximierung abzielende Entscheidungsverhalten als solches, nicht die Art der verfolgten Ziele und verwendeten Mittel.

23 Gerade weil der ökonomische Ansatz gegenüber den Inhalten von Zielen und Mitteln neutral ist, kann er sich zu einer umfassenden Verhaltenstheorie entwickeln.[254] Seine Erklärungskraft ist nicht auf Handlungen zur Erzielung wirt-

253 *Newburn* 2017, 299 ff.
254 *Ehrlich/Zhiqiang* 2006.

schaftlichen Nutzens begrenzt, sondern umfasst auch emotional geleitetes Handeln im Zusammenhang mit Erziehung, Liebe und Familie[255]; selbst altruistisches Handeln folgt danach den Regeln ökonomischer Kalkulation[256]. Auch die Entscheidung für moralisch verwerfliches, sozial abweichendes und kriminelles Verhalten werde rational kalkulierend getroffen.[257] Das ökonomische Verhaltensmodell erklärt damit kriminelles Verhalten (jedweder Art) mit dem für menschliches Verhalten universell gültigen Deutungs- und Vorhersagemuster des ökonomischen Wahlhandelns (*Rational Choice*)[258].

Die Knappheit individueller Ressourcen ist das Ergebnis einer sozialen Steuerung, die durch Austauschprozesse auf verschiedenen Gütermärkten und durch das Regulativ des Rechts erzielt wird. Der *Rational Choice*-Ansatz findet über den Bereich individuellen Handelns hinaus auf solche sozialen Steuerungssysteme Anwendung. Zum einen lassen sich Rechtsnormen und ihre Durchsetzung durch das Justizsystem ihrerseits als rationale Entscheidungen zwischen Handlungsalternativen begreifen; zum anderen besteht die Steuerungsleistung des Rechts darin, die Handlungsalternativen der einzelnen Individuen im Interesse des gesellschaftlichen Ganzen einzuschränken. Strafrecht belegt in diesem Sinne kriminelle Handlungen mit der **„Steuer" der Bestrafung**. Nach dem ökonomischen Theorem, dass die Besteuerung der Produkte eines Marktes die Produktion reduziert, sei zu erwarten, dass die mit einer Bestrafung kriminellen Handelns verbundene Abschreckung das Kriminalitätsvorkommen vermindert. 24

Das Verständnis von Strafe als einer staatlichen Lenkungsabgabe, deren Erhöhung zur Senkung der Kriminalitätsrate beitragen könne, ist jenseits seiner wissenschaftlichen Aussagekraft als eine politische Proklamation zu verstehen, mit der die Leistungen der staatlichen Kriminalitätskontrolle anerkannt und als gesellschaftlich nützlich bestätigt werden. Die optimistische Einschätzung, dass Abschreckung durch Strafe wirkt, steht in schroffem Gegensatz zur fatalistischen Botschaft früherer Kriminalitätstheorien, dass Kriminalität mit schwer korrigierbaren Defekten des Individuums, seines Umfeldes oder der Sozialstruktur zusammenhänge, an der die staatliche Kriminalitätskontrolle nichts grundlegend ändern könne. Die ökonomische Kriminalitätstheorie setzt wesentlich, aber nicht einzig auf die Steuerungsleistung abschreckender Sanktionen. Von der späteren Forschung werden daneben weitere Faktorenbündel 25

255 *Becker* 1993, 187 ff.
256 *Becker* 1993, 317 ff.
257 *Becker* 1993, 85.
258 *Cornish/Clarke* 1986; s. auch *Karstedt/Greve* 1996.

genannt, die in den ökonomischen Ansatz die situative Prävention objektiver Tatgelegenheiten (→ § 22 Rn 27 ff.) integrieren.[259]

26 Mit dem Verständnis der Strafe als Besteuerungsmaßnahme kriminellen Verhaltens wird der Bevölkerung und potenziellen Täter:innen ein ökonomisch kalkulierender Umgang mit Rechtsbrüchen nahegelegt, der moralische Verhaltensnormen („Das tut man nicht, auch wenn es sich an sich lohnen würde.") ersetzt. Mit einer bestimmten Strafpraxis für bestimmte Rechtsbrüche werden Preisschilder an solches Verhalten geheftet, die zum moralfreien Kalkül darüber einladen, ob man nötigenfalls die Zahlung des Preises in Kauf nimmt.

27 Die **Möglichkeiten einer derartigen Besteuerung** sind indes begrenzt. Neben der Sanktionshärte – und mehr noch als diese – wird das Handlungskalkül potenzieller Täter:innen durch die vermutete Sanktionswahrscheinlichkeit beeinflusst. Da die Abgabenbelastung sich aus der Multiplikation dieser Faktoren ergibt, müssten beide – und wegen des stärkeren Effekts der Sanktionswahrscheinlichkeit besonders diese – erhöht werden, damit die wahrgenommene Abgabenbelastung steigt. Strafhärte und Verurteilungswahrscheinlichkeit sind jedoch schon aus volkswirtschaftlichen Gründen nicht beliebig steigerbar. Mit der Verschärfung der Strafhärte wächst der finanzielle Aufwand für den besonders kostenintensiven Sektor des stationären Strafvollzugs (→ § 19 Rn 73 ff.; § 20 Rn 53 ff.). Eine auch nur geringe Erhöhung der Verurteilungswahrscheinlichkeit verlangt eine kostspielige Aufstockung der Mittel bei Polizei und Justiz. Angesichts dessen besteht in der Kriminalpolitik die Versuchung, Defizite der Verurteilungswahrscheinlichkeit mit umso größerer Strafhärte zu kompensieren, zumal deren Kosten weniger sichtbar sind und erst zeitversetzt eintreten. Zudem lässt die ökonomische Betrachtung offen, ob die mit einer Erhöhung der Abgabenlast durch Strafe erwartbaren sozialen Nutzen mit dem damit verbundenen Mehr an sozialen Kosten durch erhöhte staatliche Aufwendungen abzuwägen sind, und zu welchem Resultat diese Abwägung konkret führt.

28 Selbst wenn die Erhöhung der Abgabenbelastung durch Strafe dazu führt, dass sich Straftaten objektiv weniger lohnen, wird damit nicht ohne Weiteres eine Abschreckung durch Beeinflussung individuellen Verhaltens erzielt. Dazu ist vielmehr zusätzlich notwendig, dass die Handelnden die Veränderung der objektiven Situation wahrnehmen und sich deswegen gegen die kriminelle Handlungsmöglichkeit entscheiden. Nicht das objektive Kosten-Nutzen-Verhältnis,

259 *Clarke* 1997; *Clarke* 2012.

sondern dessen prognostische **Beurteilung durch die Handelnden** in der Entscheidungssituation ist verhaltensbeeinflussend. Subjektive Prognosebeurteilungen hängen jedoch von Unwägbarkeiten der Entscheidungssituation, dem Beurteilungsvermögen der Agierenden und deren Risikobereitschaft ab. Der ökonomische Ansatz vermag diese Faktoren nur generell zu benennen, ohne ihre konkrete Gewichtung und Bewertung durch Individuen in je besonderen Entscheidungssituationen vorhersagen zu können. Die Bedingungen, unter denen Abschreckung individuell wirkt, sind damit ökonomisch nicht benennbar.[260]

Entscheidungen für kriminelles Verhalten werden ggf. auch anhand **unvollständiger Informationen** über die Entscheidungsgrundlagen getroffen. Scheinbar „unkluges" kriminelles Handeln kann also die Folge unzureichender Information in der Entscheidungssituation sein – über die für die Straftat nötigen Aufwendungen, die entgangenen Gewinne aus ansonsten möglicher legaler Betätigung, die Verurteilungswahrscheinlichkeit und die zu erwartende Strafhöhe. Solches Verhalten beruht dann auf einer durchaus rationalen Entscheidung in Unkenntnis der für eine objektiv optimale Nutzenmaximierung notwendigen Information. Darüber hinaus ist die prognostische Einschätzung, dass sich kriminelles Verhalten überwiegend lohnen wird, entscheidend auch von der individuellen **Risikobereitschaft** beeinflusst: Wagemutige Personen werden eher das Bestrafungsrisiko in Kauf nehmen als vorsichtige; wer wenig zu verlieren hat, wird eher das Risiko eingehen als derjenige, der damit viel aufs Spiel setzt. 29

> „Ob ‚Kriminalität sich lohnt', hängt damit von der Einstellung des Straftäters zum Risiko ab und steht nicht in direkter Beziehung zur Effizienz der Polizei oder den Ausgaben für die Bekämpfung der Kriminalität."[261]

Eine spieltheoretische Variante des *Rational Choice*-Ansatzes geht davon aus, dass nicht alleine die Strafhärte einen Einfluss auf die Kriminalitätsrate hat, sondern **Entscheidungen von Kontrollpersonal** (Polizei, Fahrkartenkontrolleur:innen, Ladendetektiv:innen) in die Gleichung miteinbezogen werden müssen. Diese stünden in gegenseitiger Abhängigkeit zueinander. So finden etwa Fahrkartenkontrollen zu Zeitpunkten statt, an denen erwartet wird, dass viele Menschen ohne Fahrkarten fahren. Auf der anderen Seite fahren Menschen dann ohne Fahrschein, wenn sie annehmen, dass weniger kontrolliert wird.[262] 30

260 Zusammenfassende Einwände bei *Albrecht* 1993.
261 *Becker* 1993, 50 f.
262 *Rauhut* 2018, 284.

31 In der Konsistenz und **Universalität** der ökonomischen Verhaltenserklärung liegt zugleich ihre Stärke wie ihre Schwäche. Sie verwendet formale Aussagen auf hohem Abstraktionsniveau, die eher Modellannahmen denn Realitätsbeschreibungen sind. Die Erklärung menschlichen Verhaltens schlechthin nach ökonomischen Prinzipien beruht auf der Prämisse, dass Menschen sich stets ökonomisch verhalten, selbst wenn ihr Verhalten emotional oder altruistisch geprägt ist, oder anderen als unvernünftig erscheint. Diese Prämisse ist tautologisch und nicht falsifizierbar.

32 Der ökonomische Ansatz benennt generelle Kriterien für das Auftreten oder Ausbleiben kriminellen Verhaltens, die freilich mangels individueller Spezifizierbarkeit nicht zur Prognose des tatsächlichen Entscheidungsverhaltens geeignet sind. Da nicht anzugeben ist, welche Ausprägungsstärke die Variablen der subjektiven Nutzenrechnung (individueller Informationsstand und subjektive Risikobereitschaft) bei konkreten Individuen aufweisen, kann deren individuelles Verhalten mit den (bloß) generell definierten Variablen nicht vorhergesagt werden. Nur im Nachhinein lässt sich aus der Verübung krimineller Handlungen rückschließen, dass diese den Handelnden nach ihrer subjektiven Nutzenrechnung zur Tatzeit lohnend erschienen. Auch dieser Rückschluss aus einer kriminellen Betätigung auf eine entsprechende Handlungspräferenz der Handelnden ist tautologisch.

33 Innerhalb der ökonomischen Schule ist umstritten, ob allein das dem *homo oeconomicus* wesensmäßig zugeschriebene Streben nach subjektiver Nutzenmaximierung das Auftreten oder Ausbleiben kriminellen Handelns hinreichend zu erklären vermag. Insbesondere besteht Uneinigkeit darüber, ob und inwieweit **soziale, psychische und biologische Faktoren** – neben der „rein" ökonomisch bestimmten Handlungsbereitschaft oder in ihr aufgehend – einzubeziehen sind. Nach *Beckers* puristischem Verständnis bleibt kein Raum für nichtökonomische Einflüsse. Für ihn sind Kriminelle insofern normal, als sie auf die Marktkräfte krimineller Anreize streng nach ökonomischer Vernunft reagieren. Daher stellt sich ihm die Frage nach anderen Einflüssen nicht. Verhalten ist danach nicht das Produkt äußerer Einflüsse; diese geben nur den **Raum** vor, innerhalb dessen das Individuum seine Vorstellungen verwirklichen kann. Daraus folgt,

> „dass eine brauchbare Theorie kriminellen Verhaltens auf besondere Theorien der Anomie, psychologischer Unangepasstheiten oder der Vererbung bestimmter Charakterzüge verzichten kann, und dass es reicht, die übliche ökonomische Analyse von Wahlhandlungen auf diesen Bereich anzuwenden“[263].

Andere, zumeist jüngere, Kriminalökonom:innen[264] erkennen hingegen an, dass Menschen auf Anreize für Abweichung in unterschiedlicher Weise reagieren und geben damit Raum für Ergänzungen des ökonomischen Ansatzes durch soziale, psychische und biologische „Randbedingungen“. Wie die Befähigung zu erfolgreichem Unternehmer:innentum nicht allen in gleicher Weise eigen sei, seien nicht alle gleich risikofreudig und für die Belohnungen ungeahndet bleibender Straftaten empfänglich. Dieses Herangehen wird auch als **weite Version des Rational Choice-Ansatzes** bezeichnet, die mehr Faktoren als Grundprämissen des Wahlhandelns berücksichtigt. So werden neben dem materiellen Nutzen weitere mögliche Präferenzen von Individuen einbezogen, wie z. B. das Handeln aus Altruismus. Zudem wird anerkannt, dass Personen nicht alle Handlungsoptionen auch tatsächlich wahrnehmen können, etwa aufgrund individueller Eigenschaften oder weil Situationen ein rationales Handeln nicht immer zulassen, sondern spontane Handlungsprogramme aktivieren (s. auch → § 12 Rn 40 ff.).[265] An einem derart weiten Ansatz wird kritisiert, dass er im Grunde alles und nichts erklärt und es ihm an einem „heuristischen Wert“ fehle.[266] 34

3. Reichweite und Bedeutung

Das Verhältnis der ökonomischen Kriminalitätstheorie zu biologischen, psychischen und sozialen Erklärungen der Kriminalitätsentstehung ist unbestimmt und zwiespältig.[267] Einerseits ist die deterministische Vorstellung, Kriminalität sei das Produkt negativer Einflüsse, die von anderen Bezugsdisziplinen studiert werden, mit der indeterministischen ökonomischen Annahme rationalen Wahlverhaltens unvereinbar. Andererseits sind gerade die auf individuell unterschiedliche Lebensbedingungen abstellenden deterministischen Theorien geeignet, die von Mensch zu Mensch variierende Hingezogenheit zu krimineller Betätigung zu begründen, über welche der ökonomische Ansatz nur generelle Aussagen zu machen vermag. So kann etwa sozialisationstheoretisch erklärt 35

263 *Becker* 1993, 40.
264 Übersicht bei *Hochstetler* 2009, 203 ff.
265 *Opp/Pauwels* 2018, 226 ff. mit Übersicht zu den Unterschieden der engen und weiten RC-Theorie.
266 *Schulz/Kroneberg* 2018, 254.
267 *Wittig* 1993b, 133 ff.

werden, weshalb bestimmte Individuen eine höhere Risikopräferenz aufweisen, die illegale Betätigungen erleichtert.

36 Folglich liegt es nahe, den ökonomischen Ansatz lediglich als einen einheitlichen Bezugsrahmen zur Deutung menschlichen Verhaltens zu verstehen, innerhalb dessen zur Erklärung individueller Varianzen auf die Beiträge anderer Wissenschaften zurückzugreifen sei.[268] Wenn sämtliche Stadien der ökonomischen Wahlhandlung des Individuums von individuellen Varianzen beeinflusst sind, die nicht ökonomisch bestimmbar sind, verflüchtigt sich der ökonomische Ansatz zu einem rein formalen Deutungsmuster, das zur individuellen Verhaltenserklärung inhaltlich nichts beiträgt. Die ökonomische Kriminalitätstheorie setzt sich damit dem Verdacht aus, **eine Ideologie zu sein**, die von den individuellen und sozialen Bedingungen des Straffälligwerdens ablenkt, indem sie die Eigenverantwortung der sich vorgeblich rational verhaltenden kriminell Handelnden postuliert.

37 Wegen der geringen Ergiebigkeit des ökonomischen Ansatzes zur Prognose individuellen kriminellen Verhaltens wird sein Verdienst vor allem in der Erklärung der Entstehung von organisierter Kriminalität[269] sowie des Einflusses objektiver Steuerungsmechanismen auf die Kriminalitätsrate gesehen[270]. Über diese theoretischen Leistungen hinaus bietet der ökonomische Ansatz freilich **kaum praktische Entscheidungshilfe**, wenn es um die Wahl situativ angemessener Mittel zur Steuerung des Kriminalitätsgeschehens geht. Obgleich die Ökonomie an sich auch präventive Steuerungsmittel (zu diesen → § 22 Rn 12 ff.) in Betracht zieht, etwa in Form des *nudging*, erfolgt die Exemplifizierung des ökonomischen Ansatzes im Kontext der Kriminalitätskontrolle vor allem anhand der Einflussmöglichkeiten der förmlichen Bestrafung. Dies redet einerseits einer Kriminalpolitik das Wort, die ungeachtet der damit verbundenen Kosten den „Preis" des Verbrechens durch Erhöhung der Verurteilungswahrscheinlichkeit und Verschärfung der Strafhärte anzuheben trachtet.

38 Das Bemühen, die Gesamtbilanz der sozialen Kosten durch Kriminalität und Kriminalitätsbearbeitung möglichst gering zu gestalten, lässt sich aber andererseits unter Umständen eher mit den entgegengesetzten kriminalpolitischen Ansätzen erreichen, wie etwa einer Abschwächung der Strafhärte und **partieller**

268 *Otto* 1982, 129 ff.
269 *Kunz* 1976, 96 ff.; *Ruggiero* 1996.
270 *Wittig* 1993a, 333.

Entkriminalisierung, z. B. des Drogenkonsums. Durch Entkriminalisierung derzeit noch strafrechtlich untersagten Verhaltens, das keine oder nur geringe soziale Schäden verursacht, können teure Kapazitäten bei Polizei und Strafjustiz eingespart werden. Durch vermehrte Verhängung von Geldstrafen anstatt Freiheitsstrafen können Gewinne erzielt werden in Bereichen, die zuvor mit den hohen Kosten des stationären Strafvollzugs belastet waren. Der ökonomische Ansatz sagt nichts darüber aus, welche dieser Entscheidungspräferenzen vorzugswürdig ist. Seine Vertreter:innen leiten aus denselben ökonomischen Annahmen unterschiedliche Konzepte des Umgangs mit Kriminalität ab.[271] Der ökonomische Ansatz ist damit kriminalpolitisch richtungslos – und folglich für jegliche praktische Kriminalpolitik instrumentalisierbar.

III. Modell der Frame-Selektion (MFS)

Mittlerweile haben sich weitere Handlungstheorien entwickelt, die den *Rational Choice*-Ansatz erweitern. Sie beziehen teilweise zentrale Aspekte des RC-Ansatzes ein und versuchen gleichzeitig, seine Mängel auszugleichen.[272] So berücksichtigen sie insbesondere, dass Menschen nicht nur in einem rationalen Modus, sondern auch in einem unbewussten Modus handeln, in welchem sie keine Handlungsalternativen abwägen. Aufgrund dieser beiden Modi werden solche Theorien auch als *Dual Process*-Theorien bezeichnet.[273] Dazu gehört insbesondere das Modell der Frame-Selektion (MFS) aus der analytischen Soziologie; aber auch die *Situational Action Theory* (SAT) enthält Elemente dessen (→ § 12 Rn 64 ff.). 39

Das Modell der Frame-Selektion (MFS) geht davon aus, dass sich menschliches Handeln in sozialen Situationen **in drei Schritten** vollzieht: In einem ersten Schritt werde die Situation definiert (Frame-Selektion).[274] Jede Person verfügt danach aus bisherigen Erfahrungen und deren Bewertung sowie vor dem Hintergrund sozialer Strukturen und Prozesse über eine Vielzahl von kognitiven Modellen, sogenannte Frames, mit Hilfe derer eine Situation eingeordnet werden kann. Durch den ausgewählten Frame würden in einem zweiten Schritt mögliche Handlungsoptionen aktiviert (Skripte) und ausgewählt (Skript-Selek- 40

271 Für mehr Strafhärte etwa *McKenzie/Tullock* 1984, 41, 185, 196 ff.; für vermehrte Geldstrafen und Schadenswiedergutmachung etwa *Becker* 1993, 67 ff.; *Ehrlich* 1996.

272 *Harrendorf/Geng* 2019, 199.

273 *Bock* 2019, Rn. 239.

274 *Eifler/Leitgöb* 2018, 28.

tion). In einem dritten und letzten Schritt werde die Handlung dann umgesetzt (Handlungsselektion).[275]

41 Jeder Selektionsschritt kann dem MFS zufolge in **zwei Modi** ablaufen: entweder in einem rational-kalkulierenden (rc-Modus) oder einem automatisch-spontanen (as-Modus).[276] Welcher Modus aktiviert wird, sei davon abhängig, ob zu der wahrgenommenen Situation ein Frame mit entsprechenden Skripten abrufbar ist. Ist das der Fall, erfolge das Handeln automatisch-spontan; fehlt es an zu der Situation passenden Frames, werde rational-kalkulierend entschieden.[277] Während im rc-Modus das Ziel einer Nutzenmaximierung verfolgt werde, gehe es im as-Modus um einen sogenannten Match, also darum, welche Handlungsoption am besten zur definierten Situation passe.[278]

42 Für die Erklärung von kriminellem Verhalten ist nach dem MFS insbesondere die **Normbindung** entscheidend. Menschen mit einer starken Normbindung wählen danach Frames aus, die konforme Handlungsalternativen aktivieren, sie verbleiben im as-Modus. Bei geringerer Normbindung werde hingegen in den rc-Modus gewechselt, würden also auch Kosten und Nutzen einer nichtkonformen Verhaltensweise mit einbezogen. In kriminalpräventiver Hinsicht würde dies bedeuten, dass normkonforme Frames durch eine intensivere Normbindung gestärkt werden könnten, etwa durch eine Stärkung von Norminternalisierung oder auch von positiver Generalprävention und prozeduraler Verfahrensgerechtigkeit, also Fairness und Transparenz des Rechts- und Justizsystems.[279] Empirisch untersucht wurde das Modell bisher nur anhand von Eigentums- und Vermögensdelikten (Unterschlagung, Versicherungsbetrug, Schwarzfahren).[280]

275 *Bock* 2019, Rn. 241; *Eifler/Leitgöb* 2018, 28.
276 *Schulz/Kroneberg* 2018, 255.
277 *Bock* 2019, Rn. 242.
278 *Harrendorf/Geng* 2019, 201.
279 *Bock* 2019, Rn. 243; *Schulz/Kroneberg* 2018, 260.
280 Überblick über empirische Befunde bei *Schulz/Kroneberg* 2018, 262 ff.

IV. Die allgemeine Kriminalitätstheorie von Gottfredson und Hirschi

Lektüreempfehlung: *Bernard, Thomas J.; Snipes, Jeffrey B.; Gerould, Alexander L.* (2016): Vold's Theoretical Criminology. 7. Aufl., New York/Oxford, 226-232; *Geis, Gilbert* (2000): On the Absence of Self-Control as the Basis for a General Theory of Crime. Theoretical Criminology 4, 35-53; *Hirschi, Travis; Gottfredson, Michael R.* (2000): In Defense of Self-Control. Theoretical Criminology 4, 55-69.

Michael R. Gottfredson und *Travis Hirschi* haben 1990 eine allgemeine Kriminalitätstheorie vorgestellt, die für alle Deliktsarten und Kulturkreise Geltung beansprucht.[281] Sie grenzt sich zwar von der Theorie des rationalen Wahlhandelns ab, betrachtet Kriminalität aber auch als individuelles, stark von situativen Faktoren abhängiges Verhalten. 43

1. Ausgangspunkte

Die allgemeine Kriminalitätstheorie sucht nach den **allgemeinen Bedingungen** des Auftretens kriminellen Verhaltens. Sie grenzt sich damit von der traditionellen Ursachenforschung ab, die für bestimmte Kriminalitätsbereiche aus einer jeweiligen bezugswissenschaftlichen Perspektive nach spezifischen Verhaltensursachen forscht. Stattdessen richtet diese Theorie ihre Aufmerksamkeit auf die disziplinübergreifende generelle Eigenart kriminellen Verhaltens.[282] Freilich bezieht sich der Erklärungsrahmen auch hier allein auf das kriminelle Verhalten und blendet den ein Verhalten zuerst zur Kriminalität machenden Aspekt der zuschreibenden Interpretation und Sanktionierung (→ § 1 Rn 17 ff.) aus. Dies wird damit begründet, dass die strafrechtliche Sanktionierung nichts mit der Eigenart des Verhaltens zu tun habe, sondern diese jenes nur nachträglich klassifiziere.[283] 44

Gottfredson und *Hirschi* distanzieren sich deutlich von der ökonomischen Kriminalitätstheorie des rationalen Wahlhandelns (→ § 12 Rn 21 ff.), indem sie sowohl die ökonomische Rationalität kriminellen Verhaltens wie dessen Beeinflussbarkeit durch Sanktionierung bezweifeln. Kriminelles Verhalten folge typischerweise nicht den Regeln zweckrationaler Erwerbstätigkeit, sei nicht 45

281 *Gottfredson/Hirschi* 1990; weitergedacht in *Hirschi/Gottfredson* 2000.
282 *Gottfredson/Hirschi* 1990, 171, 173.
283 *Gottfredson/Hirschi* 1990, 9.

vordringlich an finanziellem Gewinn orientiert, weise kaum Merkmale von Spezialisierung und Karriere auf und erschließe höchst selten eine realistische Quelle dauernder Einnahmen. Nach den von *Gottfredson* und *Hirschi* zitierten Studien seien kriminelle Handlungen **typischerweise unökonomisch**, würden vielfach impulsiv, spontan, unüberlegt und unter Drogeneinfluss von zumeist jungen Männern begangen und erbrächten meist einen geringen Ertrag.[284] Damit wird verkannt, dass die ökonomische Kriminalitätstheorie nicht nur das monetäre Einkommen aus der Tat, sondern auch Nervenkitzel und Prestigegewinn unter Mitwissenden als „ökonomischen" Nutzen versteht. Die Kennzeichnung von Kriminalität als eine typischerweise unökonomische Betätigung verträgt sich zudem auch nicht mit dem üblichen Verständnis von Wirtschaftskriminalität und organisierter Kriminalität.[285]

46 Der von Ökonom:innen behaupteten Beeinflussbarkeit kriminellen Verhaltens durch Vergrößerung der von der Kriminalitätskontrolle produzierten Kosten wird von der allgemeinen Theorie entgegengesetzt, dass kriminelles Verhalten nicht durch Veränderung externer Einflüsse steuerbar sei. Kriminelles Verhalten sei hauptsächlich von der **Erwartung kurzfristiger Vergünstigungen** bestimmt und allenfalls sekundär durch die Befürchtung langfristig drohender Schmerzen. Verhaltenssteuerung durch Strafe sei kaum möglich, weil die langfristigen Kosten krimineller Betätigung von den typischen Kriminellen vernachlässigt würden. Ein liberales Gesellschaftsverständnis begrenze zudem die zulässigen Maßnahmen und setze damit auch der Wirksamkeit einer Erhöhung der Strafkosten Grenzen.[286]

2. Niedrige Selbstkontrolle

47 Kriminelles Verhalten beruht *Gottfredson* und *Hirschi* zufolge auf niedriger Selbstkontrolle – insofern bestehen Gemeinsamkeiten mit den Kontrolltheorien (→ § 11) –, die auf entsprechende objektive Gelegenheiten zu krimineller Betätigung trifft.[287] Als solche werden im Gegensatz zu *Cloward* und *Ohlin* (→ § 9 Rn 24 ff.) nicht differentielle Einflüsse der Sozialstruktur verstanden, sondern universelle, logisch notwendige Bedingungen für das Auftreten von Kriminalität wie das Vorhandensein motivierter Täter:innen, geeigneter Tatsituationen, Zielobjekte und Opfer.

284 *Gottfredson/Hirschi* 1990, 74.
285 *Gottfredson/Hirschi* 1990, 189, 213.
286 *Gottfredson/Hirschi* 2003, 13 ff.
287 *Snipes/Bernard/Gerould* 2019, 258.

Schaubild 2.5: Niedrige Selbstkontrolle und Kriminalität 48

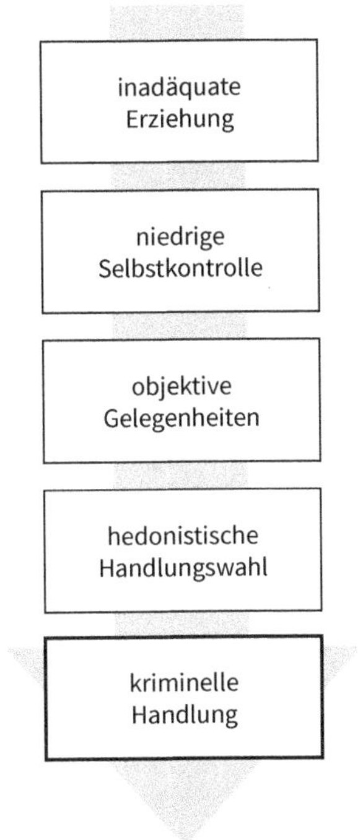

Zentrales Element der allgemeinen Kriminalitätstheorie ist die niedrige Selbst- 49
kontrolle. *Gottfredson* und *Hirschi* verstehen eine solche Geneigtheit momentanen Versuchungen nachzugeben als **typische Charaktereigenschaft** von Kriminellen. Aus der Beobachtung, dass die individuelle Bereitschaft zur Begehung krimineller Handlungen auch bei Veränderung äußerer Faktoren relativ stabil bleibe, folgern sie zunächst, dass die Verübung von Delikten nicht von sorgsamer Planung, individueller Befähigung oder Gewinnerwartung, sondern entscheidend durch Persönlichkeitsmerkmale bestimmt sei. Diese Merkmale bündeln sie im präzisierungsbedürftigen Begriff der niedrigen Selbstkontrolle.[288] Unter Selbstkontrolle wird dabei die Besorgnis um die langfristigen Konsequenzen eigenen Handelns verstanden. Sie befähigt dazu, Versuchungen zu widerstehen.[289] Soweit Selbstkontrolle als Ausdruck der Verinnerlichung so-

288 Ein Versuch zur empirisch prüfbaren Skalierung bei *Grasmick u. a.* 1993; dazu *Vazsonyi/Huang* 2015; vgl. auch *Burt/Sweeten/Simons* 2014; *Turanovic/Reisig/Pratt* 2015.
289 *Gottfredson/Hirschi* 1990, 64.

zialer Bindungen zu verstehen ist, knüpft die Theorie an die ursprüngliche Kontrolltheorie *Hirschis* (→ § 11 Rn 5 ff.) an.

50 Selbstkontrolle wird dem Ansatz zufolge in der frühkindlichen Erziehung vermittelt, mit etwa acht Jahren in unterschiedlicher Stärke erlangt und bleibt dann lebenslang konstant. Niedrige Selbstkontrolle zeige sich in Impulsivität, Gefühlsarmut, physischem Risikoverhalten, Bestreben um direkte, schnelle Bedürfnisbefriedigung, Egozentrik, leichter Reizbarkeit und Freude an physischer Macht über andere.[290] Niedrige Selbstkontrolle sei der persönlichkeitsbezogene Indikator für die **Bereitschaft zu krimineller Betätigung**, weil eine solche mit exakt diesen Eigenschaften zusammenhänge: Kriminalität biete eine rasche Belohnung und beschere ein aufregendes Erlebnis.[291] Sie erfordere keine langfristigen Investitionen und keine institutionalisierte Ausbildung, sondern in der Regel ein risikofreudiges nonverbales Zupacken, welches sich um das Leid von Opfern nicht kümmere: Geld ohne Arbeit, Sex ohne Werben, Rache ohne lange Gerichtsverfahren.

51 *Gottfredson* und *Hirschi* verstehen niedrige Selbstkontrolle als den **stabilen Kern** der kriminell veranlagten Persönlichkeit, der zu deliktischen Betätigungen jedweder Art disponiere und der lebenslang konstant bleibe. Daher sei dies eine geeignete einheitliche Bestimmungsgröße zur generellen Erklärung kriminellen Verhaltens. Die Konstanz niedriger Selbstkontrolle eigne sich zur Erklärung, warum der Vergewaltiger zugleich Drogen konsumiere, raube und Einbrüche begehe und eine Vorstrafenliste mit anderen Gewaltdelikten aufweise. Niedrige Selbstkontrolle äußere sich auch in nichtkriminellen Verhaltensauffälligkeiten wie Rauchen, Alkoholmissbrauch und Schulabbruch, die bei Kriminellen gehäuft zu beobachten seien.[292] Zugleich grenzen sich die Autoren damit von der entwicklungsbezogenen Kriminologie ab, die nach Lebensaltersphasen differenziert und mit Diskontinuitäten der Entwicklung rechnet (→ § 10 Rn 35 ff.). Die Abnahme der Kriminalität im Lebensverlauf habe nichts mit Reifung, sozialer Bindung oder Gewinn an Selbstkontrolle zu tun, sondern sei eine Folge des unerbittlichen Alterns des Organismus, der immer weniger über die Fähigkeit zum Ausleben einer niedrigen Selbstkontrolle verfüge.

290 *Gottfredson/Hirschi* 1990 90.
291 *Snipes/Bernard/Gerould* 2019, 257.
292 *Gottfredson/Hirschi* 1990, 94.

Obgleich die niedrige Selbstkontrolle von *Gottfredson* und *Hirschi* an zahlreichen Beispielen erläutert wird, bleibt sie als erklärende Variable **eigentümlich unbestimmt** und empirisch kaum operationalisierbar. Ganz in der Tradition der Kontrolltheorie ist das Konzept der Selbstkontrolle plausibler für die Erklärung, warum wir nicht kriminell werden als warum bestimmte andere sich kriminell betätigen.[293] Nach dem der Theorie zugrunde liegenden Menschenbild eines autonom handelnden Individuums müsste Selbstkontrolle eigentlich die Konsequenz dieser Handlungsautonomie sein und wäre dann wegen ihres indeterministischen Charakters aus externen Zusammenhängen nicht erklärbar. Diese naheliegende Konsequenz ziehen die Autoren nicht. Stattdessen nehmen sie an, dass Selbstkontrolle sich durch externe Einflüsse sozialer Kontrolle im Kindesalter ausbilde. Dabei komme der elterlichen Erziehung entscheidende Bedeutung zu.[294] 52

Die Effektivität der **frühkindlichen elterlichen Erziehung**, die dem Ansatz zufolge entscheidend für die Ausbildung von Selbstkontrolle ist, korreliere mit der familiären Situation, wobei die intakte bürgerliche Kleinfamilie die besten Sozialisationschancen biete. Hingegen prägten extrafamiliäre Sozialisationsfelder die im Kindesalter gebildete Selbstkontrolle kaum. Nicht Schule, Freund:innen oder Beruf seien persönlichkeitsbildend, vielmehr wähle das Individuum kraft der im Kindesalter erlangten Selbstkontrolle die ihm entsprechenden Bezugsgruppen und sozialen Institutionen. Erst recht gering sei der Einfluss der förmlichen sozialen Kontrolle durch staatliche Strafverfolgung, da die Selbstkontrolle sich im strafmündigen Alter bereits als eine stabile Veranlagung ausgeprägt habe.[295] Indem das Ausmaß von Selbstkontrolle zur Sozialisation durch familiäre Erziehung in Abhängigkeit gebracht wird, schränkt die Theorie die „klassische“ Annahme der Unbeeinflusstheit menschlichen Handelns ein und übernimmt Elemente einer frühkindlichen Sozialisationstheorie (→ § 8 Rn 10 f.). 53

Eine originelle Deutung und Weiterentwicklung des Konzepts der Selbstkontrolle findet sich in der **Theorie der altersabhängigen informellen Sozialkontrolle** von *Sampson* und *Laub* (→ § 10 Rn 38). Ihnen zufolge interagiert der Erwerb sozialen Kapitals durch soziale Beziehungen und Verantwortlichkeiten mit dem Erwerb von Fähigkeiten zur Selbstdisziplin. Umgekehrt destabilisiere der Kontakt mit der Strafjustiz soziale Bindungen und rege dazu an, in zynischer 54

293 *Newburn* 2017, 255 f.
294 *Gottfredson/Hirschi* 1990, 97 ff.
295 *Gottfredson/Hirschi* 1990, 272 f.

Spieler:innenmanier alles auf eine Karte zu setzen, wenn es darum geht, die eigenen spontanen Bedürfnisse zu befriedigen. Für den Eintritt von Diskontinuitäten und Wendepunkten der kriminellen Biografie wird stets die Fähigkeit von Individuen zur Verarbeitung äußerer Verhaltensanreize und zur angemessenen Reaktion kraft erworbener Selbstkontrolle als entscheidend angesehen.

55 Auch für die Erforschung des Zusammenhanges zwischen Kriminalität und sozialem Geschlecht lässt sich das Konzept der Selbstkontrolle originell als Ausprägung eines Aspekts des sozialen Bildes von „Männlichkeit" und „Weiblichkeit" verstehen (→ § 9 Rn 36f.). Die vorwiegend jungen Männern zugeschriebenen Tendenzen, unbekümmert, hochmütig und im Zweifel auf Kosten Dritter ihrem Spaß erregenden Treiben nachzugehen, korrespondieren mit einem Alltagsverständnis von niedriger Selbstkontrolle. Hingegen sind etwa traditionell erzogene junge Frauen einer intensiven familiären Kontrolle mit manipulativem Gebrauch von Zuneigungsentzug und Beschämungsstrategien ausgesetzt; dies bewirkt den Eindruck eines geringen Selbstbewusstseins, einer geringen Risikobereitschaft und einer hohen Selbstdisziplin. Tatsächlich wird die ungleich seltenere strafrechtliche Auffälligkeit von Frauen im Vergleich zu Männern darauf zurückgeführt, dass Männer

> „[…] are more likely to experience neuro-cognitive deficits, uncontrolled temperamental features, weak constraint (poor impulsive control) and hyperactivity"[296].

3. Kriminalpolitische Schlussfolgerungen

56 Die Schlussfolgerungen aus der allgemeinen Theorie konzentrieren sich zunächst auf die frühkindliche Erziehung, in der demnach die unabänderlichen Grundlagen der Persönlichkeit gelegt werden. Wirksame Kriminalprävention bestehe daher im Wesentlichen in einer **familiären Erziehung**, die kindliches Verhalten beaufsichtige, frühzeitige Devianz erkenne und angemessen bestrafe.

> „In our view, the origins of criminality of low self control are to be found in the first six or eight years of life, during which time the child remains under the control and supervision of the family or a familial institution. Apart from the limited benefits that can be achieved by making specific criminal acts more difficult, policies directed towards enhancement of the ability of familial institutions to socialize children are the only realistic long-term state policies with potential for substantial crime reduction."[297]

296 *Moffitt u. a.* 2001, 7.
297 *Gottfredson/Hirschi* 1990, 272 f.

Konkret schlagen *Gottfredson* und *Hirschi* vor, in die Erziehung zu intervenieren und beispielsweise Zwei-Eltern-Familien zu fördern, dysfunktionale Erziehungsverhältnisse und mangelnde frühkindliche Betreuung ausfindig zu machen und unüberwachte Aktivitäten von Jugendlichen zu beschränken.[298]

Da eine einmal ausgebildete niedrige Selbstkontrolle dem Ansatz zufolge das Leben über stabil bleibt, kommt im Anschluss an die Erziehung nur **externer Kontrolle** Bedeutung zu. Je niedriger die Selbstkontrolle bei Individuen ausfalle, desto intensiver müsse die externe Kontrolle sein, um die Individuen von kriminellem Verhalten abzuhalten und umgekehrt. Dabei wird kriminalpräventiv vor allem eine Verminderung der objektiven Gelegenheiten zur Deliktsbegehung als erfolgversprechend angesehen. Dies knüpft an *Hirschis* Kontrolltheorie (→ § 11 Rn 5 ff.) sowie an Forschungen an, die als *Situational Crime Control*[299] oder *Routine Activity Approach*[300] (→ § 18 Rn 26) bekannt wurden. Ihnen ist gemeinsam, dass Kriminalität mit Variationen der sich aus dem täglichen Leben ergebenden Umstände in Zusammenhang gebracht wird, wie etwa, ob in der konkreten Situation zu einer Straftat Motivierte, geeignete Tatobjekte und fähige Wächter:innen vorhanden sind.[301] Daraus ergibt sich als pragmatischer Ratschlag zur Kriminalitätsverhütung, die Ausführung krimineller Handlungen zu erschweren, indem die situativen Gelegenheiten dazu so weit wie möglich verringert werden (→ § 22 Rn 19 ff.). 57

4. Bewertung

Die Theorie von *Gottfredson* und *Hirschi* ist im Grunde keine Kriminalitätstheorie, sondern **eine Theorie niedriger Selbstkontrolle**, die sich gleichermaßen auf legales Verhalten wie Alkoholmissbrauch und Sex mit häufig wechselnden Partner:innen bezieht. Indem sie sich aber dezidiert als Kriminalitätstheorie präsentiert, überträgt sie das der Kriminalität anhaftende moralische Verdikt auf sämtliche Verhaltensweisen, die mit niedriger Selbstkontrolle verbunden werden. Der Vorwurf der Amoralität, welcher Betätigungen aufgrund niedriger Selbstkontrolle ohnehin schon anhaftet, wird durch die Verbindung mit Kriminalität zusätzlich akzentuiert. Wenn Alkoholmissbrauch und Sex mit häufig wechselnden Partner:innen dieselbe Ursache haben wie Kriminalität, ist dies ein Grund mehr, solches Verhalten ungeachtet seiner Erlaubtheit als verwerf- 58

298 *Hirschi/Gottfredson* 2001.
299 *Clarke* 1997.
300 *Cohen/Felson* 1979.
301 *Cohen/Felson* 1979; *Snipes/Bernard/Gerould* 2019, 51 f.

lich und verhinderungsbedürftig zu betrachten. *Gottfredson* und *Hirschi* ebnen damit den Weg für eine moralische Aufrüstung, die förmliche Interventionen auch gegen erlaubtes Verhalten nahelegt, indem sie nicht die Gebote des Rechts, sondern die strengeren Anforderungen einer den Verlust von Selbstkontrolle verdammenden Moral zum Maßstab nimmt.

59 Die **Verabsolutierung** der niedrigen Selbstkontrolle als das persönlichkeitsbezogene Korrelat für kriminelles Verhalten schlechthin ist eine massive Vereinfachung. Wie alle allgemeinen Kriminalitätstheorien muss auch diese die charakteristischen Eigenschaften ihrer Studienobjekte in deren gemeinsamen Merkmalen suchen; sie muss zudem auf hohem Abstraktionsniveau mit wenigen erklärenden Annahmen auskommen und einfache und konstante Abhängigkeitsbeziehungen annehmen. Das Auftreten kriminellen Verhaltens mit niedriger Selbstkontrolle zu erklären, ist indes tautologisch: Die einzige zuverlässige Möglichkeit, niedrige Selbstkontrolle festzustellen, ist die Überprüfung, ob das Individuum sich in einer Weise verhält, der niedrige Selbstkontrolle zugeschrieben wird.[302] Für das Verständnis einzelner Kriminalitätserscheinungen – wie des organisierten Verbrechens oder politisch motivierter Gewalt – ergibt sich kein Erkenntnisgewinn, wenn den Täter:innen eine niedrige Selbstkontrolle attestiert wird. Insofern diese (nachträglich vorgenommene) Zuschreibung ihre Berechtigung daraus herleitet, dass die Person mit niedriger Selbstkontrolle tatsächlich straffällig wurde, wird hier Kriminalität zirkulär aus einem Persönlichkeitsmerkmal „erklärt", auf dessen Vorliegen seinerseits aus der kriminellen Betätigung indiziell geschlossen wird.

60 Zudem ist die für den Universalitätsanspruch der Theorie zentrale Annahme der **lebenslänglichen Konstanz** niedriger Selbstkontrolle und daraus folgender stabiler individueller Disposition zu kriminellem Verhalten theoretisch anfechtbar und empirisch weitgehend ungesichert.[303] Die Annahme einer lebenslänglichen Konstanz der persönlichen Kriminalitätsdisposition widerspricht Befunden der entwicklungsbezogenen Kriminologie, wonach Kriminalität sich zumeist auf das Jugendalter beschränkt, chronische Kriminalität oft unvermutet abbricht und kriminelle Karrieren gewöhnlich spätestens mit 40 Jahren enden (→ § 10 Rn 42).

302 *Akers* 1991.
303 So stellten etwa *Na/Paternoster* 2012 in ihrer Langzeitstudie erhebliche Entwicklungen der Selbstkontrolle bei Jugendlichen fest.

Der Vorstellung, die beaufsichtigende Erziehung im Umfeld der intakten Kleinfamilie sei der beste Garant zur Erlangung von Selbstkontrolle und Immunität gegen kriminelle Versuchungen, liegt ein **neokonservatives Gesellschaftsmodell** zugrunde. Ihm entspricht eine puritanische Ethik, die spontane Triebbefriedigung verdammt und Bedürfnisaufschub propagiert. Das Muster für das Individuum ist ein angepasster, in seinen Trieben gezähmter und sich selbst disziplinierender Mensch, der die Maßstäbe elterlicher Disziplinierung übernimmt und sich zu eigen macht. Dementsprechend wird der Erziehungsstil, der Selbstkontrolle fördert, mit Beaufsichtigung und Repression anstatt mit Vorbild und Belohnung assoziiert. Sogar die ethnisch unterschiedlichen Kriminalitätsbelastungen, insbesondere die deutlich erhöhten offiziellen Kriminalitätsraten in der afroamerikanischen Bevölkerung, werden – taktisch vorsichtig, im Sinne einer näher prüfungsbedürftigen Hypothese – mit ethnisch unterschiedlichen Erziehungspraktiken in Verbindung gebracht.[304] 61

Mit der Betonung der Kontrollfunktion eines **konservativen Erziehungsstils** wird die Verantwortung für sozial unerwünschtes und kriminelles Verhalten sowie für die Persönlichkeitsentwicklung von Kindern zuvorderst den Eltern aufgebürdet und damit die Gesellschaft von Verantwortung für soziale Probleme entlastet. Die gesellschaftspolitische Relevanz dieser Annahmen erschöpft sich in dem Beklagen, dass der zu niedriger Selbstkontrolle führende Erziehungsstil verbreitet sei, andere dabei weitgehend tatenlos zusähen und dies mit dem Schwinden informeller sozialer Kontrolle in der spätmodernen Gesellschaft zusammenhänge.[305] 62

Die Theorie von *Gottfredson* und *Hirschi* unterscheidet sich von anderen spätmodernen Theorien durch ihre deutlich skeptischere Beurteilung der Leistungskraft staatlicher Kriminalitätskontrolle. Interessant wäre zu erfahren, ob *Gottfredson* und *Hirschi* aus dem von ihnen diagnostizierten faktisch geringen Einfluss der strafrechtlichen Repression kriminalpolitisch die an sich naheliegende Empfehlung herleiten, diese Repression abzubauen. 63

304 *Gottfredson/Hirschi* 1990 153.
305 S. etwa *Reiss* 1986, 143.

V. Die Situational Action Theory

Lektüreempfehlung: *Neubacher, Frank* (2017): Die Situational Action Theory – Ausgangspunkte, Standpunkte, Kritikpunkte. In: *Safferling, Christoph; Kett-Straub, Gabriele; Jäger, Christian; Kudlich, Hans* (Hrsg.): Festschrift für Franz Streng zum 70. Geburtstag. Heidelberg, 565-577; *Wikström, Per-Olof* (2020): Explaining Crime and Criminal Careers: the DEA Model of Situational Action Theory. Journal of Developmental and Life-Course Criminology 6, 188-203; *Wikström, Per-Olof* (2015): Situational Action Theory. MschrKrim 98, 177-186.

Nützliche Webseiten: http://www.pads.ac.uk/pages/research/pads_theory.html (Seite der Peterborough Adolescent und Young Adult Development Study).

64 Welche Faktoren beeinflussen, ob eine Person eine Straftat begeht? Bei der Suche nach der Antwort auf diese Frage kombiniert die von *Per-Olof Wikström* (*1955) geprägte *Situational Action Theory* (SAT) persönliche Eigenschaften und Erfahrungen der handelnden Person mit Eigenschaften ihres Umfeldes und der jeweiligen Handlungssituation. Auch sie betrachtet Kriminalität daher als individuelle **Betätigung in einem bestimmten situativen Kontext**. Sie bezieht aber noch stärker als die Allgemeine Kriminalitätstheorie von *Gottfredson* und *Hirschi* (→ § 12 Rn 43 ff.) die persönlichen Eigenschaften der Handelnden mit ein. Der SAT zufolge gehören dazu auch moralische Vorstellungen, sodass sich diese ätiologisch-erklärende Theorie grundlegend von der Annahme des rationalen Wahlhandelns unterscheidet. Die SAT verbindet insofern individuelle und Umfeldfaktoren und versucht, den Prozess des Zusammenwirkens dieser Faktoren bei der Entstehung von Kriminalität zu erklären[306], weshalb man sie auch als integrative Theorie (→ § 14 Rn 15 ff.) ansehen kann.

65 Die SAT geht davon aus, dass jede menschliche Handlung aus dem Zusammenspiel von **Person und Umwelt** resultiert, als Kombination der Neigung (*propensity*) einer Person und dem Kontakt (*exposure*) mit bestimmten Situationen. Kriminalität wird dabei verstanden als Teil einer größeren Kategorie moralischer Handlungen (*moral actions*), die von Regeln darüber geleitet werden, welches Verhalten in einer Situation richtig oder falsch ist. Die Unterkategorie der kriminellen Handlungen zeichnet sich dabei dadurch aus, dass sie gegen Strafgesetze verstoßen.[307]

306 *Wikström u. a.* 2012, 6; *Wikström* 2015.
307 *Wikström* 2010, 1001 f.

Schaubild 2.6: Entstehung situativen Handelns nach der SAT 66

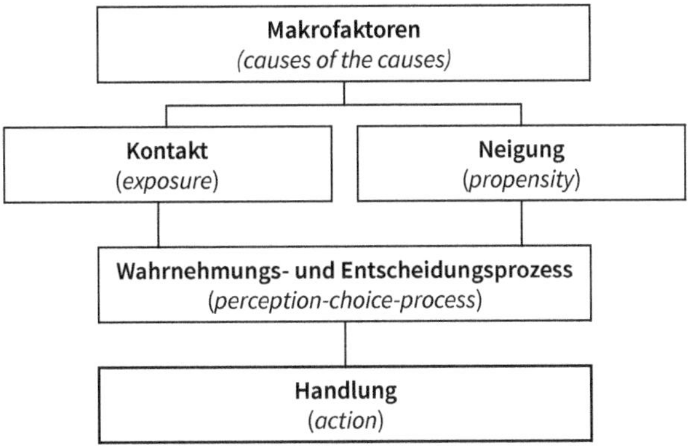

Quelle: vgl. *Vetter/Bachmann/Neubacher* 2013; *Wikström* 2015.

Als situative Theorie beschreibt die SAT hauptsächlich Einflussfaktoren, die in einer konkreten Situation unmittelbar wirken. Die Wirkung von **Makrofaktoren** wird dabei als indirekte bestimmt. Sie sollen als *causes of the causes* z. B. Einfluss auf die Entwicklung von persönlicher Moral und Verhaltensregeln sowie auf die Entstehung kriminogener Situationen haben. Sie schaffen demnach die individuellen und Umfeldfaktoren, die dann in einer konkreten Situation wirksam werden und zu einer Handlung führen oder dieser entgegenstehen. 67

Unter **Neigung** versteht die Theorie die Tendenz einer Person, kriminelles Verhalten bzw. bestimmte Formen dessen als Handlungsalternative wahrzunehmen und danach zu handeln. Danach können Menschen verschieden starke Neigungen haben, delinquent zu werden, weshalb sie, wenn sie mit der gleichen Situation konfrontiert werden, auch unterschiedlich reagieren können. Die Neigung einer Person wird der Theorie zufolge maßgeblich von den handlungsleitenden moralischen Vorstellungen und Emotionen (z. B. Scham- oder Schuldgefühle beim Verletzen einer Regel) sowie von der Fähigkeit beeinflusst, Selbstkontrolle auszuüben.[308] 68

Als zweiten Faktor für das Entstehen von Kriminalität sieht die SAT das physische und soziale **Umfeld einer Situation** an. Dieses bilde den Anlass für kriminelle Handlungen, indem es die Neigung einer Person aktiviert. Solche 69

308 *Wikström u. a.* 2012, 15 f.

Settings könnten danach unterschieden werden, wie kriminogen sie auf Individuen wirken, sich also positiv auf die Begehung von Straftaten auswirken. Den wichtigsten Faktor stellt der SAT zufolge der moralische Kontext dar, also die formellen und informellen Verhaltensregeln, die in einer bestimmten Situation Anwendung finden und das Maß der Durchsetzung dieser Regeln. Der moralische Kontext in Bezug auf den Genuss von Cannabis sei beispielsweise auf einem Festival ein anderer als vor der nächsten Polizeiwache. Ein solcher moralischer Kontext könne sowohl Gelegenheiten als auch Spannungen hervorrufen. Aus einer Gelegenheit könne, wenn sie zu den Bedürfnissen der Person passt, eine Versuchung werden, aus der Spannung, wenn sie in der Person Ärger oder Wut hervorruft, eine Provokation. Solche Motivationen sind der SAT nach eine notwendige, aber keine hinreichende Erklärung für bestimmte Handlungen.[309]

70 Das Bindeglied zwischen individuellen und Umfeldfaktoren sowie der eigentlichen Handlung ist demzufolge der **perception-choice-process.**[310] Danach ist jede Handlung Folge davon, erstens welche Handlungsalternativen eine Person wahrnimmt und zweitens welche Entscheidung sie auf dieser Grundlage trifft. Die SAT legt den Fokus also weniger darauf, wie Personen sich zwischen vorbestimmten Handlungsoptionen entscheiden, sondern eher darauf, warum sie überhaupt bestimmte Handlungsalternativen für sich als möglich erachten und andere nicht.

71 Die Entscheidung für eine der Handlungsalternativen könne entweder aus Gewohnheit oder einer bewussten Entscheidung heraus erfolgen, sodass die SAT deterministische mit voluntaristischen Elementen kombiniert – insofern bestehen Bezüge zum *Rational Choice*-Ansatz (→ § 12 Rn 11 ff.) und (anderen) *Dual Process*-Theorien (→ § 12 Rn 39 ff.). Beide Entscheidungen seien regelgeleitet. Während bei der Gewohnheit auf Erfahrungen basierende Verhaltensregeln angewendet würden, liege im Fall der bewussten Entscheidung eine Wahl zwischen den Folgen der Entscheidung unter Abwägung der Verhaltensregeln vor. Ob die Wahl der Handlung eher auf Grundlage von Gewohnheit oder bewusster Entscheidung erfolgt, hängt der SAT zufolge davon ab, wie vertraut die Handelnden mit der Situation sind. Gewohnheiten würden erst durch wiederholten Kontakt mit bestimmten Situationen geschaffen, wohingegen Reaktionen eher automatisch als bewusst erfolgten.[311]

---

309 *Wikström* 2010, 1003 f.
310 *Wikström* 2017, 511 f.
311 *Wikström* 2010, 1002 f.

Die SAT soll nicht nur einzelne Kriminalitätsereignisse, sondern darüber hinaus auch „kriminelle Karrieren“ erklären können. *Wikström* bezeichnet diesen Ansatz als **Developmental Ecological Action Model** (DEA Model) der SAT, das Leerstellen der entwicklungsbezogenen Kriminologie (→ § 10 Rn. 45 ff.) adressiert[312], namentlich: 72

> „[...] the lack of action theory, the neglect of properly adressing the role of the person-environment interaction in crime causation and the confusion of causes and correlates“[313].

Aufbauend auf den Grundannahmen der SAT geht das DEA Model davon aus, dass gleichbleibende oder sich ändernde Einbindungen in Kriminalität im Altersverlauf mit der Kontinuität oder Änderungen des Kontaktes (*exposure*) oder der Neigung (*propensity*) erklärt werden können.

Verantwortlich für **Stabilität oder Veränderungen** der Neigungen sind danach psychosoziale Prozesse (*personal emergence*); ein Wandel des Kontaktes hängt von sozioökologischen Prozessen (*social emergence*) ab.[314] Unter die psychosozialen Prozesse wird zum einen *moral education* gezählt, also die Übernahme oder Modifikation persönlicher Moralvorstellungen durch Beobachtungen oder Erfahrungen. Dafür spiele insbesondere auch die positive und negative Spezialprävention eine Rolle. Zum anderen falle das *cognitive nurturing* darunter, also die Entwicklung der eigenen kognitiven Fähigkeiten. Die sozioökologischen Prozesse, die den Kontakt prägen, beinhalten dem Modell zufolge zum einen die soziale Selektion, die beeinflusst, welchen Situationen bestimmte soziale Gruppen ausgesetzt sind, in denen sie handeln und sich entwickeln. Die Selbstselektion zum anderen umfasse Entscheidungen für Aktivitäten und Situationen in Abhängigkeit des finanziellen und sozialen Kapitals einer Person.[315] Gerade die Kombination dieser beiden Prozesse sorge dafür, dass nicht alle Menschen im gleichen Maße kriminogenen Situationen ausgesetzt seien oder sich für diese entscheiden würden. 73

312 *Wikström* 2020.
313 *Wikström* 2020, 192.
314 *Neubacher* 2017, 572.
315 *Wikström* 2020, 195 ff.

74 **Schaubild 2.7: Developmental Ecological Action Model der SAT**

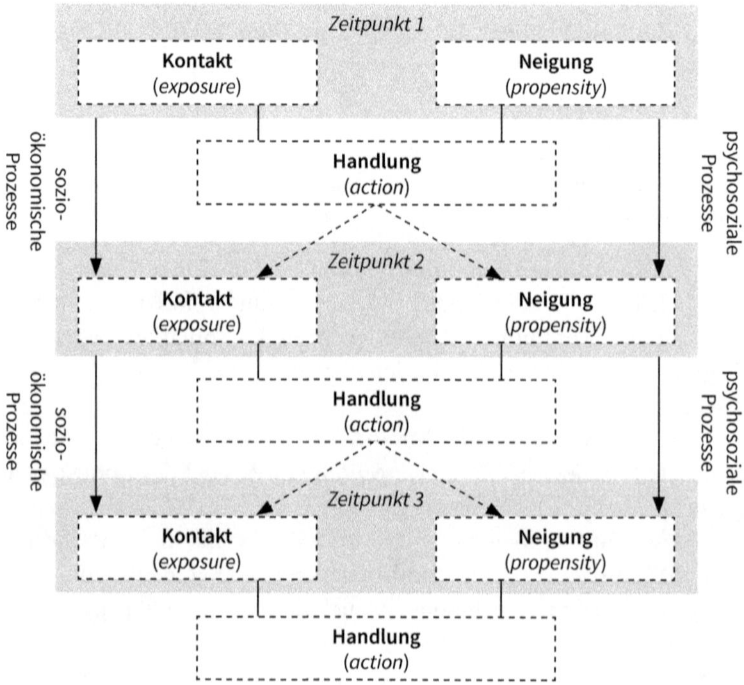

Quelle: vgl. *Wikström* 2020, 196.

75 Änderungen in den psychosozialen und sozioökologischen Prozessen können diesem Konzept zufolge z. B. durch die Teilnahme an kriminellen Aktivitäten entstehen. Die daraus resultierenden Konsequenzen oder der wahrgenommene Erfolg würden etwa auf die *moral education* wirken, während etwa die Art der Erfahrung (positiv oder negativ) Auswirkungen darauf haben könne, ob in Zukunft kriminogene Settings eher aufgesucht oder vermieden werden.[316] Die psychosozialen und sozioökologischen Prozesse entwickeln sich danach abhängig vom kulturellen (*rule-based*) und sozial-strukturellen (*resource-distribution-based*) Kontext einer Gesellschaft.[317]

76 Die Vorteile dieser mehrschichtigen Theorie sind auch ihre Nachteile. Dadurch dass die SAT – ähnlich wie multifaktorielle Erklärungsansätze (→ § 10

316 *Wikström* 2020, 198.
317 *Wikström* 2020, 199.

Rn 24 ff.) – eine Verbindung heterogener Theorieelemente wählt und diese in einen komplexen Erklärungsrahmen setzt, bleiben ihre Aussagen recht abstrakt. Der Ansatz zeichnet sich durch hohe Abstraktion und dementsprechend wenig konkrete Prognosetauglichkeit aus.

§ 13 Kriminalität und soziale Interaktion

I. Das interpretative Paradigma

Lektüreempfehlung: *Bernard, Thomas J.; Snipes, Jeffrey B.; Gerould, Alexander L.* (2016): Vold's Theoretical Criminology. 7. Aufl., New York/Oxford, 242-261; *Kunz, Karl-Ludwig* (2008): Die wissenschaftliche Zugänglichkeit von Kriminalität. Wiesbaden, 77-86; *Moyer, Imogene L.* (2001): Criminological Theories. Thousand Oaks/London/New Delhi, 159-189.

Sämtliche bislang erörterte Konzepte der Kriminalitätsentstehung folgen der Methodik des Erklärens kriminellen Verhaltens, das sie im Sinne des wissenschaftlichen Positivismus als objektiv beobachtbare Gegebenheit begreifen (→ § 2 Rn 7 ff.). Die methodische Weiche hin zu einem Verstehen jener diskursiven gesellschaftlichen Praktiken, in welchen der Sinn des jeweiligen Kriminalitätsverständnisses gestiftet wird (→ § 13 Rn 15 ff.), wird in der Kriminologie unter dem Einfluss des von *George H. Mead* (1863-1931) begründeten **symbolischen Interaktionismus** gestellt[318] und führt unter dem Schlagwort des *Labeling Approach* zur Ausbildung eines neuen interpretativen Paradigmas. 1

Nach *Mead* sind menschliche Handlungen – und damit auch das Geflecht aus ihnen, welches gesellschaftliche Beziehungen und Institutionen formt – aus den Bedeutungen verständlich, welche die Handelnden mit ihnen verbinden. Diese Bedeutungen würden von anderen verstehend aufgegriffen und ihrerseits mit einem bestimmten Verständnis versehen. Die wechselseitigen Interpretationen pendeln sich demnach mit der Zeit auf ein relativ beständiges Repertoire verbreitet geteilter Bedeutungen ein. Die Wahrnehmung von Handlungen vollziehe sich durch interpretierendes Aufgreifen der im Allgemeinen mit ihnen assoziierten Bedeutungen. Auch die wissenschaftliche Wahrnehmung sei auf eine solche Reinterpretation von Bedeutungen angewiesen: Die Wirklichkeit 2

318 *Mead* 1968; s. auch *Moyer* 2001.

erschließe sich stets und nur durch die in sozialen Interaktionen vermittelten Verständnisse.

3 *Erving Goffman* (1922-1982) betont, dass individuelle Handlungsinterpretationen nicht beliebig sind, sondern an ein übergreifendes gesellschaftliches Sinnsystem anknüpfen, welches die Handelnden sich in der Alltagspraxis aneignen und routiniert verwenden. Als *shared knowledge* bilden sich danach Schematisierungen und Klassifizierungen, in welche das Individuum das Geschehen einrückt und so zu einer subjektiven Sinnzuschreibung gelangt. Die soziale Welt sei ein Produkt von Sinnzuschreibungen in einer gemeinsamen Praxis sozialer Interaktionen.[319]

4 **Schaubild 2.8: Das interpretative Paradigma**

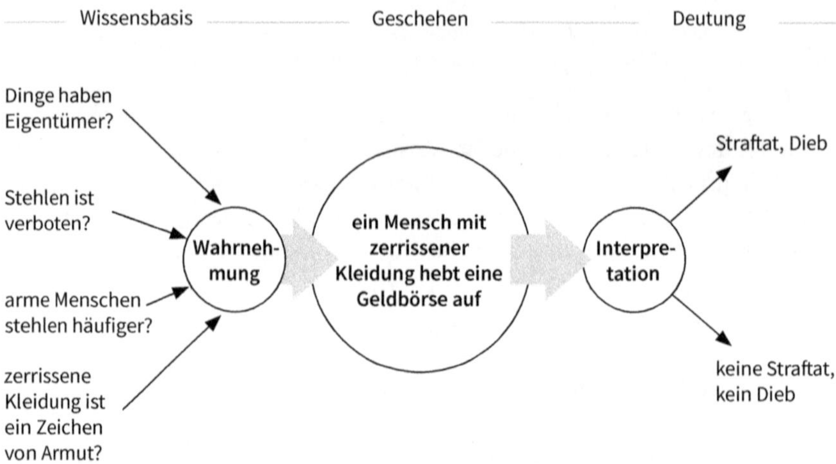

5 Die Öffentlichkeit von Bedeutungen wird in der interpretativen Kulturanthropologie von *Clifford Geertz* (1926-2006) vollends deutlich. Ihm zufolge besteht die Sozialstruktur aus „Sinnstrukturen" (*structures of meaning*), die nach einer subjektiven, psychologisch nahen und einfühlenden Interpretation der subjektiven Perspektive des Handelnden (*from the actor's point of view*) verlangen.[320] Damit verbindet *Geertz* eine konsequent auf den konkreten historischen Kon-

319 *Goffman* 1961; *Goffman* 1977.
320 *Geertz* 2000, 56.

text bezogene Betrachtung des „lokalen Wissens" (*local knowledge*)[321], die in einer den Besonderheiten des Untersuchungsfeldes möglichst nahen „dichten Beschreibung" (*thick description*)[322] dargestellt werden soll.

Das **interpretative Paradigma** lässt sich wie folgt zusammenfassen: Die soziale Welt findet in sinnstiftenden sozialen Praktiken Ausdruck, welche hintergründige Bewertungsrahmen liefern, mit denen soziale Akteur:innen zumeist routiniert und implizit Situationen definieren und Handlungsverständnisse entwickeln. Gefragt wird deshalb nicht, wie die Welt objektiv beschaffen ist, sondern wie sie im Sinnhorizont der Handelnden konstituiert wird. Die Themen der Sozialforschung sind demzufolge gesellschaftliche Sinnsetzungen, die sich in Prozessen des Bestimmens und Auslegens der sozialen „Dinge" zu kulturellen Systemen[323] oder kollektiven Sinnsystemen[324] verdichtet haben. Von zentralem Interesse sind die Verstehensleistungen und Deutungsmuster, mit denen Akteur:innen sich ihr Handlungsumfeld verständlich machen und sich so ihre Wirklichkeit herstellen. Mit dem Sozialphilosophen *Charles Taylor* (*1931) ausgedrückt: 6

> „The claim is that our interpretation of ourselves and of our experience is constitutive of what we are, and therefore cannot be considered as merely a view on reality, separable from reality."[325]

321 Vgl. *Geertz* 2000.
322 *Geertz* 2003.
323 Vgl. *Geertz* 2008.
324 *Reckwitz* 2012, 22.
325 *Taylor* 1985, 47.

II. Labeling Approach

Lektüreempfehlung: *Bussmann, Kai.-D.; Kreissl, Reinhard* (Hrsg.) (1996): Kritische Kriminologie in der Diskussion. Opladen; *Maddan, Sean; Marshall, Ineke Haen* (2009): Labeling and Symbolic Interaction Theories. In: *Miller, J. Mitchell* (Hrsg.): 21st Century Criminology. Thousand Oaks, 253-261; *Peters, Helge* (1996): Als Partisanenwissenschaft ausgedient, als Theorie aber nicht sterblich: der Labeling Approach. KrimJ 28, 107-115; *Sack, Fritz* (1968): Neue Perspektiven in der Kriminologie. In: *Sack, Fritz; König, René* (Hrsg.): Kriminalsoziologie. Frankfurt a. M., 431-476; *Williams, Katherine S.* (2012): Textbook on Criminology. 7. Aufl., Oxford, 410-442.

Nützliche Webseiten: http://howardsbecker.com.

7 „I propose to shift the focus of theory and research from the forms of deviant behaviour to the *processes by which persons come to be defined as deviant by others.*“[326]

Das Studienfeld des Etikettierungsansatzes (*Labeling Approach*) betrifft die soziale Interaktion, innerhalb derer Handlungen eine kriminelle Bedeutung beigemessen wird und sie damit eine soziale Relevanz als Kriminalität gewinnen. 1938 schafft *Frank Tannenbaum* (1893-1969) die Basis für diesen Ansatz, indem er zeigt, wie Jugendliche die ihnen von Erwachsenen zugeschriebenen „schlechten“ Eigenschaften schrittweise in ihr Selbstbild übernehmen.[327] 1951 unterscheidet *Edwin M. Lemert* (1912-1996) zwischen primärer und sekundärer Devianz. Letztere entstehe nicht aus objektiv erklärbaren Ursachen, sondern aus negativen Reaktionen anderer auf die primäre Devianz. Diese Reaktionen würden schrittweise zu eigen gemacht und wirkten als Türöffner für eine kriminelle Karriere.[328] 1963 argumentiert *Howard S. Becker* (*1928), das kriminelle *label* überschreibe andere personenbezogene *label*, sodass andere die Person primär in den Stereotypen von Kriminellen wahrnehmen. Die formellen und informellen Prozesse der sozialen Kontrolle würden kriminelles Verhalten kontraproduktiv begünstigen, weil der mit ihren Aktionen verbundene Abstempelungsprozess die Wahrscheinlichkeit der Übernahme eines kriminellen Selbstbildes und damit das Einschlagen einer kriminellen Karriere begünstige.[329]

---

326 *Kitsuse* 1962, 248.
327 *Tannenbaum* 1938.
328 *Lemert* 1951.
329 *Becker* 2019.

1. Kriminlisierung als Zuschreibung

8 Der Etikettierungsansatz ist in seiner in den 1970er Jahren erlangten Variationsbreite zu einem vielseitigen Deutungsrahmen geworden, der Verknüpfungen mit der Psychoanalyse der strafenden Gesellschaft, der marxistischen Gesellschaftstheorie, der Konflikttheorie und der Sozialpsychologie erlaubt. In erster Linie befasst sich der Ansatz mit der Zuschreibung von Kriminalität durch förmliche strafrechtliche und informelle gesellschaftliche Reaktionen, also mit dem Kriminalisierungsprozess und seinen Akteur:innen. Die Zusammenhänge kriminellen Handelns sind in jener Perspektive nur insofern relevant, als diese Reaktionen, entgegen ihrer kriminalitätsverhütenden Intention, sekundäre Abweichungen und kriminelle Karrieren befördern können. Das Interesse gilt damit vor allem der etymologischen Bedeutung von Kriminalität als Attribution (→ § 1 Rn 18).[330]

9 Der *Labeling Approach* ist insofern vor allem eine **Kriminalisierungstheorie** (→ § 6 Rn 8), die sich mit Vorgängen und Instanzen der strafrechtlichen und informellen Kriminalitätskontrolle befasst. Das Augenmerk richtet sich auf die Prozesse des Aushandelns von Wirklichkeitsdefinitionen, durch welche Kriminalität zugeschrieben wird. Damit erfolgt eine Verlagerung des Blickes von Rechtsbrechenden und ihren individuellen Abweichungen auf den Kriminalisierungsprozess und diejenigen, die dort agieren (→ § 21 Rn 8 ff.).[331] Das interpretative Paradigma gerät damit in der Kriminologie zum Kontrollparadigma.

10 Die relevante Frage lautet nicht mehr: Warum betätigen sich gewisse Menschen kriminell? Vielmehr wird nun gefragt: Warum gelten bestimmte Handlungen als Rechtsbrüche oder nicht? Wie werden die Rechtsregeln angewendet? Was sind die Konsequenzen dieser Anwendung? Der traditionellen Kriminologie erschienen solche definitorischen Fragen belanglos, weil man davon ausging, dass kriminelles Verhalten zu Kontrollverhalten Anlass gäbe und Letzteres darum, jedenfalls soweit es förmlich korrekt vollzogen würde, nicht problematisierungswürdig sei. Die Pointe der definitorischen Fragen besteht nun gerade darin, dass sie eine Umkehrung der kausalen Beziehung zwischen kriminellem Verhalten und Kontrollverhalten nahelegen: Kontrollvorgänge führen danach zur Sichtbarmachung kriminellen Verhaltens und schaffen damit das Problem, dass die traditionelle Perspektive in der kriminellen Betätigung erblickt.

330 *Maddan/Marshall* 2009.
331 *Williams* 2012, 410 ff.

11 In dieser Umkehrung der Kausalbeziehung liegt eine politische Sprengkraft: Skandalisierungen der Praxis der Kriminalitätskontrolle im Hinblick auf Überreaktionen (Erfassung Nichtverdächtiger bei Rasterfahndungen, Inkaufnahme des Einsperrens Unschuldiger bei Null-Risiko-Politik) oder Reaktionsdefizite (weitgehende Sanktionslosigkeit von Wirtschafts- und Umweltkriminalität) werden möglich. Die Instanzen der Kriminalitätskontrolle können als etikettierende, stigmatisierende und isolierende Institutionen angesehen werden, die die Probleme für die Gesellschaft und ihre Außenseiter:innen nur verschlimmern. In einer radikalen marxistischen Deutung des *Labeling Approach* wird angenommen, die Kriminalitätskontrolle sei Instrument zur Unterdrückung sozial Benachteiligter im Interesse der Aufrechterhaltung der asymmetrischen gesellschaftlichen Machtverteilung.

12 Ein durchaus anderes Anwendungsfeld des *Labeling Approach* wird sichtbar, wenn der Ansatz auf die traditionelle kriminalitätstheoretische Frage: „Wie wird man kriminell?" bezogen wird. Indem der Ansatz ursachenbezogene Erklärungen für die sekundäre Devianz zurückweist und stattdessen den Einfluss der gesellschaftlichen und strafrechtlichen Reaktionen für die künftige Entwicklung der einmal straffällig Gewordenen betont, wird er zur **Kriminalitätstheorie**. Die Besonderheit dieser Kriminalitätstheorie besteht darin, die Ursachen der Kriminalitätsentstehung aus dem Prozess der Übernahme eines in Kontrollvorgängen erzeugten devianten Selbstbildes herzuleiten.

13 Personen, die von rechtlichen Erwartungen abweichend handeln und sich negativen Reaktionen auf ihr „primär" abweichendes Handeln ausgesetzt sehen, verhalten sich ihrerseits zu diesen Reaktionen. Zunächst mögen sie der negativen Deutung ihres Handelns Widerstand entgegenbringen, Neutralisierungstechniken einsetzen (→ § 10 Rn 21 ff.) und so ihr Selbstbild wahren. Indessen wird ihnen dies dem Ansatz zufolge bei wiederholten negativen gesellschaftlichen und strafrechtlichen Reaktionen zunehmend schwerer fallen. Es komme der Punkt, an welchem die Betreffenden die negativen Verhaltensdeutungen in ihr Selbstbild übernehmen, sich der ihnen zugeschriebenen Rolle als *outlaw* fügen und sich nun erst recht dementsprechend verhalten. Beim Überschreiten dieses Punktes spricht *Lemert* von „sekundärer" Devianz, die sich aus dem verstärkenden Einfluss der ins Selbstbild übernommenen negativen Bewertungen für die Begehung neuerlicher negativ bewerteter Handlungen ergibt. Aus dem Zusammenspiel negativer Bewertungen und ihrer Übernahme ins eigene Selbstbild lässt sich ein Karrieremodell kriminellen Handelns herleiten. Das interaktive Karrieremodell verdeutlicht den ambivalenten Charakter der Reaktionen

auf Kriminalität, die Rückfalltaten möglichst verhindern und die Betreffenden „bessern" wollen – und sich dabei mitunter ungewollt dazu eignen, kriminelle Karrieren erst recht zu befördern (→ § 10 Rn 43).[332]

Die offizielle Zuschreibung der Eigenschaft „kriminell" wird als „Degradierungszeremonie" beschrieben.[333] In dieser Zeremonie werde Verurteilten gleichsam ein unsichtbares Kainsmal angeheftet. Das Stigma der Kriminellen erleichtere künftige weitere sekundäre Kriminalisierungen: Erstens erschwere es der Person den Zugang zu prestigeträchtigen konformen Verhaltensmöglichkeiten und reduziere damit die Alternativen zu deviantem Verhalten. Zweitens setze es die Person einer erhöhten Aufmerksamkeit und Kontrolle aus, sodass man ihr verstärkt mit Misstrauen begegne und leichter geneigt sei, sie einer Straftat zu verdächtigen.[334] Solche Ausgrenzungsprozesse wiesen Verurteilte in die kriminelle Rolle ein. Betroffenen falle es zunehmend schwerer, gegen die Definitionsübermacht von Eltern, Arbeitskolleg:innen, Polizei und Gericht die eigenen Handlungsinterpretationen zur Geltung zu bringen. Die „Dramatisierung des Bösen"[335] in den sozialen Reaktionen führe allmählich in einem „Aufschaukelungsprozess" im Sinne einer sich selbst erfüllenden Prophezeiung zur Übernahme der zugewiesenen Rolle durch Bildung eines delinquenten Selbstbildes. 14

Analytisch unterscheidet der *Labeling Approach* **zwei Handlungsebenen**. Einerseits die Ebene der Handlungen, mit denen Definitionen des Kriminellen gebildet und verfestigt werden. Diese umfasst Handlungen, welche zum Erlass einer Strafnorm führen, ein bestimmtes Verhalten im Einzelfall strafrechtlich verfolgen oder welche informell ein Verhalten als kriminell abstempeln. Andererseits gibt es die Ebene der alltäglichen Handlungen, auf die die Definitionen der Kriminalität teilweise Anwendung finden. Dabei geht es um Handlungen, die unterschiedlich gesellschaftlich bewertet werden und von denen einige von den Instanzen der Kriminalitätskontrolle als kriminell gedeutet werden. Damit nimmt der Etikettierungsansatz die etymologische Doppelbedeutung von Kriminalität auf (→ § 1 Rn 19). Was die Kriminalitätsursachenforschung in erstaunlicher Naivität als „kriminelles Verhalten" verstehe und als zu erklärendes Phänomen bestimme, erweise sich nun als ein bipolares Konzept. In einer inzwischen klassisch gewordenen Formulierung liest sich dies so: 15

332 Empirisch etwa *Boers u. a.* 2014, 197 ff.; Überblick bei *Boers* 2019, 30 ff.
333 *Garfinkel* 1956.
334 Zu empirischen Befunden bei Jugendlichen *Schulte* 2019, 249 ff.
335 So der frühe *Labeling*-Theoretiker *Tannenbaum* 1968.

> „Von diesem Standpunkt aus ist abweichendes Verhalten *keine* Qualität der Handlung, die eine Person begeht, sondern vielmehr eine Konsequenz der Anwendung von Regeln durch andere und der Sanktionen gegenüber einem ‚Missetäter'. Der Mensch mit abweichendem Verhalten ist ein Mensch, auf den diese Bezeichnung erfolgreich angewandt worden ist; abweichendes Verhalten ist Verhalten, das Menschen so bezeichnen."[336]

16 **Schaubild 2.9: Zwei Handlungsebenen des Labeling Approach**

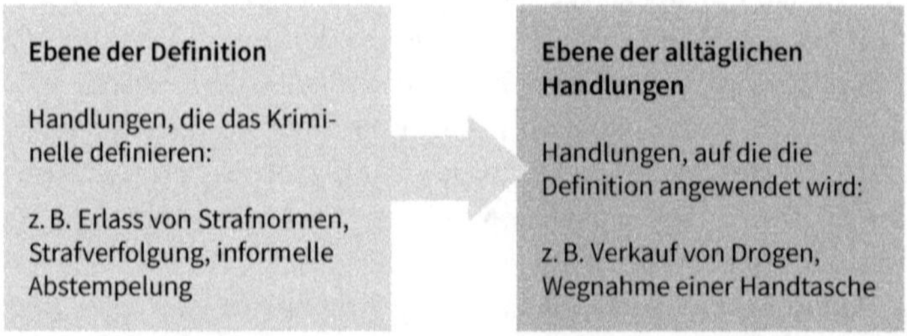

17 Für diejenigen, die zuschreiben, gerät dies leicht aus dem Blick. Die Strafverfolgungsinstanzen und Gerichte, ja auch die Anzeigeerstattenden und Zeug:innen vermeinen oft, ein wahrgenommenes Verhalten von vornherein als strafbar wahrzunehmen. Machen wir die Probe und lassen vor unserem geistigen Auge folgenden Film ablaufen: Ein zerschlissen gekleideter, heruntergekommen wirkender älterer Mann verlässt nach mäßiger Zeche das Gasthaus und greift sich beim Hinausgehen einen fremden schicken Kamelhaarmantel, der an der Garderobe hängt. Was wir sehen ist doch wohl ein Diebstahl, oder? – Keineswegs, wir assoziieren bloß die wahrgenommene Handlung mit unserer Einschätzung des von solchen Personen zu erwartenden Verhaltens und gelangen durch diese bewertende Verknüpfung zu der Annahme, der Mann handle mit Diebstahlsvorsatz. Nicht das Verhalten des Mannes, sondern unsere Bewertung ist es, was diese Person zum Dieb macht. Verwandeln wir zur Probe den Mann in einen Professor, dem man ein gewisses Maß an Vergesslichkeit zubilligt („sind" Professoren so oder schätzt man sie nur so ein?). Es zeigt sich, dass wir dasselbe Verhalten nun wohl eher nicht mit einer deliktischen Motivation assoziieren. Nicht am Verhalten, sondern an unserer Beurteilung liegt es also, dass wir ein Verhalten als kriminell wahrnehmen. Die Feststellung krimineller Eigenschaften an Handlungen oder Personen beruht auf einem Vorgang des Bewertens, nicht des Beobachtens und des Beschreibens.

336 *Becker* 2019, 7.

Es ist einleuchtend, dass die **Handlungsebene des Definierens**, auf der also die Eigenschaft „kriminell" ausgehandelt und zugeschrieben wird, nicht verhaltenserklärend, sondern nur handlungsinterpretierend angemessen verständlich gemacht werden kann. Es geht dort um Handlungen der Gesetzgebung, des Richtens, des informellen Verurteilens im Alltag, die eng mit Sprache verbunden sind. Die Intentionalität dieses Handelns ist offensichtlich; für ein näheres Verständnis dieser Handlungen ist es hingegen erforderlich, die darin enthaltenen Wertungen interpretierend nachzuvollziehen. 18

Bereits das Gesetz, das strafbare Handlungen tatbestandlich definiert, ist das Ergebnis eines Zuschreibungsprozesses. In die Kriminalitätsdefinitionen des Strafgesetzes fließen die Strafwürdigkeitsvorstellungen der Mehrheit der mit der Gesetzgebung betrauten Personen ein, die ihrerseits dem Einfluss vielfältiger „moralischer Unternehmer"[337] – wie Glaubensgemeinschaften, Verbände – ausgesetzt sind (→ § 21 Rn 3 ff.).[338] Die derart durch Aushandlungsprozesse zustande gekommenen begrifflich-abstrakten Kriminalitätsdefinitionen des Strafgesetzes werden durch Polizei, Strafverfolgungsbehörden und Gerichte fallbezogen konkretisiert (→ § 19 Rn 2 ff.). Wie die begrifflich-abstrakte Umschreibung der Strafzone durch das Gesetz ist die fallbezogene Rechtsanwendung durch den spezifischen Wahrnehmungs- und Bewertungshorizont der Beurteilenden geprägt. Die soziale Rekrutierung des Personals von Polizei und Justiz, die in der beruflichen Ausbildung vermittelten typischen Entscheidungsstile und Konfliktfälle, ein oft über Juristengenerationen wirksamer Traditionszusammenhang, die örtlichen Behörden- und Gerichtsgebräuche, die professionellen Routinen – aus all dem ergibt sich ein besonderer Wahrnehmungs- und Bewertungshorizont, mit dessen Hilfe Polizeibeamt:innen, Staatsanwält:innen und Richter:innen Sachverhalte „mit Blick fürs Wesentliche" erfassen, vermutlich Beweisbares und Unerweisliches vorselektieren, in Betracht kommende Tatbestände auswählen, Überzeugungen über Täter:innenschaft und Strafbedürftigkeit bilden. In gleicher Weise beruht die im Vorfeld der offiziellen Strafverfolgung von der Bevölkerung vorgenommene Beurteilung kriminellen Verhaltens auf normativen Zuschreibungen und verlangt eine interpretierende Rekonstruktion. 19

Aber auch die **Ebene der alltäglichen Handlungen**, von denen alsdann einige als kriminell bewertet werden, ist nur durch Interpretation der Handlungsmotivationen verständlich: Ein verstehender, nicht ein erklärender Zugang zu 20

337 *Becker* 2019, 123 ff.
338 *Newburn* 2017, 232 f.

beiden Ebenen ist geboten (→ § 2 Rn 11 ff.). Hier wie dort geht es nicht um eine naturhaft existente Ansammlung wertfrei beobachtbaren Verhaltens, sondern um ein intentionales, subjektiv mit Sinn verbundenes Geschehen, dessen Bedeutung in sozialen Interaktionen aufgegriffen, akzeptiert oder verworfen und mit einer neuen Bedeutung versehen wird. Die Handlungen auf beiden Ebenen sind damit in Interaktionszusammenhänge eingebettet und aus diesen in ihrer Bedeutung zu bestimmen. Der Prozess sozialer Interaktion, mit dem sich der symbolische Interaktionismus befasst, ist in diesem Sinne „unhintergehbar".

21 Die Frage nach dem „Warum" kriminellen Verhaltens greift diesem Ansatz nach folglich nicht nur zu kurz, sie enthält auch einen naturalistischen Fehlschluss, indem sie so tut, als ob das kriminelle Verhalten eine **objektive Gegebenheit** sei, von der aus die Suche nach auslösenden Faktoren und der Vergleich der Merkmale delinquenter und nicht delinquenter Gruppen mit einer quasi naturwissenschaftlichen Objektivität betrieben werden könnte. Die traditionelle, auf Verhaltenserklärungen bezogene, kriminologische Forschung blende damit die Mechanismen aus, die erst dazu führen, dass ein Verhalten als delinquent betrachtet wird. Das Gewordensein kriminellen Verhaltens werde allein auf der Verhaltensebene, nicht aber auf der Ebene der Zuschreibung der Eigenschaft „kriminell" zurückverfolgt, wobei die Verhaltensebene als naturalistisch beobachtbar verstanden werde. Dadurch erwecke die traditionelle Kriminologie den falschen Anschein, das Endprodukt des Zuschreibungsprozesses sei objekthaft vorhanden und bilde problemlos den Ausgangspunkt der Suche nach Ursachen, die sich dann nur noch mit Verhaltenserklärungen zu befassen habe. Durch die Bestimmung des Kriminalitätsbegriffs durch das symbolisch-interaktionistische Handlungsverständnis leistet der Etikettierungsansatz eine „Entdinglichung" der Kriminalität. In den Worten des norwegischen Kriminologen *Nils Christie* (1928-2015):

> „Crime does not exist. Only acts exist, acts often given different meanings within various social frameworks. Acts and the meanings given to them are our data. Our challenge is to follow the destiny of acts through the universe of meanings. Particularly, what are the social conditions that encourage or prevent giving the acts the meaning of being crime?"[339]

---

339 *Christie* 2004, 3.

2. Reichweite und Bewertung

So bedeutsam der *Labeling Approach* für die wissenschaftstheoretische Ausrichtung der Kriminologie am Verstehensmodell und für die Analyse von Prozessen der Kriminalisierung ist, so gering ist seine Aussagekraft für die Bedingungen des Vollzugs von später als kriminell gedeuteten Handlungen. Als Kriminalisierungstheorie überzeugend, als Kriminalitätstheorie enttäuschend – so lautet das Verdikt in vielen zusammenfassenden Beurteilungen.[340] In der Tat erlaubt die auf Zuschreibungsprozesse fokussierte Perspektive des *Labeling Approach* nur die **Erklärung sekundärer Abweichungen** (→ § 13 Rn 12), lässt hingegen offen, unter welchen Bedingungen primäre Devianz auftritt, also ein Straffälligwerden ohne Veränderung des Selbstbildes durch strafrechtliche Reaktionen. 22

Auf der anderen Seite ist der Etikettierungsansatz für das Verständnis von Kriminalisierungsprozessen umso bedeutsamer. Aus der Anerkennung der Bedeutung solcher Zuschreibungsprozesse bezüglich Kriminalität folgt indes noch nicht, nach welchen Kriterien die strafrechtlichen Zuschreibungen tatsächlich erfolgen. Insofern sind sehr unterschiedliche Erklärungsansätze denkbar. Vertreter:innen der kritischen Kriminologie verweisen in diesem Zusammenhang darauf, dass das Kriminaljustizsystem die gesellschaftliche Funktion habe, die bestehenden asymmetrischen Herrschaftsverhältnisse in der Gesellschaft zu stützen und zu festigen.[341] Damit werden Verläufe und Ergebnisse der Kriminalitätskontrolle inhaltlich aus der sozialen Ungleichheit bestimmt, die mit Phänomenen wie gesellschaftlicher Benachteiligung, relativer Armut und fehlender realer Chancengleichheit assoziiert wird. 23

Diese **herrschaftskritische** Deutung der Zuschreibung von Kriminalität ist freilich im interpretativen Paradigma nicht enthalten, sondern bildet eine Zutat aus dem Bereich der kritischen Kriminologie (→ § 1 Rn 12 f.). Zwar ordnen sich viele Vertreter:innen des *Labeling Approach* diesem wissenschaftspolitischen Lager zu; ein zwingender methodischer Zusammenhang zwischen beiden besteht aber nicht. Die herrschaftskritische Deutung geht davon aus, dass die sozialen Aushandlungsprozesse von Kriminalität primär von gesellschaftlichen Machtverhältnissen bestimmt sind, die in einer asymmetrischen Verteilung von Einfluss und Ressourcen in der Gesellschaft bestehen.[342] Kriminalisierung 24

340 Etwa *Meier 2021*, § 3 Rn. 98 f.
341 *Cremer-Schäfer* 2015.
342 *Michalowski* 2016.

dient danach zwar nicht immer nur und unmittelbar dem Interesse der gesellschaftlich Mächtigen an der Aufrechterhaltung und Festigung ihrer Position. Die asymmetrische Verteilung gesellschaftlicher Macht schlage sich jedoch in gesellschaftlichen Strukturen und sozialen Prozessen nieder und präge somit auch die Kriminalisierung: Personen mit einer stärkeren sozialen Stellung in der Gesellschaft könnten in Kriminalisierungsprozessen eher ihre Deutung des Geschehens durchsetzen als Personen mit weniger Einfluss. Diese Perspektive schließt andere mögliche Einflussfaktoren nicht zwingend aus. So lässt sich beispielsweise fragen, ob und inwieweit die Übernahme eines delinquenten Selbstbildes bei sekundären Abweichungen daneben auch von Persönlichkeitseigenschaften, Sozialisationsverläufen und dem Grad sozialer Einbindung des delinquenten Individuums abhängt. Zusammenfassend besehen kommt dieser prominenten Richtung innerhalb des Etikettierungsansatzes der Verdienst zu, deutlich gemacht zu haben, dass das Label „Kriminalität" in der Gesellschaft ungleich verteilt ist und diese Verteilung wesentlich auch durch gesellschaftliche Machtverhältnisse geprägt ist.[343]

25 Gegen die Deutung der Kriminalitätskontrolle allein als Ausdruck der asymmetrischen Machtverteilung spricht, dass damit das interpretative Paradigma preisgegeben wird und der *Labeling Approach* seine verstehende Grundhaltung (→ § 2 Rn 11 ff.; § 13 Rn 7 ff.) einbüßt. Indem die Reproduktion vorhandener sozialer Ungleichheit durch das Kriminaljustizsystem als Ursache dafür bestimmt wird, dass manches Verhalten offiziell als kriminell ausgewiesen wird und anderes nicht, wird die verstehende Grundhaltung durch eine erklärende ersetzt: Wie bei sozialstrukturellen Kriminalitätstheorien (→ § 9) wird die ungleiche Verteilung der gesellschaftlichen Ressourcen als erklärende Variable bestimmt, die das Auftreten von Kriminalität determinieren soll. Der Unterschied zur traditionellen Erklärung von Kriminalität aus sozialstruktureller Ungleichheit besteht nur darin, dass die Erklärung nicht mehr unmittelbar auf kriminelles Verhalten, sondern auf Kriminalisierungsprozesse bezogen wird, die ihrerseits bestimmen, was als kriminelles Verhalten gilt.

26 Auch bei der sekundären Devianz wird von Vertreter:innen des Etikettierungsansatzes mitunter eine zur *Erklärung* dienende einseitige Determinierung des Selbstbildes durch Kontrollvorgänge angenommen: In die kriminelle Rolle gezwängt, bleibe den Betroffenen angeblich keine Wahl, als diese zu überneh-

343 *Sack* 1968.

men.[344] Gegen solche Annahmen einer kausalen Determiniertheit ist die **Unverzichtbarkeit des interpretativen Paradigmas** deutlich zu machen. Dies betont auch *Fritz Sack* (*1931) als wohl prominentester deutscher Vertreter des Etikettierungsansatzes:

> „Vergegenwärtigt man sich der grundlegenden Konzepte des interpretativen Paradigmas, dann sollten Missverständnisse vermeidbar sein – durch manche allzu flotten und pointierten Formulierungen von Anhängern der Labeling-Theorie selbst mitgenährt –, die darauf hinauslaufen, der Labeling-Theorie die Annahme eines Einweg-Determinismus zu unterstellen, in welcher der Adressat des Zuschreibungsvorgangs nicht die Möglichkeit hat, auf die verschiedenste Art und Weise – selbst wenn er im Zuchthaus und in der sozialen Isolierung landet – sich gegen die Zuschreibung zur Wehr zu setzen; denn für den sozialen Akteur nach dem Modell des interpretativen Paradigmas ist der Interaktionspartner nicht nur die andere Person, sondern auch die eigene Person."[345]

Der *Labeling Approach* hat seit den 1980er Jahren eine Ausdifferenzierung in 27
theoretische, radikale, feministische und „grüne"[346] Ausprägungen erfahren; zugleich hat er infolge des erstarkenden Kontroll- und Präventionsgedankens (→ § 22) einen gewissen Bedeutungsverlust erlebt.[347] Dazu trägt auch bei, dass der kriminalpolitische Diskurs sich wieder weniger auf den Kriminalisierungsprozess richtet, sondern auf die – oder besser: auf bestimmte Formen von – Kriminalität konzentriert. Mag sich diese für die einen aus Männergewalt, sexueller Ausbeutung, Rassismus, Korruption und Kriminalität des Weißen Kragens und für die anderen aus Terrorismus und Straßengewalt ergeben: Allemal steht wiederum ein Verhalten, nicht seine Sanktionierung im Vordergrund. Praktische Bemühungen gelten der Entwicklung von Abwehrstrategien, nicht der Analyse von Zuschreibungen.

III. Neuere interpretative Ansätze

Im Anschluss an den *Labeling Approach* und an neuere interpretative bzw. 28
konstruktivistische Perspektiven in den Sozialwissenschaften haben sich in der jüngeren Vergangenheit weitere Ansätze herausgebildet, die Kriminalität und

344 Kritisch dagegen *Snipes/Bernard/Gerould* 2019, 232.
345 *Sack* 1978, 338.
346 Dazu *Brisman/South* 2017; *Brisman/McClanahan/South* 2014; *Schmidt* 2013; *White/Heckenberg* 2014.
347 *Peters* 1996.

Kriminalisierung aus verschiedenen Blickwinkeln als soziale Konstruktion verstehen.

1. Cultural und Narrative Criminology

29 *Cultural Criminology* ist keine eigenständige Theorie zur Erklärung abweichenden Verhaltens, sondern beschreibt eine kriminologische Perspektive, einen Modus, in dem kriminologische Forschung betrieben wird. Wie andere konstruktivistische Ansätze geht auch die *Cultural Criminology* von der Annahme aus, dass die soziale Wirklichkeit konstruiert ist (→ § 13 Rn 2 ff.). Sie betrachtet sowohl abweichendes Verhalten als auch seine Kontrolle als **kulturelle Produkte**, die in sozialen Interaktionen entstehen.[348] Diese Produktion will die Perspektive untersuchen, indem sie die Setzung von Normen, deren Überschreitung und die soziale Reaktion auf beides in ihrem kulturellen Kontext betrachtet. Methodisch wird mit qualitativen Verfahren gearbeitet, um aus der Eigenperspektive kriminalisierter oder marginalisierter Subkulturen Machtverhältnisse und Elemente sozialer Kontrolle in den Blick zu nehmen.[349] Damit weist die *Cultural Criminology* enge Verbindungen zum *Labeling Approach* (→ § 13 Rn 7 ff.) und zur Subkultur-Theorie (→ § 10 Rn 16 ff.) auf und nimmt eine verstehende Perspektive (→ § 2 Rn 11 ff.) ein.[350]

30 „Kultur" wird von der *Cultural Criminology* weder positivistisch als bloße Funktion der materiellen Gegebenheiten und der Sozialstruktur noch als völlig unabhängig von diesen angesehen. Kultur und Sozialstruktur stehen dort vielmehr in einem dialektischen Verhältnis, sie durchdringen und beeinflussen sich gegenseitig. Kulturen werden demnach beschrieben als:

> „not static, they are not an essence waiting to be enacted, rather they are heterogenous, they blur, cross boundaries and hybridize"[351].

Anders als z. B. die Kulturkonflikttheorie (→ § 9 Rn 32 ff.) versteht die *Cultural Criminology* daher abweichendes Verhalten nicht nur als Ausagieren einer statischen (Sub-)Kultur.

31 Thematisch spielt bei den Forschungsarbeiten der *Cultural Criminology* die Berufung auf die veränderten Lebensbedingungen in der Spätmoderne (→ § 12

348 *Ferrell/Hayward/Young* 2015, 1 ff.
349 *Ilan* 2019, 6 ff.; *Kretschmann* 2008, 202.
350 *Ferrell* 1997.
351 *Hayward/Young* 2012, 116.

Rn 2 ff.) eine zentrale Rolle, deren Einfluss auf abweichendes Verhalten thematisiert wird. Auch die Rolle der (Massen-)Medien bei der Repräsentation von Verbrechen und Strafe und deren Einfluss auf die subjektive Wahrnehmung und das Erleben von Kriminalität werden untersucht.[352] Dies gilt beispielsweise für die Rolle der Medien bei der Kriminalisierung von (sub)kulturellen Aktivitäten, z. B. Basejumping oder Graffiti, durch die Produktion bestimmter Bilder dieser Praktiken.[353] Einen weiteren thematischen Schwerpunkt bildet die Kommerzialisierung von Kriminalität, wenn etwa Bilder von Verbrechen oder abweichendem Verhalten sowie formell illegale Praktiken wie Graffiti als Marketinginstrument eingesetzt werden.[354] Kritisiert wird, manche Arbeiten der *Cultural Criminology* hätten einen romantisierenden Blick auf Kriminalität und würden einfache Straßenkriminalität zu einer Form des Widerstandes stilisieren.[355]

Einen breiteren Ansatz verfolgt die Perspektive der *Narrative Criminology*, die sich derzeit in der internationalen kriminologischen Debatte herausbildet und zu etablieren beginnt. Sie befasst sich mit **Narrationen** bzw. Erzählungen zu Kriminalität und sozialer Kontrolle und macht also zum Ausgangspunkt, dass bezüglich eines bestimmten Geschehens differierende Wirklichkeitswahrnehmungen nebeneinander bestehen können. Damit knüpft die Perspektive ebenfalls an konstruktivistische Theorietradition an, umfasst insgesamt aber ein breiteres Feld an Ansätzen und recht vielfältige Forschungen, die sowohl der kritischen konstruktivistischen Kriminologie, wie auch der ätiologischen Kriminologie zugerechnet werden können.[356] 32

2. Theorie der Kriminalität als kulturelle Praxis

Eine ähnliche Perspektive wie die *Cultural Criminology* verfolgt die *Allgemeine Theorie der Kriminalität als kulturelle Praxis* (ATKAP), die ebenfalls eng an den *Labeling Approach* (→ § 13 Rn 7 ff.) anschließt. Diesem Ansatz zufolge fallen unter den Begriff der Kriminalität derart unterschiedliche Verhaltensweisen – etwa Leistungserschleichung, Abrechnungsbetrug oder Betäubungsmitteldelikte –, dass deren einzige Gemeinsamkeit in ihrem Verbotensein bestehe. Hingegen ließen sie sich nicht auf eine bestimmte Ursache oder Motivation, wie z. B. mangelnde Selbstkontrolle zurückführen. Kriminalität ist demnach eine Bedeu- 33

352 *Ferrell/Hayward* 2018, 19 f.
353 *Kretschmann* 2008, 204.
354 *Hayward/Young* 2012, 125 ff. mit weiteren Beispielen.
355 *Hayward* 2016.
356 *Dollinger/Schmidt* 2020.

tung, die Handlungen zugeschrieben wird und dient als Unterscheidungsbegriff, der eine Differenz setzt zwischen Kriminalität und Nicht-Kriminalität. In dieser Perspektive wird Kriminalität als kulturelle Praxis durch Zuschreibung im Kriminalisierungsprozess hergestellt. Dies bedeutet nicht, die Existenz abweichenden Verhaltens zu leugnen, sondern arbeitet lediglich die **Kontingenz der Kriminalisierung** heraus.[357] Kontingenz bezeichnet nach *Luhmann* „etwas, was weder notwendig ist noch unmöglich ist; was also so, wie es ist (war, sein wird), sein kann, aber auch anders möglich ist“[358]. Kriminalität ist also nichts Feststehendes, sondern eine sich aufgrund kultureller Praxen ständig wandelnde Kategorie.[359]

34 Über die Bestimmung dessen, was als Kriminalität gelten soll, wird in Kriminalitätsdiskursen permanent gerungen. Diese Auseinandersetzungen finden sowohl auf der Ebene der Gesetzgebung als auch der Gesetzesanwendung statt (→ § 13 Rn 15f.). Dabei setzen sich jeweils bestimmte Interessen und Interessengruppen durch, wobei soziale Macht eine entscheidende Rolle spielt. Diese wird von der ATKAP im Anschluss an *Antonio Gramsci* ebenfalls nicht statisch begriffen, sondern als über kulturelle und mediale Einflusswege immer wieder erfolgende Herstellung von Hegemonie in der gesellschaftlichen Auseinandersetzung. Eine so hergestellte Hegemonie sei eine Führung im Konsens, die regelmäßig freiwillig befolgt werde, während Zwang die Ausnahmesituation darstelle.[360]

35 Bei der Herstellung von Kriminalität als sozialer Praxis werde nicht nur um Definitionen und Begrifflichkeiten kriminellen Verhaltens gerungen, sondern immer auch **ein „Anderes“ konstruiert.** Mit der Setzung von Kriminalität auf der einen Seite werde immer auch die Gegenseite abgesteckt – Nicht-Kriminalität, Normalität und Konformität. Es gehe in Kriminalitätsdiskursen also auch um die Aushandlung von konkurrierenden Gesellschaftsbildern: Wer darf legitimer Weise eingesperrt und ausgegrenzt werden, wer soll Resozialisierungschancen erhalten, wer mit Nachsicht behandelt werden?[361]

36 Eine in dieser gesellschaftlichen Auseinandersetzung einmal erzielte Einigung sei keineswegs stabil, sie müsse ständig justiert werden, indem **Konsensbildung**

357 *Dollinger u. a.* 2014, 69 ff.
358 *Luhmann* 1985, 152.
359 *Singelnstein* 2009, 26.
360 *Singelnstein/Stolle* 2012, 128 f.
361 *Dollinger u. a.* 2014, 71 f.

vorangetrieben und heterogene Positionen äquivalent gemacht werden, wie aktuell z. B. an den Diskussionen um die Legalisierung von Cannabis, der Beihilfe zum Suizid oder der Werbung für Schwangerschaftsabbrüche zu sehen. Diese Konsensbildung kann der ATKAP zufolge als Kriminalpolitik bezeichnet werden, innerhalb derer darüber entschieden wird, was als Kriminalität zu definieren ist, welche Ressourcen zur Bearbeitung dessen zur Verfügung gestellt werden und welcher Umgang mit „Kriminellen" institutionalisiert werden soll.[362] Während manche Festlegungen dabei sehr fest seien und nicht in Frage stünden, wie das Verbot vorsätzlicher Tötung anderer Menschen, veränderten sich andere recht schnell, wie z. B. die Strafbarkeit von Urheberrechtsverletzungen.

Im Rahmen solcher Kriminalisierungsdiskurse würden Subjekte zu Täter:innen. 37
Auch auf dieser konkreten Ebene gelte, dass „kriminell" keine Eigenschaft einer Person oder Handlung sei, sondern die Position als Kriminelle:r oder Täter:in erst zugewiesen werde. Wie kommt es aber nach der ATKAP dazu, dass Personen Handlungen begehen, die von anderen als Kriminalität interpretiert werden? Subjekten seien zwar Ordnungen vorgegeben, z. B. in Form von Strafgesetzen, die eine Differenzierung von Kriminalität und Nicht-Kriminalität ermöglichten. Allerdings stellten diese für Subjekte nicht die allein verbindliche und handlungsleitende Normierung dar, sondern bestünden nur neben anderen. Ob eigenes oder fremdes Verhalten als unangemessen empfunden wird, wie es neutralisiert oder rationalisiert wird, bestimmt sich der ATKAP zufolge nach eigenen Schemata der handelnden Subjekte, bei denen Strafgesetze nur einen Faktor unter vielen darstellten. Die Differenz Kriminalität vs. Nicht-Kriminalität stelle dabei eine **kulturelle Kodierung** bereit, auf die auch im positiven Sinne Bezug genommen werden könne. Kriminalität könne z. B. als subjektiv aufregender Akt der Grenzüberschreitung funktionieren. Die Zuschreibungen von Motiven, Deliktsarten usw. im Rahmen der formellen Kriminalisierung durch die Strafverfolgungsbehörden stimme daher nicht unbedingt mit dem überein, was die Subjekte selbst darüber denken und ob und wie sie sich selbst als kriminell definieren.[363]

3. Ansätze der Diskursanalyse

Als weitere Perspektive in diesem Bereich können schließlich diskursanalyti- 38
sche Ansätze genannt werden. Hierbei handelt es sich um eine theoretische und

362 *Dollinger u. a.* 2014, 78.
363 *Dollinger u. a.* 2014, 82 ff.

methodische Herangehensweise, die in den Sozialwissenschaften spätestens seit den 1990er Jahren breit rezipiert wird, wobei sich sehr unterschiedliche Richtungen herausgebildet haben. Diesen ist gemeinsam, dass sie Entstehung, Verlauf und Wirkung gesellschaftlicher Diskurse oder auch Debatten untersuchen. Für die Kriminologie lässt sich insbesondere die **wissenssoziologische Diskursanalyse** (WDA) fruchtbar machen, die an die Grundannahmen des *Labeling Approach* (→ § 13 Rn 7 ff.) angeschlossen werden kann.[364] In dieser Perspektive wird – ähnlich wie bei der ATKAP – Kriminalität als diskursiv hergestellte Wirklichkeit begriffen.

39 Während der *Labeling Approach* vorrangig den Zuschreibungsprozess selbst untersucht, geht die WDA der Frage nach, wie auf überindividueller Ebene das für die Kriminalisierungsprozesse relevante Wissen entsteht, wie gesellschaftliche Wissensordnungen über Kriminalität und Abweichungen beschaffen sind, sich konstituieren, auswirken und wandeln.[365] Warum werden gerade bestimmte Handlungsweisen als problematisch eingestuft? Wie wird dieses Wissen für die Subjekte im Kriminalisierungsprozess handlungsleitend? Erklärt werden sollen dabei nicht kriminelles Verhalten im Einzelfall oder konkrete Zuschreibungsakte, sondern die prägenden überindividuellen Bedingungen für die Problematisierung bestimmter, als kriminell bezeichneter Praktiken.

40 Das somit für Kriminalisierungsprozesse grundlegend bedeutsame Wissen wird demzufolge auf verschiedenen Ebenen wirksam: Von grundlegenden Vorstellungen über die Existenz der Kriminalität oder die Notwendigkeit der Strafe über das konkrete Verständnis von Kriminalität und der einzelnen gesetzlich vertypten Formen bis zu Wahrheitseffekten in konkreten Strafprozessen. Dabei bestimmten die Wissensbestände auf den verschiedenen Ebenen die Wahrnehmung bzw. Problematisierung und den Umgang mit Abweichungen. Die WDA eröffnet hier eine Art **Meta-Perspektive**, in dem sie untersucht, wie dieses Wissen hervorgebracht und angewendet wird.[366] Damit findet eine Umkehrung der Perspektive auf die Produktion kriminologischen Wissens statt: Nicht Subjekte erforschen materielle Wirklichkeit und schaffen so Wissen, sondern überindividuelle Wissensordnungen prägen die Perspektive der Subjekte auf die Welt und sorgen dafür, dass bestimmte Fragen und Dinge in einer bestimmten Weise thematisiert werden.

364 *Singelnstein* 2009.
365 *Singelnstein/Ostermeier* 2013, 483.
366 *Singelnstein/Ostermeier* 2013, 485 f.

Aus dieser Perspektive heraus lässt sich der Wandel von Wissensordnungen, der Wandel sozialer Praktiken und die Umsetzung in konkreten Kriminalisierungsprozessen untersuchen. So lässt sich z. B. der in der Kriminologie konstatierte Wandel sozialer Kontrolle als diskursiv bedingt analysieren. In der zweiten Hälfte des 20. Jahrhunderts dominierte ein Wissen, nach dem gesellschaftlichen Problemen mittels integrierender Sozialpolitik begegnet werden sollte. Heute hingegen wird Sicherheit weniger als ein Problem sozialer, sondern möglichst umfassender individueller Absicherung verstanden und werden Kriminalität bzw. Ordnungsstörung als zentrale Bedrohungen ausgemacht.[367] Durch Untersuchungen sozialer Praktiken kann geprüft werden, wie sich veränderte gesellschaftliche Wissensordnungen in veränderten Techniken sozialer Kontrolle niederschlagen, z. B. durch Vorverlagerung und Konzentration auf präventive Maßnahmen. Schließlich kann diskursives Wissen als Grundlage und Regelwerk des Kriminalisierungsprozesses verstanden werden. Dabei kann sowohl die gesellschaftliche Aushandlung von Kriminalität aber auch die Tätigkeit der Strafverfolgungsinstanzen in den Blick genommen werden. 41

IV. Gouvernementalität

Lektüreempfehlung: *Krasmann, Susanne* (1999): Regieren über Freiheit. KrimJ 31, 107-121; *Newburn, Tim* (2017): Criminology. 3. Aufl., Abingdon/New York, 345-361; *Singelnstein, Tobias* (2011): Strafrecht und neoliberales Regieren. KJ 44, 7-15.

Im weitesten Sinn in den Kreis der interaktionistischen Ansätze lässt sich auch das Konzept der Gouvernementalität einordnen. Unter diesem Titel hat sich unter Bezugnahme auf das Spätwerk von *Michel Foucault* seit den 1980er Jahren vor allem in den Sozialwissenschaften ein breites Forschungsfeld etabliert. Dieses macht die Überlegungen *Foucaults* – die eine überaus reizvolle Folie für die Analyse gesellschaftlicher Entwicklungen in der Spätmoderne (→ § 12 Rn 2 ff.; § 24 Rn 8 ff.) bilden – in ganz unterschiedlichen Kontexten fruchtbar. Dies gilt auch für die Kriminologie. Hier lassen sich insbesondere die Herstellung von Konformität, Selbstführung sowie neuere Formen der Überwachung und Kontrolle mit diesem Konzept analysieren. 42

Das Konzept der Gouvernementalität ist im Kern eine Machttheorie. Es geht der Frage nach, warum sich in der Gesellschaft bestimmte Vorstellungen und Handlungsweisen durchsetzen, warum Subjekte sich auf eine bestimmte Art und Weise 43

367 *Singelnstein/Ostermeier* 2013, 487.

verhalten. Im Zentrum stehen dabei die sogenannten **Regierungstechniken** als spezifische Form der Macht, die das Handeln von Individuen leiten würde. Der Schwerpunkt dieser Lenkung liege nicht auf der Unterdrückung unerwünschter Verhaltensweisen, sondern auf der Leitung des formal freien Individuums hin zu erwünschten Verhaltensweisen, habe also einen produktiven Effekt. Regieren in diesem Sinne bedeute, auf ein prinzipiell offenes Feld möglicher Handlungen derart einzuwirken, dass bestimmte Verhaltensweisen gefördert und andere erschwert werden.[368] Dies geschehe, indem **Selbstführungstechniken** gefördert und hervorgebracht bzw. in Herrschaftsstrukturen integriert würden, mittels derer sich das Individuum selbst entsprechend abstrakter Vorgaben führe.[369]

44 Regierungstechniken arbeiten demzufolge nicht mit Zwang und Unterdrückung, da diese direkte Form der Beherrschung unproduktiv sei. Sie könne Widerspruch provozieren und nutze das Potenzial der Subjekte nicht, sich selbst zu leiten und nach optimalen Lösungen zu suchen. Einzelnen werde vielmehr ein Raum von Freiheit gewährt, in dem sie sich zwischen verschiedenen Handlungsalternativen entscheiden könnten; sie würden nicht zu einem bestimmten Verhalten gezwungen, das Verhalten werde vielmehr auf eine bestimmte – erwünschte – Art von Verhalten innerhalb einer prinzipiell unbegrenzten Zahl möglicher Verhaltensweisen hin gelenkt.[370] Deutlich wird dieser Zusammenhang in der Responsibilisierung von Individuen, also der Verantwortlichmachung der Individuen für bestimmte Belange wie z. B. die Kriminalitäts- oder Gesundheitsvorsorge (→ § 22 Rn 44 ff.). Dieser Prozess, der sich als Ausübung von Selbstbestimmung und Wahlfreiheit darstelle, korrespondiere mit dem Zwang, sich als rationales und verantwortliches Individuum zu verhalten.[371]

45 Mit diesem analytischen Instrumentarium lassen sich vor allem neuere Formen sozialer Kontrolle, der Überwachung und Prävention als subtile Anreize zur Anpassung, und damit als Regierungstechniken analysieren.[372] Dies kann am Beispiel der situativen Kriminalprävention (→ § 22 Rn 27 ff.) gezeigt werden. Statt die problemgenerierenden Bedingungen zu ändern, werden die Individuen hierbei durch Veränderung der äußeren Umwelt dazu angeleitet, sich von sich aus anders zu verhalten. Dies soll ebenso wie Responsibilisierungen die scheinbar Freien lenken. Das Individuum wird angehalten, das zu wollen,

368 *Foucault* 1994, 248 ff.
369 *Lemke/Krasmann/Bröckling* 2000, 10, 29 f.
370 *Krasmann* 2000, 201; *Singelnstein/Stolle* 2012, 136.
371 *Lemke/Krasmann/Bröckling* 2000, 29 f.
372 *Newburn* 2017, 347 ff.

was es auch soll. Anstatt eines umfassenden Systems aus Regeln und sozialen Normen – die einmal verinnerlicht für zahllose Situationen wirksam werden – regulieren solche Techniken der Selbstführung das Verhalten in einem „produktiven" Sinn.[373] Strafrechtliche Sozialkontrolle sichert in dieser Vorstellung nur die äußersten Grenzen des Freiheitsraumes ab, innerhalb dessen sich die Subjekte möglichst optimal selbst managen.[374]

§ 14 Zusammenfassende Bewertung und Ausblick

Lektüreempfehlung: *Dollinger, Bernd u. a.* (2014): Konturen einer Allgemeinen Theorie der Kriminalität als kulturelle Praxis (ATKAP). Poststrukturalistische Perspektiven. KrimJ 46, 67-89; *Sack, Fritz* (2003): Akteursmodelle in den Sozialwissenschaften. In: *Kunz, Karl-Ludwig; Besozzi, Claudio* (Hrsg.): Soziale Reflexivität und qualitative Methodik. Bern/Stuttgart/Wien, 73-117; *Turner, Michael G.; Blevins, Kristie R.* (2009): Theoretical Integration. In: *Miller, J. Mitchell* (Hrsg.): 21st Century Criminology. Vol. 1. Thousand Oaks, 340-348.

Kriminologische Theorien sind Modelle für ein wissenschaftliches Verständnis 1
der studierten Wirklichkeit. Sie bilden keine Wirklichkeit ab, sondern versuchen, unsere Wahrnehmung systematisch zu ordnen (→ § 6 Rn 1). „Fakten", welche die Wirklichkeit wiedergeben und Theorien empirisch stützen, sind nicht der Ausgangspunkt zur Entwicklung von Theorien, sondern werden erst durch die theoriegeleitete Wahrnehmung verständlich. Kriminologische Theorien sind von den jeweiligen kriminalpolitischen Präferenzen abhängig. Umgekehrt nehmen kriminalpolitische Vorstellungen auf bestimmte theoretische Annahmen Bezug. Die Überzeugung von der Richtigkeit einer bestimmten Kriminalpolitik verlangt die Wahl einer Theorie, die diese Politik unterstützt. Die geläufige Annahme, dass die Politik theoretischen Vorgaben folgt, die ihrerseits auf Faktenwissen basieren, wird in der Kriminologie häufig in ihr Gegenteil verkehrt.[375]

Thematisch lassen sich kriminologische Theorien in solche des kriminellen Ver- 2
haltens und solche des Verhaltens des Strafrechts und seiner Instanzen unterscheiden.[376] Da die beiden Erkenntnisgegenstände verschieden sind, stehen die

373 *Singelnstein/Stolle* 2012, 137.
374 *Singelnstein* 2011.
375 Ähnlich *Snipes/Bernard/Gerould* 2019, 396.
376 *Snipes/Bernard/Gerould* 2019, 7 ff.

zwei kriminologischen Theoriemodelle unvermittelt nebeneinander. Auch methodisch setzt sich diese Zweiteilung fort: Die möglichen Methoden von Kriminalitätstheorien lassen sich den alternativen Erkenntnisarten des Erklärens und des Verstehens zuordnen (→ § 2 Rn 8 f., 11 f.). Erklärende Theoriemodelle widmen sich oft, wie die klassische Kriminalätiologie (Ursachenforschung), dem kriminellen Verhalten, verstehende Theoriemodelle, wie der *Labeling Approach*, dem Verhalten des Strafrechts. Jener Zusammenhang ist häufig, aber nicht notwendig gegeben, sodass sich vier theoretische Konzepte unterscheiden lassen, wobei die Querverbindungen der verstehenden Erschließung kriminellen Handelns und der erklärenden Analyse der Aktionen des Strafrechts eher unterentwickelt sind.

3 **Schaubild 2.10: Kriminologische Theorien**

	Kriminalität	**Kriminalisierende Reaktion, Zuschreibung**
Verhalten erklären	Empirische Kriminalätiologie	„Radikaler" *Labeling Approach*
Handlung verstehen	*Erkenntnisbedarf*	*Erkenntnisbedarf*

4 Mit diesen Theorietypen verbinden sich Meinungsverschiedenheiten in grundlegenden Fragen: Sollte der Verbrechensbegriff schädliches Verhalten jenseits des Strafbaren erfassen? Besitzen Menschen Handlungsfreiheit oder sind sie determiniert? Sind Menschen eigensüchtig, sozial oder unbeschriebene Blätter? Beruht die Gesellschaft auf Konsens oder Konflikt? Gibt es eine objektive Realität oder ist diese sozial konstruiert?[377] Die Gabelung des Fachs in zwei methodisch unabhängige und bezuglose Disziplinverständnisse wird durch eine einheitliche Wortwahl nur mühsam kaschiert. So wird konstatiert:

> „There is rarely any type of integration or accommodation between establishment and anti-establishment criminologies."[378]

377 *Agnew* 2011, Chapter 2-6.
378 *Barak* 2003.

Und gefolgert:

> „There are at least two ways of studying deviance as a social phenomenon. The first is to approach deviance as objectively given; the second, as subjectively problematic.“[379]

I. Theoriemodelle des Erklärens kriminellen Verhaltens und integrative Ansätze

Das Erklärungsmodell versucht Verhalten aus seinen quantitativen Zusammenhängen mit anderen Ereignissen **objektiv zu bestimmen**. Es nimmt kriminelles Verhalten der Alltagsevidenz entsprechend als verwerfliche sozialschädliche Gegebenheit wahr und prüft als Kriminalätiologie dessen Ursachen in empirisch gestützten Beobachtungen wie eine „harte“, „evidenzbasierte“ Wissenschaft statistisch. Erwünscht ist eine kontrollierte quasiexperimentelle Auswertung mit Kontrollgruppen, um in politischer Abstinenz „Wissen zu vermehren“ und so „eine fruchtbare Kooperation zwischen der Kriminologie und der Verwaltung“ zu ermöglichen.[380] Das Erklärungsmodell macht sich so den externen Kontrollblick auf einen schädlichen Vorgang und damit die Perspektive der Kontrollinstanzen zur Bearbeitung und Verhütung von Kriminalität zu Eigen. Gegenstandsbereich der erklärenden Betrachtung ist ein Verhalten, das wesensmäßig als schädlich und verwerflich betrachtet und aus externer staatlicher Perspektive als unterdrückungsbedürftig angesehen wird. Eine Problematisierung des Kontrollblicks findet nicht statt. Dies erweist sich als „erfolgreicher Fehler“[381], aus dem sich die Eignung des Erklärungsmodells in einer beratenden Rolle für die Praxis der Kriminalitätskontrolle ergibt. 5

Die Möglichkeiten, Zusammenhänge in Blickwinkeln und Ausschnitten zu wählen, sind dabei praktisch unbegrenzt[382], wobei deren Wahl theoretisch beliebig ausfällt. Wegen der schier grenzenlosen Spaltbarkeit von Kriminalität in einzelne bezugswissenschaftlich definierte Wirklichkeitsausschnitte gibt es eine unendliche Anzahl von erklärenden Kriminalitätstheorien. Welchen Wirklichkeitsausschnitt der Kriminalität sich eine Theorie auch immer vornimmt, ist theoretisch nicht zu beanstanden, da nach dem Kritischen Rationalismus die 6

379 *Weinberg/Rubington* 2015, 1.
380 *Killias* 2007, 319 ff., 329.
381 *Loader/Sparks* 2010, 10.
382 *Fabricius* 2015, 128 ff.

Wissenschaftlichkeit des Erklärens nicht vom Entstehungszusammenhang, sondern einzig von der empirischen Nachprüfbarkeit der Analyse im Rechtfertigungszusammenhang abhängt (→ § 3 Rn 7). Erklärende Kriminalitätstheorien sind daher zu einer verwirrenden **Theorienvielfalt** verurteilt. Sie werden zumeist anhand relativ weniger Variablen empirisch geprüft. Die Vielzahl theoretisch unterschiedlicher Konzepte kontrastiert mit einer oft geringen empirischen Validierung dieser Konzepte.

7 Erklärende Kriminalitätstheorien verwenden vorzugsweise ein **deterministisches Verhaltenskonzept**, das Verhalten als von empirisch benennbaren Faktoren kausal abhängig versteht (→ § 6 Rn 5). Diese Annahme wird in verschiedener Intensität vertreten: Von der nahezu zwangsläufigen Bewirkung des Verhaltens durch davon externe Einflüsse bis zur bloßen statistisch mehr oder weniger wahrscheinlichen Eignung der Faktoren zur Verhaltensauslösung unter zusätzlichen Randbedingungen. Kriminalität wird demnach als ein sozialschädliches Verhalten verstanden, das sich aus einer Mangelsituation heraus erklären muss.[383] Im aufgeklärten Kontext der Erfahrungswissenschaft kann Kriminalität nicht mehr aus einer ihr eigenen moralischen Verwerflichkeit bestimmt werden. Das Erklärungsmuster des Bösen wird in der Erfahrungswissenschaft durch dasjenige des Defizits ersetzt. Kriminalität zu erklären bedeutet ihrem Auftreten vorzubeugen. Aus dieser quasi medizinischen Sicht wird die erklärende Kriminologie ähnlich sozial nützlich wie ärztliches Fachpersonal für die öffentliche Gesundheit.[384]

8 Die **Defizitvorstellung** orientiert sich an dem optimistischen Weltbild, dass der Kosmos in der Regel geordnet ist: Der Mensch sei an sich von Natur aus gut, normalerweise physisch und geistig gesund, adäquat sozialisiert und lebe in einer ihm freie Entfaltung gewährenden Gesellschaft. Zudem unterstellt die Vorstellung, dass normkonformes Verhalten normal ist und nur die Abweichung einer Erklärung bedarf. Schließlich wird zwischen den ausnahmsweisen Störungen der kosmischen Harmonie und normabweichendem Verhalten ein Zusammenhang vermutet. Am deutlichsten wirken sich Defizitvorstellungen bei den Annahmen einer kriminellen Anlage und einer lebenslang stabilen niedrigen Selbstkontrolle aus. Wird hingegen die Determiniertheit von Kriminalität durch Defizite schwächer im Sinne einer (nur) statistisch erwartbaren Wahrscheinlichkeit verstanden, und werden gar noch Wendepunkte und

383 *Eisenberg/Kölbel* 2017, § 4 Rn. 15; *Ruggiero* 1996.
384 *Loader/Sparks* 2010, 24.

gegenläufige Entwicklungen in der theoretischen Modellierung berücksichtigt, so bleibt das Erklärungsmuster des Defizits zwar prinzipiell erhalten, schwächt aber seine ihm ansonsten eigene fatalistische Zwanghaftigkeit ab.

Kriminalitätserklärungen aus der biologischen Veranlagung, der Psyche und der Sozialisation sind markant durch Defizitvorstellungen geprägt. Aber auch andere Kriminalitätserklärungen verweisen auf Mangellagen: die Kontrolltheorien auf die Mangelsituation eines fehlenden oder unzureichenden sozialen Halts, die Anomietheorie auf die Mangelsituation eines aus sozialer Desorganisation resultierenden Anomiedrucks. Selbst der *Labeling Approach* ist in seinem „radikalen" Verständnis durch Defizitvorstellungen geprägt, die sich auf die asymmetrischen, also defizitären, Machtverhältnisse beziehen, welche Kriminalitätszuschreibungen steuern. Mit dem Erklärungsmuster des Defizits unvereinbar sind nur wenige Kriminalitätstheorien: Die ökonomische Theorie (→ § 12 Rn 11 ff.); Persönlichkeits- und Subkulturkonzepte, soweit sie Kriminalität mit positiven Erlebnisinhalten in Zusammenhang bringen (→ § 8 Rn 7 ff.; § 10 Rn 18 ff.); schließlich Theorien, welche, wie der symbolische Interaktionismus (→ § 13 Rn 1 ff.), einem dem Erklären komplementären Erkenntnismodell des Verstehens folgen. 9

Das Konzept des Defizits beruht auf der Annahme, dass Kriminalität erwartungsentsprechend im Sinne eines „Das musste ja so kommen!" (→ § 14 Rn 7) vorkommt. Die Konsistenz der Wahrnehmung von Kriminalität mit schon zuvor unabhängig davon bestehenden Erwartungen macht Kriminalität, auch im Alltagswissen, unmittelbar verstehbar und bestätigt vorgefasste Einstellungen. Auch in Bereichen der Kriminalität der „Anständigen", wo die Erwartung sich auf das Ausbleiben von Kriminalität richtet und enttäuscht wird, muss die Konsistenz durch die Suche nach latent vorhandenen Defiziten speziell dieser sich kriminell betätigenden „Anständigen" retrospektiv hergestellt werden.[385] Die Konsistenzannahme, wonach Mängel aus zuvor erwarteten Mängelzuständen resultieren müssen, ist jedoch falsch. Sie lässt die Möglichkeiten außer Betracht, dass Kriminalität anders als durch Defizite erklärbar sei und umgekehrt Defizite keineswegs zu Kriminalität oder sonst sozial negativ bewertetem Verhalten führen müssen. 10

Das Defizitkonzept stützt sich auf eine Bewertung, die als solche nicht überprüfbar ist. Defizitbezogene Erklärungen kriminellen Verhaltens entsprechen 11

385 *Frehsee* 1991; *Kunz* 2001.

Alltagsvorstellungen über Kriminalität und bestärken diese. Die Annahme, dass Mängel aus zuvor erwarteten Mängelzuständen resultieren, ist tautologisch. Die Suche nach Defiziten, die mit Kriminalität zusammenhängen, wird deshalb zwar stets fündig, bleibt aber erfahrungswissenschaftlich unergiebig. Anstatt von kriminellem Verhalten auszugehen und rückblickend nach den möglichen kausal determinierenden Ursachen dieses Verhaltens zu fragen, sollte vermehrt umgekehrt von potenziell kriminalitätsbegünstigenden Faktoren ausgegangen werden und in Verlaufsstudien[386] prospektiv geprüft werden, unter welchen Randbedingungen bei Vorhandensein dieser Faktoren in Zukunft wirklich Kriminalität auftritt, andere Formen abweichenden Verhaltens vorkommen oder sozial auffälliges Handeln ausbleibt.

12 Auch das Kontrollverhalten kann prospektiv verfolgt werden, indem etwa studiert wird, welche informellen Interaktionen zu einer erwartungswidrigen Verkürzung oder Beendigung des Strafverfahrens führen. Die Erfahrung, dass das Kriminaljustizsystem keineswegs blind auf Verurteilungen gepolt ist, sondern zahlreiche Auswege weist, die insgesamt viel öfter als die Verurteilung gewählt werden, weckt Interesse für die Interaktionsverläufe bei der Kriminalitätskontrolle, in denen über die Ausfilterung von Fällen (→ § 13 Rn 8 ff.) bestimmt wird. Das Studium dieser Interaktionen lässt die Funktionen der Kontrollinstanzen in neuem Licht erscheinen: etwa die Polizei als „Blitzableiter" für anders nicht zu bewältigende Alltagsprobleme, die Staatsanwaltschaft als „Pförtner zur Justiz" und als „Richter vor dem Richter"[387], das Gericht als ultimative Instanz, wo „sonst nichts mehr geht". Dadurch werden zudem die Zusammenhänge zwischen einer gesetzmäßig betriebenen Strafverfolgung und ihren organisatorischen, bürokratischen und sozialstrukturellen Rahmenbedingungen deutlich.

13 Das Erklärungsmuster des Defizits entspricht dem Praxisbezug der kriminologischen Bedarfsforschung (→ § 1 Rn 8) und ist insofern kriminalpolitisch ergiebig. Aus der Feststellung spezifischer Defizite ergeben sich im Kontext der praktischen Kriminalpolitik in der Regel konkrete Perspektiven, wie diese zu reduzieren sind. Ungeachtet der Chancen, Defizite zu vermindern, können diese nicht restlos beseitigt werden. Insofern Kriminalität als letztlich nicht zu beseitigendes Phänomen mit Defiziten assoziiert wird, ist die defizitäre Befindlichkeit der mit Kriminalität in Zusammenhang gebrachten Wirklichkeitsausschnitte grundsätzlich stabil und stützt Vorstellungen einer Kontinuität der Entwicklung.

---

386 *Boers* 1997; *Eisenberg/Kölbel* 2017, § 18 Rn. 9 ff.
387 *Blankenburg/Sessar/Steffen* 1978.

Dem für erklärende Kriminalitätstheorien typischen Vorgehen, Normabweichungen mit Mangelsituationen zu assoziieren, entspricht im Gegenbild die gleichermaßen fragwürdige Vorstellung, dass **normkonformes Verhalten** nicht mit Defiziterlebnissen verbunden sei. Man führe sich zur Veranschaulichung des Gegenteils nur die aus Defiziterlebnissen resultierende gesellschaftlich angesehene künstlerische Kreativität *Vincent van Goghs*, *Henri de Toulouse-Lautrecs* oder *Thomas Bernhards* vor Augen! Durch die Assoziation von Kriminalität mit Mängeln wird spiegelbildlich Normkonformität, schließlich doch, im wertenden Sinne als „normal" ausgewiesen und die Normabweichung als nicht gesollt, nicht toleriert und damit letztlich *moralisch* defizitär gekennzeichnet. Defizite, die mit Kriminalität in Verbindung gebracht werden, können sich auch im Kontext der Erfahrungswissenschaft von der moralischen Beanstandung, welche der Kriminalität in der Alltagsbeurteilung anhaftet, nicht völlig lösen. Im Gegenteil wird mit der erfahrungswissenschaftlichen Feststellung des Zusammenhangs von Kriminalität mit Mangelsituationen die moralisch verurteilende Alltagsbeurteilung erst recht plausibel. 14

Erklärende Theoriekonzepte, etwa individuenbezogene und auf soziale Einheiten bezogene (→ § 6 Rn 28), lassen sich miteinander verknüpfen.[388] Versuche der **Theorieintegration** werden seit der Propagierung des Vereinigungsgedankens durch *von Liszt* (→ § 4 Rn 24) unternommen. Eine wechselseitige Ergänzung erscheint speziell fruchtbar, wo die wahrgenommenen Wirklichkeitsausschnitte – wie bei der Persönlichkeit und der Sozialisation – dicht beieinanderliegen und fließende Übergänge aufweisen. So lassen sich biopsychische und soziale Startbedingungen, kindliche Sozialisation, Einflüsse der Bezugsgruppe und im Erwachsenenalter erlangter sozialer Halt als ineinandergreifende und zusammenspielende Faktorenbündel verstehen, die je für sich und erst recht in ihrer Gesamtheit die Entstehung und Verfestigung kriminellen Verhaltens plausibel machen. 15

In das kumulative Modell lassen sich auch kontrollbezogene Theorien einbringen, sofern diese die Entstehung sekundärer Devianz nicht allein auf Kontrolleinwirkung zurückführen, sondern daneben Erklärungen zulassen, die sich auf Einflüsse von Individuen und sozialen Einheiten beziehen. Indessen führt eine solche kumulative Zusammenfügung nicht weiter als ein multifaktorieller Ansatz und teilt dessen Defizite (→ § 10 Rn 24 ff.). 16

388 Beispielhaft *Tittle* 2000.

17 In den letzten Jahren wurden verschiedene solcher integrativen Theoriemodelle entwickelt.[389] So hat *Robert Agnew* die Stressbelastungstheorie (*General Strain Theory*) (→ § 9 Rn 27 ff.) mit aus anderen Theorien entlehnten Komponenten ergänzt.[390] Danach stehen die drei vorhandenen oder antizipierten Belastungsquellen der subjektiven Unerreichbarkeit positiv bewerteter Ziele (soziales Ansehen, Vermögen), des Verlusts positiv bewerteter Anreize (Tod einer nahestehenden Person, Verlassen oder Entlassen werden) und des Vorhandenseins negativer Anreize (bildungsferne Umgebung) konditionierenden Umständen gegenüber, die entweder kriminelle Aktivität befördern (geringe Selbstkontrolle, Zusammensein mit delinquenten Kolleg:innen, Übernahme antisozialer Werthaltungen) oder hemmen (individuelle Stressbewältigungsstrategien, konforme soziale Beziehungen und Unterstützung, Furcht vor Strafe).

18 *Francis T. Cullen* hat in seiner Theorie der sozialen Unterstützung verschiedene erklärende Faktoren auf den einheitlichen hypothetischen Erklärungsrahmen des Vorhandenseins und der Intensität sozialer Unterstützung zurückgeführt. Danach besteht eine umgekehrte Beziehung zwischen dem Ausmaß der sozialen Unterstützung und dem Kriminalitätsvorkommen in Gemeinden und Nationen. Je mehr soziale Unterstützung einzelnen Individuen zukomme, desto weniger würden diese straffällig. Je intensiver die soziale Unterstützung, desto weniger wirkten sich kriminogene Faktoren wie Stress und delinquente Kolleg:innen aus. Je mehr Unterstützungsleistungen erbracht würden, desto wirksamer seien Strafverfolgung und -vollzug und desto weniger Opferschaft sei zu erwarten.[391] Die entwicklungsbezogene Kriminologie (→ § 10 Rn 35 ff.) bildet geradezu ein Musterbeispiel für ein integratives theoretisches Konzept.

19 Jegliche integrative Zusammenführung von Kriminalitätstheorien wird mit dem Verlust eines Stücks der jeweiligen Originalität ihrer Weltsicht und der Prüfbarkeit ihrer Konzepte erkauft: Pointierte Grundannahmen müssen allgemeiner formuliert werden, wodurch sich die Zahl der überprüfbaren Hypothesen verringert und damit die empirische Aussagekraft schwindet. Je zahlreicher und je heterogener die gemeinsam in den Blick genommenen Einzelaspekte sind, desto schwächer wird die Erklärungskraft des kombinatorischen Ansatzes. Darum sind nicht nur der kumulativen Integrierbarkeit von Kriminalitätstheorien, sondern auch der Wünschbarkeit ihrer Kumulation Grenzen gesetzt.

389 Übersicht bei *Turner/Blevins* 2009, 341 ff.
390 *Agnew* 1992.
391 *Cullen* 1994.

Der Versuch einer Kumulation ist besonders problematisch, wo diese sich zu einem gemeinsamen Vorstellungsbild über die schiere Zwangsläufigkeit der Hinentwicklung zur Kriminalität aufgrund lebenslang stabiler Persönlichkeitsmerkmale, ungünstiger Sozialisationsbedingungen, schlechter Bekanntschaften und geringem sozialem Halt verdichten. Die prägende Vorstellung, dass „es eigentlich so kommen musste“, nimmt nur bestätigende Indizien in den Blick und verdrängt andere. Aufschlussreicher erscheint eine kumulative Theorieintegration, wo die einzelnen Theorieelemente Raum für Wendemarken vorsehen und entgegengerichtete Entwicklungen als möglich erscheinen lassen. Dies ist bei der entwicklungsbezogenen Kriminologie (→ § 10 Rn 35 ff.) und speziell bei der Annahme einer altersgestuften informellen Sozialkontrolle der Fall. Indessen geben auch diese aktuellen Theorieverbindungen nicht an, wann welche Einflussfaktoren wirken und welches relative Gewicht ihnen im Vergleich zu gegenläufigen Einflussfaktoren zukommt (→ § 10 Rn 44). 20

II. Theoriemodell des Verstehens des Strafrechts und der von ihm Kriminalisierten

> „To study the criminal question [besser italienisch klingend *la questione criminale*, KLK/TS] is different from studying crime. It means that crime is not considered indepently from the procedures by which it is defined […]. The criminal question can therefore be provisionally defined as an area constituted by actions, institutions, policies and discourses whose boundaries shift.“[392] 21

Verstehende Ansätze legen ihren Schwerpunkt zumeist auf das Handeln des Strafrechts und der Gesellschaft, welche Normalität und Abweichungen definiert. Sie thematisieren die bewegliche Verteilung der Grenze zwischen Kriminalität und Straflosigkeit, zwischen sozialer Abweichung und Konformität. Dabei handelt es sich im Wesentlichen um kriminologische Anwendungen des symbolischen Interaktionismus und des daraus entwickelten interpretativen Paradigmas (→ § 13 Rn 1 ff.). Diese wurden bislang vornehmlich vom *Labeling Approach* entwickelt und exklusiv auf das Kontrollverhalten bezogen.

Der Aspekt der Definition oder **Zuschreibung** von Kriminalität durch förmliche strafrechtliche und informelle gesellschaftliche Reaktionen, also der Kriminalisierungsprozess und seine Akteur:innen, ist für ein adäquates Kriminalitätsver- 22

392 *Pitch* 1995, 52.

ständnis zentral. Freilich verlangt das Gebot sinnadäquaten Verstehens, dabei dem interpretativen Paradigma konsequent zu folgen und Zuschreibungsverläufe nicht, in der herrschaftskritischen Deutung der „radikalen" Kriminologie, als durch die soziale Machtverteilung einseitig kausal determiniert anzusehen (→ § 13 Rn 22 f.).

23 Daneben ist der **Handlungsaspekt** von Kriminalität relevant, und zwar nicht nur im wechselseitigen Zusammenspiel mit Zuschreibungen, aus dem sich sekundäre Abweichungen und kriminelle Karrieren ergeben können (→ § 13 Rn 7 ff.). Kriminalität ist als subjektiv sinnhaft vollzogene Handlung und nicht als objekthaft gegebenes, naturalistisch beobachtbares Verhalten zu verstehen. Kriminell Handelnde sind Akteur:innen, keine bloß zu beobachtende Objekte. Im Kontrast zur ätiologischen Suche nach Ursachenerklärungen gilt es, die Gründe des Kriminellwerdens im Kontext der Bedeutungsgebung in sozialen Interaktionen mittels qualitativer Forschung zu rekonstruieren (→ § 2 Rn 11 ff.; § 5 Rn 2 ff.; § 13 Rn 1 ff.).

24 Die historisch und gesellschaftlich verschiedenen Formen des Umgangs mit sozialen Abweichungen und das Aushandeln von Kriminalität bilden Forschungsthemen, welche nicht beliebig bezugswissenschaftlich, sondern spezifisch sozialwissenschaftlich verstehend (→ § 2 Rn 8 ff.) studiert werden müssen. Im Gegensatz zu einer erklärenden Instanzenforschung werden nicht bestimmende Faktoren der Instanzentätigkeit ermittelt, sondern diese tiefergreifend aus dem interpretierenden **Nachvollzug der Motivation** der dabei beteiligten Agierenden erschlossen. Vom normativen Anliegen der Verbrechensbekämpfung, welches das Strafrecht wie die Gesellschaft verfolgen, gilt es sich beim Studium der tatsächlichen Praxis zu distanzieren. Die empirische Analyse von Vorgängen realer Bestimmungs- und Verfolgungstätigkeit ist daher mit einer Dienstleistungsfunktion für die Praxis, wie sie die erklärende Kriminalitätsursachenforschung einnimmt, nicht verträglich.

25 Indem es sein Thema auf das **durch Kriminalisierungsvorgänge beeinflusste** Verhalten kriminalisierter Personen erweitert (→ § 13 Rn 12 ff.), beansprucht das verstehende Theoriemodell, eine vollständige und damit adäquate Theorie des Fachs abzugeben, welches sowohl das Verhalten des Strafrechts und der Gesellschaft wie dessen Auswirkungen auf das Verhalten kriminalisierter Personen erfasst. Im Einzelnen bleibt vieles, etwa bei der Auswirkung von Kriminalisierungsvorgängen auf das Verhalten kriminalisierter Personen, konzeptuell offen.

Die Stärke der verstehenden Theorie wird mit ihrer Schwäche mangelnder Alltagsplausibilität und Nützlichkeit für die allseits konsentierte Verbrechensbekämpfung erkauft. Ihr Fokus auf die sozialen und strafrechtlichen Konstruktionsbedingungen von Kriminalität lässt das reale Bedrohungsgefühl außer Betracht, aus dem sich dinghaft greifbare Vorstellungen bedrohlichen Verhaltens bilden und die Einnahme einer Bekämpfungsperspektive zwingend erscheint. Die objektivierende Verdinglichung des Bösen ist trotz ihrer theoretischen Fragwürdigkeit praktisch geläufig und dominiert das Alltagsverständnis der Allgemeinheit wie die Praxis der Kontrollinstanzen. 26

Indem kriminelles Handeln, dem Verstehensmodell folgend, aus der ihm von seinem Autor beigelegten Bedeutung erschlossen wird, erscheint es als ein **sinnhaftes Handeln**, das aus vielerlei nachvollziehbaren Gründen praktiziert worden sein kann – und damit nicht länger als eine zweite Wahl, die den Abweichenden allein durch äußere Zwänge auferlegt wird. 27

> „The inability to achieve the ends valued by society may indeed be a necessary condition for the outgrowth of criminal behaviour in the great majority of cases. But something more is required before the individual will seek to achieve his or her ends by breaking the law, and it is this 'something more' (particularly in terms of the symbolic meanings individuals attach to their actions) that has increasingly served as the focus of research. It seems likely that this avenue of investigation will continue to provide important theoretical developments for some time."[393]

Mit der Absage an scheinpräzise Ursachenbestimmungen geht die trügerische Selbstsicherheit verloren, mit der erklärende Theorien „kriminogene" Einflüsse ausmachen, eine Absonderlichkeit der kriminellen Population annehmen oder eine durch hegemoniale Machtverteilung gesteuerte Zwanghaftigkeit von Kriminalitätszuschreibungen behaupten. Nunmehr wird deutlich, dass keiner der mit Kriminalität in Zusammenhang zu bringenden Faktoren diese wirklich bedingt. Die Verlaufsformen krimineller Entwicklung haben **nichts Zwangsläufiges**, wie ein naives Ursache-Wirkungs-Denken nahelegt. Dispositionen bleiben mitunter latent, Jugendkriminalität regelmäßig episodenhaft, kriminelle Karrieren brechen zuweilen unvermutet ab. Erwartungswidrige Verläufe sind aufschlussreicher als die erwartungsgemäßen. Der Verlust dieser Selbstsicherheit ist heilsam und eröffnet neue Forschungsperspektiven. 28

393 *Sykes/Merton* 1978, 319.

29 Zu den **qualitativen Sinndeutungen** des Geschehens auf der Basis der wechselseitigen Subjektperspektive der Betroffenen gehören Intensivinterviews, teilnehmende Beobachtungen und ähnliche Feldstudien, welche die individuellen Wahrnehmungsperspektiven der Kriminalität in ihrer Komplexität rekonstruieren und Aufschluss über die mit den Empfindungen zusammenhängenden Einstellungen und Lebenssituationen schaffen. Erwähnt seien als „klassische" Beispiele die systematische Beobachtung der *Corner Boys of Cornerville*, einer fiktiven Bezeichnung von Slumbewohner:innen italienischer Herkunft in den USA[394]; ferner die wahre *short story* des „letzten Seminars", in welchem der Theoretiker unvermutet auf „wirkliche" Kriminelle trifft.[395] Solche Berichte von konkreten Interaktionen bei der Aushandlung von Kriminalität, die Dynamik des „Feilschens" um Geschehensdeutungen bei Polizei und vor Gericht sind für die Kriminologie weitgehend eine *terra incognita*. Vereinzelte Ausnahmen beziehen sich auf narrative Prozesse bei der polizeilichen Beschuldigtenvernehmung[396], dem *plea bargaining*[397] und der gerichtlichen „Aufführung von Strafrecht"[398]. Die sprachlichen und inszenatorischen Riten des Strafprozesses und der Habitus der Justizbediensteten verlangen geradezu nach Ergänzungen der Ethnographie des Justizalltags.[399] Die soziale Wahrnehmung von Kriminalität lässt sich in ihrer subtilen Spiegelung zudem durch Narrative der „schönen" Literatur überraschend unverstellt bestimmen: von *„Moby Dick"* bis zu *„Micky Maus"* – und schon gar in der sozialkritischen Kriminalliteratur[400].

III. Ein metatheoretischer Ordnungsversuch

30 Kriminalität lässt sich entweder als Oberbegriff realer Erscheinungen begreifen, die erklärend dinghaft quasi-naturwissenschaftlich zu analysieren sind; oder aber Kriminalität wird verstehend interaktiv als Markierungsbegriff der Grenzen von Erlaubt und Verboten verstanden, deren Inhalte kulturell diskursiv bestimmt, politisch ausgehandelt und strafrechtlich verankert werden[401]. Im ersten Verständnis ist die Wissenschaft primär mit dem von Strafrecht und Staat so definierten kriminellen Verhalten befasst, ohne den Definitionsvorgang zu

394 *Whyte* 1943.
395 *Cohen* 1988, 297 ff.
396 *Schönert/Imm/Linder* 1991; *Schröer* 1992.
397 *Maynard* 1988.
398 Beispielhaft *Legnaro/Aengenheister* 1999.
399 Vgl. die Beiträge in Heft 2 / 2013 des KrimJ.
400 *Kunz/Sidler* 1999; *Linder* 1997; *Lüderssen* 1991; *Ruggiero* 2002.
401 Im letzteren Sinne *Dollinger u. a.* 2014, 74 ff.

problematisieren; im zweiten Verständnis steht der Definitionsvorgang im Mittelpunkt und das als kriminell definierte Verhalten nur insoweit, als das Definieren auf dieses zurückwirkt.

Damit ist eine Spaltung des Fachs in **zwei konträre Theorietraditionen** unvermeidlich: Eine Kriminalität als ontologische Realerscheinung erklärende und eine die Kriminalität aus ihren variablen und kontingenten kulturellen Herstellungsbedingungen verstehende Tradition. Daraus folgt eine Selbstbezüglichkeit der wissenschaftlichen Debatten ohne Zielpublikum außerhalb eigener Kreise.[402] Die erklärende Forschungsrichtung steht im Boom wachsenden Informationsbedarfs der Kontrollinstanzen und punitiver Einstellungen; die verstehende ist theoretisch überzeugender, besitzt jedoch wenig Qualitäten, um ein Publikum außerhalb der Universitäten anzusprechen.[403] 31

Jock Young (1942-2013) hat sich intensiv mit dem Auseinanderdriften der Kriminologie in eine erklärende „positivistische" und eine verstehende „kritische" Richtung beschäftigt und für Letztere Partei ergriffen. Die quantitative Methodik vernachlässige theoretische Einsichten wie die, dass Statistiken soziale Konstruktionen seien; Devianz keine Eigenschaft einer Handlung, sondern einer Zuschreibung auf diese; Bedeutung vom sozialen Kontext abhänge; das menschliche Subjekt kreativ handele; man das Subjekt in eine umfassendere Sozialstruktur stellen müsse und nicht auf der Ebene des Individuellen stehen bleiben dürfe; in einer Gesellschaft multiplurale Definitionen von Devianz und Normalität vorhanden seien; Agent:innen der sozialen Kontrolle die Definitionen der gesellschaftlich Mächtigen zu stützen versuchten.[404] Die erklärende Kriminologie sichere ihren Bestand, weil der Krieg gegen Verbrechen, Terror und Drogen Fakten und Zahlen verlange, wie sie der Positivismus liefere. Dies führe zu einer Quasi-Professionalisierung und Bürokratisierung. Ihre Entsprechung zu den bürokratischen Bedürfnissen des Kriminaljustizsystems korrespondiere mit dem Wunsch, die Gesellschaft in ordentlich abgrenzbare Kategorien aufzuteilen und „zu managende" Gleichmäßigkeit im sozialen Universum zu entdecken.[405] Demgegenüber müsse eine kritische Methodologie etwa für ungelöste Widersprüche, Maskerade von Problemen, starke Gefühle und soziale Interaktion im Forschungsprozess sensibel sein. Sie müsse wie die Eth- 32

402 *Loader/Sparks* 2010, 21.
403 *Loader/Sparks* 2010, 12.
404 *Young* 2011, 20.
405 *Young* 2011, 22 f.

nographie eine Kultur als ein Ensemble von Texten „über die Schultern" derer lesen, denen sie gehöre.[406]

33 An der traditionellen Schulrichtung wird die scheinbar neutrale, passions- und interessenlose Betrachtung kritisiert, welche Probleme individualisiere und sie in einer Art präsentiere, in welcher menschliche Akteur:innen als ein isoliertes Atom ohne sozialen Kontext präsentiert werden.[407] Die kritische Kriminologie erkenne hingegen, dass Kriminalität keine ontologische Größe sei und dasselbe Verhalten völlig unterschiedlich nachkonstruiert werden könne; dass Kriminalität und Devianz auch die Regelmachenden einschließe; dass die Motivation zu Rechtsbrüchen oft zentralen Werten der Gesellschaft entspreche; dass gemeinschaftsstiftende Ideale und Institutionen tiefe Dysfunktionen im System auslösten; dass das System, indem es Devianz auf „die" Kriminellen beziehe, die Kausalität umdrehe und damit Herrschaft ausübe; dass die Kriminalität der Mächtigen schlimmer sei als die der Armen; dass das Kriminaljustizsystem zur Kriminalitätsbekämpfung gegenüber informellen Normen der Zivilgesellschaft nur eine untergeordnete Bedeutung habe; dass das Gefängnis eher Kriminalität produziere statt sie zu verhindern und der Gesellschaftsschaden durch Kriminalität eher geringer als der Sekundärschaden durch die Kontrollmaßnahme sei.[408]

34 Bei aller Berechtigung dessen interessiert neben der diskursiven Vergabe des Etiketts „Kriminalität" auch dessen Materialisierung zu veränderbaren, aber einstweilen relativ konstanten und deshalb als **reale Gegebenheit** erscheinenden Produkten der diskursiven Praktiken. Was diskursiv hergestellt ist und veränderbar bleibt, erscheint in der Augenblicksbetrachtung, welche die politische Wahrnehmung bestimmt, fix.[409] Ein dieser Wahrnehmung dienliches Wissenschaftsverständnis konzipiert deshalb seine Studienobjekte essentialistisch als objekthafte Phänomene, die wie reale Dinge und Geschehnisse erklärbar sind. Daraus ergibt sich die theoretisch unbefriedigende, aber praxisnahe Wahrnehmungsperspektive des erklärenden Ansatzes. Trotz ihrer diskursiven Herstellung bilden sich dabei relativ stabile, dinghaft erscheinende Gegenstände homogener Klassifizierungen und Reaktionen heraus. Kriminelles Verhalten erscheint als vermeintliches Realphänomen, welches ungeachtet seiner kulturellen Produktion und Veränderbarkeit im praktisch-politischen Handlungszusammenhang quasi

406 *Young* 2011, 133 ff.
407 *Young* 2011, 193, 197.
408 *Young* 2011, 215 f.
409 Vgl. *Belina* 2014, 104, 108.

natürlich gegeben ist. Weil die erklärende Kriminologie an diesem Zusammenhang Anteil hat, behandelt sie ihren Forschungsgegenstand dementsprechend.

Die Ausblendung der diskursiven Herstellung des Gegenstandes der erklärenden Betrachtung macht diese nicht illegitim, sondern unterstreicht ihre Funktion als Informationslieferantin für die staatliche Kriminalitätskontrolle zur Kriminalprävention. Die erklärende wie die verstehende kriminologische Perspektive haben also, obwohl unversöhnlich nebeneinanderstehend, ihre Berechtigung.[410] 35

410 Vgl. auch *Jacques* 2014.

KAPITEL 3

Die Kriminalität (in) der Gesellschaft

§ 15 Registrierung, Hellfeld und Dunkelfeld

I. Kriminalität als soziales Geschehen und zählbares Vorkommnis

1 Bisher haben wir uns damit beschäftigt, was Kriminalität ist, mit welchen Methoden wir uns ihr nähern können und welche theoretischen Ansätze zu ihrem Verständnis entwickelt wurden. Nun befassen wir uns mit der **Kriminalitätsmenge**, also dem massenhaften Vorkommen und der Struktur der Menge abweichenden Verhaltens in der Gesellschaft. Wenn in den Medien über einen „Anstieg der Kriminalität" berichtet wird, die Polizei verstärkt vor Trickbetrüger:innen warnt oder in der Gesellschaft über die zunehmende Gewaltbereitschaft Jugendlicher diskutiert wird, liegen dem jeweils Aussagen über Kriminalität als zählbare Einheit zugrunde. An diesen Fragen besteht ein zentrales gesellschaftspolitisches Interesse, das zu den methodisch begrenzten Antwortmöglichkeiten der Kriminologie in Kontrast steht. Dies verleitet mitunter zu vermeintlich sicheren Auskünften, die sich bei genauerer Prüfung nicht halten lassen.

2 Die Diskrepanz zwischen hohem Wissensbedarf und beschränkten Antwortmöglichkeiten erklärt sich daraus, dass kriminelle Handlungen erst durch ihre **gesellschaftliche Wahrnehmung und Ahndung** in Erscheinung treten. Ein Skandal wird erst durch seine Skandalisierung zum Skandal. Im strengen Sinne gemessen werden kann also nicht die Kriminalität als geschehene Handlung, sondern amtliche oder nichtamtliche Reaktionen darauf. Ein Verhalten wird für die Gesellschaft als Kriminalität erst sichtbar, wenn es Gegenstand der formellen oder informellen Sozialkontrolle wird, insbesondere wenn die Instanzen des Kriminaljustizsystems es als Kriminalität erfassen und bearbeiten.

3 An diesem Prozess der Feststellung und Ahndung eines unter einen Straftatbestand subsumierbaren Verhaltens sind verschiedene Instanzen – Polizei, Staatsanwaltschaft, Untersuchungsrichter:innen, urteilendes Gericht, Strafvollzug – mit unterschiedlichen Kompetenzen beteiligt. Diese Instanzen sind gehalten von Amts wegen die Ermittlungen einzuleiten, die Verfolgung durchzuführen, die Anklage zu erheben, das Hauptverfahren zu eröffnen, einen Schuld- oder Freispruch zu fällen, gegebenenfalls eine Sanktion zu verhängen und diese zu vollziehen. Zudem sind sie verpflichtet, ihr Entscheidungsverhalten im Verlauf der strafrechtlichen Verfolgung und Vollstreckung zu dokumentieren. Diese

Datenerfassung bildet die Grundlage der amtlichen statistischen Erfassung der staatlichen Reaktionen auf Kriminalität. Diese wird in aller Regel von den Instanzen selbst betrieben, was die Gefahr von Eigeninteressen bei der Darstellung begründet. Nichtstaatliche informelle Reaktionen der Bevölkerung werden hingegen nicht offiziell dokumentiert. Ihre Erfassung verlangt daher nachträgliche Erhebungen von Forschenden, welche unterschiedliche Erfassungsmethoden verwenden können, in welche divergierende Vorverständnisse einfließen.

Kriminalität ist als Gattung nicht tatsächlich vorhanden, sondern ein Produkt 4
des ordnenden Gedankens, der sich auf eine von anderen Einzelfällen abzugrenzende Vielzahl von Einzelfällen bezieht, welche in Merkmalsgruppen zu strukturieren sind. Als singuläre Einheit gilt dabei der Fall eines kriminellen Verhaltens, also ein konkretes Geschehen, welches mit einer für eine Vielzahl von in ähnlichen Fällen vorgesehenen juristischen Bewertung (strafbar als „Mord", „Diebstahl" ...) attributiert wird. Die Häufigkeit des Vorkommens von Fällen mit derselben juristischen Attribution lässt sich zählen und die Gattung Kriminalität damit mengenmäßig in Untergruppen differenziert ausdrücken. Durch diese „Aggregation" von Einzelfällen wird die zusammenfassende Strukturierung einer ansonsten unübersichtlichen Datenmenge angestrebt.

Das Aggregieren einer derartigen Datenmenge ist indes kein objektives Ge- 5
schehen. Die Daten werden vielmehr zielgerichtet nach subjektiv als bedeutsam erachteten Merkmalen und Merkmalsgruppen strukturiert. Andere Aspekte der betrachteten Ereignisse werden hingegen vernachlässigt. Die Skalierung der Ausprägungen der ausgewählten Merkmale muss definiert werden; singuläre Ereignisse, die sich den erfassten Merkmalen nicht eindeutig zuordnen lassen, müssen einer möglichst „passenden" Merkmalsgruppe zugeordnet werden. Eine aggregierte Datenmenge bildet daher prinzipiell nicht einen Wirklichkeitsausschnitt ab, sondern rahmt diesen aus einem perspektivischen Blickwinkel, stellt also bereits eine Interpretation der Wirklichkeit dar.

Die amtliche Dokumentation aggregierter und statistisch aufbereiteter Krimi- 6
nalitätsdaten wird als **Kriminalstatistik** bezeichnet. Diese Statistik registriert nur, was die registerführenden Instanzen darin abbuchen.[1] Da nicht alle Taten den registerführenden Instanzen bekannt werden und nicht immer eine tatverdächtige Person ermittelt werden kann, kann die Kriminalstatistik die Kriminalität nicht vollständig, sondern nur teilweise erfassen. Sie bildet nur einen

1 *Heinz* 2017, 5; *Maguire/McVie* 2017, 166 ff.

Ausschnitt des in der Gesellschaft stattfindenden strafbaren Verhaltens ab, was in der öffentlichen Debatte über Kriminalität häufig keine Beachtung findet. Für diesen Teilbereich der amtlich angenommenen und statistisch erfassten Kriminalität hat sich der Begriff des **Hellfeldes** eingebürgert (→ § 16).[2]

7 Im Gegensatz dazu umfasst das sogenannte **Dunkelfeld** (→ § 17) jene inoffiziellen Wahrnehmungen von angeblichen Kriminalitätsereignissen, die den Strafverfolgungsinstanzen nicht offiziell zur Kenntnis gelangt sind und dementsprechend nicht in die Kriminalstatistik Eingang finden. Nach einem anderen, modellhaften Verständnis bildet das Dunkelfeld den vollständigen Restbestand solcher Kriminalitätsereignisse, die keine offizielle Reaktion ausgelöst haben.[3] Dieser sehr schematischen Vorstellung zufolge soll sich die Gesamtmenge der „objektiv" geschehenen Kriminalitätsereignisse aus den beiden Teilmengen der amtlich erfassten und statistisch registrierten Kriminalität im Hellfeld einerseits und der amtlich unbekannt gebliebenen Kriminalität im Dunkelfeld andererseits zusammensetzen.

8 **Schaubild 3.1: Hellfeld und Dunkelfeld**

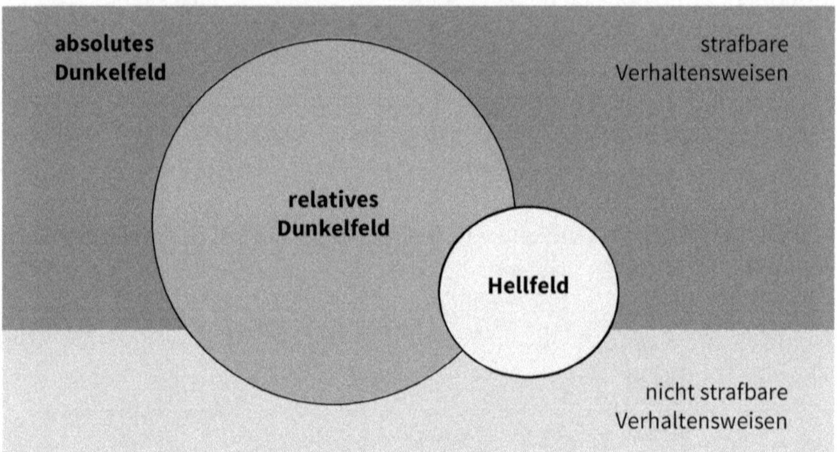

9 Der Begriff des Dunkelfeldes ist damit nicht nur ein Kontrastbegriff, sondern auch ein Ergänzungsbegriff zum Hellfeld: Dunkel- und Hellfeld werden als sich wechselseitig ergänzend gedacht, in der Weise, dass beide zusammen die

2 *Göppinger* 2008, § 23 Rn. 2; *Neubacher* 2020, Kapitel 3 Rn. 1.
3 Vgl. etwa *Meier* 2021, § 5 Rn. 52.

Gesamtsumme aller real vorkommenden Kriminalitätsereignisse bilden. Dementsprechend beschreibt die **Dunkelziffer** das Verhältnis zwischen Hell- und Dunkelfeld. Es soll damit quantifizierend dargestellt werden, welcher Anteil der real vorkommenden Kriminalität offiziell erfasst bzw. nicht erfasst wird.

Ein solches Verständnis verdeckt indes, dass Zählungen **nicht die real vorkommende Kriminalität**, sondern die Reaktionen von Strafrechtsinstanzen und Bevölkerung darauf betreffen. Hell- und Dunkelfeld beziehen sich auf verschieden sichtbar gemachte strafende Reaktionen des Staates (Hellfeld) und nicht von diesem, wohl aber durch Bevölkerungsberichte sichtbar gemachte Reaktionen der Allgemeinheit (relatives Dunkelfeld). Solche Reaktionen werden nicht durch Gegebenheiten, sondern durch Annahmen ausgelöst, die einer mit Emotionen, partikularen Interessen und Vorurteilen getrübten Perspektive entstammen. Nicht alle Reaktionen werden durch tatsächliche Kriminalitätsgeschehnisse ausgelöst und nicht alle Kriminalitätsgeschehnisse ziehen Reaktionen nach sich. Zwischen den erfassten Reaktionen und den tatsächlich strafbaren Geschehnissen klafft also eine Lücke. Von den Reaktionen kann daher nicht auf das wirkliche Kriminalitätsgeschehen geschlossen werden. Umfang und Struktur des letzteren bleiben somit bei der zahlenmäßigen Erfassung von Reaktionen im Dunkeln (sog. doppeltes oder absolutes Dunkelfeld). Dies wird uns später genauer beschäftigen (→ § 17 Rn 3 ff.). 10

II. Verlauf der Registrierung als Weg in das Hellfeld

Da das Hellfeld durch offizielle strafrechtliche Erfassungen gebildet wird, ist die jeweilige Registrierung von Straftaten im **Prozess der Strafverfolgung** (→ § 19 Rn 2 ff.) für Umfang und Struktur des Hellfeldes verantwortlich, das die öffentliche Wahrnehmung von Kriminalität prägt. Legt die Polizei bei ihrer Arbeit beispielsweise einen Schwerpunkt auf die Ermittlung von Taschendiebstählen oder auf Wirtschaftskriminalität, steigt die Zahl der in diesen Bereichen erfassten Fälle im Hellfeld an, während die Zahl der registrierten Taten in manchen im Gegenzug weniger beachteten Deliktsfeldern abnimmt. Kontrolldelikte, wie etwa solche der Betäubungsmittelkriminalität, werden überhaupt erst durch polizeiliches Kontrollverhalten sichtbar. 11

Umfang und Struktur der offiziell bekannt gewordenen Kriminalität hängen weitgehend vom „Input“ in das Kriminaljustizsystem ab. Dieser erfolgt zu einem ganz überwiegenden Anteil durch private Anzeigeerstattungen aus der 12

Bevölkerung.[4] Bereits dieses stellt einen massiven Auslesevorgang dar: Nur ein Teil der stattgefundenen Straftaten wird wahrgenommen und als Kriminalität bewertet; längst nicht alles, was als Kriminalität wahrgenommen wird, wird den offiziellen Instanzen zur Kenntnis gebracht (→ § 19 Rn 19ff.). Weiterhin muss eine erstattete Anzeige auch von der Polizei entgegengenommen und als solche bearbeitet und erfasst werden, was nicht immer geschieht. Die Kriminalstatistik berücksichtigt diesen Auslesevorgang nicht, erfasst sie doch erst ex post Geschehnisse, die einer polizeilich bearbeiteten Anzeige zugrunde liegen. Demgemäß sind die mengenmäßig bedeutsamen Selektionsvorgänge im „Auslösebereich" der Strafverfolgung nicht statistisch dokumentiert, während die nachfolgenden Selektionen durch polizeiliche und justizielle Bearbeitungsschritte sich jedenfalls im Prinzip und Ergebnis statistisch verfolgen lassen.

13 Ist ein Geschehensablauf durch Anzeigeerstattung oder durch polizeiliche Tätigkeit ins Hellfeld gelangt, wird er in der Regel durch die Polizei ermittelt und bearbeitet. Im Anschluss übernimmt die Staatsanwaltschaft das Ermittlungsverfahren, dessen Abschluss vor allem durch Einstellung oder Anklageerhebung erfolgt (→ § 19 Rn 5f.). Im gerichtlichen Hauptverfahren, dem die Anklage der Staatsanwaltschaft zugrunde liegt, stehen neben der immer noch möglichen Einstellung, zumeist aus Opportunitätsgründen, im Wesentlichen die Verurteilung oder der Freispruch zur Entscheidung. Im Fall der Verurteilung folgt bei Eintritt der Rechtskraft die Vollstreckung der verhängten Sanktion.

14 Die formelle strafrechtliche Reaktion auf Kriminalität stellt sich damit als ein an die informellen Selektionsvorgänge im „Auslösebereich" der Strafverfolgung anschließendes prozesshaftes Geschehen dar, das durch chronologisch und systematisch aufeinander bezogene Bearbeitungsschritte verschiedener Instanzen der Kriminalitätskontrolle strukturiert wird. Die schrittweise Auslese nicht weiterverfolgter Geschehnisse bewirkt, dass einerseits die Anzahl der in Bearbeitung verbleibenden Vorgänge mit fortschreitender Bearbeitungsstufe abnimmt und andererseits die offizielle Klassifizierung dieser Vorgänge als Kriminalität sich zunehmend verdichtet.

15 Diese Auslese bzw. **Selektion im Laufe des Kriminalisierungsprozesses** bestimmt das Ausmaß und die Struktur von Hell- und Dunkelfeld. Die gesellschaftliche Wahrnehmung von und Auseinandersetzung mit abweichendem Verhalten orientiert sich vor allem an der Struktur und Entwicklung des Hell-

4 *Schwind* 2016, § 20 Rn. 2.

feldes amtlich registrierter Kriminalität, verkennt aber zumeist, dass es sich dabei nicht um „wirkliche" kriminelle Handlungen, sondern um Projektionen von Kontrollvorgängen handelt und dabei das Dunkelfeld der nicht amtlich bekannt gewordenen Delikte unberücksichtigt bleibt. Zudem betreffen die Projektionen nur einen kleinen Ausschnitt der insgesamt stattfindenden, unter einen Straftatbestand subsumierbaren Verhaltensweisen. Wie groß dieser Ausschnitt ist und welche Bereiche er betrifft – ob beispielsweise ein Schwerpunkt auf Ladendiebstählen oder auf transnationaler Wirtschaftskriminalität liegt – ist von der Ausgestaltung des Kriminalisierungsprozesses abhängig.

Schaubild 3.2: Verlaufsschema der Klassifizierung und Registrierung 16

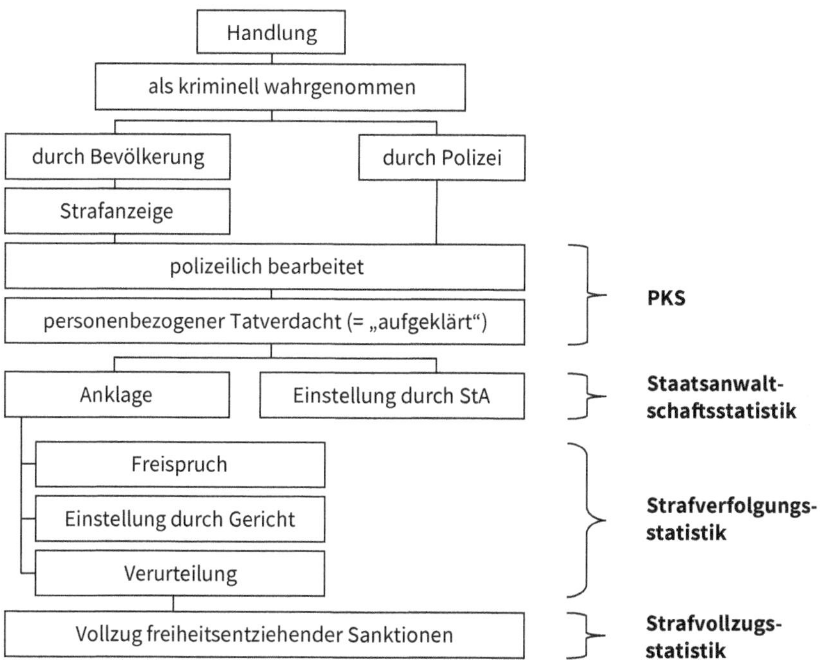

§ 16 Kriminalstatistiken und ihre Befunde zum Hellfeld

I. Inhalt und Bedeutung von Kriminalstatistiken

Lektüreempfehlung: *Derin, Benjamin; Singelnstein, Tobias* (2019): Amtliche Kriminalstatistiken als Datenbasis in der empirischen Polizeiforschung. In: *Howe, Christiane; Ostermeier, Lars* (Hrsg.): Polizei und Gesellschaft. Wiesbaden, 207-230; *Kunz, Karl-Ludwig* (2008): Die wissenschaftliche Zugänglichkeit von Kriminalität. Wiesbaden, 11-17, 54-60; *Maguire, Mike; McVie, Susan* (2017): Crime data and criminal statistics: a critical reflection. In: *Liebling, Alison; Maruna, Shadd; McAra, Lesley* (Hrsg.): The Oxford Handbook of Criminology. 6. Aufl., Oxford/New York, 163-189.

1 Eine Kriminalstatistik ist eine behördlich erstellte, quantitative Zusammenstellung von durch die zuständigen Instanzen der Kriminalitätskontrolle produzierten Daten über registrierte Straftaten, Tatverdächtige oder Straftäter:innen, Deliktsopfer, Kontrollaktivitäten und Kontrollpersonal. Durch periodische Wiederholung mit homogenen Erfassungskriterien ermöglicht sie auch Zeitvergleiche. Aus der Beteiligung unterschiedlicher Instanzen in unterschiedlichen Phasen der Strafverfolgung und -vollstreckung folgt, dass für jede dieser Instanzen und Phasen eine statistische Erhebung möglich ist. Demgemäß unterscheidet man hauptsächlich folgende einzelne Kriminalstatistiken.

1. Arten von Kriminalstatistiken

2 Die **Polizeiliche Kriminalstatistik (PKS)** erfasst die von der Polizei als Straftat bearbeiteten Vorgänge sowie die ermittelten Tatverdächtigen. Die PKS ist die gebräuchlichste und die – auch von den Medien – am meisten als Maß der Sicherheitslage beachtete Kriminalstatistik. Sie zeichnet sich durch relative zeitliche Nähe zum Tat- und Anzeigegeschehen aus und erfasst auch die polizeilich bekannt gewordenen, jedoch nicht aufgeklärten Fälle (→ § 16 Rn 3). Geführt wird die PKS als Ausgangsstatistik; die Erfassung der Fälle erfolgt mit dem Abschluss der Ermittlungen und vor Abgabe der Akten an die Staatsanwaltschaften. Das Jahr der statistischen Erfassung stimmt deshalb nicht zwingend mit dem Jahr der Kenntniserlangung durch die Polizei überein. In Deutschland wird die PKS seit 1953 vom *Bundeskriminalamt* geführt.[5] In Österreich wird die PKS seit 1953/54 vom *Bundesministerium für Inneres* erstellt und im Sicherheitsbericht der Bundesregierung ausgewertet. In der Schweiz werden erst seit 1982 gesamt-

5 *Eisenberg/Kölbel* 2017, § 15 Rn. 6.

schweizerische Angaben über die polizeiliche Kriminalitätserfassung gemacht. Mit dem Erhebungsjahr 2009 wurde die Erfassungsweise viel detaillierter und verlässlicher. Die Vergleichbarkeit mit Zahlen der Vorjahre ist allerdings nicht mehr vollumfänglich gegeben. Daneben existieren kantonale Polizeistatistiken.

Führen die polizeilichen Ermittlungen zur Feststellung mindestens einer identifizierbaren tatverdächtigen Person, so gilt die Straftat nach dem polizeilichen Ermittlungsergebnis als aufgeklärt. Das Verhältnis zwischen den offiziell bekannt gewordenen Fällen und den aufgeklärten Fällen bezeichnet man als **Aufklärungsquote**.[6] Diese ist nicht ohne Weiteres ein Indikator für den Erfolg polizeilicher Ermittlungen. Infolge der Zeitspanne zwischen Kenntniserlangung und Abschluss der Ermittlungen umfasst die Zahl aufgeklärter Fälle im Berichtsjahr X auch Fälle, die in früheren Berichtsjahren bekannt geworden sind. Andererseits lässt sie im Berichtsjahr X bekannt gewordene Fälle unbeachtet, in denen die Ermittlungen noch nicht abgeschlossen sind. Weil die Aufklärungsquote nur offiziell bekannt gewordene Delikte berücksichtigt, kann sie durchaus hoch sein, obgleich von vielen sich ereignenden Straftaten nur wenige der Polizei zur Kenntnis gelangen. Dies ist etwa bei Kontrolldelikten wie Betäubungsmitteldelikten der Fall, bei denen die Aufnahme der Straftat durch die Polizei in der Regel mit der Feststellung einer tatverdächtigen Person einhergeht. 3

Die Höhe der Aufklärungsquote hängt vor allem von den sich überlagernden Einflüssen der Ermittlungsökonomie und der Deliktsschwere ab, die die Ausgestaltung der polizeilichen Ermittlungstätigkeit prägen (→ § 19 Rn 26 ff.).[7] Die Angaben in der PKS über aufgeklärte Fälle stützen sich auf den Tatverdacht zu dem Zeitpunkt, zu dem die polizeilichen Ermittlungen abgeschlossen werden und der Vorgang zur weiteren Bearbeitung an die Justizbehörden weitergeleitet wird. Die PKS lässt keine Aussage darüber zu, welchen Verlauf das weitere bei den Justizbehörden in Gang gesetzte Verfahren nimmt. In der PKS werden daher auch solche Fälle als aufgeklärt bewertet, in denen das Verfahren in der Folge eingestellt wird oder es zu einem Freispruch kommt. 4

Ebenso bleibt offen, ob die in die PKS eingehende polizeiliche Beurteilung der Deliktsart im weiteren Verfahrensverlauf von Staatsanwaltschaft und Gericht übernommen wird. Nicht selten wird die polizeiliche Beurteilung von den Justizbehörden herabdefiniert, sodass von einer partiellen Überbewertung der De- 5

6 *Meier* 2021, § 5 Rn. 5.
7 Zu den Einflussfaktoren *Horten/Guzy/Birkel* 2015; international *Feltes* 2009.

liktsschwere in der PKS auszugehen ist.[8] So ist für sexuell motivierte Gewaltdelikte belegt, dass die eklatante zahlenmäßige Differenz zwischen Anzeigen und Verurteilungen nicht allein durch Freisprüche und Einstellungen bedingt ist, sondern in erheblichem Umfang auf Definitionswechsel von schwereren zu leichteren Delikten zurückgeht.[9] Ähnliche Herabstufungen der Deliktsschwere im Verlaufe der Tatbewertung durch die Polizei, die Staatsanwaltschaft und das urteilende Gericht sind bei Tötungsdelikten geläufig, wo ein von der Polizei als Mord oder versuchter Mord bewertetes Geschehen im weiteren Verfahrensverlauf nur noch als Totschlag, Körperverletzung mit Todesfolge oder gar nur als einfache Körperverletzung qualifiziert wird.[10]

6 Um die Anzahl der **Tatverdächtigen** adäquat zu erfassen, ist es notwendig, Personen, welche im Berichtszeitraum wegen mehrerer Delikte registriert werden, nur einmal zu zählen. Mehrfachzählungen derselben Personen überhöhen fälschlich die Angaben über Tatverdächtige um schätzungsweise 20 % bis 30 %, wobei deliktsbezogen bei Seriendelikten im Bereich der Eigentums- und Vermögenskriminalität und altersgruppenbezogen bei den heranwachsenden Tatverdächtigen mit den stärksten Überhöhungseffekten zu rechnen ist.[11] Die statistische Ausscheidung von Mehrfachzählungen wird noch nicht von allen polizeilichen Statistiken geleistet. In Deutschland werden seit 1984 Tatverdächtige, die wegen mehrerer Fälle der gleichen Straftat ermittelt wurden, in demselben Bundesland nur einmal gezählt; seit 2009 werden auf Bundesebene Tatverdächtige, die in mehreren Bundesländern registriert wurden, nur einfach erfasst. Das heißt, dass bei verschiedenartigen Straftaten Tatverdächtige für jede Straftatengruppe gesondert erfasst, für die entsprechenden übergeordneten Gruppen und für die Gesamtzahl der Taten hingegen jeweils nur einmal registriert werden.[12] In Österreich und in der Schweiz werden hingegen Mehrfachzählungen erst zum Teil ausgeschieden.

7 Für den Bereich der justiziellen **Strafverfolgung und Aburteilung** sind unterschiedliche statistische Quellen vorhanden. Für Deutschland führt und veröffentlicht das *Statistische Bundesamt* im Bereich Rechtspflege verschiedene relevante Statistiken. Die Rechtspflegestatistiken bezüglich Gerichten und

8 *Göppinger* 2008, § 23 Rn. 31; *Kersting/Erdmann* 2014, 14.

9 *Goedelt* 2010, 119 f.; *Steinhilper* 1986.

10 *Blankenburg/Sessar/Steffen* 1978, 262; *Hess* 2010, 122 ff.; *Kersting/Erdmann* 2014, 13; *Sessar* 1981, 202 ff.

11 Illustrativ diesbezüglich ein Beispiel aus Österreich, wo in einem Fall die Fälschung von 850 Euro-Münzen als je eigenständige Delikte gezählt wurden, was statistisch zu einem „Anstieg" der bekannt gewordenen Kriminalität um 40 % führte, *Grafl* 2007, 197.

12 *Bundesministerium des Innern* 2021, 44.

Staatsanwaltschaften geben Aufschluss über deren personelle Ausstattung, den Geschäftsanfall und die Geschäftsabwicklung. Die Staatsanwaltschaftsstatistik stellt unter anderem die Erledigungsentscheidungen im Ermittlungsverfahren nach Erledigungsart dar. Die Strafverfolgungsstatistik verzeichnet demgegenüber die Erledigungspraxis der Gerichte. Sie weist die Abgeurteilten und die Verurteilten aus, jeweils getrennt nach Delikten, verhängten Sanktionen und personenbezogenen Merkmalen. In Österreich gibt das *Statistische Zentralamt* eine Statistik der Rechtspflege und eine Gerichtliche Kriminalstatistik heraus. Für die Schweiz verfasst das *Bundesamt für Statistik* eine Strafurteilsstatistik, die in geraffter Form mit ausgewählten polizeilichen Daten im Statistischen Jahrbuch sowie in themenbezogenen Sonderpublikationen „Statistik aktuell – Kriminalstatistik" veröffentlicht wird. Daneben gibt es kantonale Geschäfts- und Rechenschaftsberichte der Gerichte und Justizdirektionen.

Die **Strafvollzugsstatistik** erfasst die Belegungskapazität und tatsächliche Belegung der Vollzugsanstalten an einem Stichtag (Gefangenenbestand), die Zu- und Abgänge (Gefangenenbewegung) sowie die persönlichen und tatbezogenen Merkmale der Gefangenenpopulation. 8

Rückfallstatistiken zeigen, wie viele der in einem Basisjahr rechtskräftig Verurteilten bis zum Erhebungsjahr erneut strafrechtlich erfasst werden. Zumeist wird auf eine neuerliche Verurteilung abgestellt. Die Rückfallstatistik bezieht sich demgemäß nicht auf Rückfälle im Sinne erneuter Straffälligkeit, sondern auf Wiedererfassungen durch die Strafverfolgungsbehörden. In Deutschland wird seit einiger Zeit in regelmäßigen Abständen eine Rückfalluntersuchung anhand der entsprechenden Daten aus dem Bundeszentralregister erstellt.[13] In Österreich liegen seit 1989 Arbeitstabellen zur Rückfallstatistik vor, die in den Sicherheitsbericht der Bundesregierung einfließen.[14] In der Schweiz wird vom *Bundesamt für Statistik* seit 1982 für den Strafvollzug und seit 1986 für Strafurteile eine Rückfallstatistik geführt. Da die Daten in der Schweiz personenbezogen gespeichert sind, lassen sich Zusammenhänge mit Wiederverurteilungen für beliebige Kriterien und Zeitintervalle erheben.[15] 9

13 *Jehle/Heinz/Sutterer* 2003; *Jehle u. a.* 2010; *Jehle u. a.* 2013; *Jehle u. a.* 2016.
14 *Hanak/Pilgram* 1991, 166 ff.
15 *Besozzi* 1989, 126 ff.; vgl. dazu die Ergebnisse bei *Besozzi* 1998.

10 Ergänzend werden Statistiken der Bewährungshilfe, der Jugendhilfe, zum Straßenverkehr (Unfälle, Verkehrsverstöße, Entziehungen der Fahrerlaubnis), zu Betäubungsmitteln und Drogentoten geführt.

2. Aussagekraft der Statistiken

11 Die verbreitete Einschätzung, dass (polizeiliche) Kriminalstatistiken das amtlich registrierte Kriminalitätsgeschehen widerspiegeln, ist falsch. Die Kriminalstatistik ist keine mengenmäßige Beschreibung der den Behörden zur Kenntnis gelangenden kriminellen Wirklichkeit – sie drückt **nicht registrierte Kriminalität** aus, sondern **Registrierungsverhalten** der strafrechtlichen Kontrollinstanzen. Die Grundeinheit, welche in Kriminalstatistiken aufgezeichnet wird, ist nicht das raumzeitliche Geschehen einer kriminellen Handlung, sondern die amtliche Registrierung und Rekonstruktion des angenommenen Verdachts eines solchen Geschehens. Das Missverständnis, die Kriminalstatistik sei ein Zahlenwerk über amtlich bekannt gewordene Kriminalität, wird von ihr selbst geweckt und unterstützt, insofern sie gemäß ihrer Bezeichnung als Kriminalstatistik und ihren einzelnen nach juristischen Delikts(gruppen)bezeichnungen benannten Rubriken Aussagen über die Häufigkeit von Straftaten zu machen scheint. Allerdings weisen die Statistiken inzwischen jedenfalls „im Kleingedruckten" verbreitet auf die eingeschränkte Aussagekraft der Daten für das tatsächliche Kriminalitätsvorkommen hin.[16]

12 Zwischen dem verdächtigen Handlungsgeschehen und dessen polizeilicher Registrierung spannt sich ein zeitlicher und örtlicher Zwischenraum, in dem eine Reihe von Beteiligten und Beobachtenden das ursprüngliche Handlungsgeschehen mit je unterschiedlichen Interessen, Motiven, Fähigkeiten und Ressourcen wahrnimmt und sich damit auseinandersetzt. Dieser Teil des Kriminalisierungsprozesses (→ § 19 Rn 2 ff.) mit seinen intermittierenden Aktionen und Reaktionen verschiedener zumeist privater Akteur:innen führt dazu, dass nur ein Teil der Informationen über das ursprüngliche Handlungsgeschehen zu amtlicher Kenntnis und Registrierung gelangt, und zwar ganz überwiegend nicht durch polizeiliche Beobachtung, sondern durch Meldungen Privater. Infolgedessen erscheint die Registrierung nur noch sehr entfernt als Konsequenz des Verhaltens und stattdessen viel eher als Resultat reaktiver Prozesse des

16 So stellt der Bericht der Innenministerkonferenz zur PKS klar, dass diese „kein exaktes Spiegelbild der Kriminalitätswirklichkeit, sondern eine je nach Deliktsart mehr oder weniger genaue Annäherung an die Realität" biete (*Bundesministerium des Innern* 2021, 8).

laienhaften Wahrnehmungsvermögens, der Meldebereitschaft und der bürokratischen Aufarbeitung. Soweit amtliche Registrierungen ganz überwiegend auf Anzeigen aus der Bevölkerung zurückgehen, ist die polizeiliche Kriminalstatistik nicht nur eine Bilanz polizeilicher Aktivitäten, sondern vor allem **Ausdruck bestehender Anzeigebereitschaft**, die auch durch allgemeine Verunsicherung, Kriminalitätsfurcht und Straflust beeinflusst ist (→ § 19 Rn 19 ff.).

Die registrierte Kriminalität ist somit von Anbeginn ein Produkt sozialer Ausfilterungsprozesse und der Ansprüche, welche die Bevölkerung durch Strafanzeigen bei der Polizei anmeldet. Dieses Produkt weist keine essenzielle Basis in realen Normverletzungen auf, sondern repräsentiert die Ergebnisse von Verhandlungen über Normverletzungen. Der Gegenstand der kriminalstatistischen Abbildung ist nicht die „wirkliche" Kriminalität in unvollständiger und verzerrter Form, sondern die Wirklichkeit der Kriminalitätsregistrierung.[17] Die Kriminalstatistik setzt damit bereits auf einer Zwischenstufe der Aushandlung von Kriminalitätsdefinitionen an, wo die informelle gesellschaftliche Aushandlung (mit positivem Ergebnis) abgeschlossen ist (→ § 13 Rn 15 ff.) und das Verhalten von den Instanzen der Kriminalitätskontrolle offiziell zur Kenntnis genommen wird. 13

Die Kriminalstatistik ist nicht wertlos, weil sie nichts über Kriminalität, sondern „nur" etwas über das Kontrollverhalten aussagt. Ihr **Gebrauchsnutzen** liegt in der übersichtlichen Information über Ausmaß und Inhalte der förmlichen Kriminalitätskontrolle. So drückt die Kriminalstatistik die bürokratische Auslastung der polizeilichen und justiziellen Instanzen aus. Sie kann Bearbeitungsschritte, Erledigungsformen und Selektionsvorgänge aufzeigen. 14

Die simple, aber folgenreiche Erkenntnis, dass es sich bei der Kriminalstatistik in Wahrheit um eine Kriminalitäts*kontroll*statistik handelt, wird nicht genügend beherzigt. Zumeist wird unterstellt, dass die Kriminalstatistik „irgendwie doch" etwas über Kriminalität aussage und ihr eine Art Indizfunktion für die zahlenmäßige Zusammensetzung der „wirklichen" Kriminalität zukomme. Da häufig keine anderen Daten zur Verfügung stehen, werden sogar in der kriminologischen Forschung regelmäßig doch die Daten der Kriminalstatistik als Indikator für die „wirkliche" Kriminalität herangezogen. Von diesem Punkt ist es nur noch ein kleiner Schritt dahin, dass die in Bezug genommenen Daten als tatsächliches Kriminalitätsaufkommen bzw. Ausschnitt dessen wahrgenommen 15

17 *Heinz* 1990, 89 ff., 93 ff.

und interpretiert werden und die Verzerrung im Registrierungsprozess in den Hintergrund rückt. Demgegenüber ist zu betonen: Die Daten der Kriminalstatistik ermöglichen Aussagen allein über das Registrierungsverhalten der Instanzen strafrechtlicher Kontrolle; Aussagen über kriminelle Handlungen können anhand dessen nicht getroffen werden.

16 Selbst wenn in der Statistik Kriminalität und nicht Kontrollverhalten zum Ausdruck käme, ließe sich aus dem Umfang und der Struktur dieser statistisch erfassten „Hellfeldkriminalität" nicht auf Umfang und Struktur der Gesamtheit der in der Gesellschaft vorkommenden Kriminalität schließen. Dies wäre nur möglich, wenn eine **konstante proportionale Beziehung** zwischen der statistisch erfassten und der übrigen Kriminalität bestünde, also der statistisch erfasste Ausschnitt der Kriminalität ein verkleinertes Abbild der Gesamtmenge an Kriminalität darstellte. Ein solches „Gesetz der konstanten Verhältnisse" wäre jedoch rein spekulativ.[18] Erstens entsprechen Struktur und Veränderungen der registrierten Kriminalität nicht der „wirklichen" Kriminalität. Vielmehr unterscheidet sich das in Bevölkerungsbefragungen aufscheinende Dunkelfeld in vielerlei Weise von den statistisch erfassten Daten (→ § 17 Rn 31 ff.). Zweitens steht die polizeilich bekannt gewordene Kriminalität auch nicht in einer konstanten Beziehung zur verurteilten Kriminalität – wegen des Einflusses von Ausfilterungsprozessen zwischen polizeilicher Bearbeitung und Verurteilung (→ § 19 Rn 2 ff., 25 ff.).

17 Vor diesem Hintergrund kann die Kriminalstatistik keine Aussagen über die Kriminalitätswirklichkeit machen. Bereits der Pionier der Kriminalstatistik, *Adolphe Quételet*, hatte das Problem klar erkannt:

> „Unsere Beobachtungen (können) sich nur auf eine *gewisse Anzahl bekannter und abgeurteilter Verbrechen unter einer unbekannten Totalsumme unbekannter Verbrechen* stützen. Da diese Totalsumme von begangenen Verbrechen wahrscheinlich immer unbekannt bleiben wird, so werden alle auf sie gegründeten Schlüsse mehr oder weniger unrichtig sein; ich nehme sogar keinen Anstand, zu sagen, dass alle unsere statistischen Kenntnisse über die Verbrechen und Vergehen wertlos sein müssten, wenn man nicht stillschweigend annehmen würde, *dass zwischen den bekannten und abgeurteilten Verbrechen und der Totalsumme der begangenen Verbrechen ein beinahe unveränderliches Verhältnis bestehe.* Dieses Verhältnis ist notwendig, und ich wiederhole, wenn es nicht wirklich bestünde, so wäre alles, was bis jetzt auf Grund der statistischen Nachweisungen vorgebracht worden ist, falsch und absurd."[19]

18 *Neubacher* 2020, Kapitel 3 Rn. 4.
19 *Quételet* 1921, 253.

Selbst und insbesondere Veränderungen bestimmter statistischer Werte in verschiedenen Jahren lassen **keine belastbaren Schlüsse** auf die Entwicklung des tatsächlichen Kriminalitätsaufkommens zu. Denn es ist nicht festzustellen, ob z. B. ein Anstieg der Fallzahlen in einem bestimmten Deliktsbereich tatsächlich auf einer Zunahme einschlägiger Geschehensabläufe beruht oder Folge von Veränderungen im Registrierungsprozess ist. Nur wenn man unterstellen könnte, dass sämtliche anderen potenziellen Einflussfaktoren auf das Registrierungsverhalten – wie etwa Anzeigeverhalten der Bevölkerung oder der polizeilichen Ermittlungsintensität – im Vergleichszeitraum konstant geblieben wären, könnten die Registrierungen den Häufigkeiten krimineller Betätigung proportional entsprechen. Da dies nicht möglich ist, kann eine Veränderung der Fallzahlen immer auch eine bloße weitergehende oder schrumpfende Aufhellung des Dunkelfeldes darstellen, während die einschlägigen Verhaltensweisen tatsächlich nicht zu- oder sogar abgenommen haben. Dies verdeutlicht das folgende Schaubild 3.3, in dem die Entwicklung der in den USA polizeilich registrierten Gewaltkriminalität den Daten aus regelmäßigen Bevölkerungsbefragungen gegenübergestellt wird, die neben dem Hell- auch das Dunkelfeld erfassen. 18

Schaubild 3.3: Entwicklung der Gewaltkriminalität in den USA – Hellfeld- und Dunkelfelddaten im Vergleich 19

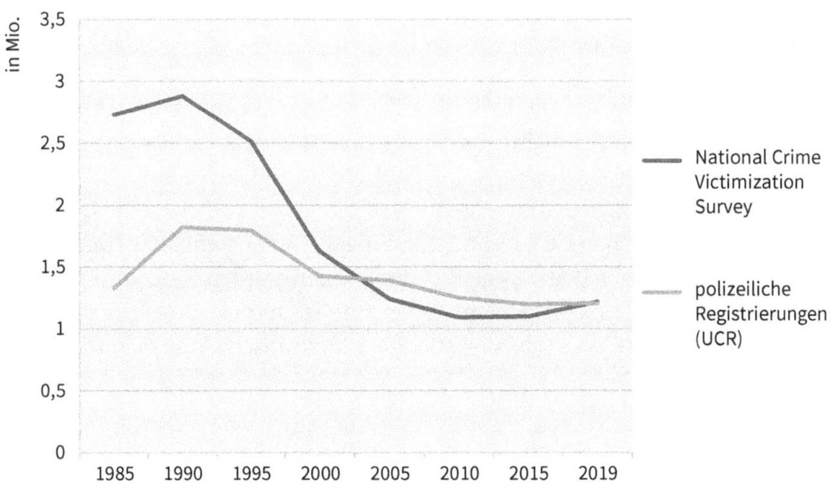

Anzahl Gewaltdelikte ohne einfache Körperverletzung. Quellen: Bureau of Justice Statistics, National Crime Victimization Survey; FBI, Uniform Crime Reporting.

20 Aus behördlicher Sicht dient die Kriminalstatistik nicht vorrangig zu Forschungszwecken, sondern wird mindestens ebenso als **Tätigkeitsnachweis** der Strafverfolgungsinstanzen gefertigt. In der Kriminalstatistik wird die Tätigkeit von Polizei, Strafjustiz und Strafvollzug bilanziert und der Öffentlichkeit zugänglich gemacht. Die Instanzen sind auf diese Öffentlichkeitsarbeit angewiesen, hängt doch auch davon der Umfang der ihnen zur Verfügung gestellten Personal- und Sachmittel ab. Bei der Vergabe öffentlicher Mittel konkurrieren die Instanzen der strafrechtlichen Kriminalitätskontrolle mit anderen aus dem Staatshaushalt zu finanzierenden Einrichtungen. Dabei geht es vereinfacht um die Frage, wie viel die Öffentlichkeit für die Kriminalitätsbearbeitung mittels des Strafrechts und wie viel sie beispielsweise für das öffentliche Gesundheitswesen aufzuwenden bereit ist. Ein beachtlicher Umfang zu bearbeitender Fälle unterstreicht die Bedeutsamkeit der wahrzunehmenden Aufgabe und vermittelt der Öffentlichkeit die Gewissheit, dass die dazu investierten Mittel notwendig sind.[20]

21 Dies erklärt das Bedürfnis, kriminalstatistische Daten in eingängiger, jedoch vereinfachender publikumswirksam aufbereiteter Form mediengerecht zu vermitteln. Demzufolge ist das jährliche Erscheinen der PKS ein Medienereignis, das auch der „seriösen" Presse eine fette Schlagzeile wert ist. Die polizeiliche Öffentlichkeitsarbeit, etwa in Präventionskampagnen, trägt dazu bei, das Thema präsent zu halten. Die gewählte Form der Darstellung ist auf den Zweck der Öffentlichkeitsarbeit abgestimmt und nimmt nicht selten Vergröberungen mit Dramatisierungseffekten in Kauf.

22 Neben dem Publikumsbezug dient die Kriminalstatistik zur behördeninternen Rationalisierung von Bearbeitungsabläufen. Die statistischen Daten vermitteln Aufschluss über den sektoriellen Geschäftsanfall und die gleichmäßige Auslastung der behördlichen Unterabteilungen; sie geben so Anlass zu Umstrukturierungen und neuen Schwerpunktbildungen. Auch wenn die Daten vom bürokratischen Personal als „gegeben" genommen werden, drückt der Datenbestand in Auswahl und Arrangement den auf die Optimierung ihrer Effizienz gerichteten Blick der Behörde aus, also die bürokratische Wahrnehmungsperspektive.[21]

20 Zu taktischen Erwägungen bei der Datenerfassung *Eisenberg/Kölbel* 2017, § 15 Rn. 21.

21 Zum Zusammenhang von bürokratischer Organisation und quantitativen Daten als vermeintlich „gegebenes" Ausgangsmaterial sozialwissenschaftlicher Forschung *Cicourel* 1974, 59 ff.

3. Kriminalstatistische Forschung

Die kriminalstatistische Forschung befasst sich mit der vergleichenden Auswertung und Interpretation der in den einzelnen Statistiken erfassten quantitativen Daten. Ihr Anliegen ist es, die Entscheidungsmuster und -strukturen der Instanzen strafrechtlicher Kontrolle sichtbar zu machen. Dabei sind unterschiedliche Forschungszugänge möglich, die miteinander kombinierbar sind. So können die Daten intern, im Verhältnis der kriminalstatistischen Kategorien untereinander, oder extern in ihrem Verhältnis zu anderen Sozialdaten verglichen werden. Eine statische Querschnittsanalyse vergleicht dokumentierte Ereignisse innerhalb des gleichen Zeitraumes, wohingegen die Längsschnittanalyse sich mit der prozesshaften Entwicklung der Daten im Zeitverlauf befasst. Zudem ist es ein Anliegen kriminalstatistischer Forschung, die vorhandenen Erfassungs- und Darstellungskategorien auf ihre Aussagekraft zu prüfen und Änderungen vorzuschlagen, die zu neuen Kategorisierungen und womöglich zum Verzicht auf die Erhebung – oder jedenfalls die Veröffentlichung – bestimmter Datensätze führen. 23

Dem Interesse an vergleichenden Aussagen, die auch externe Zusammenhänge möglichst plastisch darstellen, sind Verhältniszahlen dienlicher als absolute Zahlen. Absolute Zahlen sind wenig anschaulich und erlauben keinen Vergleich zwischen Populationen mit unterschiedlich großer Bevölkerung. Demgemäß ist es üblich geworden, Zahlen zu erheben, welche die kriminalstatistischen Daten in Relation zur Einwohner:innenzahl setzen. Diese Vergleichszahlen werden Häufigkeitszahl, Tatverdächtigenbelastungszahl und Verurteiltenbelastungszahl genannt. Die **Häufigkeitszahl** (HZ) der PKS gibt an, wie viele bekannt gewordene, also von der Polizei als Straftat bearbeitete, Fälle im Berichtszeitraum auf je 100.000 Einwohner:innen der Wohnbevölkerung entfallen. Die **Tatverdächtigenbelastungszahl** der PKS benennt die Zahl der polizeilich ermittelten Tatverdächtigen auf je 100.000 Einwohner:innen (in Deutschland: ohne Kinder unter acht Jahren). Die **Verurteiltenbelastungszahl** drückt die Anzahl der gerichtlich verurteilten Personen auf je 100.000 der strafmündigen Bevölkerung aus. 24

Die Problematik dieser anschaulichen Verhältniszahlen besteht darin, dass die Bezugsetzung von kriminalstatistischen Daten zur jeweiligen Wohnbevölkerung insofern unangemessen ist, als die Kriminalstatistik auch Taten berücksichtigt, die nicht durch die Wohnbevölkerung begangen wurden, und umgekehrt, die von der Wohnbevölkerung im Ausland verübte und dort registrierte 25

Kriminalität nicht erfasst. Nationen mit starker Attraktivität für ausländische Urlaubsgäste, grenzüberschreitende Berufspendler:innen und Zugewanderte ohne legalen Aufenthaltsstatus weisen daher aufgrund der Diskrepanz zwischen Wohnbevölkerung und der deutlich größeren Anzahl tatsächlich anwesender Personen in diesen Verhältniszahlen eine überhöhte Kriminalitätsbelastung auf. Auch wo vorgesehen ist, die nicht im Inland wohnhaften Tatverdächtigen gesondert zu erfassen, ist wegen Erfassungsmängeln mit Verzerrungen zu rechnen.

26 Die verschiedenen Kriminalstatistiken dokumentieren die Ergebnisse der stufenweisen Klassifizierung von Kriminalität im Verlauf von polizeilicher und justizförmiger Strafverfolgung, gerichtlicher Aburteilung und Strafvollzug in quantitativer Hinsicht. Gleichwohl ist eine Dokumentation des Verlaufs des Kriminalisierungsprozesses und der dabei vollzogenen Ausfilterungen nur unzulänglich möglich. Dies gilt wegen der zeitverschobenen Erfassungsperioden und wegen der divergierenden Erfassungskriterien, die für die verschiedenen Statistiken gelten. Diese erfassen jeweils nur einen Ausschnitt der Vorgänge, die der förmlichen strafrechtlichen Kontrolle unterliegen, der durch delikts-, täter:innen- und sanktionsbezogene Beschränkungen sowie Registrierungsrestriktionen bei Seriendelikten und Konkurrenzen bestimmt wird.

27 In **Deutschland** berücksichtigt die polizeiliche Statistik im Gegensatz zur Strafverfolgungsstatistik etwa keine Verkehrsdelikte. Tatverdächtige werden auch dann gezählt, wenn es sich um Personen handelt, die wegen Strafunmündigkeit oder inzwischen eingetretenem Tod nicht (weiter-)verfolgt werden können. Die Staatsanwaltschaftsstatistik ist eine reine Verfahrensstatistik, die über die Deliktsstruktur und über die Bewertungsverschiebungen bei getroffenen Entscheidungen kaum Aufschluss gibt. Die Strafvollzugsstatistik verwendet eine Stichtagszählung, die längerfristig Einsitzende über- und kurzfristig Einsitzende unterrepräsentiert.[22]

28 In der **Schweiz** erfasst die polizeiliche Kriminalstatistik polizeilich bekannt gewordene Straftaten gegen das Strafgesetzbuch, das Betäubungsmittelgesetz, das Ausländergesetz und weiteres Nebenstrafrecht, nicht jedoch gegen das Straßenverkehrsgesetz (→ § 16 Rn 40). Das Entscheidungsverhalten der Staatsanwaltschaft wird nicht landesweit erhoben. Einzig die Praxis der Untersuchungshaft wird seit 1988 vom *Bundesamt für Statistik* erfasst. Bei den gerichtlichen Erledigungen werden nur die Verurteilungen dokumentiert. Die Strafurteilssta-

22 *Heinz* 1989, 187 f.

tistik erfasst seit 1984 alle in das Strafregister eingetragenen Verurteilungen von Erwachsenen aufgrund eines Verbrechens oder Vergehens. Die nur mit Busse bedrohten (Art. 103 StGB [CH]) Übertretungen werden nur ausnahmsweise berücksichtigt. Die Jugendstrafurteilsstatistik weist seit 1999 alle Jugendurteile aus, die eine Straftat im Sinne des Strafgesetzbuchs, des Ausländergesetzes und des Betäubungsmittelgesetzes oder ein Verbrechen oder Vergehen gegen das Straßenverkehrsgesetz enthalten. Neben den Angaben zur Person stehen Informationen zu den Straftaten und zu den ausgesprochenen Sanktionen zur Verfügung.

Da die zu registrierenden Bearbeitungsschritte zeitversetzt vorgenommen werden, beziehen sich die in demselben **Berichtszeitraum** von den einzelnen Kriminalstatistiken erfassten Vorgänge auf nicht identische Taten, sodass etwa einem Vergleich der polizeilich registrierten und der abgeurteilten Fälle streng genommen die Grundlage fehlt. So kann dieselbe Tat in dem einen Berichtszeitraum registriert, im nächsten aufgeklärt und erst im übernächsten abgeurteilt werden. Wegen unterschiedlicher Länge der Bearbeitungszeiten lassen sich Zeitverschiebungen kaum einkalkulieren. 29

Eine adäquate statistische Dokumentation des Geschehensablaufs von der polizeilichen Registrierung und Aufklärung über die justizförmige Strafverfolgung und Aburteilung bis hin zum Strafvollzug würde eine grundlegende Umgestaltung der neben- und auseinanderentwickelten einzelnen Kriminalstatistiken zu einer **einheitlichen Verlaufsstatistik** voraussetzen. In einer solchen Verlaufsstatistik müssten die quantitativen Bestände in aufeinanderfolgenden Zeitpunkten durch die Zugänge zu, die Abgänge von und die Bewegungen zwischen den einzelnen Merkmalsausprägungen auf sämtlichen Bearbeitungsstufen miteinander verknüpft werden. Diese bereits in den Anfängen der wissenschaftlichen Kriminalstatistik erhobene Forderung blieb bis heute unerfüllt.[23] Die kriminalstatistische Verlaufsforschung ist des Weiteren durch Änderungen des Strafbarkeitsbereichs, der gesetzlichen Registrierungsvorschriften und der mitunter wenig transparenten Erhebungstechniken behindert. Fehlinterpretationen liegen nahe, wenn nicht erkannt wird, dass eine statistisch bemerkenswerte Veränderung nur Folge eines geänderten Erfassungsmodus ist. 30

Eine „forschungsfreundlichere" Gestaltung der Kriminalstatistik würde voraussetzen, dass 31

23 *Heinz* 1989, 188 f.

- Verfahrensstatistiken vor allem im Bereich der Staatsanwaltschaft durch materielle Statistiken ergänzt werden,
- Lücken der materiellen Statistiken vor allem im Bereich der Bewährungshilfe- und Strafvollzugsstatistik geschlossen werden sowie
- die Erfassungs- und Aufbereitungsgrundsätze der materiellen Statistiken vor allem im Bereich der PKS und Strafverfolgungsstatistik vereinheitlicht werden.

32 Daneben wären eine Anreicherung der derzeit geführten materiellen Statistiken um zusätzliche Sozialdaten zu den Verurteilten, weitere Angaben zu Vorverurteilungen, Angaben zu Opfermerkmalen und Täter:innen-Opfer-Beziehungen, Schadensart und -höhe, Tatmodalitäten (Alkoholeinfluss, Gruppendelinquenz), differenzierte Angaben zu Anzahl und Art weiterer abgeurteilter Taten, sowie ergänzende Angaben zu Sanktionsart und -höhe erwünscht.[24] Indes ist das Fehlen von Daten zuweilen die Folge politisch erwünschter und von der Forschung zu respektierender Entscheidungen – sei es aus Kostengründen, sei es, um die Gefahr einer zusätzlichen Stigmatisierung etwa Jugendlicher durch den Registereintrag zu vermeiden.

II. Entwicklung der registrierten Fälle

Lektüreempfehlung: *Bundesministerium des Innern; Bundesministerium der Justiz* (2006): Zweiter Periodischer Sicherheitsbericht. Berlin; *Jehle, Jörg-Martin* (2019b): Strafrechtspflege in Deutschland. 7. Aufl., Berlin, 10-19.

Nützliche Webseiten: http://www.ki.uni-konstanz.de/kik (Konstanzer Inventar Kriminalitätsentwicklung); https://www.bka.de/DE/AktuelleInformationen/StatistikenLagebilder/PolizeilicheKriminalstatistik/pks_node.html (PKS Deutschland); https://www.destatis.de/DE/Themen/Staat/Justiz-Rechtspflege (Statistiken zu Strafverfolgung, Strafvollzug, zu Staatsanwaltschaften und Strafgerichten); https://bundeskriminalamt.at/501/start.aspx (PKS Österreich und Lageberichte); https://www.bfs.admin.ch/bfs/de/home/statistiken/kriminalitaet-strafrecht.html (Statistiken zu Kriminalität und Strafrecht Schweiz); https://wp.unil.ch/europeansourcebook (Zusammenstellung europäischer Statistiken zu Kriminalität und Strafverfolgung).

33 Kriminalstatistische Maßzahlen gewinnen durch Vergleich an Bedeutung. Die Entwicklung der Daten im Zeitvergleich wird als wesentliches Kriterium zur Beurteilung der Sicherheitsentwicklung verwandt. Der Zeitvergleich spiegelt jedoch gleichermaßen Veränderungen im gesellschaftlichen Umgang mit Kri-

---

24 Dazu insgesamt *Heinz* 1989, 189 ff.; *Heinz* 1990, 109 ff.

minalität; er indiziert Veränderungen etwa der Bereitschaft, informelle Reaktionen genügen zu lassen, nicht auf einer gerichtlichen Aburteilung nach öffentlicher Hauptverhandlung zu bestehen oder auf die Freiheitsstrafe zugunsten weniger diskriminierender ambulanter Sanktionen zu verzichten. Dies führt zu Veränderungen bei der statistischen Erfassung, die daher nicht unbedingt als veränderte Sicherheitslage, sondern ebenso als Wandel des gesellschaftlichen Umgangs zu interpretieren sein können.

Aus statistischer Sicht sind bei der Beurteilung registrierter Kriminalität im Zeitvergleich die Zeitreihen genügend lang zu wählen, um kurzfristige Zufallsveränderungen auszuschließen. Prozentwerte sind bei kleinen absoluten Zahlen problematisch, weil sie eine übermäßige Veränderung vortäuschen. Für Vergleiche im zeitlichen Längs- und im regionalen Querschnitt sind absolute Zahlen ungeeignet. Problemadäquater sind relative Häufigkeitszahlen (HZ), die auf eine einheitliche Bezugsgesamtheit – zumeist registrierte Straftaten pro 100.000 Einwohner:innen (→ § 16 Rn 24) – standardisiert werden. Häufigkeitszahlen sind nur so valide, wie die Bezugsgesamtheit der zur Wohnbevölkerung gemeldeten Personen valide ist. Daran fehlt es etwa, wenn die Zahl der Urlaubsgäste oder der grenzüberschreitenden Berufspendler:innen im Verhältnis zur Wohnbevölkerung hoch ist. 34

1. Entwicklung des Gesamtbereichs

Die Registrierungen von Kriminalität in ausgewählten Ländern Europas (Niederlande, England & Wales, Schweden, Frankreich, Belgien, Schweiz, Italien) verlaufen langfristig in einer Kurve, die etwa von 1840 an abfällt, zwischen 1920 und 1950 einen Tiefstand erreicht, sodann einen Aufwärtstrend aufweist[25] und sich seit 2002 in der Mehrheit der Staaten wieder nach unten neigt.[26] Das Gesamtvolumen der polizeilichen Kriminalitätsregistrierungen in **Deutschland** hatte sich dementsprechend nach langfristigem Anstieg von 2,41 Millionen im Jahre 1970 über 6,75 Millionen im Jahre 1993 auf einem vergleichsweise hohen Niveau von etwa 6,5 Millionen stabilisiert und sank ab 2004 auf etwa 6 Millionen Fälle ab. Nach leichteren Anstiegen von 2014 bis 2016 ist seit 2017 ein deutlicher Rückgang zu verzeichnen. Zuletzt wurden im Jahr 2020 5,31 Millionen Fälle erfasst (2019: 5,44 Millionen).[27] Für die Bewertung der Anstiege in 35

25 *Eisner* 1995.
26 *Eurostat* 2015.
27 PKS 2020 Zeitreihen: T01 Grundtabelle – Fälle ab 1987.

den Jahren 2015 und 2016 ist die starke Zunahme spezifisch aufenthaltsrechtlicher Verstöße (etwa unerlaubter Aufenthalt, unerlaubte Einreise) im Kontext des Migrationsgeschehens zu berücksichtigen.[28] Ohne aufenthaltsrechtliche Verstöße wurden 2015 und 2014 jeweils 5,93 Millionen Fälle registriert[29], sodass der damalige Anstieg wesentlich auf eine zunehmende Registrierung dieser Delikte zurückzuführen ist.

36 **Schaubild 3.4: Kriminalitätsregistrierungen und Aufklärungsquoten in Deutschland, Österreich und der Schweiz im Zeitverlauf**

	1970	1980	1990	2000	2010	2015	2020
Deutschland							
Gesamt (in 1.000)	2.414	3.816	4.455	6.265	5.933	6.331	5.311
HZ	3.924	6.198	7.108	7.625	7.253	7.797	6.386
AQ (in %)	48,3	44,9	47,0	53,2	56,0	56,3	58,4
Österreich							
Gesamt (in 1.000)	286	347	458	493	536	518	434
HZ	3.859	4.625	6.003	6.095	6.406	6.061	
AQ (in %)	68,4	55,0	44,2	51,4	41,4	44,0	54,2
Schweiz							
Gesamt (in 1.000)			335	271	528	488	422
HZ					6.780	5.920	4.900
AQ (in %)					29,1	32,0	41,8

HZ = Häufigkeitszahl (pro 100.000 Einwohner:innen); AQ = Aufklärungsquote.

Ab 2000 für Deutschland: Bundesgebiet insgesamt (einschl. neue Bundesländer). 2000 für Österreich: Daten stehen wegen Umstellung auf elektronische Erfassung nicht zur Verfügung; es wurden Zahlen für 1999 verwendet. Ab 2009 für die Schweiz: neues Erfassungssystem; Daten nicht mit den Vorjahren vergleichbar. Schweiz: nur Straftaten nach StGB.

Aufgrund unterschiedlicher Zählweisen sind die Statistiken der Länder untereinander nicht direkt vergleichbar.

Quellen: PKS; PKS (AT); Kriminalitätsbericht (AT) sowie direkte Übermittlung durch das BKA (AT); PKS (CH).

28 Zu den Auswirkungen auf die PKS *Heinz* 2017, 30 ff.

29 PKS 2015, 4.

Die Häufigkeitszahl (HZ) weist eine ähnliche Entwicklung wie die der Fallzahlen auf und stieg von 3.924 (1970) auf 8.337 (1993) an, um seitdem mit leichten Schwankungen unter 8.000 und seit drei Jahren unter 7.000 zu fallen (2020: 6.386).[30] Diese Zahlen entsprechen vorbehaltlich von Schwierigkeiten der Vergleichbarkeit (→ § 16 Rn 38 ff.) denen Österreichs und der Schweiz. Diese Befunde der Stagnation und des Rückgangs stehen im Kontrast zu dem vom Eindruck einer grassierenden Kriminalität gezeichneten kriminalpolitischen Diskurs in Politik, Medien und Bevölkerung (→ § 17 Rn 32 ff.). 37

In **Österreich** wurden 2019 488.912 strafbare Handlungen registriert (HZ: 5.532). Die absoluten Zahlen sowie die HZ erreichten 2005 einen Höhepunkt und gehen seither unter leichten Schwankungen deutlich zurück. Die HZ der Gesamtkriminalitätsregistrierung nahm in Österreich eine längerfristig treppenförmig ansteigende Entwicklung: In der Periode 1970 bis 1978 nahm die HZ auf inzwischen relativ hohem Sockel nur schwach, 1979 bis 1982 dagegen stark zu, verlief 1983 bis 1988 stagnierend, stieg bis 1992 deutlich an, fiel im Anschluss zurück, um dann den genannten Höhepunkt in der ersten Dekade des neuen Jahrtausends zu erreichen. Die Häufigkeitszahl erlaubt keinen Ländervergleich: Aufgrund anderer Grundgesamtheiten und Zählweisen sind die Belastungswerte für Österreich im Vergleich zu Deutschland unterschätzt. 38

Die **Schweiz** galt lange Zeit als eines der Länder mit ausgeprägt niedriger Kriminalitätsbelastung.[31] Zumindest für die jüngere Vergangenheit und die Gegenwart dürfte diese Einschätzung überholt sein. Nach der auf ausgewählte Deliktsbereiche des Strafgesetzbuchs beschränkten gesamtschweizerischen Zählung wurden im ersten Erfassungsjahr 1982 323.000 Straftaten polizeilich erfasst. Seitdem stieg die Fallzahl bis zu einem Höchststand von 359.000 im Jahr 1991 an und reduzierte sich sodann drastisch bis 1995 auf 305.000. Bis zur polizeilichen Kriminalstatistik 2008, für welche letztmalig die alte Erfassungsweise verwendet wurde, erreichte die Fallzahl den eindeutig tiefsten Stand seit Einführung der polizeilichen Kriminalstatistik (2008: 276.000). Es ist anzunehmen, dass diese alten Zahlen aufgrund einzelner kantonaler Statistiken nur rund zwei Drittel aller polizeilich bekannt gewordenen Zuwiderhandlungen gegen das Strafgesetzbuch erfassen. Sie sind mit den verlässlicheren Daten der nunmehr gesamtschweizerischen Zählung, die mit der polizeilichen Kriminalstatistik 2009 ihren Anfang genommen hat, nicht vergleichbar. 39

30 PKS 2020 Zeitreihen: T01 Grundtabelle – Fälle ab 1987.
31 *Adler* 1984; *Clinard* 1978; kritisch *Balvig* 1990.

40 Verstöße gegen das Straßenverkehrsgesetz (SVG) sind in der Polizeilichen Kriminalstatistik (PKS) der Schweiz[32] – ebenso wie in Deutschland[33] – nicht enthalten, ebenso wenig fahrlässige Tötungen oder Körperverletzungen im Zusammenhang mit einem Verstoß gegen das SVG; diese sind der Verkehrsunfallstatistik zu entnehmen. Insgesamt weisen die Kriminalitätsregistrierungen in der Schweiz eine stabile Entwicklung auf. Für das Jahr 2009 wurden nach der ersten neuen Erfassungsweise 446.505 Fälle mit 676.309 strafrechtlich relevanten Handlungen, davon 553.421 nach dem Strafgesetzbuch, registriert[34], 2020 waren es 523.062, davon 421.678 nach dem StGB (CH)[35]. Die Häufigkeitszahl der in der Schweiz nach dem StGB (CH) erfolgten Straftatenregistrierungen betrug im Jahre 2020 4.900. Gegenüber 2009 ist die Zahl der Straftaten nach dem StGB (CH) im Jahr 2020 in der Schweiz um 23,8 % gesunken.[36] Die Aufklärungsquote ist von 27,5 % (2009) auf 41,8 % (2020) gestiegen.[37] Die Schweiz befindet sich im internationalen Vergleich der Kriminalitätsregistrierungsbelastung aufgrund polizeilicher Statistiken im Mittelfeld.[38]

41 Die zu konstatierende deutliche **Zunahme von Registrierungen** im Hellfeld seit den 1970er Jahren bis zur Jahrtausendwende ist nicht auf Deutschland, Österreich und die Schweiz begrenzt, sondern auch in den meisten anderen Ländern Westeuropas und erst recht in den USA zu beobachten.[39] Diese zunehmende Befassung der Polizei mit strafrechtlichen Ermittlungsverfahren ist indes nicht mit einem Anwachsen des realen Kriminalitätsumfanges gleichzusetzen (→ § 16 Rn 11 ff.). Sie kann ebenso durch einen Wandel der Registrierungsprozesse sozialer Kontrolle bedingt sein.

32 PKS (CH) 2020, 15.
33 Im österreichischen Sicherheitsbericht werden die Zahlen teils sowohl mit als auch ohne Verkehrsdelikte aufgeführt, vgl. Sicherheitsbericht (AT) 2019 – Kriminalität (Anhang), 13 f.
34 PKS (CH) 2009, 7.
35 PKS (CH) 2020, 7.
36 Eigene Berechnung basierend auf PKS (CH) 2009, 7; PKS (CH) 2020, 7.
37 PKS (CH) 2009, 12; PKS (CH) 2020, 16.
38 *Niggli/Pfister* 1997, 531.
39 Zweiter Periodischer Sicherheitsbericht 2006, 15.

Schaubild 3.5: Entwicklung der Gesamthäufigkeitszahl für Deutschland, Österreich und die Schweiz 42

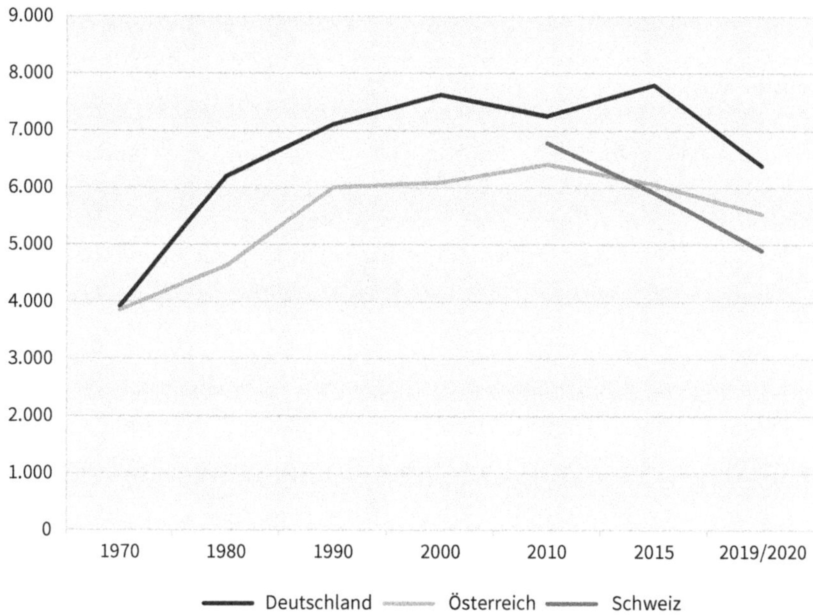

Gesamthäufigkeitszahl = Zahl aller registrierten Fälle pro 100.000 Einwohner:innen. Daten für das Jahr 2020 lagen nur für Deutschland und die Schweiz vor, für Österreich sind die Zahlen für 2019 angegeben. Quellen: PKS; PKS (CH); Sicherheitsbericht (AT).

Eine veränderte Struktur und Zunahme des tatsächlichen Kriminalitätsaufkommens ließen sich mit verschiedenen, vor allem sozialstrukturellen Ansätzen erklären. Man könnte sie etwa mit den grundlegenden gesellschaftlichen Veränderungen der vergangenen 40 Jahre in Verbindung bringen. Zum einen hat der soziale, kulturelle und ökonomische Wandel der zurückliegenden Jahrzehnte sowohl zu einem sozialen Auseinanderdriften und einer individualisierenden Ausdifferenzierung der westlichen Gesellschaften als auch zu einer Vermehrung von Deliktsanreizen und Tatgelegenheiten geführt. Zum anderen ist das Kriminalitätsaufkommen in der Gesellschaft immer auch stark von deren Alters- und Sozialstruktur abhängig. Da ein wesentlicher Teil der im Hellfeld relevanten Kriminalität gemäß kriminologischer Forschung von jungen unverheirateten Männern begangen wird, die in größeren Städten wohnhaft sind[40] und eine 43

40 *Baier u. a.* 2011, 14 f.

hohe Mobilität[41] bei gleichzeitig geringer Anbindung an Schule und Elternhaus aufweisen[42], ist die HZ stark vom Anteil dieser Gruppe an der Gesamtbevölkerung abhängig. Ein Rückgang des Anteils dieser Gruppe muss aber nicht zwangsläufig zu einem Sinken der registrierten Kriminalität führen, sondern kann auch – bei gleichbleibender Kontrollkapazität – durch eine verschärfte Kontrolle ausgeglichen werden.[43]

44 Ebenso kann der gesellschaftliche Wandel aber auch (nur) zu **Veränderungen der Registrierungsprozesse** und auf diesem Wege zu einem Anwachsen des Hellfeldes führen. Für eine zunehmende Bedeutung formeller Sozialkontrolle spricht etwa, dass in den westlichen Gesellschaften die Bedeutung informeller Sozialkontrolle aber auch soziale Toleranz abgenommen haben, wodurch die Hemmschwelle sinkt, förmliche Kontrollinstanzen zu beanspruchen. Zugleich ist in den vergangenen Jahrzehnten eine zunehmende gesellschaftliche Problematisierung von Gewalt und Sexualstraftaten zu beobachten. Die steigende Sensibilität für diese Deliktsbereiche in der Bevölkerung dürfte die Anzeigebereitschaft beeinflussen.[44]

45 Sodann führt eine zunehmende Anzahl von Versicherten und versicherten Objekten zu einer Zunahme der Anzeigen von Diebstählen und Sachbeschädigungen, da eine Strafanzeige Voraussetzung der Inanspruchnahme von Versicherungsschutz ist. Schließlich erbringen eine verbesserte personelle und sachliche Ausstattung der Kontrollinstanzen und eine Intensivierung der Kontrolldichte einen erhöhten Verfolgungsertrag. Bündig ausgedrückt: Die Entwicklung der Kriminalitätsregistrierungen ist nicht unbedingt kriminalitätsabhängig, sondern mindestens ebenso **kontrollabhängig**. So kann eine Veränderung des Anzeigeverhaltens eine verhältnismäßig starke Zunahme im Hellfeld bewirken und dennoch nur die Spitze eines größtenteils unveränderten Eisberges darstellen.

46 Zwischen dem Verlauf der realen Kriminalitätsentwicklung und der Entwicklung des Kontrollverhaltens können Wechselbeziehungen bestehen. So sind Rückkoppelungsprozesse zwischen sozialer Toleranz, delinquentem Verhalten und Verlagerung von informeller zu formeller Kriminalitätskontrolle plausibel: Das Nachlassen der informellen Kontrolle kann die Begehung von Straftaten

41 *Ceccato/Oberwittler* 2008; *Oberwittler/Gerstner* 2011, 14 ff.
42 *Braithwaite* 1989, 45 ff.; *Hoeve u. a.* 2012; *Wilmers u. a.* 2002.
43 *Pfeiffer/Schüler-Springorum* 1987.
44 *Neubacher* 2008.

erleichtert haben, der man nunmehr durch Verschärfung der formellen Kriminalitätskontrolle gegenzusteuern versucht.[45]

2. Entwicklung nach Deliktsgruppen

Der absolute Großteil der Registrierungen abweichenden Verhaltens in Deutschland betrifft Ordnungswidrigkeiten, wobei hier die Verstöße gegen Bestimmungen des Straßenverkehrsrechts stark überwiegen. Klammert man diese Ordnungsverstöße sowie die gesondert erfassten Verkehrsstraftaten und Staatsschutzdelikte aus, machen die Eigentums- und Vermögensdelikte rund zwei Drittel der bekannt gewordenen Kriminalität aus. Diebstahl dominiert dabei und weist in Deutschland 2020 einen Anteil von 31,7 % an den Registrierungen der Gesamtkriminalität aus.[46] 47

Schaubild 3.6: Struktur der Registrierungen 2020 in Deutschland 48

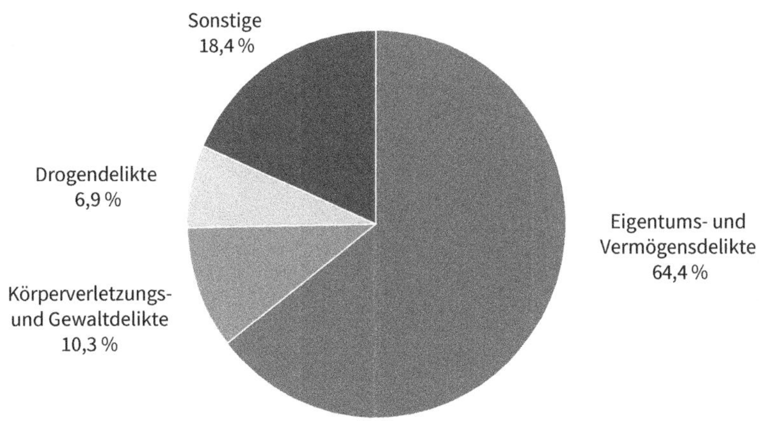

Quelle: PKS 2020 Falltabellen: T01 Grundtabelle. Eigentums- und Vermögensdelikte: Diebstahlsdelikte, Betrug, Sachbeschädigung, Erschleichen von Leistungen, Unterschlagung, Urkundenfälschung. Körperverletzungs- und Gewaltdelikte: Gewaltkriminalität (Summenschlüssel 892000) sowie einfache vorsätzliche Körperverletzung. Die verwendeten Definitionen der Deliktskategorien sind insofern nicht mit denen anderer Statistiken wie etwa der Strafverfolgungsstatistik identisch.

45 *Heinz* 1990, 105.
46 PKS 2020 Falltabellen: T01 Grundtabelle.

49 Die Registrierungen schwerer Gewaltdelikte (Mord, Totschlag, Vergewaltigung) sind entgegen dem Gesamttrend seit den 1970er Jahren eher rückläufig.[47] Den Großteil der Gewaltdelikte machen einfache Körperverletzungen aus (→ § 18 Rn 7 ff.).

50 **Schaubild 3.7: Entwicklung der Registrierung ausgewählter Delikte in Deutschland (Häufigkeitszahlen)**

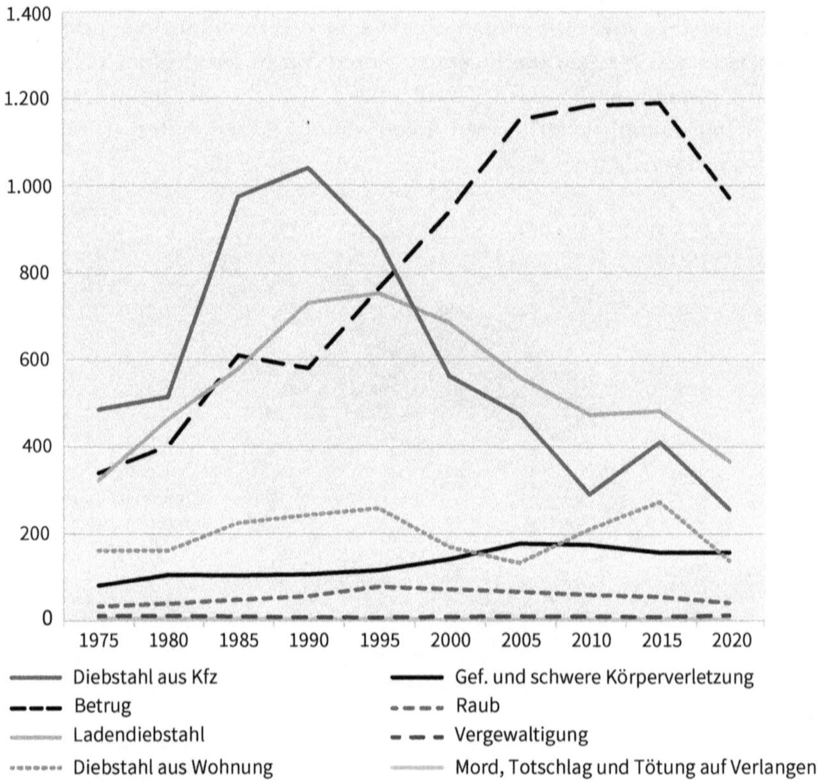

Häufigkeitszahl = registrierte Fälle je 100.000 Einwohner:innen. Quelle: PKS.

51 Nach Häufigkeitszahlen betrachtet, entwickelten sich die polizeilichen Registrierungen besonders häufig erfasster Straftaten in den vergangenen 20 Jahren in Deutschland (ab 1993: mit neuen Bundesländern) wie im Schaubild 3.7 abgebildet. Danach werden Vergewaltigungs- und Tötungsdelikte im Vergleich

47 PKS 2020 Zeitreihen: T01 Grundtabelle – Fälle ab 1987; *Heinz* 2006.

zu den übrigen Delikten so selten registriert, dass sie sich entlang der unteren Grenze der x-Achse überlappen. Der kriminalpolitische Diskurs konzentriert seine Aufmerksamkeit gleichwohl regelmäßig auf solche besonders schweren Delikte, obwohl deren Bedeutung in Deutschland auch im Zeitverlauf nicht zunimmt, sondern recht konstant verläuft oder gar abnimmt (vgl. Schaubild 3.8). Dies führt zu entsprechenden Fehlvorstellungen bezüglich Häufigkeit und Zunahme solcher Delikte in der Bevölkerung und einem Wechselspiel mit strafrechtlichen Verschärfungen durch den Gesetzgeber (→ § 24 Rn 18 ff.).

Schaubild 3.8: Entwicklung der Registrierung von Tötungsdelikten in Deutschland (Häufigkeitszahlen) 52

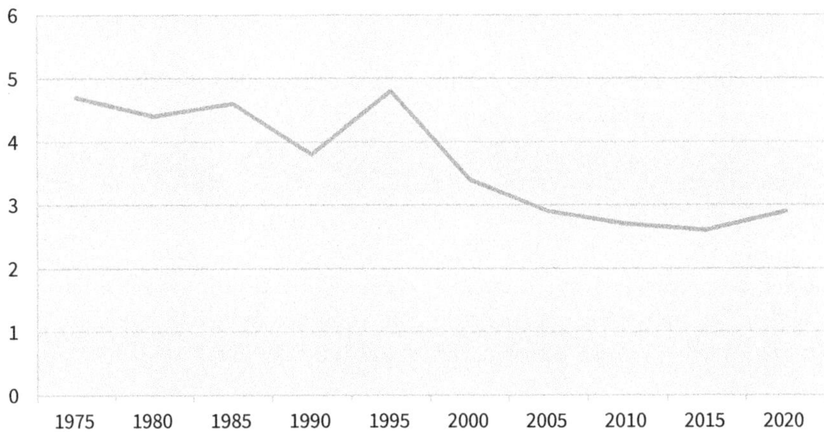

Mord, Totschlag und Tötung auf Verlangen. Häufigkeitszahl = registrierte Fälle je 100.000 Einwohner:innen. Quelle: PKS.

Die quantitative Verteilung der Kriminalitätsregistrierungen mit deutlicher Dominanz der Eigentums- und Vermögenskriminalität ist in anderen Ländern ähnlich. In **Österreich** betrafen 2019 59,0 % aller Registrierungen (488.912) strafbare Handlungen gegen das Vermögen (288.475); unter den Verbrechen (2019: 36.810) wurden 45,1 % (16.601) als gegen das Vermögen gerichtet erfasst. Allein die Fälle des Diebstahls machten 2019 über 33 % der Gesamtregistrierungen aus. Zwar haben die Registrierungen wegen Diebstahls, besonders des räuberischen und des qualifizierten Diebstahls (§§ 131, 129 Z. 4, 130 StGB [AT]), über den Zeitraum der letzten 20 Jahre deutlich zugenommen, dieser 53

Trend stagniert jedoch seit einiger Zeit, die Zahlen sind nunmehr deutlich rückläufig.[48]

54 In der **Schweiz** zeigt sich ein ähnliches Bild: 2020 entfielen von den bundesweit vorgenommenen polizeilichen Registrierungen nach dem StGB (CH) 65,2 % auf Vermögensdelikte, 36,6 % aller Registrierungen allein auf Diebstahl einschließlich Fahrzeugdiebstahl. Nur 6,4 % der Registrierungen betrafen Delikte gegen Leib und Leben, 2,1 % entfielen auf Sexualdelikte.[49] Nach dem BetmG (CH) wurden 68.600 Straftaten im Jahr 2020 registriert. Davon betrafen 44,9 % (30.829) den Konsum – die Hälfte hiervon einen solchen von Hanfprodukten. Die Verfolgung der Drogendelikte variiert stark von Kanton zu Kanton.[50]

3. Aufklärungsquote und Tatverdächtige

55 In Deutschland wurden 2020 3,1 Millionen Straftaten als aufgeklärt registriert, was einer **Aufklärungsquote** (→ § 16 Rn 3) von 58,4 % entspricht. Die absolute Anzahl polizeilich aufgeklärter Taten verlief bis 1975 eher stabil, stieg dann bis 1983 leicht und dann deutlicher an bis zum Jahre 2000. Sie entwickelt sich seither weitgehend stabil. Demgegenüber ist die Aufklärungsquote bis 1978 kontinuierlich auf 44,6 % gesunken und verzeichnet seit 1995 einen insgesamt beständigen Anstieg, der in den letzten Jahren aber stagniert. Die disproportionale Entwicklung der absoluten Zahlen aufgeklärter Fälle und der Aufklärungsquote ist mit dem gleichzeitigen Anstieg der registrierten Fälle zu erklären.

56 In Österreich wurden 2019 52,5 % der Registrierungen strafbarer Handlungen aufgeklärt. Die Aufklärungsquote sank von 1970 bis 1990 kontinuierlich, ist jedoch bis 1999 wieder auf einen Wert von 51,4 % gestiegen und bewegt sich seit 2003 bei knapp 40 %, seit 2010 über 40 % und seit 2017 über 50 %.[51] In der Schweiz wurden 2020 für die 421.678 registrierten Straftaten nach dem StGB (CH) 83.318 Tatverdächtige ermittelt (Aufklärungsquote: 41,8 %; 2015: 32,0 %).[52]

---

48 Sicherheitsbericht (AT) 2019 – Kriminalitätsbericht, B 91.

49 Eigene Berechnung basierend auf PKS (CH) 2020, 17.

50 Drogen und Strafrecht (CH) 1990-2001.

51 PKS (AT) 2019, 13; Sicherheitsbericht (AT) 1996, 38 f.; Sicherheitsbericht (AT) 2014 – Kriminalität, 18; Sicherheitsbericht (AT) 2019 – Kriminalität, 32.

52 PKS (CH) 2015; PKS (CH) 2020, 7, 16.

Schaubild 3.9: Entwicklung registrierter und aufgeklärter Fälle in Deutschland 57

	1970	1980	1990	2000	2010	2015	2020
registrierte Fälle (in 1.000)	2.414	3.816	4.455	6.265	5.933	6.330	5.311
aufgeklärte Fälle (in 1.000)	1.166	1.713	2.094	3.335	3.322	3.564	3.100
Aufklärungsquote (in %)	48,3	44,9	47,0	53,2	56,0	56,3	58,4

Quelle: PKS.

Bei der Interpretation des als gewöhnlich niedrig empfundenen Niveaus der 58
Aufklärungsquote ist zu beachten, dass die Gesamtaufklärungsquote einen Durchschnittswert darstellt, der zwischen einzelnen Deliktsgruppen beträchtlich schwankt. So betragen die Aufklärungsquoten in Deutschland für das Jahr 2020 bei Mord, Totschlag und Tötung auf Verlangen 94,9 %, bei Betäubungsmitteldelikten 91,9 %, bei einfachem Diebstahl 41,7 %, bei Diebstahl unter erschwerenden Umständen hingegen nur 15,7 %.[53] Für die relativ bescheidene Höhe der Gesamtaufklärungsquote ist in erster Linie die quantitativ bedeutsame Diebstahlskriminalität unter erschwerenden Umständen mit ihrer niedrigen Aufklärungsquote verantwortlich.

Die hohe Aufklärungsquote bei bestimmten Delikten, wie z. B. vorsätzlicher 59
Tötung, Betäubungsmitteldelikten und Ladendiebstahl, ergibt sich neben besonderer Ermittlungsintensität bei Tötungsdelikten vor allem daraus, dass hier typischerweise der Tatverdacht von vornherein gegen eine bestimmte Person gerichtet ist, die Gründe hierfür differieren. In manchen Bereichen beziehen sich Anzeigen in der Regel auf eine bekannte Person bzw. wird nur gegen eine solche auch Anzeige erstattet. In anderen werden Feststellungen der Identität von Tatverdächtigen standardisiert getroffen (Verkehrsunfälle) oder werden

53 PKS 2020 Falltabellen: T01 Grundtabelle.

Tatverdächtige durch proaktive Kontrolltätigkeit sogleich ermittelt (Verkehrskontrollen, Drogenrazzien, Ermittlungen von Kaufhauspersonal).

60 Angesichts der ganz überwiegenden Initiierung der Strafverfolgung durch **Anzeigen** (→ § 19 Rn 19) verdient die Unterscheidung zwischen Anzeigen gegen bestimmte Personen (= hohe Aufklärungsquote) und solche gegen Unbekannt (= niedrige Aufklärungsquote) besondere Beachtung. Anzeigen gegen Unbekannt liegt häufig eine Schädigung zugrunde, bei der sich Täter:in und Verletzte:r nicht begegnet sind. In den vergangenen Jahrzehnten hat die Versicherung von Vermögensgegenständen gegen Schadensereignisse stark zugenommen. Dies macht den Anstieg von Anzeigen mit solchen Schädigungen in den Bereichen Diebstahl (ohne Ladendiebstahl), Einbruch und Sachbeschädigung plausibel, der das Sinken der Gesamtaufklärungsquote erklärt.

61 **Schaubild 3.10: Tatverdächtigenbelastungszahlen nach Alter und Geschlecht 2020 in Deutschland**

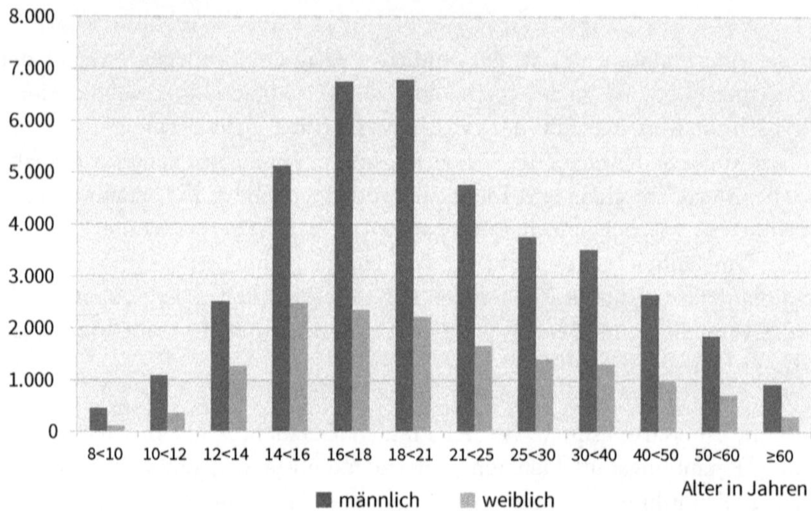

Tatverdächtigenbelastungszahl = ermittelte Tatverdächtige je 100.000 Einwohner:innen des entsprechenden Bevölkerungsanteils. Quelle: PKS 2020 Zeitreihen: T40 Tatverdächtigenbelastungszahlen der deutschen Wohnbevölkerung ab 8 Jahren nach Alter.

62 Bei den **Tatverdächtigen** sind nach dem Alter vor allem junge Männer überrepräsentiert (→ § 18 Rn 2 ff.). Die Belastung steigt ab dem zehnten Lebensjahr stark an, erreicht bei den 18- bis unter 21-Jährigen ihren Gipfel (sogenanntes

peak age), fällt danach ab und läuft ab dem 25. Lebensjahr allmählich aus.[54] Frauen werden deutlich seltener registriert als Männer. Der Frauenanteil wird auf jeder Stufe des Strafverfahrens und mit Zunahme der Eingriffsintensität der Sanktionen immer kleiner. Diese Feststellung gilt international und seit es amtliche Statistiken gibt.[55]

§ 17 Dunkelfeldforschung und ihre Befunde

Lektüreempfehlung: *Haverkamp, Rita* (2019): Ein Überblick zur Dunkelfeldforschung in Deutschland. Begriff, Methoden und Entwicklung. SIAK-Journal, Nr. 2, 15-30; *Kunz, Karl-Ludwig* (2020): Unentdeckte Straftaten aus konstruktivistischer Sicht – ein Beitrag zum Verständnis des Dunkelfeldes. MschrKrim 103, 150-157; *Popitz, Heinrich* (1968): Über die Präventivwirkung des Nichtwissens. Tübingen; *Sack, Fritz* (1993a): Dunkelfeld. In: *Kaiser, Günther u. a.* (Hrsg.): Kleines Kriminologisches Wörterbuch. 3. Aufl., Heidelberg, 99-107.

Die Dunkelfeldforschung hat sich seit den 1960er Jahren und ausgehend von den USA zu einem sehr relevanten Forschungsfeld entwickelt. Im Zentrum stehen dabei Bevölkerungsumfragen, speziell in Form der Opferbefragung.[56] Der Boom von Opferbefragungen spiegelt eine Verlagerung des Forschungsinteresses von Täter:innen auf die Opfer wider. Dies ging kriminalpolitisch mit einer Blickschärfung für die – lange unzureichend berücksichtigten – Opferinteressen im Strafverfahren und im Rahmen der Schadenswiedergutmachung einher.[57] Durch Befunde von Opferbefragungen stimuliert, hat sich die Viktimologie (→ § 18 Rn 22 ff.) als Lehre vom Opferverhalten zu einer eigenständigen kriminologischen Disziplin entwickelt.[58] 1

Nach dem Vorbild des seit 1973 jährlich in den USA erscheinenden *National Crime Survey* zeichnen mittlerweile in zahlreichen Ländern[59] und überna- 2

54 *Heinz* 2017, 34 ff.
55 Zweiter Periodischer Sicherheitsbericht 2006, 30, 32.
56 *Birkel u. a.* 2019; *Guzy/Birkel/Mischkowitz* 2015a; *Guzy/Birkel/Mischkowitz* 2015b; *Killias* 1989; *Müller/Schröttle* 2004; *Prätor* 2014, 37 f.; *Schwarzenegger* 1992; *Zauberman u. a.* 1990.
57 *Hassemer/Reemtsma* 2002, 47 ff.
58 Vgl. *Fattah* 1991; *Mawby/Walklate* 1994.
59 Für Deutschland *Birkel u. a.* 2019; zur Entwicklung *Haverkamp* 2019; für die Schweiz *Biberstein u. a.* 2016.

tional[60] Studien ein Bild der von der Bevölkerung erlebten und wahrgenommenen Kriminalität und inneren Sicherheit. Durch periodische Wiederholungen werden im Längsschnitt zeitliche Entwicklungen sichtbar; Querschnittsvergleiche der Kriminalitätsbelastung können den Vergleich einzelner Nationen und Regionen zulassen.

I. Grenzen der Dunkelfeldforschung

3 Wir haben bereits geklärt, dass die von der Kriminalstatistik wiedergegebenen Informationen nicht das Hellfeld der amtlich registrierten Kriminalität abbilden, sondern Registrierungsverhalten der strafrechtlichen Kontrollinstanzen ausdrücken (→ § 16 Rn 11 ff.). Das zur Erschließung des Hellfeldes eingesetzte wissenschaftliche Instrument der Kriminalstatistik misst also nicht Kriminalität, es ist in diesem Sinne nicht inhaltsvalide. Angesichts dessen bestehen Zweifel, ob das entsprechende Instrument der Dunkelfeldforschung das misst, was gemessen werden soll, nämlich „objektiv" stattgefundene Kriminalität. Die Dunkelfeldforschung als *laterna magica* auf der Spur der „wirklichen" Kriminalität?

4 Fraglich ist schon, ob die möglichst vollkommene **Durchleuchtung des sozialen Problemfeldes Kriminalität** gesellschaftspolitisch überhaupt erwünscht ist. Ist nicht gerade die Unkenntnis über das wirkliche Ausmaß von Normabweichungen nützlich?[61] Einmal unterstellt, die Forschung würde tatsächlich die wahre Verbreitung kriminellen Verhaltens transparent machen: Müsste da nicht die Strafjustiz vor dieser lückenlosen Information über zu verfolgendes Verhalten kapitulieren? Würden nicht die massenhaft gebrochenen sozialen Normen an Geltungskraft verlieren, wenn ihre permanente Verletzung offensichtlich würde?

> „Die Strafe kann ihre soziale Wirksamkeit nur bewahren, solange die Mehrheit *nicht* ‚bekommt, was sie verdient'. Auch die Präventivwirkung der Strafe bleibt nur bestehen, solange die Generalprävention der Dunkelziffer erhalten bleibt."[62]

5 Die entscheidende erkenntnistheoretische Frage lautet, ob die Dunkelfeldforschung – anders als die kriminalstatistische Forschung – den mit ihr verbundenen Anspruch einlöst, die „wirkliche" Kriminalität sichtbar zu machen.

60 *van Dijk/van Kesteren/Smit* 2007; *Enzmann u. a.* 2018; *European Union Agency for Fundamental Rights* 2015; *European Union Agency for Fundamental Rights* 2021; *Guzy* 2014; *Hassemer/Reemtsma* 2002.

61 *Albrecht* 2010, 167.

62 *Popitz* 1968, 14.

Dabei geht es nicht um methodische Feinheiten, sondern um nichts weniger als die Klärung der **Möglichkeit der Sichtbarmachung** von Kriminalität als zählbare Wirklichkeit.

Wir haben gesehen, dass die Kriminalstatistik nur unter den beiden nicht gegebenen Voraussetzungen Rückschlüsse auf die „wirkliche" Kriminalität zuließe, dass sie erstens Kriminalität messen würde und zweitens zwischen dem von ihr vermessenen Hellfeld und der Gesamtmenge der „wirklich" sich ereignenden Kriminalität das „Gesetz der konstanten Verhältnisse" gelten würde (→ § 16 Rn 16 ff.). Beide Voraussetzungen gelten ebenso für die Dunkelfeldforschung. Auch ihre Ergebnisse lassen nur dann auf Volumen und Struktur der Gesamtmenge des „wirklichen" Kriminalitätsgeschehens schließen, wenn sie tatsächlich Kriminalität messen und zwischen dem von ihr vermessenen Dunkelfeld der Kriminalität und der Gesamtmenge der „wirklich" sich ereignenden Kriminalität das „Gesetz der konstanten Verhältnisse" gelten sollte. 6

Man mag schon daran zweifeln, ob die „Dunkelfeldkriminalität" überhaupt Kriminalität ist, wo ihr doch die zweite, etymologisch ursprüngliche Dimension von „Kriminalität" fehlt, nämlich **die förmliche Klassifizierung** als Rechtsbruch und die Reaktion darauf durch offizielle Instanzen (→ § 1 Rn 18).[63] Die „Dunkelfeldkriminalität" wird allenfalls inoffiziell wahrgenommen und oft umgangssprachlich anders „getauft": als Banalität, Dummheit, Respektlosigkeit, Zumutung oder Mobbing. Diesen Verhaltensdeutungen des Alltags fehlt die Nachhaltigkeit der von einer staatlichen Autorität auszusprechenden erwartungssicheren Konsequenz. Die Alltagsverständnisse weichen zudem oft inhaltlich von den förmlichen juristischen Kriminalitätsdefinitionen ab: Was etwa juristisch als Raub gilt und feinsinnig vom Entreißdiebstahl abgegrenzt wird, nimmt die Öffentlichkeit untechnisch und undifferenziert als „Überfall" wahr. 7

Nun lässt sich einwenden, es gebe doch wohl Kriminalität jenseits dessen, was die Instanzen der strafrechtlichen Kontrolle wahrnehmen. Unbestreitbar existieren Sachverhalte, die sich unter strafrechtliche Tatbestände subsumieren lassen und denen im Fall der Anzeige nach konventioneller Praxis die Eigenschaft „kriminell" zugeschrieben würde. Die Existenz dieser Sachverhalte ist nicht davon abhängig, ob sie von irgendjemandem beobachtet oder gar informell nach lai:innenhafter Beurteilung als kriminell verstanden werden. Indessen besagt die Existenz solcher Sachverhalte nicht, dass sie als Kriminalität 8

63 S. dazu auch *Kunz* 2020.

existieren. Kriminalität ist ein im sozialen Diskurs reaktiv als solches bewertetes Handlungsgeschehen. Obwohl das Geschehen auch ohne diese Bewertung vorhanden ist, wird es erst durch diese Bewertung zum *kriminellen* Ereignis (→ § 13 Rn 7 ff.).[64]

9 Die Bedeutung dieses **Bewertungsvorgangs** wird verkannt, wenn angenommen wird, die Dunkelfeldforschung beziehe sich auf die amtlich nicht bekannt gewordene „wirkliche" Kriminalität. Ebenso wie ursprünglich die statistisch ausgewiesene Kriminalität fälschlich als ein „Spiegel der Verbrechenswirklichkeit" gedeutet wurde (→ § 16 Rn 11 ff.), findet diese Annahme nunmehr Ausdruck in einem Dunkelfeldbegriff, der auf die „reale" Kriminalität Bezug nimmt. Indes misst die Dunkelfeldforschung – ebenso wenig wie die Kriminalstatistik – nicht tatsächliche Kriminalität, sondern nur die Wahrnehmung und Bewertung bestimmter Verhaltensweisen durch andere Personen. Diese aber sind nicht umfassend, neutral und objektiv. Vielmehr nehmen alle sozialen Akteur:innen die Wirklichkeit des Kriminalitätsgeschehens aus ihrer spezifischen Perspektive mit der ihnen eigenen Brille wahr. Das tatsächliche Kriminalitätsgeschehen lässt sich daher prinzipiell nicht naturalistisch sichtbar machen (→ § 3 Rn 4 ff.), sondern immer nur über die Wahrnehmung und Bewertung des Geschehens durch Individuen vermittelt. Diesen methodischen Wahrnehmungsbeschränkungen kann sich die Dunkelfeldforschung nicht entziehen.

10 Als Instrument dient der Dunkelfeldforschung neben anderen **Methoden** vor allem die Befragung[65] (→ § 5 Rn 7 ff.), welche überwiegend mit Mitteln der demoskopischen Umfrageforschung betrieben wird[66]. Dabei werden jeweils aus einer Grundgesamtheit der Bevölkerung zufällig oder systematisch Stichproben von Personen gebildet, die sodann mittels Interviews oder Fragebögen mündlich, schriftlich, telefonisch oder online auf Informationen über Kriminalität befragt werden, die ihnen als mögliche Täter:innen, Opfer oder Informant:innen bekannt geworden sind.[67] Bei einer Täter:innenbefragung werden die Befragten um Auskunft gebeten, ob sie innerhalb eines bestimmten Zeitraumes eine Straftat begangen haben. Opferbefragungen zielen auf persönliche Opfererfahrungen (Viktimisierungen). Vereinzelt wird zur Erschließung ansonsten

---

64 *Kunz* 2020, 154; *Sack* 1968, 431 ff.

65 *Neubacher* 2020, Kapitel 3 Rn. 24; *Prätor* 2014, 38 ff.

66 *Atteslander* 2010, 85 ff.; *Diekmann* 2020, 373 ff.

67 Vgl. *Meier* 2021, § 4 Rn. 31 ff.

schwer zugänglicher Milieu- und Berufskriminalität auch mit Mitteln der teilnehmenden wissenschaftlichen Beobachtung[68] (→ § 5 Rn 12) gearbeitet.

Diese Zugangswege zum Dunkelfeld haben Gemeinsamkeiten. Kennzeichnend ist, dass sie Kriminalitätsereignisse aus der Wahrnehmungsperspektive von sozialen Akteur:innen erheben, die nicht in die staatlich-administrative Strafverfolgung eingebunden sind. Auch die Dunkelfeldforschung muss sich jedoch einen **durch gesellschaftliche Akteur:innen vermittelten** Zugang zu Kriminalitätsphänomenen verschaffen, indem sie auf Mitteilungen von Bürger:innen zurückgreift oder Forschende durch aktive Teilnahme am sozialen Geschehen selbst Kriminalitätswahrnehmungen tätigen. Solche Wahrnehmungen sind weniger durch Wahrnehmungsprozesse gefiltert als die offizielle Kriminalitätswahrnehmung der Strafverfolgungsinstanzen, die in der Regel erst durch eine Anzeigeerstattung möglich wird. Dies ändert nichts daran, dass auch hier nicht Kriminalität als solche, sondern deren soziale Wahrnehmung erfasst wird, die durch Erinnerungsvermögen, Beurteilungsfähigkeit und Mitteilungsbereitschaft der Befragten sowie durch die methodologischen Vorgaben der Erhebungsinstrumente gefiltert ist.[69] 11

Wie in der Kriminalstatistik wird somit in der Dunkelfeldforschung nicht reales Kriminalitätsgeschehen erfasst. Beide Forschungszweige reproduzieren die ihren unterschiedlichen Forschungsdesigns zugängliche Kriminalitätswahrnehmung von Instanzen und Bevölkerung. Die Inhaltsvalidität von Kriminalstatistiken und Dunkelfeldforschungen, also die Eigenschaft, das zu messen, was gemessen werden soll, bezieht sich nicht auf kriminelles Verhalten, sondern auf Einschätzungen dessen durch spezifische Gruppen sozialer Akteur:innen. 12

Selbst wenn man annähme, dass die Dunkelfeldforschung Kriminalität (und nicht nur Berichtsverhalten darüber) erfassen würde, könnte sie nur jenen Teilbereich der Dunkelfeldkriminalität sichtbar machen, über den in Befragungssituationen berichtet wird. Nicht erfasst werden daher Sachverhalte, die zwar als kriminell definiert werden könnten, aber unentdeckt bleiben, weil sie gar nicht wahrgenommen oder nicht als strafbar bewertet werden. Gleiches gilt für Sachverhalte, über die die Befragten nicht berichten können oder wollen, etwa aus Scham, fehlender bzw. falscher Erinnerung oder Angst vor Strafverfolgung.[70] 13

---

68 *Atteslander* 2010, 136 ff.; *Diekmann* 2020, 563 ff.
69 So auch *Göppinger* 2008, § 23 Rn. 12.
70 *Haverkamp* 2019, 16; *Newburn* 2017, 62 f.

Verfälschungen des Bildes können sich weiterhin daraus ergeben, dass von den Befragten unzutreffende Angaben gemacht werden und die Befragten nicht repräsentativ ausgewählt wurden. Daraus folgt, dass neben dem durch Dunkelfeldforschung erhellbaren Dunkelfeld ein doppeltes oder **absolutes Dunkelfeld** der nicht oder fehlerhaft berichteten Kriminalität verbleibt, welches auch der Dunkelfeldforschung verborgen ist.

14 Um auf dem Anspruch bestehen zu können, die Kriminalität realitätsgetreu abzubilden, muss nun die Dunkelfeldforschung von der mit ihrem Instrumentarium nicht überprüfbaren, rein spekulativen Annahme ausgehen, dass zwischen der Kriminalität im Dunkelfeld und derjenigen im unerkannt bleibenden absoluten Dunkelfeld eine konstante proportionale Beziehung besteht. Das der Kriminalstatistik überhaupt erst einen kriminalitätsbezogenen Sinn verleihende „Gesetz der konstanten Verhältnisse" (→ § 16 Rn 16 ff.) wird so auf die Dunkelfeldforschung übertragen. Auch diese erlaubt Aussagen über „wirkliche" Kriminalität nur unter der unüberprüfbaren Annahme einer konstanten proportionalen Beziehung ihrer Befunde zur Kriminalitätswirklichkeit. Nur wenn sich der Gültigkeitsbeweis des „Gesetzes der konstanten Verhältnisse" für das Verhältnis zwischen dem Dunkelfeld als Aggregat der Forschung und dem für die Forschung unerreichbaren absoluten Dunkelfeld erbringen ließe, wäre es möglich, von der Struktur des in Dunkelfeldforschungen abgebildeten Dunkelfeldes auf die Kriminalität insgesamt zu schließen.

15 Gegen diese Möglichkeit spricht bereits der deliktsspezifisch hoch **selektive Zugang** zum Dunkelfeld durch Opferbefragungen. Dem lai:innenhaften Wahrnehmungshorizont zugänglich sind regelmäßig nur Geschehnisse, welche auf einer individuellen Täter:innen-Opfer-Beziehung beruhen und sich durch einfache Beobachtung relativ eindeutig als strafbar bestimmen lassen. Regelmäßig verschlossen bleiben der Dunkelfeldforschung deshalb Vorgänge, deren Strafbarkeitsbestimmung spezielle Instrumente oder Sonderwissen (etwa besondere wirtschaftliche Kompetenz) erfordert, die Lai:innen verborgen bleiben (Vorgänge auf der Führungsebene, an der Börse, in organisierten Machtapparaten)[71], deren Gemeingefahr sich noch nicht zu einer individuellen Gefährdung konkretisiert hat (Umweltgefährdungen) oder die sich gegen nicht-individuelle Opfer (Warenhäuser, Banken) richten. Der methodenbedingte Fokus auf Berichte über „klassische" Vorsatzdelikte gegen Eigentum, Vermögen und körperliche Integrität lässt eine Kongruenz des durch Forschung ans Licht gebrachten

71 *Bock* 2019, Rn. 963 ff.

Dunkelfeldes mit dem absoluten Dunkelfeld höchst zweifelhaft erscheinen. Angesichts der Tendenzen des modernen Strafrechts zum Ausbau des Schutzes überindividueller Rechtsgüter der Allgemeinheit und zur Vorverlagerung des Strafschutzes durch abstrakte Gefährdungstatbestände mutet die Zentrierung von Opferbefragungen auf „klassische" Kriminalität fast anachronistisch an.[72]

Aber nicht einmal für die der Dunkelfeldforschung an sich zugänglichen „klassischen" Delikte ist eine Proportionalität von erfasstem und absolutem Dunkelfeld plausibel. Die Gründe, weshalb Testpersonen in Befragungssituationen von als kriminell wahrgenommenen Geschehnissen berichten, dürften von der Belastung durch diese Geschehnisse und damit von der empfundenen Deliktsschwere abhängen. Vorfälle im Intimbereich dürften Befragungen schwierig zugänglich sein. Zudem ist mit vielerlei Verzerrungseffekten je nach Befragungsart, -methode und -technik zu rechnen (→ § 17 Rn 19 ff.). 16

Zusammenfassend betrachtet werden Kriminalstatistik und Dunkelfeldforschung zu Unrecht als vermeintliche kognitive Basis des Wissens um das quantitative Kriminalitätsvorkommen und seine deliktsspezifische Struktur verstanden.[73] Beide Forschungszweige studieren nicht reales Kriminalitätsgeschehen, sondern dessen Wahrnehmung und Bewertung durch die Bevölkerung und die Instanzen strafrechtlicher Sozialkontrolle. Darüber hinaus bildet die Summe von festgestelltem Hell- und Dunkelfeld nicht die Gesamtmenge der Kriminalität. Sachverhalte, denen nach konventioneller Praxis die Eigenschaft „kriminell" zugeschrieben würde, werden in erheblichem Umfang weder amtlich registriert noch in Befragungen berichtet und fallen deshalb in das absolute Dunkelfeld, welches den dritten Teil der Gesamtmenge bildet. 17

Da das absolute Dunkelfeld mit den verfügbaren Methoden der Kriminalstatistik und der Dunkelfeldforschung nicht wissenschaftlich auslotbar ist und sozusagen ein schwarzes Loch bildet, bleibt auch die Gesamtmenge kriminellen Verhaltens in Ausmaß und Struktur unbekannt. Mangels Nachweisbarkeit eines konstanten Verhältnisses zwischen bekannter und unbekannter Kriminalität sind alle Rückschlüsse von der bekannten Kriminalität auf die Gesamtmenge kriminellen Verhaltens spekulativ. Die Ergebnisse von Kriminalstatistiken und Dunkelfeldforschungen gestatten nur Aussagen über die mit ihrem methodischen Instrumentarium zugänglichen Untersuchungsfelder. Das damit nicht 18

72 *Sack* 1993a, 105.
73 Ausführlicher und mit einem plastischen Beispiel *Kunz* 2008, 11 ff., 20 ff.

erschließbare absolute Dunkelfeld dürfte mangels Wahrnehmung als Kriminalität bzw. mangelnder Bereitschaft von Befragten zur Offenbarung spezifische Inhalte besitzen. Deshalb ist es nicht statthaft, aus einer etwaigen Ähnlichkeit der Strukturen des Hell- und des Dunkelfeldes spekulierend auf eine ähnliche Beschaffenheit auch des absoluten Dunkelfeldes zu schließen.[74]

II. Methodische Probleme bei Täter:innen- und Opferbefragungen

19 Bevölkerungsbefragungen zu erlittenen (Opferbefragungen) bzw. verübten (Täter:innenbefragungen) kriminellen Betätigungen drücken das Antwortverhalten der Befragten aus, welches nicht mit tatsächlich erlittener oder verübter krimineller Betätigung gleichzusetzen ist. Nicht um selbstberichtete Kriminalität und Viktimisierung, sondern um **Selbstberichte** über Kriminalität und Viktimisierung geht es. Dabei handelt es sich um eine Narration, die nicht einfach Tatsachen wiedergibt, sondern Erlebtes in einer dem *setting* der Befragung entsprechenden aufbereiteten Form präsentiert. Bei der Durchführung und Bewertung dessen sind bestimmte methodische Probleme zu berücksichtigen.

20 Damit ein Geschehen von Lai:innen als Kriminalität wahrgenommen und berichtet, und somit von der Dunkelfeldforschung erfasst werden kann, müssen eine Reihe von Voraussetzungen gegeben sein. Das Geschehen muss dem Wahrnehmungshorizont des jeweiligen Beobachtenden zugänglich sein; es muss als eine individuelle Handlung einer bestimmten (möglicherweise unbekannten) Person gedeutet werden können; die rechtlichen Grenzen der jeweiligen Straftatbestände müssen den Befragten bekannt sein oder durch die Fragestellung übersetzt werden; schließlich muss der:die Wahrnehmende bereit sein, seine:ihre Beobachtung und Bewertung des Geschehens als strafbar der Forschung kundzutun. Aus jeder dieser Voraussetzungen folgen methodologische **Beschränkungen und Fehlerrisiken** von Dunkelfeldforschungen.[75]

21 Nicht anders als Zeug:innenaussagen im Strafverfahren[76] sind auch Täter:innen- und Opferbefragungen von Fehlleistungen beim **Wahrnehmen und Erinnern** beeinträchtigt. Es handelt sich um retrospektive Rekonstruktionen der Erleb-

74 So aber tatsächlich *Aebi* 2006, 17 ff., 71, 261, 265 ff.
75 *Prätor* 2014, 48 ff.; allgemein zur Interviewtechnik *Atteslander/Kneubühler* 1975.
76 Dazu *Eisenberg* 2017, Rn. 1365 ff.

nisse, die durch Verarbeitungs- und Bewältigungsprozesse, andere Erfahrungen und sich wandelnde Bedürfnisse beeinflusst werden.[77] Wesentlich für die Stärke dessen sind insbesondere der Referenzzeitraum und die zugeschriebene Bedeutsamkeit des Erlebnisses sowie individuelle Eigenschaften, beispielsweise der Bildungsstand.[78] Je nach Zeitdauer, auf welche sich die Frage nach dem Opfer- oder Täter:in Werden erstreckt (in den vergangenen sechs oder zwölf Monaten, in den vergangenen fünf Jahren oder vor bzw. nach dem 16. Lebensjahr), ergibt sich ein anderes Antwortverhalten. Bereits bei einem Referenzzeitraum von fünf Jahren können Viktimisierungserfahrungen schwer zu erinnern sein[79]; bei kurzen Zeiträumen können Erlebnisse in die abgefragten Zeiträume hinein verlegt werden[80]. Mit Zunahme des zeitlichen Abstands zwischen Ereignis und Bericht über dieses kann der Einfluss von Erinnerungseffekten und Umbewertungen stärker werden.

Täter:innenbefragungen beschränken sich häufig auf leicht über Institutionen wie Schulen, Strafvollzug und Militär zugängliche Personen im Jugend- und Heranwachsendenalter. Inwieweit es ihnen gelingt, die Tabuschwelle einer üblicherweise gegenüber Dritten verheimlichten Deliktsbegehung zu durchbrechen, ist kaum zuverlässig methodisch kontrollierbar. Die Bereitschaft zur gewissenhaften Erinnerung, zum wahrheitsgetreuen Eingestehen und zum Berichten auch als unbedeutend empfundener Vorfälle hängt von der jeweiligen Entwicklung des moralischen Bewusstseins, möglichem Gruppendruck und der Befragungsform ab.[81] Da mit steigender Kriminalitätsbelastung und Deliktschwere die Zuverlässigkeit der Angaben sinken dürfte, ist bei Täter:innenbefragungen mit einer Überrepräsentation leichter alltäglicher Kriminalität zu rechnen. Die Täter:innenbefragung ist somit wenig geeignet zur Ermittlung schwerer und sozial tabuisierter Sexual- und Gewaltdelikte, aber auch professionell verübter Straftaten. 22

Bei **Opferbefragungen** ist eine Korrespondenz zwischen tatsächlich erlebtem Opferereignis und seiner Dokumentation als Viktimisierung nicht ohne Weiteres anzunehmen.[82] Das folgende Schaubild 3.11 veranschaulicht dies. Auf jeder Ebene ist ein Abweichen von der Pfeilrichtung mit der Folge möglich, dass das Ereignis nicht als Viktimisierung dokumentiert wird. 23

77 *Birkel* 2014, 79.
78 *Heinz* 2015, 288.
79 *Fuhr/Guzy* 2010, 639.
80 *Heinz* 2015, 287.
81 *Prätor* 2014, 49 ff. zu sozialer Erwünschtheit.
82 *Wetzels* 1996.

24 **Schaubild 3.11: Vom Erlebnis zur dokumentierten Viktimisierung**

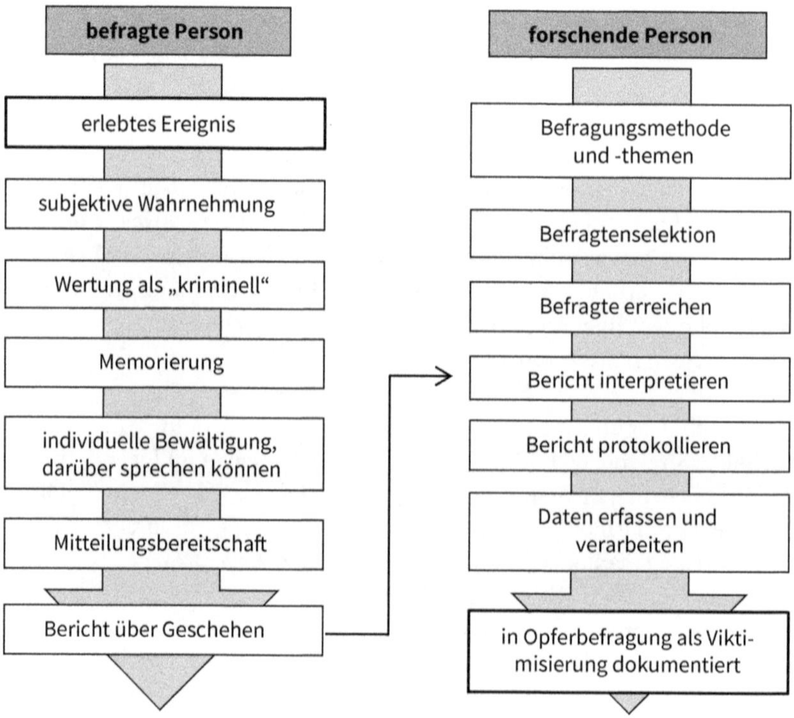

25 **Demoskopische Probleme** von Opferbefragungen ergeben sich aus der unvermeidlichen mehrfachen Selektion der studierten Population, ihrer Repräsentativität im Verhältnis zur Gesamtbevölkerung und der kleinen Anzahl von Opfererfahrungen auch bei großen Befragungseinheiten.[83] Angesichts der relativen Seltenheit des Opferwerdens verwenden Opferstudien zur Erfassung eines möglichst großen Personenkreises üblicherweise nicht die mündliche Interviewtechnik, sondern die schriftliche oder die telefonische Befragung. Der Einsatz von Interviewer:innen kann die Angaben der Befragten beeinflussen.[84] Die Vorzugswürdigkeit der telefonischen gegenüber der schriftlichen Befragung wird kontrovers beurteilt.[85] Bestimmte Bevölkerungskreise wie Wohnungslose

83 *Fattah* 1991, 35 ff.

84 *Kury/Guzy/Leitgöb* 2015, 80 f.

85 Z. B. einerseits *Killias/Kuhn/Aebi* 2011, Rn. 245 f.; andererseits *Arnold* 1986, 1058; *Schwarzenegger* 1992, 33; abwägend *Fattah* 1991, 36 ff.

und Drogennutzer:innen, Personen mit Sprachbarrieren, Strafgefangene und Personen in Pflegeheimen, Krankenhäusern und Jugendheimen, die vermutlich überdurchschnittlich viktimisiert sind (→ § 18 Rn 25), sind generell ohne besondere Maßnahmen – wie das explizite Aufsuchen der Personen oder das Einschalten von Dolmetscher:innen – nicht zu erreichen.

Erfahrungsgemäß sieht ein erheblicher Teil der vorgesehenen zu befragenden Personen von der Teilnahme ab – je nach Erhebungsverfahren bis zu 80 % –, sodass stets nur ein Teil der geplanten Befragung realisiert werden kann.[86] Die Populationen der nicht Erreichten und **nicht Antwortenden** dürften sich von derjenigen der Antwortenden markant unterscheiden und so zu Verzerrungen führen. Zu erwarten ist, dass unter den nicht antwortenden Personen mit niedriger Schulbildung und Vorbehalten gegenüber Interviewer:innen ebenso überrepräsentiert sind wie Personen, die extrem zurückgezogen leben und solche mit ausgeprägter Kontaktfurcht. Darüber hinaus bleibt in Dunkelfeldbefragungen der Bereich der **falsch Antwortenden** verborgen, wobei mit Verharmlosungs- ebenso wie mit Dramatisierungstendenzen zu rechnen ist.[87] 26

Erhebungen von Opfererfahrungen bei Sexualdelikten und generell bei Delikten im **sozialen Nahbereich** sind angesichts der Schwierigkeit, mit der Forschung in eine Tabuzone vorzudringen, besonders anspruchsvoll.[88] Angesichts dessen werden Interviews hier in der Regel von besonders geschulten Interviewer:innen durchgeführt. Am Ende des Interviews kann den Befragten die Möglichkeiten gegeben werden, mittels einer *drop off*-Technik in einem auszufüllenden Fragebogen Gewalterfahrungen anzugeben, ohne dass dies der interviewenden Person bekannt wird.[89] Ferner wird die Auskunftsbereitschaft davon beeinflusst sein, ob vor dem Interview eine Vertrauensbeziehung aufgebaut wird. 27

Bei **internationalen** Studien muss bei der Interpretation der Befunde die Vergleichbarkeit der erhobenen Daten berücksichtigt und hinterfragt werden. So kann die Bereitschaft von Frauen, über Gewalt durch den Partner oder sexuelle Übergriffe zu berichten, von dem sozialen und kulturellen Kontext abhängen und das Ausmaß an Gewalt gegen Frauen mit der allgemeinen Kriminalitäts- 28

86 *Schnell/Hill/Esser* 2018, 281 f., 284.
87 *Laumann u. a.* 1995; *Waubert de Puiseau/Hoffmann/Musch* 2015, 191.
88 *Schwind* 2016, § 2 Rn. 53b f.
89 *European Union Agency for Fundamental Rights* 2015, 17, 32 f.; *Müller/Schröttle* 2006; *Wetzels/Pfeiffer* 1995, 13.

rate in Zusammenhang stehen.[90] Beim regionalen Vergleich berichteter Viktimisierungen werden diese gewöhnlich zur Wohnbevölkerung in Bezug gesetzt. Dabei bleibt unberücksichtigt, dass dieser Bezug nur für „geschlossene" Gesellschaften mit „endogener" Kriminalität angemessen ist, hingegen die heutigen Nationen sich durch ein hohes, je unterschiedliches Ausmaß an Mobilität auch der kriminellen Betätigung auszeichnen.

29 Fasst man diese **methodischen Probleme** zusammen, so ergibt sich eine vielfache und erhebliche Inadäquanz von quantitativen Angaben in Dunkelfeldstudien als Kriminalitätsindikatoren. Der in solchen Studien typischerweise ausdrücklich oder implizit erhobene Anspruch einer vollständigen oder zumindest repräsentativen quantitativen Ausleuchtung des Dunkelfeldes und damit einer „Sichtbarmachung" der Struktur und des Ausmaßes der für die Instanzen „im Dunkeln" befindlichen Kriminalität ist uneinlösbar.[91]

30 Bei allen Vorbehalten bleibt festzuhalten, dass die Dunkelfeldforschung wie die kriminalstatistische Forschung nützliches Wissen akkumuliert – insbesondere über die lebensweltliche Einschätzung des Kriminalitätsproblems, die gesellschaftliche Verarbeitung dieses Problems, die Intensität und zeitliche Persistenz des Opferempfindens und seine individuelle Bewältigung.[92] Das auf beiden Forschungswegen zugänglich gemachte Wissen bezieht sich dabei nicht auf kriminelles Verhalten, sondern auf Berichte, welche die Behörden der Strafrechtspflege und die Bevölkerung über ihre jeweiligen Kriminalitätswahrnehmungen hinterlassen haben.

III. Eckdaten der Dunkelfeldforschung

Lektüreempfehlung: *Heinz, Wolfgang* (2016): Kriminalität und Kriminalitätskontrolle in Deutschland. Berichtsjahr 2013, Version 1/2016. Konstanz, 50-73.

Nützliche Webseiten: http://wp.unil.ch/europeansourcebook (European Sourcebook of Crime and Criminal Justice, Chapter 5); http://wp.unil.ch/icvs/ (International Crime Victim Surveys).

31 Die in Dunkelfeldstudien erfassten Berichte der Bevölkerung über Kriminalität unterscheiden sich von den amtlichen Kriminalitätsregistrierungen, die

90 *European Institute for Gender Equality* 2017, 38; *European Union Agency for Fundamental Rights* 2015, 22 ff.
91 *Kunz* 2020, 156.
92 *Kunz* 2020, 156.

als Basis der Kriminalstatistik dienen. Beide werden mit unterschiedlichen Messverfahren erhoben, basieren auf Wahrnehmungen verschiedener Gruppen sozialer Akteur:innen, haben einen unterschiedlichen Gebrauchsnutzen und sind deshalb strukturell verschiedenartig. Eine unmittelbare Vergleichbarkeit bestünde nur, wenn beide dasselbe, nämlich Kriminalität, erfassen würden, was nicht der Fall ist (→ § 16 Rn 11 ff.).

Der **Umfang** der von der Bevölkerung als Kriminalität wahrgenommenen Ereignisse übersteigt die Menge der amtlich als Kriminalität registrierten Vorfälle ganz erheblich. So bezeichnete sich in Schleswig-Holstein 2017 rund ein Drittel der Befragten als Opfer einer in den vergangenen zwölf Monaten verübten Straftat[93]; in Mecklenburg-Vorpommern betrug dieser Anteil 2015 40 %[94]. Die Ergebnisse verschiedener Untersuchungen variieren jedoch derart, dass Angaben zur (mangels Vergleichbarkeit ohnedies fragwürdigen) Dunkelziffer (→ § 15 Rn 9) kaum verlässlich möglich sind. Nach Schätzungen für Deutschland soll jedenfalls weniger als die Hälfte der möglicherweise strafbaren Verhaltensweisen der Polizei zur Kenntnis gelangen[95], wobei sehr große Unterschiede zwischen verschiedenen Deliktsbereichen bestehen und teils deutlich niedrigere oder auch etwas höhere Anzeigeraten berichtet werden[96]. Auf eine geringere Dunkelziffer deutet der Vergleich mit den regelmäßig niedrigeren Angaben im US-amerikanischen *National Crime Survey* sowie einer internationalen Befragung durch *van Dijk*, *Mayhew* und *Killias*[97] und dem *International Crime Victim Survey* (ICVS)[98]. 32

Täter:innenbefragungen haben sich insbesondere mit der Ubiquität von Jugenddelinquenz befasst (→ § 18 Rn 2 ff.). Zur Prüfung einer womöglich schichtspezifischen Verfolgungs- und Kriminalisierungspraxis, welche der herrschaftskritischen Vorstellung einer Unterdrückung der Unterschicht mit strafrechtlicher Kontrolle entspräche (→ § 13 Rn 23 f.), ist die soziale Schicht jener Personen von Interesse, die in Täter:innenbefragungen von selbst verübter Delinquenz berichten. Da bei der amtlich registrierten Kriminalität die Tatverdächtigen überwiegend unteren sozialen Schichten entstammen[99], würde eine annähernde Gleichverteilung der Dunkelfeldkriminalität über alle sozialen 33

93 *Dreißigacker* 2016, 23; *Dreißigacker* 2017, 35.
94 *Landeskriminalamt Mecklenburg-Vorpommern* 2017, 35.
95 *Enzmann* 2015, 535; *Schwind u. a.* 1975.
96 *Birkel u. a.* 2019, 40 f.; *Schwind u. a.* 2001, 186 ff.
97 S. *van Dijk/Mayhew/Killias* 1990, 68.
98 S. *van Dijk/van Kesteren/Smit* 2007, 237 ff.
99 *Geißler* 1994, 160 ff.

Schichten hinweg eine Benachteiligung der ohnedies sozial Schwächeren durch Polizei und Strafjustiz belegen. Angesichts der vorliegenden Befunde kann indes nicht von einer generellen Gleichverteilung ausgegangen werden[100], sondern zeigen sich etwa erhebliche deliktsspezifische Unterschiede. Kriminalität ist danach zwar in der gesamten Gesellschaft zu finden. Dies bedeutet aber nicht, dass alle Straftaten in gleicher Weise überall in der Gesellschaft vorkommen. Vielmehr ist davon auszugehen, dass in verschiedenen gesellschaftlichen Bereichen und Schichten unterschiedliche Straftaten in variierender Quantität begangen werden. Selbstberichte ergeben, dass nur die unbedeutende, episodenhaft bleibende Jugendkriminalität annähernd schichtunabhängig ist.[101] Berichte über schwerwiegende und mehrfache Tatbegehungen beziehen sich hingegen deutlich öfter auf Täter:innen mit niedrigem sozialem Status.[102] Bei der Interpretation der Befunde ist aber auch zu berücksichtigen, dass bestimmte Kriminalitätsformen der Dunkelfeldforschung eher zugänglich sind als andere. Generell sind bei Täter:innenbefragungen schichtbezogene Variablen weniger aussagekräftig als persönlichkeitsbezogene Variablen.[103]

34 Nach **Opferbefragungen** werden leichte Delikte weitaus häufiger erlebt als schwere. Die Prävalenzrate, also der Anteil derjenigen Personen in der Bevölkerung, die innerhalb eines bestimmten Zeitraumes schon einmal Opfer einer Straftat geworden sind, variiert je nach Delikt und gewähltem Zeitraum. Der ICVS 2004/05 weist für Deutschland eine Jahresprävalenz von 3,4 % für Fahrraddiebstahl und von 5,4 % für die restlichen erfassten Diebstahlsdelikte, von 2,2 % für Einbrüche und von 0,4 % für Raub aus, während sexuelle Übergriffe von 2,4 % der Frauen und 0,8 % der Männer berichtet wurden.[104] Repräsentativbefragungen des *Kriminologischen Forschungsinstituts Niedersachsen* (KFN) von 2011 ergaben bundesweit eine Fünfjahresprävalenz von 2,2 % für Wohnungseinbruchsdiebstahl und von 12,6 % für Körperverletzungen[105] sowie eine Lebenszeitprävalenz von 6,2 % für sexuellen Missbrauch.[106] Weitere Werte liefert der *Deutsche Viktimisierungssurvey* für 2017 mit einer geschätzten Fünfjahresprävalenz von 11,5 % für persönlichen Diebstahl, 8,1 % für Wohnungseinbruchsdiebstahl, 3,9 % für Raub und 9,2 % für Körperverletzung sowie 19,1 % für einen

100 *Kürzinger* 1995, 173 ff.
101 *Scherr* 2018, 281.
102 *Dunaway u. a.* 2000, 625; *Kerner/Stroezel/Wegel* 2011, 25 f.
103 *Nakhaie/Silverman/LaGrange* 2000; *Stephan* 1976; *Villmow/Stephan* 1983, 123 ff.
104 *van Dijk/van Kesteren/Smit* 2007, 238.
105 *Hellmann* 2014, 53, 65.
106 *Stadler/Bieneck/Pfeiffer* 2012.

Angriff durch Schadsoftware.[107] Eine Erhebung der *European Union Agency for Fundamental Rights* weist für Deutschland eine Fünfjahresprävalenz von 12 % für körperliche Gewalt, 11 % für Einbruchsdiebstahl, 9 % für Betrug beim Onlinebanking oder mit Zahlungskarten, 32 % für Verbraucherbetrug und 57 % für Belästigung aus.[108] Für Österreich und die Schweiz liegen ebenfalls Ergebnisse des ICVS 2004/05 vor. Danach weist die Schweiz im Zeitraum der Erhebung eine im Vergleich zu Deutschland und Österreich geringfügig höhere Kriminalitätsbelastung auf. In einer Schweizer Befragung Anfang 2018 berichteten die Befragten bei der Frage nach der Jahresprävalenz am häufigsten von Cyberkriminalität (11,5 %) und Sachbeschädigung (10,4 %) sowie von Diebstahl, während schwere Delikte auch hier selten sind.[109]

Schaubild 3.12: Ausgewählte Jahresprävalenzraten gemäß ICVS 2004/2005 für Deutschland, Österreich und die Schweiz 35

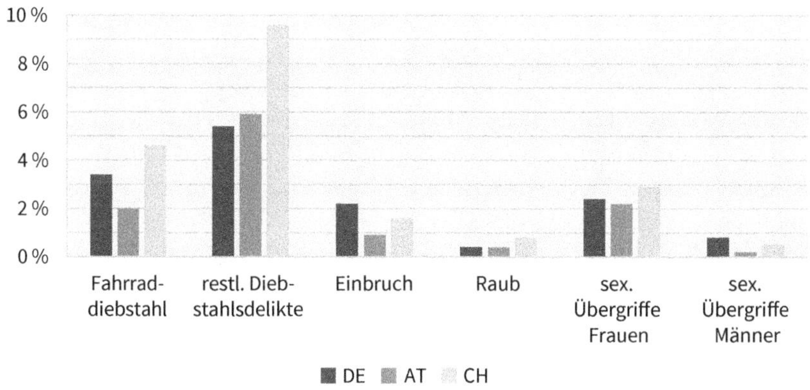

Quelle: *van Dijk/van Kesteren/Smit* 2007, 237 f., 240.

Bei der Interpretation dieser Befunde sind neben den methodischen Problemen von Opferbefragungen (→ § 17 Rn 19 ff.) deliktsspezifische Differenzierungen nötig. Etwa betreffen die Mehrzahl der Raubdelikte den Handtaschenraub[110], dessen subtile juristische Unterscheidung vom Entreißdiebstahl Lai:innen überfordert, und dessen relative Häufigkeit als typische Beschaffungskriminalität von Drogenkonsumenten mit der nationalen Drogenpolitik zusammenhängt. 36

107 *Birkel u. a.* 2019, 7 f.
108 *European Union Agency for Fundamental Rights* 2021, 36, 54, 65, 68, 71.
109 *Baier* 2019, 27 ff.
110 *Wetzels u. a.* 1995.

§ 18 Befunde zu einzelnen Bereichen

1 Bestimmte Bereiche, Fragen und Aspekte des Kriminalitätsaufkommens in der Gesellschaft haben in den zurückliegenden Jahren in besonderem Maße das Interesse kriminologischer Forschung auf sich gezogen.

I. Besondere Deliktsbereiche

Dies gilt zunächst für einzelne Deliktsbereiche, die jeweils bestimmte Besonderheiten aufweisen oder von besonderer Relevanz sind.

1. Jugenddelinquenz

2 Aus verschiedenen Gründen kommt abweichendem Verhalten von jungen Menschen besondere Bedeutung zu. Zum einen weist der Bereich der **Jugendkriminalität** eine besondere Deliktsstruktur auf. Zum anderen ist abweichendes Verhalten in diesem Lebensabschnitt besonders häufig und macht einen erheblichen Anteil des insgesamt zu verzeichnenden Kriminalitätsaufkommens aus. Die Ausprägung des Gesamtbereichs abweichenden Verhaltens hängt daher immer auch maßgeblich von der Altersstruktur einer Gesellschaft ab. Diese Befunde gelten schon für das Hellfeld der registrierten Fälle, wo die Belastung ab dem zehnten Lebensjahr und bis zum *peak age* zwischen dem 18. und 21. Lebensjahr stark zunimmt, um anschließend abzufallen und langsam auszulaufen (s. Schaubild 3.10 → § 16 Rn 61).[111]

3 Nach Dunkelfeldbefragungen ist die selbst begangene Kriminalität im Kindes- und Jugendalter erheblich weiter verbreitet als amtliche Registrierungen erkennen lassen. Auch die erfragte Kriminalität soeben erwachsen gewordener Männer übersteigt das Ausmaß ihrer kriminellen Registrierung deutlich. Nach den Umfragen wird für das Kindes- und Jugendalter von den allermeisten Befragten berichtet, mit Strafe bedrohte Handlungen begangen zu haben, wobei die Belastung von Mädchen hinter der von Jungen zurückbleibt. Die Kriminalität junger Menschen stellt sich somit statistisch als **normal und nahezu ubiquitär** dar. Sie betrifft vorwiegend unbedeutende Begebenheiten im sozialen Nahraum wie Gelegenheitsdiebstähle, Sachbeschädigungen und Schwarzfahren.

111 *Heinz* 2017, 34 ff.; *Neubacher* 2020, Kapitel 6 Rn. 2 ff.

Schaubild 3.13: Selbstberichtete Lebenszeitprävalenz unter Schüler:innen 2019 4

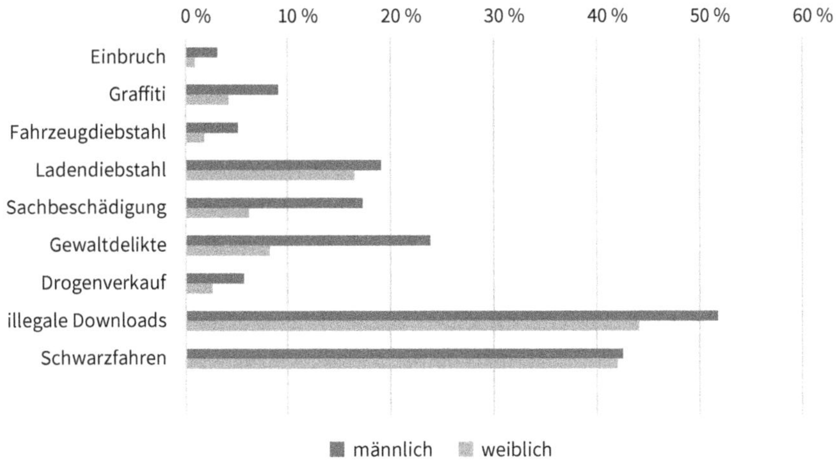

Befragung von Schüler:innen der neunten Jahrgangsstufe in Niedersachsen. Quelle: *Krieg u. a.* 2020.

Häufig werden daneben sonstige Abweichungen von Verhaltenserwartungen wie Schulschwänzen oder abweichende Sexualpraktiken geschildert. Die Geschehnisse werden nur ausnahmsweise amtlich bekannt und klingen in der Regel in fortgeschrittenem Alter auch ohne Intervention von selbst ab (→ § 10 Rn 35 ff.). Die übliche **episodenhaft** bleibende Kinder- und Jugendkriminalität kann als Ausdruck eines jugendtypischen „Über-die-Stränge-Schlagens" verstanden werden, das durch einen dialektischen Prozess der Auflehnung gegen und der schrittweisen Anpassung an die Anforderungen der Erwachsenenwelt gekennzeichnet ist.[112] 5

Dessen ungeachtet muss die Ubiquitätsannahme spezifiziert werden. Die nähere Analyse zeigt, dass eine kleine Gruppe der Befragten eine **mehrfache Deliktsbegehung** und die Verübung auch schwerwiegender Straftaten berichtet.[113] Personen, die bereits als Tatverdächtige amtlich registriert sind, berichten deutlich häufiger von selbst verübten Straftaten, wobei diese öfter mehrfach verübt wurden und schwerwiegender als von Vergleichsgruppen aus der Nor- 6

112 Zweiter Periodischer Sicherheitsbericht 2006, 67 f.
113 *Boers* 2019, 9 ff.; *Boers u. a.* 2010, 60; *Boers u. a.* 2014, 186 ff.

malbevölkerung sind. Dies könnte sowohl an der größeren Offenbarungsbereitschaft der bereits als tatverdächtig Registrierten wie daran liegen, dass mit größerer Delinquenzhäufigkeit und -schwere die Wahrscheinlichkeit der Erfassung zunimmt. Im Gegensatz zur verbreiteten episodenhaften leichten Kriminalität scheint die Begehung sozial bedeutsamer Kriminalitätsformen jedenfalls durchaus untypisch und ein selteneres Phänomen zu sein. Hieran knüpft das polizeiliche und kriminalpolitische Konzept der besonderen Fokussierung auf sogenannte Intensivtäter:innen an.

2. Gewaltkriminalität

7 In der kriminalpolitischen Debatte der jüngeren Vergangenheit hat die zeitweise Zunahme registrierter Fälle der **Gewaltkriminalität** eine herausgehobene Rolle gespielt. Die PKS zählt in diesen Deliktsbereich ausschließlich Gewalt gegen Personen und dabei auch nur erheblichere Gewaltdelikte wie Mord, Totschlag, Vergewaltigung und sexuelle Nötigung, Raubdelikte sowie qualifizierte Körperverletzungsdelikte, nicht hingegen die – weit häufiger registrierte – einfache Körperverletzung.[114] Im Hellfeld der registrierten Gewaltdelikte lässt sich dabei bis zum Jahr 2007 ein kontinuierlicher Anstieg der Fallzahlen beobachten. Seit 2008 folgt dann ein langsamer Rückgang der registrierten Fälle, mit Ausnahme eines vorübergehenden leichten Anstiegs 2015/2016. Eine ähnliche Entwicklung lässt sich für die Zahlen der registrierten einfachen Körperverletzungen (§ 223 StGB) ausmachen: Auch hier gibt es einen stetigen Anstieg bis 2007, danach stagnieren die Zahlen mit leicht sinkender Tendenz auf relativ hohem Niveau bis auf einen vorübergehenden Anstieg 2015/2016.[115]

8 Insofern machen vor allem schwere Gewaltdelikte nach wie vor einen sehr geringen Anteil der insgesamt im Hellfeld registrierten Fälle aus.[116] In der PKS 2020 hatte die Gewaltkriminalität einen Anteil von 3,3 % an allen Fällen. Rechnet man hierzu noch die einfache Körperverletzung, kommt man auf einen Anteil von 10,3 % an der Gesamtzahl registrierter Fälle. Vergleicht man die Gewaltkriminalität insgesamt mit der einfachen Körperverletzung, so fällt auf, dass letztere ungefähr zwei Drittel der insgesamt in diesem Bereich registrierten Fälle ausmacht. Daneben ist noch die gefährliche bzw. schwere Körperverletzung (§§ 224, 226 StGB) zahlenmäßig besonders relevant: Sie machte im Jahr

114 S. den Summenschlüssel Gewaltkriminalität, PKS 2020 Summenschlüssel, 3.
115 PKS 2020 Zeitreihen: T01 Grundtabelle – Fälle ab 1987.
116 *Jehle* 2019a, 187 ff.

2020 einen Anteil von 73,8 % an den insgesamt registrierten Gewaltdelikten aus (ohne einfache Körperverletzung).[117]

Schaubild 3.14: Anteile an Registrierungen von Gewaltdelikten 2020 in Deutschland 9

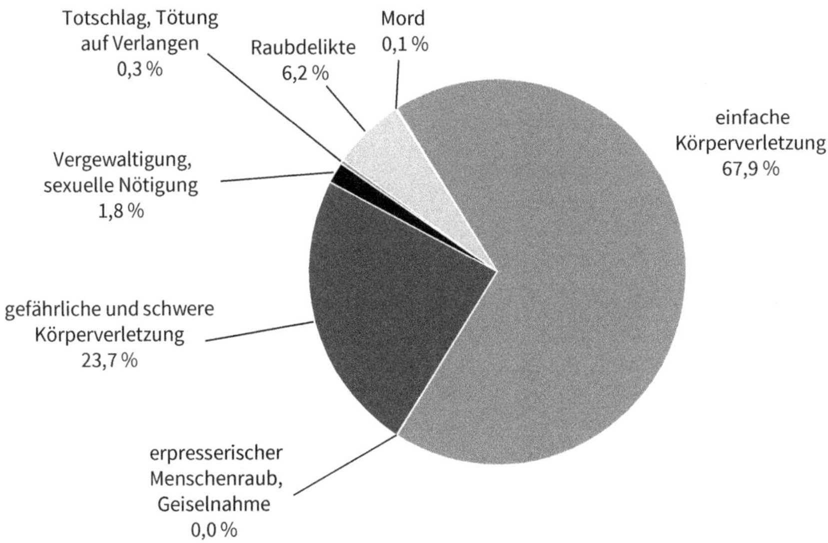

Quelle: PKS 2020 Falltabellen: T01 Grundtabelle.

Der zeitweise Anstieg der Registrierungen im Bereich der Gewaltkriminalität in den zurückliegenden Jahrzehnten dürfte weniger als zunehmende Verrohung der Gesellschaft zu interpretieren sein, sondern vor allem als Zunahme der Registrierung einschlägiger Verhaltensweisen im Prozess formeller Sozialkontrolle. Die Ausübung körperlicher Gewalt hat in vielen Gesellschaften seit den 1970er Jahren eine erheblich veränderte Wahrnehmung und Thematisierung erfahren. Deren zunehmende gesellschaftliche Ächtung hat zu einer entsprechenden gesellschaftlichen Sensibilisierung geführt, die sich in einer Änderung des Anzeigeverhaltens der Bevölkerung niedergeschlagen haben dürfte. Die statistische Zunahme der Gewaltdelinquenz ist somit vor allem als Aufhellung des Dunkelfeldes zu interpretieren.[118] 10

117 Eigene Berechnungen basierend auf PKS 2020 Falltabellen: T01 Grundtabelle.
118 *Naplava/Walter* 2006, 338 ff.

11 Der Bereich der sogenannten **häuslichen Gewalt** ist in den vergangenen Jahren stark in den Fokus von Forschung und öffentlicher Debatte gerückt. In einer repräsentativen deutschen Befragung 2003 gaben 37 % der befragten Frauen an, seit dem Alter von 16 Jahren – zumeist wiederholte – körperliche Gewalterfahrungen gemacht zu haben, die in 55 % der Fälle mit körperlichen Verletzungsfolgen verbunden waren. Als Täter wurden zur Hälfte Partner oder ehemalige Partner und nur zu einem Fünftel Unbekannte genannt. 13 % der befragten Frauen gaben zudem an, seit dem Alter von 16 Jahren von sexueller Gewalt betroffen gewesen zu sein, wobei es sich nach den Berichten eher um singuläre Ereignisse handelte. Auch diese Gewaltform wurde am häufigsten als durch Partner (49 %) und nur in 15 % der Fälle durch Unbekannte verübt erfasst. Entsprechend häufig ist der Tatort die eigene Wohnung (69 %).[119] Dieses Ausmaß körperlicher und sexueller Gewalt bestätigt auch der auf europäischer Ebene im Jahr 2012 erhobene Survey von *FRA*.[120] Gewalt im sozialen Nahraum wird häufig von psychischer Gewalt und kontrollierenden Verhaltensweisen mit psychischen sowie psychosozialen Auswirkungen begleitet. Das Erleben innerfamiliärer Gewalt im Kindesalter gilt als Risikofaktor für die spätere Ausübung eigener Gewalt als Erwachsener (→ § 7 Rn 15). Gewalterfahrungen von Frauen und Männern unterscheiden sich somit deutlich. Frauen erleben körperliche Gewalt überwiegend in ihrem eigenen Zuhause, begangen durch ein Familienmitglied oder eine verwandte Person, wohingegen Männer körperliche Gewalt eher im öffentlichen Raum durch ihnen unbekannte Täter:innen erfahren.[121]

3. Wirtschaftskriminalität

12 In den zurückliegenden Jahrzehnten hat sich die Kriminalisierung abweichender Verhaltensweisen im Wirtschaftsleben zu einem besonders bedeutsamen Bereich strafrechtlicher Sozialkontrolle entwickelt. Der Anstieg wirtschaftsstrafrechtlicher Straftatbestände und das sich im Zuge dessen wandelnde gesellschaftliche Bild schlagen sich indes nur eingeschränkt in einer entsprechend statistischen Erfassung von Wirtschaftskriminalität nieder, die einen besonderen Deliktsbereich darstellt.[122] Insbesondere ist Wirtschaftskriminalität im Vergleich zu vielen anderen, klassischen Deliktsbereichen nur schwer sichtbar und wird eher selten angezeigt. Die Registrierung beruht daher wesentlich auf eigenen Ermitt-

119 *Müller/Schröttle* 2006.
120 *European Union Agency for Fundamental Rights* 2015.
121 *European Union Agency for Fundamental Rights* 2021, 20.
122 Eingehend *Bussmann* 2016.

lungen der Strafverfolgungsbehörden (sog. Kontrolldelikte).[123] Hinzu kommt, dass ein beträchtlicher Anteil der Opfer von Wirtschaftsstraftaten juristische Personen sind und bei solchen Kollektivopfern die Tat erst spät oder gar nicht entdeckt wird.[124] Nicht selten sind die einzigen Mitwissenden selbst Beteiligte an der Tat, wie in Fällen der Korruption, was eine Anzeige ebenfalls unwahrscheinlich macht.[125] Zusammenfassend betrachtet ist das Wirtschaftsleben einer strafrechtlichen Regulierung nur sehr eingeschränkt zugänglich.[126]

Die Registrierung von Wirtschaftsstraftaten im Hellfeld zeichnet sich durch eine 13
geringe Fallzahl bei gleichzeitig **beträchtlicher materieller Schadenssumme** aus. Im Jahr 2005 machten die registrierten Fälle knapp 2 % der gesamten in der PKS registrierten Straftaten aus, waren aber für über 50 % der Schadenssumme verantwortlich[127], 2020 waren es bei 0,9 % Anteil an der Gesamtregistrierung 44,9 % des erfassten Schadens[128]. Dabei ist von einem großen Dunkelfeld auszugehen und unterliegen die Fallzahlen relativ starken Schwankungen, weil sich Ermittlungen nicht selten über mehrere Jahre erstrecken und eine Vielzahl an Fällen und Geschädigten betreffen. Im Vergleich zur konventionellen Kriminalität sind die Täter:innen im Durchschnitt deutlich älter, in der Mehrzahl der Fälle um die 40 Jahre, mit hoher formaler Qualifikation und selbstständig oder in einer Führungsfunktion in Unternehmen oder Behörden tätig. Die Tatbegehung erfolgt oft in sozialer Unauffälligkeit.[129] Mit der sozialen Stellung der Täter:innen geht auch eine gesteigerte Beschwerdemacht einher. Verdächtige verfügen oft über die notwendigen Mittel für eine hochspezialisierte Strafverteidigung, die das sonst bestehende Machtgefälle zwischen Strafverfolgungsbehörden und Beschuldigten abmildern kann.

Die **Besonderheiten** gegenüber konventioneller Kriminalität setzen sich bei 14
der Strafverfolgung fort. Häufig liegen bei Wirtschaftsstraftaten viele aufzuklärende Einzeldelikte vor, was die justitielle Aufarbeitung unter dem Zeitdruck drohender Verjährung behindert; die Subsumtion unter Straftatbestände wird durch die komplexen Sachverhalte und das äußerst umfangreiche Aktenmaterial erschwert. Wegen des hohen materiellen und personellen Aufwands für die

123 *Boers* 2001, 336.
124 *Meier* 2021, § 11 Rn. 14.
125 Zweiter Periodischer Sicherheitsbericht 2006, 221.
126 *Kölbel* 2008.
127 Zweiter Periodischer Sicherheitsbericht 2006, 222.
128 Eigene Berechnung basierend auf PKS 2020 Falltabellen: T07 Aufgliederung der Straftaten nach Schadenshöhe; dabei ist zu berücksichtigen, dass häufig kein Schaden erfasst wird bzw. werden kann.
129 *Bock* 2019, Rn. 969; *Göppinger* 2008, § 25 Rn. 9.

Strafverfolgung in diesem Bereich ist die Strafverfolgung hier besonders selektiv und anders strukturiert.[130] Überdurchschnittlich viele Fälle werden durch Verfahrenseinstellungen erledigt oder nach Absprachen zwischen Staatsanwaltschaften, Gericht und Verteidigung vergleichsweise milde sanktioniert, obwohl sie erheblich höhere Schadenssummen aufweisen als sonstige Delikte gegen Eigentum und Vermögen.[131]

15 Zur **Erklärung** von Wirtschaftskriminalität werden zumindest im deutschsprachigen Raum überwiegend Ansätze herangezogen, die Tatgelegenheiten sowie individuelle Defizite und Dispositionen der Handelnden in den Mittelpunkt stellen: individueller anomischer Druck, erlernte Verhaltensweisen und zu geringe Selbstkontrolle. Vernachlässigt werden dabei Ansätze, die die strukturellen und kulturellen Besonderheiten des Wirtschaftslebens betonen, denen für die Frage nach den Entstehungszusammenhängen von Devianz erhebliche Bedeutung zukommt.[132]

16 So kann anomischer Druck (→ § 9 Rn 3 ff.) nicht nur individuell wirken, sondern auch auf das Unternehmen als solches, wenn sich der wirtschaftliche Erfolg nicht mehr mit anerkannten Mitteln erreichen lässt. Auch die Subkulturtheorie (→ § 10 Rn 16 ff.) lässt sich – mit Einschränkungen – auf das Feld übertragen: es lässt sich feststellen, dass in bestimmten Branchen oder konkret in Unternehmen ein besonderes Werte- und Normensystem gilt, das jedenfalls in Teilen von dem der Gesellschaft insgesamt abweicht. Auch aus der Theorie der Kontrollbalance (→ § 11 Rn 19 ff.) ergeben sich strukturelle Besonderheiten der Unternehmenswelt, namentlich der Umstand, dass hier ein besonders hoher Anteil von Akteur:innen mit einem Kontrollüberschuss anzutreffen ist. Schließlich lässt sich auch der *Labeling Approach* (→ § 13 Rn 7 ff.) fruchtbar machen: Während früher insbesondere die Nichtkriminalisierung von Wirtschaftsstraftaten thematisiert wurde, ließe sich angesichts der auffälligen Selektivität der Strafverfolgung in diesem Bereich fragen, wer in Kriminalisierungsprozessen erfasst wird und wer nicht bzw. für welche Fälle die knappen Ressourcen der Behörden aufgewendet werden – und wo dies unterbleibt.[133]

130 Ausführlich dazu *Korsell* 2007.

131 Zweiter Periodischer Sicherheitsbericht 2006, 234 ff.; *Eisenberg/Kölbel* 2017, § 27 Rn. 84 f.; *Singelnstein* 2015.

132 S. aber *Bussmann* 2018, 347 ff.

133 Zu Theorien bzgl. Unternehmenskriminalität *Kölbel* 2014a; *Singelnstein* 2012.

4. Kriminalität im Kontext staatlicher Macht

Nützliche Webseiten: https://www.icc-cpi.int/ (Internationaler Strafgerichtshof); http:// http://statecrime.org (International State Crime Initiative).

Kriminalität der Mächtigen bezeichnet als Oberbegriff Straftaten, die aus Machtpositionen heraus begangen werden. Neben Wirtschaftskriminalität (→ § 18 Rn 12 ff.) umfasst dies insbesondere auch Kriminalität im Kontext staatlicher Macht[134], also Taten des Staates selbst oder seiner Repräsentant:innen, die mit der besonderen staatliche Machtposition verbunden sind.[135] Dabei lässt sich differenzieren zwischen Staatskriminalität (*state crime*) auf der einen und einfacher Amtskriminalität auf der anderen Seite. Staatskriminalität meint Taten, die meist von oberen staatlichen Hierarchieebenen ausgehen, mit dem Staat selbst eng verbunden sind und sich durch eine hohe Sozialschädlichkeit bzw. Destruktivität auszeichnen.[136] Beispielhaft dafür stehen die Kerntatbestände des Völkerstrafrechts: Völkermord, Verbrechen gegen die Menschlichkeit, Kriegsverbrechen und Aggression. Die einfache Amtskriminalität auf der anderen Seite zeichnet sich durch einen geringeren Schadensumfang und einen oft niedrigeren Hierarchiestatus der Täter:innen aus, beispielsweise bei Fällen von rechtswidriger Polizeigewalt oder Korruption.[137] 17

Als wichtiger Ausgangspunkt einer breiteren Auseinandersetzung mit **Staatskriminalität** gilt die Rede von *William J. Chambliss* (1933-2014) als Präsident der *American Society of Criminology* (ASC). Darin definiert er *state-organized crime* als 18

> „acts defined by law as criminal and committed by state officials in the pursuit of their job as representatives of the state"[138].

Staatskriminalität besteht nicht selten in besonders großformatigen Verbrechen mit massivem Unrechtsgehalt – wie auch die Tatbestände des Völkerstrafrechts dokumentieren –, die gleichwohl wenig verfolgt werden. Die Besonderheiten solcher **Makrokriminalität** hat *Herbert Jäger* (1928-2014) herausgearbeitet. Danach stellen derartige Taten in dem jeweiligen staatlichen Kontext regelmäßig gar keine Abweichung, sondern konformes Verhalten dar, weil sie nicht 19

134 *Eisenberg/Kölbel* 2017, § 46 Rn. 1 ff.; *Rothe/Friedrichs* 2018, 180 f.
135 *Eisenberg* 1980; *Ross* 2015, 492; *Rothe/Kauzlarich* 2016, 130.
136 *Eisenberg/Kölbel* 2017, § 46 Rn 1.
137 *Green/Ward* 2017, 446 f.; *Lehne* 2008.
138 *Chambliss* 1989, 184.

als Kriminalität wahrgenommen werden und oft auch nicht unter Strafe stehen, sondern sogar den jeweils geltenden rechtlichen Regeln entsprechen. Die Täter:innen haben nicht nur Einfluss auf die Genese der Normen, sondern legitimieren ihr eigenes Handeln durch diese auch für sich selbst.[139] Mit einem solchen Verständnis von Makrokriminalität lassen sich etwa auch bestimmte Formen staatlicher Migrationspolitik[140] untersuchen, die mit schweren Menschenrechtsverletzungen einhergehen, auch wenn diese den in dem jeweiligen Land geltenden Regelungen entsprechen. Ein legalistischer Verbrechensbegriff (→ § 1 Rn 28 ff.) stößt angesichts dessen an seine Grenzen. Allerdings ist mittlerweile zumindest der Kernbestand von Makrokriminalität international kodifiziert und durch den *Internationalen Strafgerichtshofs* (IStGH) auch prinzipiell verfolgbar.[141]

20 Darüber hinaus haben staatliche Akteur:innen bzw. ihre gesellschaftliche Position auch erheblichen Einfluss auf konkrete Kriminalisierungsprozesse, was eine weitere Besonderheit dieses Deliktsbereichs ausmacht.[142] Die Akteur:innen haben ein hohes Maß an **Definitionsmacht** in Bezug auf eigenes Verhalten sowie besondere Möglichkeiten, sich der Strafverfolgung zu entziehen. Für bestimmte Länder Südamerikas ist sogar eine systematische Straflosigkeit Mächtiger (sog. „Impunität") festgestellt worden.[143] Sowohl interne Kontrollmechanismen der Nationalstaaten als auch externe internationale Kontrollmechanismen, wie der *IStGH*, sind angesichts dessen in ihrer Wirkung begrenzt.[144] Das betrifft bereits die Ebene der Amtskriminalität. So zeigt sich etwa bei rechtswidriger Polizeigewalt auch in Deutschland im Hellfeld eine äußerst niedrige Anklagequote, die auf ein erhebliches Maß an Sanktionslosigkeit hindeutet.[145] Auf der Ebene der Staatskriminalität findet eine inländische Strafverfolgung sogar oft gar nicht oder erst nach gesellschaftlichen Transformationsprozessen statt, weil das jeweilige Handeln nicht als Kriminalität angesehen wird. Aber auch die externe Verfolgung von Staatskriminalität erweist sich in der Praxis als schwierig. So ist die Strafverfolgung durch den *IStGH* nicht nur angesichts beschränkter Ressourcen punktueller Natur, sondern auch hochselektiv. Bislang richteten sich die Verfahren überwiegend gegen ehemalige Machthaber oder hochrangige

139 *Jäger* 2016.
140 *Burkhardt/Graebsch* 2008, 230 ff.
141 Zur Entwicklung *Brannigan* 2015.
142 *Karstedt* 2008, 11 ff.
143 *Ambos* 1997.
144 *Kramer* 2016; *Ross* 2015.
145 *Abdul-Rahman/Espín Grau/Singelnstein* 2019, 232 f.

Militärangehörige afrikanischer Staaten. Nicht zuletzt sind wichtige Staaten wie die USA, Russland, Indien und China gar nicht Mitglieder des *IStGH*.

An Stelle dieser traditionellen Formen strafrechtlicher Aufarbeitung, die im Bereich von Staatskriminalität in besonderer Weise an Grenzen stoßen, werden auch *restorative justice*-Ansätze (→ § 24 Rn 23) zur Aufarbeitung eingesetzt. Insbesondere in den ehemaligen Militärdiktaturen Südamerikas und nach dem Ende des Apartheidregimes in Südafrika wurden sogenannte „Wahrheits- und Versöhnungskommissionen" eingerichtet. Solche Kommissionen sollen einen Beitrag zur Aufklärung und offiziellen Anerkennung großformatiger Verbrechen leisten und beziehen stärker als traditionelle strafrechtliche Modelle Opferinteressen mit ein. Auch sie sind aber in ihrer Wirkung, insbesondere hinsichtlich der Wiedergutmachung und des Schutzes vor zukünftiger Viktimisierung der Opfer, begrenzt.[146] Neben staatlichen Institutionen spielen auch zivilgesellschaftlicher Widerstand und Protest durch Opfer(organisationen), politische Opposition und Aktivist:innen eine wichtige Rolle bei der Thematisierung, Aufklärung und Kontrolle von Staatskriminalität.[147] 21

II. Viktimologische Befunde

Nützliche Webseiten: http://www.worldsocietyofvictimology.org; http://www.victimology.nl; http://www.victimsupport.org.uk.

Die Viktimologie hat sich in den vergangenen Jahrzehnten durch Befunde der Dunkelfeldforschung (→ § 17) angeregt zu einem eigenständigen Teilbereich der Kriminologie entwickelt. Dieser hat wesentliche Erkenntnisse zu Opferwerdungsprozessen und Viktimisierungsfolgen hervorgebracht, wie auch zu Täter:innen-Opfer-Verhältnissen und zur Identifizierung von Risikogruppen. In der Folge wurden verschiedene Theorien zu der Frage entwickelt, warum und wann Menschen Opfer von Kriminalität werden. Kriminalpolitisch haben diese Fortschritte in Verbindung mit der Einsicht in die lange Vernachlässigung von Kriminalitätsopfern durch die Gesellschaft und das Strafverfahren zu einer nahezu weltweiten Opferbewegung geführt, die sich der Hilfe von Kriminalitätsopfern verschreibt. Darin findet sowohl ein emanzipatorisches Engagement für sozial Schwache in der Rolle von Kriminalitätsopfern ihren Ausdruck, als auch ein auf die verstärkte 22

146 *Stanley* 2005.
147 *Ross* 2015.

Belangung der Täter:innen abzielendes *law and order*-Denken.[148] Die dadurch angestoßenen Entwicklungen bergen die Gefahr in sich, die Rolle der Täter:innen als Handelnde in einem Interaktionsgeschehen und die jeweiligen sozialen Hintergründe auszublenden sowie ihre rechtlich geschützte Position im Prozess der Strafverfolgung zu stark einzuschränken (→ § 24 Rn 23 ff.).

1. Viktimisierungsrisiko und theoretische Ansätze

23 Das Opfererlebnis wird individuell sehr verschieden **verarbeitet**. Im Allgemeinen sind objektivierbare Schädigungen und Verletzungen von psychischen Beeinträchtigungen begleitet[149], die zumeist gravierender empfunden werden als die unmittelbare Schadensfolge[150]. Auf die Viktimisierung durch die Straftat selbst (primäre Viktimisierung) können dementsprechend weitere Stufen der Opferwerdung durch negative Reaktionen des eigenen sozialen Umfeldes oder Institutionen der Sozialkontrolle (sekundäre Viktimisierung)[151] und die Übernahme einer sogenannten Opferidentität in das eigene Persönlichkeitsbild (tertiäre Viktimisierung) folgen.[152]

24 Das **Risiko des Opferwerdens** ist in der Bevölkerung nicht gleich verteilt, auch wenn die meisten Personen im Laufe ihres Lebens Opfer irgendeiner Straftat – zumeist gewaltlose Delikte gegen das Eigentum oder das Vermögen – werden. Nach dem Alter sind junge Menschen, deren Lebensstil typischerweise mehr außerhäusliche Aktivitäten, mehr persönliche Kontakte und mehr nächtliches Ausgehen umfasst, einem weitaus größeren Opferrisiko als alte Menschen ausgesetzt.[153] Mit fortschreitendem Lebensalter wird das Viktimisierungsrisiko – ähnlich wie die Chance krimineller Auffälligkeit – zunehmend geringer. Dies gilt besonders für Delikte, bei denen ein unmittelbarer Kontakt zwischen Täter:in und Opfer stattfindet. Nach dem Familienstand reproduzieren sich diese Befunde erwartungsgemäß. Dementsprechend haben die durchschnittlich jüngeren Unverheirateten besonders bei Kontaktdelikten ein höheres Opferrisiko als die Verheirateten. Nach dem Geschlecht sind Männer eher von körperlicher

148 *Fattah* 1989; *Hassemer/Reemtsma* 2002, 110 f.; *Jung* 1993, 583.
149 *Neubacher* 2020, Kapitel 12 Rn. 5 f.; *Sautner* 2014, 47 ff.
150 *Baurmann/Schädler* 1999, 284.
151 Zu sexuellen Übergriffen und häuslicher Gewalt *Newburn* 2017, 384 ff.
152 *Neubacher* 2020, Kapitel 12 Rn. 4.
153 Für das Hellfeld PKS 2020 Zeitreihen: T91 Opfergefährdungszahlen; für das Dunkelfeld *Baier u. a.* 2011; *Dreißigacker* 2017, 35; *van Kesteren/van Dijk* 2010; zur Schweiz *Baier* 2019, 27 ff.

Gewalt betroffen[154], Frauen erwartungsgemäß eher von sexueller Gewalt[155]. In den USA zeigt sich, dass Männer im Vergleich zu Frauen und Männer ethnischer Minderheiten im Vergleich zu weißen Männern ein höheres Risiko aufweisen, Opfer eines vorsätzlichen Tötungsdelikts zu werden.[156]

Inwieweit der **sozioökonomische Status** in Beziehung zur Opferwerdung steht 25 bedarf einer differenzierten Betrachtung. Personen mit Hochschulreife weisen ein höheres Risiko für Diebstähle auf, Personen mit Hochschulabschluss oder arbeitslose Personen ein höheres Risiko für Wohnungseinbruchsdiebstähle und arbeitslose Personen ein höheres Risiko für Körperverletzungs- und Raubdelikte. Allerdings ist zu fragen, inwieweit Lebensstil und soziales Umfeld diesen Einfluss vermitteln.[157] Die Zahl der Eigentums- und Vermögensdelikte steigt nicht kontinuierlich mit dem Haushaltseinkommen, gerade mittlere Einkommensklassen sind belastet; allerdings steigt das Risiko von Eigentums- und Vermögensdelikten mit einem zunehmenden Armutsniveau des eigenen Bezirks.[158] In den USA konnte ein Zusammenhang zwischen Armut und Gewaltviktimisierung nachgewiesen werden.[159] Auch für Deutschland muss davon ausgegangen werden, dass Opfererfahrungen in marginalisierten gesellschaftlichen Gruppen (Drogenabhängige, Obdachlose), besonders hinsichtlich Gewalt- und Sexualdelikten, deutlich häufiger sind als in der Gesamtbevölkerung.[160]

Personen, die in ländlicher Umgebung leben, besitzen ein geringeres Viktimi- 26 sierungsrisiko als Großstadtbewohner:innen, wobei Unterschiede namentlich bei Fahrzeugdiebstählen, sonstigen Diebstählen und Sachbeschädigungen, aber auch in Bezug auf Körperverletzung und Wohnungseinbruchsdiebstähle auftreten.[161] Erwartungsgemäß einem hohen Risiko ausgesetzt sind bestimmte Berufsgruppen wie Taxifahrer:innen und Betätigungen wie Trampen. In den USA werden *people of color* wesentlich öfter viktimisiert als weiße Menschen; auch in Deutschland und der Schweiz berichten Menschen mit bestimmten Zuwanderungsgeschichten im Vergleich zum Bevölkerungsdurchschnitt häufiger von

154 *Hellmann* 2014, 65.
155 *Bundesministerium des Innern* 2021, 36; zu Geschlecht und Viktimisierung *Gartner* 2011, 361 ff.
156 *Jack u. a.* 2018.
157 *Birkel u. a.* 2014, 26, 28 f., 32.
158 *Birkel/Oberwittler* 2016, 108, 121.
159 *Harrell u. a.* 2014.
160 *Albrecht/Arnold* 1991, 26; *Stevens u. a.* 2007; Überblick zur Forschung bei *Pollich* 2017; zu Gewalt- und Tötungsdelinquenz *Eisenberg/Kölbel* 2017, § 60 Rn. 15.
161 *Birkel/Oberwittler* 2016, 121; *Hellmann* 2014, 69; *van Kesteren/Mayhew/Nieuwbeerta* 2000, 6.

Opfererlebnissen (→ § 23 Rn 70).[162] Die als häufig eingeschätzte innerfamiliäre Gewalt und die Verletzung der sexuellen Selbstbestimmung richten sich ganz überwiegend gegen Frauen und Kinder.[163] Personen, die sich selbst als Teil einer ethnischen Minderheit betrachten, die sich als lesbisch, schwul, bisexuell oder „anders" verstehen oder die in ihren Alltagsaktivitäten durch Behinderung oder Erkrankung eingeschränkt sind, weisen eine höhere Betroffenheit von körperlicher Gewalt und Belästigung auf.[164] Ein nicht geringer Teil erlebter Körperverletzungen ist nach Einschätzung der Betroffenen durch Vorurteile, z. B. bezogen auf sozialen Status, Herkunft, Gender, Hautfarbe oder Religionszugehörigkeit, motiviert.[165]

27 In analogischer Nachbildung der ätiologischen Kriminalitätstheorien, welche sich mit der empirischen Bestimmung der Ursachen kriminellen Verhaltens befassen (→ § 6 Rn 8 ff.), wurden verschiedene ätiologische **Theorien des Opferwerdens** entwickelt. Diese viktimologischen Theorien wollen die empirisch beobachtete unterschiedliche Verteilung des Viktimisierungsrisikos in der Bevölkerung erklären. Indem sie in ihrer Konzeption den ätiologischen Kriminalitätstheorien folgen, kranken sie auch an deren Schwächen. So verwenden sie weithin das Erklärungsmuster des Defizits (→ § 14 Rn 7 ff.), indem sie das Opferwerden sozialisationstheoretisch aus einer „erlernten Hilflosigkeit" bestimmen, es sozialstrukturell mit Anpassungsdruck aus sozialer Benachteiligung erklären oder bei Kontaktdelikten ein von dem:der Täter:in als vermeintliche Einwilligung missdeutetes Fehlverhalten annehmen, welches zur Annahme einer „Opfermitverantwortung" Anlass gibt.

28 So geht die **Theorie der erlernten Hilflosigkeit**[166] davon aus, dass die wiederholt gemachte Erfahrung, Viktimisierungen nicht abwehren zu können, sich im Sinne eines Lernprozesses zu einem passiven Duldungshabitus oder einer Opferidentität ausformt. Scheint dies bei langfristigen, traumatisierenden Mehrfachviktimisierungen noch naheliegend, kann die Erstviktimisierung damit ebenso wenig erklärt werden wie nur gelegentliche Opfererfahrungen.[167]

162 *Albrecht/Arnold* 1991, 25 f.; *Birkel u. a.* 2019, 21 f.; *Pitsela* 1986, 406 ff.; *Baier* 2019, 27 ff.; bzgl. Jugendlichen *Baier/Kudlacek* 2019, 10.

163 PKS 2019 Band 2, 26 ff.; *Baurmann* 1996; *Schröttle* 2015, 182; *Trube-Becker* 1987.

164 *European Union Agency for Fundamental Rights* 2021, 18, 22.

165 *Birkel u. a.* 2019, 25 ff.

166 *Seligman* 1995.

167 *Meier* 2021, § 8 Rn. 28.

Indizien bestehen auch dafür, dass ein sich Risiken aussetzender **Lebensstil** die Opferwahrscheinlichkeit beeinflusst.[168] Junges Erwachsensein, männliches Geschlecht, Fehlen fester partnerschaftlicher Beziehungen und Leben in der Großstadt deuten auf einen außerhäuslichen Lebensstil mit einer gewissen Risikobereitschaft hin. Wer beispielsweise die Angebote eines urbanen Lebens intensiv nutzt, begibt sich abends und nachts in den öffentlichen Raum und hat Kontakt mit Unbekannten. Er befindet sich darum häufiger in Situationen, in denen Straftaten verübt werden. Konkretisiert wurde das Lebensstil-Konzept durch die ihm ähnelnde **Routineaktivitäten-Theorie**, wonach bestimmte Alltagsroutinen das Viktimisierungsrisiko beeinflussen, insbesondere wenn dabei drei Kriterien erfüllt werden: Potenzielle Täter:innen (1) treffen auf geeignete Opfer (2), welche nicht entsprechend geschützt sind (3).[169] 29

Indes erscheint es als problematisch, das Opferwerden nach denselben Grundmustern bestimmen zu wollen, welche von ätiologischen Kriminalitätstheorien für das Straffälligwerden angenommen werden, und dabei deren Unzulänglichkeiten (→ § 18 Rn 27) zu übernehmen. Zentral bleibt die Einsicht, dass Kriminalität auch in Opferbefragungen nicht als Realphänomen sichtbar wird, sondern als ein Ergebnis sozial gedeuteter Wahrnehmung, das nach einem verstehenden Erkenntnismodell (→ § 2 Rn 11 ff.) und einem qualitativen methodischen Zugang verlangt. Die Opferforschung ist, noch mehr als die Kriminalätiologie, durch eine Dominanz erklärender quantitativer Verfahren gekennzeichnet. 30

2. Soziobiografische Parallelen zwischen Täter:innen und Opfern

Auffällig ist, dass die im Zusammenhang mit dem Opferwerden beobachteten Regelmäßigkeiten in ähnlicher Weise für das Straffälligwerden und seine soziale Auffälligkeit gelten. Die Populationen der Täter:innen und der Opfer sind sich in ihren soziobiografischen Merkmalen und Verhaltensgewohnheiten bemerkenswert ähnlich.[170] Täter:innen wie Opfer sind typischerweise in demselben Alter, desselben Geschlechts, oft in der Großstadt lebend, Angehörige unterer sozialer Schichten und gehören nicht selten marginalisierten gesellschaftlichen Gruppen an. Die Übereinstimmung von Täter:innen- und Opfermerkmalen widerlegt die landläufige Vorstellung, dass Straftäter:innen von ihren Opfern 31

168 *Birkel* 2016; *Eisenberg/Kölbel* 2017, § 60 Rn. 4 ff.; *Hindelang/Gottfredson/Garofalo* 1978.
169 *Brown/Esbensen/Geis* 2019, 159 ff.; *Cohen/Felson* 1979.
170 *Eisenberg/Kölbel* 2017, § 60 Rn. 8; *Fattah* 1991, 119 ff.

grundsätzlich verschieden seien, als ein nicht realitätsentsprechendes Vorurteil, das auf einer moralischen Gut-Böse-Polarisierung beruht (→ § 21 Rn 34 f.).

32 Bei Delikten gegen das Leben und die körperliche Unversehrtheit sind die Populationen der Täter:innen und der Opfer außerordentlich homogen und kaum soziobiografisch unterscheidbar.[171] Dies ist nicht verwunderlich, handelt es sich dabei doch typischerweise um **Beziehungsdelikte**, die innerhalb bestehender zwischenmenschlicher Beziehungen zwischen soziobiografisch ähnlichen Personen begangen werden. Generell kann die geografische und soziale Nähe als Erklärung dienen. Menschen befassen sich auch im Zusammenhang mit abweichendem Verhalten eher mit Personen und Dingen in ihrem näheren persönlichen Umfeld, das ihnen vertraut ist und wo sie sich sicher fühlen.

33 Zudem wird eine Täter:in-Opfer-Verbindung auch in der unmittelbaren Weise angenommen, dass Straftäter:innen häufig **eigene Viktimisierungserfahrungen** gemacht haben und insbesondere Gewalttäter:innen im Kindesalter selbst Gewalt erlitten haben.[172] Täter:innen fühlen sich vielfach selber als Opfer (in einem nicht unbedingt kriminellen Sinne) und reagieren darauf mit strafbarem Verhalten (→ § 10 Rn 21). Gewaltdelikten in persönlichen Nahbeziehungen gehen mitunter beidseitiger Alkoholmissbrauch und wechselseitige Aggressionen voraus, sodass die Rollen des:der Täter:in und des Opfers sich situativ und eher zufällig ergeben.

34 Auch hinsichtlich der Mehrfachauffälligkeit sind Täter:innen- und Opferschaft vergleichbar. Eine kleine Anzahl von Personen scheint eine Vielzahl von Opferschaften zu erleiden.[173] Solche Fälle von Mehrfachopferschaft werden zum Teil mit der Persistenz von Opferrisiken (erkennbar dauernd unbewohntes und unbewachtes Haus) und der Appellfunktion vorheriger Viktimisierungen für künftige (Besprühen einer Wand mit Graffiti als Einladung für andere Graffiti-Sprayer) erklärt.[174]

35 Jedenfalls in bestimmten Deliktsbereichen, wie der Gewaltdelinquenz, deutet vieles darauf hin, dass nicht nur ein erheblicher Teil der Täter:innen, sondern auch der Opfer aus unteren sozialen Schichten stammen und sonstige Merkmale sozialer Benachteiligung aufweisen. Straftatbegehung ebenso wie Opfer-

171 *Sessar* 1981, 59 f.
172 *Hellmann* 2014, 74 ff.
173 *Birkel* 2016; *Newburn* 2017, 373 f.
174 *Eisenberg/Kölbel* 2017, § 60 Rn. 6; *Fisher/Reyns* 2009, 167 f.

werdung können in diesem Sinne als **intra-schichtspezifische Phänomene** betrachtet werden, die primär mit sozialer Benachteiligung in Zusammenhang stehen.[175] Diese Befunde stehen im Widerspruch zu dem polarisierenden Schema von Böse und Gut, in das Kriminalpolitik und öffentliche Debatte Täter:innen und Opfer in der Regel zwängen. Teile der kritischen Kriminologie haben daraus den Schluss gezogen, dass das Strafrecht nicht mehr nur als Instrument der Machtausübung verstanden werden könne, was sich selektiv gegen Täter:innen aus der Unterschicht richtet (→ § 1 Rn 13; § 13 Rn 23 f.). Stattdessen sieht diese vor allem in Großbritannien relevante Strömung des „linken Realismus" (*left realism*)[176] im Kriminaljustizsystem nunmehr ein änderungsbedürftiges, aber erhaltenswertes Instrument zur Reduzierung unterschichtsbezogener Viktimisierung, das notwendig sei, um sozial benachteiligten Opfern und ihren Schutzbedürfnissen Rechnung zu tragen. Zugleich ist eine besonders drastische Bestrafung der Täter:innen vor diesem Hintergrund nicht unbedingt im Interesse der Kriminalitätsopfer. Da Täter:innen und Opfer sich nicht selten ähnlich sind, unter ähnlichen Bedingungen zusammenlebten und nach der Strafverbüßung wieder zusammenleben werden, geht es über die eindeutige Diskreditierung des Tatverhaltens hinaus vielmehr auch darum, das künftige Zurechtkommen des Opfers in einem Umfeld zu unterstützen, in dem auch die Täter:innen nach der Verbüßung ihrer Strafe ein Anrecht auf Teilnahme haben.

175 Dies betont insbesondere die radikale bzw. kritische Viktimologie, vgl. *Davies* 2013, 457 ff.; *Newburn* 2017, 371 ff.

176 *Mawby/Walklate* 1994; *Young/Matthews* 1992.

KAPITEL 4

Kriminalisierung und andere Formen sozialer Kontrolle

§ 19 Praxis strafrechtlicher Sozialkontrolle

1 Die vorangegangenen Kapitel haben Kriminalität selbst als Gegenstand wissenschaftlicher Betrachtung behandelt. Abweichendes Verhalten besteht aber, wie wir gesehen haben, nur im Verhältnis zu seinem gesellschaftlichen Kontext. Kriminalität ist keine feststehende Wirklichkeit, sondern ein Verhalten, das in gesellschaftlichen Interaktionsprozessen identifiziert, klassifiziert und benannt wird. Staat, Unternehmen und Private entwickeln Strategien und Techniken, um Verhalten, das sie als abweichendes ansehen, zu bearbeiten und zu vermeiden. Dies nennen wir soziale Kontrolle. Informelle Sozialkontrolle erfolgt durch Familie, Freund:innen und vergleichbare Akteur:innen im sozialen Nahraum; ihr kommt im Umgang mit abweichendem Verhalten die wohl wichtigste Bedeutung zu. Die formelle Sozialkontrolle hingegen umfasst vor allem Strafrecht und Strafverfolgung, aber auch sonstige polizeiliche Tätigkeit, kommunale Präventionsprogramme, Überwachungsmaßnahmen, Selbstführungstechniken oder soziostrukturelle Ein- und Ausgrenzungsmechanismen. Im Folgenden wird zunächst die strafrechtliche Sozialkontrolle dargestellt (→ §§ 19, 20, 21), bevor neuere, nichtstrafrechtliche Formen sozialer Kontrolle Thema sind (→ § 22).

I. Kriminalisierung als Ausfilterungsprozess

2 Die Feststellung, dass ein bestimmtes Verhalten kriminell ist, setzt einen **vielstufigen Prozess** voraus, an dem zahlreiche Instanzen beteiligt sind. Dies beginnt mit der Gesetzgebung, die abstrakte Regelungen in Form von Strafgesetzen schafft, welche bestimmen, was strafbar ist und was nicht. Die konkrete Bestimmung, ob ein Verhalten unter diese Regelungen zu fassen und zu ahnden ist, erfolgt dann in konkreten Prozessen strafrechtlicher Sozialkontrolle. Die wichtigsten Instanzen hier sind die Bevölkerung, die Polizei, die Staatsanwaltschaften, die Strafgerichte und die Strafvollzugsbehörden.[1] Dieser Prozess stellt einen permanenten Ausfilterungsvorgang dar.[2] Auf jeder Stufe werden bestimmte Verhaltensweisen weiterverfolgt, während andere aus dem Kriminalisierungsprozess ausscheiden.[3] Was gesellschaftlich als Kriminalität bezeichnet und angesehen wird, hängt davon ab, wie die Selektion auf diesen

1 Aus soziologischer Perspektive *Lautmann* 2014.
2 *Heinz* 2016, 24 ff.
3 *Neubacher* 2020, Kapitel 3 Rn. 1 ff.

verschiedenen Stufen jeweils ausgestaltet ist. Dies wird anhand des Trichtermodells veranschaulicht. Der Ausfilterungsprozess wird im Folgenden zunächst im Überblick dargestellt, bevor anschließend ausführlich auf die einzelnen Stufen eingegangen wird (→ § 19 Rn 18 ff.).

Schaubild 4.1: Das Trichtermodell 3

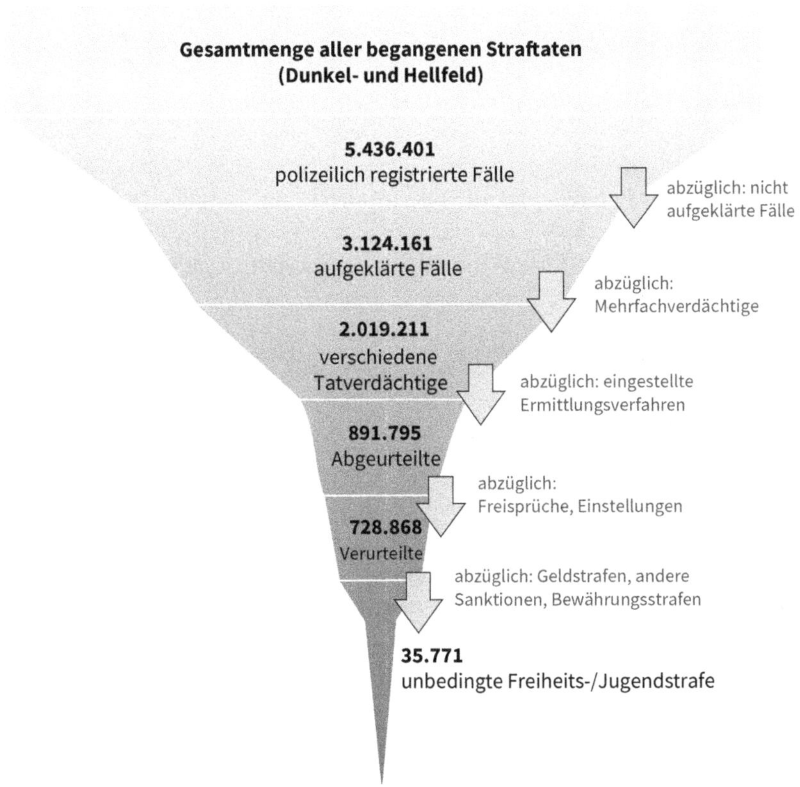

Quellen: PKS 2019; Rechtspflege – Strafverfolgung 2019.

Um auf ein Verhalten Bezug nehmen zu können, müssen Polizei und Staatsanwaltschaft zunächst davon Kenntnis erlangen – der Fall muss **polizeilich bekannt** werden. Dies geschieht nur für einen kleinen Teil der (möglicherweise) unter einen Straftatbestand subsumierbaren Handlungen in der Gesellschaft – in der Regel durch eine Anzeige aus der Bevölkerung. Daher stellen die An- 4 zeigebereitschaft der Bevölkerung und die Aufnahmebereitschaft der Polizei entscheidende Filter im Kriminalisierungsprozess dar (→ § 19 Rn 19 ff.).[4]

5 Im weiteren Verlauf versuchen Polizei und **Staatsanwaltschaft** das Geschehen aufzuklären und Tatverdächtige zu ermitteln, womit der Fall als aufgeklärt in die Statistiken eingeht.[5] Gelingt dies nicht, erhärtet sich ein Anfangsverdacht nicht zum erforderlichen hinreichenden Tatverdacht oder fehlen formelle Prozessvoraussetzungen (etwa die Strafmündigkeit der Tatverdächtigen), wird das Verfahren von der Staatsanwaltschaft eingestellt. Nimmt die Staatsanwaltschaft hingegen einen hinreichenden Verdacht an, so kann sie in weniger schweren Fällen das Verfahren aus Opportunitätsgründen einstellen (§§ 153 ff. StPO; CH: Organe der Strafrechtspflege, Art. 52 ff., 55 Abs. 2 StGB [CH]). Auf diese Weise wird ein beachtlicher Teil der Fälle ausgesondert.[6] Andernfalls erhebt die Staatsanwaltschaft Anklage bzw. beantragt einen Strafbefehl, gibt die Akte an das Gericht weiter und schließt damit das Ermittlungsverfahren ab (→ § 19 Rn 30 ff.).

6 Den nächsten Filter im Kriminalisierungsprozess stellt das **Gericht** dar (→ § 19 Rn 43 ff.). Im Falle eines Strafbefehlsantrages kann es diesen erlassen, ablehnen oder stattdessen eine Hauptverhandlung anberaumen. Ohne Einspruch der beschuldigten Person ergeht zumeist eine Sanktion im schriftlichen Strafbefehlsverfahren. Im Falle der Anklageerhebung muss das Gericht zunächst im Zwischenverfahren prüfen, ob die Voraussetzungen für die Eröffnung des Hauptverfahrens vorliegen, insbesondere, ob es den von der Staatsanwaltschaft postulierten hinreichenden Tatverdacht für gegeben erachtet. Das Gericht eröffnet das Hauptverfahren und hat, soweit es nicht wegen Verfahrenshindernissen oder aus Opportunität das Verfahren einstellt, über den Tatvorwurf mit Schuld- oder Freispruch zu urteilen. Bei Schuldspruch wird in der Regel eine Sanktion verhängt.

7 In Deutschland wurden im Jahre 2019 891.795 Personen **abgeurteilt** und hiervon 728.868 verurteilt[7], während im gleichen Zeitraum von der Polizei 2,02 Millionen Tatverdächtige ermittelt wurden[8]. Obschon die von der Polizei und den Strafverfolgungsbehörden erhobenen Zahlen nicht unmittelbar vergleichbar sind, machen sie die Bedeutung der Ausfilterungsprozesse bei den

4 *Neubacher* 2020, Kapitel 3 Rn. 1.
5 *Meier* 2021, § 5 Rn. 33.
6 *Eisenberg/Kölbel* 2017, § 27 Rn. 67.
7 Rechtspflege – Strafverfolgung 2019, 16.
8 PKS 2019 Band 3, 12.

Entscheidungen der Staatsanwaltschaft und des aburteilenden Gerichts deutlich. Für die Gruppe der Jugendlichen ist die Ausfilterung am stärksten: Die Anzahl der tatverdächtigen Jugendlichen ist im Jahre 2019 (177.082) mehr als drei Mal so groß wie die der abgeurteilten (51.056) und mehr als sechs Mal so groß wie die der verurteilten (28.299) Jugendlichen.[9]

Das Gericht kann als **Hauptstrafen** die Geldstrafe oder die Freiheitsstrafe ver- 8
hängen. Dabei sind Verurteilungen zu Geldstrafen weitaus häufiger. Die Strafvollstreckung erfolgt durch die Staatsanwaltschaft (im Jugendstrafrecht durch das Jugendgericht) und wird durch das Gericht kontrolliert, während der Strafvollzug, also die praktische Durchführung von Freiheitsstrafen, den Strafvollzugsbehörden (etwa den Justizvollzugsanstalten) obliegt.

Zwischen der Wahrnehmung und Identifizierung einer Handlung als Krimi- 9
nalität und der Verhängung und Vollstreckung einer Geld- oder Freiheitsstrafe liegt also ein weiter Weg. Nur ein kleiner Teil der zur Anzeige gebrachten strafbaren Handlungen führt tatsächlich zu einer Verurteilung. Wie wir bei der Betrachtung des Hellfeldes gesehen haben (→ § 15 Rn 6 ff.), decken diese Anzeigen wiederum nur einen Bruchteil der Gesamtkriminalität ab. Insgesamt erfasst die strafrechtliche Sozialkontrolle das Massenphänomen Kriminalität damit nur in Ansätzen.

Welche Formen abweichenden Verhaltens im **Kriminalisierungsprozess** er- 10
fasst und nicht ausgefiltert werden – wie also der kleine Ausschnitt des Hellfeldes bzw. der Verurteilungen aus der Gesamtheit abweichenden Verhaltens strukturiert ist – hängt von einer Vielzahl von Faktoren ab. Hierzu zählen die Umstände, ob bestimmte Formen von Abweichung von der Bevölkerung als potenziellen Anzeigeerstattenden wahrgenommen und für anzeigewürdig befunden werden, welche Priorität die Polizei ihrer Verfolgung beimisst, wie hoch die Beschwerdemacht der jeweiligen Beschuldigten und ihre Resistenz gegenüber der Strafverfolgung ist und wie kompliziert und aufwendig die Aufklärung des Geschehensablaufes ist. Zugleich zeigen sich im Rahmen des Kriminalisierungsprozesses erhebliche regionale Unterschiede.[10]

Während jeder Tatverdacht eigentlich in gleichem Maße verfolgt werden müsste, 11
macht diese kurze Aufzählung bereits deutlich, dass die Praxis des Kriminali-

9 PKS 2019 Band 3, 12; Rechtspflege – Strafverfolgung 2019, 16.
10 *Grundies* 2016; *Grundies* 2018; *Heinz* 2016, 315 ff.

sierungsprozesses nach anderen Kriterien verläuft (→ § 13 Rn 8 ff.), die sowohl innerhalb der Strafverfolgungsbehörden normiert als auch unbewusst umgesetzt sein können. Dabei spielen Strafwürdigkeitserwägungen und Fragen der Praktikabilität und Ökonomie der Strafverfolgung ebenso eine herausgehobene Stellung wie Aspekte sozialer Macht[11]. Infolgedessen wird nicht jede Form abweichenden Verhaltens in gleichem Maße verfolgt. Vielmehr werden öffentlich sichtbare Verhaltensweisen, die als besonders strafwürdig beurteilt werden und/oder leicht aufzuklären sind, deutlich eher in das Hellfeld gelangen und zu einer Verurteilung führen als wenig sichtbare und schwer aufzuklärende Verhaltensweisen wie etwa Wirtschafts- und Staatskriminalität. Im Bereich der Wirtschaftskriminalität gilt dies insbesondere für Delikte, die von Unternehmen selbst ausgehen; allerdings steigen die soziale Ablehnung und damit die Anzeigebereitschaft im Bereich der Unternehmenskriminalität tendenziell an.[12]

12 Vergleichbares gilt für als weniger strafwürdig beurteilte Verhaltensweisen, weshalb Normverstöße innerhalb der Mehrheitsgesellschaft bzw. Abweichungen der Angepassten[13] im Hellfeld deutlich unterrepräsentiert sein dürften im Vergleich zu Verhaltensweisen von Angehörigen gesellschaftlicher Randgruppen. Der Betrug eines Rockers wird anders wahrgenommen, als wenn die gleiche Tat durch eine gesellschaftlich angepasste Mittelschichtsangehörige im Angestelltenverhältnis begangen wird. Dies führt zu einer **grundlegenden Verzerrung** bei der Erfassung von abweichendem Verhalten im Hellfeld und der darauf basierenden Kriminalitätswahrnehmung in der Gesellschaft – also zu einer Reproduktion bestehender gesellschaftlicher Strukturen.

II. Gesetzgebung

13 Der Strafgesetzgeber bestimmt einerseits im materiellen Recht die Voraussetzungen der Strafbarkeit und die möglichen Rechtsfolgen, andererseits im Verfahrensrecht den Weg, auf dem diese Vorschriften umgesetzt werden. Gerade das materielle Strafrecht ist in erheblichem Maße gesellschaftlich und kulturell geprägt und wandelt sich im Zeitverlauf (→ § 1 Rn 20 ff.). Welche Verhaltensweisen pönalisiert oder entkriminalisiert werden ist durch gesellschaftliche und politische Aushandlungsprozesse bedingt, die die Tätigkeit des Gesetzgebers

11 *Michalowski* 2016.
12 *Eisenberg/Kölbel* 2017, § 26 Rn. 40 ff.
13 *Frehsee* 1991.

beeinflussen (→ § 21 Rn 3 ff.). Seit den 1970er Jahren dominierte in Deutschland ein wohlfahrtstaatlich geprägtes Verständnis strafrechtlicher Sozialkontrolle, die als reintegratives System zugleich normbehauptend und sozialisierend wirken und damit in der Zukunft präventive Früchte tragen soll (→ § 20 Rn 1 ff.). Dieses Verständnis des Strafrechts – wie auch sozialer Kontrolle insgesamt – wandelt sich seit den 1990er Jahren. Dem Strafrecht werden mehr Aufgabenbereiche zugewiesen, gleichzeitig sind Ökonomisierung und Effektivierung prägende Tendenzen (→ § 24).

Seit Ende der 1970er Jahre sind das deutsche wie auch das schweizerische und österreichische Strafrecht erheblich **verschärft und ausgeweitet** worden, das heißt es werden mehr Verhaltensweisen unter Strafe gestellt. Seit den 1990er Jahren spielten dabei „Organisierte Kriminalität“, die Antiterrorismus-Gesetzgebung und Straftaten gegen die sexuelle Selbstbestimmung eine hervorgehobene Rolle.[14] Die Ausweitung betrifft aber nicht nur Kernbereiche des Strafrechts; vielmehr gibt es heute kaum noch einen rechtlich geregelten Bereich, der ohne Strafvorschriften in den jeweiligen Gesetzen auskommen würde. Dem derart ausgeweiteten Strafrecht kommt zwar nach wie vor in besonderem Maße die Rolle zu, abweichendes Verhalten sozial und wirtschaftlich marginalisierter Bevölkerungsteile zu bearbeiten.[15] Zugleich werden aber auch andere gesellschaftliche Bereiche stärker dem strafrechtlichen Zugriff geöffnet. Paradigmatisch hierfür stehen das an Bedeutung gewinnende Wirtschaftsstrafrecht, aber auch Ausweitungen im Computerstrafrecht und den Tatbeständen zur Verletzung des persönlichen Lebens- und Geheimbereichs (§§ 201 ff. StGB).[16] 14

Einhergehend mit dieser Ausweitung findet eine **Vorverlagerung** des strafrechtlichen Zugriffs statt.[17] Neben Gefährdungsdelikten wird dies verstärkt auch durch Vorfeldtatbestände umgesetzt. Dies wird einerseits mit strafrechtsfremden Präventionsvorstellungen begründet, wenn durch strafrechtliche Intervention im Vorbereitungsstadium drohende Rechtsgutsverletzungen vor ihrem Eintritt verhindert werden sollen.[18] So stellen etwa die 2009 eingeführten §§ 89a, 89b StGB unter Strafe, sich in einem „Terrorcamp“ ausbilden zu lassen bzw. hierfür Kontakt zu einer entsprechenden Organisation aufzunehmen. Damit erfassen sie zwar eine Handlung in der Vergangenheit, zielen aber auf die Verhinderung von 15

14 *Eser/Hecker* 2014, 3 ff.; *Kölbel* 2021; *Naucke* 1999, 340 f.; *Schlepper* 2014.
15 *Legnaro* 2010, 63.
16 *Naucke* 2010, 132 f.; *Singelnstein* 2011.
17 *Eisenberg/Kölbel* 2017, § 23 Rn. 41 f.; *Prittwitz* 1993; *Puschke* 2010, 25 f.
18 *Brunhöber* 2018; *Puschke* 2018.

daraus eventuell folgenden Taten in der (fernen) Zukunft. Andererseits wird die Vorverlagerung mit Erleichterungen der Strafverfolgung begründet. Gerade im Wirtschaftsstrafrecht sieht sich die Strafverfolgung komplizierten Lebenssachverhalten gegenüber, die im formalisierten Strafverfahren nur mit hohem Aufwand zu fassen sind. Hier – wie auch im Drogen- und Umweltstrafrecht – werden neue Straftatbestände daher zunehmend als abstrakte Gefährdungstatbestände geregelt. Probleme beim Nachweis eingetretener Schädigungen bzw. des diesbezüglichen Vorsatzes werden so umgangen, da eine solche nicht mehr verlangt ist.[19]

16 Parallel dazu wurden **Überwachungs- und Eingriffsbefugnisse** massiv ausgeweitet (DNA-Analyse und -Identifizierung, Rasterfahndung, Lauschangriff, Funkzellenabfrage, stille SMS, Quellen-TKÜ und Online-Durchsuchung) und zugleich auch im Polizeirecht geschaffen, sodass neben die Eingriffsschwelle des Anfangsverdachts auf eine konkrete Straftat die der polizeirechtlichen Gefahr tritt. *Predictive policing* soll auf der Basis von Datenauswertungen sogar Wahrscheinlichkeitsaussagen zu zukünftigen Straftaten möglich machen mit dem Ziel, Polizeiarbeit vorsorgender zu gestalten (→ § 22 Rn 13 ff.).[20]

17 Nicht zuletzt findet auch eine Ausweitung der **Sanktionsformen** statt, wenn Fahrverbot und die Einziehung von Vermögen als Rechtsfolgen neben die klassischen Strafen treten bzw. durch den Gesetzgeber ausgebaut werden. Im Fall der Einziehung – die unter sehr viel geringeren Anforderungen möglich ist, als sonst im Strafrecht üblich, und so die strengen Formen des Strafverfahrens auflöst – ist damit zugleich auch eine massive Vorverlagerung und Informalisierung der Sanktionierung verbunden. Auch in der Schweiz ist bei der Einziehung von Vermögenswerten einer Person, die sich an einer kriminellen Organisation beteiligt oder sie unterstützt hat, im Zweifel im Sinne einer Beweislastumkehr, die im Strafrecht unzulässig sein sollte, die Verfügungsmacht der Organisation anzunehmen (Art. 72 Satz 2 StGB [CH]).

III. Strafverfolgung, Aburteilung und Verurteilung

18 Dem Kriminalisierungsprozess als Ausfilterungsvorgang kommt zentrale Bedeutung dafür zu, was wir als Kriminalität ansehen und wie wir die Kriminalitätswirklichkeit einschätzen. Dies gilt nicht allein für die Gesetzgebung, die dar-

19 Zum Ganzen *Singelnstein* 2014b.
20 *Egbert/Krasmann* 2019, 67 f.

über entscheidet, welche Verhaltensweisen von Strafnormen erfasst werden und welche nicht. Mindestens ebenso bedeutsam ist die Tätigkeit der verschiedenen Instanzen der Strafverfolgung, die die Ausfilterung betreiben.

1. Anzeigeverhalten und polizeiliche Ermittlungstätigkeit

Typischerweise wird der Verdacht einer strafbaren Handlung auf amtlicher Seite 19
zunächst der Polizei bekannt. In den meisten Fällen, schätzungsweise etwa 85 % bis 95 %, geschieht dies durch Anzeigen von Privaten, häufig von Opfern, seltener von Zeug:innen.[21] Polizeieigene Ermittlungen, die zur Begründung eines Tatverdachts führen, machen demgegenüber einen geringen Anteil aus. Sie sind vor allem bei sogenannten Kontrolldelikten, z. B. im Bereich der Verkehrs- und Drogenkriminalität, von Relevanz. Hier sind private Anzeigen selten, sodass es für die Registrierung ganz vorrangig auf die proaktive Kontrolltätigkeit der Polizei ankommt, deren Ressourcen indes begrenzt sind.[22] Ob ein Verhalten als Kriminalität behandelt wird, hängt damit ganz wesentlich davon ab, ob es wahrgenommen, als strafbar bewertet und angezeigt wird.

Das **Anzeigeverhalten** der Bevölkerung wird durch viele verschiedene Faktoren 20
beeinflusst. Von zentraler Bedeutung ist – neben den angenommenen **Erfolgsaussichten** polizeilicher Ermittlungen und der Strafverfolgung generell – vor allem die wahrgenommene **Deliktsschwere**. Die Anzeigebereitschaft nimmt mit zunehmender Deliktsschwere zu, wie Befragungen zeigen.[23] Als Grund für die Nichtanzeige wahrgenommener Straftaten wird überwiegend angegeben, der Schaden sei zu gering[24] bzw. die Tat sei nicht schwerwiegend genug[25] gewesen. Bei Eigentumsdelikten hängt die Anzeigebereitschaft dementsprechend von der Schadenshöhe ab. Diebstahlsdelikte mit Bagatellschäden werden abgesehen vom Ladendiebstahl seltener, solche mit erheblichen Deliktssummen hingegen regelmäßig angezeigt.[26] Fahrraddiebstähle werden seltener zur Anzeige gebracht als PKW-Diebstähle; die Anzeigebereitschaft bei Diebstählen von Mopeds, Mofas und Motorrädern liegt dazwischen.[27] Diese Motivation des Anzeigeverzichts lässt erkennen, dass von der Bevölkerung bemerkte schwer-

21 *Blankenburg/Sessar/Steffen* 1978, 120; *Kürzinger* 1978, 15; *Steffen* 1983, 259.
22 *Eisenberg/Kölbel* 2017, § 26 Rn. 7.
23 Zusammenfassend *Enzmann* 2015; s. auch *van Kesteren/Mayhew/Nieuwbeerta* 2000, Chapter 4; vergleichend zu Europa *European Union Agency for Fundamental Rights* 2021, 26.
24 *Arnold* 1986, 1042; *Schwind/Ahlborn/Weiss* 1989, 277.
25 Vgl. *Birkel u. a.* 2019, 44; *van Dijk/Mayhew/Killias* 1990, 69.
26 *Schwind u. a.* 1975, 165; ähnlich *Feltes/Reiners* 2019, 91; *Killias* 1989, 124.
27 *Birkel u. a.* 2019, 41.

wiegendere Delikte eher amtlich bekannt werden. Dort ist also mit einer geringeren Differenz zwischen der von Opfern wahrgenommenen und der den Strafverfolgungsbehörden bekanntwerdenden Kriminalität zu rechnen. Delikte, die aus den genannten Gründen seltener angezeigt werden, unterliegen folglich einer geringeren strafrechtlichen Sozialkontrolle.

21 **Schaubild 4.2: Motive für und gegen eine Anzeigeerstattung am Beispiel der Körperverletzung**

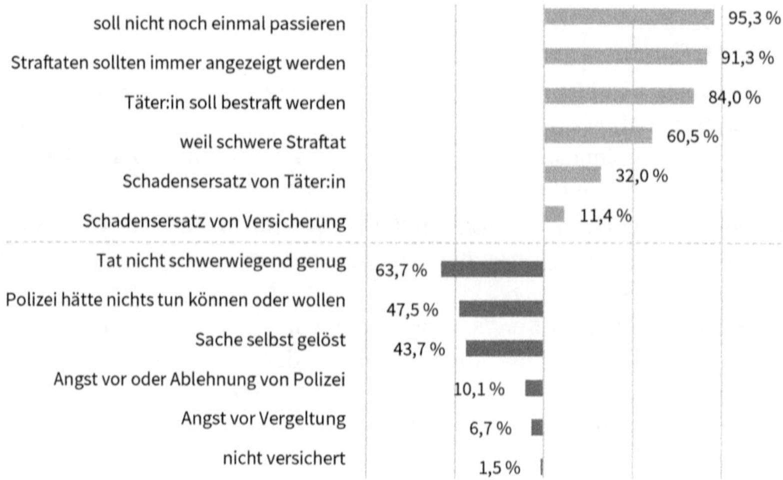

Quelle: *Birkel u. a.* 2019, 40 f.

22 Zugleich ist das Anzeigeverhalten aber auch **deliktsspezifisch** unterschiedlich ausgestaltet, wie der Vergleich von Eigentums- und Verkehrsdelikten einerseits und Gewaltdelikten andererseits zeigt.[28] So dürfte etwa die Anzeigebereitschaft bei Vergewaltigungen und sonstigen Delikten gegen die sexuelle Selbstbestimmung trotz der Deliktsschwere nach wie vor unterdurchschnittlich sein: Die traumatische Viktimisierungserfahrung und die befürchtete Verdoppelung des Opferwerdens im Zuge des Strafverfahrens halten neben weiteren Faktoren von der Anzeigeerstattung ab. Je enger die persönlichen Beziehungen zwischen Täter:in und Opfer sind, desto seltener wird eine Viktimisierung angezeigt.[29] Das

28 *Eisenberg/Kölbel* 2017, § 26 Rn. 24; zum europäischen Vergleich *European Union Agency for Fundamental Rights* 2021, 26 f.

29 *European Union Agency for Fundamental Rights* 2021, 26; *Seifarth/Ludwig* 2016, 241.

Opferwerden durch Verwandte, Freund:innen und gute Bekannte ist deshalb geringer sichtbar als die Viktimisierung durch Fremde oder flüchtige Bekannte.[30]

Schaubild 4.3: Anzeigequoten bei ausgewählten Delikten 23

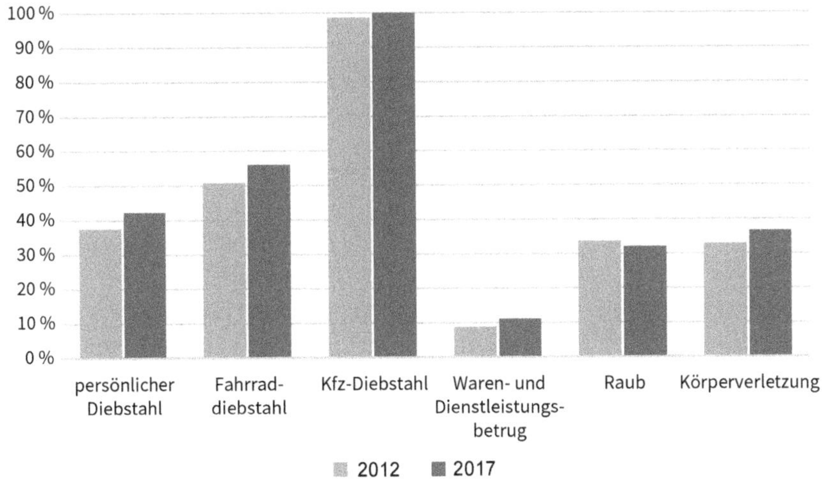

Anzeigequoten für Opfererlebnisse innerhalb der letzten 12 Monate. Quelle: *Birkel u. a.* 2019, 40 f.

Weitere Einflussfaktoren können sich aus der tatverdächtigen Person, dem mutmaßlichen Opfer sowie deren Verhältnis zueinander ergeben. Ebenso können aber Strafeinstellungen und soziodemografische Charakteristika der anzeigenden Person[31] oder gänzlich andere Faktoren von Einfluss sein. So werden – abweichend von dem generellen Zusammenhang – auch leichte – und fiktive – Delikte besonders häufig angezeigt, wenn **Versicherungsschutz** besteht und die Versicherung ihre Leistung von einer Anzeigeerstattung abhängig macht. 24

Der **Anzeigevorgang** ist ein interaktives Geschehen zwischen Bürger:in und Polizeibeamt:in, das von divergierenden Erwartungen bestimmt wird. Während es den Anzeigeerstattenden zumeist um die Lösung eines privaten Konflikts geht und die Polizei als Anlaufstelle zur Bewältigung eines geschehenen Unglücks angesehen wird, stehen für die Polizei der vorgetragene Sachverhalt und seine Verfolgungswürdigkeit im Mittelpunkt. Dabei ist die Polizei nach dem 25

30 *Neubacher* 2020, Kapitel 3 Rn. 12 f.

31 *European Union Agency for Fundamental Rights* 2021, 26.

Legalitätsprinzip zwar grundsätzlich zur Entgegennahme von Anzeigen verpflichtet. Faktisch kommt ihr dabei gleichwohl ein erheblicher Entscheidungsspielraum zu[32] und kommt es in durchaus erheblichem Umfang zu Nichtregistrierungen.[33] Insbesondere bei Delikten gegen die Person mit nur leichten Folgen und unter Bekannten ist die Polizei unter Umständen geneigt, den Vorgang als nicht strafrechtlich relevant zu definieren, von einer Anzeige abzuraten oder auf eine Aufnahme der Anzeige zu verzichten.[34] Diese bei der Entgegennahme von Anzeigen polizeilich praktizierte Selektion führt de facto zu einer Entkriminalisierung.[35]

26 Obgleich die Polizei bei der Strafverfolgung – anders als in den USA – rechtlich bloß Hilfsorgan der Staatsanwaltschaft ist, führt sie in der Praxis die Ermittlungen faktisch eigenständig.[36] Da sie keine förmliche Entscheidungskompetenz hat, leitet sie im Anschluss die von ihr bearbeiteten Fälle zur Beurteilung an die Staatsanwaltschaft weiter. Die Ausgestaltung der **polizeilichen Ermittlungstätigkeit** wird wesentlich durch die Faktoren Ermittlungsökonomie und Deliktsschwere geprägt.

27 Bei begrenzten polizeilichen Ressourcen lässt sich ein quantitativ bedeutsamer Aufklärungserfolg nur erzielen, indem die Ermittlungstätigkeit auf Deliktsbereiche konzentriert wird, die relativ leicht aufzuklären sind.[37] Daher kommt dem prognostizierten **Ermittlungsaufwand** wesentliche Bedeutung für die Frage zu, welche Ressourcen für die Aufklärung eines Falles aufgewendet werden. Delikte, die anhand einfach strukturierter objektiver Merkmale „griffig" formuliert und gut „fassbar" sind, dürften nicht nur von der Bevölkerung leichter wahrgenommen (→ § 17 Rn 11) und darum häufiger angezeigt, sondern auch von der Polizei öfter aufgeklärt werden. Ferner weisen solche Delikte hohe Aufklärungsquoten auf, bei denen sich der Tatverdacht von Anbeginn gegen eine bestimmte Person richtet. Ebenso beeinflusst die – besonders bei Jugendlichen hohe – Geständnisbereitschaft die objektive Beweislage und damit die Aufklärungswahrscheinlichkeit positiv.[38] Umgekehrt gilt: Je mehr Delikte gleicher Art registriert werden und je höher der Anteil an „Unbekanntsachen" eines Delikts ist, desto

32 *Eisenberg/Conen* 1998.
33 *Enzmann* 2015, 523 ff.
34 Weitere Kriterien bei der Anzeigenaufnahme bei *Eisenberg/Kölbel* 2017, § 27 Rn. 32 ff.
35 *Kürzinger* 1978, 158 ff., 241; zum Ausleseprozess *Albrecht* 2010, 191 ff.
36 *Eisenberg/Kölbel* 2017, § 27 Rn. 8.
37 *Meier* 2021, § 9 Rn. 47.
38 Vgl. *Kassin/Gudjonsson* 2004, 52 f.

geringer ist die Chance, dass der Fall mehr als nur auf dem Papier verfolgt wird.[39] Neben dem Fahrraddiebstahl und Diebstählen aus Autos lässt sich dies etwa auch beim Wohnungseinbruchdiebstahl beobachten; bei hohen Fallzahlen mit nahezu gleich hoher Anzeigerate ist die Aufklärungsquote sehr niedrig.[40]

Ein derart ökonomisches Kalkül, das bei möglichst geringem Ermittlungsaufwand einen möglichst hohen Aufklärungsertrag erstrebt, wird durch die **Deliktsschwere** modifiziert, wie sie von der bearbeitenden Person wahrgenommen wird. Delikte im Bagatellbereich werden generell nur „verwaltet"; die Bearbeitung der bagatellhaften Massenkriminalität ist nicht durch ein Interesse am Einzelfall orientiert, sondern durch bürokratische Routinen und das Bemühen, die Verfahren so schnell und reibungslos wie möglich zu erledigen.[41] Umgekehrt leistet die Polizei sich bei besonders schwerer Kriminalität auch ungeachtet von Aufklärungsschwierigkeiten einen hohen Ermittlungsaufwand.[42] Freilich gilt dies vor allem im Bereich der „klassischen" Schwerkriminalität. Bei Wirtschafts-, Umwelt- und Teilen der „Organisierten Kriminalität" stößt das vorhandene Engagement rasch an Grenzen des faktisch zu Leistenden. 28

Entgegen dem Legalitätsprinzip, das eigentlich einen gleichmäßigen Verfolgungszwang statuiert, setzt die Polizei damit Ermittlungsschwerpunkte, die sich an der Ermittlungsökonomie und der Sozialschädlichkeit der aufzuklärenden Vorgänge orientieren. Diese **faktische Diversion** auf polizeilicher Ebene entspricht einem prozessualen Verständnis der Verhältnismäßigkeit, demzufolge bei beschränkten Ermittlungskapazitäten Schwerpunktsetzungen unvermeidlich und – sofern an der Deliktsschwere orientiert – sachgerecht sind. Freilich besitzt wegen der dominierenden anderen Einflüsse die polizeiliche Ermittlungsintensität nur einen bescheidenen Einfluss auf die Aufklärungsquote: Nur etwa jeder zehnte aufgeklärte Fall dürfte seine Aufklärung polizeilichen Recherchen verdanken.[43] 29

39 *Steffen* 1976, 292 f.
40 Zu den Ursachen *Dreißigacker u. a.* 2016.
41 *Steffen* 1976, 294 f.
42 *Kürzinger* 1978, 238; *Meier* 2021, § 9 Rn. 47.
43 *Steffen* 1983.

2. Erledigungsstruktur bei den Staatsanwaltschaften

30 Die Staatsanwaltschaft, die von Gesetzes wegen eigentlich die Ermittlungen leitet, hat im Anschluss an diese jedenfalls die **Abschlussentscheidung** im Ermittlungsverfahren zu treffen. Dabei hat sie im Wesentlichen drei Entscheidungsmöglichkeiten. Lässt sich der polizeiliche Tatverdacht gegen eine Person nach staatsanwaltlicher Beurteilung nicht aufrechterhalten oder steht der Durchführung des Verfahrens ein Hindernis entgegen, stellt die Staatsanwaltschaft das Verfahren ein. Sofern das Recht dies vorsieht (etwa §§ 153 ff. StPO; Art. 52 StGB [CH]), ist zudem eine Einstellung des Verfahrens aus Opportunitätsgründen möglich. Hier wird das Verfahren – ggf. gegen Auflagen – beendet, obwohl die Verfolgungsvoraussetzungen im Grunde genommen gegeben sind. Als dritte Möglichkeit kann die Staatsanwaltschaft bei Vorliegen der rechtlichen Voraussetzungen Anklage erheben oder den Erlass eines Strafbefehls beantragen.

31 In Deutschland wurden von den 4,9 Millionen im Jahre 2019 durch die Staatsanwaltschaften erledigten Verfahren lediglich rund 966.000 (19,6 %) durch **Anklageerhebung** oder Beantragung eines Strafbefehls abgeschlossen. Zu einer Anklage kam es dabei in 8,5 % aller Verfahren, während in 11,1 % ein Strafbefehl beantragt wurde.[44] Diese Erledigungsstruktur verdeutlicht die herausragende Bedeutung der Staatsanwaltschaft als Selektionsfilter. Die Staatsanwaltschaft übernimmt die Rolle einer Pförtnerin für die Justiz[45], indem sie die bekannt gewordene Kriminalität nach Anklagefähigkeit gemäß der Beweislage und Anklagewürdigkeit gemäß der Erheblichkeit des Delikts sortiert und die überwiegende Mehrzahl der von ihr bearbeiteten Verfahren der gerichtlichen Beurteilung im Hauptverfahren vorenthält.

44 Rechtspflege – Staatsanwaltschaften 2019, 26, 30.
45 *Blankenburg/Sessar/Steffen* 1978, 324 ff.

Schaubild 4.4: Wandel der Erledigungspraxis – von den Staatsanwaltschaften in Deutschland erledigte Strafverfahren 32

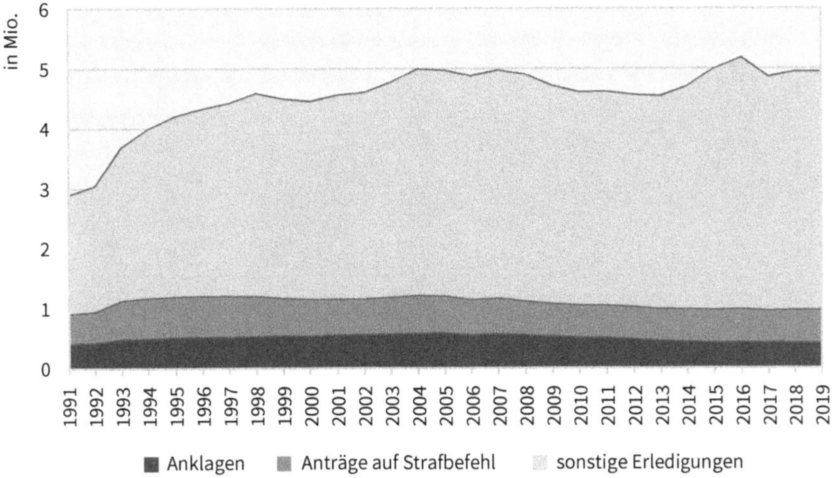

Quelle: Rechtspflege – Staatsanwaltschaften.

Zentrales Instrument dieser mit einer erheblichen Selektionsmacht verbundenen Pförtnerinnenrolle der Staatsanwaltschaft sind die verschiedenen Möglichkeiten zur Verfahrenseinstellung aus **Opportunitätsgründen**. Neben der Einstellung mangels hinreichenden Tatverdachts (§ 170 Abs. 2 StPO), die vor allem auch die Fälle betrifft, in denen keine tatverdächtige Person ermittelt werden konnte, handelt es sich um die quantitativ bedeutsamste Form der Verfahrensbeendigung. Die Opportunitätseinstellungen ermöglichen bei leichter bis mittlerer Kriminalität den Verfolgungsverzicht trotz an sich gegebener Verfolgbarkeit nach gesetzlich nur vage vorgegebenen, von der Staatsanwaltschaft weitgehend autonom bestimmbaren Kriterien der Strafbedürftigkeit. Insofern dabei die – an sich dem Gericht in der öffentlichen Hauptverhandlung vorbehaltene – Beurteilung der Strafbedürftigkeit in das nicht öffentliche Ermittlungsverfahren vorverlagert und von der Staatsanwaltschaft vorweggenommen wird, verschiebt sich die justizinterne Machtbalance zu Lasten des Gerichts.[46] Der Staatsanwaltschaft kommt die Funktion einer Richterin vor den Gerichten zu.[47] 33

46 *Kunz* 1984b.
47 *Heinz* 1999; *Kausch* 1980.

34 **Schaubild 4.5: Formen der Erledigung von Ermittlungsverfahren durch die deutschen Staatsanwaltschaften 2019**

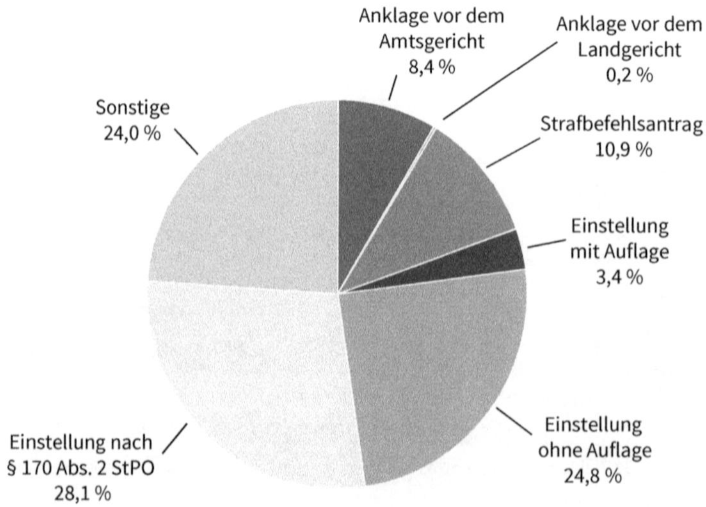

Quelle: Rechtspflege – Staatsanwaltschaften 2019.

35 Der Großteil der staatsanwaltschaftlichen Opportunitätsentscheidungen besteht aus Einstellungen ohne Auflage gemäß §§ 153, 153b StPO.[48] Bei den zahlenmäßig weniger bedeutsamen Einstellungen mit Auflagen (§ 153a Abs. 1 StPO) verfügt die Staatsanwaltschaft – mit Zustimmung des Gerichts, die zumeist routinemäßig erteilt wird, und der Beschuldigten, die sich wegen des sonst drohenden Verfahrens mit dem Risiko der Verurteilung dazu regelmäßig veranlasst sehen – eine verfahrenserledigende Sanktion in Form einer Auflage. Diese besteht besonders häufig in einer Geldzahlung. Trotz der rechtsstaatlichen Bedenken[49] wird von der sanktionierenden Einstellung nach § 153a StPO seit ihrer Einführung im Jahre 1975 rege Gebrauch gemacht. Im Jahre 2019 wurden 163.757 Verfahren gemäß § 153a StPO erledigt.[50] Die hohe Akzeptanz durch die Praxis dürfte daher rühren, dass diese Einstellungsmöglichkeiten im Bereich der leichten bis mittleren Kriminalität einen Mittelweg zwischen den als rigide empfundenen Alternativen Verfahrenseinstellung nach § 170 Abs. 2 StPO

---

48 *Berberich/Singelnstein* 2019, 200 f.; *Jehle* 2019b, 20 ff.

49 S. etwa *Bommer u. a.* 2019, 5 ff.; *Kunz* 1984a, 63 ff.; *Lüdemann/Bussmann* 1989; *Meinberg* 1985, 119 ff., 194, 245 f.; *Schünemann* 1989, 48 f.

50 Rechtspflege – Staatsanwaltschaften 2019, 26.

oder Bestrafung eröffnet und es der Staatsanwaltschaft erlaubt, auf den fluktuierenden Geschäftsanfall flexibel nach von ihr gewählten kriminalpolitischen Maßstäben zu reagieren.

Auch im **Jugendstrafrecht** hat die Staatsanwaltschaft ihre quasirichterliche Erledigungskompetenz sowohl zu Lasten von Anklagen wie zu Lasten jugendrichterlicher Beteiligung ausgebaut: Allein von 1993 bis 2001 stieg die Anzahl der Fälle des staatsanwaltlichen Absehens von der Verfolgung ohne richterliche Beteiligung im Jugendstrafrecht (§ 45 Abs. 1 und 2 JGG) von 106.000 auf 191.651 an.[51] Seither ist ein Rückgang feststellbar (2014: 149.719[52], 2019: 143.288[53]), was sich kriminalpolitisch als Reaktion auf das medial präsente Thema (zunehmender) Jugendkriminalität deuten lässt. 36

In der **Schweiz** werden darüber hinaus sogar Strafbefehle von der Staatsanwaltschaft erlassen, die ohne gültige Einsprache zum rechtskräftigen Urteil werden und auf eine Freiheitsstrafe von bis zu sechs Monaten lauten können (Art. 352 Abs. 1 lit. d, 354 Abs. 3 StPO [CH]). Durch diese exzessive Strafgewalt werden (auch unbedingte) Freiheitsstrafen sehr häufig ohne gerichtliche Entscheidung verhängt. Damit betreffen Strafbefehle nicht lediglich Bagatellkriminalität, sondern dringen weit in den Bereich der mittelschweren Kriminalität ein. Über 90 % aller nicht eingestellten Strafsachen werden so durch die Staatsanwaltschaft mit Strafbefehlen erledigt.[54] 37

Die Filterfunktion der Staatsanwaltschaft ist auch in **Österreich** sichtbar. Dort wurden 2019 24,1 % aller Fälle durch Anklageschriften und Strafanträge, hingegen 74,8 % durch Einstellung (insb. §§ 190 f. StPO [AT]) oder durch Diversion erledigt. Gegenüber dem Jahr 2014 ist eine Zunahme an Diversionsentscheidungen bei gleichzeitiger Abnahme von Anklagen und Strafanträgen zu verzeichnen.[55] 38

Zusammenfassend besehen hat sich die Möglichkeit der Opportunitätseinstellung durch die Staatsanwaltschaft zu einem gebräuchlichen Entkriminalisierungsinstrument der Strafverfolgungspraxis entwickelt und ist zum festen Bestandteil des Sanktionsrepertoires geworden. Auf diese Weise ist es der Praxis 39

51 Rechtspflege – Staatsanwaltschaften 1993, 14; Rechtspflege – Staatsanwaltschaften 2001, 18.
52 Rechtspflege – Staatsanwaltschaften 2014, 26.
53 Rechtspflege – Staatsanwaltschaften 2019, 26.
54 *Thommen* 2018, 415.
55 Sicherheitsbericht (AT) 2014 – Strafjustiz, 15; Sicherheitsbericht (AT) 2019 – Strafjustiz, 20 f.

gelungen, trotz des absoluten Anstiegs der Tatverdächtigen die Zahl der Verurteilten in etwa konstant zu halten bzw. sogar zu senken.[56] Umgekehrt formuliert ist der Anteil der formell Sanktionierten an allen formell und informell Sanktionierten seit Jahren rückläufig und machte 2019 mit einem neuen Tiefstand nur noch 32,7 % aus.[57] Damit erfolgt in der Mehrheit der Verfahren, die weiter verfolgt werden könnten, bereits und nur eine informelle Sanktionierung durch die Staatsanwaltschaft.

40 Diese Entwicklung macht deutlich, dass das System der Kriminaljustiz (bis zu einem gewissen Grad) die Fähigkeit besitzt, auf Änderungen der Kriminalitätsentwicklung flexibel zu reagieren. Dabei kommt das **Gesetz der ökonomischen Erledigung** zum Zuge: Das System der Kriminalitätskontrolle kann aus Kapazitätsgründen nur einen begrenzten Arbeitsaufwand bewältigen. Je höher der Input an zu bearbeitenden Vorgängen, desto höher ist deshalb der Output an simplen und raschen Erledigungsentscheiden. Diese Gesetzmäßigkeit wirkt dort besonders stark, wo sie nicht nur arbeitsökonomisch motiviert ist, sondern zudem noch einem inhaltlichen Trend der Kriminalpolitik entspricht. Das Gesetz der ökonomischen Erledigung findet deshalb umso häufiger Anwendung, je besser sich die damit erzielten Ergebnisse in eine verbreitet akzeptierte Politik der faktischen Entkriminalisierung vom Gesetz unter Strafe gestellter Handlungen einfügen.

41 So gilt eine förmliche Bestrafung **Jugendlicher** und **Heranwachsender** als besonders problematisch, weil die stigmatisierende und desozialisierende Wirkung der Strafe bei jungen Menschen deren Lebensentwicklung nachhaltig beeinflussen und eine kriminelle Karriere fördern kann.[58] Diese Einsicht hat sich nicht nur in der Theorie, sondern inzwischen auch in der Justizpraxis durchgesetzt.[59] Wegen dieser Erkenntnis nimmt die Praxis bei diesen Altersgruppen guten Gewissens – und deshalb besonders häufig – Erledigungen ohne Verurteilungen vor. Bei Jugendlichen und Heranwachsenden entwickelt sich die Differenz zwischen Tatverdächtigen und Verurteilten daher besonders drastisch. Das Schaubild 4.6 zeigt die Diskrepanz zwischen registrierten Tatverdächtigen und Verurteilten (je 100.000 der jeweiligen Altersgruppe).

---

56 S. auch *Berberich/Singelnstein* 2019, 195.

57 Eigene Berechnung nach Rechtspflege – Staatsanwaltschaften 2019; Rechtspflege – Strafverfolgung 2019.

58 Über die Vorteile der Opportunitätseinstellungen *Meier* 2021, § 9 Rn. 25a.

59 *Göppinger* 2008, § 31 Rn. 5.

Schaubild 4.6: Differenz Tatverdächtige zu Verurteilten nach Altersgruppen in Deutschland 1970-2019 42

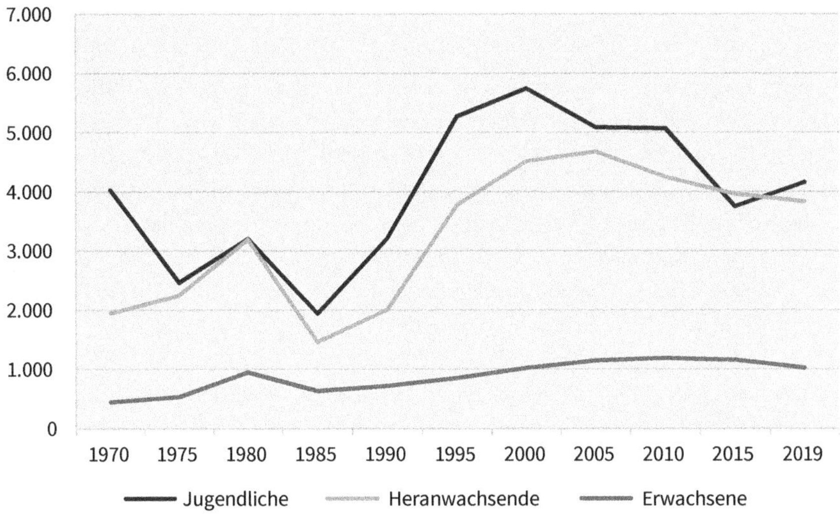

Bezogen auf je 100.000 Einwohner:innen der jeweiligen Altersgruppe (Deutsche). Quellen: Eigene Berechnungen auf Grundlage von Rechtspflege – Strafverfolgung und PKS.

3. Abgeurteilte und Verurteilte

In Deutschland wurden im Jahr 2019 891.795 Personen abgeurteilt.[60] Die Zahl der **Aburteilungen** setzt sich zusammen zum einen aus den Verurteilungen einschließlich Strafbefehlen sowie zum anderen aus anderen gerichtlichen Entscheidungen, die nach der Eröffnung des Hauptverfahrens zum rechtskräftigen Abschluss führen, z. B. Einstellung oder Freispruch. Von den Abgeurteilten wurden im Jahr 2019 728.868 Personen verurteilt, was einem Anteil der Verurteilten an den Abgeurteilten (**Verurteilungsquote**) von 81,7 % entspricht.[61] Diese Verurteilungsquote hielt sich nach einem zeitweiligen Absinken in den 1980er Jahren in den letzten Jahren konstant zwischen 80 und 82 %.[62] Betrachtet man die Verurteilungsquote nach Bundesländern, bestehen jedoch zwischen einzelnen Bundesländern erhebliche Abweichungen von über 10 % zwischen 43

60 Rechtspflege – Strafverfolgung 2019, 16.
61 Rechtspflege – Strafverfolgung 2019, 16 f.
62 Rechtspflege – Strafverfolgung 2019, 17.

Ländern mit niedrigerem Verurteilungsanteil (Hamburg: 73,8 %, Brandenburg: 76,5 % und NRW: 77,9 %) und solchen mit hohem Anteil (Hessen: 87,5 %, Mecklenburg-Vorpommern: 85,4 % und Baden-Württemberg: 85,0 %).[63]

44 2019 wurde in Deutschland bei 136.660 Abgeurteilten das Verfahren durch das Gericht eingestellt (insbesondere nach §§ 153 Abs. 2, 153a Abs. 2 StPO, § 47 JGG). 24.941 Abgeurteilte wurden freigesprochen. Die Freispruchsquote liegt regelmäßig bei etwas unter 3 % und betrug 2019 2,8 %. Sonstige Erledigungen machten 0,1 % der Aburteilungen aus, darunter vor allem die selbstständige Anordnung von Maßregeln.[64] Nicht zu den Aburteilungen zählen die Verwarnung mit Strafvorbehalt nach § 59 StGB, die Aussetzung der Entscheidung über eine Jugendstrafe nach § 27 JGG und das Absehen von Strafe nach § 45 Abs. 3 JGG, was 2019 immerhin weitere 11.347 Personen betraf.

45 Von den im Jahre 2019 in Deutschland **verurteilten** Personen wurden 23,6 % wegen Straftaten im Straßenverkehr und entsprechend 76,4 % wegen Straftaten insgesamt ohne Straßenverkehr verurteilt, hiervon wiederum 19,5 % wegen einfachen Diebstahls.[65] Die Verurteiltenbelastungszahl bzw. Verurteiltenziffer (→ § 16 Rn 24; Verurteilte pro 100.000 Einwohner:innen der gleichen Personengruppe) ist in Deutschland bei männlichen Heranwachsenden bei Weitem am höchsten (2019: 2.478), gefolgt von der bei männlichen Jugendlichen (2019: 1.270) und von männlichen Erwachsenen (2019: 1.161).[66] Im Zeitverlauf betrachtet geht die Verurteilungsbelastung zurück, hat aber Ende des 20. Jahrhunderts und zu Beginn des 21. Jahrhunderts eine zwischenzeitliche Zunahme erfahren, um danach wieder abzunehmen.[67] Vor allem bei Jugendlichen und Heranwachsenden sind die Zahlen seit Anfang der 1990er Jahre bis zum Jahr 2005 mit Brüchen deutlich angestiegen. Damit wurde die im Jugendstrafrecht in den 1980er Jahren erfolgreich betriebene Diversionspolitik relativiert. Seitdem nehmen die Zahlen kontinuierlich und zum Teil erheblich ab.

63 Rechtspflege – Strafverfolgung 2019, 21.
64 Eigene Berechnungen auf Grundlage von Rechtspflege – Strafverfolgung 2019, 56 f.
65 Eigene Berechnungen auf Grundlage von Rechtspflege – Strafverfolgung 2019, 25.
66 Rechtspflege – Strafverfolgung 2019, 17.
67 Rechtspflege – Strafverfolgung 2019, 12.

Schaubild 4.7: Entwicklung der Verurteiltenziffer nach Altersgruppen in Deutschland 46

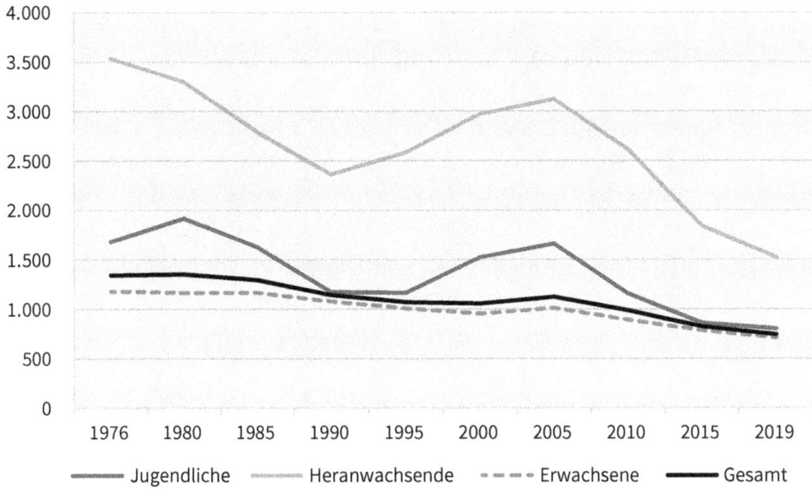

Bezogen auf je 100.000 Einwohner:innen der jeweiligen Altersgruppe (Deutsche). Quelle: Rechtspflege – Strafverfolgung. Seit 2007 für Gesamtdeutschland.

Den weitaus größten Anteil an den Verurteilungen bei Straftaten insgesamt machen die Vermögens- und Eigentumsdelikte aus (2019: 40,5 %).[68] Die medial überrepräsentierten Gewaltdelikte stellen dagegen nur einen relativ geringen Anteil (2019: 8,9 %), wobei davon zuletzt wiederum 57,8 % einfache Körperverletzungen (§ 223 StGB) waren.[69] Aufgeschlüsselt nach dem biologischen Geschlecht machen Frauen einen Anteil von 18,7 % der insgesamt Verurteilten aus. Der Anteil von Nichtdeutschen an den Verurteilten betrug 2019 35,1 % (1995: 27,3 %).[70] Die angesichts des geringeren Anteils von Nichtdeutschen an der Wohnbevölkerung darin zum Ausdruck kommende Überrepräsentation ist durch statistische Verzerrungen, eine abweichende Sozialstruktur und Etikettierungseffekte zu erklären (→ § 23 Rn 60 ff.). 47

Auch in **Österreich** hatte die Zunahme der polizeilich registrierten Kriminalität seit den 1970er Jahren keine entsprechende Zunahme der verurteilten Personen 48

68 Eigene Berechnungen auf Grundlage von Rechtspflege – Strafverfolgung 2019, 25.
69 Eigene Berechnungen auf Grundlage von Rechtspflege – Strafverfolgung 2019, 30 ff.
70 Rechtspflege – Strafverfolgung 2019, 16 f.

zur Folge. Schon 1989 war die Verurteiltenziffer (Verurteilte pro 1.000 Strafmündige) nur noch halb so hoch (9,9) wie bis zum Beginn der 1970er Jahre (1970: 19,2). Die Verurteiltenbelastung der österreichischen Bevölkerung hat seitdem weiter stark abgenommen. In absoluten Zahlen wurden 1970 noch 110.324, 1989 63.298 und 2010 38.394 Verurteilungen verzeichnet, bevor die Zahl bis zuletzt auf 25.586 im Jahre 2020 sank.[71] Von allen Verurteilungen entfielen 2020 34,3 % auf strafbare Handlungen gegen fremdes Vermögen (2010: 39,5 %).[72] Bei den Verurteilungen nach dem Suchtmittelgesetz gab es nach einem bemerkenswerten Rückgang ab 1991 einen deutlichen Zuwachs, der 2005 einen bisherigen Höchstwert fand (2005: 6.128), sich inzwischen aber wieder auf deutlich niedrigerem und derzeit weiter sinkendem Niveau befindet (2020: 3.670). Solche Verurteilungen zeichnen sich durch einen hohen Anteil an unbedingten Freiheitsstrafen aus (2020: 29,0 % gegenüber total 19,8 %).[73]

49 In der **Schweiz** ergingen im Jahre 2019 120.213 Verurteilungen (Erwachsene: 105.440, Jugendliche: 14.773). Gut die Hälfte der Verurteilungen von Erwachsenen sind solche nach dem Straßenverkehrsgesetz.[74] Innerhalb der Verurteilungen von Erwachsenen nach StGB (CH) dominieren Verurteilungen aufgrund von Vermögensdelikten. Im Zeitvergleich zeigen sich zwischen Verurteilungen von Jugendlichen und Erwachsenen zwei unterschiedliche Entwicklungen: Nach einem Anstieg der Verurteilungen von Jugendlichen von 1999 bis 2010 ließ sich bis 2015 ein Absinken auf das Niveau des Jahres 1999 beobachten. Seit 2015 befinden sich die Zahlen wieder im Steigen.[75] Bei Verurteilungen von Erwachsenen zeigte sich seit 1996 ein Anstieg bis 2014, seitdem sind leichtere Rückgänge zu verzeichnen.[76] Im Zeitvergleich ist in der Schweiz – im Gegensatz zu Österreich und Deutschland – kein zunehmendes Auseinanderklaffen von polizeilich ermittelten Tatverdächtigen und gerichtlich Belangten festzustellen. Gleichwohl findet auch in der Schweiz eine erhebliche Ausfilterung im Strafverfahren statt, wie der Kontrast zwischen den fast 550.000 polizeilich registrierten Straftaten (→ § 16 Rn 40) und den gut 120.000 Verurteilungen im Jahre 2019 zeigt.[77]

50 Das revidierte Betäubungsmittelgesetz erlaubt in der Schweiz seit 2011 die heroingestützte ärztliche Behandlung von Abhängigen. Wenngleich sich im Ver-

71 Gerichtliche Kriminalstatistik (AT) 2020 – Tabellenband, Kapitel 3, V3.
72 Gerichtliche Kriminalstatistik (AT) 2020 – Tabellenband, Kapitel 3, V16.
73 Gerichtliche Kriminalstatistik (AT) 2020 – Tabellenband, Kapitel 3, V2.
74 Verurteilungen (CH) 2018-2019.
75 Verurteilungen Jugendliche (CH) 1999-2019.
76 Verurteilungen Erwachsene (CH) 1984-2019.
77 Verurteilungen (CH) 2018-2019; PKS (CH) 2019, 7.

gleich der Jahre 2014 und 2018 bei Heroin sowohl ein Rückgang in den Fallzahlen als auch der sichergestellten Gesamtmenge feststellen lässt, werden insgesamt weiterhin viele BtM-Delikte verfolgt und verurteilt. 2019 erfasste die PKS (CH) 75.757 Straftaten gemäß BetmG (CH), darunter 4.031 schwere Fälle (2020: 68.600 bzw. 2.907).[78] 2019 wurden 1.024 Jugendliche und 5.489 Erwachsene wegen Handels sowie 5.184 Jugendliche wegen Konsums von Betäubungsmitteln verurteilt.[79] Angesichts der Häufigkeit der Verurteilungen nach dem BetmG (CH), der Häufigkeit ihrer Verurteilung zu unbedingten Freiheitsstrafen und der Länge dieser Strafen macht diese Personengruppe einen wesentlichen Anteil der schweizerischen Strafvollzugspopulation aus. Zudem erklärt sich dadurch der hohe Anteil von ausländischen Personen ohne inländischen Wohnsitz und oft ohne Kenntnis der Landessprachen an der schweizerischen Vollzugspopulation.

Bei den in der Schweiz wegen eines Verbrechens oder Vergehens verurteilten 51
Erwachsenen (2019: 96.118) fallen die im internationalen Vergleich hohen Anteile verurteilter Frauen (18,0 %) und ausländischer Personen (57,8 %) auf.[80] Der Anteil der ausländischen Personen an den Verurteilten übersteigt deren Anteil an der Wohnbevölkerung (2019: 25,3 %)[81] bei Weitem. Werden hingegen nur diejenigen ausländischen Verurteilten berücksichtigt, die tatsächlich zur Wohnbevölkerung gerechnet wurden (also ohne Kurzaufenthalte, Reisende, Pendelnde usw.), entspricht deren Anteil mit 25,7 % ziemlich genau ihrem Bevölkerungsanteil (s. auch → § 23 Rn 64 ff.).

4. Bedeutung einzelner Sanktionsformen

Bei den verhängten Strafen zeigt sich in Deutschland im allgemeinen Strafrecht 52
seit 1970 eine sehr deutliche Dominanz der **Geldstrafe**. Im Jahre 2019 wurden 84,7 % der nach allgemeinem Strafrecht Verurteilten zu Geldstrafe und 15,3 % zu Freiheitsstrafe verurteilt (mit Verkehrsdelikten).[82] Der im Zeitvergleich wie im Ländervergleich außergewöhnlich hohe Stellenwert der Geldstrafe im deutschen Sanktionsspektrum wurde durch die Zurückdrängung kurzer Freiheitsstrafen im Zuge der Strafrechtsreformgesetze von 1969 möglich. Die Beschränkung der kurzen Freiheitsstrafe auf Ausnahmefälle und die Umgestaltung der

78 Eigene Berechnung nach PKS (CH) 2019, 54; PKS (CH) 2020, 56.
79 Verurteilungen (CH) 2018-2019.
80 Verurteilungen Erwachsene (CH) 1984-2019.
81 Ständige Wohnbevölkerung (CH) 2019.
82 Eigene Berechnungen auf Grundlage von Rechtspflege – Strafverfolgung 2019, 90.

Geldstrafe auf das Tagessatzsystem (§§ 40, 47 StGB) hat zu einer eindrücklichen Verdrängung von Freiheitsstrafen bis zu drei Monaten durch Geldstrafen geführt.[83] Diese Zurückdrängung der Freiheitsstrafen hat weder erkennbare generalpräventiv schädliche Auswirkungen gehabt, noch hat die vermehrte Verhängung von Geldstrafen die Rückfälligkeit – auch bei Kontrolle intervenierender Variablen – quantitativ oder qualitativ negativ beeinflusst.[84]

53 **Schaubild 4.8: Anteile verhängter Sanktionen nach allgemeinem Strafrecht in Deutschland 2019**

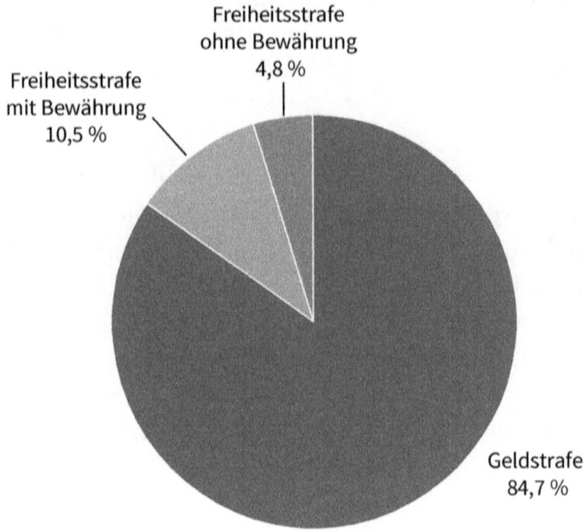

Quelle: Rechtspflege – Strafverfolgung 2019.

54 Die ausgesprochenen Geldstrafen waren von überwiegend bescheidener Höhe[85]; sie beliefen sich 2018 zu 41,5 % auf bis zu 30 Tagessätze und zu 91,2 % auf bis zu 90 Tagessätze[86]. Bei dem Anteil an Geldstrafen mit höheren Tagessätzen ist ein seit den 1970er Jahren anhaltender leichter, aber konstanter Anstieg feststellbar.[87] Im Rahmen der Geldstrafe macht die Verlagerung des Schwerpunkts hin zu höheren Strafen mehr Sinn als bei der ungleich stärker desozialisierenden Freiheitsstrafe. Mit steigender Höhe kann die Geldstrafe die Freiheitsstrafe eher

83 *Heinz* 2014, 58 ff.
84 *Albrecht* 1982, 28, 236 ff.; *Dölling* 1992, 271.
85 *Jehle* 2019b, 37 ff.
86 Eigene Berechnungen auf Grundlage von Rechtspflege – Strafverfolgung 2019, 190.
87 S. auch *Heinz* 2017, 113.

ersetzen, also an Stelle selbiger verhängt werden, bewirkt aber keine vergleichbare Stigmatisierung und Desozialisierung.[88]

Freilich wird das Anliegen, mittels Geldstrafen Freiheitsentzug zu vermeiden, unterlaufen, wenn wegen Uneinbringlichkeit der Geldstrafe eine **Ersatzfreiheitsstrafe** (§ 43 StGB) vollstreckt wird. Hier ist hervorzuheben, dass die Geldstrafe trotz der einkommensabhängigen Berechnung in Tagessätzen für Verurteilte mit niedrigem Einkommen schwerer wiegt und damit ihre Wirkung nicht für alle gleich entfaltet, was besonders an der Praxis der Ersatzfreiheitsstrafe deutlich wird, die praktisch nur finanziell Schwache trifft.[89] Hinzukommt, dass Entscheider:innen oft Informationen über die finanzielle Lage der Beschuldigten fehlen, die Entscheidung als schwer empfunden wird und ein mangelndes Verständnis von Armut besteht.[90] Während die Häufigkeit der vollstreckten Ersatzfreiheitsstrafen bei den auf Geldstrafe lautenden Urteilen in den 1970er und 1980er Jahren noch zwischen 5 und 6 % betrug, stieg dieser Anteil in den 1990er Jahren beträchtlich (1994: über 7 %; 1998: 9 %) und belief sich 2002 auf 9,3 %.[91] 55

Die seit 1987 nach Art. 293 EGStGB bestehende Möglichkeit, Ersatzfreiheitsstrafe durch „freie Arbeit" abzuwenden, konnte diese Zunahme nicht verhindern. In etwa einem Zehntel der Fälle uneinbringlicher Geldstrafen kommt es zu gemeinnütziger Arbeit, die in zwei Dritteln dieser Fälle erbracht wird und zu einer Tilgung der Geldstrafe führt.[92] Damit konnte im Jahre 2019 bei 21.174 Personen durch freie Arbeit die Vollstreckung von Ersatzfreiheitsstrafe vermieden werden; dabei wurden 735.341 Tage Ersatzfreiheitsstrafe abgewendet. Diese Zahlen lagen vor einigen Jahren noch deutlich höher (2014: 35.441 Personen und 1.138.808 abgewendete Tage).[93] Im Rahmen der Bemühungen um die Vermeidung von Ersatzfreiheitsstrafen wird regelmäßig gefordert, Delikte zu entkriminalisieren, die besonders häufig zu einer Ersatzfreiheitsstrafe führen – beispielsweise durch Herabstufung des Erschleichens von Leistungen (Schwarzfahrens) zu einer Ordnungswidrigkeit.[94] 56

88 *Eisenberg/Kölbel* 2017, § 37 Rn. 1 ff., § 42 Rn. 63.
89 *Wilde* 2015.
90 *Nagrecha/Bögelein* 2019.
91 *Heinz* 2014, 75 f.; bedauerlicherweise werden die Kennzahlen dieser kriminalpolitisch bedeutsamen Problematik seit 2003 nicht mehr statistisch erfasst.
92 *Feuerhelm* 1991, 256 ff.
93 Rechtspflege – Staatsanwaltschaften 2014, 13.
94 S. etwa die Bundesratsinitiative aus Thüringen BR-Drs. 424/19.

57 Der Anteil der **Freiheitsstrafen** an den Verurteilungen nach allgemeinem Strafrecht nahm seit 1970 von einem Drittel auf etwa ein Sechstel 1995 ab, was vor allem der Eindämmung kurzer Freiheitsstrafen zu verdanken ist. Nach einem kurzen Anstieg ging der Anteil an allen Verurteilungen bis 2019 wieder auf unter ein Sechstel (15,3 %) zurück.[95] Bei der Anzahl der mittel- und langfristigen Freiheitsstrafen zeigt sich in Deutschland eine relative Konstanz. Immerhin hat die Möglichkeit der Strafaussetzung zur Bewährung bis zu zwei Jahren dazu geführt, dass nicht mehr unbedingte Freiheitsstrafen verhängt wurden. Inzwischen werden in Deutschland mehr als zwei Drittel der nach allgemeinem Strafrecht zu einer Freiheitsstrafe Verurteilten zu einer solchen mit Strafaussetzung zur Bewährung verurteilt (2019: 68,8 %). Von den aussetzungsfähigen Freiheitsstrafen bis zu zwei Jahren (§ 56 Abs. 2 StGB) wurden zunehmend mehr, und zwar auch solche über einem Jahr, zur Bewährung ausgesetzt.[96]

58 Gleichwohl überwiegen bei den Freiheitsstrafen solche von kürzerer und mittlerer Dauer. 2019 wurden 24,0 % der nach allgemeinem Strafrecht zu Freiheitsstrafe Verurteilten zu einer – an sich nur in Ausnahmefällen zulässigen (§ 47 StGB) – Freiheitsstrafe unter sechs Monaten verurteilt, wobei freilich in 72,5 % dieser Verurteilungen die Strafe zur Bewährung ausgesetzt wurde.[97] Andererseits ist die Zahl derer, die tatsächlich eine kurze Freiheitsstrafe verbüßen, aufgrund von Ersatzfreiheitsstrafen, dem Widerruf der Strafaussetzung und bedingten Entlassungen sowie wegen der Anrechnung von Untersuchungshaft um ein Mehrfaches höher als die Zahl derjenigen, die zu unbedingter kurzer Freiheitsstrafe verurteilt werden. Das berechtigte Anliegen des Gesetzes, die als besonders schädlich erachteten kurzen Freiheitsstrafen durch ambulante Sanktionen zu ersetzen, setzt sich angesichts dessen nur begrenzt durch.

95 Eigene Berechnungen auf Grundlage von Rechtspflege – Strafverfolgung 2019, 90.
96 Rechtspflege – Strafverfolgung 2019, 154 f.
97 Eigene Berechnungen auf Grundlage von Rechtspflege – Strafverfolgung 2019, 154.

Schaubilder 4.9 und 4.10: Verurteilungen nach Dauer der Freiheitsstrafe in Deutschland 1975-2019 59

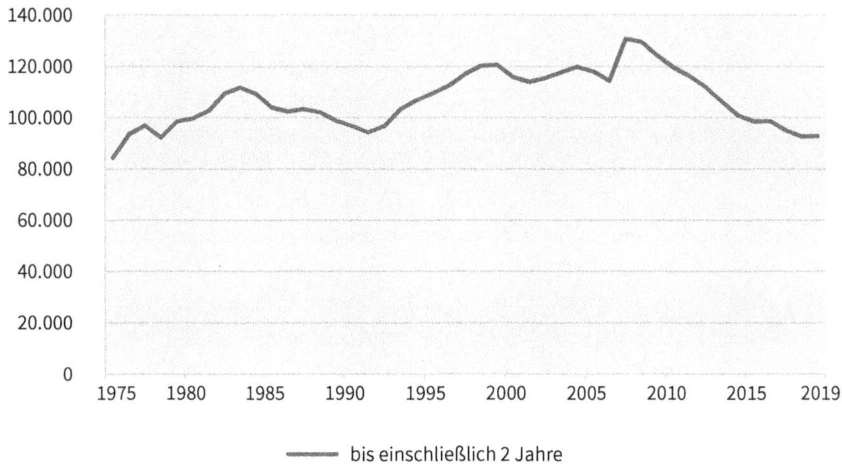

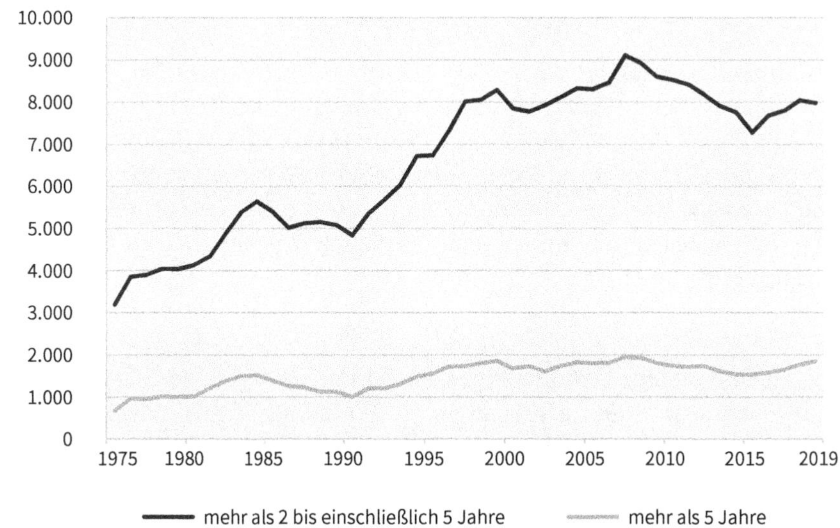

Verurteilungen nach allgemeinem Strafrecht. Quelle: Rechtspflege – Strafverfolgung.

Im deutschen **Jugendstrafrecht** endet der erste Kontakt mit der Strafjustiz für die Beschuldigten heute in der Regel ohne Verurteilung, wobei die Erledigung durch die Staatsanwaltschaft ohne richterliche Beteiligung (§ 45 Abs. 1 und 2 60

JGG) dominiert (→ § 19 Rn 30, 36). 2019 wurden in Deutschland 59.084 Personen nach Jugendstrafrecht verurteilt, davon 9.218 zu einer Jugendstrafe.[98] Von allen verhängten Jugendstrafen wurden 59,3 % zur Bewährung ausgesetzt. Die Strafdauer betrug bei 16,1 % der Jugendstrafen zwischen zwei und zehn Jahren, während dies 2005 nur für 11,6 % aller Jugendstrafen zutraf. Von den verurteilten Jugendlichen wurden 42.744 zu Zuchtmitteln und (einzeln oder daneben) 25.115 zu Erziehungsmaßregeln verurteilt. Jugendarrest (§ 16 JGG) fand dabei – überwiegend als Dauer- und Freizeitarrest – 9.291 Mal Anwendung.[99] Bei den Auflagen (§ 15 JGG) dominieren Arbeitsleistungen und Geldzahlungen, während die Wiedergutmachung nach wie vor nur selten angeordnet wird.

61 Die gerichtliche Strafzumessungspraxis in **Österreich** zeichnet sich traditionell durch eine gewisse Härte aus. Der Anteil der langen Freiheitsstrafen (über fünf Jahre bis lebenslang) an den Verurteilungen liegt hier weit höher als in vergleichbaren europäischen Staaten. Der Anteil der ein Jahr übersteigenden Freiheitsstrafen ist in den letzten elf Jahren von 15,7 % (2008) auf 25 % (2019) gestiegen.[100] Auch lässt sich bei den ausgesprochenen Strafen in den letzten Jahren eine prozentuale Zunahme der Freiheitsstrafen gegenüber den Geldstrafen feststellen. Während dieses Verhältnis in den 1980er Jahren etwa 3 zu 7 betrug, wandelte es sich infolge einer Zunahme von Freiheitsstrafen bei gleichzeitig markanter Abnahme von Geldstrafen seit dem Jahr 2000 und lautete 2019 umgekehrt etwa 7 zu 3. Allerdings lässt sich dieser starke prozentuale Anstieg der verhängten Freiheitsstrafen möglicherweise auch auf einen vermehrten Einsatz von Diversionsmaßnahmen zurückführen, was eine Konzentration der gerichtlich abgehandelten Fälle auf schwerere, meist mit Freiheitsstrafe bedrohte Fälle mit sich bringt.[101]

62 In Österreich besteht seit 1987 im mittleren bis unteren Bereich der Sanktionspyramide ein bemerkenswert breites Spektrum von Reaktionsmöglichkeiten. Das österreichische Recht sieht in §§ 43, 43a StGB (AT) die unbedingte und teilbedingte Geldstrafe sowie eine unbedingte, bedingte oder teilbedingte Freiheitsstrafe als Möglichkeiten vor. Von allen Strafen und Maßnahmen entfielen 2019 insgesamt 65,1 % auf die Freiheitsstrafe, 28,1 % auf die Geldstrafe und 4,4 % auf die Kombination einer Geldstrafe mit einer bedingten Freiheits-

98 Rechtspflege – Strafverfolgung 2019, 280.
99 Rechtspflege – Strafverfolgung 2019, 306 f.
100 Sicherheitsbericht (AT) 2019 – Strafjustiz, 125.
101 Gerichtliche Kriminalstatistik (AT) 2018, 51.

strafe.[102] Die Geldstrafe wurde, bezogen auf alle Strafen und Maßnahmen, in 21,7 % der Fälle unbedingt ausgesprochen und in 6,3 % der Fälle teilbedingt. Die unbedingte Freiheitsstrafe machte einen Anteil von 20,2 % aus, die bedingte von 36,0 % und die teilbedingte einen Anteil von 8,8 % an den insgesamt verhängten Sanktionen. Diese seit Jahren in etwa stabilen Zahlen lassen eine Akzeptanz der Differenzierung des Strafenspektrums durch die Justizpraxis erkennen.

Die teilbedingte Freiheitsstrafe soll es ermöglichen, in Fällen, in denen die Voll- 63
streckung von Freiheitsstrafe als unumgänglich erachtet wird, diese auf eine relativ kurze Periode zu beschränken, indem nur ein Teil der Strafe vollstreckt und der Rest bereits in dem die Vollstreckung anordnenden Urteil zur Bewährung ausgesetzt wird. Der geringe Anteil teilbedingter Freiheitsstrafen könnte auf die restriktiven gesetzlichen Voraussetzungen (§ 43a Abs. 3, 4 StGB [AT]) zurückzuführen sein, die zu gewährleisten suchen, dass teilbedingte Freiheitsstrafen nur anstelle früher unbedingt zu verhängender Freiheitsstrafen ausgesprochen werden, durch sie also das praktizierte Sanktionsniveau insgesamt gesenkt wird. Ob dieses Anliegen des Gesetzes durchgängig erreicht wird, wäre genauer abzuklären. Möglicherweise führt die Teilaussetzung der Freiheitsstrafe entgegen dem gesetzlichen Anliegen zur Anordnung des Vollzugs einer – ohnehin fragwürdigen – kurzen Freiheitsstrafe im Sinne eines Denkzettels auch in Fällen, in denen zuvor die gesamte Freiheitsstrafe zur Bewährung ausgesetzt wurde.

Die Sanktionspraxis in der **Schweiz** war bis zum Inkrafttreten der grund- 64
legenden Revision des Sanktionenrechts im Jahre 2007[103] durch einen hohen Anteil von überwiegend kurzen unbedingten und erst recht bedingten Freiheitsstrafen gekennzeichnet. Die Reform sah gegen Alltagskriminalität neben der Strafbefreiung die Geldstrafe, flankiert von gemeinnütziger Arbeit, als zentrale Sanktion vor. Die vordem sehr häufigen Freiheitsstrafen bis zu sechs Monaten sollten nur noch ausnahmsweise möglich sein. Damit folgte die Schweiz der verbreiteten Einschätzung, dass unbedingte kurze Freiheitsstrafen unnötig sozial stigmatisieren und durch mildere Reaktionen ersetzbar sind. Die Einführung der nun in Tagessätzen zu verhängenden Geldstrafe als zentraler Sanktion hat sich bewährt und die Freiheitsstrafe wurde erheblich zurückgedrängt. So ist der Anteil der Freiheitsstrafe an den Verurteilungen trotz mehrmaliger Gesetzesänderungen insgesamt von ca. 62 % auf 2019 immerhin noch unter 14 %

102 Sicherheitsbericht (AT) 2019 – Strafjustiz, 111.

103 Schweizerisches Strafgesetzbuch und Militärstrafgesetz (Korrekturen am Sanktions- und Strafregisterrecht), Änderung vom 24. März 2006, Amtliche Sammlung des Bundesrechts (CH) 2006, 3539; Botschaft zu Änderung des Strafgesetzbuches vom 29. Juni 2005, BBl (CH) 2005, 4689.

zurückgegangen. Auch hat sich bei den Erwachsenen der Anteil unbedingter Freiheitsstrafen seitdem halbiert (2019: 7,4 %).[104]

65 Die von liberalen Gedanken getragenen damaligen Änderungen sind durch eine deutlich punitivere Revision 2018 gesetzlich zurückgedreht worden. So wurden kurze Freiheitsstrafen wieder unbeschränkt eingeführt (Art. 40 Abs. 1 StGB [CH]). Wie die Urteilsstatistik zeigt, verwendet die Praxis jedoch weiterhin die Geldstrafe als wichtigste Sanktionsform. Gegen Erwachsene wurde die Geldstrafe in 86,2 % aller Strafen als Hauptsanktion ausgesprochen, davon wiederum in 80,2 % bedingt.[105] In Fällen mittelschwerer Kriminalität ist Freiheitsstrafe die Standardsanktion, welche bis zu zwei Jahren bedingt sein kann (Art. 42 Abs. 1 StGB [CH]). Ob die zusätzlich vorgesehene teilbedingte Freiheitsstrafe (Art. 43 StGB [CH]) mildernd anstelle zuvor unbedingter Freiheitsstrafen oder strafverschärfend anstelle gänzlich bedingter Strafen verhängt wird, bleibt abzuwarten. Allerdings wird die zunächst zurückgedrängte unbedingte Freiheitsstrafe von einem bis sechs Monaten seit 2010 wieder vermehrt genutzt. 2019 wurden mehr als 4.620 unbedingte Freiheitsstrafen zwischen einem und sechs Monaten verhängt (2007: 2.797).[106]

66 Die Anhebung der Obergrenze des bedingten Vollzuges von Freiheitsstrafen auf nur zwei Jahre (Art. 42 Abs. 1 StGB [CH]) wird genutzt, aber verbreitet als zu gering eingeschätzt, während der bedingte Vollzug von Geldstrafen umstritten bleibt. Der bereits bei Einführung umstrittene teilbedingte Vollzug (Art. 43 StGB [CH]) wird wenig angewandt.[107] Die gemeinnützige Arbeit (ehemals Art. 37 StGB [CH]) ist seit 2018 keine eigenständige Strafe mehr, sondern nur noch eine Vollzugsform von Freiheitsstrafe. Einweisungen in die schon bei Ersttäter:innen mögliche (Art. 64 Abs. 1 StGB [CH]) und im Extrem lebenslange (Art. 64 Abs. 1bis StGB [CH]) sichernde Verwahrung haben zahlenmäßig an Bedeutung verloren.[108]

---

104 Verurteilungen Erwachsene nach Hauptstrafe (CH) 1984-2019.
105 Verurteilungen Erwachsene nach Hauptstrafe (CH) 1984-2019.
106 Verurteilungen Erwachsene nach Hauptstrafe (CH) 1984-2019.
107 Verurteilungen Erwachsene nach Hauptstrafe (CH) 1984-2019.
108 *Simmler* 2016.

5. Schlussfolgerungen und Entwicklungen

Lektüreempfehlung: *Burghardt, Boris* (2019): Informalisierung der Strafjustiz – Begriff, Begründung und Kritik. KrimJ 51, 172-191; *Hassemer, Winfried* (1989): Symbolisches Strafrecht und Rechtsgüterschutz. NStZ 9, 553-559; *Singelnstein, Tobias (2011)*: Strafrecht und neoliberales Regieren. KJ 44, 7-15.

Obwohl wegen der Ausweitung des Strafrechts vermutlich auch die Anzahl strafbarer Verhaltensweisen in der Gesellschaft zunimmt, bleibt die Zahl polizeilich bekannt gewordener Fälle in der PKS recht stabil und ist in den vergangenen Jahren sogar rückläufig gewesen (→ § 16 Rn 35 ff.). Der strafrechtliche Zugriff wird somit nicht nur noch symbolischer, sondern auch **selektiver**: Aus der Gesamtheit strafbarer Verhaltensweisen wird ein geringerer Anteil herausgegriffen und verfolgt.[109] Den Strafverfolgungsinstanzen steht ein im Vergleich zu früher deutlich breiterer Bestand an Straftatbeständen zur Verfügung, die durchgesetzt werden können. Wie, wann und wem gegenüber dies geschieht ist jedoch stark abhängig von der polizeilichen und staatsanwaltlichen Praxis. Dabei werden Steuerdelinquent:innen nicht selten „goldene Brücken" gebaut.[110] Gegen die wirtschafts- und die ökologiebedrohende Kriminalität wird weitgehend eine bloß deklaratorische Symbolik praktiziert, die nur selten zu einer Verurteilung oder gar zum Strafvollzug führt.[111] Straftaten anderer gesellschaftlicher Gruppen hingegen werden recht unnachgiebig verfolgt und streng geahndet, etwa im Bereich der „Clan-Kriminalität". 67

Seit den 1970er Jahren ist eine **Entformalisierung des Strafverfahrens** zu beobachten. Die große Mehrheit der Beschuldigten wird heute nicht mehr angeklagt und in einem inquisitorisch geprägten formalisierten Verfahren mit mündlicher Hauptverhandlung abgeurteilt.[112] Stattdessen dominieren informellere Verfahrenswege. Erstens wird ein erheblicher Teil der Strafverfahren in Deutschland im Wege der Opportunitätseinstellungen (§§ 153, 153a StPO) erledigt und damit gar nicht erst angeklagt. Dies betrifft weit mehr als die Hälfte der von den Staatsanwaltschaften als anklagefähig eingestuften Verfahren; die Anklagequote hat seit 1981 um mehr als 20 % abgenommen.[113] Zweitens wird von den 68

109 *Singelnstein* 2014b.

110 Vgl. das deutsche Gesetz zur Förderung der Steuerehrlichkeit vom 23.12.2003, BGBl I, 2928; die Anforderungen an eine strafbefreiende Selbstanzeige gemäß § 371 AO wurden mit Wirkung zum 1.1.2015 erhöht.

111 *Eisenberg/Kölbel* 2017, § 27 Rn. 84, § 47 Rn. 52; *Hassemer* 1989; *Huisman/van Erp* 2013; *Sahramäki/Korsell/Kankaanranta* 2015; *Seelmann* 1992.

112 Zum Ganzen *Singelnstein* 2014b.

113 Zur Empirie Zweiter Periodischer Sicherheitsbericht 2006, 540 ff.; *Albrecht* 2010, 207 f.

verbleibenden Verfahren erneut mehr als die Hälfte in dem bloß schriftlichen, summarischen Strafbefehlsverfahren der §§ 407 ff. StPO erledigt, dessen Anwendungsbereich seit den 1980er Jahren deutlich ausgeweitet wurde (→ § 19 Rn 31 ff.).

69 Drittens ist auch im Fall der Anklage die mündliche Hauptverhandlung heute wegen des Instruments des Deals, den der Gesetzgeber als Verständigung legalisiert hat (§ 257c StPO), oft stark entformalisiert. An die Stelle der unabhängigen und umfassenden Sachaufklärung tritt ein Aushandeln nicht nur der Rechtsfolge, sondern auch des Sachverhalts, wobei die vorzeitige Verfahrensbeendigung mit absehbar milder Rechtsfolge angesichts der ungewissen Alternative für alle Verfahrensbeteiligten günstig erscheint und mittelbar zu Geständnissen animiert.[114] Diese umfassende Entformalisierung betrifft damit nicht nur Bagatellabweichungen, bei denen das Verfahren zum großen Teil schon im Ermittlungsverfahren eingestellt wird.

70 Betrachtet man diese Entwicklungen zusammengenommen, so nehmen die Möglichkeiten zur Kriminalisierung zwar zu, die Wahrscheinlichkeit der Bestrafung reduziert sich jedoch. Selbst ein Großteil der registrierten Fälle wird ohne formelle Sanktionen oder in entformalisierten Verfahren erledigt.[115] Darin wird sichtbar, dass das Disziplinierungskonzept des 20. Jahrhunderts, das umfassende Konformität durch die permanente Ausrichtung der Individuen an einem feststehenden Normsystem anstrebte, an Bedeutung verliert. Abweichendes Verhalten wird heute weniger als Normversagen, als Folge eines individuellen, zu behandelnden Mangels verstanden, sondern als berechenbare gesellschaftliche Realität.[116] Kriminalität ist danach eine erwartbare Verhaltensweise, die mit einer gewissen statistischen Häufigkeit in der Gesellschaft auftritt und mit der ein pragmatischer Umgang gefunden werden muss, um sie in ökonomisch sinnvollen Grenzen zu halten.[117] Es geht um die möglichst effiziente **Verwaltung dieser Normalität** durch ein Management der Bevölkerung.[118]

71 Im Zuge dessen ist eine zunehmende **Zweiteilung des strafrechtlichen Zugriffs** zu verzeichnen, die als Polarisierung oder Bifurkation beschrieben wird.[119] *Gar-*

114 *Schünemann* 2009, 490 ff.; *Wohlers* 2010, 2474 f.
115 *Berberich/Singelnstein* 2019, 198 ff.
116 *Singelnstein/Stolle* 2012, 61 ff., 69 ff.
117 *Demirović* 2008, 232 f.; *Feeley/Simon* 1992, 455.
118 *Garland* 1997, 190; *Krasmann 2000*, 197 f.
119 *Kunz* 2010b, 21; *Prömmel* 2006, 250 f.

land unterscheidet eine *criminology of the self*, die alltägliche Grenzüberschreitungen durch die Allgemeinheit betrifft, von einer *criminology of the other*, die die „unverbesserlichen“ Delinquent:innen meint.[120] Die große Masse von Abweichungen wird danach in einem eher verwaltenden Zugriff bearbeitet. So wird gegen die leichte Alltagskriminalität und Ersttäter:innen in der Regel das ansonsten mehr oder weniger folgenlose Zeichen der klaren Missbilligung als genügend angesehen; derartige Bagatellkriminalität wird entmoralisiert und als normaler Bestandteil der sozialen Wirklichkeit betrachtet, den es zu verwalten gilt. Auch Abweichungen der Angepassten[121] und Etablierten werden erstaunlich nachsichtig behandelt. Die Bearbeitung eines Großteils der Beschuldigten kann angesichts dessen in entformalisierten Verfahrensweisen erfolgen, da es weniger um eine Disziplinierung dieser Einzelnen geht als um die Entdeckung von Gefährder:innen und Wiederholungstäter:innen.

Dem steht auf der anderen Seite ein repressiverer Zugriff auf diejenigen gegenüber, die als gefährlich oder unverbesserlich definiert werden. Wiederholungstäter:innen, Angehörige bestimmter gesellschaftlicher Gruppen – z. B. Geflüchtete oder „Clans“ – und bestimmte Formen schwerer Kriminalität etwa erfahren einen härteren Zugriff, bei dem die Aspekte der Sicherung und Ausgrenzung eine zunehmende Rolle spielen. Der vormalige Anspruch wohlfahrtsstaatlich geprägter Sozialkontrolle, Devianz mit resozialisierender Strafe sowie mit sozial stützenden und integrierenden Maßnahmen zu behandeln, verliert dabei an Bedeutung. Die unterschiedlichen Vorgehensweisen im Rahmen dieser Zweiteilung können als Stufen eines Konzepts zur Verwaltung der Normalität abweichenden Verhaltens verstanden werden.[122] 72

IV. Strafvollzug

Während der zur Bewährung ausgesetzten bedingten Freiheitsstrafe mitunter das erwünschte Strafübel abgesprochen wird, ist die Verbüßung von unbedingt verhängten Freiheitsstrafen und freiheitsentziehenden Maßregeln gleichsam der Archetypus strafrechtlicher Reaktion auf Kriminalität. Der Freiheitsentzug ist nach Abschaffung der Todesstrafe die härteste, die Verurteilten am meisten belastende rechtliche Interventionsform, in welcher der repressive Gehalt des 73

120 *Garland* 1996, 446; *Singelnstein/Stolle* 2012, 69 ff.
121 *Frehsee* 1991.
122 *Singelnstein* 2011, 10.

Strafrechts am deutlichsten zum Ausdruck kommt. Nicht nur das Strafübel als solches, auch die soziale Stigmatisierung ist bei der Freiheitsstrafe am intensivsten, sodass die Strafgefangenen ein doppelter Bann der Gesellschaft trifft.

1. Entwicklung der Gefangenenzahlen

74 In Deutschland ging die **Anzahl der Justizvollzugsanstalten** seit den 1960er Jahren bis 1980 um die Hälfte auf 162 zurück und pendelte sich 1990 auf 170 ein.[123] Am 31.08.2018 bestanden im Bundesgebiet insgesamt 180 Justizvollzugsanstalten.[124] Die deutliche Reduzierung der Anstalten bis 1980 war eine Konsequenz der Schließung kleinerer überalterter Einrichtungen, die den Anforderungen eines menschenwürdigen Strafvollzugs nicht mehr genügten.[125]

75 **Schaubild 4.11: Inhaftiertenzahlen für Deutschland 1965-2020**

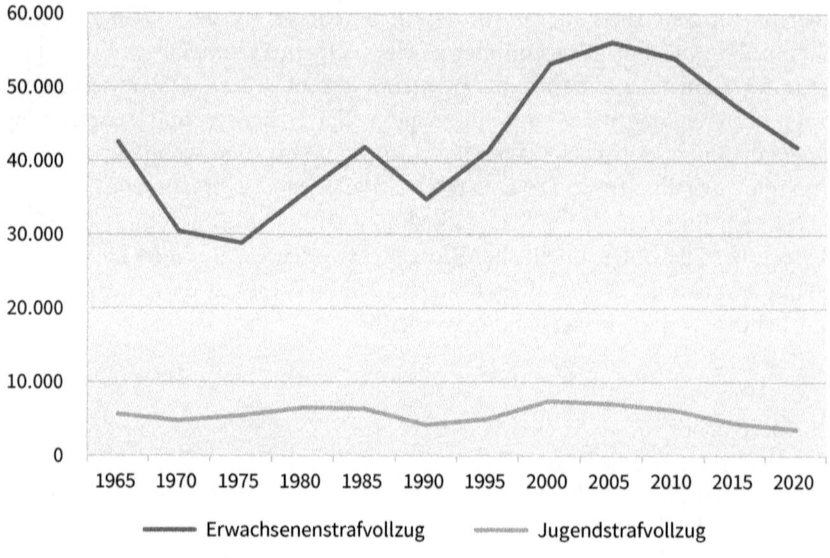

Ab 1992 mit neuen Bundesländern. Quelle: Rechtspflege – Strafvollzug 2020, 10.

123 Rechtspflege – Strafvollzug 1999.

124 Rechtspflege – Bestand der Gefangenen und Verwahrten 2018, 5.

125 Viele noch bestehende Anstalten sind indes ebenso alt und ungenügend, *Eisenberg/Kölbel* 2017, § 35 Rn. 30; *Göppinger* 2008, § 34 Rn. 82.

Die Entwicklung der Zahl der **Strafgefangenen und Sicherungsverwahrten** hat seit den 1960er Jahren verschiedene Phasen erlebt.[126] Nach Reduzierung auf den Tiefstand von absolut 35.000 in der ersten Hälfte der 1970er Jahre wurde Mitte der 1980er Jahre mit 49.000 das Niveau von 1965 erreicht. Bis 1992 ging die Zahl auf 38.000 zurück und stieg sodann bis 1999 in den alten Bundesländern auf 48.270 an (mit neuen Ländern 1992: 39.000, 1999: 59.707).[127] Seit 2007 sind die Zahlen wieder leicht rückläufig. Am 31.03.2020 waren die Vollzugsanstalten (ohne U-Haft) im gesamten Bundesgebiet mit 46.054 Personen belegt, davon 39.597 (86,0 %) im geschlossenen Vollzug.[128] 76

Schaubild 4.12: Strafgefangene und Sicherungsverwahrte nach Altersgruppen in Deutschland 1965-2020 77

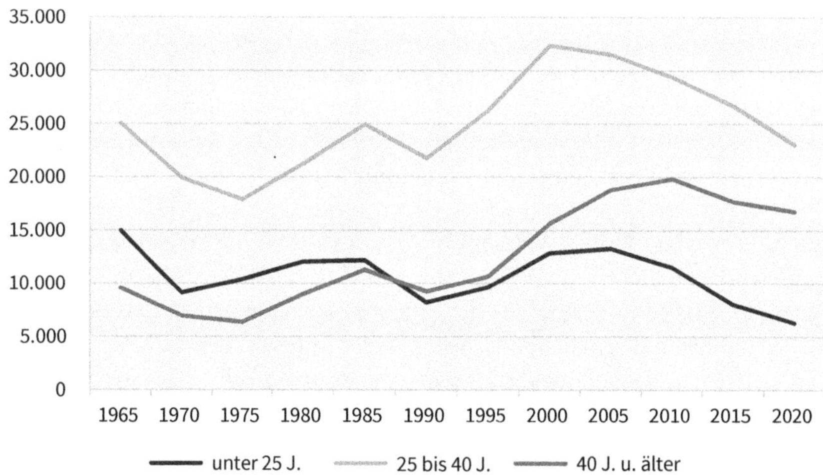

Ab 1992 mit neuen Bundesländern. Quelle: Rechtspflege – Strafvollzug 2020, 10.

Die **Altersgruppe** der 25- bis unter 40-Jährigen ist im Strafvollzug bei Weitem am häufigsten vertreten. Die Größe dieser Gruppe nahm von 1990 bis 2000 in Deutschland um 48,8 % zu, ist seither mit leicht abnehmender Tendenz stabil und stellte 2020 einen Anteil von 50,0 % (23.006) der Gefangenenpopulation (46.054). Die deutliche Abnahme der Anzahl der unter 25-jährigen Inhaftierten 78

126 Zu dieser im Einzelnen *Drenkhahn* 2012.
127 Rechtspflege – Strafvollzug 2010.
128 Rechtspflege – Strafvollzug 2020, 11.

Ende der 1980er Jahre ist Ausdruck einer Sanktionspraxis, welche mit erheblicher Verzögerung die Reformen des Sanktionenrechts von 1969 und 1974 nachvollzog, die auf die Vermeidung der speziell bei jungen Gefangenen besonders nachhaltigen Inhaftierungsschäden abzielten. Umso bedenklicher mutet die Zunahme dieser Altersgruppe im Strafvollzug von 1990 bis 2000 um 56,7 % an. 2020 machte die Gruppe einen Anteil von immerhin noch 13,7 % der Gefangenenpopulation aus (absolut: 6.285).[129]

79 Die langfristig wellenförmigen Kurven sind erklärbar aus zeitgleichen gegenläufigen Entwicklungen verschiedener Einflussgrößen der Sozialstruktur, der registrierten Kriminalität und der Kriminalpolitik, die einander überlagern. Dazu zählen Veränderungen der Altersverteilung der Wohnbevölkerung, die zu einer Zu- oder Abnahme der Größe der besonders inhaftierungsgefährdeten Jahrgänge führen; Veränderungen des Volumens und der Struktur der registrierten Kriminalität (Anstieg gewisser mit überdurchschnittlichen Strafen belegter Delikte wie Raub, Handel mit Betäubungsmitteln, politisch motivierte Gewaltdelikte); Wandel der kriminalpolitischen Einschätzung der Gebotenheit von Freiheitsentzug (Bemühen um Zurückdrängung kurzer unbedingter Freiheitsstrafen und Vermeidung von Ersatzfreiheitsstrafen oder neue Punitivität).

80 Besondere Aussagekraft gewinnen Daten zum Strafvollzug im **internationalen Vergleich**.[130] Freilich werden längst nicht alle diese Daten in sämtlichen Nationen erhoben. Zudem weichen die Erfassungskriterien teilweise voneinander ab. Die Zahlen in den Schaubildern 4.13 und 4.14 belegen einen beträchtlichen Anstieg der Gefangenenrate (Strafgefangene, strafrechtlich Verwahrte, Untergebrachte und Untersuchungsgefangene bezogen auf 100.000 der strafmündigen Wohnbevölkerung) in den meisten europäischen Ländern innerhalb der letzten knapp 20 Jahre. In Deutschland hat die Gefangenenrate in Ausnahme hierzu in diesem Zeitraum deutlich abgenommen, nachdem die Gefangenenzahlen zuvor seit 1990 erheblich angestiegen waren. Österreich hat traditionell eine hohe Gefangenenrate, die auf eine hohe Untersuchungshaftquote, eine vergleichsweise strenge Strafpraxis mit einem hohen Anteil langer Freiheitsstrafen und eine restriktive Praxis der bedingten Entlassung zurückzuführen ist. In der Schweiz steigerte sich die Gefangenenrate von einer sehr niedrigen Basis von 62 im Jahre 1983 auf ein immer noch vergleichsweise mäßiges Niveau von 81.

129 Rechtspflege – Strafvollzug 2020, 10.
130 *Dünkel* 2018, 404 ff.

Schaubild 4.13: Gefangenenraten ausgewählter europäischer Länder 81

	Gefangenenrate	Veränderung seit 2000
Deutschland (2019)	77	- 9,4 %
Österreich (2020)	95	+ 10,5 %
Schweiz (2019)	81	+ 1,3 %
Belgien (2019)	95	+ 11,8 %
Bulgarien (2014)	125	+ 0,8 %
Dänemark (2020)	71	+ 12,7 %
Spanien (2020)	124	+ 9,7 %
Finnland (2020)	53	- 3,6 %
Frankreich (2020)	104	+ 26,8 %
Ungarn (2019)	167	+ 9,7 %
Irland (2020)	76	- 1,3 %
Island (2018)	37	+ 32,1 %
Italien (2020)	96	+ 3,2 %
Litauen (2020)	221	- 46,1 %
Nordmazedonien (2019)	90	+ 52,5 %
Norwegen (2020)	60	+ 5,3 %
Slowakei (2020)	195	+ 51,2 %
Tschechische Republik (2020)	197	- 6,2 %
Rumänien (2020)	106	- 50,7 %
England und Wales (2020)	135	+ 8,9 %
Russland (2020)	358	- 50,9 %
Slowenien (2020)	69	+ 20,0 %
Schweden (2018)	61	+ 1,7 %
Türkei (2019)	344	+ 471,2 %
Ukraine (2020)	148	- 66,6 %
Zum Vergleich: USA (2016)	655	- 4,1 %

Gefangenenrate = Anzahl Gefangene pro 100.000 Einwohner:innen der nationalen Bevölkerung.
Quelle: World Prison Brief (https://www.prisonstudies.org).

82 **Schaubild 4.14: Gefängnispopulation ausgewählter europäischer Länder**

	Total	Jugendliche	Frauen	Ausländer:innen	U-Haft
Deutschland (2019)	63.851	2,4 %	6,0 %	24,0 % (2017)	20,4 %
Österreich (2020)	8.471	1,7 % (2016)	6,6 %	53,2 %	21,0 %
Schweiz (2019)	6.943	0,2 % (2017)	5,7 %	72,1 %	42,2 %
Belgien (2019)	10.883	0,6 % (2013)	4,4 %	44,2 % (2017)	35,6 % (2018)
Bulgarien (2014)	9.028	0,8 %	3,2 %	2,0 % (2012)	21,1 % (2012)
Dänemark (2020)	4.125	0,3 %	4,4 %	30,1 %	38,2 %
Spanien (2020)	58.642	0,0 %	7,4 %	28,0 % (2019)	16,0 %
Finnland (2020)	2.910	0,2 %	8,3 %	17,1 %	23,6 %
Frankreich (2020)	70.651	1,1 %	3,6 %	22,1 % (2018)	29,8 %
Ungarn (2019)	16.334	1,1 %	7,7 %	4,9 %	16,6 %
Irland (2020)	3.791	0,2 % (2016)	3,5 %	13,0 % (2017)	20,7 %
Island (2018)	131	0,0 %	3,8 %	26,7 %	17,6 %
Italien (2020)	57.846	0,3 % (2019)	4,3 %	32,8 %	30,3 %
Litauen (2020)	6.138	0,7 %	4,7 %	2,1 %	11,8 %
Nordmazed. (2020)	1.879	0,9 % (2017)	2,2 % (2018)	4,8 % (2018)	8,4 % (2018)
Norwegen (2020)	3.207	0,3 %	6,3 %	29,0 %	25,2 %
Slowakei (2020)	10.643	0,6 % (2016)	7,6 %	2,2 % (2018)	15,0 %
Tschech. Rep. (2020)	21.062	0,3 %	8,4 %	8,2 %	8,3 %
Rumänien (2020)	20.302	1,4 %	4,4 %	1,1 %	10,2 %
Engl. und Wales (2020)	80.827	0,6 % (2019)	4,2 %	11,2 %	12,1 %
Russland (2020)	517.028	0,2 % (2015)	8,1 %	4,3 % (2015)	19,3 %
Schweden (2018)	6.210	0,3 % (2016)	6,1 % (2017)	22,1 % (2016)	27,2 %
Türkei (2019)	286.000	1,2 % (2017)	4,2 % (2017)	2,2 % (2016)	43,1 % (2017)
Ukraine (2020)	52.609	0,2 %	3,9 %	1,7 % (2011)	37,2 %
Vgl.: USA (2016)	2.121.600	0,2 % (2014)	9,8 % (2016)	5,2 % (2014)	22,5 % (2017)

Angegeben ist jeweils das Erhebungsjahr der Daten. Quelle: World Prison Brief (https://www.prisonstudies.org).

Schaubild 4.15: Gefangenenraten im internationalen Vergleich 2019/2020 83

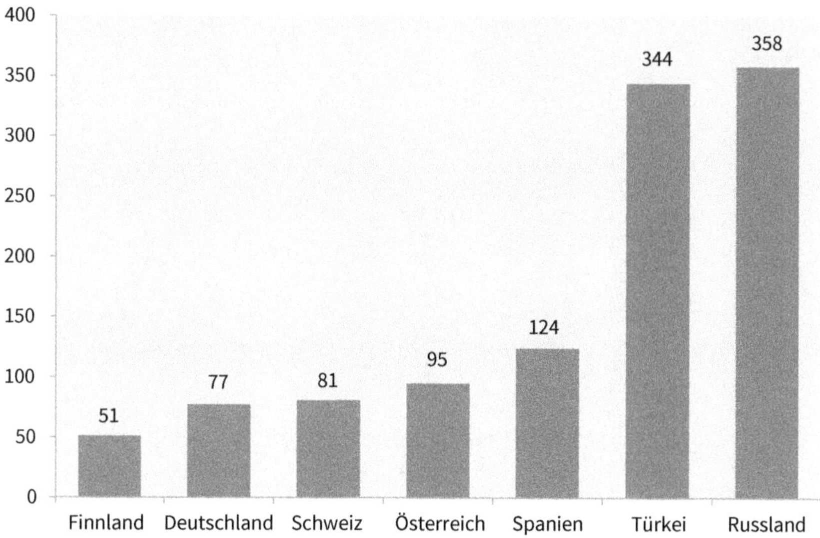

Gefangenenrate = Anzahl Gefangene pro 100.000 Einwohner:innen der nationalen Bevölkerung.
Quelle: World Prison Brief (https://www.prisonstudies.org).

2. Haftpraxis und Gefangenenpopulation

In **Deutschland** ist die Zahl der Personen, die sich für kurze **Dauer** im Strafvollzug befinden, derzeit rückläufig. Nachdem sich die Anzahl derer, die bis einschließlich neun Monate inhaftiert sind, in den 25 Jahren bis 1991 um ein Drittel reduziert hatte, nahm diese Gruppe bis zur Jahrtausendwende wieder deutlich zu und sinkt erst seit 2005 mit Schwankungen (1995: 14.238; 2000: 19.156; 2005: 19.667; 2010: 19.959; 2015: 17.878; 2020: 13.533).[131] Da auch die Gefangenenzahlen insgesamt rückläufig sind, stagniert der Anteil dieser Gruppe bei etwa einem Drittel aller Strafgefangenen. Ebenso nahm zunächst auch die Zahl der Personen zu, die über fünf Jahre im Vollzug verbleiben, senkte sich aber in den letzten Jahren ebenfalls wieder, sogar unter das Niveau Mitte der 1990er Jahre (1995: 6.150; 2000: 7.438; 2005: 7.855; 2010: 7.356; 2015: 5.863; 2020: 5.374 – jeweils einschließlich lebenslanger Freiheitsstrafe und ohne Jugendstrafe).[132] 84

131 Rechtspflege – Strafvollzug 2020, 10 (ohne Jugendstrafe).
132 Rechtspflege – Strafvollzug 2020, 10.

85 **Schaubild 4.16: Inhaftierte im Erwachsenenvollzug in Deutschland nach Dauer 1965-2020**

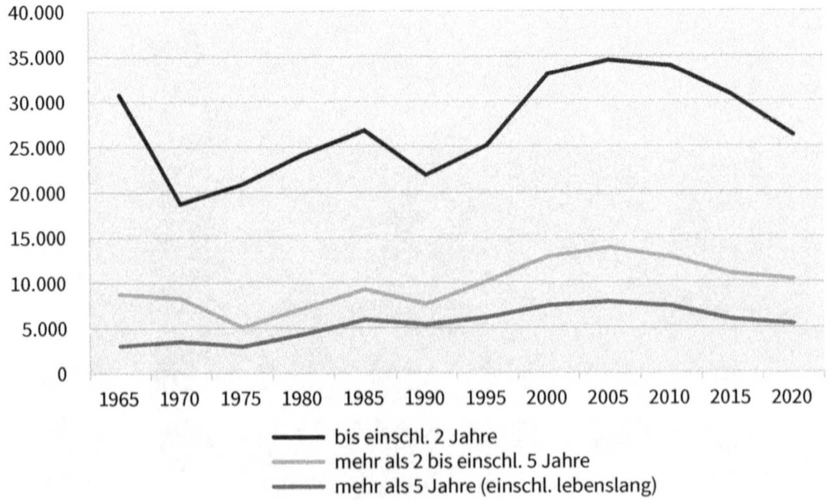

Quelle: Rechtspflege – Strafvollzug 2010, 12; 2020, 10.

86 In der **Schweiz** ist infolge der Bevorzugung kurzer Freiheitsstrafen die Inhaftierungsdauer kurz, die Anzahl Inhaftierter aber vergleichsweise hoch. 2019 betrug bei einem mittleren Insass:innenbestand von 5.208 Inhaftierten die Aufenthaltsdauer in 4.362 Fällen bis zu einem Monat und im Mittelwert 191 Tage.[133] 2020 waren am Stichtag 69,6 % der Insass:innen ausländische Personen (2019: 72,1 %).[134] Von der Opferhilfe erfolgten 2020 43.263 Beratungen und 1.030 Entschädigungen und Genugtuungen.[135]

87 Bemerkenswert ist die durchweg hohe **Belegungsquote** des Strafvollzugs in zahlreichen Mitgliedsländern des Europarates. Angesichts unumgänglicher Leerbestände bei nicht vollständig koordinierbaren Zu- und Abgängen sind die Haftplätze bereits bei Belegungsquoten von etwa 90 % vollständig ausgelastet. Belegungsquoten von zum Teil deutlich über 100 % in manchen europäischen Staaten (etwa England & Wales: 109,7 %; Italien: 114,0 %; Frankreich: 115,7 %

133 Strafvollzug: Einweisungen, mittlerer Bestand, Aufenthaltstage (CH) 2019; Strafvollzug: Entlassungsart und Aufenthaltsdauer (CH) 2019.
134 Freiheitsentzug: Insassenbestand (CH) 2020.
135 Entschädigung und Genugtuung (CH) 2020; Opferberatungen (CH) 2020.

jeweils Anfang 2020)[136] widersprechen einem menschenwürdigen Strafvollzug, machen eine auf die Freiheit vorbereitende Vollzugsgestaltung unmöglich und stellen an das Vollzugspersonal unzumutbare Anforderungen.

Die Praxis der **bedingten Entlassung** ist in Österreich deutlich restriktiver als in Deutschland und in der Schweiz. Die Erleichterungen der bedingten Entlassung durch das Strafrechtsänderungsgesetz 1987 brachten nur kurzfristig Abhilfe. Seither nahm der Anteil der bedingten Entlassungen an allen Entlassungen aus dem Freiheitsentzug erneut eher ab und erreichte 1999 den niedrigsten Stand (15,2 %) seit 1988.[137] In den folgenden Jahren stieg er wiederum leicht an und erreichte 2019 einen Anteil von 26,9 %.[138] 88

Demografisch lässt sich die **Vollzugspopulation** in **Deutschland** zum Stichtag 31.03.2020 wie folgt beschreiben: Nur ein geringer Anteil (5,7 %) ist weiblichen Geschlechts. Der Anteil der Inhaftierten ohne festen Wohnsitz betrug 13,4 %, wobei die Zahl der Wohnungslosen in Deutschland in keiner Bundesstatistik erfasst wird, ein Vergleich somit nicht gezogen werden kann. Der Zusammenhang von Strafvollzug und mangelnder familiärer Bindung kommt im Familienstand zum Ausdruck: Mehr als vier Fünftel (81,9 %) der Inhaftierten sind ledig, verwitwet oder geschieden. Diese Merkmale scheinen zeitlich stabile Charakterisierungen der Vollzugspopulation zu sein. Eine auffällige Abweichung dieser Population von der Bevölkerung insgesamt zeigt sich hinsichtlich des Ausländer:innenanteils. Der Anteil der ausländischen Personen und Staatenlosen an der Vollzugspopulation ist seit 1991 erheblich gestiegen und betrug 2019 nunmehr 33,3 %.[139] Der Ausländer:innenanteil an der Vollzugspopulation übertrifft den an der Wohnbevölkerung – 2019 schätzungsweise 12,5 %[140] – damit erheblich (zu den Gründen → § 23 Rn 60 ff.). 89

Zum 31.03.2020 waren gut zwei Drittel (68,1 %) der Strafgefangenen und Sicherungsverwahrten in Deutschland vorbestraft, davon 81,4 % mehrfach, wobei die Vorverurteilungen mehrheitlich auf Jugendstrafe oder Freiheitsstrafe lauteten. 37,9 % waren nach einer vorangegangenen Inhaftierung wieder einge- 90

136 https://www.prisonstudies.org.
137 Sicherheitsbericht (AT) 1999, 338.
138 Sicherheitsbericht (AT) 2019 – Strafjustiz, 186.
139 Rechtspflege – Strafvollzug 2019, 13 f.
140 Bevölkerung und Erwerbstätigkeit – Ausländische Bevölkerung 2019, 18.

wiesen worden, davon 26,3 % schon im ersten Jahr nach der Entlassung, weitere 18,2 % im zweiten Jahr nach der Entlassung.[141]

91 Die **Untersuchungshaftrate**, also der Anteil der Untersuchungsgefangenen an den jeweiligen Verurteilten eines Berichtsjahres, blieb in Deutschland bei Verurteilten nach allgemeinem (Erwachsenen-)Strafrecht relativ konstant. Nach einem vorläufigen Höchststand Mitte der 1980er Jahre fiel die Rate unter einer verbreiteten Kritik an der Haftpraxis („zu oft und zu früh") unter Schwankungen auf zuletzt 3,8 % im Jahr 2019[142]. Im Jugendstrafrecht hingegen stieg die Untersuchungshaftrate zu Beginn der 1990er Jahre drastisch auf fast 7,5 %, näherte sich jedoch ab 2001 der Rate des Erwachsenenstrafrechts an und lag 2019 bei 4,7 %.[143] In der Schweiz befanden sich 2020 am Stichtag 1.902 Personen in Untersuchungshaft. Damit betrug der Anteil der Untersuchungsgefangenen an der gesamten Strafvollzugspopulation 27,5 %.[144] Personen mit Untersuchungshaft werden anschließend fast durchweg zu Freiheitsentzug verurteilt: 2019 lautete die spätere Entscheidung bei 83,2 % auf Freiheits- oder Jugendstrafe.[145] Diese faktische Präjudizwirkung der Untersuchungshaft für späteren Freiheitsentzug ist angesichts des rein verfahrenssichernden Zwecks der Untersuchungshaft problematisch.

92 Die zeitlich und örtlich stark variierende Praxis der Untersuchungshaft signalisiert, dass es sich bei dieser um einen besonders sensiblen Seismografen kriminalpolitischer Grundströmungen handelt. Wegen der Vagheit der gesetzlichen Umschreibung der Haftgründe und der kaum hinlänglich präzisierbaren Verhältnismäßigkeit von Haftanordnung und -fortdauer eignet sich die Untersuchungshaft gut zur flexiblen und verdeckten Befriedigung von Sicherungsbedürfnissen. Sie wird verschiedenen empirischen Untersuchungen zufolge über ihren legitimen Anwendungsbereich der Sicherung des Strafverfahrens hinaus auch zu anderen, inoffiziellen Zwecken verhängt.[146] Diese undeklarierten, **apokryphen Haftgründe** bestehen unter anderem in der Besänftigung der Bevöl-

141 Eigene Berechnungen auf Grundlage von Rechtspflege – Strafvollzug 2020, 18.

142 Eigene Berechnung auf Grundlage von Rechtspflege – Strafverfolgung 2019, 374 f.; s. im Einzelnen *Kinzig* 2015.

143 Erster Periodischer Sicherheitsbericht 2001, 360; Rechtspflege – Strafverfolgung 1993; Rechtspflege – Strafverfolgung 2019; *Heinz* 2017, 152.

144 Freiheitsentzug: Insassenbestand (CH) 2020.

145 Rechtspflege – Strafverfolgung 2019, 374.

146 *Wolf* 2017, 196.

kerung, Krisenintervention, vorweggenommener Sanktionierung, Geständnisdruck und Sicherstellung der Abschiebung von ausländischen Personen.[147]

3. Haftfolgen

Da der Vollzug von Freiheitsstrafe von allen Strafpraktiken die Bestraften am intensivsten aus der Gesellschaft ausgrenzt, lässt sich mit ihm am schwersten das Anliegen der Resozialisierung verbinden. Die desintegrierenden Begleitfolgen der Sanktionierung sind beim Freiheitsentzug[148] am intensivsten und brutalsten. Er gefährdet den Arbeitsplatz, belastet die sozialen Bindungen und wirkt damit nicht nur auf die Verurteilten ein. Er gewöhnt an einen reglementierten Tagesablauf in Unselbstständigkeit und eröffnet schädliche Kontakte zur Gefängnissubkultur. Die „totale Institution" der Strafanstalt löst **Hospitalisierungs- und Desintegrationseffekte** aus.[149] Darüber hinaus zieht der Strafvollzug eine die Inhaftierungszeit überdauernde soziale Stigmatisierung nach sich. All dies erschwert nicht nur die Eingliederung in objektiver Hinsicht, sondern begünstigt auch – im Sinne einer sich selbst erfüllenden Prophezeiung – das Einfügen in die scheinbare Unausweichlichkeit einer weiteren kriminellen Karriere. Damit wird die negative Legalbewährungsprognose, deren Korrektur durch den Strafvollzug erstrebt wird, durch das Hafterlebnis verstärkt.[150] Der Abolitionismus zieht aus diesen Befunden die Konsequenz, das Gefängnis als Institution abzuschaffen.[151] 93

Unverkennbar birgt der **Resozialisierungsvollzug** in der Haftpraxis Gefahren der ideologischen Überhöhung und des Missbrauchs. Das Resozialisierungskonzept deutet Kriminalität als individuelles Problem und verleiht dem Strafvollzug das Image des Zweckmäßigen und Heilsamen. Das wohlmeinende Therapiebemühen setzt den Inhaftierten einem Mitwirkungsdruck aus und erleichtert den Zugriff auf ihre Intimsphäre. Die Vagheit der Behandlungskonzepte kann zu dressurähnlichen Umerziehungsbemühungen nach der Schablone der tüchtigen Arbeitskraft verleiten. Als Resozialisierungsleistungen akzeptabel erscheinen deshalb in erster Linie Angebote der Hilfe zur Selbsthilfe, deren Inanspruchnahme auf Freiwilligkeit beruht. 94

147 *Dünkel* 1993, 10; *Wolf* 2017, 197 ff.
148 Vgl. *Eisenberg/Kölbel* 2017, § 35 Rn. 1 ff.
149 *Laubenthal* 2019, Rn. 196 ff.; zu den psychischen Auswirkungen lebenslanger Haft *Laubenthal* 1987, 113 ff.
150 *Kölbel* 2019, 261 f.
151 *Scheerer* 2018.

§ 20 Strafzwecke in Theorie und Praxis

1 Welchen Sinn und Zweck hat Bestrafung? Diese Frage wird zum einen von absoluten Straftheorien beantwortet, die dafür abstrakte Konzepte von Schuldausgleich und Vergeltung anführen. Relative Straftheorien zum anderen wollen mit der Strafe einen darüber hinaus gehenden Zweck erreichen, insbesondere die Verhinderung künftiger Straftaten. Seit dem Ende des 19. Jahrhunderts haben sich weitgehend diese relativen Theorien bzw. eine Verbindung von beiden Ansätzen durchgesetzt: Das moderne Zweck-Strafrecht soll mit der Plakativität seiner gesetzlichen Verbotstafeln und Sanktionsdrohungen, mit der Eindrücklichkeit des Zelebrierens von Gerichtsverhandlungen und mit der Brandmarkung durch Verurteilung und Strafvollzug in die Gesellschaft hineinwirken, indem normativ erwartetes Verhalten gestützt, normverletzendes Verhalten unterbunden und der Kosmos der normativen Ordnung der jeweiligen Gesellschaft erhalten wird. Diese proklamierten Wirkungen werden unter dem Begriff der **Prävention** zusammengefasst. Mit dem Marburger Programm *von Liszts* (→ § 4 Rn 26) ist die Rechtfertigung des Strafrechts mit seiner sozialen Nützlichkeit zum prägenden kriminalpolitischen Leitsatz geworden, der in Kontinentaleuropa nach wie vor prägend ist.

I. Die einzelnen Strafzwecke

2 Bei den verschiedenen Präventionsanliegen des Strafrechts handelt es sich um Postulate von Wirkungen, die eintreten oder ausbleiben können und insofern grundsätzlich **erfahrungswissenschaftlich überprüfbar** sind. Mit der Prüfung wird kein externer Maßstab angewandt, sondern es wird das Zweck-Strafrecht an den Ansprüchen gemessen, die es an sich selbst stellt: Durch die Auferlegung des Strafübels sollen positiv bewertete, sozial nützliche Folgen wie Abschreckung, Resozialisierung und Bestätigung des Normvertrauens ausgelöst werden. Dies gilt auch für das Schuldstrafrecht, das die ursprünglich als zweckfreien Tatausgleich gedachte Schuld bei der Strafzumessung nach präventiven Kriterien bemisst. Schuldgerecht ist innerhalb der nur rahmenmäßig bestimmbaren Tatgerechtigkeit die Strafe, die für das Präventionsanliegen erforderlich ist. Die – durchaus nicht triviale – Prämisse, dass die strafrechtliche Intervention überhaupt nachweisbare und von sonstigen gesellschaftlichen Einflüssen isolierbare Wirkungen auslöst, ist eine Konsequenz dieser Legitimation von Strafrecht und Strafe.

Präventive Verhaltensbeeinflussung ist keine Besonderheit des Strafrechts, sondern ein gemeinsames Charakteristikum aller auf Sozialisation abzielenden Normensysteme und Institutionen. Die Schaffung von Sozialisationsbedingungen, die sozial erwünschtes Verhalten generell fördern, wird als **primäre** oder universelle Prävention bezeichnet. Sie agiert unabhängig von konkreten Gegebenheiten, etwa indem allgemein der Zugang zu Waffen beschränkt wird oder sozialstaatliche Maßnahmen einen Mindeststandard zum Leben gewährleisten. **Sekundäre** oder selektive Prävention meint dagegen die Unterdrückung prognostizierter oder sich ereignender Abweichungen durch vorbeugende oder bekämpfende Intervention, etwa Videoüberwachung (→ § 22 Rn 32 ff.) oder polizeiliche Gefahrenabwehr. **Tertiäre** oder indizierte Prävention schließlich bezieht sich auf die sozialisierende Beeinflussung und Kontrolle von Personen, die sich abweichend verhalten haben, z. B. durch Strafe und andere Rechtsfolgen. Diese Dreiteilung verdeutlicht, dass es sich bei der im zweiten und dritten Bereich anzusiedelnden strafrechtlichen Prävention bestenfalls um eine die primäre Prävention unterstützende Zielrichtung handeln kann. 3

Die dem Strafrecht zugedachten Präventivwirkungen lassen sich danach unterscheiden, ob sie sich an die Allgemeinheit oder an die strafrechtlich erfasste Person richten und ob sie positive oder negative Zwecke verfolgen. 4

Schaubild 4.17: Dimensionen der Prävention als Strafzweck

	Generalprävention	**Spezialprävention**
positiv	Vertrauen in die Rechtsordnung, Einübung in Rechtstreue	Resozialisierung der Straffälligen
negativ	Abschreckung potenzieller Folgetäter:innen	Sicherung, Abschreckung der Straffälligen

Da das Strafrecht und seine Rechtsfolgen repressiv ausgestaltet sind, können mit Strafrecht positive Präventivwirkungen nur im Rahmen des mit Repression Möglichen erzielt werden. Positive Wirkungen sind insofern bloße Nebenwirkungen der per se negativen, primär auf Abschreckung und Schuldausgleich abzielenden Sanktionsdrohung und -praxis. Die repressive Grundausrichtung des Strafrechts gestattet die Förderung sozial konstruktiver Anliegen nur in dem Maße, wie damit der im Medium der Strafe immer schon mitgelieferte Repres- 5 sionszweck nicht unterlaufen wird. Dies hat weitreichende Konsequenzen, die vorerst nur angedeutet seien: In **theoretischer Hinsicht** hebt sich das Strafrecht von primären Sozialisationsinstanzen ab, die umfassend erziehend, sozial integrierend und die personale Autonomie bestärkend zu wirken trachten. In **praktischer Hinsicht** wird die Verwirklichung von Sozialisationsanliegen mittels „klassischer" strafrechtlicher Sanktionen durch deren negativen, Benachteiligung vertiefenden Begleitfolgen – insbesondere der Freiheitsstrafe – behindert.

6 **Expressive Straftheorien** als Strafbegründung nehmen vom Postulat einer unmittelbaren präventiven Wirkung der Strafe wieder stärker Abstand. Sie favorisieren stattdessen ein Verständnis, wonach das Strafrecht den notwendigen angemessenen Umgang mit strafwürdigem Verhalten als Akt der Kommunikation herstellt. Diese Kommunikation kann sich an konkrete Personen, wie insbesondere Täter:innen und Opfer richten, aber auch an die Allgemeinheit im Sinne einer Normbestätigung.[152] Bei einer solchen Begründung der Strafe lässt sich fragen, ob nicht allein schon das Verfahren für die Kommunikation ausreichend ist, sodass es der Strafe selbst bzw. der Übelszufügung gar nicht bedarf, um den gewünschten Zweck zu erreichen.[153]

II. Generalprävention

1. Theoretische Grundlagen

7 Mit der Annahme generalpräventiver Wirkungen verbindet sich die Vorstellung des Strafrechts als einem sozialen Ordnungsinstrument, das dazu bestimmt ist, die generelle **Orientierung an sozial anerkannten Verhaltenserwartungen** aufrechtzuerhalten. Demzufolge gilt es, den durch Straftaten verursachten Turbulenzen im gesellschaftlichen Gleichgewicht durch stabilisierende strafrechtliche Intervention entgegenzuwirken, indem der Nachahmungssog gebrochen und das allgemeine Normvertrauen bestätigt wird. Dabei dominierte lange die **negative** Zielrichtung von Sanktionsdrohung und -praxis, die potenzielle Folgetäter:innen abschrecken soll. Wurde dies zunächst vor allem gesamtgesellschaftlich betrachtet, geht die Forschung heute unter dem Begriff der „differentiellen Abschreckbarkeit" eher davon aus, dass bestimmte Teilgruppen der Gesellschaft mehr und anders auf Bestrafungswahrscheinlichkeiten reagieren als

152 *Hörnle* 2017, 31 ff.
153 *Günther* 2002.

andere. Die Frage ist daher weniger, „ob Sanktionierungsrisiken abschreckend wirken, sondern wann sie wen unter welchen Umständen von Delinquenz abhalten“[154].

Daneben gewinnt die **positive Generalprävention** oder deren integrative Zielrichtung an Bedeutung.[155] Diese schreibt dem Strafrecht und seinen Sanktionen die Funktion zu, sozialethisch erwünschte Verhaltensweisen zu befördern oder auch nur zu stabilisieren und damit die Normtreue und das Rechtsvertrauen zu festigen.[156] Ziel des Strafrechts und seiner Sanktionen ist danach die Stärkung der normativen Integration, also einer affirmativen Haltung der Bevölkerung zu den vom Strafrecht geschützten Gütern, sodass jenseits einer Furcht vor strafrechtlicher Verfolgung und Sanktionierung die Überzeugung der Richtigkeit normgemäßen Verhaltens (Einsicht) oder zumindest dessen habituelle Selbstverständlichkeit (Gewohnheit) dazu führen, dass Rechtsnormen nicht verletzt werden.[157] 8

Die positive Generalprävention kann in unterschiedlicher Weise verstanden werden: Als eine Zielrichtung, die lediglich die mechanische Einübung der Bevölkerung in Normanerkennung fördert und nur insofern um die gesellschaftliche Akzeptanz der strafrechtlichen Verhaltensnormen bemüht ist. Oder aber – anspruchsvoller – als eine Einübung in die Anerkennung einer rechtsstaatlichen Strafrechtskultur, welche die Grenzen der Normdurchsetzung wahrt. Die zweite Variante verlangt ein subtileres Verständnis der Motivierung zu Rechtstreue. Das Strafrecht und seine Sanktionen wirken dabei erst dann positiv generalpräventiv, wenn sie zu einer regulativen Idee werden, an deren Vorbild sich ein humaner Umgang mit kriminellen Abweichungen ausrichten kann.[158] Nur in diesem zweiten Verständnis ist die positive Generalprävention für eine rechtsstaatliche und demokratische Gesellschaft akzeptabel.[159] 9

154 *Hirtenlehner* 2020, 83.
155 *Roxin/Greco* 2020, § 3 Rn. 26.
156 *Meier* 2021, § 9 Rn. 18.
157 *Eisenberg/Kölbel* 2017, § 41 Rn. 4; *Müller-Tuckfeld* 1998, 7.
158 *Hassemer* 1990, 326.
159 *Hart-Hönig* 1992, 99 f.

2. Evaluierbarkeit und empirische Befunde

Lektüreempfehlung: *Albrecht, Hans-Jörg* (1980): Die generalpräventive Effizienz von strafrechtlichen Sanktionen. In: *Forschungsgruppe Kriminologie* (Hrsg.): Empirische Kriminologie. Freiburg, 305-327; *Dölling, Dieter* (1990): Generalprävention durch Strafrecht: Realität oder Illusion? ZStW 102, 1-20; *Hirtenlehner, Helmut* (2020): Differentielle Abschreckbarkeit als Evidenzgrundlage negativer Generalprävention – Eine Bestandsaufnahme der kriminologischen Wissensbasis. MschrKrim 103, 221-234; *Schumann, Karl F.* (1998a): Empirische Beweisbarkeit der Grundannahmen von positiver Generalprävention. In: *Schünemann, Bernd; von Hirsch, Andrew; Jareborg, Nils* (Hrsg.): Positive Generalprävention. Heidelberg, 17-28.

10 Die empirische Überprüfbarkeit der generalpräventiven Wirkungsannahmen begegnet **zwei Vorbehalten**. Zum einen sind messbare Effekte stets durch einen Wirkungs*verbund* verschiedener moralbildender Normensysteme und Sozialisationsinstanzen ausgelöst, sodass die generalpräventiven Wirkungen speziell des Strafrechts nicht für sich genommen geprüft werden können.[160] Das Strafrecht bildet einen Teilbereich der sozialen Kontrolle, deren generalpräventive Wirkung nur *in toto* erhoben werden kann. Zu der umfassenden sozialen Kontrolle gehören insbesondere sozialmoralische Vorstellungen darüber, was man tun darf und was nicht. Solche Vorstellungen sind dem Strafrecht vorgelagert und werden durch dieses kaum beeinflusst. Erfahrungen mit der Strafrechtspraxis können die Normakzeptanz sogar verringern bzw. delinquente Normorientierungen befördern (→ § 13 Rn 12 ff.).[161] Strafrecht wirkt allenfalls stabilisierend auf die Sozialmoral, nicht moralantizipierend. Die Chance einer Beeinflussung des gesellschaftlichen Wertewandels durch Strafrecht erschöpft sich darin, auf den Schultern der Riesin Sozialmoral sitzend die von ihr gestützten Wertvorstellungen abzusichern.

11 Zum anderen ist eine empirische Überprüfung der generalpräventiven Wirkung des Strafrechts als solchem nicht möglich, weil dieses ubiquitär ist, also in allen bekannten Gesellschaften vorkommt. Weil keine **Gesellschaft ohne Strafrecht** bekannt ist, sind Messungen nur unter der Voraussetzung eines existenten Strafrechtssystems möglich. Eine systemvergleichende Prüfung der generalpräventiven Überlegenheit einer Gesellschaft mit Strafrecht gegenüber einer solchen ohne Strafrecht ist also nicht möglich.

160 *Meier* 2019, 30.
161 *Schulte* 2019, 250; *Schumann* 1989, 51.

Davon abgesehen lassen sich unterschiedliche Ausgestaltungen des Strafrechts vergleichend auf ihre mehr oder weniger große generalpräventive Wirksamkeit prüfen.[162] Dabei sind zusätzliche Variablen wie die unterschiedliche normative Ansprechbarkeit potenzieller Täter:innen, die Bedingungen rationaler oder affektgesteuerter Tatentscheidungen und die antizipierte Entdeckungswahrscheinlichkeit zu prüfen. So wurden in Deutschland die generalpräventiven Effekte des Strafrechts durch Befragungen nach selbst begangener Kriminalität und Tatneigung erhoben, teilweise die Vorbestraftheit berücksichtigt, und diese Befunde mit der individuellen moralischen Beurteilung der Strafrechtsnormen und der Durchsetzung korreliert.[163] Dabei ergab sich, dass 12

- die **Schwere** der abstrakten Strafdrohung keine wesentlichen generalpräventiven Wirkungen besitzt;
- dem angenommenen **Entdeckungsrisiko** bei Alltagsdelikten minderer Schwere eine gewisse generalpräventive Bedeutung zukommt;
- die moralische Verinnerlichung einer gesellschaftlichen Normakzeptanz, also, negativ gewendet, die von den Befragten akzeptierte deutliche **Missbilligung** der Tat durch die Gesellschaft, am meisten dazu beiträgt, dass Menschen sich rechtstreu verhalten.[164]

Die Bedeutsamkeit der verinnerlichten gesellschaftlichen Normakzeptanz stützt gewisse Erwartungen der positiven Generalprävention, ohne deren Wirksamkeit wirklich bestätigen zu können, während die Annahmen der negativen Generalprävention kaum bestätigt werden. Die mit Erhebungen in anderen Nationen[165] übereinstimmenden Befunde deuten darauf hin, dass eine generalpräventive Abschreckungswirkung nicht von einer bestimmten Strafhärte abhängig ist, sondern allenfalls und vor allem bei der verbreiteten leichten Alltagskriminalität mit der Erwartung in Verbindung zu bringen ist, überhaupt erwischt und belangt zu werden.[166] Einschränkend sei bemerkt, dass diese in „Laborsituationen“ erhobenen Befunde nicht unbedingt die wirkliche Tatneigung in realen Situationen wiedergeben. 13

Die **Sanktionshärte** ist eine relative Variable, deren möglicher abschreckender Einfluss durch Vergleiche der Abschreckungswirkungen eines hohen und eines 14

162 *Schumann* 1989, 18 f.
163 *Dölling* 1983; *Schöch* 1985; *Schumann* 1989; *Hirtenlehner* 2020, 83 m. w. N.
164 S. auch *Wikström/Tseloni/Karlis* 2011, 412.
165 Vgl. *Dölling u. a.* 2009; *von Hirsch u. a.* 1999.
166 *Eisenberg/Kölbel* 2017, § 41 Rn. 13.

niedrigen Sanktionsniveaus bei Taten mit ähnlicher Deliktschwere geprüft werden kann. So kann die Bevölkerung danach gefragt werden, ob die Bereitschaft zur Tatbegehung sinkt, wenn das Sanktionsniveau deutlich erhöht würde, sowie ob sie für bestimmte Delikte ein bestimmtes Strafniveau erwartet. Ferner können die Auswirkungen gesetzlicher Reformen, die das Strafniveau verändern, auf die Häufigkeit anschließend registrierter Kriminalität im Sinne eines natürlichen Experiments beobachtet werden.

15 Die Gesamtheit solcher Studien hat **keine empirischen Anhaltspunkte** dafür erbracht, dass von einer Verschärfung der Sanktionspraxis eine größere und von einer Absenkung des Sanktionsniveaus eine geringere generalpräventive Wirkung zu erwarten ist.[167] Die Höhe der gesetzlich angedrohten Strafe und der von Gerichten verhängten Strafen beeinflussen im Allgemeinen weder die Hemmschwelle für Folgetaten im Sinne der Abschreckung potenziell tatgeneigter Personen noch das Ausmaß der Normakzeptanz im Sinne der positiven Generalprävention.[168] Viel eher scheint es auf ein komplexes Zusammenspiel der individuellen Normaffinität – abhängig von persönlichen Eigenschaften und Gruppenzugehörigkeit – und der situativen Begebenheiten – beispielsweise die „äußere" Kontrollsituation – anzukommen.[169]

16 In den USA wurden kriminalstatistische Vergleiche zwischen der praktizierten Strafhärte und der registrierten Deliktshäufigkeit bei Schwerkriminalität in einzelnen Bundesstaaten durchgeführt. Dabei kommt die Forschung nicht eindeutig, aber wohl doch überwiegend zu dem Ergebnis, dass von der **Todesstrafe** keine höhere abschreckende Wirkung ausgeht.[170] Ähnliche Erhebungen wurden nach Einführung von zwingenden Strafschärfungsregeln (*three strikes*, → § 20 Rn 73 ff.) durchgeführt. Auch hierzu liegen unterschiedliche Befunde vor, wobei sich letztlich nicht belegen lässt, dass die drastisch verschärfte Strafpraxis eine Verbesserung der Abschreckungswirkung mit sich bringt.[171]

17 Diese Befunde decken sich mit Bevölkerungsbefragungen zur **Einschätzung von Sanktionen**, die zeigen, dass Kriminalstrafen unabhängig von ihrer Art

167 Nachweise etwa bei *Albrecht* 1993; *Dölling u. a.* 2009; *Eisenberg/Kölbel* 2017, § 41 Rn. 14; *Kaiser* 1996, 259, 262.

168 *Vilsmeier* 1990; zur Kritik an der lebenslangen Freiheitsstrafe *Höffler/Kaspar* 2015.

169 Ausführlich dazu *Eisenberg/Kölbel* 2017, § 41 Rn. 7 ff.

170 *Folter* 2014; *Hermann* 2010; *Kovandzic/Vieraitis/Boots* 2009; *Kury* 2000; *Sellin* 1959; *Sorensen u. a.* 1999; zu einer möglicherweise gegenteiligen Wirkung der Todesstrafe (*brutalization effect*) s. *Brown/Esbensen/Geis* 2019, 154 ff. m. w. N.

171 *Kovandzic* 2001; *Kovandzic/Sloan/Vieraitis* 2004; *Vitiello* 1997.

und Höhe als gravierend empfunden werden (→ § 23 Rn 38 ff.). Bereits bei niedrigen Strafen werden Oberwerte des subjektiven Schwereempfindens erreicht. Die – positive wie negative – präventive Ansprechbarkeit der Bevölkerung wird schon im Sockelbereich der Sanktionenhierarchie erzielt und ist durch eine Erhöhung der objektiven Strafschwere kaum steigerungsfähig.[172]

Angesichts des nicht feststellbaren generalpräventiven Einflusses der Strafhärte liegt die Frage nahe, ob es für die generalpräventiven Zwecke überhaupt einer echten Strafe bedarf.[173] Aus Sicht der positiven Generalprävention ist insofern das Sanktionsverlangen der Bevölkerung von Interesse. Diesbezügliche Bevölkerungsbefragungen haben in Europa eine gewisse Präferenz für ausgleichende Reaktionen gegenüber der Gefängnisstrafe ergeben. Die Erwartungen der Allgemeinheit beziehen sich in wesentlichen Deliktsbereichen nicht auf eine förmliche Bestrafung, sondern favorisieren für ein weites Feld delinquenter Handlungen gemeinnützige Arbeit, Wiedergutmachung und Täter-Opfer-Ausgleich als Reaktion (→ § 23 Rn 39). Dies deutet darauf hin, dass in der Regel nicht die förmliche Bestrafung, sondern eine **symbolische Missbilligung** der Tat, begleitet von restitutiven Maßnahmen zur Wiederherstellung des Rechtsfriedens, erwartet wird, was wiederum als Indiz für eine gewisse Bedeutung der positiven Generalprävention gedeutet werden kann. Die Bevölkerung erwartet ein Zeichen der Diskreditierung des begangenen Rechtsbruchs und damit eine Bestätigung des Geltungsanspruchs der in der Strafnorm zum Ausdruck gebrachten Wertvorstellungen. 18

Eine solche symbolische Missbilligung kann bereits durch den Schuldspruch unter Verzicht auf Strafe, durch die Eindrücklichkeit eines rechtsstaatlich betriebenen Strafverfahrens oder gar durch eine Wiedergutmachung erzielt werden. Einer förmlichen Bestrafung und erst recht eines bestimmten Sanktionsniveaus bedarf es dann zur Erzielung generalpräventiver Wirkungen jedenfalls in der Regel nicht. 19

> „Jede Strafe, welche den Normbruch überhaupt deutlich macht und nicht verharmlost, ist geeignet, die generalpräventive Aufgabe des Strafrechts zu erfüllen. Die *verhaltenssteuernde und einstellungsprägende Wirkung* des Strafrechts ist so stark, dass das Niveau der richterlichen Strafzumessungspraxis weiter gesenkt und – vor dem Hintergrund prinzipieller Strafbarkeit – die Spielräume für individualisierende Sanktions- und Diversionsstrategien ausgeweitet werden können,

172 *Schöch* 1985, 1096, 1102.
173 *Kaiser* 1996, 261, 264; *Schöch* 1985, 1096, 1102.

ohne die Erwartungen der Bevölkerung gegenüber der Strafrechtspflege zu enttäuschen und ohne die generalpräventive Kraft des Strafrechts zu schwächen.“ [174]

20 In weiten Bereichen der klassischen Kriminalität, also etwa bei Körperverletzung und Diebstahl, stimmen die Strafnormen mit relativ stabilen und verbreiteten Vorstellungen darin überein, was „unanständig“ ist und was man nicht tut. Das Strafrecht ist hier also moralisch untermauert, sodass in der Regel bereits und in erster Linie moralische Mechanismen wie das Gewissen, die Befürchtung eines Verlusts an Ansehen und die Erwartung informeller Sanktionen durch Familie und Freund:innen verhaltensbestimmend wirken. Dem Strafrecht kommt daneben eine allenfalls untergeordnete verhaltenssteuernde Wirkung im Sinne einer zusätzlichen Abstützung ohnehin gültiger moralischer Verhaltensstandards und der Bekräftigung der Geltung der darauf Bezug nehmenden Strafnormen zu.[175]

21 In den Bereichen der massenhaften leichten **Alltagsdelikte und Ordnungswidrigkeiten**, wie dem Schwarzfahren und dem Falschparken, ist die moralische Grundlage des rechtlichen Verbots hingegen schwächer. Hier könnte nach dem ökonomischen Kalkül (→ § 12 Rn 21 ff.) mit einer gewissen Abschreckungswirkung der Sanktion gerechnet werden, falls das angenommene Entdeckungsrisiko genügend hoch ist und erwartete Kosten den vorausgesehenen Nutzen übersteigen. Ähnliches dürfte im Prinzip auch für andere Straftaten ohne deutliche moralische Fundierung gelten, etwa für den Konsum bestimmter illegaler Drogen und für Teile der Umwelt- und Wirtschaftsdelikte. Jedoch ist in diesen Deliktsbereichen die Abschreckungswirkung nur plausibel, wenn die Tatbegehung rational kalkuliert und dabei eine als hoch unterstellte Entdeckungswahrscheinlichkeit in Rechnung gestellt wird. Solche Konstellationen sind selten: Die subkulturelle Billigung des Konsums illegaler Drogen etwa und die bekannte faktische Unmöglichkeit einer konsequenten Kontrolle lassen eine Abschreckungswirkung durch das geringe Ahndungsrisiko als wenig realistisch erscheinen. Bei sozialschädlichen Umwelt- und Wirtschaftsdelikten ist zwar von einem rationalen Kalkül auszugehen. Jedoch trifft dieses in der Regel auf ein bei Insider:innen bekanntes geringes Entdeckungsrisiko. Auch reagieren solche Täter:innen auf Steigerungen des Entdeckungsrisikos ggf. mit einem gegen Entdeckungen besser absichernden Risikomanagement.

174 *Schöch* 1985, 1104 f.
175 *Meier* 2019, 28 f.

In den Bereichen, wo der Abschreckungswirkung im Sinne der Generalprävention eine Bedeutung zukommen kann, ist nach alldem nicht die Art oder Härte der Reaktion bedeutsam, sondern die empfundene Wahrscheinlichkeit einer solchen Reaktion. Das subjektiv wahrgenommene **Entdeckungs- und Sanktionierungsrisiko** spielt dabei vor allem für solche Personen eine Rolle, die Straftaten als mögliche Handlungsalternative ansehen.[176] Neuere Studien konnten dementsprechend zeigen, dass das wahrgenommene Risiko nicht überall relevant ist, sondern nur in bestimmten Teilpopulationen der Bevölkerung delinquenzsteigernd oder -hemmend wirkt. Danach sind Abschreckungseffekte bei niedriger persönlicher Normbindung, geringer Fähigkeit zur Selbstkontrolle und der Einbindung in delinquenten Peergroups zu beobachten.[177] Täter:innen, die nach einer Straftat keine Strafverfolgung erfahren, schätzen das Entdeckungsrisiko geringer ein.[178] 22

Da das Entdeckungs- und Sanktionierungsrisiko in der Bevölkerung generell weit überschätzt wird[179], bleibt das objektive Risiko auch bei einer kaum realisierbaren deutlichen Steigerung hinter dem subjektiven zurück[180]. Eine demonstrative Steigerung des sichtbaren objektiven Entdeckungsrisikos kann sogar kontraproduktiv wirken, insofern es potenziellen Täter:innenkreisen vor Augen führt, dass die Entdeckungswahrscheinlichkeit geringer als von ihnen ursprünglich angenommen ausfällt.[181] Eine deutliche Steigerung der Entdeckungswahrscheinlichkeit durch verstärkte Kontrollaktivitäten ist angesichts des Auslastungsgrades der Polizei kaum realistisch. Auch ist angesichts des bescheidenen Einflusses polizeieigener Ermittlungen auf die bekanntwerdende und aufgeklärte Kriminalität (→ § 19 Rn 29) von einer Verstärkung der Kontrollaktivitäten allenfalls eine sektorielle Steigerung der Entdeckungswahrscheinlichkeit zu erwarten. 23

Zusammenfassend ergibt sich, dass gewisse Indizien für die Bedeutsamkeit der positiven Generalprävention zur Normbekräftigung bestehen, wobei dieser oft mit einer symbolischen Missbilligung des Rechtsbruchs Genüge getan sein dürfte, die dann nicht in einer förmlichen Bestrafung bestehen muss. Hingegen findet die Vorstellung der Abschreckung kaum eine empirische Stütze. 24

176 Vgl. *Wikström/Tseloni/Karlis* 2011, 417.
177 *Hirtenlehner* 2020, 98.
178 *Apel* 2013; *Paternoster* 2010, 809; *Seddig/Hirtenlehner/Reinecke* 2017.
179 *Apel* 2013, 78 f.; *Schöch* 1985, 1095.
180 *Albrecht* 1993, 163.
181 *Popitz* 1968, 8 f.

Sie ist noch am ehesten im Bereich der leichten Alltagsdelikte plausibel und dort schwach empirisch bestätigt, hängt jedoch von vielen verschiedenen Umständen ab, die miteinander interagieren.[182] Wesentlich bedeutsamer ist die Internalisierung strafbewehrter sozialer Normen, sodass die Handelnden strafbares Verhalten gar nicht als mögliche Handlungsoption ansehen. Im Übrigen ist weder von mehr Strafhärte eine Steigerung der Abschreckungswirkung zu erwarten, noch wirkt eine Bestrafung per se besser als eine symbolische Missbilligung ohne förmliche Bestrafung. Eine Erhöhung des Entdeckungs- und Ahndungsrisikos ist wenig realistisch.

25 Speziell die fehlende Bestätigung von Abschreckungserwartungen mag irritieren. Im Alltag gehen wir gewöhnlich von einer hohen Abschreckungseffizienz von Verboten aus. Dabei stellen wir uns jedoch Situationen vor, in welchen die Handelnden rational kalkulieren und eine Entdeckung sehr wahrscheinlich ist oder wo wir selbst die dem Verbot zugrundeliegenden sozialen Normen stark verinnerlicht haben. Diese Voraussetzungen sind in der Realität der Kriminalitätskontrolle jedoch oft nicht erfüllt.[183] Strafrechtspraktiker:innen setzen die grundsätzliche präventive Nützlichkeit des Strafrechts voraus, so wie andere Berufsgruppen von der sozialen Nützlichkeit ihrer Tätigkeit überzeugt sind. Es entspricht jedoch einer *déformation professionelle*, von der Notwendigkeit der Heilung einer Krankheit auf die Eignung der derzeit verfügbaren Medikamente zu schließen. Aus der Pflicht der Strafrechtspraxis zur Anwendung der gesetzlich verfügbaren Sanktionen folgt nicht schon die präventive Eignung dieser Sanktionen.

III. Spezialprävention

1. Evaluierbarkeit

Lektüreempfehlung: *Mair, George* (1991): What Works – Nothing or Everything? Measuring the Effectiveness of Sentencing. Home Office Research and Statistics Department Research Bulletin 30, 3-8; *Streng, Franz* (2012): Strafrechtliche Sanktionen. 3. Aufl., Stuttgart, 34 f., 139-145.

26 Im Unterschied zu der an die Allgemeinheit adressierten Generalprävention richtet sich die Spezialprävention an die strafrechtlich erfasste Person und sucht diese motivierend im Sinne künftigen rechtskonformen Verhaltens (nicht einer

182 *Eisenberg/Kölbel* 2017, § 41 Rn. 7 ff; *Waubert de Puiseau/Glöckner/Towfigh* 2019.
183 *Streng* 2012, 32.

moralischeren Lebensführung) zu beeinflussen. In diesem Sinne bestimmen § 2 S. 1 StVollzG und entsprechend die Landesstrafvollzugsgesetze:

> „Im Vollzug der Freiheitsstrafe soll der Gefangene fähig werden, künftig in sozialer Verantwortung ein Leben ohne Straftaten zu führen."

Als Kriterium für die Erreichung dieses Ziels wird gewöhnlich die **Legalbewährung**, also das Ausbleiben neuerlicher strafrechtlicher Registrierung innerhalb eines bestimmten Beobachtungszeitraums gewählt, typischerweise nach Verbüßung einer Freiheitsstrafe. Dies ist ein grobes Raster und nicht unproblematisch. Mit der Legalbewährung wird instanzenbezogen die Nicht-Wiederverurteilung erhoben; das eigentlich interessierende *verhaltensbezogene* Problem der Rückfälligkeit im Sinn eines erneuten, möglicherweise unentdeckt bleibenden Straffälligwerdens wäre nur durch eine unrealistische vollständige Durchleuchtung des Dunkelfeldes prüfbar. Angesichts regional und personenbezogen unterschiedlicher Kontrollintensität ist zwischen Wiederverurteilungsraten und echter Rückfälligkeit kein linearer Zusammenhang zu vermuten. 27

Ob die Legalbewährung notwendig einen spezialpräventiven Erfolg bedeutet, ist zweifelhaft. Für die strafrechtlichen Kontrollinstanzen unauffälliges Verhalten muss auf keine Einstellungsänderung gegenüber der Bereitschaft zu Rechtstreue hindeuten. Andererseits sind solche Änderungen individualpsychologisch nicht zuverlässig zu erheben. Deren mittelbare Prüfung über Merkmale der sozialen Stabilität begegnet den Einwänden, dass das Strafrecht nicht die moralisch einwandfreie Lebensführung erzwingt und die soziale Stabilität eine mittelschichtbezogene Kategorie darstellt, die für die Mehrzahl der der Unterschicht angehörenden Straffälligen nicht ohne Weiteres angemessen ist.[184] 28

Spiegelbildlich zum Problem der Eignung der Legalbewährung als Erfolgskriterium stellt sich das Problem der **Rückfalldefinition**, also ob jegliche Wiederverurteilung – ungeachtet der Einschlägigkeit, der Schwere und des verstrichenen Zeitraums – als Misserfolg gewertet werden darf. Für die Wirksamkeitsbeurteilung längerer Strafverbüßung fallen Wiederverurteilungen wegen kleinerer Alltagsdelikte wenig ins Gewicht. Insbesondere bei wiederholt dem Freiheitsentzug unterworfenen Personen lässt sich ein Misserfolg kaum mehr begründen, wenn die Intervalle zwischen den Taten, welche den Wiederverurteilungen zugrunde liegen, länger werden oder wenn die Abschwächung der Sanktionshärten auf einen Rückgang krimineller Intensität hindeutet. 29

184 Ähnlich *Eisenberg/Kölbel* 2017, § 20 Rn. 20.

30 Beim **Beobachtungszeitraum** ergeben sich zusätzlich Definitions- und Erhebungsprobleme. Nicht jeder erneuten Registrierung liegt eine *nach* der Bezugsverurteilung begangene Tat zugrunde, sie kann auch davor begangen worden sein. Zudem muss der Beobachtungszeitraum – nicht bloß wegen der Löschungsfristen für Registereinträge – begrenzt werden. Die Wiederverurteilung ist allenfalls als Misserfolg vorausgegangener Sanktionierung interpretierbar, wenn zwischen beiden ein gewisser zeitlicher Zusammenhang besteht. Infolgedessen wird üblicherweise der Beobachtungszeitraum auf vier oder fünf Jahre begrenzt. Dies entspricht der Feststellung, dass die Rückfallraten mit zunehmender Zeitspanne nach der Bezugsverurteilung abnehmen und die ganz überwiegende Mehrzahl der Wiederverurteilungen innerhalb von drei Jahren nach der Bezugsverurteilung erfolgt.[185]

31 Stets stellt sich die Frage, inwieweit die formelle Bewährung oder Nichtbewährung überhaupt als ein **Effekt der vorausgegangenen Sanktionierung** verstanden werden kann. Aus der zeitlichen Folge späterer Bewährung oder Nichtbewährung auf eine vorausgegangene Sanktionierung darf nicht auf die Ursächlichkeit der Sanktionierung für die Bewährung oder Nichtbewährung geschlossen werden (Fehlschluss *post hoc, ergo hoc*). Vielmehr können der Sanktionierung vorausgehende oder während des Beobachtungszeitraums nach der Sanktionierung eintretende Umstände den Bewährungserfolg (mit) beeinflussen: Das Herauswachsen aus dem besonders kriminalitätsgefährdeten Alter, ein Wechsel des Bekanntenkreises, ein ausgefüllteres Freizeitverhalten, neue Partner:innen, das Finden eines auskömmlichen Arbeitsplatzes. Die Erfolgsbeurteilung verlangt eine multivariate Berücksichtigung sämtlicher sozialer, personaler und sanktionsbezogener Variablen, die auf das Ergebnis Einfluss nehmen können. Dabei ist damit zu rechnen, dass der bivariate Zusammenhang zwischen Sanktionierung und Erfolg durch intervenierende Variablen beeinflusst ist, welche bereits die Wahl der jeweiligen Sanktion bestimmt haben. Die mögliche Verbindungslinie zwischen Sanktionierung und Legalbewährung ist Teil eines vernetzten Systems interagierender Variablen, wobei die persönliche Situation und die Kontrolldichte sowohl die Sanktion als auch die Aussicht auf Legalbewährung beeinflussen.

32 Bei aller Vorläufigkeit bisheriger Resultate kann als gesichert gelten, dass eine einseitige Abhängigkeit der Legalbewährung von der Sanktionierung nicht besteht. Der steuernde Einfluss strafrechtlicher Sanktionierung bezüglich

185 *Hüsler/Locher* 1991, 6; *Jehle u. a.* 2013, 9; *Jehle u. a.* 2016, 180.

menschlichen Verhaltens ist vielmehr sehr begrenzt und Legalbewährung von vielfältigen anderen Faktoren abhängig. Nicht zuletzt hängt der „Erfolg" einer Sanktion entscheidend von ihren konkreten Durchführungsbedingungen ab: ein motiviertes und geschultes Betreuungsteam, gute personelle und finanzielle Ausstattung, Freiräume der Sanktionierten zur Selbstfindung und Selbsthilfe.

Ein methodisch unanfechtbarer Vergleich der Auswirkung einzelner Sanktionen auf die spätere Legalbewährung würde voraussetzen, dass das Legalverhalten unterschiedlich sanktionierter Personengruppen mit identischen persönlichen und sozialen Ausgangsbedingungen erhoben wird. Dazu muss sich die Untersuchung auf eine **Kontrollgruppe** von Personen erstrecken, die sich von der Experimentalgruppe nur durch Art oder Intensität der Sanktionierung unterscheidet. Hierfür wäre am ehesten eine Gruppenzuweisung nach dem Zufallsprinzip geeignet. Da Sanktionen jedoch in Ansehung der persönlichen und sozialen Verhältnisse verhängt werden, ist eine Zufallsverteilung nicht vorhanden. Vereinzelte Versuche, die Einweisung in besondere Vollzugsformen nach dem Zufallsprinzip zu steuern[186], sind abgesehen von der ethischen Vertretbarkeit dem Bedenken ausgesetzt, dass auch hier angesichts der Freiwilligkeit zur Teilnahme und des Behördeneinflusses auf die Einweisung eine echte Zufallsverteilung nicht gegeben ist. 33

Bei der Prüfung von Sanktionswirkungen besteht nur die Möglichkeit der nachträglichen Parallelisierung von Kontroll- und Experimentalgruppe, bei der unterschiedlich sanktionierte Testpersonen mit individuell ähnlichen Ausgangsbedingungen in ihrem Legalverhalten verglichen werden. Dabei bleibt die Ungewissheit, ob sämtliche die Ausgangsbedingungen bestimmenden Variablen berücksichtigt wurden. Diese Ungewissheit beruht vor allem darauf, dass die nachträglich parallelisierten Sozialprofile aus Dokumenten (Strafregisterauszügen, Strafakten) erhoben werden. Die Dokumentenanalyse kann die prognostische Entscheidung in der Situation der Entscheidungsfindung nicht authentisch rekonstruieren, sodass letztlich offenbleibt, ob eine aufgrund des unmittelbaren persönlichen Eindrucks in der Hauptverhandlung erkennbare, aber nicht schriftlich dokumentierte höhere Rückfallgefährdung die dann tatsächlich höhere Rückfälligkeit nach Sanktionsvollstreckung bewirkt hat. Mangels Untersuchungen, welche die Rückfallprognose in der Wahrnehmungsper- 34

186 *Rasch/Kühl* 1978.

spektive der Beurteilenden *ex ante* erheben, muss diese Ungewissheit in Kauf genommen werden.[187]

35 Als Alternative zur nachträglichen Parallelisierung bieten sich aufwendige langfristige **Kohortenstudien** an, welche sich auf unausgelesene Vollerhebungen, typischerweise von Jahrgangsgruppen, beziehen. Solche Studien wurden insbesondere bei Jugendlichen durchgeführt (→ § 20 Rn 37). In Deutschland wird eine auch in Zukunft fortzuführende kommentierte Rückfallstatistik erstellt.[188] Obwohl diese Studie nicht-sanktionsbezogene Einflüsse auf die Wiederverurteilung ausklammert, stellt sie die bislang aussagekräftigste Rückfalluntersuchung dar. Differenzierter, vielschichtiger und aussagekräftiger als quantitative Untersuchungen belegen qualitative Studien die vielfältigen Auswirkungen des Strafvollzugs aus der Einschätzung der Betroffenen. Die qualitative Sondierungsmethode erscheint besonders geeignet, subjektive Vollzugserfahrungen aufzubereiten und so die Wirklichkeitswahrnehmungen des Strafvollzugs von Inhaftierten und Vollzugspersonal in ihrer verwobenen Kontextabhängigkeit sichtbar zu machen.[189]

2. Empirische Befunde

36 Die Befunde der soeben erwähnten Untersuchungen zur Legalbewährung nach strafrechtlichen Sanktionen lassen sich wie folgt zusammenfassen[190]:

- Etwa ein Drittel der Sanktionierten oder aus der Haft entlassenen Personen fällt innerhalb der ersten drei Jahre erneut straffällig auf, nach sechs Jahren sind es etwa 44 %, nach neun Jahren etwa 48 %. Die meisten Rückfalltaten werden somit in den ersten drei Jahren begangen, ein erheblicher Teil schon im ersten Jahr nach der Verurteilung bzw. Entlassung.
- Die erneute Straffälligkeit führt mehrheitlich zu gegenüber unbedingten Freiheitsentziehungen milderen Sanktionen.
- Zu einer freiheitsentziehenden Sanktion Verurteilte weisen gegenüber jenen, denen eine mildere Sanktion auferlegt wurde, eine höhere Wahrscheinlichkeit auf, rückfällig zu werden. Zu Bewährungsstrafen Verurteilte weisen gegenüber jenen, die eine vollzogene Freiheits- oder

187 Dazu eingehend *Albrecht* 1982, 218 f.
188 *Jehle u. a.* 2010; *Jehle u. a.* 2013; *Jehle u. a.* 2016.
189 Grundlegend *Irwin* 1987, zu Schriften von Gefangenen *Franklin* 1998.
190 *Jehle u. a.* 2013; *Jehle u. a.* 2016.

Jugendstrafe zu verbüßen hatten, eine niedrigere Rückfall- bzw. Wiederverurteilungsrate auf.

- Entlassene Strafgefangene fallen mehrheitlich erneut mit (irgend-)einer Straftat auf, die meisten kehren jedoch nicht in den Strafvollzug zurück.
- Jugendliche werden in den ersten drei Jahren zu rund 40 % rückfällig, während dies bei über 60-Jährigen nur zu etwa 15 % der Fall ist. Je jünger eine Person ist, desto höher ist die Wahrscheinlichkeit, dass diese rückfällig wird.
- Frauen werden in deutlich geringerem Maße rückfällig.
- Die Rückfall- bzw. Wiederverurteilungsrate zeigt eine hohe Korrelation zur Vorstrafenbelastung und nimmt mit der Zahl früherer Verurteilungen zu.
- Die Rückfälligkeit weist eine hohe Deliktspezifität auf: Während Straßenverkehrstäter:innen (mit Ausnahme von Fahren ohne Fahrerlaubnis) und wegen Tötungsdelikten Verurteilte zu weniger als 20 % rückfällig werden, weisen Personen, die einen Raub oder eine schwere Form des Diebstahls begangen haben, eine Rückfallrate von rund 50 % auf.
- Einschlägige Rückfälle sind verhältnismäßig selten. Täter:innen von Körperverletzungen weisen mit ca. 15 % nach drei Jahren bzw. ca. 23 % nach neun Jahren noch die höchste einschlägige Rückfallquote auf. Sexualdelinquent:innen liegen schon allgemein im unterdurchschnittlichen Bereich der Rückfälligkeit; unter den Täter:innen einer sexuellen Nötigung oder Vergewaltigung wird nur eine sehr kleine Minderheit wieder einschlägig verurteilt (nach neun Jahren ca. 3 %).
- Nach Bundesländern differenziert fällt auf, dass die Rückfälligkeit große Schwankungen aufweist, die auf Bevölkerungs- und Sozialstruktur sowie auf unterschiedliche Strafzumessungspraktiken zurückgeführt wird.

Bei **Jugendlichen** ist nach Untersuchungen an erstmals strafrechtlich Erfassten von der strafrechtlichen Verfolgung und ihrer Intensivierung durch Festnahme und Untersuchungshaft[191] keine gesteigerte spezialpräventive Abschreckungswirkung zu erwarten. Im Jugendstrafverfahren ist die formelle Erledigung durch Urteil der informellen Erledigung durch Diversion spezialpräventiv nicht überlegen.[192] In Untersuchungen wurde festgestellt, dass durch eine informelle Erledigung das Risiko des Übergangs zu formeller und zu wiederholter for- 37

191 *Klein/Peterson* 1988, 212 ff.
192 *Heinz* 2019, 1923.

meller Sanktionierung sogar reduziert wird.[193] Eine britische Langzeitstudie unausgelesener Jahrgangskohorten legt die Annahme nahe, dass Jugendliche, die der Verurteilung entgehen, weniger rückfallgefährdet sind als Verurteilte mit ansonsten vergleichbaren Merkmalen.[194] Eine deutsche Langzeitstudie von aus Jugendstrafanstalten Entlassenen kommt zum Ergebnis, dass das künftige Legalverhalten sich deutlich stärker aus der bisherigen Rückfalldichte als aus den bei der Entlassung beobachteten psychischen und sozialen Defiziten erklärt.[195] Unter den Jugendlichen sind solche, die früh mit 14 oder 15 Jahren straffällig werden, rückfallgefährdeter als Jugendliche, die vergleichsweise spät straffällig werden. Frühstraffällige Jugendliche, die anfangs mit einer Jugendstrafe belegt wurden, weisen eine schlechte Prognose der Legalbewährung auf.[196]

38 Insofern lässt sich eine spiralförmige **Eigendynamik des Rückfalls** erkennen, wonach die Handlungsoptionen sich mit zunehmender registrierter Rückfälligkeit auf erneute Straftaten verengen und die Kontrolldichte ansteigt. Dies entspricht der bereits durch *von Liszt* formulierten (→ § 8 Rn 30) und durch den *Labeling Approach* untermauerten (→ § 13 Rn 7 ff.) Annahme einer die kriminelle Karriere fördernden strafrechtlichen Intervention. Auch für Erwachsene, die erheblich strafrechtlich vorbelastet sind, lässt sich diese Eigendynamik nachweisen.[197] Einerseits sind mit dem (wiederholten) strafrechtlichen Zugriff soziale Einbußen, etwa der Verlust an sozialem Ansehen, persönlichen Bindungen und des Arbeitsplatzes, verbunden. Andererseits verändern sich damit die Einstellungen im Sinne des Einfindens in ein kriminelles Selbstbild, der Abschwächung von Normbindung und der Gewöhnung an das Strafübel.

39 Die vergleichende Betrachtung der spezialpräventiven Wirkung einzelner **Sanktionsarten** (→ § 19 Rn 8, 52 ff.) ergibt durchweg, dass die Wiederverurteilungsraten mit der Schwere der Sanktion zunehmen: Je härter die verhängte Sanktion, desto höher die Wiederverurteilungsraten. Die vollständig verbüßte Freiheitsstrafe schneidet unter dem Aspekt späterer Legalbewährung am schlechtesten ab, gefolgt von der Freiheitsstrafe mit Strafrestaussetzung zur Bewährung und der Freiheitsstrafe mit Bewährung, während die Geldstrafe die statistisch günstigsten Voraussetzungen für eine Nichtwiederverurteilung eröffnet.[198] Aus diesem Zu-

193 *Bareinske* 2004; *Crasmöller* 1996; *Heinz* 1992, 611 ff.; zusammenfassend *Heinz* 2019, 2153.
194 *West/Farrington* 1977, 126 ff.
195 *Hermann/Kerner* 1988; *Kerner* 1998.
196 *Jehle* 2019a, 186, 191.
197 *Streng* 2012, 37; anders nur *Killias/Aebi/Ribeaud* 2000.
198 *Albrecht* 1982, 169 f.; *Hüsler/Locher* 1991, 83 ff.; *Jehle u. a.* 2013, 49 f.; *Jehle u. a.* 2016, 179; *Stemmer/Killias* 1990; *Streng* 2012, 159 ff.

sammenhang zwischen Sanktionshärte und Rückfälligkeit lässt sich unmittelbar aber nur ableiten, dass härtere Sanktionen die Resozialisierung bzw. positive Spezialprävention noch deutlich schlechter erreichen als weniger strenge Sanktionen. Für die Frage nach den Gründen hierfür können indes keine einfachen kausalen Schlüsse gezogen werden. Zwar lässt sich argumentieren, dass gerade die Härte der Sanktion für höhere Rückfälligkeit verantwortlich sein könnte. Ebenso ist aber zu berücksichtigen, dass die verschiedenen Sanktionsformen für unterschiedlich schwere Delikte und unterschiedlich vorbelastete Personen eingesetzt werden, also sich in den Ausgangsbedingungen unterscheiden. In diesem Sinne können etwa auch umgekehrt hohe Rückfallraten zu härterer Sanktionierung beitragen. Andere Forschungsergebnisse zeigen anhand des einfachen und schweren Diebstahls, dass nicht die Art der gewählten Sanktion, sondern eine erhöhte Vorstrafenbelastung mit einem steigenden Risiko der Wiederverurteilung einhergeht.[199]

Schaubild 4.18: Rückfall- bzw. Wiederverurteilungsraten nach Art der (schwersten) Folgeentscheidung in Deutschland 2010-2013 40

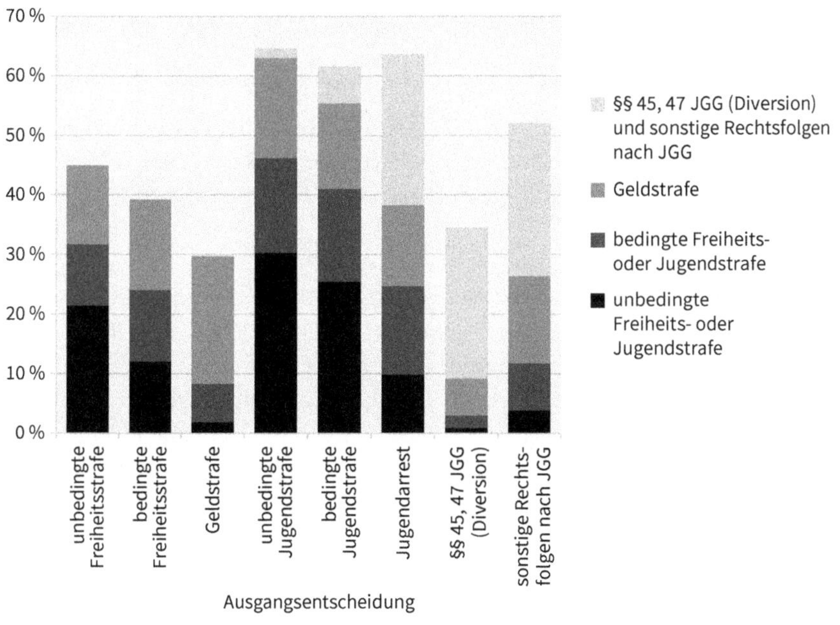

Quelle: *Jehle u. a.* 2016.

199 *Tetal* 2018, 449 f.

41 Für die **USA** ist nach neueren Sekundäranalysen belegt, dass von der derzeit dort betriebenen Kriminalpolitik, die auf freiheitsentziehende Sanktionen und automatische Strafschärfungen setzt, keine positiven Effekte zu erwarten sind. Programme, die auf spezialpräventive Abschreckung abzielten, sei es durch kurzen Freiheitsentzug (*shock probation*), durch längere, mit militärischem Drill verbundene Internierung (*boot camps*) oder in Form von Gefängnisbesuchsprogrammen (*scared straight*), hatten nicht die erwünschten Effekte, die Rückfallraten der Vergleichsgruppen waren nicht niedriger, in einer Reihe von Untersuchungen sogar höher.[200]

42 In der **Schweiz** wird das Legalverhalten von den jedes Jahr strafrechtlich verurteilten Erwachsenen sowie von den während dieser Jahre aus dem Straf- und Maßnahmenvollzug Entlassenen binnen drei Jahren nach der Verurteilung bzw. Entlassung analysiert. Dabei streuen die Wiederverurteilungsraten stark nach der Art der Vortat. Bei Diebstahl ohne Gewaltanwendung wurden 32 % der 2015 Verurteilten innerhalb dieses Zeitraums wieder verurteilt, davon wiederum 27 % wegen der gleichen Straftat (spezifischer Rückfall). Bei Betäubungsmittelhandel betrug die Wiederverurteilungsrate 24 %, davon 30 % spezifisch. 20 % der wegen Gewalthandlungen Verurteilten wurden rückfällig, davon wiederum nur 9 % spezifisch.[201] Von den im Jahre 2014 entlassenen Strafgefangenen wurden binnen drei Jahren 45,3 % (2009: 40,6 %) wegen der erneuten Begehung von Straftaten mindestens ein weiteres Mal verurteilt; 18,6 % (2009: 13,9 %) der Entlassenen wurden mindestens ein weiteres Mal in den Strafvollzug eingewiesen.[202]

43 Eine Untersuchung zu den 1988 entlassenen Strafgefangenen über einen Beobachtungszeitraum von sechs Jahren ergab, dass rund ein Viertel der rückfälligen Entlassenen schon im ersten Jahr und mehr als die Hälfte innerhalb der ersten zwei Jahre erneut verurteilt wurden.[203] Die hohe Rückfallhäufigkeit bereits kurz nach der Entlassung deutet darauf hin, dass Umstellungsprobleme auf ein Leben in wiedererlangter Freiheit die Rückfälligkeit begünstigen. Auch zeigt sich wiederum ein Zusammenhang zwischen milderer Sanktionierung und besserer Bewährungschance. Die Wiederverurteilungsquote ist nach kürzerer Strafdauer niedriger als nach längerer, nach bedingter Entlassung niedriger als nach Voll-

200 *Cochran/Mears/Bales* 2014; *Sherman u. a.* 2002; zur Rückfälligkeit *Alper/Durose/Markman* 2018.
201 Wiederverurteilung Erwachsene nach Merkmalen der Ausgangsbevölkerung (CH); Wiederverurteilung Erwachsene nach Ausprägung des Rückfalls (CH).
202 Rückfallraten – Erwachsene (CH).
203 *Storz* 1997.

verbüßung und nach Vollzug in Halbfreiheit und Halbgefangenschaft niedriger als nach Normalvollzug.[204]

Für **Österreich** zeigt sich, dass innerhalb von vier Jahren nach der Verurteilung bzw. Haft- oder Anstaltsentlassung fast jede dritte Person erneut eine strafrechtliche Verurteilung durch ein österreichisches Strafgericht erhält. Die Straffälligkeit tritt eher in den ersten beiden Jahren auf und häufiger bei bereits vorbestraften Personen, bei Männern und Jugendlichen. Die höchsten Wiederverurteilungsquoten finden sich bei Straftaten gegen das Suchtmittelgesetz, gegen die Freiheit und gegen die Staatsgewalt, die niedrigsten bei Straftaten gegen die sexuelle Integrität und Selbstbestimmung. Bezüglich der Sanktionsart zeigt sich, dass insbesondere die unbedingte Freiheitsstrafe eine hohe Wiederverurteilungsquote aufweist.[205] 44

Die Ergebnisse eines Ländervergleichs Deutschland, Schweiz und Österreich zeigen, dass sich die Sanktionsarten in Dauer und Häufigkeit unterscheiden. Während in Deutschland Freiheitsstrafen eher lang, aber selten verhängt werden und die Geldstrafe dominiert, sind in der Schweiz Freiheitsstrafen häufiger, aber zumeist kurz, wobei der Anteil an Geldstrafen zunimmt. In Österreich ist der Anteil verhängter langer Freiheitsstrafen hoch bei gleichzeitig vermehrtem Einsatz von Diversionsmassnahmen. Trotz des national unterschiedlichen Sanktionierungsverhaltens besteht in diesen Ländern eine vergleichbare Wiederverurteilungswahrscheinlichkeit. Dies spricht dafür, angesichts der mangelnden spezialpräventiven Vorzugswürdigkeit härterer Sanktionen weniger schädliche Rechtsfolgen zu bevorzugen und damit negative Haftfolgen stärker zu berücksichtigen.[206] 45

3. Freiheitsentzug im Besonderen

Ob das Konzept der Resozialisierung im Strafvollzug – und allgemeiner: der Resozialisierung mittels übelzufügender Strafe – als solches überhaupt aussichtsreich ist, kann angesichts der resozialisierungsfeindlichen Wirkungen der Strafe (→ § 19 Rn 93 f.; § 20 Rn 39) mit guten Gründen bezweifelt werden. Die Wirkung des Freiheitsentzuges auf späteres Legalverhalten wurde erstmals in den USA in 46

204 *Storz* 1997, 15 ff.; vgl. dagegen *Killias/Aebi/Ribeaud* 2000.
205 Gerichtliche Kriminalstatistik (AT) 2018, 53 f., 58, 60 ff.; Gerichtliche Kriminalstatistik (AT) 2020 – Tabellenband, Kapitel 4, W2.
206 *Fink/Jehle/Pilgram* 2015, 94.

den 1970er Jahren auf breiter Basis geprüft.[207] Bessere Legalbewährungseffekte wurden weder beim Freiheitsentzug im Vergleich zu nichtfreiheitsentziehenden Sanktionen noch beim längeren Anstaltsaufenthalt im Vergleich zum kürzeren beobachtet. Das war auch dann der Fall, wenn der längere Vollzug von intensiven Resozialisierungsbemühungen begleitet war.

47 Diese Feststellungen wurden mit dem eingängigen Schlagwort *nothing works* auf den Begriff gebracht.[208] Damit wurde vor allem der eingriffs- und kostenintensive Behandlungsvollzug bei längeren Freiheitsstrafen diskreditiert. Die breite internationale Resonanz dieser Befunde bewirkte einen kriminalpolitischen Bedeutungsverlust des Resozialisierungsgedankens. In den USA, aber auch in manchen westeuropäischen Nationen wie Großbritannien, den Niederlanden und Schweden ist nach einer ursprünglich übersteigerten Behandlungseuphorie das Pendel zu einem die Gesellschaft sichernden Strafvollzug umgeschlagen (→ § 20 Rn 53 ff.). Tendenzen hierzu sind auch in der deutschen kriminalpolitischen Diskussion und in der Gesetzgebung zum Strafvollzug zu konstatieren. Spätere US-amerikanische Analysen erachten die Validität der früheren Studien als fraglich und die Erfolgsbeurteilung – jedenfalls bei einem Spektrum als „behandelbar“ taxierter Inhaftierter – als noch abklärungsbedürftig.[209] Neuere Untersuchungen deuten darauf hin, dass Resozialisierungsmaßnahmen umso erfolgversprechender sind, je stärker sie individuell und differenziert auf den:die konkrete:n Verurteilte:n zugeschnitten sind, anstatt generalisierende Konzepte zu verfolgen.[210]

48 Im Strafvollzug sind die Rückfallraten tendenziell geringer, je stärker der Vollzug auf Resozialisierung ausgelegt ist.[211] Deutsche Erhebungen belegen eine leicht bessere Legalbewährung nach sozialtherapeutischem Vollzug im Vergleich zum Normalvollzug.[212] Die wenigen am Rückfallkriterium ausgerichteten Vergleichsuntersuchungen von offenem gegenüber geschlossenem Regelvollzug deuten ebenfalls günstigere Verläufe bei einer Entlassung nach offenen Vollzugsformen mit Außenarbeit oder Freigang an.[213]

---

207 *Allen* 1981; *Lipton/Martinson/Wilks* 1975; *Martinson* 1974; auch *Hood/Sparks* 1970, 106 f.

208 Auslöser war ein Aufsatz von Martinson, der verschiedene Resozialisierungsmaßnahmen analysiert, *Martinson* 1974.

209 *Cullen/Smith* 2011; *Martin/Sechrest/Redner* 1981; *Sechrest/White/Brown* 1979; *Wilson* 1981; Meta-Analysen etwa bei *Lipsey/Cullen* 2007 und *Smith/Gendreau/Swartz* 2009.

210 *Meier* 2019, 32 f.

211 *Eisenberg/Kölbel* 2017, § 42 Rn. 28 f. m. w. N.

212 *Dünkel/Geng* 1993, 237 f.; *Ortmann* 2000; *Ortmann* 2002; *Seitz/Specht* 2001.

213 *Frankenberg* 1999.

4. Schlussfolgerungen

Der verfügbare Erkenntnisstand spricht gegen die bessere spezialpräventive Wirksamkeit härterer Sanktionierung. Dies stützt die Annahme einer weitgehenden **Austauschbarkeit der Sanktionen** ohne spezialpräventiven Wirkungsverlust.[214] Zugleich können die vorliegenden Befunde nicht ohne Weiteres als Beweis für die spezialpräventive Schädlichkeit des Freiheitsentzuges, sondern ebenso als Konsequenz einer negativen Auslese des dem Freiheitsentzug unterworfenen Personenkreises gelesen werden – es entspricht der Entwicklungslogik des Kriminalisierungsprozesses, auf wiederholte Auffälligkeiten und schlechte Bewährungsprognosen mit zunehmend härteren Sanktionen zu reagieren. Damit wird die Eigendynamik einer Spiralwirkung von zunehmend härterer Sanktionierung und zunehmend sich verschlechternden Legalbewährungschancen plausibel.[215] 49

Die spezialpräventive „Erfolgsquote" des Strafvollzuges ließe sich vor diesem Hintergrund vermutlich leicht dadurch erhöhen, dass sozial integrierte Personen, die erstmals strafrechtlich in Erscheinung treten, mit unbedingter Freiheitsstrafe – anstatt wie bisher, wenn überhaupt, mit Geld- oder Bewährungsstrafe – geahndet werden. Umgekehrt würde eine drastische Beschränkung des Freiheitsentzuges auf Personen mit extrem hoher Wiederverurteilungswahrscheinlichkeit wohl zu einem Sinken des „Legalbewährungserfolges" der Freiheitsstrafe führen. Bei einer „harten" Kriminalpolitik, welche die Freiheitsstrafe umfänglich einsetzt, „bewährt" sich diese daher vermutlich ungleich besser als bei einer „milden" Kriminalpolitik, die von der Freiheitsstrafe nur sehr zurückhaltend Gebrauch macht. Die derzeit vorherrschende Kriminalpolitik im deutschsprachigen Raum bewegt sich in der Mitte dieser beiden Extreme. Dieser Mittelweg „produziert" zwangsläufig ein gewisses Niveau von Wiederverurteilungsquoten nach Strafvollzug, welche die Erwartungen an die Resozialisierungseignung des Strafvollzugs enttäuschen. Bei der Bewertung dessen sind auch die gesellschaftliche Normalität von Kriminalität (→ § 23 Rn 1 ff.) und die begrenzte präventive Eignung des Strafrechts (→ § 20 Rn 46 ff.) in Rechnung zu stellen. 50

Angesichts der angenommenen Austauschbarkeit von Sanktionen besteht das Bestreben, neben Strafen und Maßregeln **„dritte Spuren"** strafrechtlicher Reak- 51

214 Vgl. etwa *Kerner/Dolde/Mey* 1996.
215 *Hermann/Kerner* 1988, 491 ff.; zu den verschiedenen Aspekten vgl. die Beiträge in *Flanagan* 1995, 53 ff.

tionen zu eröffnen. Dafür spricht das Subsidiaritäts- bzw. Verhältnismäßigkeitsprinzip, wonach die Kriminalstrafe das schwerste und zuletzt einzusetzende Mittel gegen Kriminalität darstellt. Die Strafe ist daher nur zu gebrauchen, falls sie unbedingt nötig erscheint. Als Strafe umgehende, also diese ersetzende oder zusätzlich mildernde Diversionsmaßnahme kommt die **Wiedergutmachung** in Betracht, die das vom Strafrecht strukturell vernachlässigte Opfer in die Tataufarbeitung einbezieht und dessen Interessen an Entschädigung und immaterieller Genugtuung besser als eine Strafe Rechnung trägt. Das geltende Recht der deutschsprachigen Länder berücksichtigt schon heute die Möglichkeiten des Absehens von Strafe oder der Strafmilderung bei Wiedergutmachung (etwa §§ 46a StGB, 155a, 155b StPO). Zu einem breiteren Ausbau ermutigen die breite Akzeptanz in der Bevölkerung (→ § 23 Rn 39) und positive Erfahrungen mit Modellprojekten des Täter-Opfer-Ausgleichs[216]. Daneben ist die **gemeinnützige Arbeit** als eigenständige Strafart oder Vollzugsform (etwa Art. 79a StGB [CH]) zu erwähnen. Wiedergutmachung und gemeinnützige Arbeit sind resozialisierungsförderlich, indem sie Täter:innen dazu bringen, sich mit den Tatfolgen auseinanderzusetzen. Sie können von Täter:innen – eher als eine Strafe – als gerecht erlebt werden und die künftige Normanerkennung fördern. Zudem wecken sie integrationspräventiv die Bereitschaft der Allgemeinheit, die durch die Tat entstandene soziale Störung als beseitigt anzusehen.[217]

52 Demgegenüber weist die **elektronische Überwachung** anstatt normalem Freiheitsentzug (etwa Art. 79b StGB [CH]) einen zwiespältigen Charakter auf. Zwar ermöglicht auch sie den Verzicht auf einen nicht unbedingt notwendigen Freiheitsentzug. Andererseits ist sie rein verhaltensbeschränkend, ohne positive Anreize für ein straffreies Leben zu setzen. Allenfalls kann die elektronische Überwachung mit rehabilitierender Behandlung oder Betreuung ergänzt werden. Wie Tofu schmeckt sie dann nach dem, was man zusätzlich hineintut.

216 Übersicht etwa bei *Schreckling* 1991, vgl. außerdem *Hartmann/Schmidt/Kerner* 2020; *Kilchling* 2017, 48 ff.

217 *Roxin/Greco* 2020, § 3 Rn. 72 f.

IV. Sicherung und Vergeltung durch Freiheitsentzug

Lektüreempfehlung: *Heinz, Wolfgang* (2009): Wegschließen, und zwar für immer! In: *Derschka, Harald; Hausmann, Rainer; Löhnig, Martin* (Hrsg.): Festschrift für Hans-Wolfgang Strätz zum 70. Geburtstag. Regenstauf, 233-269; *Irwin, John; Austin, James* (2012): It's About Time. 4. Aufl., Belmont, 1-18; *Peters, Christian H.* (2015): Die Logik souveräner Vergesellschaftung: Ein theoretischer Rahmen für Analysen gegenwärtiger (Kriminal-)Politiken. KrimJ 47, 192-208; *Schumann, Karl F.* (1998b): Schutz der Allgemeinheit vor rückfallträchtigen Tätern durch „selective incapacitation". Eine Skizze zur Subversität eines Strafprinzips. In: *Lüderssen, Klaus* (Hrsg.): Aufgeklärte Kriminalpolitik oder Kampf gegen das Böse? Band I: Legitimationen. Baden-Baden, 456-467.

Vor allem in den USA, abgeschwächt aber auch im deutschsprachigen Raum, 53 haben seit den 1990er Jahren Sicherheit und Vergeltung als Strafzwecke bzw. allgemeiner als Ziele strafrechtlicher Sozialkontrolle (wieder) an Bedeutung gewonnen. Der härtere Umgang mit bestimmten Formen abweichenden Verhaltens, der nicht auf Resozialisierung, sondern auf Ausschluss setzt, hat in den USA zu sehr hohen Gefangenenraten geführt. Im deutschsprachigen Raum ist als Zweck vor allem Sicherung in Fällen prognostizierter Gefährlichkeit wichtiger geworden.

1. Sicherung durch Freiheitsentzug *(incapacitation)*

Dem Freiheitsentzug kommt zwangsläufig eine Sicherungswirkung insofern zu, 54 als der Aufenthalt in der Vollzugsanstalt die inhaftierte Person unfähig macht, *außerhalb der Anstalt* Straftaten zu begehen. Allerdings gibt es seit jeher auch Bestrebungen, die **Sicherung** als einzige oder vorherrschende Aufgabe des Freiheitsentzugs anzusehen. Dies wurde etwa bereits durch *Franz von Liszt* für „unverbesserliche Gewohnheitsverbrecher" vertreten, die es danach „unschädlich zu machen" galt.[218] In den USA ist heute von „Neutralisierung" des Gefährdungspotenzials die Rede, die unter dem Stichwort *incapacitation* als maßgebliche Wirkung des Freiheitsentzuges erachtet wird. In Deutschland haben die freiheitsentziehenden Maßregeln der Besserung und Sicherung eine zunehmende Bedeutung erlangt.

Das Konzept der *incapacitation*[219] setzte sich in den USA durch, nachdem die 55 dem Strafvollzug zuvor zugeschriebenen Wirkungen der Individualabschreckung und Resozialisierung geringe empirische Bestätigung gefunden hatten

218 *von Liszt* 1883, 36 ff.
219 Vgl. *Newburn* 2017, 555 ff.

und deshalb in Zweifel gezogen worden waren (→ § 20 Rn 46 ff.). Die Sicherung ist demgegenüber die einzige Vollzugswirkung, die als solche unbestreitbar ist. Ihre Bevorzugung entspricht pragmatischen Nützlichkeitsgesichtspunkten; zudem dürften sich hinter dem vermeintlich rein zweckrationalen Anliegen des Gesellschaftsschutzes oft auch Repressionsbedürfnisse verbergen.[220] Nicht zuletzt aus ökonomischen Gründen sind die jeweiligen Behörden bestrebt, die Sicherungswirkung **selektiv** auf Täter:innen zu beziehen, die als besonders gefährlich eingestuft werden.[221]

56 Das Sicherungsanliegen setzt auf eine leicht erreichbare und überprüfbare simple Verhaltenskontrolle durch objektive Verhinderung von Straftaten, während die Anliegen der Abschreckung und Resozialisierung eine ebenso anspruchsvolle wie fehleranfällige Form der Verhaltensbeeinflussung bedeuten. Die *incapacitation* enthält daher eine bescheidene, aber realistische Wirkungserwartung an den Strafvollzug, die durch die Skepsis gegenüber anderen anspruchsvolleren Wirkungserwartungen an Boden gewonnen hat.[222] Aus dieser Perspektive ist die Sicherung durch Freiheitsentzug die effizienteste Möglichkeit zur Beschränkung krimineller Gelegenheiten und damit Teil des zeitgemäßen Programms situativer Prävention durch Verminderung von Tatgelegenheiten (→ § 22 Rn 27 ff.).

57 Da die *incapacitation* nur so lange wirkt, wie die Türen des Gefängnisses geschlossen bleiben, ist mit der Akzeptanz dieser Wirkungserwartung zugleich die Tendenz verbunden, die Aufenthaltsdauer im Strafvollzug zu verlängern.[223] Im Zuge der Politik der *incapacitation* hat die **US-amerikanische Strafvollzugspopulation** enorm zugenommen und international zeitweise einen Spitzenwert erreicht.[224] Während die Gefangenenrate in den USA 1972 noch 161 betrug[225], stieg sie bis 2008 auf 755 Gefangene pro 100.000 Einwohner:innen und lag 2016 bei 655, was etwa 2,1 Millionen Personen entspricht (→ § 19 Rn 80 ff.)[226]. Diese Entwicklung hat die Kosten des Strafvollzugs explodieren lassen, der so zum am schnellsten wachsenden Kostenfaktor im staatlichen Budget wurde. In Kalifornien investierte der Staat mehr in Gefängnisse als in Universitäten.[227] Diese

220 *Dünkel* 2003.
221 Vgl. *Eisenberg/Kölbel* 2017, § 35 Rn. 127 zu den *three-strike-laws*.
222 *Zimring/Hawkings* 1997, 157.
223 *Zimring/Hawkings* 1997, 158.
224 Zur Entwicklung *Gottschalk* 2013.
225 *Travis/Western/Redburn* 2014, 33.
226 https://www.prisonstudies.org.
227 *Irwin/Austin* 2012, 4 ff.

Explosion der Strafvollzugspopulation war begleitet von einer ähnlich starken Zunahme anderer Formen der ambulanten und stationären Kontrolle. Die derart Kontrollierten unterscheiden sich in ihren soziodemografischen Merkmalen beträchtlich von der Durchschnittsbevölkerung. Mehrheitlich handelt es sich um junge Männer afroamerikanischer oder hispanischer Abstammung mit einem niedrigen sozioökonomischen Status.[228]

Schaubild 4.19: Entwicklung der Gefangenenzahlen in den USA 1925-2018 58

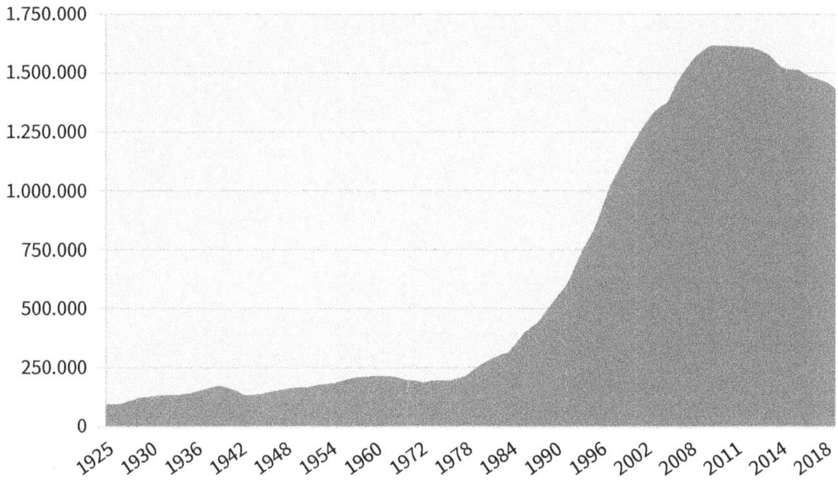

Gefangene in *state and federal prisons* (ab einem Jahr Freiheitsstrafe).

Quelle: *The Sentencing Project* (https://www.sentencingproject.org) auf Grundlage von Daten des *Bureau of Justice, Prisoners Series.*

228 *Alexander* 2010; *Wacquant* 2009, 205 ff.

59 **Schaubild 4.20: Demografische Struktur der Gefangenen in den USA**

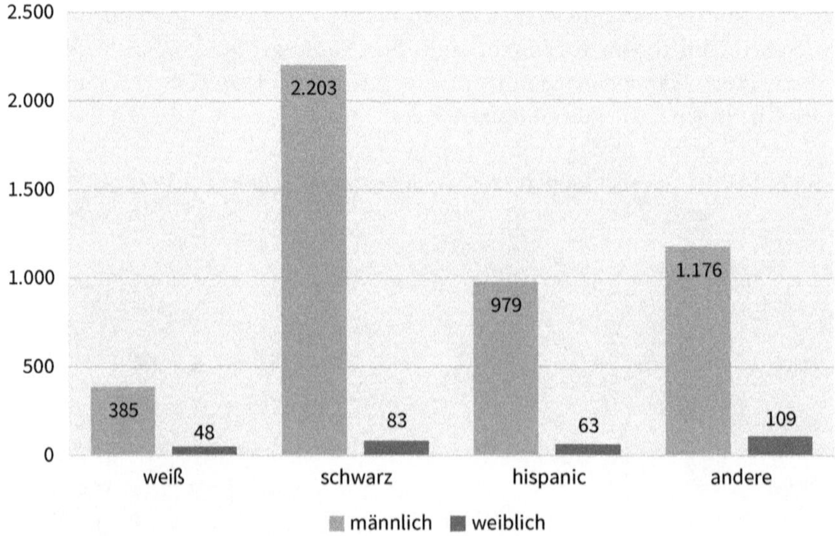

Gefangene in *state und federal prisons* (ab einem Jahr Freiheitsstrafe) per 100.000 der jeweiligen Bevölkerungsgruppe.

Quelle: *Prisoners* (USA) 2019, 16.

60 Auch in Europa hat die Sicherung als Zweck der Freiheitsentziehung seit den 1990er Jahren an Bedeutung gewonnen[229], auch wenn dies zwischen den verschiedenen Ländern stark variiert und im Ausmaß nicht mit der für die USA beschriebenen Entwicklung vergleichbar ist. In **Deutschland** sind als Form des zeitlich unbegrenzten und rein sichernden Freiheitsentzuges die gesetzlichen Möglichkeiten zur Anordnung der Sicherungsverwahrung (§§ 66 ff. StGB) erheblich ausgebaut worden; dementsprechend haben sich die Zahlen der Verwahrten entwickelt. Eine Unterbringung in der Sicherungsverwahrung kann angeordnet werden, wenn bei Verurteilten ein „Hang" zur Begehung von Straftaten angenommen wird. Die Sicherungsverwahrung knüpft damit nicht nur an begangenes Unrecht an, sondern an eine gutachterliche Prognose über das zukünftige Verhalten.[230]

229 Vgl. *Newburn* 2017, 736 ff.

230 Zur Praxis *Eisenberg/Kölbel* 2017, § 38 Rn. 53 ff.

Die Zahl der Sicherungsverwahrten ist von 183 im Jahr 1995 auf 350 im Jahr 2005[231] und 589 im Jahr 2020[232] gestiegen, die Zahl der Neuanordnungen hat sich von 27 im Jahr 1993 auf 107 im Jahr 2009 erhöht und ist seitdem wieder auf 53 im Jahr 2019 gesunken.[233] Deutliche Steigerungen lassen sich auch bei den anderen freiheitsentziehenden Maßregeln der Besserung und Sicherung beobachten, die sehr viel häufiger angeordnet werden als die Sicherungsverwahrung. Für die Unterbringung in der Entziehungsanstalt hat sich die Zahl der jährlichen Anordnungen zwischen 1995 und 2019 nahezu vervierfacht (s. Schaubild 4.21). 61

Schaubild 4.21: Entwicklung der Anordnungen stationärer Maßregeln der Besserung und Sicherung in Deutschland 62

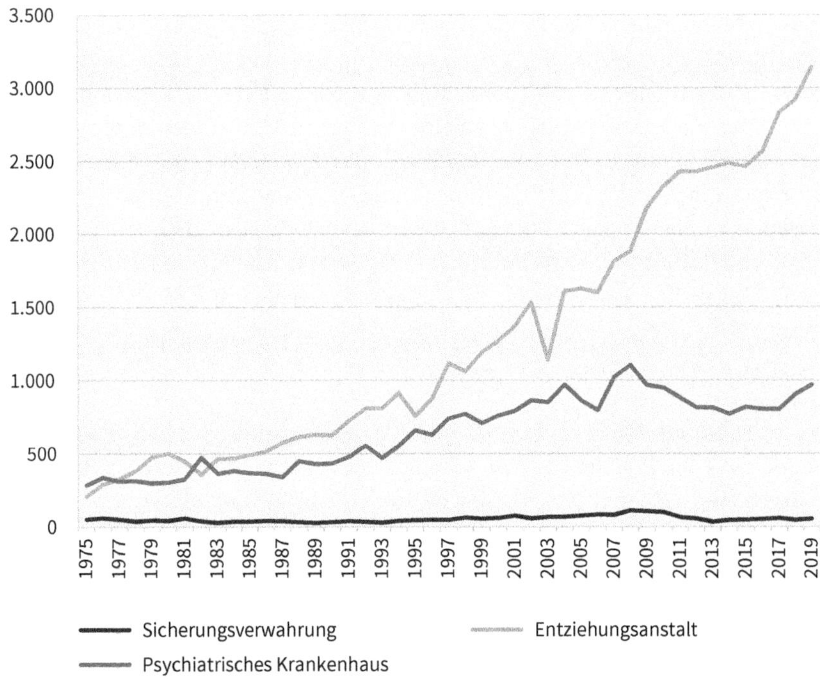

Quelle: Rechtspflege – Strafverfolgung.

231 Rechtspflege – Strafvollzug 2015, 10.
232 Rechtspflege – Strafvollzug 2020, 10.
233 Rechtspflege – Strafverfolgung 2019, 333.

63 Auch in der **Schweiz** wurde das Massnahmenrecht grundlegend am Gesellschaftsschutz ausgerichtet. Die stationäre therapeutische Behandlung kann in einer Strafanstalt vollzogen werden (Art. 59 Abs. 1, 3 StGB [CH]), obwohl die Gefängnisumgebung therapiefeindlich ist. Eine mehrfache, sogar unbegrenzte, Verlängerung um jeweils bis zu fünf Jahren ist möglich (Art. 59 Abs. 4 S. 2 StGB [CH]). Allein zur Sicherung der Allgemeinheit ist die Verwahrung möglich (Art. 64 Abs. 1 StGB [CH]). Vorausgesetzt sind unter anderem eine bestimmte Anlasstat und eine vage umschriebene Gefährlichkeit, die sich faktisch mit der Anlasstat begründen lässt. Sogar psychisch unauffällige Ersttäter:innen können verwahrt werden, was wegen der Dürftigkeit von Anhaltspunkten für die Gefährlichkeit problematisch ist. Bei enger gefassten Anlasstaten, „besonders schwerer" Integritätsbeeinträchtigung einer anderen Person, „sehr hoher" Rückfallwahrscheinlichkeit und Einstufung der Täter:innen als „dauerhaft nicht therapierbar" ist die lebenslängliche Verwahrung anzuordnen (Art. 64 Abs.1bis StGB [CH]). Obwohl 2020 nur 0,47 % aller Urteile gegen Erwachsene mit einer Massnahme verbunden wurden, wovon 42,0 % stationär zu vollziehen waren und nur in vier Fällen eine Verwahrung verhängt wurde[234], haben die stationären strafrechtlichen Unterbringungen zu Sicherungszwecken eine zunehmend symbolische Bedeutung als medialer Prüfstein für die Strafhärte. Da bedingte vorläufige Entlassungen nur unter strengen Voraussetzungen und äußerst spärlich erfolgen, baut sich trotz der wenigen Einweisungen ein Berg zu vollziehender Massnahmen auf, der die Kapazität des Massnahmenvollzugs zu sprengen droht.[235]

2. Bewertung und Folgen

64 Die Bearbeitung von Kriminalität durch Freiheitsentzug als Sicherung setzt voraus, dass der Vollzug die von Kriminalität ausgehenden Gefährdungen zu neutralisieren geeignet ist, gefährliche Individuen zuverlässig erfasst werden können und die Dauer des Vollzugs auf das Ausmaß der Gefährlichkeit abgestimmt ist. Keine dieser Voraussetzungen ist annähernd zureichend erfüllt.

65 Erstens erfassen das Konzept der *incapacitation* und der Freiheitsentzug im Allgemeinen nicht sämtliche gefährlichen Rechtsbrechenden, sondern sind im Gegenteil besonders **selektiv**. Dies belegt die demografische Struktur der Gefangenen in den USA (→ § 20 Rn 57 ff.). Die Vollzugspopulation setzt sich im Wesentlichen aus Angehörigen unterer sozialer Schichten zusammen, die

234 Sanktionen und Untersuchungshaft (CH) 2019-2020.
235 *Kunz* 2019.

wegen „klassischer" Delikte verurteilt sind. Hingegen führen etwa Wirtschaftsdelikte wegen Entdeckungs- und Verfolgungsschwierigkeiten sowie wegen der zumeist attestierbaren positiven Sozialprognose nur selten zu einer Inhaftierung. In gleicher Weise definiert das Konzept der *selective incapacitation* das Bild der gefährlichen Vielfachtäter:innen, gegen die das Arsenal der sozialen und strafrechtlichen Kontrollmöglichkeiten auszuschöpfen ist, nach ätiologischen Kriminalitätstheorien (→ §§ 6-12).[236] Dabei nimmt sie noch stärker als die Strafverfolgung ohnehin öffentlich agierende und leicht fassbare Täter:innen aus der Unterschicht in den Blick, während sozial angepasste oder statushohe Straftäter:innen – mit erheblichem ökonomischem und ökologischem Schädigungspotenzial – nicht erfasst sind.[237] Individuell unterschiedliche Startbedingungen werden ebenso ausgeblendet wie der Einfluss der Kontrollinstanzen auf die Entstehung und Verfestigung einer kriminellen Karriere.

Zweitens führt der Freiheitsentzug nur sehr vordergründig zu einer Sicherung. 66
Die Verwahrung im Vollzug bewirkt zum einen eine **Gefährdungsverlagerung** hin zu Mitgefangenen und kann zum anderen zu einer Verschiebung auf die Zeit nach der Haftentlassung führen, wobei es zu einer Eskalation der Gefährlichkeit durch Hafterlebnisse kommen kann. Die Gefängnissubkultur ist nicht nur die berühmte „Schule des Verbrechens", sondern weist auch eine gesteigerte Viktimisierungsgefahr auf.[238] Die psychischen Auswirkungen dessen äußern sich in Kompensationshandlungen während der Haft, etwa durch erzwungene gleichgeschlechtliche Sexualkontakte, Selbstverstümmelungen, Selbsttötungsversuche, aber auch für die Zeit nach der Haftentlassung.[239] Der Versuch, die Kriminalitätsrate mit mehr Inhaftierungen von längerer Dauer zu senken, kann angesichts dessen sogar **kontraproduktiv** sein, wenn das Gefängnismilieu zu künftiger Kriminalität ausbildet und soziale Bindungen in der Außenwelt zerstört. Einem bescheidenen Gewinn an Sicherheit für eine bestimmte Zeit steht eine immense Vermehrung der langfristig Inhaftierten gegenüber, die über die desozialisierenden Haftwirkungen zur Entstehung abweichenden Verhaltens erst beiträgt.

Drittens ist eine **zuverlässige Identifizierung** von zukünftigen Vielfachtä- 67
ter:innen aufgrund der derzeit verfügbaren Methoden nicht möglich; es lassen sich allenfalls Risikofaktoren für spätere Kriminalität identifizieren. Bei einer

236 *Farrington/Ohlin/Wilson* 1986, 2 f.
237 *Wacquant* 2009, 77 ff.
238 Vgl. *Neubacher/Boxberg* 2018, 201 f.
239 *Walter* 1999, 77, 152 f., 264 f.

solchen Prognose ist deshalb mit hohen Fehlerquoten zu rechnen.[240] Diese sind bei den zu Unrecht wegen möglicher künftiger Delikte als rückfällig vorausgesagten Personen (*false positives*) bedeutend höher zu veranschlagen als bei der im Zentrum der öffentlichen Diskussion um Fehlprognosen stehenden Gruppe der zu Unrecht als künftig nicht rückfällig beurteilten Straftäter:innen (*false negatives*)[241], wie ein einfaches Rechenexempel zeigt. Angenommen, zehn von 100 Individuen, deren Gefährlichkeit im Sinne zukünftiger Begehung schwerer Straftaten prognostiziert werden soll, seien tatsächlich konkret einschlägig rückfallgefährdet, und die Fehlerquote betrüge (tief angesetzt) 10 %. Dann würde man von den zehn wirklich Gefährlichen neun zutreffend erkennen und von den 90 Ungefährlichen irrtümlich neun als gefährlich klassifizieren.

68 **Schaubild 4.22: Irrtum bei Gefährlichkeitsbeurteilung**

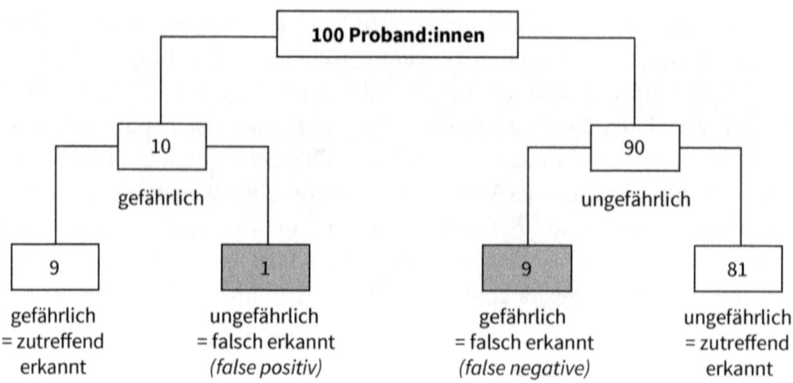

69 Trotz einer Gesamt-Trefferquote von 90 % wäre von den 18 als gefährlich Eingeschätzten die Hälfte objektiv ungefährlich. Die Diagnose „gefährlich" träfe somit in nur 50 % der Fälle wirklich zu. Von den 82 als ungefährlich taxierten Personen wäre hingegen nur eine Person tatsächlich gefährlich. Die Diagnose „ungefährlich" wäre somit nur in 1,2 % der Fälle falsch. Da die tatsächlich gefährlichen Personen unter den auf ihre Gefährlichkeit zu überprüfenden Straftäter:innen stets in der Minderheit bleiben dürften, wird der Anteil der zu Unrecht weiterhin Inhaftierten die Zahl der zu Unrecht Entlassenen stets bei Weitem übersteigen. Dem statistisch seltenen Fall, durch ungerechtfertigte Entlassung

240 *Haapanen* 1990, 142 f.
241 *Newburn* 2017, 557 f.

eine Gemeingefahr zu schaffen, stehen die statistisch häufigen Fälle gegenüber, in denen die Fortdauer des Vollzuges präventiv unnötig ist.

Der forensische Psychiater *Wilfried Rasch* (1925-2000) fasste die **Genauigkeit forensischer Begutachtungen** vor diesem Hintergrund dahingehend zusammen, dass auf jede:n durch klinische Prognose identifizierte:n Gefährliche:n zwei falsche Positive kommen.[242] Von 967 sogenannten Baxstrom-Patienten, die in New York als höchst gefährliche psychisch Kranke auf unbestimmte Zeit untergebracht waren und die aufgrund eines Gerichtsentscheides aus der strafrechtlichen Unterbringung entlassen werden mussten, befanden sich nach vier Jahren die Hälfte in allgemeinen psychiatrischen Kliniken und ein Drittel in Freiheit. Von den in der psychiatrischen Klinik Untergebrachten wurden 80 % nicht mehr gewalttätig. Von den in Freiheit Entlassenen wurden nur 1,7 % binnen vier Jahren erneut wegen einer Gewalttat verurteilt. Von allen wurden lediglich 2,7 % binnen vier Jahren nach der Entlassung aus der strafrechtlichen Unterbringung wieder strafrechtlich untergebracht.[243] Ähnliche Zahlen liegen auch für Deutschland vor. Untersuchungen zu der 2004 in Deutschland eingeführten nachträglichen Sicherungsverwahrung kamen auf einen Anteil von etwa zwei Dritteln, die fälschlich als gefährlich eingestuft worden waren.[244] 70

3. Tatgerechte Vergeltung, volle Strafverbüßung und automatische Strafverschärfung bei Wiederverurteilung

Neben dem Konzept der *incapacitation* hat das Schlagwort des *nothing works* (→ § 20 Rn 47) besonders in den USA eine neoklassische (→ § 12 Rn 21) retributionistische (= vergeltungsorientierte) Straftheorie bestärkt, die auf eine Präventionsorientierung vollkommen verzichtet und stattdessen eine „gerechte" tatproportionale Strafbemessung nach der Devise *just deserts* propagiert.[245] Danach soll alleine die Deliktsschwere die Strafart und -höhe bestimmen. Die Strafbemessung erfolgt nach standardisierten Zumessungsregeln (*sentencing guidelines*), wobei auf die sozialen Hintergründe des Tatgeschehens und die Sozialisierungsbedürftigkeit der Täter:innen keine Rücksicht genommen wird.[246] 71

242 *Rasch* 1994, 24; ähnliche Feststellungen bei *Cornel* 1994 und *Nedopil/Müller* 2017, 348.
243 *Cornel* 1994, 24.
244 *Alex* 2013; *Müller/Stolpmann* 2015.
245 Vgl. *von Hirsch* 1976; *von Hirsch/Jareborg* 1991.
246 *Newburn* 2017, 559 ff.

72 Das *just-deserts*-Konzept ist in mehrfacher Hinsicht anfechtbar. Zum einen engt der **Retributionismus** die Frage der Kriminalitätskontrolle auf die Frage nach dem Ob und dem Wie der Bestrafung ein. Alternative Formen sozialer Kontrolle werden gar nicht wahrgenommen. Dies gilt für Alternativen zur formellen Sanktionierung, insbesondere die die Bestrafung vermeidende Diversion, ebenso wie für Reaktionsformen auf abweichendes Verhalten außerhalb des Kriminaljustizsystems. Zum anderen verfolgt der Retributionismus mit seinem Verlangen nach klaren Regeln zwar teilweise berechtigte Anliegen. In der Praxis führt er aber vor allem zu mehr Strafe und mehr Strafhärte.[247] Obgleich der Retributionismus eine liberale Grundhaltung vertritt, findet seine Forderung nach „fairer" Strafgerechtigkeit daher bevorzugt bei denen Widerhall, die mehr Strafhärte verlangen. So hat denn auch die neoklassische Wende in der Praxis zu einer deutlichen Anhebung der durchschnittlichen Dauer der Freiheitsstrafen geführt.[248]

73 Gesetze in den USA tragen der **vergeltenden Tatproportionalität** in drastischer Weise Rechnung, indem sie die Möglichkeit der vorzeitigen bedingten Entlassung aus dem Strafvollzug beschränken und damit im Regelfall die volle Verbüßung der verhängten Freiheitsstrafe zwingend vorsehen (*mandatory prison terms, truth in sentencing*). Zudem sind zwingende Strafverschärfungen bei erneuten Verurteilungen vorgesehen. Diese Strafverschärfungen dürften als Versuch zu verstehen sein, das Konzept des *just deserts* mit dem Anliegen der *collective incapacitation* (→ § 20 Rn 73) in Einklang zu bringen. Sie sind vor allem unter dem Namen der Baseball-Regel *three strikes and you are out* bekannt geworden.[249] Nach solchen Vorschriften – die insbesondere mit einer Welle punitiver Reformen zwischen 1993 und 1996 in vielen Bundesstaaten Gesetz geworden sind, mittlerweile aber vereinzelt auch entschärft wurden[250] – hat die Verurteilung wegen einer dritten Tat zwingend eine lebenslängliche Freiheitsstrafe oder eine solche von mindestens 25 Jahren zur Folge, aus der eine bedingte Entlassung nicht möglich ist. Die *strikes*-Gesetzgebung richtet sich praktisch ausschließlich gegen Personen aus der Unterschicht und trifft besonders männliche Afroamerikaner.[251] Die Verurteilten bleiben über das Lebensalter hinaus inhaftiert, in dem mit einer kriminellen Aktivität zu rechnen ist. Durch die langen Aufenthaltszeiten im Strafvollzug steigt das Durchschnittsalter der

247 *Braithwaite/Pettit* 1990, 156 ff., 182 ff.
248 *Gordon* 1990, 20.
249 *Shichor/Sechrest* 1996.
250 Vgl. *Mosquera/Wagner-Weir* 2014.
251 *Alexander* 2010; *Chen* 2008.

Strafgefangenen erheblich an. Während 1994 der Anteil der Inhaftierten im kalifornischen Strafvollzug im Alter von 50 und mehr Jahren 4,2 % betrug, erreichte er 2019 24,3 %, mit weiter steigender Tendenz.[252]

Incapacitation, die *three strikes*-Gesetzgebung und verwandte Konzepte sind eine simple Reaktion auf das höchst irrationale Verlangen, das Kriminalitätsproblem loszuwerden, indem man Straftäter:innen **einsperrt und den Schlüssel wegwirft**. Der Erfolg dessen bleibt dementsprechend aus. Der US-amerikanischen Kriminalpolitik ist es in den vergangenen Jahrzehnten nicht gelungen, die hohen Raten registrierter und sich aus Dunkelfeldberichten ergebender Kriminalität oder die Gefangenenzahlen auf ein Maß zu reduzieren, das mit dem anderer Länder vergleichbar wäre. Im Gegenteil: Indem diese Politik einen hohen Anteil junger *people of color*, insbesondere Männer aus der Unterschicht gefangen hält, zerstört sie soziale Beziehungen und produziert so jene Einpersonenhaushalte ohne erwachsene männliche Bezugsperson, die von Befürworter:innen dieser Politik als Ausgangspunkt krimineller Entwicklung angesehen werden (→ § 11 Rn 4 ff.).[253] 74

4. Entwicklung im deutschsprachigen Raum

Anders als in den USA folgt die Gesetzgebung im deutschsprachigen Raum nicht vorrangig neoklassischen bzw. rein vergeltungsorientierten Konzepten. Gleichwohl ist auch hier seit den 1990er Jahren eine zunehmende Bedeutung von Sicherung, Vergeltung und Gesellschaftsschutz als Begründungen des Freiheitsentzuges zu konstatieren. Neben dem Ausbau der auf die Sicherung im Sinne der *incapacitation* zielenden Sicherungsverwahrung bzw. Verwahrung (→ § 20 Rn 60 ff.) gilt dies mitunter auch für den Bereich der Freiheitsstrafe. 75

Zwar gilt in Deutschland nach wie vor die Resozialisierung als (vorrangiges) Vollzugsziel, wenngleich sich dies häufig nicht in der Praxis des Vollzuges widerspiegelt. Dem Strafvollzug wird damit normativ eine – faktisch nur schwer zu erfüllende – Auslöserfunktion für künftiges rechtskonformes Verhalten nach Entlassung zugedacht. Jedoch ist der Resozialisierungsansatz politisch auch hier unter Druck geraten, was sich in der Gesetzgebung zum Strafvollzug niederschlägt. Durch die Föderalismusreform 2006 wurde den Bundesländern die Gesetzgebungskompetenz für den Strafvollzug übertragen. In einigen der im An- 76

252 *Austin* 1996, 167; *California Department of Corrections and Rehabilitation* 2020, 20.
253 *Messner/Rosenfeld* 2012, 106 f.

schluss daran erlassenen **Landesstrafvollzugsgesetzen** wird nun dem „Schutz der Allgemeinheit“ ein höherer Stellenwert eingeräumt als zuvor und werden die Gefangenen infolgedessen einem in Teilen deutlich repressiveren Gefängnissystem unterstellt, etwa was Vollzugslockerungen angeht.

77 Parallel dazu scheint seit Mitte der 1990er Jahre zumindest zeitweise eine **repressivere Praxis der Strafverfolgung** bestanden zu haben, teilweise auch noch zu bestehen. Hierauf deutet insbesondere die quantitative Entwicklung der Verhängung von Freiheitsstrafe seit Mitte der 1990er Jahre hin. Statistiken und Untersuchungen zufolge hat seitdem die Verhängung von mittel- und langfristigen Freiheitsstrafen sowohl im Jugend- als auch im allgemeinen Strafrecht insgesamt, wie auch im Verhältnis zu allen Verurteilungen, jedenfalls für einen gewissen Zeitraum zugenommen.[254] Dies hat zu einem vorübergehenden Anstieg der absoluten wie auch der relativen Gefängnispopulation geführt (→ § 19 Rn 74 ff.), wenngleich diese im Vergleich zu anderen europäischen Ländern nach wie vor im Mittelfeld liegt.[255] Betrug die Anzahl der wegen einer Verurteilung zu Freiheitsstrafe einsitzenden Gefangenen im Jahr 1995 noch 41.353, so stieg diese Zahl bis 2007 auf 57.284 an[256] und fällt seitdem wieder deutlich ab (2020: 41.901)[257]. Ähnliche Anstiege zeigten sich auch in weiteren europäischen Ländern. Dies wird vor allem mit einer härteren Strafzumessungspraxis der Gerichte erklärt[258], die im Besonderen als gefährlich eingestufte Verurteilte sowie den Bereich der Gewalt- und Drogendelinquenz trifft.

---

254 S. für Zahlen Zweiter Periodischer Sicherheitsbericht 2006, 549, 574 f.; *Eisenberg/Kölbel* 2017, § 35 Rn. 17; *Suhling/Schott* 2001, 51 ff.

255 *Singelnstein/Stolle* 2012, 90 f.

256 Rechtspflege – Strafvollzug 2015, 10.

257 Rechtspflege – Strafvollzug 2020, 11.

258 So international vergleichend *Cavadino/Dignan* 2006; zu Frankreich *Wacquant* 2009, 278 f.; für Deutschland s. *Suhling/Schott* 2001.

§ 21 Instanzen und Funktionen strafrechtlicher Sozialkontrolle

1 Bis zu dieser Stelle haben wir gesehen, wie die Praxis strafrechtlicher Sozialkontrolle als Ausfilterungsprozess ausgestaltet ist und funktioniert (→ § 19), welche Ziele und Zwecke dabei verfolgt werden und in welchem Maße diese zu erreichen sind (→ § 20). Ausgehend davon soll im Folgenden zum Einen ein Blick auf die Instanzen und Akteur:innen dieser Praxis geworfen werden, da diese die Praxis mit ihrem Handeln wesentlich prägen. Zum anderen soll aus kriminologischer Perspektive der Frage nachgegangen werden, welche Funktionen strafrechtliche Sozialkontrolle in der Gesellschaft erfüllt, die über die offiziell postulierten Strafzwecke hinausgehen.

I. Instanzen und Akteur:innen

2 Die Schaffung und Umsetzung von Strafgesetzen folgt nicht alleine den dafür geltenden rechtlichen Vorgaben, sondern ist auch von den Instanzen und Akteur:innen der jeweiligen Bereiche sowie deren Arbeitsweise und Eigenlogiken geprägt, die das Recht umsetzen und dabei rechtlich vorgesehene ebenso wie extralegale Spielräume in der einen oder anderen Art und Weise ausfüllen (→ § 13 Rn 8 ff.). Für ein Verständnis der Praxis strafrechtlicher Sozialkontrolle ist daher von erheblichem Interesse, wie die Instanzen strukturiert sind und ihren Tätigkeiten nachgehen.

1. Kriminalpolitik und Gesetzgebung

3 Die Strafgesetzgebung schafft und ändert die rechtlichen Regelungen im materiellen Strafrecht wie auch im Verfahrensrecht und bildet auf diese Weise eine Art Ausgangspunkt strafrechtlicher Sozialkontrolle (→ § 19 Rn 13 ff.). Inhaltlich ist die national verfolgte Kriminalpolitik abhängig von den jeweils herrschenden **gesellschaftlichen Bedingungen**. Diese geben den Rahmen vor, innerhalb dessen die Politik agiert (→ § 24 Rn 1 ff.). Die dort dann stattfindenden politischen Prozeduren sind geprägt von gesellschaftlichen Aushandlungsprozessen zwischen der Kriminalpolitik von Parteien und Verbänden, der Einflussnahme

von Interessengruppen, Berichterstattung der Medien, wissenschaftlicher Expertise und Vorstellungen in der Bevölkerung.[259]

4 Der Begriff „Kriminalpolitik" verdeckt, dass der politische Gestaltungsbereich nicht die Kriminalität, sondern deren Kontrolle und Prävention ist. Kriminalpolitik ist im Wesentlichen **Kontrollpolitik** und im Übrigen **Präventionspolitik**, die über das Ob und das Wie des Einsatzes von Strafrecht und nichtstrafrechtlicher Sozialkontrolle entscheidet. Diese begriffliche Klarstellung hat inhaltliche Bedeutung. Sie weist darauf hin, dass der Zusammenhang zwischen kriminalpolitischer Intervention und dem Anliegen der Eindämmung des durch Kriminalität bewirkten Sozialschadens notwendig durch bestimmte Kontroll- und Präventionsstrategien vermittelt wird, welche die Sozialschädlichkeit sektoriell unterschiedlich beurteilen, die Adressat:innen der Intervention auswählen, die Intensität der Intervention steuern – und dazu im Kern auf die Mittel des Strafrechts zurückgreifen, die zur Minderung von Sozialschäden nur begrenzt taugen.

5 Die Entscheidung darüber, welche sozialen Sachverhalte als strafwürdig angesehen werden und auf welche Weise sie strafgesetzlich geregelt werden, wird nicht von allen gesellschaftlichen Gruppen in gleichem Maße beeinflusst. In der gesetzgeberischen Praxis spiegeln sich einerseits die normativen Haltungen der Mehrheitsgesellschaft wider, während Positionen von marginalisierten Gruppen entsprechend wenig Raum erhalten. Andererseits heben Konflikttheorien (→ § 9 Rn 31 ff.) und materialistische Rechtstheorien hervor, dass in der Gesellschaft bestehende, durchaus auch divergierende Interessen nicht in gleichem Maße Zugang zu Prozessen der Rechtssetzung haben, die diesbezügliche **Definitionsmacht** also unterschiedlich verteilt ist. Auch im Strafrecht materialisieren sich bestimmte Interessen daher eher in strafrechtlichen Tatbeständen als andere.[260] Dies folgt bereits daraus, dass die Referent:innen in den Ministerien, die Gesetzentwürfe anfertigen, und die gewählten Abgeordneten in den Parlamenten keinen repräsentativen Ausschnitt der Gesellschaft darstellen. Darüber hinaus haben die verschiedenen gesellschaftlichen Gruppen auch in unterschiedlichem Maße Einfluss auf Gesetzgebungsprozesse, um dort ihren Interessen Raum zu verschaffen.[261] Strafrechtliche Normen dienen somit jedenfalls auch der Absicherung von Partikularinteressen bestimmter sozialer Gruppen.[262] Die Inhalte

259 *Kölbel* 2021.
260 *Eisenberg/Kölbel* 2017, § 24 Rn. 9 ff.
261 Vgl. *Lamnek/Vogl* 2017, 35 f.; *Singelnstein/Stolle* 2012, 126 ff.
262 *Menzel/Wehrheim* 2010, 514 f.

strafrechtlicher Normen sowie die Art und Weise ihrer Durchsetzung können aus dieser Perspektive als Ausdruck der Verteilung gesellschaftlicher Macht verstanden werden. Die unterschiedliche Definitionsmacht darüber, was als gesellschaftliches Problem angesehen wird und mit welchen Mitteln es bearbeitet werden soll, entspricht dabei der sonstigen asymmetrischen Verteilung von Macht in der Gesellschaft.

Das kriminologische Projekt einer **rationalen Kriminalpolitik** will dem- 6
gegenüber und in Anlehnung an Ideen der Aufklärung die Praxis von Strafgesetzgebung, Strafrechtsanwendung und Prävention von Kriminalität durch kritisch-wissenschaftliche Anleitung in einem rationalen Sinne prägen.[263] Zu diesem Zweck wird gefordert, dass die praktische Kriminalpolitik ihre Entscheidungen auf wissenschaftlich geprüfte Informationen zu stützen habe, die die anwendungsbezogene Kriminologie liefern solle. Auf diese Weise soll es dieser Kriminologie möglich sein, Vorschläge zur Optimierung der Rationalität von Strafgesetzgebung, Strafrechtsanwendung und Prävention von Kriminalität zu unterbreiten, ohne sich selbst zu stark den Verwertungsinteressen der herrschenden Kriminalpolitik zu unterwerfen.

Tatsächlich finden **wissenschaftliche Befunde**, die im Wege der kriminologi- 7
schen Forschung gewonnen werden, in der kriminalpolitischen und gesetzgeberischen Praxis jedoch nur wenig Berücksichtigung. Wissenschaftliche Erkenntnis ist kaum (noch) Ausgangspunkt bzw. Grundlage für die Entwicklung kriminalpolitischer Konzepte. Sie wird vielmehr vor allem dann herangezogen, wenn sie den praktischen Anforderungen der Kriminalpolitik im Einzelfall entspricht. Indes stehen die Ergebnisse der empirischen kriminologischen Forschung quer zu den grundlegenden Trends der heute praktizierten Politik – ohne dass dies für jene von wesentlichem Einfluss wäre. Die Befunde über hohe Irrtumsrisiken bei Individualprognosen, die Gefahr einer Überschätzung krimineller Gefährlichkeit (→ § 20 Rn 67 ff.), die Zweifelhaftigkeit der Wirkung von Allgemeinabschreckung (→ § 20 Rn 24), die mangelnde spezialpräventive Vorzugswürdigkeit härterer Sanktionierung und die generell eher desozialisierenden Wirkungen des Freiheitsentzuges (→ § 19 Rn 93 f.) – um nur einige zentrale Beispiele zu nennen – scheinen gegenüber den dramatisierenden und Strafhärte einfordernden Kriminalitätsinszenierungen in der öffentlichen Debatte nicht durchdringen zu können.

263 *Kunz* 2000, 10.

2. Polizei

8 Die verschiedenen Instanzen strafrechtlicher Sozialkontrolle sind ebenso wie die Gesetzgebung keine neutral Vermittelnden allgemeiner bzw. aller gesellschaftlichen Interessen oder setzen Recht nicht einfach nur gleichförmig um. Vielmehr weisen sie eine **relative Autonomie** auf und sind selbst Akteur:innen mit einer spezifischen Perspektive auf Kriminalität und soziale Kontrolle. Dies folgt nicht alleine aus der beruflichen Tätigkeit und den dabei gemachten und geteilten Erfahrungen. Darüber hinaus stellt das Personal der Instanzen auch kein Spiegelbild der Gesellschaft dar, sondern ist ein zwar durchaus heterogener aber gleichwohl doch spezifischer Ausschnitt der Gesellschaft im Hinblick auf soziale Herkunft und andere soziodemografische Faktoren.

9 Dies bedeutet zum einen, dass die Instanzen und ihre Vertreter:innen auch **eigene Ziele verfolgen** und sich bemühen, ihrer Perspektive auf den Gegenstandsbereich Einfluss zu verschaffen. So sind sie in der Regel etwa bestrebt, Personalausstattung, Einflusssphären und Kompetenzen auszuweiten.[264] Auch kommt der Polizei eine privilegierte Stellung bei der gesellschaftlichen Konstruktion von sozialen Problemen sowie der Darstellung von Lösungsmöglichkeiten zu, etwa im Wege einer bestimmten Interpretation der „Kriminalitätswirklichkeit". Dies zeigt sich in besonderem Maße bei der jährlichen Vorstellung der PKS (→ § 16 Rn 20). Die staatlichen Sicherheitsinstitutionen – aber etwa auch Standesorganisationen wie die Polizeigewerkschaften – betreiben so eine eigene Kriminal- und Sicherheitspolitik.[265]

10 Zum anderen prägen die Eigenheiten der Instanzen aber auch die Praxis strafrechtlicher Sozialkontrolle. Wie wir bereits gesehen haben, stellt selbige einen permanenten Ausfilterungsprozess dar (→ § 19 Rn 2 ff.). Dieser erfolgt nicht gleichförmig und alleine anhand der rechtlichen Vorgaben. Vielmehr findet die Ahndung verschiedener Formen abweichenden Verhaltens und die Verfolgung unterschiedlicher Personen mit divergierender Intensität und in unterschiedlicher Art und Weise statt. Solche **Selektionsprozesse** sind zum einen auf der Ebene der Verdachtsschöpfung und -beurteilung zu finden[266], können zum anderen aber auch bei praktisch allen anderen Entscheidungen im Rahmen der Strafverfolgung eine Rolle spielen. Strafrechtliche Sozialkontrolle und ihr

264 *Kreissl* 1997, 525 f.
265 *Singelnstein/Stolle* 2012, 53 ff.
266 *Ricker* 2021.

Output sind angesichts dessen wesentlich auch durch die Praxis und Eigenlogiken von Polizei und Justiz geprägt.[267]

Der Polizei kommt vor allem am Beginn des Strafverfahrens eine zentrale Rolle zu. Zunächst beginnen die allermeisten Strafverfahren bei ihr: Die Beamt:innen nehmen Anzeigen auf oder weisen sie zurück (→ § 19 Rn 25 ff.). Zudem bestimmt ihr Handeln, wie sich der Teil der registrierten Fälle zusammensetzt, der auf eine Einleitung von Amts wegen zurückgeht. Schwerpunktsetzungen und Einsatzplanung im proaktiven Bereich entscheiden darüber, in welchen Deliktsbereichen und gesellschaftlichen Feldern relevante Sachverhalte festgestellt werden; bei der Praxis der Verdachtsschöpfung auf der Straße werden Situationen und Personen in unterschiedlicher Weise wahrgenommen.[268] Im weiteren Verlauf entscheidet die Polizei dann faktisch über die Intensität der Ermittlungen. Rechtstatsächlich werden die meisten Verfahren von der Polizei weitgehend eigenständig betrieben, sodass ihr hier eine wesentlich stärkere Rolle zukommt als eigentlich vom Gesetz vorgesehen (→ § 19 Rn 26 ff.). Auch darüber hinaus ist die Polizei im Ermittlungsverfahren oftmals die wahre Herrin des Verfahrens, da sie mit ihren Ressourcen und faktischen Möglichkeiten erheblichen Einfluss ausüben und die Arbeit der Staatsanwaltschaft determinieren kann.[269] 11

Die im Rahmen dessen erfolgenden Selektions- und Zuschreibungsprozesse (→ § 13 Rn 7 ff.) sind von zahlreichen verschiedenen, auch **extralegalen Kriterien** geprägt, die entweder von der Tat selbst oder den handelnden Individuen abhängen.[270] Dies führt dazu, dass bestimmte Personen und Gruppen eine höhere Wahrscheinlichkeit haben in den Prozess strafrechtlicher Sozialkontrolle zu gelangen als andere. Strukturell gefährdet sind insbesondere gesellschaftliche Minderheiten und marginalisierte Gruppen.[271] So werden Angehörige der Unterschicht auf den verschiedenen Stufen des Kriminalisierungsprozesses benachteiligt. Auch wenn das Ausmaß dieser Benachteiligung auf den einzelnen Stufen nicht übermäßig ist und von weiteren zugeschriebenen Kriterien abhängig ist, summiert es sich im Verlauf des Prozesses.[272] Nach *Detlev Frehsee* (1944-2001) ist unsere Wahrnehmung von Kriminalität eine polare: Krimina- 12

267 *Kölbel* 2019, 257 ff.
268 *Eisenberg/Kölbel* 2017, § 27 Rn. 36 ff.
269 *Singelnstein* 2019b, 41 f.
270 Grundlegend *Feest/Blankenburg* 1972; *Kürzinger* 1978; *Steffen* 1976.
271 *Kölbel* 2019, 258 ff.; *Ricker* 2021, 111 ff.
272 *Geißler* 1994; s. auch *Eisenberg/Kölbel* 2017, § 27 Rn. 48 f., 78 ff., § 31 Rn. 51.

lität wird sehr stark im Zusammenhang gesehen mit Abweichungen vom als normal verstandenen durchschnittlichen Lebensstil der Mehrheitsgesellschaft. Straftaten werden daher nur einerseits mit einem niedrigen sozialen Status und defizitären Lebenssituationen assoziiert. Andererseits und erst nach und nach werden zunehmend auch Straftaten von statushohen gesellschaftlichen Gruppen erfasst, vor allem im Bereich der Wirtschaftskriminalität.[273] Straftaten zwischen diesen beiden Polen, also solche der Mehrheitsgesellschaft oder der Mitte werden weniger wahrgenommen.[274]

13 Weiterhin spielen auch rassistisch diskriminierende Kriterien der Selektivität eine Rolle. Solche können als *racial profiling*, also einer besonderen polizeilichen Kontrolldichte gegenüber als fremd gelesenen Personen, eine Rolle spielen, sich aber auch in der polizeilichen Verdachtsschöpfung niederschlagen.[275] Die verschiedenen Kriterien können schließlich auch zusammenwirken und sich gegenseitig verstärken. Bei polizeilichen Kontrollen kommt etwa neben Hautfarbe und vermuteter Herkunft auch Geschlecht, Alter und Klassenzugehörigkeit als Kriterien Bedeutung zu, sodass männliche Jugendliche und junge Männer aus Familien mit Zuwanderungsgeschichte besonders im Fokus stehen.[276]

14 Die damit beschriebenen Kriterien können Kriminalisierungen auf verschiedenen Wegen prägen. Sie beeinflussen zum einen als **Wissen und Einstellungen** bewusst oder implizit das Handeln der Akteur:innen.[277] Ob und wie intensiv eine Strafverfolgung stattfindet, ob „null Toleranz" gilt oder ein Auge zugedrückt wird, hängt auch von diesem Wissen ab. Polizist:innen beispielsweise machen manche Probleme groß, während anderes klein gezeichnet wird, verfolgen manches eher als anderes – je nachdem was in der polizeilichen Praxis als besonders problematisch oder bedrohlich wahrgenommen und aus Perspektive der Mehrheitsgesellschaft besonders abweichend erscheint. Zum anderen strukturieren und prägen die Kriterien die Kriminalisierungsprozesse, etwa weil sie über die Definitionsmacht bestimmen, die den verschiedenen Akteur:innen in den dabei stattfindenden Aushandlungsprozessen zukommt.[278]

---

273 *Frehsee* 1991, 25 ff.; *Singelnstein* 2019a, 1103 f.
274 Dazu auch *Karstedt* 2004.
275 *Behr* 2019, 20 ff.; *Belina/Wehrheim* 2011, 210; *Dübgen* 2017, 148 f.; *Thompson* 2018.
276 *Abdul-Rahman u. a.* 2020, 15, 30; *Bruce-Jones* 2015; *Künkel* 2014.
277 *Reichertz* 1990; *Singelnstein* 2009, S. 39 ff., 63 ff.
278 *Feest/Blankenburg* 1972; *Ruch* 2017, 332 ff.; *Sack* 1968, 469 ff.

15 Bei der Kriminalisierung sind somit nicht alleine die Verletzung der Strafnorm, sondern auch die Vorstellungen und Rollen der Akteur:innen bestimmend. Es wird nicht alleine der Sachverhalt in den Blick genommen, sondern auch die soziale Position und der Lebensstil der zu beurteilenden Personen bestimmen die Handlungen im Kriminalisierungsprozess.[279] Dieser reproduziert so die sozialen und kulturellen Vorstellungen seiner Akteur:innen wie auch die der Mehrheitsgesellschaft. Damit werden durch das Strafrecht nicht nur Normen exekutiert, die durch den Gesetzgeber geschaffen wurden und auf einem gesellschaftlichen Konsens beruhen, sondern auch Wertprioritäten außerhalb des Strafrechts. Betroffene geraten umso eher ins Visier der Strafverfolgung, je weniger sie den **dominanten Wert- und Moralmaßstäben** entsprechen. Das Strafrecht sanktioniert angesichts dessen über seine offizielle (ultima ratio-)Funktion hinaus nicht nur strafbares Verhalten, sondern erzwingt auch eine darüberhinausgehende Konformität, indem es mittelbar auch sonstige soziale Normen durchsetzt.[280]

16 Zusammengenommen führt der Ausfilterungsprozess im Rahmen der Kriminalisierung nicht zu einem repräsentativen Abbild strafbarer Verhaltensweisen in der Gesellschaft (→ § 16 Rn 11 ff.), denn die Praxis der Instanzen und insbesondere der Polizei behandelt Sachverhalte und Personen nicht gleichmäßig. Infolgedessen entspricht das als Hellfeld verdinglichte Aufkommen abweichenden Verhaltens nicht dem regulatorischen Anliegen des Strafgesetzgebers.[281] Besonders problematisch ist der beschriebene Einfluss extralegaler Kriterien dort, wo er als Ausdruck von struktureller Ungleichbehandlung erscheint und diese gesellschaftlichen Verhältnisse im Zuge der Kriminalisierung zugleich reproduziert. Kriminalität kann hier als negative Ressource verstanden werden, die ebenso wie Anerkennung und Teilhabe anhand dieser Merkmale zugeteilt wird.[282]

17 Nicht zuletzt beschränkt sich die beschriebene Wirkung nicht auf Tatverdächtige und Verdachtsschöpfung. Da es sich um allgemeine Kriterien der sozialen Positionszuweisung in der Gesellschaft handelt, lassen sie sich ebenso auf **Anzeigeerstatter:innen bzw. Verletzte** beziehen und deren Behandlung durch die Strafverfolgungsinstanzen, die sich verschiedenen Anliegen in unterschiedlicher Intensität widmen. Darin spiegelt sich wider, welchen Personen welche

279 *Frehsee* 1991, 41; *Singelnstein* 2019a, 1104 f.
280 *Singelnstein/Stolle* 2012, 132 ff.
281 *Kölbel* 2020b, 30 f.
282 *Sack* 1968, 469.

Beschwerdemacht zukommt und welche Formen von Abweichung gesellschaftlich besonders problematisiert werden.

3. Staatsanwaltschaft und Gericht

18 Die Arbeitsweise der Justiz funktioniert grundsätzlich anders als die der Polizei. Es handelt sich im Wesentlichen um juristische Tätigkeit mit Akten und Sprache, die von Volljurist:innen ausgeübt wird. Dem Recht kommt dabei eine etwas stärker strukturierende Rolle zu als bei der polizeilichen Tätigkeit, wenngleich die Rechtsanwendung auch hier von bürokratischen Gepflogenheiten, eingeübten Praxen und institutionalisierten Handlungsnormen (*Ulrich Eisenberg*) geprägt ist.[283] Zugleich ist die Justiz relativ stark abhängig von der Vor- und Zuarbeit durch die Polizei.

19 Die Differenzierung zwischen Staatsanwaltschaft und Gericht innerhalb der Justiz ist zunächst vor allem eine formale und behördliche, während Einstellungen, Praxis und **Sozialisation** in beiden Organisationen sich stark ähneln. Dies ist sowohl durch die gemeinsame Ausbildung, die oft geringe organisatorische Trennung bis hin zum gemeinsamen Kantinentratsch und die ähnliche Arbeitsweise, wie auch durch den häufigen Wechsel des Personals zwischen den beiden Organisationen bedingt, der in manchen Ländern sogar verpflichtend vorgesehen, der justiziellen Gewaltenteilung im Sinne einer gegenseitigen Kontrolle aber abträglich ist. Zudem rekrutiert sich das Personal beider Institutionen schon angesichts der erforderlichen juristischen Qualifikation tendenziell aus ähnlichen, wiederum nicht den gesellschaftlichen Durchschnitt widerspiegelnden sozialen Milieus bzw. Sozialisationsverläufen.

20 Die gesetzlich bestimmten **Tätigkeiten** von Staatsanwaltschaft und Gericht unterscheiden sich nicht unerheblich. Die Staatsanwaltschaft ist eine hierarchisch aufgebaute, vom Weisungsrecht geprägte Behörde, die Herrin des Ermittlungsverfahrens ist und später die Anklage vertritt. Im Ermittlungsverfahren trifft die Behörde die Abschlussentscheidung, die heute wohl wesentlichste Weichenstellung im Strafverfahren. An dieser Stelle ist die Staatsanwaltschaft ein entscheidender Selektionsfilter mit der Entscheidung, ob sie einen Sachverhalt zur Anklage und so vor Gericht bringt oder das Strafverfahren einstellt. Wegen der umfassenden Möglichkeiten zur Verfahrenseinstellung ist sie an dieser Stelle sowohl Gatekeeperin für die Justiz wie auch eigenständige Sanktions-

283 *Singelnstein* 2009, 51 ff.

instanz (→ § 19 Rn 30 ff.). Mit der Anklageerhebung übernimmt das Gericht die Verfahrensherrschaft und trifft die die jeweiligen Verfahrensabschnitte abschließenden Entscheidungen, wobei ihm das Aburteilungsmonopol zukommt. Anders als die Staatsanwaltschaft genießen Richter:innen richterliche Unabhängigkeit und sind insofern freier bei ihrer Tätigkeit.[284]

Die für die Polizei beschriebenen **Selektionsprozesse** können in veränderter 21
Form auch für die Justiz festgestellt werden. Insbesondere sind bei den Zuschreibungen die gleichen Kriterien von Einfluss, wenngleich ihnen anderes Gewicht zukommen kann und die Wege des Einflusses andere sein können. Mitunter werden hier aber Verzerrungen seitens der Polizei auch ausgeglichen. So ist etwa die Kriminalisierung durch die Polizei für bestimmte Gruppen rassifizierter Personen erheblich erhöht, was jedoch im Bereich der Justiz im weiteren Verlauf ein Stück weit aufgehoben wird.[285]

Darüber hinaus entfalten sich in der Praxis der Justiz **Eigendynamiken**, die be- 22
einflussen, wie bestehende Entscheidungsspielräume ausgefüllt werden, und die den Verfahrensverlauf stark prägen können. Formal und dem Gesetz nach sind Staatsanwaltschaft und Gericht zwar neutrale Instanzen, die an einer Verurteilung von Beschuldigten bei entsprechender Sach- und Rechtslage kein größeres Interesse haben sollen als an ihrer Freisprechung. In der Praxis begeben sich Staatsanwält:innen bei ihren Ermittlungen jedoch in eine bestimmte Rolle und betrachten das Geschehen aus der damit einhergehenden Perspektive, die auf die Feststellung von Strafbarkeit, Schuld und belastenden Beweisen gerichtet ist. Dabei stehen sie oft bestreitenden Beschuldigten und abwehrenden Verteidiger:innen gegenüber, gegen die es sich durchzusetzen, und einem Gericht, das es zu überzeugen gilt. Ist der Sachverhalt einmal als straf- und nachweisbar eingestuft und die Anklage verfasst, drohen die weiteren Entwicklungen und Aussagen in der Hauptverhandlung selektiv dahingehend wahrgenommen zu werden, dass sie die aufgestellte Hypothese bestätigen und damit kein Abrücken erforderlich machen (sogenannter Inertia-Effekt), während Widersprüche unterschätzt werden, um kognitive Dissonanzen zu vermeiden.[286]

Gerichte hingegen – denen die Entscheidung über die Eröffnung des Verfahrens 23
obliegt – tendieren aufgrund ihrer Abhängigkeit von der staatsanwaltschaftli-

284 *Singelnstein* 2019b, 42 ff.
285 *Dittmann/Wernitznig* 2003; *Mansel* 2008.
286 Überblick bei *Hogh/Bögelein* 2021.

chen Einschätzung und Aufbereitung des Geschehens dazu, Anklagen zunächst zuzulassen. Damit begeben auch sie sich in eine bestimmte Rolle und werden so für dieselben Verzerrungseffekte anfällig.[287] Der Ausgang eines Strafverfahrens kann infolgedessen ebenso viel mit der Dynamik zwischen den Verfahrensbeteiligten zu tun haben wie mit der Sach- und Rechtslage, wobei diese Dynamik auch durch die bereits genannten Selektionsprozesse und extralegalen Kriterien beeinflusst ist.

II. Funktionen und Wirkungen

24 Das Strafrecht formuliert zentrale soziale Normen in Form von Gesetzen und setzt diese symbolisch durch. Welche Funktionen damit erfüllt werden sollen und welche Wirkungen diese Praxis erreicht, wird jedoch durchaus unterschiedlich beurteilt.

1. Strafzwecke und andere Funktionen

25 Bereits Strafrechtswissenschaft und Kriminalpolitik – bei denen die Durchsetzung der jeweiligen strafbewehrten sozialen Norm im Fokus steht – postulieren verschiedene Strafzwecktheorien, die von der Kommunikation bis hin zur Vergeltung reichen, und die zu verschiedenen Zeiten jeweils in sich wandelndem Maße favorisiert werden (→ § 20 Rn 1 ff.). Seitdem die vom wohlfahrtsstaatlichen Strafrecht bevorzugten Ansätze der negativen General- und positiven Spezialprävention durch die empirische Forschung in ihrer Wirksamkeit in Frage gestellt sind, gewinnen positive Generalprävention und expressive Straftheorien an Bedeutung.[288] Sozialwissenschaftliche und kriminologische Forschung verweisen indes darauf, dass sich die Funktionen nicht in diesen offiziellen Begründungen erschöpfen. Sie gehen davon aus, dass strafrechtliche Sozialkontrolle statt bzw. neben den damit beschriebenen Aufgaben faktisch darüberhinausgehende Funktionen und Wirkungen hat.

26 So sorgen strafrechtliche Sanktionen und insbesondere der Vollzug der Freiheitsstrafe für **sozialen Ausschluss** der Betroffenen. Während kaum positive Folgen des Freiheitsentzuges bei den Gefangenen festzustellen sind, zerstört er deren soziales Leben in der Gesellschaft und ist mit massiven negativen Folgen

---

287 *Momsen/Washington* 2019.
288 *Hörnle* 2017, 31 ff.

etwa in Form von Stigmatisierung und Prisonierungseffekten verbunden (→ § 19 Rn 93 f.). Hinter der „offiziellen" Aufgabenbestimmung von Besserung und Resozialisierung verbirgt sich eine Realität von Demütigung und Ausgrenzung. Dies trifft in ganz überwiegendem Maße Menschen, die ohnehin marginalisiert und sozial massiv benachteiligt sind und verfestigt diesen Status weiter.[289]

Daneben und im Zuge dessen hat strafrechtliche Sozialkontrolle zugleich eine **symbolische** oder auch ideologische Wirkung. Durch die Sanktionierung bestimmter Personen wird Norm- wie auch Wertevermittlung und Konsens in der übrigen Gesellschaft organisiert. Dies meint nicht alleine das Vertrauen in die Rechtsordnung im Sinne positiver Generalprävention, sondern reproduziert die bestehende Ordnung in einem umfassenden Sinne. Strafe bietet auf diese Weise Selbstvergewisserung, Inklusion und Orientierung in einer komplexen und ungewissen Welt. Ihre Funktion besteht danach auch in der Darstellung und Verdeutlichung herrschender Moral- und Wertvorstellungen anhand von individuellen Konflikten.[290] 27

Nicht zuletzt wird strafrechtlicher Sozialkontrolle auch eine bewahrende Wirkung oder Funktion zugeschrieben. Sie sorgt danach für die Erhaltung des gesellschaftlichen Status quo bzw. der jeweils **herrschenden sozialen Ordnung** sowie deren Fortentwicklung in eine bestimmte Richtung. Hierbei handelt es sich in verschiedener Hinsicht um vermachtete Prozesse, die bestehende gesellschaftliche Ungleichheitsstrukturen festigen und reproduzieren.[291] Einerseits entsprechen die durchzusetzenden Strafrechtsnormen nicht durchgehend einem gesellschaftlichen Konsens, sondern das Normprogramm besteht auch aus solchen Regelungen, die Partikularinteressen bestimmter gesellschaftlicher Gruppen schützen, die sich in Normsetzungsprozessen in besonderer Weise durchsetzen können (→ § 21 Rn 3 ff.). Andererseits führen auch die Selektionsprozesse im Rahmen strafrechtlicher Sozialkontrolle zur Reproduktion dieser gesellschaftlichen Strukturen, da sie verschiedene Verhaltensweisen und Personengruppen nicht gleichmäßig und ausschließlich im Hinblick auf Verstöße gegen Strafrechtsnormen auswählen, sondern dabei auch sonstige soziale Normen relevant sind, sodass strafrechtliche Sozialkontrolle soziale Ordnung in einem umfassenden Sinne herstellt (→ § 21 Rn 12 ff.). 28

289 *Dübgen* 2017, 146 ff.; *Wacquant* 2009, 205 ff.
290 *Hanak/Stehr/Steinert* 1989.
291 *Dübgen* 2017, 142 ff.

29 Auf diese Weise finden die Interessen und Vorstellungen verschiedener gesellschaftlicher Gruppen in unterschiedlichem Maße und entsprechend ihrer sozialen Positionierung und der ihnen zukommenden Einflussmöglichkeiten Eingang in Prozesse strafrechtliche Sozialkontrolle.[292] Diese Reproduktion sozialer Ordnung erfolgt auf Kosten derjenigen, deren Einflussmöglichkeiten gering ausgeprägt sind und die daher in besonderer Intensität kriminalisiert werden. Staats- und Unternehmenskriminalität sowie die Kriminalität der Angepassten und der Etablierten oder auch Taten gegenüber Opfern mit geringer Beschwerdemacht werden anders bearbeitet als Straßenkriminalität, Konflikte an „Brennpunkten" oder „Clan-Kriminalität", welche eine kriminalpolitische Reduktion der Bearbeitung „Organisierter Kriminalität" auf bestimmte Gruppen bedeutet. Diese Einflüsse sozialer Macht werden durch die Rechtsform dieser Prozesse überdeckt, die formal eine Wiedereingliederung und Gleichbehandlung vorsieht, welche in der Praxis aber nicht erreicht wird.

2. Symbolisches Strafrecht und gesellschaftliche Selbstvergewisserung

Lektüreempfehlung: *Edelman, Murray* (2005): Politik als Ritual. 3. Aufl., Frankfurt a. M., 1-21; *Kunz, Karl-Ludwig* (2010c): Zur Symbolik des Strafrechts. In: *Dölling, Dieter u. a.* (Hrsg.): Verbrechen – Strafe – Resozialisierung. Berlin, 353-367.

30 Neben der instrumentellen Bearbeitung von Kriminalität, die auf die Verhinderung künftiger Kriminalität zielt, gewinnt die **symbolische Exemplifizierung** der Durchsetzungskraft des Strafrechts, die eindrückliche Wirkung auf die Gesellschaft wieder an Bedeutung (→ § 24 Rn 20).[293] In dieser Perspektive kommt es weniger darauf an, ob die Strafrechtspraxis tatsächlich zu weniger Kriminalität führt, sondern welchen Eindruck sie der Allgemeinheit von diesem Problemfeld verschafft. Gefragt ist eine expressive Gestik, welche die strafrechtliche Repression publikumsgerichtet besonders eindrücklich praktiziert. Strafe wird verstanden als Sinnstifterin, die in Bildersprache „Dinge mit Mauern"[294] sagt. Ein solcher Ansatz braucht sich nicht um die Ergründung von Kriminalitätsursachen zu bemühen, um daraus Instrumente der Prävention zu schmieden (→ § 24 Rn 20). Da er die symbolische Wirkung im Blick hat, die dem Strafrecht immanent ist, braucht es keine grundlegende Prävention, die den Hebel an sozialen Missständen ansetzt.[295]

---

292 *Singelnstein/Stolle* 2012, 126 ff.
293 *Kunz* 2010c.
294 *Garland* 2003, 60.
295 *Wilson* 2013, XXIV.

Diese Entwicklung zeigt sich im deutschsprachigen Raum nicht nur bei den Strafzwecken, wo positive Generalprävention und Kommunikation in die Gesellschaft wichtiger werden (→ § 20 Rn 1 ff.), sondern auch in der Strafrechtspraxis. Die Freiheitsstrafe mit ihren desozialisierenden Nebenfolgen wirkt seit jeher stigmatisierend. Daneben kann aber auch bereits der Prozess der Strafverfolgung symbolische Wirkung entfalten. So werden bei Fahndungen mitunter Elemente des Anprangerns eingesetzt, indem etwa Bilder von randalierenden Hooligans, gesuchten Verdächtigen oder Demonstrierenden veröffentlicht werden.[296] Im Übrigen bewirken oft schon die öffentlich gemachte Verfahrenseinleitung, die eindrücklich inszenierte Durchsuchung von Wohn- und Geschäftsräumen, die Sicherstellung einzuziehender Gegenstände oder Immobilien und die Verhaftung vor laufenden Kameras quasi-pönale Rufschädigungen. Angesichts einer Praxis, die Verfahren zunehmend ohne Verurteilung erledigt (→ § 19 Rn 31 ff.), erlangen Verfahrenserledigungen ohne Strafe mit vorverurteilendem Beigeschmack eine erhöhte Bedeutung. 31

In den USA wird die Symbolik gar mit den besonders symbolträchtigen **Körper- und Prangerstrafen** praktiziert, wenn Straftäter:innen dazu verpflichtet werden, ein T-Shirt oder ein auffälliges Armband mit der Aufschrift des begangenen Delikts zu tragen oder sich mit einem entsprechenden Schild vor dem Gerichtsgebäude aufzustellen. Neben solchen *shame sanctions*[297] existieren in den USA zur Gefahrenabwehr öffentlich einsehbare Verzeichnisse, in denen Name und Adresse inzwischen wieder auf freiem Fuß befindlicher Sexualstraftäter:innen eingetragen sind.[298] 32

Für derart symbolische Praxen werden solche Delikte vorrangig herangezogen, die eindrücklich sind und in der Gesellschaft für Aufsehen sorgen. Dies sind vor allem schwere Formen der gegen Personen gerichteten Gewalt, aber auch als besonders bedrohlich wahrgenommene Phänomene, wie die sogenannte „Clan-Kriminalität". Solche leicht nachvollziehbaren Delikte konkreter Täter:innen, die für die Öffentlichkeit fassbar sind, werden damit als Essenz des Verbrechens bestimmt, an der Ängste ausgelebt werden können. Das auf Eindrücklichkeit bedachte Strafrecht schneidet die von ihm behandelte Kriminalität so zu, dass sie sich als Projektionsfläche für soziale Ängste eignet. Komplexe und weniger 33

---

296 Neue Zürcher Zeitung vom 16. Januar 2008, 17; zum G20-Gipfel in Hamburg s. Süddeutsche Zeitung vom 18. Dezember 2017.

297 Dazu *Kubiciel* 2006.

298 *Ackerman u. a.* 2011.

anschauliche Formen wie Makrowirtschafts- und Umweltkriminalität eignen sich dafür trotz ihrer immensen Sozialschädlichkeit nicht.

34 Zur Skizzierung in groben Strichen durch die Medien und zur eindeutigen moralischen Beurteilung durch das Publikum eignet sich die **Gewalt** besonders. Ihr Bild von Straftäter:innen entspricht dem eines bösen Mannes, dessen Lebensstil den üblichen sozialen Erwartungen widerspricht. Das Opferbild besteht typischerweise in einer dem Täter schutzlos ausgelieferten Persönlichkeit. Diese polarisierende Darstellung suggeriert Stärke bei den uns abstoßenden Täter:innen und Schwäche bei den uns entsprechenden bemitleidenswerten Opfern. Die Darstellung animiert zum Selbstschutz und zur offensiven Beteiligung am Kampf zwischen Gut und Böse.[299] Die physische Gewalt ist eine greifbare Vergegenständlichung der ansonsten kaum auf einen Punkt zu bringenden Lebensrisiken und -ängste. Gerade weil ein Konsens über die positiven Werte der Gesellschaft schwerer erzielbar ist, gewinnt das „negative Gut" Gewaltkriminalität Bedeutung als ein Ziel, dessen Bekämpfung konsensstiftend und gemeinschaftsstärkend wirkt. Die kriminalitätsbezogene Intervention hat Symbolkraft für den Versuch von Ordnungsstiftung in einer unüberschaubar und unbeherrschbar gewordenen Welt.[300] Infolge der Konzentrierung der Öffentlichkeit auf diese Fragen werden andere, ungleich schwerer behebbare soziale Problemzonen als minder gewichtig und belastend empfunden.

35 Die strafrechtliche Praxis vermittelt dem Publikum auf diese Weise das gute Gefühl, dass dort etwas getan wird, wo die Probleme am drängendsten sind. Ihre Intervention gegen Straßengewalt oder „Clan-Kriminalität" ist zugleich ein symbolischer Beitrag zum Abbau der allgemeinen gesellschaftlichen Verunsicherung. Gleichzeitig trägt diese Herangehensweise selbst zur Entstehung von Verunsicherung bei. So entsteht ein Kreislauf aus (1.) der verzerrenden Fokussierung auf ein Kriminalitätsphänomen wie etwa (angeblich) zunehmende Wohnungseinbrüche; (2.) der daraufhin lauter werdenden gesellschaftlichen Forderung nach dessen Bekämpfung; (3.) der Ergreifung von weitgehend symbolischen Maßnahmen wie Strafschärfungen, die (4.) die eben geweckten Bedürfnisse befriedigen, das Kriminalitätsphänomen aus dem Fokus verschwinden lassen und so kurzfristig Zufriedenheit herstellen. Die insofern instrumentelle Bearbeitung spektakulärer Kriminalitätsgeschehnisse will symbolisch die Erwartungen des Publikums in eine staatliche Sicherheitsgewähr bestätigen. Die

299 *Claster* 1992, 1 ff.
300 *Scheingold* 1984, 37 ff.; *Scheingold* 1991, 24.

vom eindrücklichen Strafrecht vermittelte Botschaft des In-Schach-Haltens von Kriminalität hat dabei etwas Manipulatives: Sie täuscht die Möglichkeit einer umfassenden Sicherheit vor. Infolgedessen erwartet die Öffentlichkeit vom Strafrecht mehr als dieses leisten kann.[301]

§ 22 Nichtstrafrechtliche Formen sozialer Kontrolle

Betrachtet man nicht alleine das Strafrecht, sondern formelle Sozialkontrolle 1
insgesamt, so werden andere Formen sozialer Kontrolle sichtbar, die neben den Instrumenten strafrechtlicher Sozialkontrolle einen instrumentellen Umgang favorisieren. Dabei sind verschiedene, durchaus disparate Entwicklungen zu beobachten. Erstens kommt – wie schon bei der strafrechtlichen Sozialkontrolle (→ § 19 Rn 67 ff.) – einem Verständnis zentrale Bedeutung zu, das sich als Verwaltung des empirisch Normalen beschreiben lässt. Kennzeichnend hierfür ist ein Risikomanagement durch präventive Kontrolle und Ausschlusstechniken. Zweitens ist eine Tendenz zur Responsibilisierung und Einbeziehung der Bevölkerung zu konstatieren. Drittens erlangen bürgerliche Vorstellungen von Ordnung neue Bedeutung.

I. Verwaltung des empirisch Normalen durch Risikomanagement

Lektüreempfehlung: *Garland, David* (2007): High Crime Societies and Cultures of Control. In: *Hess, Henner; Ostermeier, Lars; Paul, Bettina* (Hrsg.): Kontrollkulturen. Weinheim, 231-249; *Rothschild-Elyassi, Gil; Koehler, Johann; Simon, Jonathan* (2019): Actuarial Justice. In: *Deflem, Mathieu* (Hrsg.): The Handbook of Social Control. Oxford, 194-206; *Schmidt-Semisch, Henning* (2002): Kriminalität als Risiko. München, 84-129; *Singelnstein, Tobias; Stolle, Peer* (2012:) Die Sicherheitsgesellschaft. 3. Aufl., Wiesbaden, 34-45, 118-123.

Der für die Moderne kennzeichnende Optimismus der Beherrschbarkeit so- 2
zialer Bedrohungen hat in der Spätmoderne der Vorstellung Platz gemacht, dass gesellschaftliche Probleme als durchaus „normale" Schattenseiten des

301 *Kunz* 2010c.

Fortschritts nicht eigentlich zu bewältigen, sondern nur in Umfang und Intensität einzudämmen sind – denken wir nur an Atomunfälle, Verkehrstote, Terrorismus, Armut. Die Gesellschaft bemüht sich insofern um eine möglichst optimale Kontrolle letztlich unvermeidlicher Risiken, die sie durch den Fortschritt der gesellschaftlichen und technologischen Entwicklung selbst produziert hat.[302] Auch neuere Formen sozialer Kontrolle arbeiten angesichts dessen mit dem empirisch Normalen, der vorgefundenen Realität, und suchen diese möglichst effektiv zu regulieren.[303] Das Ziel einer solchen Verwaltung des empirisch Normalen besteht nicht in der resozialisierenden Integration oder Herstellung umfassender Konformität. Vielmehr geht es um die möglichst effektive ökonomische Erfassung und Bearbeitung der erwartbaren Abweichung durch eine frühzeitige Detektion von Risiken und entsprechende Intervention.[304]

3 **Risiko** als zentraler Bezugspunkt wird in diesem Kontext verstanden als berechenbare Wahrscheinlichkeit eines Schadenseintritts, die dadurch kalkulierbar sein soll, dass Ereignisse in einer gewissen Häufigkeit in einer bestimmten Population auftreten. Ein Risiko ist also keine konkrete schadensträchtige Situation, sondern nur eine statistische Wahrscheinlichkeit.[305] Dieser Vorstellung zufolge lassen sich bestimmte Kriterien ausmachen, die das Eintreten abweichenden Verhaltens statistisch betrachtet wahrscheinlicher werden lassen und daher als Risikofaktoren klassifiziert werden können.[306] Das Vorliegen oder Fehlen solcher Kriterien, deren Kombination ein spezifisches Risikopotenzial ergibt, soll Aussagen darüber ermöglichen, wie wahrscheinlich abweichendes Verhalten für bestimmte Personen oder Situationen in der Zukunft ist.[307] So kann schon der Aufenthalt an einem bestimmten Ort – beispielsweise einem „Kriminalitätsschwerpunkt" – oder eine Häufung situativer Faktoren – eine Konzentration von jungen Männern mit Zuwanderungsgeschichte an einem Ort – zum Gegenstand sozialer Kontrolle werden.

4 Das „Risiko" unterscheidet sich von der „Gefahr" dadurch, dass das Risiko sich erst durch seine Wahrnehmung bildet, es die Chance von Verlust wie von Gewinn eröffnet und seine nachteiligen Folgen der eigenen Entscheidung zugerechnet werden. Risiko setzt also Risikobewusstsein voraus und verlangt nach

302 *Beck* 2015, 300 ff.; *Bonß* 1995, 49 ff.
303 *Krasmann* 2003, 78, 87, 238 f.
304 *Foucault* 2004, 349 ff.; *O'Malley* 1996, 189 f., 197 f.
305 *Krasmann* 2003, 108 ff.
306 *Singelnstein/Stolle* 2012, 34 ff.
307 *Lemke* 2000, 257.

einem Risikomanagement.[308] Aus der Feststellung des Bestehens von Risiken folgt deshalb kein resignatives *laissez-faire*, sondern im Gegenteil die Notwendigkeit unternehmerisch kluger Vorkehrungen. Aufgrund von Risikoanalysen sind Interventionen möglich, um befürchtete Schadensfolgen zu vermeiden. Das staatliche und gesellschaftliche Risikomanagement verwendet demnach die bei Versicherungen übliche Strategie der Definition von Risiken, der statistischen Bestimmung ihrer Schadensgeneigtheit und der Vorsorge gegen Schadensfolgen.

Neuere Formen sozialer Kontrolle folgen dieser **Versicherungslogik** gegen 5
Abweichung. Sie entwickeln ein Risikomanagement, welches – einem Unternehmen gleich – das Bemühen um Risikominderung mit Ansprüchen an Kostengünstigkeit und Publikumszufriedenheit verbindet.[309] Aus dem Verständnis von Kriminalität als Risiko folgt ein besonderer Umgang damit, ein Bearbeitungsmodus, welcher sich von herkömmlicher Repression unterscheidet, die auf eine vollständige Zurückdrängung des Phänomens zielt. Ähnlich wie bei schädigenden Ereignissen im Straßenverkehr wird Kriminalität als objektive Wahrscheinlichkeit sich wiederholender Ereignisse hingenommen und akzeptiert. Abweichung bzw. Risiken dafür werden zu einer kalkulierbaren Regelmäßigkeit, die es zu managen und deren Kosten es durch eine kollektive Risikoverteilung zu sozialisieren gilt.[310] Während in der Moderne Kriminalität zumeist retrospektiv und individuell betrachtet wurde, tritt damit eine Perspektive hinzu, die Abweichung prospektiv und aggregiert betrachtet.

Den Wandel zu einer Risiken vorbeugend managenden Sozialkontrolle haben 6
Malcolm Feeley (*1942) und *Jonathan Simon* (*1959) als *actuarial justice*, also als versicherungsmathematische Gerechtigkeit bezeichnet.[311] Diese Gerechtigkeit befasst sich mit Techniken des Identifizierens und Klassifizierens sowie des Kontrollierens von Risiken und ihres Schadenspotenzials, das nach der Versicherungslogik bestimmt wird. Es kann also zwischen der Detektion von Risiken einerseits (→ § 22 Rn 9 ff.) und ihrer Kontrolle andererseits unterschieden werden. Dies kann sich sowohl auf Situationen oder Orte beziehen wie auch auf Personen.

308 *Beck* 2015, 300 ff.; *Bonß* 1995, 49 ff.
309 *Bonß* 1995, 85 ff.
310 *Schmidt-Semisch* 2002, 9 ff.
311 *Feeley/Simon* 1994.

7 Werden Risiken festgestellt und somit bestimmte Personen oder Situationen als risikobehaftet identifiziert, stellt sich im nächsten Schritt die Frage, wie damit umzugehen ist. Dies kann einerseits in überkommenen Formen wie dem Strafvollzug erfolgen, wie sich besonders eindrücklich am Beispiel der *incapacitation* (→ § 20 Rn 54 ff.) zeigt, die gerade der **Neutralisierung des Risikopotenzials** der Inhaftierten durch Freiheitsentzug dienen soll. Diese Technik wendet sich faktisch bevorzugt gegen Personenkreise, deren Biografie ohnehin bereits durch Ausschluss von gesellschaftlichen Privilegien gekennzeichnet ist.

8 Andererseits und überwiegend sind die neueren regulierenden Interventionen jedoch dem Strafrecht vorgelagert. Mit der versicherungsmäßigen Bestimmung von Risiken verlagert sich der Zugriff von der tat- und täter:innenbezogenen Reaktion hin zur Gestaltung von Situationen und Kontrolle von Personen vor Eintritt eines Schadens. Im Zuge dessen entwickeln sich neue Formen der Prävention, die Bedingungen verändern und intervenieren, um zu verhindern, dass Risiken sich realisieren (→ § 22 Rn 18 ff.). Daneben spielen Techniken des Ausschlusses, die anhand von Risikofaktoren agieren und neben dem Strafrecht bestehen, bei dieser Regulierung eine Rolle. Beispielhaft hierfür stehen etwa Zugangskontrollen zu Räumen und anderen gesellschaftlichen Ressourcen anhand von persönlichen Risikomerkmalen, etwa bei Sicherheitskontrollen an Grenzen, auf Flughäfen und in Sportstadien.[312] Vorherrschend wird so eine diskrete, unpersönliche, moralisch neutrale und technische Form der Kontrolle (→ § 22 Rn 36 ff.).

II. Risikodetektion und Datenauswertung

Lektüreempfehlung: *Egbert, Simon* (2020): Datafizierte Polizeiarbeit – (Wissens-)Praktische Implikationen und rechtliche Herausforderungen. In: *Hunold, Daniela*; *Ruch, Andreas* (Hrsg.): Polizeiarbeit zwischen Praxishandeln und Rechtsordnung. Wiesbaden, 77-100; *Mathiesen, Thomas* (2013): Towards a Surveillant Society. Sherfield-on-Loddon; *Singelnstein, Tobias; Stolle, Peer* (2012): Die Sicherheitsgesellschaft. 3. Aufl., Wiesbaden, 79-86.

9 Ein präventives Agieren im Sinne des Risikomanagements setzt zunächst voraus, dass Risiken festgestellt und bewertet werden können. Dies geschah lange Zeit eher intuitiv und auf der Basis von Erfahrungswissen etwa von Polizeibeamt:innen über die von ihnen zu bearbeitenden Gebiete, weil kaum andere Methoden bestanden. Angesichts dessen hat sich der Bereich der Bearbeitung von

312 *Schmidt-Semisch* 2002, 86 ff.

Risiken (→ § 22 Rn 18 ff.) kurioserweise zunächst viel dynamischer entwickelt als die dem eigentlich vorgelagerte Risikodetektion.

In der Praxis wurden dann vor allem personenbezogene Formen der Risikodetektion im Bereich der tertiären Prävention entwickelt, die also eine **Prognose** bezüglich bereits erfasster Straftäter:innen zum Ziel haben.[313] In Deutschland betrifft dies etwa die forensische Begutachtung von Gefährlichkeit unter anderem im Rahmen der Anordnung von Sicherungsverwahrung, die über die klassische Legalprognose hinausgeht (→ § 8 Rn 22 ff.). Insbesondere im angloamerikanischen Raum werden personenbezogene Beurteilungen vor allem mittels Kriterienlisten (→ § 8 Rn 31 ff.) in sehr viel breiterem Umfang eingesetzt, wobei die Proband:innen anhand von Skalen beurteilt werden, die vom *high risk offender* bis zum *low risk offender* reichen. Dies erfolgt anhand eher oberflächlicher Kriterien; bei Personen dominieren insofern individuelle Faktoren, während strukturelle Aspekte kaum Berücksichtigung finden.[314] 10

In Deutschland hat sich im Anschluss daran in der jüngeren Vergangenheit ebenfalls eine weitergehendere Praxis von **Risikobewertungen** aufgrund vorliegender personenbezogener Daten herausgebildet. Insbesondere in den Bereichen Terrorismus und Extremismus werden polizeiliche Daten ausgewertet, um das Risikopotenzial von Personen zu ermitteln. Das Instrument RADAR-iTE z. B. setzt dies mit Bewertungsbögen um, die standardisierte Fragen und dazugehörige Antwortkategorien umfassen. Aber auch im Bereich der Jugendkriminalität haben Formen der Risikobewertung zunehmend Konjunktur, obwohl sie methodisch zweifelhaft und selbst mit erheblichen Risiken verbunden sind.[315] Angesichts der kriminologischen Befunde, dass ein erheblicher Teil der Straftaten von einer eher kleinen Gruppe Jugendlicher und Heranwachsender begangen wird, ist das kriminalpolitische Bestreben erwachsen, solche „Intensivtäter" und „Schwellentäter" möglichst frühzeitig zu identifizieren (→ § 10 Rn 35 ff., § 18 Rn 6). 11

Im Zuge dieser Entwicklungen bildet sich ein umfassenderes Verständnis der Risikodetektion heraus. Die Suche nach Risiken knüpft danach nicht mehr an bereits festgestellte Probleme bei Situationen, Orten oder Personen an, um deren Entwicklung in der Zukunft zu prognostizieren. Vielmehr sollen Risiken 12

313 Zu Kritik und Entwicklung *McSherry* 2020.
314 *Goddard/Myers* 2017.
315 *Dollinger* 2021; *Graebsch/Schorsch* 2021.

auch unabhängig von einem bereits bestehenden Wissen und somit praktisch flächendeckend gesucht und festgestellt werden, um auf Basis dessen präventiv eingreifen zu können. Mit diesem auch als **Präemption** bezeichneten Verständnis wachsen zugleich die als kontrollbedürftig klassifizierten Sachverhalte, da die Risikologik selbst ständig neue Risiken produziert.[316] Das Streben nach möglichst genauer Prognose führt zur permanenten „Entdeckung" neuer Risikofaktoren. Dort wo Risiken oder problematische Sachverhalte festgestellt werden, kann dann auf sehr verschiedene Weise agiert werden – mit den verschiedenen Formen der präventiven Intervention ebenso wie mit Strafverfolgung.

13 Eine wesentliche Weiterentwicklung in diesem Bereich verspricht der technische Fortschritt.[317] Erstens werden heute in allen Lebensbereichen unzählige Daten erfasst und gespeichert und stehen daher für eine Auswertung zu Verfügung. Zweitens können neue Techniken der **Datenauswertung** mittels Algorithmen diese sehr umfangreichen Datenbestände zusammenführen und komplexen, tiefgehenden Formen der Analyse unterziehen.[318] Auf diese Weise können nicht nur umfassende Bewegungsprofile und Persönlichkeitsbilder erstellt werden, sondern auch Risikoprofile für Situationen, Orte und Personen, die als Datenbasis für die Prognoseentscheidung darüber dienen, ob ein präventives Eingreifen erforderlich ist oder nicht. Hierfür arbeiten einschlägige Systeme unter anderem mit dem Prinzip der Mustererkennung. In einem ersten Schritt können große Datenbestände daraufhin untersucht werden, ob sich bestimmte Muster identifizieren lassen, die mit abweichendem Verhalten in Verbindung stehen. In einem weiteren Schritt wird dann geschaut, ob bzw. wo diese Muster zu finden sind. Solche Techniken finden etwa auch im Bereich der Geldwäschebekämpfung Anwendung.[319]

14 Besonders anschaulich geworden ist diese Weiterentwicklung am Beispiel des *predictive policing*, also der **Vorhersage von Straftaten** durch Massendatenauswertung, das in den USA die Polizeiarbeit schon stark beeinflusst und seit Mitte der 2010er Jahre auch im deutschsprachigen Raum Einzug hält.[320] Die hier zum Einsatz kommenden Systeme arbeiten bislang zwar nicht mit personenbezogenen Daten, sondern agieren ortsbezogen und greifen dabei vor allem

316 *Castel* 2005, 11 f.; *Frehsee* 2003, 278 f.
317 *Baur* 2020; *Ostermeier* 2018.
318 *Hannah-Moffat* 2019; *Singelnstein* 2020, 100 f.; *Sommerer* 2020, 295 ff.
319 *Baur* 2020, 276 ff.
320 *Egbert/Krasmann* 2019; *Ostermeier* 2018, 106 ff.; *Singelnstein* 2018.

auf polizeiliche Daten zurück. Es scheint jedoch nur eine Frage der Zeit, bis auch personenbezogene Formen der Risikodetektion auf diese Weise umgesetzt werden.[321] Parallel zum *predictive policing* bauen die deutschen Polizeien derzeit eine neue Infrastruktur zur Datenverarbeitung auf. Dabei kommen auch moderne Auswertungssysteme zum Einsatz, etwa solche des US-Unternehmens *Palantir*, die die verschiedenen bestehenden Datenbestände miteinander verknüpfen und automatisiert durchsuchen. Erste Polizeigesetze der Länder, etwa in Hessen und Hamburg, haben bereits Rechtsgrundlagen erhalten, die diese Formen der Datenauswertung legitimieren sollen.[322]

Bei personenbezogenen Formen der Risikodetektion eröffnet ein solches Vorgehen die Möglichkeit, ein Rating vorzunehmen, die Bevölkerung also in verschiedene Risikoklassen einzuteilen. Ein Blick nach China oder in die Privatwirtschaft – etwa *SCHUFA* und Versicherungen – zeigt, wie ein solches *social scoring*[323] im Bereich sozialer Kontrolle eingesetzt werden kann. Durch die umfassende Vermessung der Welt, der Menschen und ihrer Handlungen durch vielfältige Datenauswertungen wird eine permanente Berechnung von Risiken möglich. Hieran kann ein **Sozialkreditsystem** anschließen, das neben der Risikodetektion bereits auch ein Risikomanagement betreibt, indem es an bestimmte Werte des Kreditsystems unmittelbare Folgen knüpft. Im Sinne der Vorsorge wird den Risiken damit bereits begegnet, bevor diese sich weiter konkretisieren. Im Falle der *SCHUFA* wird ein Kredit oder Vertragsschluss verweigert, beim chinesischen System können Folgen etwa im Ausschluss vom Ticketkauf für Flüge und Bahnfahrten bestehen.[324] 15

Die neueren Formen der Risikobewertung verstehen gänzlich andere Dinge als Sicherheitsprobleme als überkommene Formen sozialer Kontrolle. Im Zentrum stehen nicht mehr Kriminalität bzw. das von sozialen Normen abweichende Verhalten oder konkrete Gefahren. Stattdessen werden bereits **Risikofaktoren zu Störungen der Sicherheit**. Normal ist nicht, wer lediglich verbotenes Verhalten unterlässt. Normal ist, wer keine oder möglichst wenige Risikofaktoren für zukünftiges abweichendes Verhalten aufweist. Die Techniken ermitteln nicht, ob Handlungen von Menschen Normen verletzen, was eine sehr exakte Feststellung erfordert, sondern berechnen Wahrscheinlichkeiten einer möglichen Normverletzung in der Zukunft und betrachten bereits diesen Risikofaktor 16

321 *Sommerer* 2020; zu Grenzen und Risiken *Bode/Seidensticker* 2021.
322 *Golla* 2020.
323 *Maamar* 2018.
324 *Legnaro* 2018, 133 ff.

weit im Vorfeld einer Schädigung als Störung. Infolgedessen nehmen solche Techniken nicht mehr einzelne Handlungen von Menschen in den Blick und bewerten diese, wie es bislang im Strafrecht der Fall ist. Vielmehr nehmen sie Personen und Situationen als solche in den Blick und unterziehen sie bei der Risikoanalyse einer vorausschauenden Gesamtbewertung.

17 Diese Perspektive und dieses Vorgehen führen zu (anderen) **Verzerrungen** in der Wahrnehmung von und dem Zugriff auf Situationen und Personen im Rahmen sozialer Kontrolle. Zum einen rücken stärker solche Probleme ins Blickfeld, die bestimmten Mustern folgen oder von diesen gekennzeichnet und daher gut zu prognostizieren sind.[325] Zum anderen verändern sich Selektionsprozesse. Sozialkontrolle greift stets nur gewisse Lebens- und Verhaltensweisen heraus und problematisiert diese (→ § 13 Rn 8 ff.). Je weiter im Vorfeld von Rechtsgutsverletzungen dies geschieht, desto unklarer sind die Anknüpfungspunkte, desto größer ist die Gefahr, dass Wertungen und sachwidrige Kriterien eine Rolle spielen. Risikodetektion durch Datenauswertung erscheint dabei neutral und objektiv, die Prozesse werden scheinbar verobjektiviert. Tatsächlich aber sind (auch) diese Techniken nur so neutral und objektiv wie die Daten, mit denen sie gefüttert werden, wie die Theorien, auf denen sie basieren, und wie die Programmierer:innen, die sie herstellen.[326]

III. Risikobearbeitung durch Prävention

Lektüreempfehlung: *Lehne, Werner; Schlepper, Christina* (2007): Die ‚präventive Wende' in Deutschland: Auf dem Weg zum rationalen Sicherheitsmanagement? In: *Hess, Henner; Ostermeier, Lars; Paul, Bettina* (Hrsg.): Kontrollkulturen. Weinheim, 119-136; *Singelnstein, Tobias (2020):* Preventive Turn. In: *Fischer, Thomas; Hilgendorf, Eric* (Hrsg.): Gefahr. Baden-Baden, 95-111.

18 Der spätmodernen Vorstellung des Risikomanagements entspricht eine zunehmende Bedeutung präventiver Techniken. Abweichendes Verhalten soll vor seinem Eintritt verhindert werden, indem diesbezügliche Risiken nach ihrer Feststellung kontrolliert werden. Angesichts dessen hat seit den 1970er Jahren der Gedanke der Prävention in beeindruckender Breite und Diversität Eingang in den Bereich sozialer Kontrolle gefunden.[327] Anders als die überkommenen

325 *Kaufmann/Egbert/Leese* 2019.
326 *Singelnstein* 2018, 4; *Wehrheim* 2014, 149 ff.
327 *Singelnstein* 2014a.

Präventionsvorstellungen, die vor allem gesellschaftliche Bedingungen oder die Normbefehle des Strafrechts im Blick hatten, sollen neuere Techniken unmittelbar Situationen oder Personen beeinflussen und verfolgen dabei einen umfassenden Ansatz.[328] In der Praxis vermengen sich repressive und präventive Formen und gehen mitunter ineinander über, wie etwa die Beispiele Videoüberwachung (→ § 22 Rn 32 ff.) und *predictive policing* zeigen.

1. Prävention im Wandel

Techniken der primären bzw. universellen Prävention sind anlassunabhängig auf allgemeine Vorbeugung in Form der Beeinflussung angenommener allgemeiner Risikofaktoren gerichtet. Sie zielen auf die Allgemeinheit und versuchen Faktoren zu beeinflussen, die auf längere Sicht die Wahrscheinlichkeit abweichenden Verhaltens senken, etwa in den Bereichen Sozialisation, Ausbildung und Lebensbedingungen, oder Resilienz etwa in Form von Schutzfaktoren stärken. Sekundäre oder selektive Kriminalprävention betrifft hingegen die anlassbezogene Intervention, wenn Situationen, Strukturen oder Personen als risikohaft eingestuft werden (→ § 20 Rn 3). 19

Mit der Vorstellung des Risikomanagements haben Formen der **sekundären Prävention** massiv an Bedeutung gewonnen, die gerade dort ansetzen, wo Risiken festgestellt wurden und kontrolliert werden müssen. Sie warten nicht darauf, dass sich einzelne problematische Sachverhalte konkretisieren, sondern greifen deutlich früher ein und intervenieren.[329] Dabei sind sehr unterschiedliche Techniken zu beobachten – sowohl gestaltende als auch überwachende, abschreckende wie anreizende und integrierende, kontrollierende wie ausschließende und verhindernde[330]. Sie reichen von der polizeilichen Beratung über die Vermittlung und den Einsatz von Schutzmitteln wie Wegfahrsperren und Alarmanlagen, die polizeiliche Gefahrenabwehr[331] und Gefahrenvorsorge bis hin zu komplexen Formen eines umfassenden Risikomanagements wie den bereits dargestellten Sozialkreditsystemen. 20

Im Zuge des Bedeutungsgewinns der Prävention sind die **Polizeigesetze** der Länder ausgebaut und polizeiliche Eingriffsbefugnisse erheblich vorverlagert 21

328 *Lehne/Schlepper* 2007, 122.
329 Zur Entwicklung *Lampe* 2018.
330 *Paul/Egbert* 2019.
331 *Meier* 2021, § 10 Rn. 15.

worden.[332] Seit den 1980er Jahren wurden Aufgaben und Befugnisse massiv erweitert, einschließlich vorbeugendem Gewahrsam, Aufenthaltsverboten und Regelungen zu „Gefahrengebieten" bzw. „gefährlichen Orten", an denen die Polizei ausgeweitete Befugnisse hat und insbesondere verdachtsunabhängige Kontrollen durchführen darf.[333] Im Anschluss an 9/11 und den islamistisch motivierten Terrorismus hat sich zudem in der polizeilichen Praxis die Figur des „Gefährders" herausgebildet. Dieser Perspektive zufolge genügt es nicht mehr, auf das Eintreten einer konkreten Gefahr zu warten, sondern soll bereits im Vorfeld der Konkretisierung einer Gefahrenlage interveniert werden.[334] Mit der eine Gefahr antizipierenden Kategorie der „drohenden Gefahr", die die Einschreitschwelle für polizeiliche Eingriffsmaßnahmen erheblich senkt, hat dieses Verständnis im Zuge von Reformen der Polizeigesetze in verschiedenen deutschen Bundesländern auch Eingang in das Recht gefunden. Das Konzept der Gefahr wird über die Figur des „Gefährders" praktisch personalisiert. Als bearbeitungsbedürftig gelten nicht mehr schadensträchtige Situationen, sondern potenziell gefährliche Personen.[335] Faktisch wird so den Beschuldigten im Strafverfahren das polizeiliche, nicht mit strafprozessualen Abwehrrechten ausgestattete Bedrohungskonzept des „Gefährders" vorgelagert. Der strafprozessuale Tatverdacht oder die konkrete Gefahr als Einschreitschwellen werden durch diese weitgefasste und konturenlose Gefahrenvorsorge abgesenkt und verwässert. Nicht zuletzt verliert damit auch das Strafrecht mit seiner repressiven Ausrichtung an Bedeutung.

22 Die Formen der Prävention entwickeln sich einerseits mit dem technischen Fortschritt, andererseits mit den (vermeintlichen) Fähigkeiten, Risiken zu detektieren und zu bewerten. Eine herausgehobene Bedeutung spielten im deutschsprachigen Raum zunächst Formen kommunaler Kriminalprävention, die vor allem einen Modus der Organisation und Kommunikation darstellen, der als solcher noch nicht besonders zielgerichtet auf konkrete Risiken reagiert. Im weiteren Verlauf haben Formen der situativen Prävention an Bedeutung gewonnen, die bei identifizierten Risiken intervenieren und dort die Bedingungen verändern, darunter auch die Videoüberwachung. Diese präventive Wende und die damit verbundene Vorverlagerung sozialer Kontrolle in das Vorfeld von Rechtsgutsverletzungen bzw. Schädigungen führen zu einer Entgrenzung des

332 *Bäcker* 2015; *Barczak* 2020a.
333 *Singelnstein* 2020, 104 f.
334 *Hanschmann* 2017.
335 *Austermann/Schlichte* 2018, 479 f., 487 ff.; *Barczak* 2020b, 99 ff.; *Kretschmann/Legnaro* 2020, 9 ff.

staatlichen Zugriffs, weil das Recht angesichts der unklareren Eingriffsschwellen seine begrenzende Wirkung einbüßt.

2. Kommunale Kriminalprävention als gesamtgesellschaftliche Querschnittsaufgabe

Lektüreempfehlung: *Goddard, Tim* (2012): Post-welfarist risk managers? Risk, Crime Prevention and the responsabilization of community-based organizations. Theoretical Criminology 16, 347-363; *Lehne, Werner* (1998): Kommunale Kriminalprävention. Die Reorganisation des Politikfeldes „Innere Sicherheit". In: *Hitzler, Ronald; Peters, Helge* (Hrsg.): Inszenierung: Innere Sicherheit. Opladen, 113-130.

Im Kontext des Risikomanagements entsteht eine Präventionsbewegung, welche 23
Kriminalprävention als **gesamtgesellschaftliche Querschnittsaufgabe** versteht. Dabei geht es nicht unmittelbar um die Prävention von Kriminalität und die Bewältigung dadurch ausgelöster Ängste, sondern um die Erreichung dieser Anliegen auf dem (Um-)Weg einer am Ziel der Kriminalprävention ausgerichteten Umgestaltung der Lebensbedingungen in Kommunen und Regionen. Um die konkreten Gelegenheiten krimineller Taten zu reduzieren und der Bevölkerung mehr Sicherheitsgefühl zu vermitteln, richtet sich das Augenmerk auf die dem persönlichen Wahrnehmungshorizont der Bevölkerung zugänglichen Räume, in denen sie sich im Alltag bewegen.[336]

Die „gemeindenahe" Präventionslandschaft erstreckt sich in ganz vielfältiger 24
Weise auf die Lebensbereiche und -beziehungen, in denen sich eine lokale Öffentlichkeit herstellt.[337] Sie bezieht sich auf die architektonische Ausleuchtung städtischer Angstregionen, auf die soziale Attraktivität von Begegnungsstätten, auf die Mobilisierung der Bevölkerung für die eigene Sicherheit und auf die technische Prävention. Sie umfasst die publikumsorientierten Aufgabenbereiche von Behörden für Sicherheit, Soziales und Kultur, von Schulen, Wohlfahrtsverbänden und Kirchen, Sportvereinen, kulturellen Einrichtungen und der lokalen Wirtschaft. Deren Bemühungen um Einflussnahme auf kriminelle Tatgelegenheiten und Kriminalitätsfurcht werden nunmehr ressort- und institutionenübergreifend zu einem gemeinsamen Arbeitsauftrag gebündelt, indem lokale Komitees (kriminalpräventive Räte, Sicherheitsforen, Sicherheitswachten) geschaffen werden, in welchen engagierte Polizist:innen, Sozialarbeiter:innen,

336 Vgl. *Eisenberg/Kölbel* 2017, § 52 Rn. 14 ff.
337 S. etwa *van Elsbergen* 2005; *Obergfell-Fuchs* 2001.

Verwaltungsbeamt:innen und Kommunalpolitiker:innen ganzheitliche projektorientierte Lösungen erarbeiten, die weitgehend ergebnisoffen sind.[338]

25 Die früher an die Instanzen der Strafverfolgung und der Bewährungshilfe delegierte Aufgabe der Kriminalprävention wird so zu einem Geschäft der Gesellschaft selbst. Die kommunale Kriminalprävention zielt explizit darauf ab, Bürger:innen in die lokale Präventionsarbeit einzubeziehen und zu aktivieren; Beratungsangebote und Präventionskampagnen sollen die Bevölkerung dazu anregen, in ihrem eigenen Lebensbereich selbst für Prävention zu sorgen.[339] Diese Form der Delegation ist keine Privatisierung im eigentlichen Sinn, sondern stellt eine andere Form der Steuerung dar, die als „**Regieren aus Distanz**" bezeichnet worden ist. Die Freiheiten, die Privaten im Bereich der Kriminalprävention eingeräumt sind, um eine gesellschaftliche Eigendynamik anzuregen, sind insofern begrenzt, als die Rahmenbedingungen in der Hand des Staates verbleiben, der Leitlinien zur Selbstführung vorgibt (→ § 13 Rn 42 ff.).[340] Der Schwerpunkt dieser Lenkung liegt nicht auf der Unterdrückung unerwünschter Verhaltensweisen, sondern in der Anleitung zu erwünschten Verhaltensweisen.[341] Sicherheitsproduktion in diesem Sinne bedeutet eine „permanente gesellschaftliche Anstrengung, ein Regime des täglichen sozialen Lebens"[342].

26 Die kommunale Kriminalprävention ist ein **inhaltsoffener Sammelbegriff**, der disparate Möglichkeiten praktischer Umsetzung zulässt. Dies macht sie zu einem schillernden Instrument der Kriminalpolitik, welches von dem gesamten Spektrum der sicherheitspolitischen Positionen für sich instrumentalisiert werden kann. Ob es gelingt, im freien Spiel der Kräfte der kommunalen Kriminalprävention benachteiligten Gruppen Teilhabe und Einfluss zu verschaffen, einen sozial verträglichen Konfliktausgleich zu ermöglichen und dabei Errungenschaften rechtsstaatlicher Formalisierung wie Individualrechtsschutz, Minderheitenschutz und Interventionsbegrenzung zu gewährleisten, ist mehr als zweifelhaft. Bisherige Befunde deuten eher darauf hin, dass sich in diesem entformalisierten Rahmen bestimmte Interessen durchzusetzen vermögen und den Bereich nach ihren Anforderungen gestalten.[343] Zugleich ist die anfängliche Euphorie der Bewegung der ernüchternden Erkenntnis gewichen,

---

338 *Frehsee* 1998, 741, 746.
339 *Garland* 1996, 452 ff.; *Krasmann* 2003, 266 ff.
340 *Krasmann* 1999, 109 ff.
341 *Singelnstein/Stolle* 2012, 76.
342 *Legnaro* 1997, 271.
343 *Born* 2009, 100 ff.; *van den Brink* 2015, 8.

dass sich auch in diesem neuartigen Rahmen vor allem politisch-administrative Akteur:innen der Kriminalprävention widmen[344] und die Durchdringung der Gesellschaft auf diese Weise nur sehr begrenzt zu gelingen scheint.[345]

3. Situative Kriminalprävention

Techniken situativer oder struktureller Prävention sollen selbst und aus sich heraus präventive Wirkung entfalten (→ § 12 Rn 57), indem sie durch Umweltveränderungen bestimmte Verhaltensweisen – Störungen, Belästigungen, Straftaten – an den jeweiligen Orten erschweren oder unmöglich machen.[346] Sie vermitteln keine abschreckende Botschaft an potenzielle Täter:innen, dass Verbrechen nicht lohnen, sondern erschweren schlicht die Durchführbarkeit krimineller Betätigung. Kontrolltheoretisch geht es um die Lenkung von Aktionsmöglichkeiten durch **vorbeugende Regulierung**. In diese Kategorie gehören etwa stadtplanerische Maßnahmen wie das Bemalen von weißen Wänden gegen Graffiti, das Entfernen von Sitzbänken aus dem öffentlichen Raum gegen die Ansammlung von (unerwünschten) Personen sowie die physische Eingrenzung von Räumen.[347] 27

Theoretisch begründet werden diese Formen mit so unterschiedlichen Ansätzen wie *Situational Crime Control*[348], *Routine Activity Approach*[349] (→ § 12 Rn 57; § 18 Rn 29), *Opportunity Perspective*[350] und *Lifestyle Opportunity Perspective*[351], die mit dem Abstellen auf **objektive Gelegenheiten** ihrerseits an *Hirschis* Kontrolltheorie (→ § 11 Rn 5 ff.) sowie den *Rational Choice*-Ansatz (→ § 12 Rn 12 ff.) anknüpfen. Ihnen ist gemeinsam, dass sie unter Verzicht auf eine vertiefte Ergründung von Ursachen generelle Bedingungen gesteigerter krimineller Versuchung benennen, deren situationsbezogene Varianz das Auftreten oder Ausbleiben kriminellen Verhaltens beeinflusse. Kriminalität wird mit allen Variationen der sich aus dem täglichen Leben ergebenden Umstände in Zusammenhang gebracht. Konkret wird etwa gefragt, ob in einer Situation zu einer Straftat motivierte Personen, geeignete Tatobjekte und fähige Wächter:innen vorhanden 28

344 *van den Brink* 2015, 8; *Schreiber* 2007, 40 ff.
345 *Schlepper/Peter/Lüdemann* 2011.
346 *Singelnstein/Stolle* 2012, 66 ff.
347 Für weitere Maßnahmen s. *Newburn* 2017, 615 ff.
348 *Clarke* 1997.
349 *Cohen/Felson* 1979.
350 *Cornish/Clarke* 1986.
351 *Hindelang/Gottfredson/Garofalo* 1978.

sind.[352] Demzufolge erklärt sich die Entwicklung von Eigentumsdelikten etwa mit der Zunahme kompakter hochwertiger elektronischer Geräte, mit neuen Transportsystemen, welche die Überwachung des Gepäcks erschweren, mit der geringen nachbarschaftlichen Kontrolle in anonymen Wohnsiedlungen oder mit Kindertagesbetreuung und außerhäuslicher Frauenarbeit, die dazu führen, dass Eigenheime tagsüber unbewohnt bleiben.

29 Aus diesen Feststellungen schlussfolgern die genannten Ansätze konkrete **kriminalpolitische Konzepte** zur Kriminalitätsverhütung. Danach soll die Ausführung krimineller Handlungen erschwert werden, indem die situativen Gelegenheiten dazu so weit wie möglich verringert werden. Dafür werden drei Maßnahmenbündel vorgeschlagen:

- Erstens der Schutz von Personen und Objekten vor Viktimisierung durch gezielte Zugangskontrollen, Anreize zu legaler Aggressionsabfuhr und Kontrollen möglicher Tatwerkzeuge;
- zweitens die Steigerung des Risikos krimineller Betätigung durch systematisches Massenscreening, Videoüberwachung, Überwachung durch Sicherheitskräfte, Busfahrer:innen und Hausmeister:innen sowie allgemein durch Verbesserung der Sichtbarkeit im öffentlichen Raum;
- drittens Vorkehrungen zur Verminderung des Gewinns aus Straftaten, indem anstelle von Barüberweisungen vermehrt elektronische Transaktionen, Besitzerklärungen und Zolldeklarationen vorgenommen werden.[353]

30 Das Konzept des *defensible space* will im Besonderen Räume verteidigungsfähig gestalten. Dabei geht es um die Schaffung taterschwerender Umstände bei der Stadt- und Wohnplanung durch bessere Sicherung von Häusern, mehr Straßenbeleuchtung und die Einführung von Nachbarschaftspatrouillen.

31 Diese Formen situativer Prävention durch Erschwerung von Tatgelegenheiten sind ideologisch indifferent und verlangen keine Festlegung auf eine bestimmte Vorstellung der Ursachen von Kriminalität. Die Beschränkung auf naheliegende plausible Maßnahmen sichert ihnen eine hohe Akzeptanz. Zudem vermitteln sie den sozialpsychologisch wichtigen Eindruck, dass wir Kriminalitätsrisiken nicht ohnmächtig ausgeliefert sind, sondern alle tätig dazu beitragen können,

352 *Cohen/Felson* 1979; *Snipes/Bernard/Gerould* 2019, 51 f.
353 *Clarke* 1997.

diese Risiken zu mindern. Freilich ist die **Reichweite** situativer Maßnahmen begrenzt. Die routinemäßige Gestaltung des Lebensalltags ist durch gesellschaftliche Strukturen bestimmt und lässt sich nicht durchgängig an der Eindämmung von Tatgelegenheiten ausrichten. Der Lebensstil, der die kriminelle Betätigung erleichtert, schafft zugleich Möglichkeiten der Selbstverwirklichung und Lebensqualität, die wir nicht missen möchten. Situative Maßnahmen sind nicht selten sozial ungerecht, soweit sie käuflichen Schutz für diejenigen bieten, die sich dies leisten können, und im Übrigen die kriminelle Gefährdung auf weniger geschützte Objekte umlenken.

4. Videoüberwachung im Besonderen

Lektüreempfehlung: *Skogan, Wesley G.* (2019): The Future of CCTV. Criminology & Public Policy 18, 161-166; *Stapel, Henning* (2009): Das Auge der Macht? KrimJ 41, 46-57; *Töpfer, Eric* (2009): Videoüberwachung als Kriminalprävention? KrimJ 41, 272-282.

Eine hervorgehobene Rolle im Bereich neuerer Formen sozialer Kontrolle spielt die Videoüberwachung (*closed circuit television*, CCTV). Sie wird vom Staat in öffentlichen Räumen zur Gefahrenabwehr und zur Strafverfolgung betrieben, aber auch von Privaten (in Banken, Kaufhäusern, auf Bahnhöfen, Flugplätzen und sonstigen privatisierten Flächen), auf deren Daten staatliche Stellen dann ihrerseits Zugriff verlangen können. Die Installation staatlicher Kameras darf nach den deutschen Polizeigesetzen nur beim Vorliegen besonderer Umstände erfolgen. Dementsprechend wird von dieser Form der Kontrolle im Vergleich mit anderen Ländern zurückhaltend Gebrauch gemacht. Im deutschsprachigen Raum dominiert die private Videoüberwachung. In Großbritannien, wo der flächendeckende Einsatz von Überwachungskameras innerhalb Europas am intensivsten betrieben wird, sind Millionen solcher Systeme in Betrieb. 32

Die **Ziele der Überwachung** bestehen in der Abschreckung potenzieller Täter:innen, der Erhöhung von Entdeckungswahrscheinlichkeit und Aufklärungsrate und der Verbesserung des subjektiven Sicherheitsempfindens.[354] Mit der Maßnahme werden also sowohl präventive wie auch repressive Zwecke verfolgt. Die Einführung der Videoüberwachung stand in Deutschland zu Beginn vor allem im Zusammenhang mit dem Bemühen um eine Gestaltung der Innenstädte entsprechend den Bedürfnissen einer konsum- und genussorientierten 33

354 *Töpfer* 2009.

Besucherschaft, wobei Furcht vor Kriminalität, Bettelnde und Wohnungslose als Gründe angesehen wurden.[355]

34 Weiterentwickelte bzw. in Entwicklung befindliche Formen der Videoüberwachung haben Fähigkeiten, die weit über das Filmen hinausgehen und erneut sowohl präventiv wie auch repressiv eingesetzt werden können.[356] Solche **intelligente Videoüberwachung** ist etwa zur Gesichtserkennung in der Lage und kann auf diese Weise Passant:innen mit Fahndungsfotos, aber auch mit sonstigen Abbildungen abgleichen, beispielsweise solchen aus sozialen Medien.[357] Perspektivisch sollen die Kameras auch Emotionen und Motivationen anhand von Gesichtsausdrücken sowie bestimmte Verhaltensweisen erkennen können, um bei Feststellung solcher einen Alarm auszulösen. Auf diese Weise könnten potenziell gefährliche Vorkommnisse – etwa auf dem Boden liegende Personen, hektische Bewegungen mehrerer Personen an einem Ort – automatisiert erkannt und dementsprechend interveniert werden.

35 Die **Wirksamkeit** von Videoüberwachung ist vor allem im Hinblick auf die gewünschten präventiven Effekte – Abschreckung, subjektive Sicherheit – untersucht worden. Die vorliegenden empirischen Untersuchungen kommen zu uneinheitlichen Ergebnissen.[358] Sie zeigen, dass Videoüberwachung vor allem Sachbeschädigungen zu verhüten scheint sowie die Begehung von Diebstählen von und aus Fahrzeugen auf überwachten Parkplätzen und Einbruchsdiebstähle beeinflusst[359], wobei Verdrängungseffekte zu bedenken sind. Hinsichtlich Raub, Entreißdiebstahl und Drogendelikten sind die Ergebnisse nicht homogen. Zur Prävention sonstiger Gewaltdelikte scheint CCTV eher wirkungslos.[360] Das subjektive Sicherheitsgefühl wurde durch die Installation von Kameras nicht wesentlich verstärkt.[361] Diesbezüglich ist unter Umständen gar mit widersprüchlichen Effekten zu rechnen: Kameras, welche die einen in Sicherheit bestärken, nähren bei anderen die Vermutung, dass ein Ort, der überwacht werden muss, wirklich gefährlich ist. Zunächst beobachtete Wirkungen der Videoüberwachung ließen nach einigen Untersuchungen im Laufe der Zeit nach, was als Gewöhnungseffekt beschrieben wird. Insgesamt lassen die Untersuchungen auch

355 *Stolle/Hefendehl* 2002.
356 Dazu *Desoi* 2018.
357 *Fussey/Davies/Innes* 2020.
358 Übersicht bei *Stolle* 2015.
359 *Armitage* 2002, 3; *Eisenberg/Kölbel* 2017, § 52 Rn. 22.
360 *Gras* 2003, 178; *Piza u. a.* 2019, 143 f.
361 *Cerezo* 2013, 234 f.; *Gras* 2003, 192; differenzierend *Tag Cho/Park* 2017.

für Deutschland erhebliche Zweifel an der präventiven Wirksamkeit von Videoüberwachung aufkommen.[362]

IV. Ausschluss und Ausgrenzung

Lektüreempfehlung: *Pütter, Norbert; Künkel, Jenny* (2020): Drogen im öffentlichen Raum. Bürgerrechte & Polizei/CILIP 123, 10-19; *Simon, Jonathan* (2007): Governing Through Crime. Oxford, 259-283; *Singelnstein, Tobias; Stolle, Peer* (2012): Die Sicherheitsgesellschaft. 3. Aufl., Wiesbaden, 87-95; *Young, Jock* (1999): The Exclusive Society. London/Thousand Oaks/New Delhi, 148-166.

Ausschluss und Ausgrenzung gehören seit jeher zum Arsenal sozialer Kontrolle. 36
Neben den strafrechtlichen Formen der Freiheitsentziehung und der Stigmatisierung durch sonstige Strafen (→ § 21 Rn 26) sind Formen des Ausschlusses auch im Feld nichtstrafrechtlicher Sozialkontrolle zu finden. Sie sollen wahrgenommene Risiken und Folgen der ökonomischen Umstrukturierungen der westlichen Gesellschaften wie auch der Welt insgesamt von den „guten" Bürger:innen fernhalten. Dafür werden den Ausgeschlossenen in sehr unterschiedlicher Intensität gesellschaftliche Partizipationsmöglichkeiten vorenthalten – von Zugängen zu sozialen Leistungen über das Betreten an sich öffentlicher Räume bis hin zu Migrationskontrolle etwa an den europäischen Außengrenzen.

Solche Techniken verfolgen somit durchaus unterschiedliche, wenngleich sich 37
auch **überschneidende Zwecke**. Sie können zum einen gemäß dem versicherungsmäßigen Risikomanagement der Kontrolle von Risiken dienen, indem sie diese etwa von bestimmten Orten fernhalten. Zum anderen setzen Ausschlusstechniken aber auch Praktiken der sozialen Differenzierung und Ausgrenzung um, wenn gemäß der wirtschaftlichen Verwertungslogik unerwünschte oder überflüssige Personen von sozialer Teilhabe ausgeschlossen werden. Am extremsten zeigt sich dies an den Ländergrenzen, auf dem Mittelmeer und in den Lagern diesseits und jenseits der europäischen Außengrenzen. Aber auch sozial marginalisierte Personen in den Ländern, wie prekär Beschäftigte und von Armut Betroffene, bekommen die Techniken zu spüren.[363] Diese verschiedenen Formen des Ausschlusses folgen einerseits einem ökonomischen Kalkül, das Risiken streng objektiv bestimmt und Vorsorge nach moralisch indifferenten Maßstäben der Effizienz trifft. Andererseits trifft sich die Praxis

362 *Glaubitz u. a.* 2018, 56 f.; *Neubacher* 2020, Kapitel 13 Rn. 4 ff.
363 *Wehrheim* 2008.

der sozialen Differenzierung und Ausgrenzung mit den moralischen und ordnungspolitischen Vorstellungen der Mehrheitsgesellschaft und setzt diese um. Die Ausgrenzung der Anderen schafft für die Inkludierten und vor allem für die von Abstiegsängsten geplagten Mittel- und Oberschichten ein wenig Sicherheit, indem sie ihnen das Gefühl der eigenen Zugehörigkeit vermittelt und die eigenen repressiven Sicherheitsbedürfnisse bedient.[364]

38 Wer etwa vorbestraft ist oder illegale Drogen konsumiert, verfügt damit über Risikomerkmale, die den Betroffenen den Zugang zu bestimmten mit Vorteilen und Privilegien verbundenen sozialen Bereichen verwehren. Typischerweise wird die Beweislast der Risikoarmut den sich Bewerbenden als Obliegenheit aufgebürdet, indem etwa diejenigen, die sich einem für die berufliche Anstellung geforderten Urintest auf Drogen nicht unterziehen, von vornherein für die Stelle nicht in Betracht kommen. So entsteht eine **Zugangsgesellschaft**, die dem Individuum nur dann Zugang zu bestimmten privilegierten Räumen und Betätigungsmöglichkeiten eröffnet, wenn ein gewisses – auf die Sicherheitsbedürfnisse des jeweiligen Raumes oder Betätigungsfeldes bezogenes – persönliches Risikopotenzial nicht überschritten wird.[365] Während sich einerseits die Zugänge für bestimmte Risikopersonen schließen, werden ihnen andererseits vom öffentlichen Raum abgetrennte Areale – wie Fixerstuben für Konsumierende illegaler Drogen, Wohnwagensiedlungen für Randständige oder Bordelle für Prostituierte und Freier – zugewiesen, die den öffentlichen Raum von unerwünschten Risikoträger:innen entlasten, den kontrollierten Zugriff auf diese Personen erleichtern und das Problem wie seine Kontrolle für die Öffentlichkeit unsichtbar werden lassen.

39 Die in diesem Kontext zum Zuge kommenden Techniken bedeuten zumeist keine bipolare Unterteilung der Gesellschaft in Inkludierte und Exkludierte. Vielmehr ziehen kombinations- und variationsreiche **Ausgrenzungstechniken** die Grenzen beständig neu und differenzieren das Ausmaß an Exklusion graduell. Auf diesem Weg schaffen sie mehr oder weniger ausgrenzungsintensive soziale Sphären und eröffnen einen Wettlauf der Individuen in möglichst ausgrenzungsarme Regionen. Dies kann zum einen durch staatliche Instanzen, insbesondere die **Polizei** erfolgen. So verbieten etwa kommunale Gefahrenabwehrverordnungen bestimmte Verhaltensweisen wie Nächtigen, Alkoholkonsum, Betteln und teilweise auch die Ausübung von Sportarten – beispielsweise

364 *Singelnstein* 2011.
365 *Selman/Myers/Goddard* 2019.

Skaten – im öffentlichen Raum. Ebenso nimmt die Bedeutung von Platzverweisen und Ingewahrsamnahmen in der polizeilichen Praxis zu. Ein- und Ausreisebeschränkungen bzw. Meldeauflagen für bestimmte Personengruppen dienen dazu, diese gleich vollständig von der Teilnahme an Demonstrationen oder dem Besuch von Fußballspielen abzuhalten.

Noch größere Bedeutung kommt zum anderen Ausgrenzungstechniken im **privaten Sektor** zu. So bilden sich etwa in Geschäftsvierteln, Shopping-Malls, Sportvereinen und überwachten Wohnkomplexen „künstliche" Gemeinschaften von statistisch risikoarmen Populationen, die sich zum Erhalt ihres Sicherheitsstandards gegen Risikoträger:innen abschotten.[366] Der Wettstreit um soziales Prestige und ökonomischen Erfolg wird um die Dimension der Zugehörigkeit zu einem möglichst risikoarmen persönlichen Umfeld erweitert. Die Vergesellschaftung nach den Merkmalen der statistischen Risikoarmut begreift Risiken als prinzipiell von außen kommend und schottet sich darum systematisch gegen außen ab. Die Herstellung von Gemeinschaftlichkeit folgt dabei der Logik einer Identitätsstiftung durch Ausgrenzung, wonach wir kraft Clubkarte, goldenem Schlüssel und Vereinstrikot zu den *gentils membres* gehören, andere hingegen nicht. Derart geschaffene risikoarme Sozialbereiche werden mit einer *corporate identity* ausgestattet und vermarktet; sie vermitteln das Bewusstsein von Risikobeherrschung durch Zugehörigkeit zu einer exklusiven, nämlich andere exkludierenden Domäne. 40

Diese Entwicklung **fragmentiert** die Gesellschaft. Der frei zugängliche öffentliche Raum schrumpft zugunsten halböffentlicher und privatisierter Areale mit gestaffelten Zugangsbeschränkungen. Innerhalb des öffentlichen Raumes bildet sich so eine Inselwelt privatregierter Räume, in welchen Nutzungsbefugnisse gemäß den jeweiligen Privatinteressen festgelegt werden.[367] Risikoindikatoren und Reaktionsmechanismen werden nach weitgehend eigenmächtig gesetzten Partikularnormen bestimmt. Sie richten sich in der Regel gegen konsumabträgliche Situationen und sind, positiv, an Optimalentwürfen von Betriebssicherheit, Verkaufsförderlichkeit und ungestörtem Freizeitvergnügen ausgerichtet. Der öffentliche Raum wird dadurch neofeudalistisch segmentiert.[368] So mag die Supermarktbetreiberin neben dem Geschäft sitzende Alkoholiker:innen, der Boutiquebesitzer Bettelnde und Musizierende vor seinem Schaufenster mit kri- 41

366 *Wehrheim* 2012, 131 ff., 181 ff.
367 *Wehrheim* 2012.
368 *Shearing* 1997, 271.

minellen Risiken assoziieren. Damit verschwimmt der Unterschied zwischen bloßer negativer Auffälligkeit im Sinne bürgerlicher Ordnung und drohender Kriminalität wie derjenige zwischen formeller und informeller Kontrolle.[369]

42 Mit der Schaffung risikoarmer Räume geht, spiegelbildlich, die Eröffnung risikoreicher Räume einher, in welchen sich diejenigen verdichten, die als Risikoträger:innen identifiziert werden, was auch als „Ghettoisierung" beschrieben wird. Der urbane Raum teilt sich in die von Reichen bewohnten *security bubbles* und die *badlands* der Armen.[370] Dadurch konzentriert sich die Kriminalität auf Opfer, welche ähnliche persönliche Risikoeigenschaften wie die Täter:innen aufweisen.

43 Diese Entwicklungen entsprechen der **inneren Logik der Spätmoderne**. Zwar war staatliche Strafe schon immer ein Sinnbild für Ausschluss, wobei ihre häufigere Anwendung auf sozial Benachteiligte soziale Ausgrenzungsprozesse verstärkt. Jedoch erlangt die Ausgrenzung in der nationale Grenzen überwindenden Spätmoderne eine neue Qualität.[371] In scheinbarem Kontrast zu neuen Freiheiten und zur Globalisierung werden soziale Grenzziehungen in den Ländern vorgenommen und neue Barrieren zwischen dem globalen Süden und der übrigen Welt errichtet, führt die europäische Vereinigung zu umso undurchdringlicheren Außengrenzen. Die scheinbare Widersprüchlichkeit der Entwicklung löst sich auf, wenn die expandierenden Märkte, die Erhöhung des Bruttosozialprodukts und konsumfördernde Anreize als Triebkräfte bestimmt werden. In einem konsequent ökonomischen Kalkül macht es Sinn, zugleich auf Globalisierung wie auf Protektion der Bedingungen des Wohlstandsgefälles zu setzen. Die Globalisierung ist nicht primär an einer Weltgesellschaft mit universellen Menschenrechten interessiert, sondern zuerst an freien Märkten, in denen in Billiglohnländern produziert werden kann, was in Hochpreisländern konsumiert wird. Sicherheit bedeutet dabei nicht bevorzugt Schutz der besonders gefährdeten sozial Benachteiligten, sondern in erster Linie die konsumfördernde Sicherheit in den auf Wachstum angelegten Volkswirtschaften.

369 *Schmidt-Semisch* 2002, 91 f.
370 *Hagan/MacCarthy* 1998.
371 *Steinert* 2008.

V. Responsibilisierung der Einzelnen und käufliche Sicherheit

Lektüreempfehlung: *Kreissl, Reinhard* (2009): Privatisierung von Sicherheit. KrimJ 41, 37-45; *Lindenberg, Michael; Schmidt-Semisch, Henning* (2000): Komplementäre Konkurrenz in der Sicherheitsgesellschaft. MschrKrim 83, 306-319; *Schneiker, Andrea; Joachim, Jutta* (2018): Privatisierung von Sicherheit in Deutschland – Einleitung zum Themenschwerpunkt. ZeFKo 7, 44-55.

Die zunehmenden Sicherheitsbedürfnisse und der Trend zur Vorverlagerung 44
und Ausweitung sozialer Kontrolle stehen in einem Spannungsverhältnis mit dem neoliberalen Bild des **schlanken Staates**. Der Anspruch einer staatlichen „Rundumversorgung" gilt danach als problematisch, weil er als ökonomisch ineffizient und die Bevölkerung bevormundend angesehen wird. Gleichwohl setzen sich die damit verbundenen neoliberalen Konzepte von Deregulierung und Privatisierung in den Bereichen Kriminalitätskontrolle und Sicherheitsproduktion nur in engen Grenzen durch. Zwar soll der verschlankte Staat nicht Monopolist der Sicherheitsgewähr sein; er reklamiert aber – anders als in anderen gesellschaftlichen Feldern – die zentralen Bereiche des Feldes gleichwohl noch für sich. Ausnahmen hiervon zeigen sich indes im digitalen Raum (→ § 23 Rn 49 ff.). So hat der deutsche Gesetzgeber mit dem Netzwerkdurchsetzungsgesetz soziale Kontrolle in sozialen Medien in erheblichem Umfang an die Plattform-Betreibenden delegiert, die so anstelle der überkommenen strafrechtlichen Sozialkontrolle zur Bearbeitung von Normverstößen auf ihren Plattformen gesetzlich verpflichtet sind. Die Digitalisierung (→ § 23 Rn 49 ff.) führt an dieser Stelle damit zu neuen, hybriden Formen sozialer Kontrolle.

Im Übrigen sind nach wie vor nur Randbereiche und Zusatzleistungen, die 45
neben der staatlichen Grundversorgung an Sicherheit begehrt werden, an die Privatwirtschaft delegiert, wo sie auf eigene Kosten eingekauft werden können. Parallel dazu wird die Bevölkerung in die Verantwortung genommen und angeregt, selbst für ihre persönliche Sicherheit vorzusorgen. Die staatliche Sicherheitsproduktion verschränkt sich auf diese Weise mit Eigenleistungen der Bevölkerung zu einem umfassenderen Sicherheitssystem.[372] Die Delegation der Sicherheitsproduktion durch den Staat findet dabei in zwei miteinander einhergehenden Formen statt, die neben die klassische formelle Sozialkontrolle treten: die Aktivierung der Bürger:innen und die Überlassung von Aufgabenbereichen an die Privatwirtschaft.

372 *Lindenberg/Schmidt-Semisch* 2000.

46 Die Einbeziehung und Aktivierung der Bürger:innen als Individuen, die bereits im Kontext der kommunalen Kriminalprävention angesprochen wurde (→ § 22 Rn 23 ff.), lässt sich als Verantwortlichmachen („**Responsibilisierung**") des Individuums für die eigene Sicherheit beschreiben. Da im neoliberalen Kontext jede:r primär für sich selbst verantwortlich ist (→ § 12 Rn 11 ff.), gehört das aus dem Gesundheitswesen stammende Gebot präventiver Eigenvorsorge zum Grundverständnis eines solchen Sicherheitskonzepts. Das Gebot wird durch Techniken der **Selbstführung** (→ § 13 Rn 43) befördert, die das Individuum dazu anhalten, von alleine und vermeintlich aus eigenem Antrieb antizipierte Verhaltensstandards zu befolgen.[373] In einer Mischung von Anleitungen zur Eigeninitiative und zur Selbstbemächtigung geben diese Techniken Ziele des Handelns vor, die von den Individuen innerhalb ihrer Handlungsfreiräume aktiv und selbstständig, der jeweiligen Situation angepasst umzusetzen sind. Indem die einzelne Person selbst will, was sie soll, wird eine wesentlich subtilere und hintergründigere Verhaltenssteuerung als durch Disziplinierungstechniken erzielt (→ § 13 Rn 43 f.). Diese Aktivierung von Selbststeuerungsprozessen hält die Einzelnen dazu an, aktiv und selbstständig Verantwortung für das eigene Leben zu übernehmen.[374]

47 Der nach seiner eigenen Leistungsfähigkeit die persönlichen Risiken minimierende *homo prudens* wird so zum Leitbild. Durch die Verantwortungszuweisung werden die Individuen in ihrer „bürgerschaftlichen Selbstverantwortung" angesprochen und in eine „**Sicherheitspartnerschaft**" zwischen Polizei, kommerziellen Sicherheitsdiensten, privaten Schutzgemeinschaften und einzelnen Bürger:innen eingebunden.[375] In diesem Mitwirkungskonzept kommt dem Staat neben den Kernbereichen vor allem die Aufgabe zu, die notwendigen Rahmenbedingungen zu schaffen. Diese Gewährleistungsverantwortung für ein partnerschaftlich zu knüpfendes Sicherheitsnetzwerk bezieht die staatliche Zuständigkeit schwerpunktmäßig auf den Bereich der *network-governance* im Sinne der konzeptionellen Entwicklung und des Qualitätsmanagements und ermöglicht so ein der Gouvernementalität[376] (→ § 13 Rn 42 ff.) entsprechendes „Regieren auf Distanz"[377]. Die Polizeiarbeit gibt sich zu diesem Zweck gemeindenah und bürger:innenorientiert. Sie berät das Publikum in Sicherheitsfragen, verteilt Gütesiegel für getestete Schlösser und Alarmanlagen, tritt in Bürger:in-

373 *Bröckling* 2007; *Foucault* 2000, 41 ff.
374 *Singelnstein/Stolle* 2012, 74 ff.
375 *Pitschas* 2000, 78 ff.
376 *Foucault* 2000; *Lemke* 1997.
377 *Garland* 1996; *Lemke* 2008.

nenversammlungen sachverständig auf und steht in den Wohnquartieren und für die lokale Geschäftswelt als persönlicher Kontakt und ratgebende Institution zur Verfügung.

Parallel zur Responsibilierung und Einbeziehung des einzelnen Individuums wird Sicherheit in stärkerem Maße zur Ware.[378] Sie ist im neoliberalen Verständnis kein staatlich verwaltetes Gemeingut, auf das alle in gleichem Umfang Anspruch erheben können, sondern eine knappe Ressource. Persönliche Sicherheitsbedürfnisse, welche das begrenzte staatliche Sicherheitsangebot übersteigen, müssen danach durch Privatinvestitionen befriedigt werden. Dies schafft angesichts zunehmender Sicherheitsbedürfnisse Bedarf für einen **privaten Sicherheitsmarkt**, obwohl staatliche Sicherheitsleistungen faktisch nicht reduziert worden sind. Die Wahrnehmung von Sicherheitsaufgaben ist somit weniger von der Polizei auf Private verlagert, sondern vor allem neben der Polizei um private Dienstleistende erweitert worden. 48

Angesichts dessen boomt der Markt privater Sicherheitsunternehmen: In Deutschland ist die Zahl der Beschäftigten im privaten Sicherheitsgewerbe von etwa 115.000 im Jahre 1996 auf 267.000 im Jahre 2019 angestiegen. Die Anzahl der Unternehmen hat sich zwischen 1994 und 2019 von rund 1.700 auf 6.500 vervielfacht. Auch die Umsatzzahlen stiegen kontinuierlich auf ca. 9,1 Milliarden Euro im Jahre 2019.[379] In der Schweiz arbeiteten 2019 ca. 22.000 Personen für rund 900 private Sicherheitsunternehmen[380], während die Polizei im Jahre 2018 nur 18.413 Polizist:innen beschäftigte[381]. Demgegenüber gab es 2018 in Deutschland 244.800 und in Österreich 30.240 Polizeibeamt:innen.[382] 49

Das Angebot auf dem Sicherheitsmarkt bezieht sich im Wesentlichen auf Sicherheitsdienste (Geldtransporte, Werkschutz, Objektschutz, Personenschutz, Detekteien), Sicherheitsservice (Gefahrenmeldeanlagen, Notrufzentralen) und Sicherheitstechnik (Überwachungs- und Alarmtechnik).[383] Besondere Bedeutung kommt der privaten Eindeckung mit als sicherheitsrelevant wahrgenommenen Konsumgütern in der sogenannten Prepper-Szene zu,[384] in der 50

378 *Singelnstein/Stolle* 2012, 103 ff.
379 http://www.bdsw.de/die-branche/zahlen-daten-fakten (*Bundesverband deutscher Wach- und Sicherheitsunternehmen e. V.*).
380 S. dazu https://www.nzz.ch/schweiz/wildwuchs-bei-sicherheitsfirmen-ld.1521442.
381 S. Personal in der Strafjustiz (EU).
382 S. Personal in der Strafjustiz (EU).
383 *Pitschas* 2000, 44.
384 *Nagel* 2021.

neoliberal-individualisierte Responsibilierungseffekte und apokalyptische Verschwörungstheorien zu einer brisanten Mischung verschmelzen. Insbesondere in den USA spielt der Handel mit Strafregisterdaten eine wichtige Rolle.[385] Auch staatliche Stellen greifen – wobei in den verschiedenen Ländern deutliche Unterschiede bestehen – in erheblichem Maße auf private Firmen zurück, etwa beim Schutz öffentlicher Gebäude, der Überwachung des ruhenden Verkehrs einschließlich der Verhängung von Parkbußen, der Einziehung von Autokennzeichen und Führerscheinen, der Nachermittlung für Bußgeldbehörden, der Unfallaufnahme, der Abschiebung von Asylsuchenden, dem Transport von Gefangenen und der Durchsetzung von Infektionsschutzmaßnahmen während der Corona-Pandemie. Das private Sicherheitsgewerbe ist damit zu einem festen Bestandteil des Konzepts zur Gewährleistung innerer Sicherheit geworden[386], wobei eine zunehmende **Verschränkung staatlicher und privater** Sicherheitsgewährleistung (*public-private partnership*) zu beobachten ist.

51 Die Ergänzung der Polizei durch privates Sicherheitspersonal führt zu problematischen Konsequenzen, vor allem wenn Private faktisch polizeiliche Funktionen ausüben.[387] In der Schweiz ersetzen Private in einzelnen Gemeinden die Gemeindepolizei und üben dabei unmittelbar hoheitliche Gewalt aus.[388] Auch wenn ihnen ansonsten keine hoheitlichen Befugnisse, sondern nur Jedermannsrechte wie zivile Rechte und das Notwehrhilferecht zugunsten der Auftraggebenden zustehen, treten sie oft markant in polizeiähnlichen Uniformen auf, was zu Verwechslungen mit staatlichen Sicherheitskräften führen und den falschen Eindruck hoheitlicher Kompetenzen erwecken kann. Zudem sind die privaten Sicherheitsproduzent:innen **eigenständige Akteur:innen** im Feld sozialer Kontrolle. Die privaten Unternehmen der Sicherheitsbranche sind an einer entsprechenden Nachfrage interessiert, die gerade nicht durch mehr Sicherheit, sondern durch eine zunehmende Verunsicherung entsteht und gesteigert wird. Sie sind weniger kontrolliert als staatliche Stellen und folgen einem ökonomischen Kalkül.[389]

52 Besondere Brisanz gewinnt dies im Kontext der **Privatisierung des öffentlichen Raumes**, wenn z. B. der private Sicherheitsdienst den Zugang zu Shopping-Malls reguliert. Durch die Privatisierung von Bahnhöfen, Flughäfen und anderen

385 *Corda/Lageson* 2020.
386 Für die Schweiz *Eisner* 2000.
387 *Albrecht* 2010, 177.
388 *Bieri* 2015.
389 *Hirschmann* 2018.

eigentlich öffentlichen Räumen werden diese strengeren privatrechtlichen Nutzungsbeschränkungen und Vollstreckungsmöglichkeiten von Aufenthaltsverboten unterworfen. Zivilrechtliche Kompetenzen, insbesondere das Hausrecht, werden dabei extensiv zum vorsorglichen Fernhalten unerwünschter Personen schon am Zugang zum Areal und ohne konkret drohende Ordnungsstörung genutzt, was nach Polizeirecht nicht möglich wäre. Wer als unerwünscht gilt, wird nach generalisierten äußerlichen Merkmalen bestimmt, in denen sich Vorstellungen von Ordnung ausdrücken. Die Betreiber:innen von Einkaufszentren und Einkaufspassagen, Banken und Großbetriebe können so durch eingekaufte Sicherheitskräfte ihre eigenen Ordnungsvorstellungen durchsetzen. Verdichtete Wohnsiedlungen und Wohnparks folgen dem Beispiel (→ § 22 Rn 36 ff.).

VI. Ordnungsproduktion und „Null Toleranz"

Lektüreempfehlung: *Belina, Bernd* (2009): Broken Windows Redux: Stimmt's also doch? KrimJ 41, 58-62; *Kunz, Karl-Ludwig* (1997): Innere Sicherheit und Kriminalitätsvorsorge im liberalen Rechtsstaat. In: *Kunz, Karl-Ludwig; Moser, Rupert* (Hrsg.): Innere Sicherheit und Lebensängste. Bern, 13-35; *Young, Jock* (1999): The Exclusive Society. London/Thousand Oaks/New Delhi, 121-147.

Die Stadtentwicklungspolitik setzt seit Ende des 20. Jahrhunderts in starkem Maße auf eine kommerzielle Nutzung der Innenstädte, die im Wettbewerb der Metropolen zu einem zentralen Faktor werden. Dies erfordert eine Steigerung der Attraktivität der Innenstädte für die Konsum- und Freizeitgewohnheiten eines zahlungskräftigen Publikums und damit zugleich eine Verdrängung bzw. Unsichtbarmachung von Anzeichen sozialer Desorganisation: Leerstehende und verwahrloste Gebäude, Müll auf den Straßen, Graffiti und demolierte Telefonzellen werden ebenso hierzu gezählt wie bettelnde, Drogen konsumierende oder wohnungslose Menschen. 53

Wilson und *Kelling* haben solche Zeichen sozialer Desorganisation unter dem Stichwort *Broken Windows* zudem als Ausgangspunkte für die Zunahme von abweichendem Verhalten in bestimmten Quartieren ausgemacht (→ § 9 Rn 48 ff.).[390] Eine zerbrochene Fensterscheibe muss danach rasch repariert werden, sonst sind bald die restlichen Scheiben im Haus eingeschlagen. Daraus entwickelten *Wilson* und *Kelling* ein präventives Konzept der Bekämpfung von Symptomen der Unordnung mit dem doppelten Ziel, Anreize krimineller Betäti- 54

390 *Wilson/Kelling* 1996.

gung zu beseitigen und zugleich Quellen der Verunsicherung einzudämmen.[391] Diese Strategie knüpft an Symptome an, ohne die möglichen Ursachen – wie die Spekulation mit Gewinnen aus der Verelendung bestimmter Stadtgebiete, die Mängellagen der Zugezogenen, ihre soziale Desintegration und Diskriminierung – zu ergründen.

55 Im Zuge dieser Entwicklungen ist die **Herstellung von sichtbarer Ordnung** in einem bürgerlichen Sinn zu einem bedeutenden Ziel einer präventiv ausgerichteten Sozialkontrolle geworden. Sichtbare Zeichen sozialer Desorganisation sollen so weit wie möglich beseitigt werden. Hierfür wird zum einen die Polizei über ihren klassischen Aufgabenbereich hinaus in die Pflicht genommen. Sie soll zur Wiederherstellung der „guten Ordnung" beitragen, wie sie sich nach den durchaus relativen und anfechtbaren Vorstellungen der Wohlhabenderen darstellt. Zum anderen wird die Bevölkerung responsibilisiert und selbst zur Ordnungsproduktion angeregt.

56 Die Wiederentdeckung der Tugend der Ordentlichkeit signalisiert, dass die Mehrheitsgesellschaft die Oberhand beansprucht und sich nicht länger in libertinärer Pose von allerlei Aussteiger:innen und Abweichenden auf der Nase herumtanzen lässt. Kriminalitätsbekämpfung beginnt für sie mit der Bekämpfung nichtkrimineller Abweichung, belästigenden Verhaltens und Unordentlichkeit.

> „Der Bürger, der den übelriechenden Betrunkenen, den rüpelhaften Jugendlichen oder den aufdringlichen Bettler fürchtet, drückt nicht lediglich seine Abneigung gegenüber ungehörigem Verhalten aus. Er drückt ebenso ein Stückchen Volksweisheit aus, die eine zutreffende Verallgemeinerung enthält, nämlich dass ernstzunehmende Straßenkriminalität in Gegenden floriert, in denen ungeordnetes (‚*disorderly*') Benehmen ungehemmt geschehen kann."[392]

57 Ordnungsproduktion als Zielsetzung sozialer Kontrolle blendet somit nicht nur die Hintergründe sozialer Phänomene aus. Sie macht auch Ordnungsvorstellungen bestimmter Teile der Gesellschaft zum allgemeinen Maßstab. Abweichungen hiervon ist danach so früh wie möglich zu begegnen, was auch leichte Formen abweichenden, aber nicht strafbaren Verhaltens von sozialen Normen erfasst. Dies entspricht auch dem bereits beschriebenen Bedürfnis nach Prävention und optimaler Regulierung von Risiken.

391 *Hess* 1996; *Wilson/Kelling* 1996.
392 *Wilson/Kelling* 1996, 128 f.

Das Schlagwort von der „**Null Toleranz**" (→ § 9 Rn 52 f.) propagiert im Zuge dessen eine strenge Verfolgungs- und Ahndungspraxis, die angesichts der aus kriminologischer Sicht sinnvollen Diversionspraktiken gerade im Jugendstrafrecht (→ § 20 Rn 37, 39) kontraproduktiv ist. Zudem wirbt das Schlagwort bei der Bevölkerung um eine rigorose und unnachsichtige Haltung auch gegenüber nicht strafbaren Abweichungen vor allem junger Menschen. Diese mangelnde Duldsamkeit gegenüber Ordnungsstörungen und Abweichungen jeder Art steht im Widerspruch zu Grundsätzen des liberalen Rechtsstaates, der sich genormter Ordnungsvorstellungen bewusst enthält und zwischen bloß ungewöhnlichem bzw. unerwünschtem und strafbedürftigem Verhalten zu unterscheiden weiß. 58

KAPITEL 5

Kriminalität, soziale Kontrolle und Gesellschaft

§ 23 Kriminalität und Gesellschaft

1 Welche Rolle spielt Kriminalität für eine Gesellschaft? Welche Bedeutung wird ihr neben anderen Problemen und Konflikten zugemessen? Und welches Verhältnis hat eine Gesellschaft zu (ihrer) Kriminalität? Nachdem wir gesehen haben, wie strafrechtliche und andere Formen von Sozialkontrolle bestimmte Verhaltensweisen als Abweichungen hervorbringen und zugleich damit umgehen, soll es hier nun in einem grundlegenderen Sinne um das Verhältnis von Kriminalität und Gesellschaft gehen. Dabei interessiert zum einen die Frage, wie Kriminalität gesellschaftlich wahrgenommen wird und welche Einstellungen dazu bestehen. Zum anderen sollen gesellschaftliche Bedingungen als Entstehungszusammenhänge von Kriminalität in den Blick genommen werden: Die Kriminalität der Gesellschaft hängt von deren Verfasstheit ab. Wandeln sich die jeweiligen gesellschaftlichen Bedingungen, führt das auch zu Veränderungen im Bereich abweichenden Verhaltens bzw. unserem Verständnis davon. So führen etwa die Corona-Pandemie bzw. die damit verbundenen Veränderungen zu einem Rückgang registrierter Kriminalität, während zugleich bestimmte Kriminalitätsformen an Bedeutung gewinnen, wie etwa häusliche Gewalt und bestimmte Betrugsformen.

I. Normalität und Funktionalität von Kriminalität

Lektüreempfehlung: *Durkheim, Émile* (1968): Kriminalität als normales Phänomen. In: *Sack, Fritz*; *König, René* (Hrsg.): Kriminalsoziologie. Frankfurt a. M., 3-8.

2 Jede Gesellschaft besitzt ihre spezifische Kriminalität. Daraus folgt umgekehrt, dass die Struktur dieser Kriminalität viel über die jeweilige Gesellschaft verrät. Aus einer unvoreingenommenen wissenschaftlichen Perspektive ist Kriminalität zunächst in einem faktischen Sinne normal, weil häufige Verletzungen von gesellschaftlich normierten Verhaltenserwartungen in praktisch allen bekannten Gesellschaften geläufig sind. Die Annahme, Kriminalität und soziale Konflikte seien in archaischen Gesellschaften rar, ist pure Spekulation und kontrastiert mit der (gleichermaßen spekulativen) *Hobbes'schen* Annahme, im Urzustand sei der Mensch des Menschen Wolf. Handlungen, die von rechtlichen Normen abweichen und damit verbindliche Verhaltenserwartungen verletzen, sind – soweit bekannt – ubiquitär, also überall und jederzeit gebräuchlich. Dies ist nicht verwunderlich, bedarf es der rechtlichen – und nicht bloß der mora-

lischen – Normierung von Verhaltenserwartungen doch gerade deshalb, weil deren Verletzung statistisch erwartbar ist und mit den einschneidenden Mitteln des Rechtszwanges unterbunden werden soll. Wo immer Rechtsnormen vorhanden sind, ist deshalb regelmäßig mit Rechtsverletzungen zu rechnen.

Doch Kriminalität ist nicht nur normal, weil die Existenz der Norm den Normverstoß voraussetzt. Umgekehrt gilt vielmehr auch, dass die rechtliche Norm den Normverstoß benötigt. Normabweichendes Verhalten bestärkt die **Geltungskraft der Norm**, indem es die Möglichkeit eröffnet, durch symbolische Missbilligung der Abweichung in einem den Rechtsbruch ahndenden Gerichtsverfahren die Unverbrüchlichkeit der normierten Ordnung kontrafaktisch unter Beweis zu stellen (→ § 20 Rn 18). Wie die Figur des biblischen Gottes von der ihres Widerparts – des Teufels – zehrt, braucht die Rechtsnorm ihre Verletzung, um durch die Verarbeitung der Erwartungsverletzung die Notwendigkeit einer rechtlich garantierten Zwangsordnung zu dokumentieren. 3

Schließlich ist Kriminalität auch insofern normal, als sie durch Bearbeitung etwa in Form der Strafverfolgung nicht zum Verschwinden zu bringen ist – auch wenn Kriminalpolitik regelmäßig diesen Eindruck erweckt.[1] Dies gilt nicht alleine, weil Strafverfolgung zwar eine Form des gesellschaftlichen Umgangs mit Abweichung ist, aber nicht dazu führt, dass weitere Abweichungen in der Zukunft ausbleiben würden, weil dies von zahllosen anderen Faktoren abhängig ist. Die **Gesellschaft braucht Kriminalität** auch – als Abweichung von dem jeweils geltenden Normstandard. Machen wir uns dies deutlich, indem wir hypothetisch annehmen, einer Gesellschaft würde es (auf welchem Wege auch immer) gelingen, dass bislang als kriminell geltende Handlungen völlig ausblieben (so unrealistisch dies auch ist). Es gäbe also keine kriminellen Handlungen mehr. Diese Änderung des allgemeinen normativen Standards würde zugleich eine größere Sensibilität für zuvor als erträglich geltende Abweichungen von herrschenden Moralvorstellungen bewirken. Infolgedessen würden Verhaltensweisen, die früher bloß ein Naserümpfen auslösten, nunmehr als anstößig taxiert; was vordem als unziemlich galt, erschiene nunmehr als strafbedürftig. Die Anhebung der gesellschaftlichen Moral bewirkt demnach kein Verschwinden der Kriminalität, sondern bloß ein Auswechseln ihrer Inhalte. Offenbar besteht ein Bedürfnis, einen mehr oder weniger konstanten Bodensatz an Verhaltensweisen als kriminell auszugrenzen. 4

1 *Hanak/Stehr/Steinert* 1989.

> „Man stelle sich eine Gesellschaft von Heiligen, ein vollkommenes und musterhaftes Kloster vor. Verbrechen im eigentlichen Sinne des Wortes werden hier freilich unbekannt sein; dagegen werden dem Durchschnittsmenschen verzeihlich erscheinende Vergehen dasselbe Ärgernis erregen wie sonst gewöhnliche Verbrechen in einem gewöhnlichen Gewissen. Befindet sich diese Gesellschaft im Besitze der richterlichen und Strafgewalt, so wird sie jene Handlungen als Verbrechen erklären und dem gemäß behandeln.“[2]

5 Da also zwischen den konkreten Inhalten der Kriminalität und der moralischen Entwicklung der Gesellschaft ein Zusammenhang besteht, bedarf es der Kriminalität als **Motor sozialen Wandels**. Eine Gesellschaft ohne nennenswerte kriminelle Abweichungen wäre erstarrt und am Ende ihrer Entwicklung. Der Fortbestand einer Gesellschaft unter sich ändernden Rahmenbedingungen verlangt, dass diese ihre Vorstellungen von Recht und Moral als prinzipiell revisibel erachtet und in der Auseinandersetzung mit der möglichen Legitimität vorkommender Normverstöße die Inhalte moralischer und rechtlicher Normen zeitgemäß neu definiert. Für eine solch „offene“ Gesellschaft[3] ist Kriminalität auch im wertenden Sinne „normal“, weil nützlich für die Fortentwicklung des Rechts und der Moral.

> „[Das Verbrechen] hält nicht bloß den notwendigen Änderungen den Weg offen, in manchen Fällen bereitet es auch diese Änderungen direkt vor […]. Wie oft ist das Verbrechen wirklich bloß eine Antizipation der zukünftigen Moral, der erste Schritt in dem, was sein wird. Nach dem athenischen Rechte war *Sokrates* ein Verbrecher, und seine Verurteilung war gerecht. Und doch war sein Verbrechen, die Unabhängigkeit seines Denkens, nützlich, nicht nur für die Menschheit, sondern auch für seine Vaterstadt. Denn er trug dazu bei, eine neue Moral und einen neuen Glauben vorzubereiten, deren die Athener damals bedurften, weil die Traditionen, von denen sie bis dahin gelebt hatten, nicht mehr mit ihren Existenzbedingungen übereinstimmten. Und der Fall *Sokrates* ist nicht der einzige; er wiederholt sich in der Geschichte periodisch. Die Gedankenfreiheit, deren wir uns heute erfreuen, wäre niemals proklamiert worden, wenn die sie verbietenden Normen nicht verletzt worden wären, bevor sie noch feierlich außer Kraft gesetzt wurden. In jenem Zeitpunkt war ihre Verletzung jedoch ein Verbrechen, da sie eine Beleidigung von Gefühlen bedeutete, welche bei der Mehrheit noch sehr lebendig waren. Nichtsdestoweniger war dieses Verbrechen nützlich, da es das Vorspiel zu allmählich immer notwendiger werdenden Umwandlungen war.“[4]

---

2 *Durkheim* 1968, 5 f.
3 *Popper* 1980.
4 *Durkheim* 1968, 7 f.

Ein auffällig niedriges Niveau ausgewiesener Kriminalität ist für die Gesellschaft ebenso wenig ein Gütesiegel wie ein auffällig hohes Niveau. Eine niedrige registrierte Kriminalitätsrate findet sich in „geschlossenen" Gesellschaften, die Divergenzen und Konflikte nicht oder auf andere Weise austragen. Sie korrespondiert häufig mit einer verkrusteten paternalistischen Gesellschaftsstruktur und einem beschränkten Demokratieverständnis, das die oppositionelle Konfliktaustragung meidet, einer festen Einbindung des Individuums in Institutionen und einer dichten informellen Sozialkontrolle. 6

Die aus der Warte einer wissenschaftlichen Reflexion gewonnene Vorstellung der Normalität von Kriminalität ermöglicht auf der einen Seite einen unverstellten Blick auf die Materie und damit ein tiefergehendes Verständnis. Auf der anderen Seite hindert diese Vorstellung keineswegs daran, Kriminalität im Rahmen der gesellschaftlichen Auseinandersetzung zu missbilligen. Im Gegensatz dazu vermögen es Kriminalpolitik und Alltagsdiskurs nicht, Kriminalität als normal zu akzeptieren, weil dies zugleich die Orientierungsfunktion der Strafrechtsnormen für sozial erwünschtes Verhalten in Frage stellen würde. Der motivierende Anreiz, den im Strafgesetz plakativ zum Ausdruck gebrachten Verhaltenserwartungen nachzuleben, wäre geschwächt, wenn Erwartungsverletzungen als normal eingestuft würden. Die Kriminalität ist gleichsam das Gegenbild des sozial erwünschten Verhaltens, das in Schwarztönen gezeichnet sein muss, damit das Alltagsgrau der rechtskonformen Verrichtungen erstrebenswert erscheint. 7

II. Gesellschaftliche Wahrnehmung von Kriminalität

Lektüreempfehlung: *Cohen, Stanley* (2016): Zur Soziologie von Moralpaniken (1972). In: *Klimke, Daniela; Legnaro, Aldo* (Hrsg.): Kriminologische Grundlagentexte. Berlin, 89-104.

Die gesellschaftliche Wahrnehmung von Kriminalität und das – in dieser Form nicht feststellbare – tatsächliche Kriminalitätsaufkommen stellen zwei grundlegend verschiedene Dinge dar, die voneinander zu unterscheiden sind (→ § 15 Rn 2 ff.). Es ist nicht nur für die kriminologische Forschung unmöglich, das tatsächliche Kriminalitätsaufkommen festzustellen und ihren Untersuchungen zugrunde zu legen (→ § 17 Rn 5 ff.). In noch deutlich gesteigertem Maße gilt dies für die Allgemeinheit und ihre Vorstellungen. Die Reaktionen der Bevölkerung auf abweichendes Verhalten und ihre Einstellungen dazu beziehen sich nicht auf eine real bestehende Wirklichkeit. Sie basieren vielmehr stets nur auf einer bestimmten Wahrnehmung von Kriminalität in der Gesellschaft. Diese 8

Wahrnehmung und ihre Veränderungen stellen somit die wesentliche Grundlage dafür dar, wie die Allgemeinheit auf den Bestand abweichenden Verhaltens in der Gesellschaft reagiert.

1. Wissen über Kriminalität

9 Wir alle haben Bilder und Vorstellungen dazu, was Kriminalität ist, wie sie entsteht und welche soziale Bedeutung sie besitzt – ganz allgemein, aber auch spezifisch für bestimmte Delikte. Sozialpsychologisch kann man von Wirklichkeitswahrnehmungen sprechen, die Wissenssoziologie versteht es als Wissensbestände: Erfahrungen, Erzählungen und Wahrnehmungen, Interpretationen und Bewertungen über Kriminalität. Diese Wirklichkeitssichten sind in unterschiedlichem Maße gesellschaftlich geteilt und etabliert. Sie prägen nicht nur unsere Haltungen zu Kriminalität, sondern bilden auch die Grundlage für Emotionen und Handlungen.

10 Das Wissen über Kriminalität bezieht der:die Einzelne nur in sehr geringem Maße aus eigenen Erfahrungen. Im Wesentlichen wird dieses Wissen gesellschaftlich, insbesondere **amtlich und medial vermittelt**. Solche Diskurse thematisieren Kriminalität in einer bestimmten Art und Weise. Sie formen so Vorstellungen über Kriminalität in der Gesellschaft und damit soziale Wirklichkeit, denn der:die Einzelne nimmt Kriminalität praktisch ausschließlich durch die Brille der Diskurse wahr (→ § 13 Rn 38 ff.). In Kriminalitätsdiskursen kommen verschiedenen Akteur:innen unterschiedliche Sprecherpositionen zu: Das Kriminalitätsgeschehen wird durch die Strafverfolgungsbehörden in ihrer Verfolgungsperspektive vermittelt; Medien reproduzieren den gesellschaftlichen Diskurs über Kriminalität und prägen ihn im Zug dessen; in sozialen Medien werden Vorstellungen über Kriminalität heute in einer dezentralen Weise geformt und verbreitet; die Sicherheitsproduktion ist ein bedeutender Wirtschaftszweig geworden, der Sicherheitsprobleme thematisiert, um Leistungen zu verkaufen (→ § 22 Rn 48 ff.).

11 Trotz der Normalität und Funktionalität von Kriminalität bereitet es der Gesellschaft Mühe, sich mit diesem Massenphänomen abzufinden. Strafrechtlich relevante Handlungen werden von der Öffentlichkeit typischerweise aus der Perspektive des Opfers gesehen und debattiert (→ § 24 Rn 21 ff.), wobei die Wahrnehmung oft durch Angst, Abscheu und anteilnehmende Betroffenheit überla-

gert ist.[5] Der sozialen Wahrnehmung von Kriminalitätshäufigkeit ist regelmäßig eine **Dramatisierungstendenz** (→ § 16 Rn 21) eigen.[6] Abweichendes Verhalten wird gerade nicht als normaler Bestandteil der Gesellschaft verstanden, sondern jede Kriminalitätshäufigkeitszahl als zu hoch angesehen. Dabei erscheint die Lage in der Regel zum gegenwärtigen Zeitpunkt als besonders problematisch, sodass die Perspektiven für die Zukunft bedrohlich erscheinen.

Gleichwohl bestehen in der gesellschaftlichen Wahrnehmung von Kriminalität 12
auch erhebliche **deliktsspezifische Unterschiede**. Während bestimmte Formen als Bagatellen und fast schon normale Nebensächlichkeiten gelten – etwa leichtere Steuerhinterziehungen und ähnliche Formen aus dem Bereich der Abweichung der Angepassten – werden andere stark überzeichnet und als besonders verwerflich betrachtet. Insbesondere Deliktshäufigkeit und Deliktsschwere bei Gewaltdelikten und Jugendkriminalität werden seit Jahrzehnten mit einer unerschütterlichen Kontinuität als zunehmend begriffen (→ § 23 Rn 24). Im Zuge dessen können bestimmte Taten Signalwirkung haben, weil sie als Ausdruck grundlegenderer gesellschaftlicher Probleme angesehen werden[7], oder Moralpaniken auslösen und dazu führen, dass bestimmte gesellschaftliche Gruppen als *folk devils* etikettiert werden[8]. Was in den 1960er Jahren in Großbritannien bestimmte Jugendgruppen waren, sind heute etwa die „Clans".[9]

Die dramatisierende Wahrnehmung von Kriminalität durch die Allgemeinheit 13
geht deutlich über das Maß an sozialer Missbilligung hinaus, das gesellschaftlich notwendig ist, um die Bestätigung der jeweils verletzten sozialen Norm zu erreichen und dem von der Massenerscheinung ausgehenden Anreiz zur Nachahmung entgegenzuwirken. Dieses Übermaß kann seinerseits zu dem Gefühl eines ungestillten Sicherheitsbedürfnisses beitragen, das das Rechtsvertrauen destabilisiert und autoritären kriminalpolitischen Konzepten den Boden bereitet.

2. Medien und Kriminalitätswahrnehmung

Den Medien kommt eine Schlüsselstellung für den gesellschaftlichen Umgang 14
mit abweichendem Verhalten zu – denn Medienkonsum ist alltäglich, während

5 *Hassemer/Reemtsma* 2002, 103 f.
6 Zur Schweiz *Baier* 2019, 47 ff.
7 *Innes* 2014.
8 *Cohen* 2016; *Negnal* 2020.
9 *Feltes/Rauls* 2020.

zugleich nur ein Bruchteil der persönlichen Vorstellung über Kriminalität aus eigenen Erfahrungen stammt. Erst durch Medien entsteht somit überhaupt ein Zugang zu und ein Bild von Kriminalität.[10] Mit ihren Darstellungen von Kriminalität prägen kommerzielle wie soziale Medien daher nicht nur ganz entscheidend das grundlegende gesellschaftliche Bild von Kriminalität. Sie implizieren damit zugleich auch, wie mit solchen Verhaltensweisen umgegangen werden sollte (→ § 24 Rn 40 ff.).

15 In den zurückliegenden Jahrzehnten haben sich mit der Struktur der Medienlandschaft auch Häufigkeit und Form von Kriminalitätsdarstellungen verändert. Auf der einen Seite haben sich neue **Formen des Medienkonsums** herausgebildet, die im Wesentlichen auf den Möglichkeiten des Internets, der sozialen Medien und der mobilen Endgeräte beruhen und vormals bedeutsame Entwicklungen, wie Computerspiele, Videofilme und Gratiszeitungen, in den Schatten stellen (→ § 23 Rn 53 ff.). Studien in den USA und in Großbritannien belegen, dass soziale Medien wie *Twitter*, *Facebook* und *Instagram* klassische Zeitungen als tägliche Informationsquelle für Nachrichten in Teilen ersetzt haben.[11] Auf der anderen Seite hat der Bereich der Medien schon seit dem 20. Jahrhundert eine massive Kommerzialisierung erfahren, die die inhaltliche Gestaltung dem Erfordernis der passenden Quote unterordnet.

16 In den klassischen Medien und insbesondere im Fernsehen hat die Bedeutung des Themas Kriminalität bzw. bestimmter Formen dessen bereits im 20. Jahrhundert erheblich zugenommen. Dies spiegelt sich auch im Aufkommen ganz neuer Formate und Genres wie z. B. *true crime* wider, aber auch in einer massiven Zunahme von Krimi-Serien. In den Sog der dergestalt vermittelten Schreckensbilder im Sinne einer Spiralwirkung ist die gesamte Medienbranche geraten.[12] Über soziale Medien werden einschlägige Inhalte heute nicht nur schnell konsumierbar und in hoher Frequenz vermittelt, sondern auch in einer sehr unmittelbaren Art und Weise, wenn etwa Videos von Gewalthandlungen für eine breite Öffentlichkeit zugänglich gemacht werden, wie im Falle des Amoklaufs in München im Jahr 2016.[13]

---

10 *Frehsee* 2003, 257; *Greer/Reiner* 2012; *Newburn* 2017, 78 ff.
11 *Bradley/Walters* 2019, 60; *Greer/McLaughlin* 2017, 266 ff.
12 *Pratt* 2007, 66 ff.
13 *Brosius/Peter/Kümpel* 2018, 236.

Problematisch im Hinblick auf die gesellschaftliche Wahrnehmung ist weniger die Häufigkeit als die **Art und Weise der Thematisierung von Kriminalität**.[14] So wird Gewalt häufig schematisierend, vereinfachend oder auch verharmlosend dargestellt, wobei eine verzerrende Fokussierung auf Tötungsdelikte und insbesondere Sexualmorde erfolgt.[15] In der Darstellung dominieren also Gewaltdelikte, die mit der Alltagserfahrung des Publikums wenig zu tun haben. Da die mediale Aufbereitung letztlich nachfrageorientiert stattfindet, tendieren Berichte sowohl in kommerziellen wie in sozialen Medien eher zu einer unterhaltsamen bzw. als spannend empfundenen Themenauswahl und Verarbeitung.[16] Das Kriminalitätsthema wird daher in Einzelfällen spektakulärer Straftaten oder deren Bearbeitung durch Polizei und Gerichte bearbeitet. Bei den Ermittlungen interessieren besonders solche, die wie Festnahmen oder Durchsuchungen den Anschein einer Vorverurteilung vermitteln. 17

In den klassischen Medien wird angesichts der kommerziellen Ziele und Sachzwänge häufig ein Kriminalitätsbild inszeniert, das spektakulär und unbegreiflich ist und das Böse in einer an sich guten und friedlichen Welt verkörpert. Dementsprechend erscheint Kriminalität als individuelles Phänomen, dessen soziale Bezüge ausgeblendet bleiben. Nur das engste Tatgeschehen aus der Verfolgungsperspektive, nicht die Vorgeschichte oder vorgängige Täter-Opfer-Beziehungen werden berichtet. Die Opferperspektive wird oft überzeichnet. Ein reflektierender Umgang mit dem gesellschaftlichen Problemfeld Kriminalität, der sich bemüht, Vorgänge zu verstehen und angemessen damit umzugehen, fehlt nahezu völlig.[17] In besonderem Maße gelten diese Befunde für die privaten Fernsehsender und auf schnelle Klicks (*clickbait*) angewiesene Online-Formate.[18] 18

Inwiefern Medienkonsum bzw. eine Präferenz bestimmter Medien nicht nur das grundlegende gesellschaftliche Bild von Kriminalität prägen, sondern auch konkrete **Kriminalitäts- und Strafeinstellungen** beeinflussen, bedarf einer differenzierten Betrachtung. So konnten Studien keinen Zusammenhang zwischen intensivem Medienkonsum und Veränderungen einschlägiger Einstellungen feststellen.[19] Auch scheint es auf die gesamtgesellschaftliche Ent- 19

14 *Meier* 2021, § 5 Rn. 2b; *Reuband* 2012, 136 ff.
15 *Hestermann* 2010; *Schneider* 2009, 269 ff.
16 *Kury* 2013, 256.
17 *Frehsee* 2000; *Kania* 2004; *Walter* 2000.
18 *Bradley/Walters* 2019, 60.
19 *Shi/Roche/McKenna* 2019.

wicklung der Kriminalitätsfurcht keinen Einfluss zu haben, ob in den Medien häufiger oder seltener über Kriminalität berichtet wird.[20] Insofern könnte die mediale Kriminalitätsvermittlung eher als inszeniertes Event denn als authentische Darstellung verstanden werden. Andere Studien konstatieren für die USA hingegen durchaus einen Einfluss von Medienkonsum, wobei sozialen Medien ein größerer Einfluss zukommen soll als klassischen.[21] Auch für Deutschland erbrachte eine zwischen verschiedenen Medien differenzierende Betrachtung entsprechende Ergebnisse. So korreliert Studien zufolge der Konsum privater Nachrichtensendungen mit einer dramatischeren Einschätzung der Kriminalitätsentwicklung, einer Überbewertung des Ausmaßes der von ausländischen Personen begangenen Straftaten und punitiven Einstellungen.[22] Ebenso soll ein Zusammenhang zwischen dem Konsum sozialer Medien und Kriminalitätsfurcht bestehen.[23]

III. Einstellungen zu Kriminalität und Strafe

20 Die gesellschaftliche Wahrnehmung von und Reaktion auf Kriminalität stehen in einer engen Wechselbeziehung zu den Einstellungen des wahrnehmenden Individuums zu abweichendem Verhalten und seiner Straf- und Verfolgungswürdigkeit (→ § 17 Rn 7 ff.). In der kriminologischen Forschung werden vor diesem Hintergrund unter anderem Sicherheitsgefühl und Kriminalitätsfurcht, die Zufriedenheit mit den Instanzen der Strafrechtspflege und die Strafbedürfnisse der Bevölkerung untersucht. Die diesbezüglichen Befunde stehen im Widerspruch zu der vorangegangenen Feststellung der Normalität und Funktionalität abweichenden Verhaltens (→ § 23 Rn 2 ff.).

20 *Reuband* 2012, 136 ff.; s. auch *Greer/Reiner* 2012, 261 f.

21 *Baranauskas/Drakulich* 2018; *Jones* 2017.

22 Zweiter Periodischer Sicherheitsbericht 2006, 492 ff.; *Baier/Fleischer/Hanslmeier* 2017, 18; *Windzio/Kleimann* 2006, 205 ff.; *Windzio u. a.* 2007, 26 ff.

23 *Intravia u. a.* 2017.

1. Kriminalitätseinstellungen, Kriminalitätsfurcht und Sicherheitsgefühl

Lektüreempfehlung: *Bundesministerium des Innern; Bundesministerium der Justiz* (2006): Zweiter Periodischer Sicherheitsbericht. Berlin, 485-533; *Kury, Helmut; Obergfell-Fuchs, Joachim* (2008): Methodische Probleme bei der Erfassung von Sanktionseinstellungen (Punitivität) – Ein quantitativer und qualitativer Ansatz. In: *Groenemeyer, Axel; Wieseler, Silvia* (Hrsg.): Soziologie sozialer Probleme und sozialer Kontrolle. Wiesbaden, 231-255; *Reuband, Karl-Heinz* (2003): Steigende Repressionsneigung im Zeitalter der „Postmoderne"? NK 15, 100-104; *van Dijk, Jan u. a.* (2007): The Burden of Crime in the EU. Brüssel.

Unsere individuellen Einstellungen zu Kriminalität basieren auf diskursiv ge- 21
prägten Wahrnehmungen von diesem Phänomen (→ § 23 Rn 8 ff.). Sie bilden ein Konglomerat, das aus **Wissen, Haltungen, Überzeugungen, Emotionen** und anderen Formen besteht, die miteinander verbunden sind, sich überlagern und gegenseitig beeinflussen. In der kriminalpolitischen wie auch in Teilen der kriminologischen Debatte wird das Thema Kriminalitätseinstellungen allerdings oft unter der Überschrift Kriminalitätsfurcht verhandelt, was eine massive Verkürzung bedeutet: Erstens wird so die emotionale Einstellung der Einzelnen zu Kriminalität auf Furcht reduziert, obwohl auf dieser Ebene ebenso Ärger, Wut oder sogar Freude über bestimmte Kriminalitätsformen dominieren können. Zweitens suggeriert der Begriff der Kriminalitätsfurcht, dass das Verhältnis der Bevölkerung zur Kriminalität vor allem durch Emotionen bestimmt sei. Stattdessen haben die Einzelnen mit emotionaler und kognitiver Dimension sowie mit dem eigenen Verhalten aber sehr verschiedene Modi zur Verfügung, um sich mit Kriminalität auseinanderzusetzen.

Empirische Untersuchungen zu Kriminalitätseinstellungen können jeweils nur 22
Ausschnitte dieses komplexen Konglomerats sehr verschiedener Phänomene erfassen. In einem ersten Schritt wird zwischen **allgemeinen und persönlichen Kriminalitätseinschätzungen** unterschieden. Allgemeine Einschätzungen beziehen sich darauf, wie das einzelne Individuum die Kriminalitätslage im Land oder in der eigenen Region einschätzt, persönliche darauf, wie die individuelle Bedrohung durch Kriminalität beurteilt wird.

Für die Untersuchung der persönlichen Ebene, die im Zentrum der Debatte 23
steht, differenziert die Forschung weiterhin **drei verschiedene Dimensionen**[24]: Die kognitive (verstandesbezogene) Dimension betrifft die Einschätzung des persönlichen Risikos, Opfer von (bestimmten) Straftaten zu werden. Die affek-

24 *Boers* 1991; *Hirtenlehner/Hummelsheim-Doss/Sessar* 2018, 460 ff.

tive oder emotionale (gefühlsmäßige) Dimension wird zumeist mit der Frage untersucht, ob man sich sicher fühle, wenn man in der Dunkelheit nachts in dem eigenen Stadtteil draußen spazieren geht oder wie beunruhigt man hinsichtlich bestimmter Straftaten ist. Die dritte ist die konative Dimension. Sie betrifft die Verhaltensebene, also Vermeidungs- und Schutzverhalten in als bedrohlich erachteten Situationen, wie etwa das Meiden bestimmter Orte oder die Sicherung der Haustür durch zusätzliche Schlösser. Diese methodische Differenzierung liefert allerdings nur ein recht grobes und schematisches Bild persönlicher Kriminalitätseinstellungen in ihrer Komplexität.[25] Insbesondere die Erhebung der emotionalen Komponente der Kriminalitätseinstellungen mit der Frage nach dem Sicherheitsgefühl in der Wohngegend ist methodisch problematisch.[26] Gefragt wird gar nicht nach dem eigentlichen Thema Kriminalität, sondern nach einer eher allgemeinen Ängstlichkeit, die bevorzugt bei Frauen und älteren Menschen auftritt und sich auf spezifische, selten eintretende Situationen bezieht.[27]

24 Bei der **Einschätzung der allgemeinen Kriminalitätsentwicklung** gehen die Befragten nach sämtlichen Studien weit überwiegend von einem Anstieg der Kriminalität aus, selbst dann, wenn die amtlichen Registrierungen und die berichteten Opfererfahrungen Rückgänge aufweisen. Gerade der Anteil besonders schwerwiegender Delikte wird im Vergleich zu den Registrierungen krass überschätzt.[28] Ebenso übereinstimmend wird festgestellt, dass die Kriminalitätslage umso positiver eingeschätzt wird, je stärker der räumliche Bezug zur eigenen Wohngegend ist. Je enger der Kreis des Gebietes, nach dem gefragt wird, um die eigene Wohngegend gezogen wird, umso geringer ist die angenommene Kriminalitätsbelastung.[29] Subjektive Vergleiche gehen von einer geringeren Kriminalitätsbelastung in der eigenen Wohngegend aus, selbst wenn diese eine hohe Rate von Kriminalitätsregistrierungen aufweist. Diese Einschätzungen der allgemeinen Kriminalitätsentwicklung bilden sich weniger aufgrund von persönlichen Erfahrungen, sondern vielmehr vermittelt durch die Medien (→ § 23 Rn 14 ff.).

25 Im deutschsprachigen Raum haben sich die Kriminalitätseinstellungen in der jüngeren Vergangenheit relativ stabil entwickelt. In Deutschland hat die **Kri-**

---

25 *Klimke* 2019, 36 ff.
26 *Eisenberg/Kölbel* 2017, § 24 Rn. 41 f.; *Newburn* 2017, 379 ff.
27 *Farall u. a.* 1997; *Kury u. a.* 2005.
28 Vgl. etwa *Baier* 2015, 33; *Baier u. a.* 2011, 40 ff.; *Feltes/Reiners* 2019, 96; *Windzio u. a.* 2007.
29 *Bilsky u. a.* 1995, 77; *Feltes/Reiners* 2019, 95; *Völschow/Helms* 2014, 180 f.

minalitätsfurcht nach einem starken Anstieg nach der Wiedervereinigung Mitte der 1990er Jahre ihren Zenit überschritten und seitdem deutlich und kontinuierlich abgenommen. Dies gilt auch für die östlichen Bundesländer, die aber nach wie vor höhere Furchtwerte aufweisen.[30] Diese Entwicklung zeigen nicht nur zahlreiche kriminologische Untersuchungen zu persönlichen Kriminalitätseinstellungen[31], sondern auch die Bevölkerungsbefragung „Ängste der Deutschen" der R+V-Versicherung, bei der es sich um die einzige regelmäßig durchgeführte Langzeitbefragung zu Unsicherheitsgefühlen in Deutschland handelt. Danach geht die Angst vor Straftaten seit den 1990er Jahren zurück und spielt neben sonstigen Ängsten eine untergeordnete Rolle. Im Vordergrund stehen vielmehr soziale Probleme wie Arbeitslosigkeit und Gesundheitsversorgung, sowie globale politische Sorgen.[32] In den vergangenen Jahren haben Untersuchungen allerdings insofern einen gegenläufigen Trend verzeichnet, als eine gewisse Abnahme des allgemeinen Sicherheitsgefühls gemessen wurde.[33] Im europäischen Vergleich sind die Raten der Kriminalitätsfurcht in Deutschland im unteren Mittelfeld anzusiedeln[34], während sie z. B. in der Schweiz etwas höher liegen. Neuere Befragungen dokumentieren hier bei etwa der Hälfte der Befragten große Sorgen über Kriminalität.[35]

Auch bei Kriminalitätseinstellungen ist eine **deliktsspezifische Differenzierung** erforderlich. Verschiedene Kriminalitätsphänomene sorgen erwartungsgemäß in unterschiedlichem Maße für Beunruhigung; anders als die allgemeine Kriminalitätsfurcht können spezifischere Themen aus dem Feld der Inneren Sicherheit durchaus eine wichtige Angst darstellen. In der jüngeren Vergangenheit haben in Deutschland vor allem Terrorismus und politischer Extremismus eine solche Rolle gespielt.[36] Auffällig ist, dass es sich um Themen handelt, die eine deutlich diffusere Bedrohung darstellen als (andere) Straftaten. Der:die Einzelne kann sich weniger darunter vorstellen und es ist recht unwahrscheinlich, dass er:sie persönlich davon betroffen sein wird. 26

Die personale Kriminalitätsfurcht ist, ebenso wie das Risiko des Opferwerdens (→ § 18 Rn 23 ff.), in der Bevölkerung nicht gleich verteilt, sondern ist in ver- 27

30 *Birkel u. a.* 2019, 53 f., 99; *Dittmann* 2005.
31 *Dittmann* 2013, 299 f.; *Reuband* 2011; *Reuband* 2012, 134 f.
32 https://www.ruv.de/presse/aengste-der-deutschen.
33 *Birkel u. a.* 2019, 46 ff., 98 f.; *Feltes/Reiners* 2019, 95 ff.
34 *Dittmann* 2013, 302 f.
35 *Baier* 2019, 47 ff.
36 https://www.ruv.de/presse/aengste-der-deutschen.

schiedenen Bevölkerungsgruppen unterschiedlich ausgeprägt.[37] In diesem Zusammenhang wird auch von einem **Kriminalitätsfurcht-Paradoxon** gesprochen: Danach weisen gewisse Personengruppen mit einer geringen Viktimisierungswahrscheinlichkeit besonders hohe Furchtraten auf, wie etwa alte Menschen. Umgekehrt sollen bestimmte Personengruppen mit einer höheren Wahrscheinlichkeit der Opferwerdung, z. B. junge Männer, eine gering ausgeprägte Kriminalitätsfurcht zeigen.[38] Indes ist bei der generellen Annahme eines solchen Paradoxons Vorsicht geboten. Bei der Annahme eines geschlechtsbezogenen Paradoxons, das auf angenommenen geringen Opferrisiken von Frauen basiert, bleibt z. B. unberücksichtigt, dass die Opferraten bei Frauen systematisch unterschätzt werden dürften, weil Sexualstraftaten und häusliche Gewalt, denen vor allem Frauen ausgesetzt sind, vergleichsweise selten berichtet werden.[39] Ferner sind die geringeren Furchtangaben bei Männern auch damit zu erklären, dass das Eingeständnis von Furcht dem verbreiteten Männlichkeitsbild widerspricht.[40] Auch bei alten Menschen vollzieht sich – dem eher häuslich zurückgezogenen Lebensstil entsprechend – Opferwerden bevorzugt im sozialen Nahbereich und bleibt damit häufiger unerkannt. Bei Frauen wie alten Menschen kann eine um Vorsicht besorgte Risikovermeidung daher mit Blick auf bestimmte Deliktsbereiche durchaus begründet sein und erklärt ihrerseits eine umso geringere Viktimisierungswahrscheinlichkeit.[41]

2. Entstehungsbedingungen von Kriminalitätseinstellungen

28 Die Entstehungsbedingungen von Kriminalitätsfurcht und Kriminalitätseinstellungen insgesamt sind sowohl in gesellschaftlichen Bedingungen wie auch auf individueller Ebene zu suchen. Solche Einstellungen stellen keine reflexartig gebildeten Produkte der – wie auch immer erhobenen – objektiven Kriminalitätsbelastung dar. Es handelt sich vielmehr um durchaus eigenständige Phänomene, die etwa mit Lebensstilen und Alltagsroutinen (→ § 18 Rn 24 f., 29), Bewältigungsfähigkeiten, Persönlichkeitsmerkmalen und letztlich der sozialpsychologischen Wirklichkeitswahrnehmung zu tun haben[42], weniger hingegen mit dem tatsächlichen Kriminalitätsaufkommen.

37 *Hummelsheim-Doß* 2016.
38 *Herbst* 2011; *Kury/Obergfell-Fuchs* 2009, 459; *Schwind u. a.* 2001.
39 Vgl. hierzu und zu weiteren Messproblemen *Kreuter* 2002, 25 f.
40 *Smith/Torstensson* 1997; *Sutton/Farrall* 2005.
41 *Greve* 2004, 265 f.; *Herbst* 2011.
42 *Kury/Obergfell-Fuchs* 2009, 461 ff.; *Lüdemann* 2006; *Reuband* 2009, 243 ff.

Bei der Frage nach gesellschaftlichen Bedingungen, die Einstellungen zu Kriminalität prägen, ist in der jüngeren Vergangenheit die **Generalisierungsthese** stark in den Fokus der empirischen Forschung gerückt, die Kriminalitätsfurcht als Ausdruck genereller sozialer und ökonomischer Ängste (→ § 24 Rn 18 ff.) interpretiert.[43] Kriminalitätseinstellungen sind demnach mit anderen Ängsten vermengt, die zusammen ein diffuses Unsicherheitsgefühl bilden. Angesichts dessen führe die insbesondere seit den 1990er Jahren zunehmende soziale Verunsicherung aufgrund der Transformationsprozesse in den westlichen Gesellschaften und einer komplexer werdenden Welt dazu, dass auch die Furcht vor Kriminalität ansteigt, die deutlich einfacher zu fassen und zu artikulieren ist als soziale Abstiegsängste.[44] Während soziale Zukunfts- und Existenzängste nur schwer zu begreifen und zu bearbeiten sind, ist Kriminalität ein leicht fassbares und vermeintlich schnell zu bearbeitendes Problemfeld, auf dem sich vergleichsweise einfach die gefühlte Sicherheit erhöhen lässt. Neuere Studien erkennen insbesondere auch einen Zusammenhang zwischen rassistischen Einstellungen bezüglich Migrant:innen und Kriminalitätsfurcht.[45] Die Angst vor einem sozialen und ökonomischen Abstieg und die Beobachtung von Unordnung und „incivilities" (→ § 9 Rn 48 ff.) kann sich danach mit einer Angst vor Zuwanderung verbinden, was sich wiederum in einer spezifischen Furcht vor Kriminalität durch Migrant:innen niederschlage.[46] 29

Zur Generalisierungsthese passt der Befund, dass Kriminalitätsfurcht in hoch entwickelten Sozialstaaten niedriger ist als in anderen Systemen – und zwar auch dann, wenn dort die tatsächliche Viktimisierungsbelastung höher ist.[47] Kriminalitätsfurcht ist im europäischen Vergleich danach nicht von der Viktimisierungsrate abhängig, steht aber mit dem Grad der Sozialstaatlichkeit und der **Verteilungsgerechtigkeit** in Verbindung. Eine Steigerung des Sicherheitsgefühls wäre danach weniger über Repression und Prävention, sondern vielmehr über eine soziale Absicherung zu erreichen. 30

Plausibel erscheint ferner, dass die persönliche Kriminalitätsfurcht mit der im Umfeld **praktizierten Kriminalpolitik** in Zusammenhang steht. Eine Null-Toleranz-Politik etwa, die Anzeichen sozialer Desorganisation wie beschädigte Gebäude, Unrat auf den Straßen und heruntergekommene öffentliche Einrich- 31

43 *Hirtenlehner/Hummelsheim-Doss/Sessar* 2018, 466 ff.; differenzierend *Reuband* 2012, 137 f.
44 *Hirtenlehner* 2006, 326 f.; *Reuband* 2009, 242; *Sessar* 2010, 363 ff.
45 *Herzog* 2016; *Hirtenlehner/Groß/Meinert* 2016.
46 *Hirtenlehner* 2019, 275 f.
47 *Blinkert* 2010; *Hirtenlehner/Hummelsheim* 2011.

tungen zum Anlass drastischen Vorgehens gegen Bettelnde und Randständige nimmt (→ § 22 Rn 53 ff.), rückt das Ziel ihrer Intervention ins Zentrum der Wahrnehmung der Bevölkerung. Ein derart niedrigschwelliges Einschreiten gegen alltägliche Erscheinungen dürfte die Furcht daher eher steigern und Unsicherheitsgefühle politisch leichter mobilisierbar machen.

32 Neben diesen gesellschaftlichen Bedingungen sind Kriminalitätseinstellungen **individuell unterschiedlich** ausgeprägt und unterscheiden sich damit auch in verschiedenen gesellschaftlichen Bereichen. Wie der:die Einzelne Kriminalität wahrnimmt und welche Einstellungen er:sie dazu entwickelt, hängt von so verschiedenen Dingen ab wie der Art und Intensität des Medienkonsums, dem Bildungsstand, der sozialen Lage, politischen Einstellungen und grundsätzlichen weltanschaulichen Prägungen.[48] Während sich Kriminalitätseinstellungen zwischen verschiedenen Menschen infolge dessen erheblich unterscheiden können, sind sie für die Einzelnen offenbar relativ stabil. Zwar können bezüglich ausgewählter Deliktsbereiche Bewegungen und Veränderungen entstehen, etwa auch im Sinne von *moral panics* und *signal crimes*. Im Großen und Ganzen sowie hinsichtlich basaler Vorstellungen haben Kriminalitätseinstellungen jedoch einen grundlegenden, langfristigen Charakter.

33 Zwei individuelle Einflussfaktoren auf Kriminalitätseinstellungen haben in der Forschung besondere Bedeutung erlangt. Zum einen wird der Selbsteinschätzung der Verletzbarkeit und der bestehenden **Bewältigungsfähigkeiten** eine zentrale Rolle zugeschrieben. Personen, die sich selbst für besonders vulnerabel halten, bewerten wahrgenommene Kriminalitätsrisiken anders als solche, die sich für wenig verletzlich halten, und weisen infolgedessen eine höhere Kriminalitätsfurcht auf.[49]

34 Vergleichsweise intensiv beforscht worden ist zum anderen die Frage, ob **Viktimisierungserfahrungen** Einfluss auf die Kriminalitätseinstellungen haben. Hier zeigt sich ein heterogenes Bild. Nach manchen Studien gibt es einen Zusammenhang.[50] Der Einfluss ist aber oft nicht sehr groß, hängt stark von dem jeweiligen Delikt ab und geht im Zeitverlauf zurück. In manchen Studien zeigt sich sogar der gegenteilige Effekt, nämlich eine geringere Kriminalitätsfurcht von Menschen mit Opfererfahrungen. Die uneinheitliche Datenlage ist teils

48 *Hirtenlehner/Hummelsheim-Doss/Sessar* 2018, 463 ff.
49 *Hirtenlehner/Hummelsheim-Doss/Sessar* 2018, 466.
50 *Dreißigacker* 2017, 50 f.

auf unterschiedliche methodische Herangehensweisen, aber auch auf die Differenzierung zwischen den verschiedenen Dimensionen von Kriminalitätseinstellungen zurückzuführen. Was die emotionale Dimension betrifft, sind die Unterschiede zwischen Opfern und Nichtopfern eher unbedeutend.[51] Hingegen schätzen Opfer die Wahrscheinlichkeit einer künftigen Viktimisierung (kognitive Ebene) etwas höher ein als Nichtopfer.[52] Andere Untersuchungen deuten darauf hin, dass es keinen einheitlichen Zusammenhang zwischen Viktimisierungserfahrungen und Furcht gibt, sondern dass dieser von den Besonderheiten der erlebten Viktimisierung abhängt, also etwa der Art und Intensität der Viktimisierungserfahrung sowie den Folgen.[53]

3. Einstellungen zu Strafe und Sanktionen

Neben den Einstellungen zu Kriminalität befasst sich die Kriminologie auch 35
mit Strafeinstellungen. Unter dieser Überschrift wird etwa untersucht, wie verschiedene Sanktionen in der Bevölkerung bewertet und welche Strafzwecke präferiert werden, wie die Schwere verschiedener Delikte eingeschätzt wird[54] und welche Strafvorstellungen und -bedürfnisse bei konkreten Fällen bestehen. Dabei zeigt sich ein durchaus weites Feld verschiedener Vorstellungen in der Bevölkerung. Die Ergebnisse der Untersuchungen unterscheiden sich stark auch danach, welche Methodik genutzt wird. Je mehr Informationen den Befragten etwa über einen zu beurteilenden Fall zur Verfügung gestellt werden, desto differenzierter fällt auch die Auseinandersetzung mit diesem und der Frage nach angemessenen Sanktionen aus.

Strafeinstellungen speisen sich, ebenso wie Einstellungen zu Kriminalität, aus 36
einer **Vielzahl von Einflüssen**, können aber zugleich als recht grundlegende, stabile und langfristige Haltungen verstanden werden. Sie hängen mit politischen Einstellungen und der Kriminalitätseinschätzung zusammen wie auch mit dem jeweiligen Bildungsniveau, während andere soziodemografische Faktoren und Viktimisierungserfahrungen kaum eine Rolle spielen. Als relevanter Einflussfaktor wurde ähnlich wie bei der Kriminalitätsfurcht (→ § 23 Rn 24) auch der Medienkonsum identifiziert. Der Konsum von Boulevardzeitungen

51 *Boers* 1991, 291; *Kury/Obergfell-Fuchs/Würger* 2000; *Schwind u. a.* 2001, 270; anders *Kury/Obergfell-Fuchs* 1998.
52 *Boers/Kurz* 1997, 209 ff.; *Kury u. a.* 1992, 252 ff.; *Schwind u. a.* 2001, 270.
53 *Noble/Jardin* 2020; *Seifarth/Ludwig* 2016, 242.
54 *Adriaenssen u. a.* 2020; *Müller/Schmoll* 2019.

und Nachrichtensendungen privater Sender steht danach – und im Gegensatz zur Internetnutzung – in Zusammenhang mit einer härteren Strafeinstellung.[55]

37 Kriminologisch untersucht werden Strafeinstellungen einerseits mit der Frage, **welche Strafzwecke** die Befragten präferieren, welches Ziel die Strafe also aus ihrer Sicht erreichen soll. Dabei wird zumeist sichtbar, dass die Bevölkerung überwiegend eine Mischung der verschiedenen Strafzwecke (→ § 20 Rn 1) bevorzugt, das Ziel der Strafe also nicht alleine in Vergeltung, Abschreckung oder Wiedergutmachung verortet. Positiver Spezialprävention bzw. Resozialisierung wird dabei oft eine etwas geringere Bedeutung zugeschrieben als etwa Sicherung und Abschreckung.[56]

38 Andererseits werden Vignetten-Befragungen eingesetzt, bei denen die Befragten für einen konkret beschriebenen Fall die aus ihrer Sicht angemessene Sanktion auswählen sollen, um so **Sanktionsverlangen** auf einer konkreten Ebene zu erfassen. Dabei zeigt sich, dass die Bevölkerung, anders als der kriminalpolitische Diskurs mitunter Glauben macht, durchaus differenzierte Vorstellungen zu Strafe und Sanktionen hat. So gilt es für den deutschsprachigen Raum als bestätigt, dass Kriminalstrafen unabhängig von ihrer Art und Höhe als gravierend[57] empfunden und insbesondere Freiheitsstrafen als schwere Sanktion mit massiven negativen Effekten angesehen werden. Dementsprechend werden in Vignettenbefragungen für viele Deliktsbereiche vor allem der leichten und mittelschweren Kriminalität leichte Sanktionsformen oder sogar informelle Reaktionen favorisiert.[58] Gleichwohl hat das Sanktionsverlangen in manchen Deliktsbereichen seit den 1980er Jahren zugenommen. So wird für Straftaten gegen die körperliche Unversehrtheit und schwerere Delikte wie Raub und Wohnungseinbruchsdiebstahl heute von einem erheblichen Teil der Befragten eine Gefängnisstrafe als angemessen angesehen, sodass diese mitunter die am häufigsten vorgeschlagene Sanktion darstellt.[59]

39 Unbeschadet dessen und teils anders als vom Gesetzgeber vorgesehen genießen nichtförmliche und insbesondere **wiedergutmachende Reaktionen** in der Bevölkerung ein hohes Ansehen. In den traditionell als wenig punitiv geltenden skandinavischen Ländern wurde die Leistung von Schadensersatz als Sanktions-

55 *Baier/Fleischer/Hanslmeier* 2017, 17 ff.; *Kamenowski/Baier* 2020, 867.
56 *Baier* 2019, 65 ff.; *Birkel u. a.* 2019, 90 f.; *Höffler* 2019; *Leitgöb-Guzy* 2016, 243 ff.
57 *Schöch* 1985, 1096, 1102.
58 *Leitgöb-Guzy* 2016, 248 ff.
59 *Birkel u. a.* 2019, 92 ff.

alternative, selbst wenn diese gesetzlich noch nicht verankert ist, von 60 % aller Befragten befürwortet.[60] Auch nach deutschen Studien[61] haben nichtstrafende Reaktionen – jedenfalls bei Eigentumsdelikten – eine hohe Popularität. Auch bei Opfern finden Schadensersatz und Gemeinnützige Arbeit, deren Verdienst dem Opfer zukommen soll, große Zustimmung, während dem Strafverlangen oft eine eher ergänzende Bedeutung zukommt. Die Nützlichkeit eines Täter-Opfer-Ausgleichs (→ § 20 Rn 18, 51) wird überwiegend bejaht. Dabei bestehen zwischen den Sanktionseinstellungen von Nichtopfern und Opfern nur geringe substantielle Unterschiede. Psychologische Untersuchungen zeigen, dass die Zufriedenheit des Opfers mit der Bestrafung maßgeblich davon abhängt, ob diese mit einer sichtbaren Wirkung auf den:die Täter:in einhergeht (etwa Schuldeingeständnis, Reue)[62], und unterstützen damit die Annahme, dass für Opfer die Härte der Strafe selten im Vordergrund steht.

Einen **internationalen Vergleich** über längere Zeit ermöglicht der *International Crime Victims Survey* (ICVS), der erstmals 1989 durchgeführt wurde. Danach hat das Sanktionsverlangen im deutschsprachigen Raum seit den 1980er Jahren moderat zugenommen, liegt aber im internationalen Vergleich gleichwohl noch im unteren Mittelfeld. Die letzte großflächig ausgewertete Erhebung des ICVS fand allerdings 2004/2005 statt und die Studie erhob als (einzigen) Indikator für das Sanktionsklima die Antworten auf folgende Beschreibung: 40

> „Es gibt verschiedene Ansichten, wie Straftäter bestraft werden sollen. Nehmen wir einmal den Fall eines 21-jährigen Mannes, der zum zweiten Mal wegen Einbruchs verurteilt wird. Dieses Mal hat er aus einer Privatwohnung einen Fernseher gestohlen. Welche der folgenden Strafen halten Sie in einem solchen Fall für angemessen: eine Geldstrafe – eine Gefängnisstrafe – Gemeinnützige soziale Arbeit – eine zur Bewährung ausgesetzte Strafe – eine andere Strafe, welche?“

Sprach sich die befragte Person für eine Gefängnisstrafe aus, erfolgte die Nachfrage, wie lange diese dauern sollte.

1989 wurde von den vorgegebenen Sanktionen in Europa klar die Gemeinnützige Arbeit favorisiert. In (West-)Deutschland wählten 60 % der Befragten diese, 12 % wünschten eine Bewährungsstrafe, 9 % eine Geldstrafe, hingegen nur 13 % Gefängnis (Schweiz: 57 % Gemeinnützige Arbeit, 12 % Geldstrafe, 9 % 41

60 *Bondeson* 2005, 193 m. w. N.

61 *Baurmann/Schädler* 1999, 284 f.; *Kury u. a.* 1992; differenzierend *Armborst* 2014, 111 f.

62 *Funk/McGeer/Gollwitzer* 2014; *Gollwitzer/Meder/Schmitt* 2011.

Gefängnis).[63] 2005 hielten noch 50 % Gemeinnützige Arbeit für angebracht, 19 % votierten für eine unbedingte Freiheitsstrafe (Schweiz: 12 % Gefängnis).[64] In der von *Reuband* unter identischer Fragestellung 2009 in Deutschland durchgeführten repräsentativen Befragung betrugen die Werte für Gemeinnützige Arbeit 56 % (West) bzw. 52 % (Ost), für Gefängnis 16 % bzw. 19 % und für Geldstrafe 7 % bzw. 8 %.[65] Im internationalen Vergleich zählten beim ICVS die Schweiz, Deutschland und Österreich zu den Nationen, in denen nicht mehr als 20 % der Bevölkerung in dem geschilderten Fall für eine Gefängnisstrafe votierten. Ebenso lagen auch in Frankreich, Luxemburg, Belgien, Island, Spanien, Portugal, Dänemark und Finnland die Werte unter 20 %. Hohe Werte erzielten etwa Mexiko (70 %), Japan (55 %) und die USA sowie Kanada (47 % bzw. 44 %), aber auch England und Wales (51 %).[66]

42 Die Beurteilung der **Tätigkeit der Organe der Strafrechtspflege** durch die Bevölkerung fällt unterschiedlich aus. Von der Arbeit der Polizei hat sie mehrheitlich einen positiven Eindruck. Mit den Urteilen der Gerichte ist die deutsche Bevölkerung hingegen deutlich unzufriedener und empfindet diese mitunter als zu milde.[67] Diese Einschätzungen sind allerdings nicht ohne Weiteres als repressive Grundorientierungen zu verstehen. Vielmehr entsprechen sie einem Grundmuster der Mediendarstellung, wonach die Polizei sich alle Mühe gebe, die Verbrecher:innen zu fangen, während die Justiz diese anschließend mit Samthandschuhen anfasse. Insofern könnte die (oberflächliche) Frage nach der Zufriedenheit mit Organen der Strafrechtspflege auf von den Medien vermittelten Fehlvorstellungen über die Tätigkeit dieser Organe beruhen. Methodisch ist zudem festzustellen, dass die aus Bevölkerungsumfragen ersichtliche Kritik an mangelnder Härte der Gerichte vorwiegend bei generell formulierten Fragen erfolgt, während bei der konkreten Einschätzung spezifischer Fälle das Urteil der Öffentlichkeit ähnlich oder sogar milder ausfällt als jenes der Strafrichter:innen.[68]

63 *van Dijk/Mayhew/Killias* 1990.
64 *van Dijk u. a.* 2007, 116 f.
65 *Reuband* 2010b.
66 *van Dijk u. a.* 2007.
67 *Baier u. a.* 2011, 56 ff.; *Noelle-Neumann/Köcher* 2002, 674; *Reuband* 2007, 196.
68 *Drenkhahn u. a.* 2020, 106 f.; *Kuhn u. a.* 2004, 32; *Kury/Obergfell-Fuchs* 2006a, 1022.

4. Punitivität als besonderes Strafbedürfnis

Lektüreempfehlung: *Drenkhahn, Kirstin u. a.* (2020), Zum Stand der Punitivitätsforschung in Deutschland und darüber hinaus. KriPoZ 5, 104-107; *Kunz, Karl-Ludwig* (2013): Zum Konzept der „Punitivität" und seiner Entwicklung im internationalen Vergleich. In: *Boers, Klaus u. a.* (Hrsg.): Kriminologie – Kriminalpolitik – Strafrecht. Tübingen, 113-126.

Punitivität lässt sich kurzgefasst als Straflust übersetzen, das heißt als Neigung, auf abweichendes Verhalten repressiv, mit harten und mehr vergeltenden als versöhnenden Strafen zu reagieren.[69] Diese Haltung ist oft mit feindseligen Gefühlen gegen Straffällige verbunden. Eine derart repressive Haltung kann sich einerseits in konkreten Einstellungen und Handlungen von Akteur:innen zeigen. Andererseits handelt es sich aber auch um eine bestimmte gesellschaftliche Attitüde bezüglich Reaktionen auf Kriminalität, die in gesellschaftlichen Diskursen verhandelt wird. Punitivität in diesem Sinne ist in verschiedenen gesellschaftlichen Bereichen zu finden. Konkret lässt sich zwischen Kriminalpolitik und Gesetzgebung, Kriminaljustizsystem sowie Bevölkerung unterscheiden, zwischen denen das jeweilige Ausmaß von Punitivität differieren kann.[70] Der Begriff kann sich damit sowohl auf eine bestimmte Befindlichkeit der Gesellschaft wie auch auf eine von den Instanzen der Kriminalitätskontrolle betriebene Sanktionspraxis beziehen. 43

In der **Bevölkerung** sind neben differenzierten Haltungen stets auch punitive Einstellungen vorhanden. Zum einen ist ein gewisser Teil der Bürger:innen generell punitiv eingestellt, zum anderen werden bestimmte Delikte als besonders schwerwiegend empfunden und sind daher mit besonderen Strafbedürfnissen verbunden. Von Interesse ist an dieser Stelle vor allem, welches Ausmaß die Punitivität in der Bevölkerung hat und welche Veränderungen im Zeitverlauf zu beobachten sind. Angesichts der Vielschichtigkeit des Phänomens ist die empirische Untersuchung dessen anspruchsvoll. So sind etwa die Erhebungsmodalitäten für Verzerrungen anfällig, da sich dem komplexen Konzept oftmals mit nur einzelnen standardisierten Fragen genähert wird.[71] Zudem sind die Ergebnisse davon abhängig, ob die Befragten über ausreichend Wissen verfügen, um sich überhaupt eine Meinung bilden zu können und nicht nur die vermeintlich „normalen" Antworten zu erraten. Dementsprechend sinkt die (vermeintliche) Straflust in Befragungen, je mehr Informationen den Befragten zur Verfügung 44

69 *Lautmann/Klimke* 2004.
70 Etwa *Cornel* 2013; *Kury/Obergfell-Fuchs* 2008.
71 *Kury/Obergfell-Fuchs* 2008; zu einzelnen Erhebungsmethoden *Kamenowski/Baier* 2020.

gestellt werden, die zudem eine Distanzierung vom Einzelschicksal erschweren.[72] Die bloße Frage danach, ob Gerichte zu milde urteilen würden, liefert ein gänzlich anderes Bild, als wenn denselben Befragten ein konkreter Fall mit umfassenden Informationen über die Straftat und ihre Hintergründe vorgelegt wird.

45 Seit den 1980er Jahren mehrten sich international, etwas später auch im deutschsprachigen Raum, Anzeichen für eine zunehmende Punitivität in der Bevölkerung, was auch als *punitive turn* bezeichnet worden ist.[73] Dieser wird mit den erheblichen gesellschaftlichen Veränderungen in der Spätmoderne in Verbindung gebracht (→ § 24 Rn 1 ff.). Während ein derartiger Umbruch in der Strafkultur für die USA und Großbritannien zweifellos festzustellen ist, zeigt sich im internationalen Vergleich ein deutlich gemischteres Bild. Für den deutschsprachigen Raum ist streitig, ob und in welchem Ausmaß tatsächlich von einer neuen Punitivität oder einer **punitiven Wende** in der jüngeren Vergangenheit gesprochen werden kann, was auch an den heterogenen Befunden der kriminologischen Forschung liegt.[74]

46 Einerseits wird vielfach eine Zunahme der Repressionsneigung seit den 1990er Jahren konstatiert, etwa auch von *Winfried Hassemer* (1940-2014):

> „Seit ich meine strafende Umwelt mit wachen Augen beobachten kann, habe ich nie so viel selbstverständliche Strafbereitschaft, ja: Straffreude wahrgenommen wie heute."[75]

Diese Feststellung bezieht sich allerdings vor allem auf den gesellschaftlichen Diskurs und kriminalpolitische Debatten. Andererseits belegen empirische Arbeiten für Deutschland jedenfalls keine dramatische Zunahme des Strafverlangens in der Bevölkerung, wenngleich sich im Zeitverlauf und deliktsspezifisch unterschiedlich ausgeprägt durchaus eine gewisse Zunahme der Härte im Sanktionsverlangen gezeigt hat.[76] Bemerkenswert ist, dass diese moderat gestiegene Repressionsneigung oft vor allem auf die jüngeren Befragten zurückgeht.[77] Eine zunehmend repressive Einstellung junger Menschen wurde auch in periodischen Befragungen von Studierenden des Rechts an den Universitäten

---

72 *Kury/Obergfell-Fuchs* 2006b, 128; *Mitchell/Roberts* 2012; Übersicht bei *Kury* 2013, 256 f.
73 *Loader/Sparks* 2017, 100 ff.; *Pratt* 2007; international vergleichend *Lappi-Seppälä* 2014, 303 ff.
74 *Eisenberg/Kölbel* 2017, § 24 Rn. 35 ff.
75 *Hassemer* 2000.
76 *Cornel* 2013; *Peters* 2014; *Reuband* 2010a, 144 ff.
77 *Reuband* 2003, 103; *Reuband* 2010b, 106 ff.

Erlangen und Bern bestätigt.[78] Zugleich belegen Studien für Deutschland einen signifikanten Rückgang der individuellen Punitivität zwischen 2004 und 2014.[79] Zusammenfassend betrachtet sprechen die zu Deutschland vorliegenden Studien statt eines Umbruchs also eher für eine relativ stabile Situation mit moderaten Veränderungen. Punitive Einstellungen sind dabei in der Gesellschaft ungleich verteilt und es gilt, zwischen diskursiven Haltungen einerseits und der Beurteilung konkreter Fälle andererseits zu unterscheiden. Nicht zuletzt zeigen sich auch in Europa erhebliche Unterschiede zwischen den Ländern. In einer neueren Studie aus der Schweiz befürworteten beispielsweise mehr als zwei Drittel der Befragten insgesamt härtere Strafen.[80]

In der Praxis des **Kriminaljustizsystems** waren um die Jahrtausendwende eben- 47
falls Hinweise auf eine zunehmende Punitivität (auch) im deutschsprachigen Raum zu finden. In Deutschland zeichneten sich seit Beginn der 1990er Jahre Veränderungen der praktizierten Sanktionshärte ab – etwa in Form vermehrter Anwendung eingriffsintensiver Sanktionen und steigenden Gefangenenzahlen sowie einem Bedeutungszuwachs der Sicherungsverwahrung –, die sich heute aber in weiten Teilen relativiert haben (→ § 20 Rn 77). In vielen anderen europäischen Ländern sind seit 2000 die Gefangenenraten mehr oder weniger stark gestiegen (→ § 19 Rn 80 ff.) – trotz in Westeuropa seit 2002 weithin rückläufiger Kriminalitätsregistrierungen. Bei der Bewertung dessen ist allerdings zu berücksichtigen, dass die Gefangenenrate für die Frage der Strafhärte im Kriminaljustizsystem nur ein grober Indikator ist, der vor allem einen Vergleich verschiedener Länder ermöglicht.

Am kontinuierlichsten und deutlichsten zeigen sich punitive Muster in der **Kri- 48
minalpolitik**, der damit einhergehenden Berichterstattung in den Medien und nicht zuletzt auch in der Gesetzgebung, wo in den vergangenen Jahrzehnten ganz überwiegend Verschärfungen der Rechtslage beschlossen worden sind.[81] Neben neuen Straftatbeständen und Verschärfungen von Strafdrohungen sind neue Rechtsfolgen eingeführt worden (→ § 19 Rn 13 ff.). Im Strafvollzug hat der Sicherungszweck an Bedeutung gegenüber dem Vollzugsziel der Resozialisierung gewonnen, wobei sich hinter dem Anliegen des Gesellschaftsschutzes oft auch Repressionsbedürfnisse verbergen (→ § 20 Rn 75 f.). Zusammenfassend besehen sind die Strafbedürfnisse in der Bevölkerung trotz leichter Tendenzen

78 *Kunz/Brandenstein/Schmid* 2014; *Streng* 2019.
79 *Baier/Fleischer/Hanslmeier* 2017.
80 *Baier* 2019 55 ff.; s. auch *Kuhn* 2017.
81 *Drenkhahn u. a.* 2020, 105 f.

zu härteren Sanktionen jedenfalls in Deutschland eher von Stabilität geprägt als von Umbruch, während sich in der Praxis der Justiz durchaus Konjunkturen beobachten lassen. In Kriminalpolitik und Medien und damit im gesellschaftlichen Diskurs hingegen hat sich seit den 1980er Jahren ein punitiverer Ton etabliert, der sich auch in der Gesetzgebung niederschlägt.[82]

IV. Digitalisierung und Kriminalität

49 Veränderungen der Gesellschaft, wie sie permanent, wenn auch in unterschiedlichen Geschwindigkeiten stattfinden, bedeuten auch einen Wandel der Bedingungen für die Entstehung von Kriminalität und ihre Kontrolle. Eine sehr grundlegende Umwälzung unserer Zeit stellt die „digitale Revolution" dar: Die fortschreitende Digitalisierung erfasst alle Lebensbereiche und hat die Art und Weise, wie wir leben, arbeiten, kommunizieren und interagieren neu gestaltet, ohne dass dieser Prozess bereits abgeschlossen wäre. Die damit einhergehenden Veränderungen beeinflussen die Rahmenbedingungen des sozialen Lebens maßgeblich und wirken sich damit auch grundlegend auf den Bereich abweichenden Verhaltens und der gesellschaftlichen Reaktionen darauf aus.[83]

1. Formen, Mittel und Räume von Delinquenz

50 Die mit der Digitalisierung aufkommenden Technologien bringen neue Kriminalitätsformen bzw. **neue kriminalisierbare Verhaltensweisen** hervor: Beispielsweise das Eindringen in ein IT-System, der Livestream eines Attentats oder das Downloaden von Filmen erweitern das Spektrum gesellschaftlich problematisierten Verhaltens ebenso wie mit der Elektrifizierung des 19. Jahrhunderts das Anzapfen von Stromleitungen begann und auf die Etablierung von Aktienbörsen betrügerische Kursmanipulationen folgten. Ob es sich hierbei um Straftaten handelt, hängt von den jeweiligen gesellschaftlichen Vorstellungen ab, die sich im Laufe der Zeit wandeln und in den gesellschaftlichen Prozessen der Kriminalisierung (→ § 1 Rn 20 ff.) verhandelt werden. Die Frage, ob die mit der Digitalisierung einhergehenden neuen Verhaltensweisen für legal oder kriminell erklärt werden sollen, hat weitreichende Konsequenzen. Diese Entscheidungen definieren nicht nur die Kriminalität der Zukunft, sondern machen möglicher-

---

82 *Eisenberg/Kölbel* 2017, § 43 Rn. 6 ff.

83 *Powell/Stratton/Cameron* 2018.

weise auf einen Schlag Mitglieder ganzer Subkulturen zu Delinquent:innen und setzen damit vielschichtige Identitäts- und *Labeling*-Effekte in Gang.[84]

Zugleich nehmen alte, bereits gesetzlich festgelegte Straftaten im Zuge der Digitalisierung neue Formen an, wie die Beispiele Internetbetrug, Hatespeech oder Cyberstalking zeigen. Im Zuge dessen verändert sich nicht nur die Gestalt der Kriminalität, sondern auch das Umfeld ihrer Begehung, die Profile der Täter:innen und die Charakteristika der Viktimisierung. Daneben werden bei der Begehung von Straftaten neue Mittel eingesetzt, wie etwa abhörsichere Telefone, digitale Autotüröffner oder Keylogger zum Abgreifen von Passwörtern. Daran anschließend entstehen neue Orte delinquenten Verhaltens, beispielsweise beim Drogenhandel im Darknet, der Terrorismuspropaganda in sozialen Medien oder dem Besuch kinderpornografischer Internetforen.[85] Betrüger:innen wickeln ihre Opfer auf Chatportalen um den Finger, Einbrecher:innen kundschaften ihre Ziele auf *Facebook* aus und im Internet lassen sich persönliche Daten und Kreditkarteninformationen ebenso erwerben wie Tools, die die eigene Identität im Web zu verschleiern helfen. 51

Kriminalität findet somit heute in einem ganz erheblichen Maße im digitalen Raum statt und hat sich dort längst zu einem **Massenphänomen** entwickelt. Illegale Downloads, Phishing-Mails, betrügerische Angebote, erpresserische Schadsoftware (Ransomware) oder virtuell übermittelte Drohungen und Beleidigungen sind alltägliche Erscheinungen, mit denen nahezu jede:r schon in Berührung gekommen ist.[86] Manche Formen abweichenden Verhaltens verlagern sich aus der analogen Welt in den digitalen Raum, andere sind digital überhaupt erst möglich geworden. 52

2. Wahrnehmung von Kriminalität

Im Zuge der Digitalisierung verändert sich auch die gesellschaftliche Wahrnehmung von Kriminalität. Da Wissen über Kriminalität maßgeblich medial vermittelt wird, hat der Aufstieg der **sozialen Medien** erhebliche Auswirkungen darauf, wie über Kriminalität berichtet, wie sie diskutiert und empfunden wird. Einerseits sind diese neuen Formate tendenziell auf eine schnelle und leicht zugängliche, dafür oberflächlichere und zugespitzte Informationsvermittlung ge- 53

---

84 Vgl. *Althoff/van der Wagen/van Swaaningen* 2020.
85 S. etwa *Franke/Graf* 2016, 90; *Martin* 2014; *Zywietz* 2020.
86 Zur Empirie *Birkel u. a.* 2019, 16 ff.; *Dreißigacker/Riesner* 2018, 33 ff.

richtet. Andererseits tragen sie zur Bildung abgeschotteter Informationssphären bei, die es schwieriger machen, die vermittelten Inhalte zu hinterfragen und die die in unterschiedlichen Teilen der Gesellschaft bestehenden unterschiedlichen Wissensbasen weiter auseinandertreiben.[87] Dies macht es trotz des erleichterten Zugangs zu Informationen schwieriger, einen empirisch fundierten Diskurs über Kriminalität zu führen.

54 Die neuen digitalen Kommunikationsformen sind von einer partizipativen Interaktivität geprägt und wenden sich häufig unmittelbar an die Einzelnen. Das Thema Kriminalität spricht in den sozialen Netzwerken angesichts dessen oft in besonderer Weise Emotionen wie Angst, Empörung oder Wut an und führt schnell zu drastischen Darstellungen. Die Anfälligkeit des digitalen Raums für Verschwörungsmythen, **Falschinformationen** und „alternative Fakten" verschärft die Problematik weiter, da diese die Wahrnehmung von Kriminalitätsphänomenen stark verzerren können. Im Zuge dessen werden auch Aufrufe zur Selbstjustiz verbreitet und hat sich ein Markt für digitale Vigilantismus-Anwendungen aufgetan, der z. B. in den USA durch die App „Citizen" bedient wird. Dabei werden die „einfachen Bürger:innen" dazu angehalten, sich zu vernetzen, Straftaten, gefährliche Personen und Notfälle zu melden und so eine private Parallelstruktur zu den staatlichen Strafverfolgungsbehörden aufzubauen.

55 Wohin die Entwicklung führen kann, lässt sich beispielsweise an dem „Pizzagate"-Vorfall aus dem Jahr 2016 verdeutlichen. Dabei stürmte ein 28-Jähriger bewaffnet eine Pizzeria in Washington, D.C., weil er dort – aus Online-Foren informiert – den Schauplatz eines von höchster Stelle gedeckten Kindesmissbrauchsrings vermutete und sich dazu berufen fühlte, dies eigenhändig näher zu untersuchen.[88]

56 Auch in der **Kriminologie** entstehen neue Ansätze des Nachdenkens über Kriminalität. Kriminalitätstheorien werden unter Gesichtspunkten der Digitalisierung modifiziert oder neu aufgestellt und Forschungsmethoden nutzen bereits heute die neuen technischen Möglichkeiten etwa bei Online-Befragungen oder digitalen Experimenten. Mit dem virtuellen Raum entsteht zudem ein spezifischer Ort, an dem sich Kriminalität und Opferwerdung abspielen kann und zu (oder aus) dem Daten erhoben werden können. Kriminologische Unter-

---

87 Zu Auswirkungen auf den demokratischen Diskurs s. *Benkler/Faris/Roberts* 2018.
88 Vgl. *Enghofer/Müller/Parrino* 2020.

suchungsgegenstände wie Punitivität, Unsicherheit und Opfererfahrungen können auf diesen Raum bezogen oder um diesen erweitert werden.[89]

3. Kontrolle von Kriminalität

Nicht zuletzt wandelt sich im digitalen Zeitalter auch die Praxis der Kontrolle von Kriminalität. Auf der Ebene des **materiellen Strafrechts** reagiert der Gesetzgeber – je nach Ausgang der diesbezüglichen gesellschaftlichen Aushandlungsprozesse – auf die neuen Kriminalitätsformen ggf. mit neuen Strafgesetzen, wie etwa zu digitalem Hausfriedensbruch, dem Abfangen von Daten, Computersabotage, Cybergrooming und der Kriminalisierung des Darknets. Gleichzeitig stellt sich die Frage, ob und inwieweit nationale Rechtsordnungen im digitalen Raum, der keine nationalstaatlichen Grenzen kennt und praktisch überall stattfindet, effektiv Gültigkeit entfalten und durchgesetzt werden können.[90] 57

Neue Methoden der Aufklärung und Verfolgung von Straftaten nutzen den technischen Fortschritt bzw. passen sich den beschriebenen Entwicklungen an und erschließen dabei neue Dimensionen des staatlichen Zugriffs. Werkzeuge wie Online-Durchsuchung und Quellen-TKÜ, IMSI-Catcher, verdeckte Ermittlungen in Online-Netzwerken, das Auslesen von Smartsystemen wie Alexa, Gesichtserkennung und intelligente Videoüberwachung, die Übernahme von Nutzerkonten, Data-Mining oder algorithmengestützte Entscheidungsfindungen verändern die Arbeitsweise der Instanzen formeller Sozialkontrolle. All dies stellt den Gesetzgeber vor die Herausforderung, die damit verbundenen massiven Grundrechtseingriffe, aber auch das Ausmaß der Automatisierung rechtsstaatlicher Abläufe angemessen zu begrenzen. 58

Parallel dazu entwickeln sich im Zuge der Digitalisierung aber auch ganz **neue Formen sozialer Kontrolle**. So hat der deutsche Gesetzgeber mit dem Netzwerkdurchsetzungsgesetz große Online-Plattformen wie *Facebook* dazu verpflichtet, Hatespeech und andere Formen abweichenden Verhaltens auf ihren Plattformen selbst zu regulieren. Der Staat delegiert auf diese Weise soziale Kontrolle an private Unternehmen und privatisiert sie damit, um sich selbst in erheblichem Maße aus der – ressourcenintensiven und oft schwierigen – Strafverfolgung in diesem Bereich heraushalten zu können. Im Zuge dieser Entwicklung kommt der automatisierten Erkennung von Hatespeech im digitalen 59

89 *Kemme/Querbach* 2020.
90 *Hoheisel-Gruler* 2020; zu Europa *Tschorr* 2020.

Raum mittels Algorithmen besondere Bedeutung zu, sodass soziale Kontrolle automatisiert stattfindet. Darüber hinaus entwickeln sich im staatlichen Bereich vorausschauende Spielarten sozialer Kontrolle, die nicht mehr auf die Verfolgung bereits begangener Straftaten abzielen, sondern Prävention und Vorsorge abweichenden Verhaltens auf Basis von Datenauswertungen zum Ziel haben, wie etwa *predictive policing* (→ § 22 Rn 13 ff.).

V. Migration und Zuwanderungsgeschichte

60 Die Themen Migration und Kriminalität sind auf besondere Weise miteinander verknüpft. Das ist einerseits fachlich begründet, da Aspekte von Zuwanderung sich auf Delinquenz und Viktimisierung auswirken können. Andererseits werden Zuwanderung und Kriminalität – als zwei Phänomene, die in allen Gesellschaften zu finden sind – in gesellschaftlicher Wahrnehmung und öffentlicher Debatte auch darüber hinaus und in irrationaler Weise miteinander verbunden. Wahrgenommene Fremdheit bzw. zugeschriebene Nichtzugehörigkeit werden infolgedessen schnell mit einer besonderen Kriminalitätsbelastung assoziiert – nicht nur aktuell im deutschsprachigen Raum, sondern in den meisten Gesellschaften. Kriminalität als Problem wird auf diese Weise nicht als Problem aus der Gesellschaft verstanden, sondern auf Personen projiziert, die als dieser Gesellschaft nicht oder nicht richtig zugehörig angesehen werden. Diese Prozesse betreffen nicht jede Form von Zuwanderung, sondern vor allem *people of color* und zwar unabhängig davon, ob sie kürzlich als Geflüchtete nach Europa gekommen sind oder ob sie in Deutschland geboren wurden und ihre Familien bereits in dritter Generation hier leben. Es handelt sich mithin um eine Form rassistischer Diskriminierung, die früher vor allem biologisch erklärt wurde und heute eher kulturell begründet wird.[91] Insbesondere extrem rechte Parteien versuchen mit dem Thema Stimmung zu machen und in der Bevölkerung bestehenden Rassismus für die eigenen Zwecke zu nutzen.

1. Delinquenz und Zuwanderungsgeschichte

61 Was lange als „**Ausländerkriminalität**" diskutiert worden ist, stellt keinen eigenen Deliktsbereich im kriminologischen Sinn dar, sondern eine oft rassistisch geprägte kriminalpolitische Debatte, die recht undifferenziert davon ausgeht, dass Menschen mit (einer bestimmten) Zuwanderungsgeschichte be-

91 *Barskanmaz* 2019, 51 ff.

sonders häufig Straftaten begehen würden.[92] Diese Annahme ist unzutreffend. Insbesondere muss mit Blick auf den Komplex Migration und Kriminalität stark differenziert werden.

Betrachtet man zunächst das **Hellfeld**, so sind nichtdeutsche Tatverdächtige in der PKS tatsächlich deutlich überrepräsentiert.[93] So wurde im Jahr 2020 in der PKS ein Anteil nichtdeutscher Tatverdächtiger von 33,7 % registriert (2015: 38,5 %), während der Anteil von ausländischen Personen an der Wohnbevölkerung zum Stichtag 30.11.2020 lediglich 12,7 % betrug.[94] Auch bei den Verurteilten[95] und Strafgefangenen[96] sind Nichtdeutsche mit einem Anteil von etwa 35 % bzw. 33 % überrepräsentiert (→ § 19 Rn 47, 89). Gegenüber dem Jahr 2015 stieg der Anteil von rund 25 % an. 62

Diese Befunde bedürfen aber in mehrfacher Hinsicht der Einordnung. Erstens beschreiben Staatsangehörigkeit und Migration unterschiedliche Dinge. In der statistischen Erfassung beschreibt **„nichtdeutsch"** – in Anlehnung an Art. 116 Abs. 1 GG – Personen, die nicht die deutsche Staatsangehörigkeit besitzen; dies sagt unmittelbar nichts über eine etwaige Zuwanderungsgeschichte aus. Ebenso wie Zugewanderte die deutsche Staatsbürgerschaft haben können, sind nicht alle Nichtdeutschen Zuwanderer:innen, sondern beispielsweise auch Tourist:innen. In der öffentlich geführten Debatte um „Ausländerkriminalität" geht es aber auch gar nicht um den Zusammenhang zwischen einer bestimmten Staatsangehörigkeit und Kriminalität, sondern um den Zusammenhang zwischen einem bestimmten Migrationshintergrund und Kriminalität. Der Begriff „Ausländer" wird dabei biologistisch oder kulturell aufgeladen – einer Gruppe, z. B. Menschen mit einer bestimmten Zuwanderungsgeschichte, werden unabhängig von der Staatsbürgerschaft Eigenschaften als quasi natürlich zugeschrieben. 63

Zweitens muss auch für die im Hellfeld registrierten Nichtdeutschen die statistische Überrepräsentation relativiert werden. Neben den üblichen methodischen Einschränkungen bei Hellfeldstatistiken (→ § 16 Rn 11 ff.) bestehen spezifische **statistische Verzerrungsfaktoren**, die die Unterschiede zum Teil erklären können. So ist der Anteil der Ausländer:innen bei den Tatverdächtigen und Ver- 64

92 *Phillips/Bowling* 2017.
93 *Heinz* 2017, 28 ff.
94 Bevölkerung und Erwerbstätigkeit – Ausländische Bevölkerung 2020, 18; PKS 2020 Falltabellen: T01 Grundtabelle.
95 Rechtspflege – Strafverfolgung 2019, 454.
96 Errechnet nach Rechtspflege – Strafvollzug 2019, 13 f.

urteilten im Vergleich zur Wohnbevölkerung durch Personen überhöht, die zur Deliktsbegehung einreisen, aber im Inland über keinen Wohnsitz verfügen und daher nicht von der Bevölkerungsstatistik erfasst werden. Somit kann die genaue Zahl der in Deutschland lebenden Ausländer:innen nicht ermittelt werden, was wiederum dazu führt, dass schon gar keine zuverlässigen Tatverdächtigenbelastungsziffern errechnet werden können.[97] Daneben wird das Strafrecht vermehrt als Mittel der Migrationssteuerung eingesetzt und führt so zu einer Kriminalisierung von Migration.[98] So können bestimmte Delikte überhaupt nur von nichtdeutschen Personen begangen werden, beispielsweise Verstöße gegen das Aufenthaltsgesetz, Asylgesetz oder das Freizügigkeitsgesetz/EU. Der Anstieg der registrierten Gesamtkriminalität etwa im Jahr 2015 ist angesichts dessen in erheblichem Maße durch die vielen Erfassungen unerlaubter Einreisen und Aufenthalte im Zusammenhang mit Migrationsbewegungen bedingt, weshalb seit der PKS 2015 – analog zu der Vorgehensweise bei Verkehrsdelikten – eine Trennung der Zahlen mit und ohne „ausländerrechtliche Verstöße“ stattfindet.[99]

65 Drittens beschreiben Hellfelddaten nur das **Registrierungsverhalten** der strafrechtlichen Kontrollinstanzen (→ § 16 Rn 11 ff.). Die statistische Mehrerfassung von Nichtdeutschen kann daher auch auf eine erhöhte Kontrollintensität von als nichtdeutsch gelesenen Personen beruhen. So zeigen bereits Studien zum Anzeigeverhalten, dass die Erstattung einer Strafanzeige neben weiteren Faktoren wahrscheinlicher ist, wenn Tatverdächtige als nicht der eigenen Gruppe zugehörig wahrgenommen werden.[100] Darüber hinaus ist auch die polizeiliche Verdachtsschöpfung gegenüber als fremd gelesenen Personen verändert (→ § 21 Rn 12 ff.). Nicht zuletzt unterliegen diese Personen bereits einer erhöhten Kontrolldichte durch die Polizei (*racial profiling*) nicht nur bei verdachtsunabhängigen Kontrollen, wie vielfache Betroffenenberichte[101] und europäische Befragungen von 2009 und 2017[102] zeigen.

66 Viertens ist zu beachten, dass deutsche und nichtdeutsche Teile der Wohnbevölkerung – ebenso wie solche mit Zuwanderungsgeschichte – eine divergierende **Alters- und Sozialstruktur** aufweisen. Eine jüngere Altersstruktur der ausländischen Wohnbevölkerung, ihre im Vergleich zur:m durchschnittlichen

97 *Heinz* 2017, 28 ff.; *Meier* 2021, § 5 Rn. 46; Überblick bei *Atanisev/Haverkamp/Kunkel* 2019, 19.
98 „Crimmigration“, dazu *Graebsch* 2020; *Walburg* 2016.
99 PKS 2015, 1; detailliert *Heinz* 2017, 30 ff.
100 *Bergmann u. a.* 2019, 40; *Walburg* 2019, 104.
101 S. etwa *Kollaborative Forschungsgruppe Racial Profiling in der Schweiz* 2019.
102 *European Union Agency for Fundamental Rights* 2010; *European Union Agency for Fundamental Rights* 2017; s. aber auch *Oberwittler* 2016.

Inländer:in ungünstigeren Sozialisationsbedingungen und oft sprachkenntnisbedingt verminderte Verteidigungsmöglichkeiten lassen zum einen eine höhere Wahrscheinlichkeit polizeilicher Registrierung bzw. Verurteilung erwarten. Zum anderen können sie auch zu einer höheren Kriminalitätsbelastung führen, da etwa Jugendliche und Heranwachsende in allen sozialen Gruppen und Gesellschaften häufiger Straftaten begehen (→ § 18 Rn 2 ff.). Dementsprechend relativiert sich die statistische Mehrerfassung von Nichtdeutschen, wenn man die Kriminalitäts- bzw. Verurteilungsbelastung mit der von Inländer:innen in ähnlicher sozialer Lage und mit vergleichbarer Altersstruktur vergleicht. Die Gruppe von Menschen mit Zuwanderungsgeschichte weist neben der jüngeren Altersstruktur auch einen höheren Anteil von männlichen Personen auf.[103]

Während die Betrachtung der Hellfeld-Statistiken – schon wegen der Fokussierung auf Staatsangehörigkeit – praktisch keine zur Erklärung des Verhältnisses von Delinquenz und Migration geeigneten Befunde liefert, ermöglichen **Dunkelfelduntersuchungen** und insbesondere Befragungen – die statt einer dichotomen Aufteilung in „deutsch“ / „nichtdeutsch“ oft auch das Merkmal Migrationshintergrund erfassen – genauere Einblicke. Dabei zeigt sich, dass im Kontext Migration sehr unterschiedliche Gruppen und Sachverhalte thematisiert werden, weshalb es entsprechender Differenzierungen bedarf. So haben nicht nur Geflüchtete einerseits und Deutsche mit Zuwanderungsgeschichte andererseits praktisch kaum etwas miteinander gemein. Auch zwischen verschiedenen Gruppen von Geflüchteten zeigen sich erwartungsgemäß erhebliche Unterschiede, die von einer unterdurchschnittlichen Delinquenzbelastung bis hin zu höheren Werten bei einzelnen Gruppen in einzelnen Bereichen reichen.[104] Auch dort wo die Delinquenzbelastung erhöht ist, handelt es sich stets um eine kleine Gruppe von Personen aus der jeweiligen Gesamtgruppe, die Straftaten begeht.[105] 67

Befragungen zu selbstberichteter Kriminalität etwa unter Schüler:innen erfassen auch Personen mit Zuwanderungsgeschichte.[106] Bei den auf diese Weise möglichen Vergleichen finden sich keine großen Unterschiede in der Delinquenzbelastung zwischen **Jugendlichen mit und ohne Migrationshintergrund**.[107] Nur wenn man gewalttätiges Verhalten isoliert betrachtet, ergeben einige Studien 68

103 *Bliesener/Glaubitz/Riesner* 2019, 142; *Glaubitz/Bliesener* 2018, 93.
104 *Baier* 2020, 16; *Glaubitz/Bliesener* 2018, 95; *Wetzels/Brettfeld/Farren* 2018, 106.
105 *Hörnle* 2018, 222; *Kölbel* 2020a, 337.
106 Überblick bei *Atanisev/Haverkamp/Kunkel* 2019, 36 ff.
107 Zweiter Periodischer Sicherheitsbericht 2006, 415; *Boers/Walburg/Reinecke* 2006, 75 ff.; *Boers u. a.* 2014, 192 ff.

höhere Prävalenzen für Jugendliche mit Migrationshintergrund.[108] Allerdings zeigen sich die stärkeren Belastungen nicht bei einer bestimmten Gruppe, sondern durchweg bei Jugendlichen mit Migrationshintergrund – was die These eines Zusammenhangs mit einer bestimmten Ethnie oder Kultur unplausibel macht und eher für einen Zusammenhang mit den Erfahrungen und Lebensbedingungen spricht, die mit dem Prozess der Migration sowie Ausgrenzungserfahrungen und Akkulturationsproblemen einhergehen.[109] Die Gründe sind daher unter anderem in einer eher schlechten sozialen Lage zu suchen, was einen fehlenden oder eingeschränkten Zugang zu Bildung und Arbeitsmarkt einschließt. Mitunter wird auch eine höhere Akzeptanz gewaltlegitimierender Männlichkeitsnormen unter den Jugendlichen angenommen, die durch die fehlende Möglichkeit anderweitiger sozialer Anerkennung bedingt sei.[110]

69 Zusammengenommen ist die im Hellfeld und teilweise auch im Dunkelfeld zu findende unterschiedliche Delinquenzbelastung von nichtdeutschen Personen und Menschen mit Zuwanderungsgeschichte im Vergleich mit deutschen Personen ohne Zuwanderungsgeschichte demnach grundsätzlich nicht mit kulturellen Aspekten oder einer (familiären) Zuwanderungsgeschichte selbst zu erklären. Sie hängt vielmehr mit der Alters- und Sozialstruktur und den sozialen Lebenslagen dieser Gruppen zusammen, die mit der Migration in Verbindung stehen können. Bei Geflüchteten ist insofern deren besondere Marginalisierung zu berücksichtigen: Der prekäre Aufenthaltsstatus sorgt oft für mangelnde Perspektiven, insbesondere durch erschwerte Zugänge zum Wohn- und Arbeitsmarkt. Zusätzlich ist die Situation in den Asylunterkünften häufig kriminalitätsfördernd.[111] Für die Erfassung im Hellfeld ist bei allen Gruppen zudem die größere Strafverfolgungsintensität aufgrund höherer Anzeigewahrscheinlichkeit und niedriger Beschwerdemacht von Bedeutung.

2. Viktimisierung und Kriminalitätsfurcht

70 Besonderheiten im Kontext Migration zeigen sich nicht nur bei der Delinquenzbelastung, sondern auch bei anderen kriminologischen Fragestellungen. So weisen Menschen mit bestimmten Zuwanderungsgeschichten im Vergleich zum Bevölkerungsdurchschnitt ein erhöhtes **Viktimisierungsrisiko** (→ § 18 Rn 24 ff.) auf. Dies betrifft nicht alleine *hate crimes* als rassistisch motivierte Taten,

108 So z. B. *Baier* 2020, 9; *Bergmann u. a.* 2019, 43; *Fuchs u. a.* 2016, 112; *Uysal* 2017, 103.
109 *Oberwittler/Lukas* 2010, 229 f.; *Walburg* 2019, 105; s. auch *Kölbel* 2020a, 337 f.
110 *Baier/Kudlacek* 2019, 23; *Walburg* 2018, 174.
111 *Glaubitz/Bliesener* 2019, 158; *Goeckenjan/Schartau/Roy-Pogodzik* 2019, 127.

sondern etwa auch Betrugsdelikte.[112] Geflüchtete als besondere Gruppe sind also nicht nur in ihrem Herkunftsland Viktimisierungsrisiken etwa durch Genozide, Bürgerkriege, Folter oder politischer Verfolgung ausgesetzt sowie während der Flucht durch physische Übergriffe, Bedrohungen oder Erpressungen durch Schleuser:innen. Auch in den Aufnahmeländern besteht ein in besonderer Weise erhöhtes Risiko, Opfer von Straftaten zu werden. Dies war und ist unter anderem auch durch die Situation in den Unterkünften bedingt, wo die Lage oft beengt und die Infrastruktur begrenzt ist, sanitäre Anlagen nicht ausreichend Privatsphäre bieten und auch Machtmissbrauch durch das Personal stattfindet. Zudem sind Unterkünfte für Geflüchtete in besonderem Maße Ziel rechtsextremer Angriffe, vor allem in Form von Brandanschlägen, die seit 2014 deutlich zugenommen haben.[113]

Das erhöhte Viktimisierungsrisiko geht mit einer gesteigerten **Kriminalitätsfurcht** (→ § 23 Rn 21 ff.) einher. Menschen mit Migrationshintergrund weisen in Deutschland sowohl hinsichtlich der emotionalen Dimension wie auch der Risikoeinschätzung höhere Werte auf als der Bevölkerungsdurchschnitt, was teilweise auf sozialstrukturelle Gegebenheiten zurückgeführt werden kann.[114] Zusammengenommen sind Menschen mit Zuwanderungsgeschichte also besonders vulnerabel, da sie ein erhöhtes Viktimisierungsrisiko wie auch eine gesteigerte Kriminalitätsfurcht aufweisen; in der öffentlichen Debatte werden sie gleichwohl vor allem als Gruppe mit besonderer Delinquenzbelastung wahrgenommen. 71

Nicht zuletzt ist davon auszugehen, dass bei Personen mit Zuwanderungsgeschichte auch das **Anzeigeverhalten** besonders ausgestaltet ist. So haben Untersuchungen speziell zu Geflüchteten gezeigt, dass die Anzeigebereitschaft in dieser Gruppe deutlich niedriger ist als in der sonstigen Bevölkerung.[115] Schon aufgrund von Erfahrungen im Heimatland kann Misstrauen in staatliche Institutionen bestehen. Zudem können *racial profiling* und ähnliche diskriminierende Erfahrungen mit der Polizei das Vertrauen in diese beschädigen. Daneben befürchten viele, dass eine Anzeigeerstattung sich negativ auf das Asylverfahren auswirken könnte. Die niedrigere Anzeigebereitschaft kann zu einer geringeren Repräsentation von Viktimisierungen von Geflüchteten im Hellfeld führen.[116] 72

112 *Albrecht/Arnold* 1991, 25 f.; *Birkel u. a.* 2019, 21 f.; *Pitsela* 1986, 406 ff.
113 *Feltes u. a.* 2020, 154; *Goeckenjan/Schartau/Roy-Pogodzik* 2019, 131 ff.; *Wetzels/Brettfeld/Farren* 2018, 90 ff.
114 *Birkel u. a.* 2019, 50 f., 57 f.
115 *Feltes u. a.* 2020, 157.
116 *Goeckenjan/Schartau/Roy-Pogodzik* 2019, 132 ff.

§ 24 Soziale Kontrolle und Gesellschaft

1 Wie eine Gesellschaft abweichendes Verhalten versteht, definiert und damit umgeht, wie also ihre Formen sozialer Kontrolle ausgestaltet sind, hängt weniger von Aufkommen und Struktur problematisierbaren Verhaltens ab, sondern vielmehr von den jeweils herrschenden gesellschaftlichen Bedingungen und dem Umgang von Akteur:innen mit diesen.[117] Die im 4. Kapitel beschriebenen Veränderungen sozialer Kontrolle können angesichts dessen mit grundlegenden soziokulturellen, ökonomischen und politischen Veränderungen in Verbindung gebracht werden, die in den westlichen Gesellschaften seit den 1980er Jahren zu beobachten sind und dort zu einem Wandel der Strafkultur geführt haben.

I. Ausgangspunkte

Lektüreempfehlung: *Kunz, Karl-Ludwig* (2005): Grundzüge der heutigen Kriminalpolitik. NK 17, 151-160; *Young, Jock* (1999): The Exclusive Society. London/Thousand Oaks/New Delhi, 56-95; *Zedner, Lucia* (2007): Pre-Crime and Post-Criminology? Theoretical Criminology 11, 261-281.

2 Entsprechend der **Aufklärung**, der beherrschenden philosophischen Strömung im 18. Jahrhundert, ging es den aufgeklärten Teilen der Kriminalpolitik, die eine nicht unerhebliche Bedeutung hatten, bis in die 1980er Jahre um die Konfrontation der Strafrechtswirklichkeit mit Ansprüchen der Vernunft und der Menschenwürde. Die Befassung mit der Frage des angemessenen Umgangs mit Verbrecher:innen wurde als eine pointierte Zuspitzung des grundsätzlicheren Problems der Zulässigkeit staatlicher Zwangsmaßnahmen gegenüber Individuen und ihres Schutzes vor staatlicher Willkür verstanden. Ob diejenigen, welche gerade von der Polizei verfolgt oder vom Gericht verurteilt wurden, wirklich die Täter:innen waren und ob sie allein mit rechtsstaatlichen Mitteln verfolgt und verurteilt wurden, war individuell ungewiss und generell problematisierungsbedürftig. Aufklärerische Kriminalpolitik war deshalb seit jeher eine Politik der Begrenzung der mit den Mitteln des Strafrechts betriebenen Kriminalitätskontrolle und -prävention. Indem die Aufklärung verlangt, die Reaktionen auf Rechtsbrüche vernunftgerecht zu gestalten, behauptet sie die Notwendigkeit einer rationalen Kriminalpolitik (→ § 21 Rn 6 f.). Diese durch

117 *Sack* 2011, 85 f.

kritisch-wissenschaftliche Anleitung zu verwirklichen, gehört im Verständnis der Aufklärung zu den zentralen Gestaltungsaufgaben der Moderne.

Dieses staatskritische Anliegen kriminalpolitischer Ansätze wurde rasch abgeschwächt. Gegenüber den beschriebenen Idealen der Aufklärung gewann schon bald eine „moderne" Gestaltung des Strafrechts an Bedeutung, der es vor allem um eine wirksame Verfolgung des Anliegens der Kriminalprävention ging, weniger um eine Begrenzung staatlicher Macht. 3

Diese Entwicklung traf nach dem Zweiten Weltkrieg in West- und Nordeuropa zunächst auf gesellschaftliche Bedingungen, die das Konzept des **sozialen Wohlfahrtsstaates** hervorbrachten. Dieses Konzept erhob die Abschwächung sozialer Ungleichheiten und die soziale Integration Randständiger und Zugewanderter durch staatliche Interventionen zum Programm (→ § 12 Rn 2). Es suchte auf dem Fundament des von vielen Schultern getragenen Wohlstandes einen Umbau der Gesellschaft zu bewirken, der zu mehr sozialer Teilhabe der Mittelschichten und letztlich zu einer „nivellierten Mittelstandsgesellschaft" (*Helmut Schelsky*) führen sollte. Soziale Ungleichheiten – die von den auf das Milieu bzw. die Anomie der gesellschaftlichen Strukturen bezogenen Kriminalitätstheorien als Entstehungsgründe für Kriminalität angesehen werden (→ § 10 Rn 16 ff.; § 9 Rn 3 ff.) – wurden als bearbeitungsbedürftig betrachtet, da man sich hierdurch eine Beherrschbarkeit der gesellschaftlichen Sprengkraft sozialer Ungleichheit versprach. 4

Die Kriminalpolitik richtete sich in dieser Zeit auf Bemühungen, Straftäter:innen abzuschrecken, erfolgreich zu behandeln, wissenschaftlich abgestützt folgenorientiert zu entscheiden und in einem gemäßigt reformbereiten gesellschaftlichen Umfeld maßvoll zu reagieren. Kriminalprävention verstand sich als Ausdruck des wohlfahrtsstaatlichen Umgangs mit Armut und Not, Kriminalpolitik als Teil einer umfassenden integrativen Sozialpolitik. Zwar wurden die gesetzten Ziele kaum je vollständig erreicht, doch konnte die Kluft zwischen Anspruch und Wirklichkeit thematisiert und teilweise verringert werden. 5

In dieser Zeit und unter diesen Bedingungen erschien die Strafe nun im Grunde als ein problematisches Instrument aus der archaischen Vormoderne. Sie entsprach einem verbreiteten Vergeltungsverlangen, das man auf lange Sicht zurückzudrängen hoffte. Mittelfristig erschien Strafe unverzichtbar, musste freilich vernunftgerecht gezähmt werden. So galt es, die Strafe von der Voraussetzung einer gesetzlich definierten Tat, die schuldhaft vorwerfbar begangen 6 wurde, abhängig zu machen und ihr Ausmaß an dem Maß des Tatschuldvorwurfs auszurichten. Die **Kriminalpolitik der Moderne** nahm damit eine sozialtechnologische Gestalt an, die sich um Kriminalprävention vor allem durch Persönlichkeitskorrektur Straffälliger nach einem nicht hinterfragten Normalitätsmaßstab bemühte. Auf dieser Basis entwickelte sich der positivistische Sachverstand von kriminologischer Bedarfsforschung, gerichtlicher Medizin, forensischer Psychiatrie und Sozialarbeit. Die Kriminalpolitik der Moderne stülpte gleichsam über das archaische Strafverlangen ein der Moderne gemäßes reformatorisches Kleid, indem sie sich um Beschränkung der Strafe auf ernstlich sozialschädliches Verhalten, Wirksamkeit der Strafe für die soziale Integration und Abschwächung der desintegrativen Wirkungen des Strafvollzuges bemühte. Dieses Bemühen fand seinen Ausdruck in Konzepten und Formeln wie der Trennung von Moral und Strafwürdigkeit, der Resozialisierung Straffälliger, vom Behandlungsvollzug und der Sozialtherapie.

II. Wandel gesellschaftlicher Bedingungen

7 Das damit skizzierte über mehrere Jahrzehnte recht beständige gesellschaftliche Umfeld sozialer Kontrolle geriet gegen Ende des 20. Jahrhunderts in Bewegung. Der Abbau wohlfahrtsstaatlicher Sicherungen, die sich verändernden wirtschaftlichen Bedingungen, die starken neoliberalen Einflüsse auf die Politik und das sich im Zuge dessen wandelnde gesellschaftliche Selbstverständnis bedeuteten einen grundlegenden Wandel der gesellschaftlichen Bedingungen sozialer Kontrolle und führten damit zu den bereits beschriebenen Veränderungen im gesellschaftlichen Umgang mit Abweichung (→ §§ 19, 20, 22).

1. Gesellschaftliche Bedingungen in der Spätmoderne

Lektüreempfehlung: *Garland, David* (2008): Kultur der Kontrolle. Frankfurt a. M., 39-196, 257-342; *Loader, Ian; Sparks, Richard* (2007): Contemporary landscapes of crime, order and control: governance, risk and globalization. In: *Maguire, Mike; Morgan, Rod; Reiner, Robert* (Hrsg.): The Oxford Handbook of Criminology. 4. Aufl., Oxford/New York, 78-101; *Reiner, Robert* (2007): Law and Order. Cambridge, 1-20; *Singelnstein, Tobias; Stolle, Peer* (2012): Die Sicherheitsgesellschaft. 3. Aufl. Wiesbaden, 17-34.

8 Sozialkontrolle in der Spätmoderne unterscheidet sich deutlich von derjenigen bis zu den 1980er Jahren, was wesentlich mit wirtschaftlichen und gesellschaftlichen Transformationsprozessen sowie dem zunehmenden Einfluss des **Neo-**

liberalismus in Verbindung steht (→ § 12 Rn 4 ff.).[118] In besonderem Maße gilt dies für die USA und, mit Abstrichen, für Großbritannien, die sehr stark von neoliberalen Konzepten geprägt sind, während z. B. in Skandinavien die Politik noch stärker vom sozial-wohlfahrtsstaatlichen Modell bestimmt ist. Die deutschsprachigen Staaten bilden Mischformen mit zum Teil deutlich neoliberalen Elementen. Insgesamt betrachtet vollzieht sich eine Abkehr vom modernen Wohlfahrtsstaatsmodell in Westeuropa sehr viel weniger radikal als in den USA.[119]

Bis in die 1980er Jahre waren Wirtschaft und Gesellschaft in den westlichen Ländern von Fordismus und Keynesianismus geprägt. Der Wohlfahrtsstaat sollte die Nachfrage im Interesse der Vollbeschäftigung regeln und soziale Teilhabe über normierten Massenkonsum herstellen. Seit den 1970er Jahren zeigen sich jedoch grundlegende soziokulturelle, ökonomische und politische Veränderungen, die nach den USA auch Westeuropa erreichten.[120] Im Zuge dessen wurden Produktions- und Arbeitsverhältnisse flexibilisiert und dereguliert, Produktionsabläufe durch Automatisierung und Technologisierung grundlegend umgebaut und die Arbeitsorganisation auf Eigenverantwortung der Beschäftigten orientiert.[121] Zugleich verlor das bis dahin vorherrschende Normalarbeitsverhältnis, das sich durch Arbeitsplatzsicherheit, geregelte Arbeitszeit und steigenden Lohn auszeichnete, an Bedeutung und nehmen prekäre, regelmäßig erheblich schlechter bezahlte Arbeitsverhältnisse zu. Zusammengenommen führte diese Entwicklung zu einer zunehmenden **sozialen Ausdifferenzierung** der Gesellschaft, in deren Folge die wirtschaftlichen und politischen Eliten in ihrer sozialen Herkunft homogener werden, während sich andererseits eine neue Unterschicht herausbildet.[122] 9

Parallel zu dieser wirtschaftlichen Entwicklung sind in den westlichen Gesellschaften seit Ende der 1960er Jahre erhebliche **kulturelle Umwälzungen** zu beobachten.[123] Während die mit dem Wohlfahrtsstaat fordistischer Prägung entstandene Massengesellschaft von einer Homogenisierung der Lebensstile und Privatisierung des Alltagslebens geprägt war[124], ist nun eine umfassende Pluralisierung und Ausdifferenzierung der Lebensstile und Wertvorstellungen 10

118 Dazu *Lacey* 2013, 262 ff.
119 *Garland* 2004.
120 *Singelnstein/Stolle* 2012, 25 ff.
121 Vgl. dazu *Hirsch/Roth* 1986.
122 *Singelnstein/Stolle* 2012, 25 ff.
123 *Singelnstein/Stolle* 2012, 22 ff.
124 *Hirsch/Roth* 1986, 56 f.; *Kannankulam* 2008, 415 f.

festzustellen. Dies bedeutete auf der einen Seite eine Erweiterung individueller Freiräume und privater Freizügigkeiten im Hinblick auf die Möglichkeiten hedonistischen Genießens und Konsumierens. Auf der anderen Seite ist damit auch ein Bedeutungsverlust der Strukturen verbunden, auf die sich Sozialkontrolle mittels Integration und Disziplinierung bislang gestützt hatte. Betroffen davon sind sowohl Institutionen wie Fabrik und Schule als auch der Arbeitsmarkt an sich und sonstige soziale Strukturen wie z. B. Kirche und Familie.

11 Wesentlich geprägt wurden diese Entwicklungen durch das politische und wirtschaftliche Konzept des Neoliberalismus, das auf der Autonomie des Individuums sowie der Annahme basiert, dass der Markt die effizienteste und daher ideale Form der Organisation von Gesellschaft darstellt. Dementsprechend will dieser Ansatz die Gestaltung des Sozialen der Ökonomie überlassen („**Ökonomisierung des Sozialen**") und propagiert eine absolute Marktfreiheit.[125] Sozialstaatliche oder resozialisierende Konzepte sind damit unvereinbar: Hilfe für Schwache und die Reduktion sozialstruktureller Ungleichheiten widersprechen nach diesem Verständnis der Marktlogik und verzerren das Wettbewerbsverhältnis.[126] Damit steht dieses Modell in starkem Gegensatz zum sozialen Wohlfahrtsstaat, der eine staatlich koordinierte Marktwirtschaft ebenso favorisiert wie eine Einbindung möglichst vieler sozialer Gruppen und Institutionen in Prozesse der wirtschaftlichen Wertschöpfung und politischen Entscheidungsfindung.

12 Paradigmatisch für den neoliberal geprägten Wandel der westlichen Industrieländer stehen die Flexibilisierung des Arbeitsmarktes, der Wechsel von einer eher nachfrage- zu einer angebotsorientierten Wirtschafts- und Sozialpolitik und der Umbau des Sozial- und Wohlfahrtsstaates. Im Zuge dessen wurden etwa die Anspruchsvoraussetzungen für staatliche Transferleistungen verschärft, Renten- und Krankenversicherung teilweise privatisiert, marktwirtschaftliche Strukturelemente in das Sozialsystem integriert, *Workfare*-Projekte eingeführt und der Niedriglohnsektor ausgeweitet.[127]

13 Der Wohlfahrtsstaat stand für ein Solidarmodell, welches auf einer erzwungenen Solidarität von Ungleichen beruhte. Indem es die Abgaben an die Einkünfte und die Leistungen an die Bedürftigkeit knüpfte, sah es eine Umverteilung der Einnahmen auf Bedürftige vor. Dieses Konzept wurde unter neoliberalem Einfluss

---

125 *Lemke* 1997, 253.
126 *Singelnstein/Stolle* 2012, 22 ff.
127 *Butterwegge* 2018, 113 ff., 155 ff.; *Lessenich* 2008.

zunehmend durch ein von Marktmechanismen gesteuertes **Versicherungsmodell** ersetzt (→ § 22 Rn 5), in welches man sich einkaufen kann und das hohe Risiken mit hohen und geringe Risiken mit geringen Tarifen belegt. Das System der sozialen Sicherung wird so zugunsten von privater Versicherung zurückgedrängt; die nach Bedürftigkeit umverteilende soziale Gerechtigkeit wird durch eine beitrags- und risikoproportionale Gerechtigkeit ersetzt.[128] Die Anliegen einer integrativen Sozialpolitik und – damit zusammenhängend – der Reintegration von Straffälligen sind angesichts dieser Entwicklung zwar nicht völlig aufgegeben. Sie erleben aber einen erheblichen Bedeutungsverlust.

Die damit skizzierten Transformationsprozesse wirken sich in vielfältiger Weise auf das Feld sozialer Kontrolle aus. Erstens hat die Dominanz neoliberaler Vorstellungen unmittelbaren **Einfluss auf die Kriminalpolitik**. Wohlfahrtsstaatlich geprägte kriminalpolitische Konzepte gingen von einer Mitverantwortung der Gemeinschaft an individuellem Versagen aus und waren auf Inklusion und Resozialisierung von Rechtbrechenden ausgerichtet (→ § 24 Rn 4 f.). Das neoliberale Gesellschaftsmodell betrachtet Kriminalität hingegen, wie soziale Not, als selbstverschuldet und pflegt einen exkludierenden, vergeltenden Umgang mit Rechtsbrechenden. Infolgedessen zielt soziale Kontrolle heute weniger auf die hilfsbedürftigen, behandelbaren und resozialisierungsfähigen Bürger:innen ab, sondern wird stärker verstanden als Instrument für Rechtsbrechende, die ihre Rolle selbst gewählt haben, und „gefährliche Andere", die als „Feind[e] der Gesellschaft" angesehen werden[129] (→ § 12 Rn 12 ff.). 14

Zweitens führt der beschriebene gesellschaftliche Wandel zu veränderten Anforderungen an soziale Kontrolle.[130] Einerseits bedingt die zunehmende soziale Ungleichheit in der Gesellschaft **neue soziale Konflikte**. Wohlstandsverlierer:innen und eine wachsende Unterschicht, deren Angehörige wegen der geringen Höhe ihres Einkommens (*working poor*) oder mangels eigenen Einkommens einen angemessenen Lebensunterhalt nicht selbst erreichen können, machen einen bedeutenden und stabilen Teil der Gesellschaft aus.[131] Andererseits bedarf die schwächer werdende Rolle integrativer sozialer Strukturen der Kompensation. 15

128 *Schmidt-Semisch* 2002, 75 ff.
129 *Wacquant* 2009, 23 f.
130 *Wacquant* 2009, 77 ff.
131 *Nachtwey* 2016, 169 ff.; *Spannagel u. a.* 2017, 7.

16 Drittens schließlich führt die verbreitete soziale Verunsicherung, die sich aus dem Abbau wohlfahrtsstaatlicher Sicherungen ergibt, zu neuen **Abgrenzungs- und Kontrollbedürfnissen** (→ § 22 Rn 39 ff.; § 24 Rn 18 ff.). Nicht nur die Wohlstandsverlierer:innen sind von den gesellschaftlichen Transformationsprozessen betroffen. Auch die jeweils nächst höhere Stufe der sozialen Leiter ist von der Angst besetzt, selbst sozial abzusteigen, sei es, dass der Arbeitsplatz wegrationalisiert wird, der:die ernährende Partner:in wegfällt oder die Zinsen die Zahlungskraft übersteigen, sodass die Bank das Hypothekendarlehen kündigt. Das Bewusstsein, keinen gesicherten Status zu haben, sondern sich in einer kaum veränderbaren prekären Situation zu befinden, erreicht weite Kreise der Bevölkerung bis in die Mittelschichten hinein.[132]

17 Mit dem Rückzug des Wohlfahrtsstaatsmodells und dem Einfluss des Neoliberalismus wird also nicht nur das Netz der sozialen Sicherheit brüchig. Mehr noch ändert sich die emotionale Einstellung zu Marginalisierung und sozialer Ungleichheit. Was zuvor mitfühlend oder zumindest sozialtechnologisch neutral als zu kompensierende „Benachteiligung" bestimmt wurde, aus der Ansprüche auf Unterstützung herzuleiten sind, gilt nunmehr als – jedenfalls auch selbst verschuldetes – „Defizit", das die Betroffenen zu Bittstellenden um Hilfsleistungen macht. Abweichendes Verhalten wird nicht mehr als Zeichen für ein tiefer liegendes individuelles oder sozialstrukturelles Problem angesehen, sondern als das eigentliche Problem, das es zu bearbeiten gilt. In der Kriminalpolitik gewinnen angesichts dessen neoliberal inspirierte Konzepte der situativen Prävention durch Verhinderung von Tatgelegenheiten (→ § 22 Rn 27 ff.), der Sicherung gefährlicher Täter:innen und der tatausgleichenden Vergeltung (→ § 20 Rn 53 ff.) ebenso an Bedeutung wie die „Früherfassung" von Risiken (→ § 22 Rn 9 ff.). Diese neuen Präventionskonzepte treffen den rauer gewordenen Ton der Öffentlichkeit, die nach umfassender Sicherheit verlangt.

2. Allgemeine Verunsicherung

Lektüreempfehlung: *Beckett, Katherine; Herbert, Steve* (2008): Dealing with Disorder. Theoretical Criminology 12, 5-30; *Franko, Katja* (2020): Globalization & Crime. 3. Aufl., London, 2-26; *Garland, David* (2007): High Crime Societies and Cultures of Control. In: *Hess, Henner; Ostermeier, Lars; Paul, Bettina* (Hrsg.): Kontrollkulturen. 9. Beiheft des Kriminologischen Journals. Weinheim, 231-249; *Singelnstein, Tobias; Stolle, Peer* (2012): Die Sicherheitsgesellschaft. 3. Aufl., Wiesbaden, 34-44, 87-120.

132 *Hirtenlehner* 2019.

Den spätmodernen westlichen Gesellschaften ist angesichts der beschriebenen Veränderungen eine zunehmende und allgemeine Unsicherheit inhärent. Die Auflösung des sozialen Zusammenhalts, die Prekarisierung vordem als sicher geltender Arbeitsverhältnisse und der rauere Umgang mit sozial Schwachen wecken Bedürfnisse sozialer und finanzieller Absicherung, die sich immer weniger befriedigen lassen.[133] Zugleich postuliert der Neoliberalismus die Irrelevanz von nationalstaatlichen und kulturellen Bindungen, von überkommenen Hierarchien und Wertvorstellungen. Er bestreitet in vermeintlich ideologiefreier Weise die Bedeutsamkeit von Weltanschauungen und erklärt die Ökonomie zur allein verbindlichen Richtgröße. Infolgedessen entsteht eine unspezifische Verunsicherung. Verstärkt wird diese Stimmung durch den zunehmenden islamistischen Terrorismus und Bedrohungslagen von internationalem Format wie Klimawandel und Corona-Pandemie. 18

Die somit bestehende allgemeine Verunsicherung ist in ihrer aktivierenden Wirkung für das neoliberale Gesellschaftsmodell einerseits **funktional** (→ § 13 Rn 42 ff.). Hierfür sorgt auch die strafrechtliche Thematisierung von Abweichung, die damit eine permanente Verunsicherung herstellt, denn eine solche Thematisierung kennt nur eine Freiheit, die ständig bedroht ist, und nur eine Sicherheit, die niemals vollständig erreicht werden kann.[134] Die Verunsicherung steigt also nicht obwohl, sondern gerade weil wir in einer der sichersten und auf Sicherheit setzenden Gesellschaft leben. Die ständige Thematisierung von Gefahren, Risiken und ihrer Kontrolle verdeutlicht immerfort die bestehende Bedrohungslage.[135] Die Suche nach Schutz und das Leben hinter Mauern produzieren damit nicht mehr Sicherheit, sondern Verunsicherung.[136] Das gestiegene Sicherheitsbedürfnis und die Suche nach Absicherung schaffen somit einen sich selbst reproduzierenden Kreislauf, in dem Sicherheit ein nie erreichbares Ideal darstellt und so zu einer dauerhaften gesellschaftlichen Unsicherheit führt.[137] Gleichzeitig wird der (mögliche) Eintritt von Schädigungen heute als wesentlich gravierender empfunden und sinkt die Bereitschaft, Risiken als notwendige Bestandteile des Lebens und soziale Konflikte als gesellschaftliche Normalität anzuerkennen.[138] 19

133 *Nachtwey* 2016, 165 ff.
134 *Foucault* 2004, 100 ff.; *Lemke* 1997, 183 ff.
135 *Singelnstein/Stolle* 2012, 38 ff.
136 *Bauman* 2008, 17 ff., 135 f.
137 *Castel* 2005, 9 ff.
138 *Groenemeyer* 2003, 40 ff.; *Haffke* 2005, 31 f.

20 Andererseits darf die Verunsicherung auch nicht grenzenlos sein, weshalb zum einen das in Ausweitung befindliche und härter agierende Strafrecht der Allgemeinheit ein **Sicherheitsgefühl als Anker** in der permanenten Prekarität bieten soll.[139] Zum anderen genügt es für die staatlichen Instanzen nicht, im Rahmen ihrer Kräfte Sicherheitsleistungen zu erbringen und im Übrigen die Bevölkerung zum Selbstschutz zu ermuntern. Neben Maßnahmen zur Gewähr objektiver Sicherheit sind nunmehr verstärkt Strategien gefragt, die auf das subjektive Sicherheitsempfinden zielen oder symbolisch eindrückliche Signale der Entschiedenheit im Kampf gegen das Unrecht senden, um der Verunsicherung der Bevölkerung zu begegnen und die soziale Psyche zu stabilisieren. Die Sicherheitspolitik wird kommunikativ. Sie wendet sich an die Bevölkerung nicht nur mit technischen Ratschlägen zum Selbstschutz, sondern sucht deren Sicherheitsgefühl zu thematisieren und zu beeinflussen. Dabei gerät sie in das Dilemma, die verbreitete Verunsicherung einerseits ernst nehmen zu müssen und andererseits die Botschaft vermitteln zu wollen, dass eine allzu große Besorgnis unbegründet sei.

3. Das Kriminalitätsopfer in der „viktimären" Gesellschaft

Lektüreempfehlung: *Hassemer, Winfried; Reemtsma, Jan Philipp* (2002): Verbrechensopfer. München, 13-29, 99-111; *Hoyle, Caroline; Zedner, Lucia* (2007): Victims, victimization and criminal justice. In: *Maguire, Mike; Morgan, Rod; Reiner, Robert* (Hrsg.): The Oxford Handbook of Criminology. 4. Aufl., Oxford/New York, 461-495; *Jung, Heike* (2000): Zur Renaissance des Opfers – Ein Lehrstück kriminalpolitischer Zeitgeschichte. ZRP 33, 159-163.

21 Ein rechtsstaatlich geprägtes Strafrecht ist notwendigerweise täter:innenzentriert. Im Strafverfahren geht es darum, die Begründetheit des Anklagevorwurfs gegenüber Beschuldigten abzuklären und diese dabei als Verfahrenssubjekte mit Verteidigungsrechten zu respektieren. Diese Täter:innenzentrierung hat – als problematische Kehrseite – zu einer Vernachlässigung der Opferbelange geführt. Das staatliche Strafmonopol nimmt dem Opfer nicht nur das Recht, die Verletzung seiner Interessen zu ahnden und Selbstjustiz zu üben. Darüber hinaus hat das staatliche Strafverfahren auch lange die persönliche Betroffenheit des Opfers, sein Bedürfnis nach Mitbeteiligung an der Aufarbeitung des Tatgeschehens und seine Restitutionsinteressen vernachlässigt.

22 Dieses Konzept basierte auf der stillschweigenden Unterstellung, dass die **Opferinteressen** mit dem staatlichen Strafanspruch deckungsgleich seien und

139 *Singelnstein* 2011.

darin restlos aufgingen. Diese Unterstellung ist jedoch widerlegt. Empirische Befunde zeigen eine weithin nur mäßige Repressionsneigung der Bevölkerung, deren Erwartungen an Reaktionen auf Straftaten sich von denen unterscheiden, die das Strafrecht umsetzt (→ § 23 Rn 35 ff.). Auch die Viktimologie (→ § 18 Rn 22 ff.) hat die Bedürfnisse der Opfer von Straftaten als vom Bestrafungsinteresse artverschieden bestimmt. Feministische Konzepte weiblicher Opferschaft als Ausdruck der strukturellen Benachteiligung der Frau etwa betonen die Eigenständigkeit der Opferposition gegenüber dem strafenden Staat.[140]

Die Position des individuellen Opfers stellt bei der Konfliktbewältigung mittels Strafrecht somit also eine Bezugsgröße dar, die von der Position der staatlichen Strafverfolgung unabhängig und zu unterscheiden ist. Die Forderung nach durchgängig opferfreundlicher Ausübung des staatlichen Strafanspruches ist daher inzwischen weithin unbestritten.[141] Die Strafverfolgung ist opferschonend, also unter Vermeidung einer unnötigen zusätzlichen Belastung des Opfers („Sekundärviktimisierung“) zu betreiben. Im Strafverfahren werden dem Opfer Gestaltungsrechte zugestanden.[142] Bei dem Strafzweck der positiven Generalprävention wird die Genugtuung des Opfers mit bedacht. Neben der traditionellen Privatklage bekommen Formen der *restorative justice* eine wachsende Bedeutung. 23

So berechtigt die Berücksichtigung der realen Bedürfnisse des konkreten Opfers und sein *empowerment* durch aktive Gestaltungsbefugnisse bei der Aufarbeitung des Tatunrechts sind, so begrenzt sind die Möglichkeiten, dem ohne Veränderung der rechtsstaatlichen Struktur des Strafverfahrens Rechnung zu tragen. Mehr **Opferrechte** und mehr Opferschutz bedeuten zum einen notwendigerweise weniger Rechte der Beschuldigten und ihrer Verteidigung.[143] Dem einen kann nur gegeben werden, indem dem anderen genommen wird. Zum anderen zeigt sich eine schleichende Privatisierung des Strafverfahrens. In dem Maße, wie dem Opfer Rechte zur Mitgestaltung des Verfahrens eingeräumt werden, verliert das Verfahren den Charakter einer hoheitlichen Veranstaltung zur Durchsetzung des staatlichen Strafmonopols. Ein Ausbau der verfahrensgestaltenden Befugnisse des Opfers bewirkt eine Flexibilisierung des starren Systems der öffentlichen Klage zugunsten privater Initiative und damit eine „Teilprivatisierung“ des Strafverfahrens. Dessen Verlauf und Ausgang wird 24

140 Zur Gewaltdiskussion vgl. *Hagemann-White* 2019.
141 *Kilchling* 2002.
142 Zur Opferschutzgesetzgebung *Neubacher* 2020, Kapitel 12 Rn. 8 ff.
143 *von Schlieffen/Uwer* 2017.

stärker zur Verhandlungssache, die von der Individualität des Opfers und des Beschuldigten, ihrer Hartherzigkeit oder Nachsichtigkeit, ihrer wirtschaftlichen Stellung und dem Verhandlungsgeschick ihres anwaltlichen Beistands abhängt. Wie bei jeder Privatisierung wirken sich soziale Stellung, Einfluss und Einkommen der Beteiligten ungehemmter aus, als dies bei einer staatlichen Regie möglich wäre.[144]

25 Der Ausbau der Stellung von Opfern als aktiven Verfahrensbeteiligten entspricht einem grundsätzlichen **Wandel des Verständnisses von Opferschaft.**[145] Galt das Opfer früher als jemand, der passiv erduldet hatte und dafür unser Mitgefühl verdiente, so ist das Opfer nunmehr jemand, dem Unrecht geschah und der selbst danach schaut, dass dies anerkannt und, soweit möglich, ausgeglichen wird. Dem allgemeinen Trend der Responsibilisierung folgend (→ § 22 Rn 46), änderte sich auch das rechtliche Konzept von der leistungsgewährenden Opferhilfe zur Hilfe zur Selbsthilfe und zum Opferschutz, indem ermöglicht wurde, die Täter:innen zu belangen. Verschärfungen und Ausweitungen der Strafbarkeit werden mit mehr Opferschutz begründet.[146] Jenseits des Strafrechts wurden Regelungen für sofort vollziehbare Kontakt-, Näherungs-, Betretungs- und Aufenthaltsverbote gegen Täter:innen häuslicher Gewalt eingeführt.

26 Einrichtungen der privaten Opferhilfe nehmen sich neben der konkreten Unterstützung individueller Opfer dem präventiven Schutz vor künftigem Opferwerden an und betreiben mitunter eine Kriminalpolitik mit dem virtuellen Opfer, welche Kriminalitätsfurcht als Motor für Strafrechtsverschärfungen einsetzt. Der auf *public relations* bedachten neuen Kriminalpolitik entspricht es, auf die Interessen von Kriminalitätsopfern in einer Weise zu reagieren, welche ein bedrohliches Bild der individuell schädigenden Kriminalität zeichnet, das jede:n als potenzielles Opfer darstellt und Opferinteressen zu verallgemeinerungsfähigen Anliegen erklärt. Im Zuge dessen hat sich eine organisierte Opferhilfe etabliert, die nicht nur Opferpolitik betreibt, sondern auch auf Ausweitungen und Verschärfungen des Strafrechts hinwirkt.

27 Die gewachsene Sensibilität für Opfer von Straftaten entspricht **neoliberalen Vorsorge- und Reaktionsstrategien** gegen verunsichernde personengerich-

---

144 *Kunz* 2002, 6.

145 *Kölbel* 2014b.

146 Vgl. etwa für Deutschland das 6. Gesetz zur Reform des Strafrechts vom 26.1.1998 (BGBl. I, 164) sowie das 49. Gesetz zur Änderung des StGB vom 21.1.2015 (BGBl. I, 10). Ferner der 2007 eingeführte Straftatbestand der Nachstellung (*Stalking*) in § 238 StGB.

tete Kriminalität. Mit der vermehrten straf- und polizeirechtlichen Kontrolle von Straßengewalt, Männergewalt und Verletzungen der sexuellen Selbstbestimmung wird nicht primär die Erwartung instrumenteller Nützlichkeit des Rechtszwanges verbunden. Die neue Wertschätzung rechtlicher Interventionen beruht vielmehr auf der Symbolkraft der zuspitzenden Rechtsform, die soziale Probleme auf singuläre Fälle reduziert und dabei die Verantwortung individuellen Verursachenden zuordnet. In diesem Verständnis gilt personenbezogene Gewalt als Rechtsbruch *par excellence*, den es demonstrativ und vordringlich zu bekämpfen gilt. Mit der Fokussierung auf die individuelle strafrechtliche Opferschaft werden benachbarte Phänomene ausgeblendet: Auf der einen Seite die strafrechtlich nicht fassbare soziale Benachteiligung, auf der anderen Seite die gegen die Interessen der Allgemeinheit gerichtete „opferlose" Kriminalität.

Neben dieser neoliberalen Prägung wird die Sensibilität für das Opfer auch 28
durch dazu **gegenläufige inhaltliche Strömungen** gestützt. Hierzu zählen zum einen Ansätze der *restorative* und *transformative justice* wie auch kommunitaristische Konzepte, die die Gemeinschaftsbezogenheit des Individuums, den Wert partizipatorischer Lebens- und Wohnformen und die Notwendigkeit bevölkerungsnaher Konfliktschlichtung betonen.[147] Zum anderen plädieren feministische Konzepte für ein Verständnis von Verletzungen der sexuellen Selbstbestimmung als Verlust persönlicher Autonomie, die durch Rückgewinn an persönlicher Situationsbeherrschung der Frau wettgemacht werden kann. Förmliche Interventionen staatlicher Autorität sind in diesem Verständnis ein Instrument neben anderen, um patriarchale Machtstrukturen aufzubrechen und sich selbstbewusst des hinter der Straftat stehenden gesellschaftlichen Konflikts zu bemächtigen[148], um Schritt für Schritt zu einem Abbau geschlechtsspezifischer Gewalt und Diskriminierung zu gelangen. Jener feministischen Perspektive ist ein mehrfacher Verständniswandel von Männergewalt im Laufe der Zeit zu verdanken: Von der Straßengewalt des fremden Unbekannten, der sich ein Zufallsopfer sucht, hin zur alltäglichen häuslichen Gewalt des Lebenspartners, von der Personalisierung des Bösen hin zu dem Konzept eines strukturellen Gewaltklimas in der patriarchal geprägten Gesellschaft.

147 Näher dazu *Kunz* 2000, 35 ff.
148 Die Vorstellung geht zurück auf *Christie* 1986, 131 ff.

III. Strafkulturen im Wandel

Lektüreempfehlung: *Christie, Nils* (2005): Wieviel Kriminalität braucht die Gesellschaft? München, 79-98; *Lacey, Nicola* (2012): Punishment in the Perspective of Comparative Political Economy. KrimJ 44, 9-31; *Pratt, John; Eriksson, Anna* (2013): Contrasts in Punishment. London.

29 Wie wirkt sich dieser Wandel der gesellschaftlichen Bedingungen im Feld der kriminologischen Themen aus? Verständnis, Bedeutung und Rolle von Strafe und Kriminalität sind in verschiedenen Ländern und zu unterschiedlichen Zeiten jeweils in anderer Weise ausgeprägt. Es herrscht also ein variierendes Verständnis davon, was Abweichung ist und wie damit umgegangen werden sollte (→ § 23 Rn 8 ff.). Die noch recht junge *punishment and society*-Forschung in der Kriminologie untersucht, wie solche Verständnisse und darauf basierende Praxen – die sich unter dem Begriff der Strafkultur zusammenfassen lassen – entstehen und sich verändern. Prägend dafür sind die jeweiligen gesellschaftlichen Bedingungen, die vielfältig sind und auf unterschiedlichen Ebenen verortet werden können, wie etwa die Ausgestaltung des politischen und wirtschaftlichen Systems und seiner Politiken, die herrschenden sozialen Bedingungen, die Rolle der Medien und die historisch gewachsene Kultur. Strafkultur in diesem Sinne bildet den Rahmen, indem Bevölkerung und Medien, aber auch die Instanzen sozialer Kontrolle und die Kriminalpolitik agieren und mit Kriminalität und Strafe umgehen. Dieser grundlegende Rahmen begrenzt das Handeln der Akteur:innen einerseits, wird durch dieses aber andererseits auch stets aufs Neue hervorgebracht.

1. Veränderungen und Divergenzen

30 Seit den 1980er Jahren ist in den westlichen Gesellschaften ein deutlicher Wandel der Strafkultur zu verzeichnen, der sich in verschiedenen Ländern allerdings in recht unterschiedlicher Intensität vollzieht. Abweichendes Verhalten wird im Zuge dessen als drängenderes Problem angesehen, das stärker als individuelles Defizit denn als gesellschaftlich bedingtes Phänomen gedeutet wird. Dieser Wandel zeigt sich nicht nur in den Thematisierungen durch Bevölkerung, Medien und Politik, sondern auch in der Weise, wie kriminologische Theorien auf Kriminalität schauen. Der gesellschaftliche Umgang mit derart verstandenem Verhalten ist heute von einer repressiveren Grundstimmung geprägt als früher. Im Zuge dessen wird die Kontrolle von Bedrohung in den Vordergrund gestellt und findet eine entsprechende Erweiterung der Interventionsstrategien statt.[149]

149 *Eisenberg/Kölbel* 2017, § 43 Rn. 3 f.

Dies zeigt sich vor allem in Kriminalpolitik und Gesetzgebung[150] sowie der Thematisierung durch die Medien, ist aber auch in der Praxis sozialer Kontrolle zu verzeichnen (→ §§ 19, 20, 22). In der Bevölkerung jedenfalls im deutschsprachigen Raum sind zwar keine dramatischen Zunahmen, wohl aber langfristige Veränderungen von Strafbedürfnissen zu bemerken (→ § 23 Rn 35 ff.). Sicherheit nicht vor dem Staat, sondern durch den Staat und durch die Bürger:innen selbst als staatlich förderungswürdige Aufgabe wird zum vordringlichen Anliegen. Die Bevölkerung erwartet bei der Sicherheit, wie auch bei der Gesundheit, ständig ein „Mehr". Die damit verbundenen Einbußen an Freiheit werden scheinbar bereitwillig in Kauf genommen, erscheint Freiheit doch als ein abstrakt gewährleisteter Wert, mit dem man persönlich wenig verbindet, während Sicherheit als ein knappes Gut der Alltagswelt mit unmittelbarer Auswirkung für jede Person verstanden wird. 31

Zusammengenommen werden diese Veränderungen häufig als ein neues Austarieren der Aspekte **Freiheit und Sicherheit**, von staatlicher Schutzgewährung und Machtbegrenzung, interpretiert. *Garland* hat die genannten Entwicklungen als Wechsel von ökonomischer Kontrolle und sozialer Befreiung hin zu ökonomischer Freiheit und sozialer Kontrolle beschrieben.[151] Während in Zeiten des Wohlfahrtsstaates Freiheit die Infragestellung von traditionellen Werten, Lebensmodellen und staatlicher Bevormundung bedeutete, ist der Begriff heute von einem ökonomischen und individualisierenden Verständnis geprägt, das für Egoismus und Marktliberalität steht. Sicherheit hingegen wird weniger als Sicherheit vor staatlichen Eingriffen, als Plädoyer für einen rechtlich eingehegten Staat oder im wohlfahrtsstaatlichen Sinne als soziale Absicherung interpretiert. Der Begriff steht vielmehr für staatliche Schutzgewährung und private Schutzvorsorge vor Bedrohungen und Kriminalität und damit für eine individuelle bürgerliche Sicherheit. Wir erleben also nicht einen Abbau von Freiheit für mehr Sicherheit, sondern einen Bedeutungswandel dieser Grundwerte.[152] 32

Der damit beschriebene Wandel der Strafkultur in den zurückliegenden Jahrzehnten zeigt sich nicht in allen Ländern gleichermaßen. Vielmehr sind erhebliche Unterschiede zu beobachten.[153] Darauf deuten die stark divergierenden Gefangenenraten in den verschiedenen Ländern hin, auch wenn es sich hierbei nur um einen groben Anhaltspunkt handelt (→ § 19 Rn 80 ff.; § 20 Rn 71 ff.). 33

150 *Dollinger* 2018.
151 *Garland* 2001, 100.
152 *Hassemer* 2005, 314; *Singelnstein/Stolle* 2012, 43.
153 *Lappi-Seppälä* 2014; *Wenzelburger* 2018.

Die USA verfügen über eine sehr hohe Gefangenenrate. Die eher wohlfahrtsstaatlichen skandinavischen Nationen besitzen eine markant niedrigere, in Finnland sogar sehr niedrige[154] Gefangenenrate. Die deutschsprachigen Staaten liegen dazwischen im Mittelfeld. Diese erheblichen Differenzen lassen sich nicht vorrangig mit national divergierenden Kriminalitätsaufkommen erklären[155], sondern sind Ausdruck eines unterschiedlichen Umgangs mit als Kriminalität betrachteten Verhaltensweisen.

34 In den **USA und Großbritannien**, die in besonderer Weise von strikter Marktfreiheit und ungezügeltem Wettbewerb geprägt sind, wird auf den staatlichen Ausgleich sozialer Benachteiligungen weitgehend verzichtet. Dementsprechend ist der Umgang mit Rechtsbrechenden vergleichsweise konfrontativ und exkludierend.[156] Es herrschen markante Kriegserklärungen an das Verbrechen, eine medienorientierte Dramatisierung der Kriminalitätslage und die Forderung nach möglichst scharfen Waffen dagegen. Taktgebende des kriminalpolitischen Geschehens sind Politiker:innen, die sich von dem Thema Wahlerfolge versprechen, und Massenmedien, deren kommerzielle Ausrichtung nach Sensationsdarstellungen verlangt. Die permanente Überhitzung des Kriminalitätsdiskurses bedingt kurzfristige medienwirksame Maßnahmen, deren absehbares Scheitern zu neuen, noch drastischeren Maßnahmen nach dem Muster des *more of the same* Anlass gibt.[157] Demgegenüber sind die **skandinavischen Länder** mit ihrem eher langfristig und auf Interessenausgleich angelegten politischen Klima noch stärker wohlfahrtsstaatlich geprägt. Zugleich ist die dortige Kriminalpolitik eher um Beständigkeit und gemäßigte, besonnenere Reformen unter Mitberücksichtigung des Anliegens der Resozialisierung bemüht.[158]

2. Entstehungsbedingungen

35 Die Bedingungen für Entstehung und Wandel von Strafkulturen werden auf unterschiedlichen Ebenen verortet, die miteinander verbunden sind und sich gegenseitig beeinflussen. Neben den jeweiligen sozialen und wirtschaftlichen Bedingungen einer Gesellschaft spielen etwa Art und Rolle der Medien sowie das jeweilige politische System eine Rolle dabei, wie sich Kriminalpolitik und Strafkultur entwickeln. Weitere Ansätze betonen kulturelle Aspekte und ver-

154 *Elonheimo* 2014.
155 *Lappi-Seppälä* 2010, 967.
156 *Gottschalk* 2013, 223 ff.
157 *Lappi-Seppälä* 2010.
158 *Newburn* 2017, 740 ff.

stehen Strafkultur als Ausdruck historisch gewachsener kultureller Verständnisse und Wahrnehmungen von Verbrechen und Strafe.[159] Die verschiedenen Ansätze ergänzen sich und können gemeinsam zum Verständnis von Strafkulturen und ihrer Entwicklung beitragen.[160]

Die Eigenschaften des jeweiligen **politischen Systems** werden in den Blick genommen, da gesellschaftliche Verständnisse erst durch Entscheidungen in institutionellen Kontexten im politischen Bereich verbindlich werden und sich in Gesetzen materialisieren. In welchem Umfang und Tempo dies möglich ist, hängt insbesondere davon ab, in welchem Maße kriminalpolitische Akteur:innen in dem jeweiligen System institutionell eingebunden sind und mit anderen Akteur:innen kooperieren müssen oder ob sie ihre Vorstellungen und Konzepte weniger gebunden umsetzen können.[161] Innerhalb des so durch das politische System gesteckten Rahmens kommt nach neueren Untersuchungen sodann der Politik der Parteien und dem Wettbewerb zwischen den Parteien im Feld der Inneren Sicherheit zentrale Bedeutung zu; diese kann danach auch divergierende Entwicklungen in verschiedenen Ländern erklären.[162] 36

Besondere Bedeutung in der kriminologischen Forschung haben Arbeiten erlangt, die sich auf allgemeine **Veränderungen des Sozialen** und des Wirtschaftssystems konzentrieren und die damit die schon oben beschriebenen gesellschaftlichen Transformationsprozesse seit den 1980er Jahren in den Blick nehmen (→ § 24 Rn 7 ff.), so die Auswirkungen sozialer Verunsicherungen angesichts einer neoliberal geprägten Politik sowie den Grad an wohlfahrtsstaatlicher Inklusivität und sozialer Ungleichheit.[163] Die Ergebnisse dieser Forschung deuten daraufhin, dass es einen deutlichen Zusammenhang zwischen der Ausgestaltung der Sozialpolitik und des Wohlfahrtsstaates einerseits und dem Zustand des Strafrechts und anderer Formen sozialer Kontrolle andererseits gibt.[164] Grob zusammengefasst und neben dem Einfluss sonstiger Faktoren[165] legen die Befunde die Annahme nahe, dass stark neoliberal geprägte Staaten über eine harte, kostspielige und wenig rückfallverhindernde Kriminalpolitik verfügen und stärker auf neuere, nichtstrafrechtliche Formen sozialer Kontrolle (→ § 22) 37

159 *Tubex/Green* 2015; s. schon *Savelsberg* 2000, 198 ff.
160 *Kölbel* 2021.
161 *Lacey* 2008.
162 *Wenzelburger* 2020.
163 *Garland* 2001; *Wenzelburger* 2018.
164 *Cavadino/Dignan* 2006; *Lappi-Seppälä* 2008.
165 *Lacey* 2013.

setzen, während einer wohlfahrtsstaatlichen Orientierung eine gemäßigtere Kriminalpolitik entspricht.

38 *Becket* und *Western* haben für die USA gezeigt, dass Bundesstaaten mit relativ gut ausgebautem Wohlfahrtssystem über relativ geringe Gefangenenraten verfügen und umgekehrt.[166] *Downes* und *Hansen* haben in einem verschiedene Nationen erfassenden Vergleich die Abhängigkeit der jeweiligen Gefangenenraten von dem Ausmaß staatlicher Fürsorge bestätigt. Die Studie kam zum Ergebnis, dass ein ausgebauter Wohlfahrtsstaat als „*a principal, if not the main protection against the resort to mass imprisonment in the era of globalization*“[167] sei. Während nach *Lacey* neoliberale Marktwirtschaften (USA, Großbritannien, Neuseeland, Australien) hohe Gefangenenraten und zugleich hohe Registrierungsraten von Tötungsdelikten aufweisen, fallen diese Zahlen bei koordinierten Marktwirtschaften (Niederlande, Deutschland, Schweden, Dänemark, Finnland, Norwegen) deutlich niedriger aus.[168] *Lappi-Seppälä* kontrastierte die niedrigen Gefangenenraten Skandinaviens mit denjenigen anderer Regionen. Er legte den Zusammenhang mit einer sozial ausgleichenden Politik dar und zeigte, dass die Raten sich deutlich erhöhen, wenn das Ausmaß staatlicher Fürsorgeleistungen zurückgeht. Ferner belegte er einen stark positiven Zusammenhang zwischen hohen Einkommensunterschieden und erhöhten Gefangenenraten.[169]

39 Das Entstehen einer repressiven Kriminalpolitik und eines punitiven Populismus wie in den USA und in Großbritannien steht zugleich mit einem **Vertrauensverlust in öffentliche Institutionen** in Verbindung, welcher im Gegenzug die staatlichen Instanzen zu expressiven Gesten durch harte Strafen bei dem als vorrangig präsentierten Kriminalitätsthema veranlasst.[170] Nach dem *World Values Survey* (WVS)[171] und vergleichbaren Erhebungen ist das Vertrauen sowohl in Mitmenschen wie auch in das Rechtssystem in den skandinavischen Staaten und in der Schweiz am höchsten, in Osteuropa hingegen am geringsten. Ein hohes Vertrauensniveau korreliert mit einer eher wohlfahrtsstaatlichen Orientierung. Bei der Gefangenenrate, sozialen Ängsten, Punitivität und Einkommensunterschieden verhält es sich umgekehrt.[172]

---

166 *Beckett/Western* 2001.
167 *Downes/Hansen* 2006, 1.
168 *Lacey* 2012, 12.
169 *Lappi-Seppälä* 2010, 975 f.
170 *Garland* 2008, 103 ff.; *Tonry* 2004, 41 ff.; zu Neuseeland *Pratt/Clark* 2005.
171 http://www.worldvaluessurvey.org.
172 *Lappi-Seppälä* 2010, 985 ff.

3. Medien und Kriminalpolitik

Nicht zuletzt werden Strafkulturen ganz wesentlich auch durch die Medien geprägt, die nicht nur das Forum bieten, in dem sich verschiedene Akteur:innen mit diesen Themen befassen, sondern auch eine spezifische eigene Sichtweise auf Kriminalität und Strafe entwickeln und einbringen.[173] Dabei greifen sie einerseits (vermeintliche) Vorstellungen und Erwartungen aus der Bevölkerung auf und prägen diese damit zugleich. Andererseits besteht auch ein besonderes Verhältnis zwischen Kriminalpolitik und Medien. Die praktische Kriminalpolitik hat, wie jede Sparte der Politik, ihre Tätigkeit öffentlich zu rechtfertigen. Sie handelt nicht einfach, sondern ist darauf angewiesen, ihr Handeln zu kommunizieren und um öffentliche Zustimmung dafür zu werben. Bei dieser **Kommunikation mit der Öffentlichkeit** sind die Massenmedien beteiligt. Diese sind keine bloßen Verstärker amtlicher Verlautbarungen, sondern präsentieren ihre Themen als mediale Ereignisse in einer für ein möglichst breites Publikum verständlichen Weise. Die Eigenart des Kriminalitätsthemas, jede Person emotional anzusprechen und zugleich den individuellen Wahrnehmungshorizont zu übersteigen, legt dabei eine zuspitzende Präsentation von Problemen und Lösungen nahe (→ § 23 Rn 14 ff.). 40

Die praktische Kriminalpolitik muss sich damit arrangieren. Zum einen wird ihre Agenda stark durch gesellschaftliche Erwartungen geprägt, deren Bildung und Formulierung wesentlich über die Massenmedien erfolgt, die gesellschaftliche Problemwahrnehmungen definieren. Zum anderen wird auch die Akzeptanz kriminalpolitischer Interventionen maßgeblich durch die mediale Berichterstattung darüber bestimmt. Die Kriminalpolitik ebenso wie die kriminalpolitisch ausgerichtete anwendungsbezogene Kriminologie geraten damit selbst unter medialen Einfluss. 41

Das damit skizzierte Zusammenspiel von Medien und Politik gehört zu den Grundeinsichten der kriminologischen Medienforschung und ist schon früh treffend als **politisch-publizistischer Verstärkerkreislauf**[174] bezeichnet worden. Allerdings hat sich dieser Kreislauf in der jüngeren Vergangenheit recht grundlegend verändert – vor allem in den USA, deutlich abgeschwächt aber auch in Deutschland und anderen westeuropäischen Ländern. Kriminalität ist heute nicht mehr (nur) ein Politikfeld, das unter Berücksichtigung der öffent- 42

173 *Garland* 2001.
174 *Scheerer* 1978.

lichen Wahrnehmung des Themas bearbeitet werden muss, indem nach Lösungen gesucht und um Konzepte gestritten wird. Das Thema Kriminalität wird vielmehr von der Politik selbst aktiv für eigene Zwecke genutzt, mitunter auch missbraucht. Es dient als Feld der politischen Profilierung für Machterwerb bzw. Machterhalt, wobei ein rationaler, sinnvoller und angemessener Umgang mit Kriminalität als gesellschaftlichem Phänomen in den Hintergrund rückt.[175]

43 Nachdem Kriminalpolitik lange Zeit eine Politiksparte unter vielen war und von Fachleuten betrieben wurde, geriet sie in den US-amerikanischen Wahlkämpfen der 1980er Jahre zur Sache oberster Priorität und zum alles bestimmenden Thema. *Making crime pay*[176] und *governing through crime*[177] bezeichnen seither das eigene Profitschöpfen aus der Dramatisierung des Kriminalitätsthemas und dem populistischen Anpreisen harten Einschreitens.[178] Im Vordergrund steht der eigene Erfolg im Wahlkampf, nicht die Bearbeitung politischer Fragen und gesellschaftlicher Probleme. Hierfür sind mehrere Gründe maßgeblich. Erstens ist Kriminalität als Thema allen zugänglich. Während andere Politikfelder rasch zur Angelegenheit von Fachleuten werden, deren Darstellung das Publikum überfordert, haben alle eine Meinung über Kriminalität und den gesellschaftlichen Umgang mit dieser. Zweitens ist es ein Feld, auf dem simple Botschaften möglich sind. Mediale Überinformation und Kürze der Sendezeiten erzwingen einfache Parolen statt differenzierter Konzepte.[179] In dem Maße, wie die Politik zunehmend in den Arenen der Massenkommunikation auf plakative Positionsbestimmungen angewiesen ist, wird die Auseinandersetzung mit Kriminalität daher zu einer bevorzugten Präsentationsfläche. Drittens ist Kriminalität ein emotional besetztes und gesellschaftlich polarisierendes Thema, mit dem sich vergleichsweise einfach Stimmung machen lässt. Das publikumswirksame Eintreten für ein noch härteres Vorgehen lässt Politiker:innen als volksnah, mitfühlend und aktionsfähig erscheinen. Die Haltung des *tough on crime* zahlt sich so für Politiker:innen in Medienpräsenz, Bekanntheit und Prestige aus. Dabei wird Kriminalität als Politikfeld umso bedeutsamer, je weniger andere Felder dazu geeignet sind, Handlungsfähigkeit zu demonstrieren.

175 *Peters* 2009, 140 f.; *Wacquant* 2009, 249.
176 *Beckett* 1997.
177 *Simon* 1997.
178 *Gottschalk* 2013, 222 f.
179 Zur Kriminalpolitik in der Mediengesellschaft *Prittwitz* 2008.

Literaturverzeichnis

Abdul-Rahman, Laila; Espín Grau, Hannah; Klaus, Luise; Singelnstein, Tobias (2020): Rassismus und Diskriminierungserfahrungen im Kontext polizeilicher Gewaltausübung. Zweiter Zwischenbericht zum Forschungsprojekt „Körperverletzung im Amt durch Polizeibeamt*innen" (KviAPol), https://kviapol.rub.de/.

Abdul-Rahman, Laila; Espín Grau, Hannah; Singelnstein, Tobias (2019): Die empirische Untersuchung von übermäßiger Polizeigewalt in Deutschland. Methodik, Umsetzung und Herausforderungen des Forschungsprojekts KviAPol. KrimOJ 1, Nr. 2, 231-249.

Abels, Heinz (2016): Lernen unter den Bedingungen der Umwelt. In: *Abels, Heinz; König, Alexandra* (Hrsg.): Sozialisation. Über die Vermittlung von Gesellschaft und Individuum und die Bedingungen von Identität. 2. Aufl., Wiesbaden, 41-43.

Ackerman, Alissa R.; Harris, Andrew J.; Levenson, Jill S.; Zgoba, Kristen (2011): Who are the people in your neighborhood? A descriptive analysis of individuals on public sex offender registries. International Journal of Law and Psychiatry 34, 149-159.

Adler, Freda (1984): The Incidence of Female Criminality in the Contemporary World. New York.

Adriaenssen, An; Paoli, Letizia; Karstedt, Susanne; Visschers, Jonas; Greenfield, Victoria A.; Pleysier, Stefaan (2020): Public perceptions of the seriousness of crime: Weighing the harm and the wrong. European Journal of Criminology 17, 127-150.

Aebi, Marcelo F. (2006): Comment mesurer la délinquance? Paris.

Agnew, Robert S. (1992): Foundation for a General Strain Theory of Crime and Delinquency. Criminology 30, 47-88.

Agnew, Robert S. (2001): Building on the Foundation of General Strain Theory of Crime and Delinquency. JRCD 38, 319-361.

Agnew, Robert S. (2009): Strain Theories. In: *Miller, J. Mitchell* (Hrsg.): 21st Century Criminology. A Reference Handbook, Band 1. Thousand Oaks, 332-339.

Agnew, Robert S. (2011): Toward a Unified Criminology. Integrating Assumptions about Crime, People and Society. New York/London.

Akers, Ronald L. (1985): Deviant Behavior. A Social Learning Approach. 3. Aufl., Fairfax.

Akers, Ronald L. (1991): Self-Control as a General Theory of Crime. Journal of Quantitative Criminology 7, 201-211.

Albrecht, Hans-Jörg (1980): Die generalpräventive Effizienz von strafrechtlichen Sanktionen. In: *Forschungsgruppe Kriminologie* (Hrsg.): Empirische Kriminologie. Ein Jahrzehnt kriminologischer Forschung am Max-Planck-Institut Freiburg i. Br. Freiburg, 305-327.

Albrecht, Hans-Jörg (1982): Legalbewährung bei zu Geldstrafe und zu Freiheitsstrafe Verurteilten. Freiburg.

Albrecht, Hans-Jörg (1993): Generalprävention. In: *Kaiser, Günther; Kerner, Hans-Jürgen; Sack, Fritz; Schellhoss, Hartmut* (Hrsg.): Kleines Kriminologisches Wörterbuch. 3. Aufl., Heidelberg, 157-164.

Albrecht, Hans-Jörg; Arnold, Harald (1991): Research on Victimization and Related Topics in the Federal Republic of Germany. A Selection of Research Problems and Results. In: *Kaiser, Günther; Kury, Helmut; Albrecht, Hans-Jörg* (Hrsg.): Victims and Criminal Justice. Victimological Research: Stocktaking and Prospects. Freiburg, 19-36.

Albrecht, Peter-Alexis (2010): Kriminologie: Eine Grundlegung zum Strafrecht. 4. Aufl., München.

Alex, Michael (2013): Nachträgliche Sicherungsverwahrung – ein rechtsstaatliches und kriminalpolitisches Debakel. 2. Aufl., Holzkirchen.

Alexander, Franz; Staub, Hugo (1974): Der Verbrecher und seine Richter. Ein psychoanalytischer Einblick in die Welt der Paragraphen (1929). In: *Moser, Tilmann* (Hrsg.): Psychoanalyse und Justiz. Frankfurt a. M.

Alexander, Michelle (2010): The New Jim Crow. Mass Incarceration in the Age of Colorblindness. New York.

Alff, Wilhelm (1989): Voltaires Kommentar zu Beccarias Buch über Verbrechen und Strafen. In: *Deimling, Gerhard* (Hrsg.): Cesare Beccaria. Die Anfänge moderner Strafrechtspflege in Europa. Heidelberg, 79-97.

Allen, Francis A. (1981): The Decline of the Rehabilitative Ideal: Penal Policy and Social Purpose. New Haven/London.

Alper, Mariel; Durose, Matthew R.; Markman, Joshua (2018): 2018 Update on Prisoner Recidivism: A 9-Year Follow-up Period (2005-2014), Bureau of Justice Statistics Special Report, Washington.

Althoff, Martina; Leppelt, Monika (1991): Feminismus & Foucault: eine Perspektive Kritischer Kriminologie. KrimJ 23, 97-111.

Althoff, Martina; van der Wagen, Wytske; van Swaaningen, René (2020): Identitätsbildung im digitalen Zeitalter. In: *Rüdiger, Thomas-Gabriel; Bayerl, Petra S.* (Hrsg.): Cyberkriminologie. Kriminologie für das digitale Zeitalter. Wiesbaden, 449-474.

Ambos, Kai (1997): Straflosigkeit von Menschenrechtsverletzungen. Zur „impunidad" in südamerikanischen Ländern aus völkerstrafrechtlicher Sicht. Freiburg.

Apel, Robert (2013): Sanctions, Perceptions, and Crime: Implications for Criminal Deterrence. Journal of Quantitative Criminology 29, 67-101.

Armborst, Andreas (2014): Kriminalitätsfurcht und punitive Einstellungen: Indikatoren, Skalen und Interaktionen. SozProb 25, 105-142.

Armitage, Rachel (2002): To CCTV or not to CCTV? A review of current research into the effectiveness of CCTV systems in reducing crime, NACRO Community Safety Practice Briefing, London.

Arnold, Harald (1986): Kriminelle Viktimisierung und ihre Korrelate. Ergebnisse international vergleichender Opferbefragungen. ZStW 98, 1014-1058.

Atanisev, Kaan; Haverkamp, Rita; Kunkel, Fynn (2019): Migration und Kriminalität. Eine Analyse auf Bundesebene, Überblick der Dunkelfeldforschung und Kriminalitätstheorien, Migration und Sicherheit in der Stadt Working Paper Nr. 2, Münster.

Atteslander, Peter (2010): Methoden der empirischen Sozialforschung. 13. Aufl., Berlin/New York.

Atteslander, Peter; Kneubühler, Hans-Ulrich (1975): Verzerrungen im Interview. Zu einer Fehlertheorie der Befragung. Opladen.

Austermann, Nele; Schlichte, Gianna Magdalena (2018): Gefährliche Begriffe?! Über „Gefährder" und drohende Gefahren. KJ 51, 479-494.

Austin, James (1996): Effect of „Three Strikes and You're Out" on Corrections. In: *Shichor, David; Sechrest, Dale K.* (Hrsg.): Three Strikes and You're Out. Vengeance as Public Policy. Thousand Oaks/London/New Delhi, 155-174.

Bäcker, Matthias (2015): Kriminalpräventionsrecht. Eine rechtsetzungsorientierte Studie zum Polizeirecht, zum Strafrecht und zum Strafverfahrensrecht. Tübingen.

Baier, Dirk (2015): Sicherheit und Kriminalität in Niedersachsen. Ergebnisse einer Repräsentativbefragung. KFN-Forschungsbericht Nr. 127. Hannover.

Baier, Dirk (2019): Kriminalitätsopfererfahrungen und Kriminalitätswahrnehmungen in der Schweiz. Ergebnisse einer Befragung, Zürich, https://doi.org/10.21256/zhaw-18193.

Baier, Dirk (2020): Migration und Kriminalität in der Schweiz. Befunde aus Hell- und Dunkelfeld, Zürich, https://doi.org/10.21256/zhaw-19988.

Baier, Dirk; Fleischer, Stephanie; Hanslmeier, Michael (2017): Entwicklung der Punitivität und ausgewählter Einflussfaktoren in der deutschen Bevölkerung in den Jahren 2004-2014. MschrKrim 100, 1-25.

Baier, Dirk; Kemme, Stefanie; Hanslmaier, Michael; Doering, Bettina; Rehbein, Bettina; Pfeiffer, Christian (2011): Kriminalitätsfurcht, Strafbedürfnisse und wahrgenommene Kriminalitätsentwicklung: Ergebnisse von bevölkerungsrepräsentativen Befragungen aus den Jahren 2004, 2006 und 2010. KFN-Forschungsbericht Nr. 117. Hannover.

Baier, Dirk; Kudlacek, Dominic (2019): Gewalt und ethnische Herkunft: Eine Analyse von Erklärungsfaktoren am Beispiel türkischer Jugendlicher. KrimOJ 1, 7-27.

Balvig, Flemming (1990): Weiss wie Schnee. Die verborgene Wirklichkeit der Kriminalität in der Schweiz. Bielefeld.

Bandura, Albert (1976a): Die Analyse von Modellierungsprozessen. In: *Bandura, Albert* (Hrsg.): Lernen am Modell. Ansätze zu einer sozial-kognitiven Lerntheorie. Stuttgart, 9-68.

Bandura, Albert (1976b): Verhaltenstheorie und die Modelle des Menschen. In: *Bandura, Albert* (Hrsg.): Lernen am Modell. Ansätze zu einer sozial-kognitiven Lerntheorie. Stuttgart, 205-229.

Barak, Gregg (2003): Revisionist History, Visionary Criminology, and Needs-Based Justice. Contemporary Justice Review 6, 217-225.

Baranauskas, Andrew J.; Drakulich, Kevin M. (2018): Media Construction of Crime Revisited: Media Types, Consumer Contexts, and Frames of Crime and Justice. Criminology 56, 679-714.

Barash, David P. (1980): Soziobiologie und Verhalten. Berlin/Hamburg.

Barczak, Tristan (2020a): Der nervöse Staat. Ausnahmezustand und Resilienz des Rechts in der Sicherheitsgesellschaft. Tübingen.

Barczak, Tristan (2020b): Vom Kreuzberg zum Breitscheidplatz. Gefährder statt Gefahrenabwehr in den neuen Polizeigesetzen. KrimJ 52, 97-110.

Bareinske, Christian (2004): Sanktion und Legalbewährung im Jugendstrafverfahren in Baden-Württemberg. Eine Analyse von jugendlichen Straftätern nach einer formellen bzw. informellen Erledigung des Verfahrens anhand der Freiburger Kohortenstudie. Freiburg.

Barskanmaz, Cengiz (2019): Recht und Rassismus. Das menschenrechtliche Verbot der Diskriminierung aufgrund der Rasse. Berlin, Heidelberg.

Basto-Pereira, Miguel; Farrington, David P. (2019): Advancing knowledge about lifelong crime sequences. The British Journal of Criminology 59, 354-377.

Baudelaire, Charles (1979): Die Blumen des Bösen. München.

Bauman, Zygmunt (2000): Liquid Modernity. Cambridge.

Bauman, Zygmunt (2008): Flüchtige Zeiten. Leben in der Ungewissheit. Hamburg.

Bauman, Zygmunt (2009): Leben als Konsum. Hamburg.

Bauman, Zygmunt; May, Tim (2019): Thinking Sociologically. 3. Aufl., Oxford.

Baumer, Eric P. (2010): Messner, Steven F., and Richard Rosenfeld: Institutional-Anomie Theory. In: *Cullen, Francis T.; Wilcox, Pamela* (Hrsg.): Encyclopedia of Criminological Theory. London.

Baur, Alexander (2020): Maschinen führen die Aufsicht. Offene Fragen der Kriminalprävention durch digitale Überwachungsagenten. ZIS 15, 275-284.

Baurmann, Michael C. (1996): Sexualität, Gewalt und psychische Folgen. 2. Aufl., Wiesbaden.

Baurmann, Michael C.; Schädler, Wolfram (1999): Das Opfer nach der Straftat – seine Erwartungen und Perspektiven. Redaktionell korrigierter Nachdruck. Wiesbaden.

Beck, Ulrich (2015): Risikogesellschaft. Auf dem Weg in eine andere Moderne. 22. Aufl., Frankfurt a. M.

Becker, Gary S. (1993): Der ökonomische Ansatz zur Erklärung menschlichen Verhaltens. 2. Aufl., Tübingen.

Becker, Howard S. (2019): Außenseiter. Zur Soziologie abweichenden Verhaltens. 3. Aufl. Wiesbaden.

Becker, Peter (2002): Verderbnis und Entartung. Eine Geschichte der Kriminologie des 19. Jahrhunderts als Diskurs und Praxis. Göttingen.

Beckett, Katherine (1997): Making Crime Pay. Law and Order in Contemporary American Politics. New York u. a.

Beckett, Katherine; Herbert, Steve (2008): Dealing with Disorder: Social Control in the Post-Industrial City. Theoretical Criminology 12, 5-30.

Beckett, Katherine; Western, Bruce (2001): Governing Social Marginality. In: *Garland, David* (Hrsg.): Mass Imprisonment: Social Causes and Consequences. London, 35-50.

Behr, Rafael (2019): Verdacht und Vorurteil. Die polizeiliche Konstruktion der „gefährlichen Fremden". In: *Howe, Christiane; Ostermeier, Lars* (Hrsg.): Polizei und Gesellschaft. Transdisziplinäre Perspektiven zu Methoden, Theorie und Empirie reflexiver Polizeiforschung. Wiesbaden, 17-45.

Belina, Bernd (2009): Broken Windows Redux: Stimmt's also doch? KrimJ 41, 58-62.

Belina, Bernd (2014): Wider den Essentialismus des Diskurses. Ein Kommentar zur ATKAP. KrimJ 46, 102-109.

Belina, Bernd; Wehrheim, Jan (2011): „Gefahrengebiete" – Durch die Abstraktion vom Sozialen zur Reproduktion gesellschaftlicher Strukturen. SozProb 22, 207-230.

Benkler, Yochai; Faris, Robert; Roberts, Hal (2018): Network Propaganda. Manipulation, Disinformation, and Radicalization in American Politics. New York.

Bentham, Jeremy (1789): An Introduction to the Principles of Morals and Legislation. London.

Berberich, Jana; Singelnstein, Tobias (2019): Die Informalisierung der strafprozessualen Verfahrenserledigung als Ausdruck einer ambivalenten Rekonfiguration strafrechtlicher Sozialkontrolle. KrimJ 51, 192-212.

Bergmann, Marie Christine; Kliem, Sören; Krieg, Yvonne; Beckmann, Laura (2019): Jugendliche in Niedersachsen. Ergebnisse des Niedersachsensurveys 2017. KFN Forschungsbericht Nr. 144. Hannover.

Bernard, Thomas J.; Snipes, Jeffrey B.; Gerould, Alexander L. (2016): Vold's Theoretical Criminology. 7. Aufl., New York/Oxford.

Besozzi, Claudio (1989): Amtliche Datensammlungen in der Strafrechtspflege. Die Situation in der Schweiz. In: *Jehle, Jörg-Martin* (Hrsg.): Datensammlungen und Akten in der Strafrechtspflege. Wiesbaden, 109-135.

Besozzi, Claudio (1998): Die (Un)Fähigkeit zur Veränderung. Eine qualitative Untersuchung über Rückfall und Bewährung von erstmals aus dem Strafvollzug Entlassenen. Bern.

Biberstein, Lorenz; Killias, Martin; Walser, Severin; Iadanza, Sandro; Pfammatter, Andrea (2016): Studie zur Kriminalität und Opfererfahrungen der Schweizer Bevölkerung. Analysen im Rahmen der schweizerischen Sicherheitsbefragung 2015. Lenzburg.

Bieri, Matthias (2015): Beständiger Aufstieg: Private Sicherheitsunternehmen in der Schweiz. In: *Nünlist, Christian; Thränert, Oliver* (Hrsg.): Bulletin 2015 zur schweizerischen Sicherheitspolitik. Zürich, 63-86.

Bilsky, Wolfgang; Wetzels, Peter; Mecklenburg, Eberhard; Pfeiffer, Christian (1995): Subjektive Wahrnehmung von Kriminalität und Opfererfahrung. In: *Kaiser, Günther; Jehle, Jörg-Martin* (Hrsg.): Kriminologische Opferforschung. Neue Perspektiven und Erkenntnisse. Teilband II: Verbrechensfurcht und Opferwerdung. Individualopfer und Verarbeitung von Opfererfahrungen. Heidelberg, 73-106.

Birkel, Christoph (2014): Hellfeld vs. Dunkelfeld: Probleme statistikbegleitender Dunkelfeldforschung am Beispiel der bundesweiten Opferbefragung im Rahmen des Verbundprojektes „Barometer Sicherheit in Deutschland" (BaSiD). In: *Eifler, Stefanie; Pollich, Daniela* (Hrsg.): Empirische Forschung über Kriminalität. Methodologische und methodische Grundlagen. Wiesbaden, 67-94.

Birkel, Christoph (2016): Opfer einer Straftat werden nur wenige und das Risiko variiert mit dem Lebensstil. Ergebnisse des Deutschen Viktimisierungssurvey 2012. Informationsdienst Soziale Indikatoren, Nr. 55, 11-16.

Birkel, Christoph; Church, Daniel; Hummelsheim-Doss, Dina; Leitgöb-Guzy, Nathalie; Oberwittler, Dietrich (2019): Der Deutsche Viktimisierungssurvey 2017. Opfererfahrungen, kriminalitätsbezogene Einstellungen sowie die Wahrnehmung von Unsicherheit und Kriminalität in Deutschland. Wiesbaden.

Birkel, Christoph; Guzy, Nathalie; Hummelsheim, Dina; Oberwittler, Dietrich; Pritsch, Julian (2014): Der Deutsche Viktimisierungssurvey 2012. Erste Ergebnisse zu Opfererfahrungen, Einstellungen gegenüber der Polizei und Kriminalitätsfurcht. Freiburg.

Birkel, Christoph; Oberwittler, Dietrich (2016): Eine Mehrebenenanalyse von Opfererlebnissen in Deutschland. In: *Birkel, Christoph; Hummelsheim-Doss, Diana; Leitgöb-Guzy, Nathalie; Oberwittler, Dietrich* (Hrsg.): Opfererfahrungen und kriminalitätsbezogene Einstellungen in Deutschland. Vertiefende Analysen des Deutschen Viktimisierungssurvey 2012 unter besonderer Berücksichtigung des räumlichen Kontextes. Wiesbaden, 95-136.

Black, Pamela (2014): Conflict Theories of Crime. In: *Albanese, Jay S.* (Hrsg.): The Encyclopedia of Criminology and Criminal Justice. Chichester.

Blackman, Shane J. (2014): Subculture Theory: An Historical and Contemporary Assessment of the Concept for Understanding Deviance. Deviant Behavior 35, 496-512.

Blankenburg, Erhard; Sessar, Klaus; Steffen, Wiebke (1978): Die Staatsanwaltschaft im Prozess strafrechtlicher Sozialkontrolle. Berlin.

Bliesener, Thomas (2018): Resilienz. Schutzfaktoren für delinquentes Handeln. In: *Hermann, Dieter; Pöge, Andreas* (Hrsg.): Kriminalsoziologie. Handbuch für Wissenschaft und Praxis. Baden-Baden, 263-276.

Bliesener, Thomas (2020): Beschädigte Seelen – Frühkindliche Sozialisations- und spätere Verhaltensstörungen. In: *Jehle, Jörg-Martin* (Hrsg.): Das sogenannte Böse. Das Verbrechen aus interdisziplinärer Perspektive. Baden-Baden, 149-174.

Bliesener, Thomas; Glaubitz, Christoffer; Riesner, Lars (2019): Kriminelle Auffälligkeit von Ausländern im Hellfeld – Ein Zwischenstand und ein Blick auf die Jugend. In: *Dessecker, Axel; Harrendorf, Stefan; Höffler, Katrin* (Hrsg.): Angewandte Kriminologie – Justizbezogene Forschung. 12. Kriminalwissenschaftliches Kolloquium und Symposium zu Ehren von Jörg-Martin Jehle, 22./23. Juni 2018. Göttingen, 139-164.

Blinkert, Baldo (2010): Unsicherheitsbefindlichkeit als „sozialer Tatbestand". Kriminalitätsfurcht und die Wahrnehmung von Sicherheit und Unsicherheit in Europa. MschrKrim 93, 106-125.

Bock, Michael (2019): Kriminologie. 5. Aufl., München.

Bode, Felix; Seidensticker, Kai (2021): Prädiktive Analysen im Kontext von Jugenddelinquenz. Herausforderungen und Risiken beim Einsatz algorithmischer Systeme. ZJJ 32, 5-12.

Boers, Klaus (1991): Kriminalitätsfurcht. Über den Entstehungszusammenhang und die Folgen eines sozialen Problems. Pfaffenweiler.

Boers, Klaus (1997): Vom möglichen Nutzen der Systemtheorie für die Kriminologie. Ein Versuch anhand der kriminologischen Längsschnittforschung. In: *Frehsee, Detlev; Löschper, Gabi; Smaus, Gerlinda* (Hrsg.): Konstruktion der Wirklichkeit durch Kriminalität und Strafe. Baden-Baden, 552-582.

Boers, Klaus (2001): Wirtschaftskriminologie. Vom Versuch, mit einem blinden Fleck umzugehen. MschrKrim 84, 335-356.

Boers, Klaus (2019): Delinquenz im Altersverlauf. Befunde der kriminologischen Verlaufsforschung. MschrKrim 102, 3-42.

Boers, Klaus; Herlth, Anna M. (2016): Delinquenzabbruch. Hauptaspekte des gegenwärtigen Forschungsstandes. MschrKrim 99, 101-122.

Boers, Klaus; Kurz, Peter (1997): Kriminalitätseinstellungen, soziale Milieus und sozialer Umbruch. In: *Boers, Klaus; Gutsche, Günter; Sessar, Klaus* (Hrsg.): Sozialer Umbruch und Kriminalität in Deutschland. Wiesbaden, 187-254.

Boers, Klaus; Reinecke, Jost; Bentrup, Christina; Daniel, Andreas; Kanz, Kristina-Maria; Schulte, Philipp; Seddig, Daniel; Theimann, Maike; Verneuer, Lena; Walburg, Christian (2014): Vom Jugend- zum frühen Erwachsenenalter. Delinquenzverläufe und Erklärungszusammenhänge in der Verlaufsstudie „Kriminalität in der modernen Stadt". MschrKrim 97, 183-202.

Boers, Klaus; Reineke, Jost; Bentrup, Christina; Kanz, Kristina; Kunadt, Susann; Mariotti, Luca; Pöge, Andreas; Pollich, Daniela; Seddig, Daniel; Walburg, Christian; Wittenberg, Jochen (2010): Jugendkriminalität – Altersverlauf und Erklärungszusammenhänge. Ergebnisse der Duisburger Verlaufsstudie Kriminalität in der modernen Stadt. NK 22, 58-66.

Boers, Klaus; Walburg, Christian; Reinecke, Jost (2006): Jugendkriminalität – Keine Zunahme im Dunkelfeld, kaum Unterschiede zwischen Einheimischen und Migranten. MschrKrim 89, 63-87.

Bohnsack, Ralf (2014): Rekonstruktive Sozialforschung: Einführung in qualitative Methoden. 9. Aufl., Opladen/Toronto.

Bommer, Felix; Deiters, Mark; Eser, Albin; Frister, Helmut; Gless, Sabine; Jahn, Matthias; Jung, Heike; Meier, Bernd-Dieter; Rengier, Rudolf; Roxin, Claus; Schmoller, Kurt; Schöch, Heinz; Stuckenberg, Carl-Friedrich; Verrel, Torsten; Weigend, Thomas (2019): Alternativ-Entwurf: Abgekürzte Strafverfahren im Rechtsstaat (AE-ASR). Entwurf eines Arbeitskreises deutscher, österreichischer und schweizerischer Strafrechtslehrer (Arbeitskreis AE). GA 166, 1-128.

Bondeson, Ulla V. (2005): Levels of Punitiveness in Scandinavia: Description and Explanations. In: *Pratt, John; Brown, David; Brown, Mark; Hallsworth, Simon; Morrison, Wayne* (Hrsg.): The New Punitiveness. Trends, Theories, Perspectives. Cullompton, 189-200.

Bonß, Wolfgang (1995): Vom Risiko. Unsicherheit und Ungewissheit in der Moderne. Hamburg.

Born, Sandra (2009): Kommunale Kriminalprävention in einer Großstadt – Mehr Prävention oder mehr Repression? Eine Risiko- und Potenzialanalyse kommunaler Präventionsstrukturen in Berlin. Berlin.

Braasch, Matthias (2007): Untherapierbare Straftäter im Maßregelvollzug – Zur Unzulässigkeit der zeitlichen Begrenzung von Behandlungsmaßnahmen. Forensische Psychiatrie, Psychologie, Kriminologie 1, 269-275.

Bradley, Trevor; Walters, Reece (2019): Introduction to Criminological Thought. Auckland.

Braithwaite, John (1989): Crime, Shame and Reintegration. Cambridge.

Braithwaite, John (1997): Charles Tittle's Control Balance and Criminological Theory. Theoretical Criminology 1, 77-97.

Braithwaite, John (2000): Survey Article. Repentance Rituals and Restorative Justice. The Journal of Political Philosophy 8, 115-131.

Braithwaite, John; Pettit, Philipp (1990): Not Just Deserts. A Republican Theory of Criminal Justice. Oxford.

Brannigan, Augustine (2015): Genocide and controlling the crimes of the powerful. In: *Barak, Gregg* (Hrsg.): The Routledge International Handbook of the Crimes of the Powerful. Abingdon/New York, 479-491.

Brisman, Avi; McClanahan, Bill; South, Nigel (2014): Toward a Green-Cultural Criminology of „the Rural". Crit Crim 22, 479-494.

Brisman, Avi; South, Nigel (2017): Green criminology. In: *Liebling, Alison; Maruna, Shadd; McAra, Lesley* (Hrsg.): The Oxford Handbook of Criminology. 6. Aufl., Oxford, 329-349.

Bröckling, Ulrich (2007): Das unternehmerische Selbst. Soziologie einer Subjektivierungsform. Frankfurt a. M.

Brosius, Hans-Bernd; Peter, Christina; Kümpel, Anna Sophie (2018): Medien und Gewalt. In: *Hermann, Dieter; Andreas, Pöge* (Hrsg.): Kriminalsoziologie. Handbuch für Wissenschaft und Praxis. Baden-Baden, 233-245.

Brown, Michelle (2009): The Culture of Punishment. Prison, Society, and Spectacle. New York/London.

Brown, Stephen E.; Esbensen, Finn-Aage; Geis, Gilbert (2019): Criminology: Explaining Crime and Its Context. 10. Aufl., New York/Abingdon.

Bruce-Jones, Eddie (2015): German policing at the intersection: race, gender, migrant status and mental health. Race & Class 56, 36-49.

Brunhöber, Beatrice (2018): Funktionswandel des Strafrechts in der Sicherheitsgesellschaft. In: *Puschke, Jens; Singelnstein, Tobias* (Hrsg.): Der Staat und die Sicherheitsgesellschaft. Wiesbaden, 193-215.

Bundesamt für Statistik (2003): Drogen und Strafrecht. Verzeigungen und Verurteilungen wegen Straftaten gegen das Betäubungsmittelgesetz, 1990-2001. Neuchâtel.

Bundesamt für Statistik (2010): Polizeiliche Kriminalstatistik. Jahresbericht 2009. Neuchâtel.

Bundesamt für Statistik (2016): Polizeiliche Kriminalstatistik. Jahresbericht 2015. Neuchâtel.

Bundesamt für Statistik (2019): Jugendliche: Verurteilungen für eine Übertretung, ein Vergehen oder ein Verbrechen nach Artikeln des Strafgesetzbuches (StGB), Schweiz und Kantone, 1999-2019. Neuchâtel, https://www.bfs.admin.ch/bfsstatic/dam/assets/13407246/master [31.03.2021].

Bundesamt für Statistik (2020): Erwachsene: Verurteilungen für ein Vergehen oder Verbrechen nach Artikeln des Strafgesetzbuches (StGB), Schweiz und Kantone, 1984-2019. Neuchâtel, https://www.bfs.admin.ch/bfsstatic/dam/assets/13407155/master [31.03.2021].

Bundesamt für Statistik (2020): Erwachsene: Verurteilungen für ein Verbrechen oder Vergehen, nach Art und Dauer der Hauptstrafe, Schweiz und Kantone (CH), 1984-2019. Neuchâtel, https://www.bfs.admin.ch/bfsstatic/dam/assets/13407304/master [31.03.2021].

Bundesamt für Statistik (2020): Erwachsene: Wiederverurteilung innerhalb von drei Jahren nach einem 2015 erfolgten Referenzurteil, nach unterschiedlichen Ausprägungen des Rückfalls. Neuchâtel, https://www.bfs.admin.ch/bfsstatic/dam/assets/13407136/master [31.03.2021].

Bundesamt für Statistik (2020): Erwachsene: Wiederverurteilung innerhalb von drei Jahren nach einem 2015 erfolgten Referenzurteil, nach Merkmalen der Ausgangsbevölkerung. Neuchâtel, https://www.bfs.admin.ch/bfsstatic/dam/assets/13407132/master [31.03.2021].

Bundesamt für Statistik (2020): Freiheitsentzug, Insassenbestand am Stichtag 2020. Neuchâtel, https://www.bfs.admin.ch/bfsstatic/dam/assets/12667341/master [31.03.2021].

Bundesamt für Statistik (2020): Polizeiliche Kriminalstatistik (PKS). Jahresbericht 2019 der polizeilich registrierten Straftaten. Neuchâtel.

Bundesamt für Statistik (2020): Rückfall innerhalb von drei Jahren nach einer Entlassung 2014 für ein Verbrechen oder ein Vergehen, nach demografischen Merkmalen und Anzahl Vorstrafen. Neuchâtel, https://www.bfs.admin.ch/bfsstatic/dam/assets/14817522/master [31.03.2021].

Bundesamt für Statistik (2020): Ständige Wohnbevölkerung nach Staatsangehörigkeitskategorie, Geschlecht und Gemeinde, am 31.12.2019. Neuchâtel, https://www.bfs.admin.ch/bfsstatic/dam/assets/13707251/master [31.03.2021].

Bundesamt für Statistik (2020): Straf- und Massnahmenvollzug: Einweisungen, mittlerer Bestand, Aufenthaltstage (CH) 2019. Neuchâtel, https://www.bfs.admin.ch/bfsstatic/dam/assets/14817456/master [31.03.2021].

Bundesamt für Statistik (2020): Straf- und Massnahmenvollzug: Entlassungsart und Aufenthaltsdauer (CH) 2019. Neuchâtel, https://www.bfs.admin.ch/bfsstatic/dam/assets/14817493/master [31.03.2021].

Bundesamt für Statistik (2020): Verurteilungszahlen für Erwachsene und Jugendliche 2018-2019. Neuchâtel, https://www.bfs.admin.ch/bfs/de/home/statistiken/kriminalitaet-strafrecht/strafjustiz/jugend-erwachsenenurteile.html [31.03.2021].

Bundesamt für Statistik (2021): Entschädigungs- und Genugtuungsfälle nach Kanton und Leistungen, 2020. Neuchâtel, https://www.bfs.admin.ch/bfsstatic/dam/assets/17364827/master [19.06.2021].

Bundesamt für Statistik (2021): Hauptsanktion, Massnahmen und Untersuchungshaft 2019-2020. Neuchâtel, https://www.bfs.admin.ch/bfs/de/home/statistiken/kriminalitaet-strafrecht/strafjustiz/erwachsenensanktionen.html [19.06.2021].

Bundesamt für Statistik (2021): Opferberatungen nach Leistungen 2020. Neuchâtel, https://www.bfs.admin.ch/bfsstatic/dam/assets/17364786/master [19.06.2021].

Bundesamt für Statistik (2021): Polizeiliche Kriminalstatistik (PKS). Jahresbericht 2020 der polizeilich registrierten Straftaten. Neuchâtel.

Bundeskriminalamt (2016): Polizeiliche Kriminalstatistik, Bundesrepublik Deutschland. Jahrbuch 2015. Berlin.

Bundeskriminalamt (2020): Polizeiliche Kriminalstatistik, Bundesrepublik Deutschland. Jahrbuch 2019. Band 2. Opfer. Wiesbaden.

Bundeskriminalamt (2020): Polizeiliche Kriminalstatistik, Bundesrepublik Deutschland. Jahrbuch 2019. Band 3. Tatverdächtige. Wiesbaden.

Bundeskriminalamt (2021): Polizeiliche Kriminalstatistik, Bundesrepublik Deutschland. PKS-Tabellen. PKS 2020 Falltabellen: T01 Grundtabelle (V1.0). Wiesbaden.

Bundeskriminalamt (2021): Polizeiliche Kriminalstatistik, Bundesrepublik Deutschland. PKS-Tabellen. PKS 2020 Falltabellen: T07 Aufgliederung der Straftaten nach Schadenshöhe – nur für Delikte mit Schadenserfassung (V1.0). Wiesbaden.

Bundeskriminalamt (2021): Polizeiliche Kriminalstatistik, Bundesrepublik Deutschland. Übersicht Summenschlüssel 2020. Wiesbaden.

Bundeskriminalamt (2021): Polizeiliche Kriminalstatistik, Bundesrepublik Deutschland. PKS-Tabellen. PKS 2020 Zeitreihen: T01 Grundtabelle – Fälle ab 1987 (V1.0). Wiesbaden.

Bundeskriminalamt (2021): Polizeiliche Kriminalstatistik, Bundesrepublik Deutschland. PKS-Tabellen. PKS 2020 Zeitreihen: T40 Tatverdächtigenbelastungszahlen der deutschen Wohnbevölkerung ab 8 Jahren nach Alter. Wiesbaden.

Bundeskriminalamt (2021): Polizeiliche Kriminalstatistik, Bundesrepublik Deutschland. PKS-Tabellen. PKS 2020 Zeitreihen: T91 Opfergefährdungszahlen– Straftaten insgesamt ab 2000 (V1.0). Wiesbaden.

Bundesministerium des Innern; Bundesministerium der Justiz (2001): Erster Periodischer Sicherheitsbericht. Berlin.

Bundesministerium des Innern; Bundesministerium der Justiz (2006): Zweiter Periodischer Sicherheitsbericht. Berlin.

Bundesministerium des Innern, für Bau und Heimat (2021): Polizeiliche Kriminalstatistik. Ausgewählte Zahlen im Überblick. IMK-Bericht 2020. Berlin.

Bundesministerium für Inneres (2014): Sicherheitsbericht 2014. Kriminalität – Vorbeugung und Bekämpfung. Österreich.

Bundesministerium für Inneres (2020): Sicherheitsbericht 2019. Kriminalität – Vorbeugung und Bekämpfung. Österreich.

Bundesministerium für Inneres (2020): Sicherheitsbericht 2019. Kriminalität – Vorbeugung und Bekämpfung (Anhang). Österreich.

Bundesministerium für Inneres (2020): Sicherheitsbericht 2019. Kriminalitätsbericht. Statistik und Analyse. Österreich.

Bundesministerium für Inneres; Bundeskriminalamt (2020): Polizeiliche Kriminalstatistik 2019. Die Entwicklung der Kriminalität in Österreich. Österreich.

Bundesministerium für Justiz (1996): Sicherheitsbericht 1996. Österreich.

Bundesministerium für Justiz (2014): Sicherheitsbericht 2014. Bericht über die Tätigkeit der Strafjustiz. Österreich.

Bundesministerium für Justiz (2020): Sicherheitsbericht 2019. Bericht über die Tätigkeit der Strafjustiz. Österreich.

Burghardt, Boris (2019): Informalisierung der Strafjustiz – Begriff, Begründung und Kritik. KrimJ 51, 172-191.

Burkhardt, Sven; Graebsch, Christine (2008): Völkerstrafrechtlicher Umgang mit Makrokriminalität. In: *Prittwitz, Cornelius; Böllinger, Lorenz; Jasch, Michael; Krasmann, Susanne; Peters, Helge; Reinke, Herbert; Rzepka, Dorothea; Schumann, Karl F.* (Hrsg.): Kriminalität der Mächtigen. Baden-Baden, 212-235.

Burman, Michele; Gelsthorpe, Lorraine (2017): Feminist criminology: inequalities, powerlessness, and justice. In: *Liebling, Alison; Maruna, Shadd; McAra, Lesley* (Hrsg.): The Oxford Handbook of Criminology. 6. Aufl., Oxford, 213-238.

Burt, Callie H.; Sweeten, Gary; Simons, Ronald L. (2014): Self-Control through Emerging Adulthood: Instability, Multidimensionality, and Criminological Significance. Criminology 52, 450-487.
Burt, Callie; Simons, Ronald (2014): Pulling Back the Curtain on Heritability Studies: Biosocial Criminology in the Postgenomic Era. Criminology 52, 223-262.
Busch, Hans-Joachim (2006): Das Unbehagen in der Spätmoderne. Zur gegenwärtigen Lage des Subjekts aus der Sicht einer psychoanalytischen Sozialpsychologie. In: *Keupp, Heiner; Hohl, Joachim* (Hrsg.): Subjektdiskurse im gesellschaftlichen Wandel. Zur Theorie des Subjekts in der Spätmoderne. Bielefeld, 205-226.
Bussmann, Kai-D. (2016): Wirtschaftskriminologie I. Grundlagen – Markt- und Alltagskriminalität. München.
Bussmann, Kai-D. (2018): Wirtschaftskriminalität. In: *Hermann, Dieter; Pöge, Andreas* (Hrsg.): Kriminalsoziologie. Handbuch für Wissenschaft und Praxis. 1, Baden-Baden, 337-356.
Bussmann, Kai-D.; Kreissl, Reinhard (Hrsg.) (1996): Kritische Kriminologie in der Diskussion. Theorien, Analysen, Positionen. Opladen.
Butterwegge, Christoph (2018): Krise und Zukunft des Sozialstaates. 6. Aufl., Wiesbaden.
California Department of Corrections and Rehabilitation (2020): Offender Data Points. Offender Demographics for the 24-Month Period Ending June 2019. Sacramento.
Carlsson, Christoffer (2012): Using 'Turning Points' to Understand Processes of Change in Offending: Notes from a Swedish Study on Life Courses and Crime. The British Journal of Criminology 52, 1-16.
Carrington, Kerry (2018): Feminist Criminologies. In: *Carlen, Pat; França, Leandro Ayres* (Hrsg.): Alternative Criminologies. Abingdon/New York, 110-124.
Caspi, Avshalom; McClay, Joseph; Moffitt, Terrie E.; Mill, Jonathan; Martin, Judy; Craig, Ian W.; Taylor, Alan; Poulton, Richie (2002): Role of Genotype in the Cycle of Violence in Maltreated Children. Science 297, 851-854.
Castel, Robert (2005): Die Stärkung des Sozialen. Leben im neuen Wohlfahrtsstaat. Hamburg.
Cavadino, Michael; Dignan, James (2006): Penal Systems. A Comparative Approach. London/Thousand Oaks/New Delhi.
Ceccato, Vânia; Oberwittler, Dietrich (2008): Comparing spatial patterns of robbery: Evidence from a Western and an Eastern European city. Cities 25, Nr. 4, 185-196.
Cerezo, Ana (2013): CCTV and crime displacement: A quasi-experimental evaluation. European Journal of Criminology 10, 222-236.
Chambliss, William J. (1989): State-Oragnized Crime – The American Society of Criminology, 1988 Presidential Address. Criminology 27, 183-208.
Chambliss, William J.; Seidman, Robert B. (1971): Law, order, and power. Boston.
Chen, Elsa Y. (2008): The Liberation Hypothesis and Racial and Ethnic Disparities in the Application of California's Three Strikes Law. Journal of Ethnicity in Criminal Justice 6, 83-102.
Christiansen, Karl O. (1977a): A Preliminary Study of Criminality among Twins. In: *Mednick, Sarnoff A.; Christiansen, Karl O.* (Hrsg.): Biosocial Bases of Criminal Behaviour. New York u. a., 89-108.
Christiansen, Karl O. (1977b): A Review of Studies of Criminality among Twins. In: *Mednick, Sarnoff A.; Christiansen, Karl O.* (Hrsg.): Biosocial Bases of Criminal Behaviour. New York u. a., 45-88.
Christie, Nils (1986): Grenzen des Leids. Bielefeld.
Christie, Nils (2004): A Suitable Amount of Crime. Abingdon/New York.
Christie, Nils (2005): Wieviel Kriminalität braucht die Gesellschaft? München.
Cicourel, Aaron V. (1974): Methode und Messung in der Soziologie. Frankfurt a. M.
Clarke, Ronald V. (1997): Situational Crime Prevention. 2. Aufl., New York.
Clarke, Ronald V. (2012): Opportunity makes the thief. Really? And so what? Crime Science 1, 1-9.
Claster, Daniel S. (1992): Bad Guys and Good Guys. Moral Polarization and Crime. Westport/London.
Cleckley, Hervey (1988): The Mask of Sanity: An Attempt to Clarify Some Issues About the So-Called Psychopathic Personality. 5. Aufl., Augusta.
Clinard, Marshall B. (1978): Cities with Little Crime. The Case of Switzerland. London u. a.
Cloward, Richard A. (1968): Illegitime Mittel, Anomie und abweichendes Verhalten. In: *Sack, Fritz; König, René* (Hrsg.): Kriminalsoziologie. Frankfurt a. M., 314-338.
Cloward, Richard A.; Ohlin, Lloyd E. (1960): Delinquency and Opportunity: A Theory of Delinquent Gangs. New York.

Cochran, Joshua C.; Mears, Daniel P.; Bales, William D. (2014): Assessing the Effectiveness of Correctional Sanctions. Journal of Quantitative Criminology 30, 317-347.
Cohen, Albert K. (1961): Kriminelle Jugend. Zur Soziologie des Bandenwesens. Reinbek.
Cohen, Albert K. (1968): Mehr-Faktoren-Ansätze. In: *Sack, Fritz; König, René* (Hrsg.): Kriminalsoziologie. Frankfurt a. M., 219-225.
Cohen, Albert K.; Short, James F. Jr. (1968): Zur Erforschung delinquenter Subkulturen. In: *Sack, Fritz; König, René* (Hrsg.): Kriminalsoziologie. Frankfurt a. M., 372-394.
Cohen, Lawrence E.; Felson, Marcus (1979): Social Change and Crime Rate Trends: A Routine Activity Approach. ASR 44, 588-608.
Cohen, Stanley (1988): Against Criminology. New Brunswick/Oxford.
Cohen, Stanley (2016): Zur Soziologie von Moralpaniken (1972). In: *Klimke, Daniela; Legnaro, Aldo* (Hrsg.): Kriminologische Grundlagentexte. Wiesbaden, 89-104.
Comte, Auguste (1975): Philosophie première, cours de philosophie positive, leçons 1 à 45. Paris.
Connell, R. W.; Messerschmidt, James W. (2005): Hegemonic Masculinity: Rethinking the Concept. Gender and Society 19, Nr. 6, 829-859.
Coomber, Ross; Donnermeyer, Joseph F.; McElrath, Karen; Scott, John (2014): Key Concepts in Crime and Society. London.
Corda, Alessandro; Lageson, Sarah E (2020): Disordered Punishment: Workaround Technologies of Criminal Records Disclosure and the Rise of a New Penal Entrepreneurialism. The British Journal of Criminology 60, 245-264.
Cornel, Heinz (1994): Die Gefährlichkeit von Gefährlichkeits-Prognosen. NK 6, 21-25.
Cornel, Heinz (2013): Wird häufiger, härter und länger gestraft? Aktuelle kriminalpolitische Entwicklungen in Deutschland. Theorie und Praxis der sozialen Arbeit 64, 409-422.
Cornish, Derek B.; Clarke, Ronald V. (Hrsg.) (1986): The Reasoning Criminal. Rational Choice Perspectives on Offending. New York u. a.
Crasmöller, Bernhard (1996): Wirkungen strafrechtlicher Sozialkontrolle jugendlicher Kriminalität. Pfaffenweiler.
Cremer-Schäfer, Helga (2015): Über Verbrechen & Strafe und Verdinglichung & Wissenschaft. Argumente für die Partizipation von reflexiver Kritik und Abolitionismus in Theorie-Diskussionen. KrimJ 47, 209-224.
Crenshaw, Kimberle (1989): Demarginalizing the Intersection of Race and Sex: A Black Feminist Critique of Antidiscrimination Doctrine, Feminist Theory and Antiracist Politics. University of Chicago Legal Forum, 139-168.
Crenshaw, Kimberle (1991): Mapping the Margins: Intersectionality, Identity Politics, and Violence against Women of Color. Stanford Law Review 43, Nr. 6, 1241-1299,°10.2307/1229039.
Crews, Angela D. (2009): Biological Theory. In: *Miller, J. Mitchell* (Hrsg.): 21st Century Criminology. A Reference Handbook, Band 1. Thousand Oaks, 184-200.
Cullen, Francis T. (1994): Social Support as an Organizing Concept for Criminology. Presidential Address to the Academy of Criminal Justice Sciences. Justice Quarterly 11, 527-559.
Cullen, Francis T.; Smith, Paula (2011): Treatment and Rehabilitation. In: *Tonry, Michael* (Hrsg.): The Oxford Handbook of Crime and Criminal Justice. New York, 156-178.
Daly, Kathleen; Chesney-Lind, Meda (1988): Feminism and Criminology. Justice Quarterly 5, 497-538,°10.1080/07418828800089871.
Davidson, Howard (1986): Community Control without State Control. Issues Surrounding a Feminist and Prison Abolitionist Approach to Violence Against Women. In: *Bianchi, Herman; van Swaaningen, René* (Hrsg.): Abolitionism: Towards a Non-Repressive Approach to Crime. Amsterdam, 133-147.
Davies, Pamela (2013): Victims. In: *Hale, Chris; Hayward, Keith; Walhidin, Azrini; Wincup, Emma* (Hrsg.): Criminology. 3. Aufl., Oxford, 453-473.
Debuyst, Christian; Digneffe, Françoise; Labadie, Jean-Michel; Pires, Alvaro P. (2008): Histoire des savoirs sur le crime et la peine. Tome 1: Des savoirs diffus à la notion de crimi- nel-né. Bruxelles.
Deimling, Gerhard (1989): Der gesellschaftskritische Ansatz des Präventionsgedankens im Werk Beccarias. In: *Deimling, Gerhard* (Hrsg.): Cesare Beccaria. Die Anfänge moderner Strafrechtspflege in Europa. Heidelberg, 165-178.

Demirović, Alex (2008): Liberale Freiheit und das Sicherheitsdispositiv. In: *Purtschert, Patricia; Meyer, Katrin; Winter, Yves* (Hrsg.): Gouvernementalität und Sicherheit. Zeitdiagnostische Beiträge im Anschluss an Foucault. Bielefeld, 229-250.

Derin, Benjamin; Singelnstein, Tobias (2019): Amtliche Kriminalstatistiken als Datenbasis in der empirischen Polizeiforschung. In: *Howe, Christiane; Ostermeier, Lars* (Hrsg.): Polizei und Gesellschaft. Transdisziplinäre Perspektiven zu Methoden, Theorie und Empirie reflexiver Polizeiforschung. Wiesbaden, 207-230.

Desoi, Monika (2018): Intelligente Videoüberwachung. Rechtliche Bewertung und rechtsgemäße Gestaltung. Wiesbaden.

Diekmann, Andreas (2020): Empirische Sozialforschung. Grundlagen, Methoden, Anwendungen. 13. Aufl., Reinbek.

Dilling, Horst; Mombour, Werner; Schmidt, Martin H. (Hrsg.) (2015): Internationale Klassifikation psychischer Störungen: ICD-10, Kapitel V (F). Klinisch-diagnostische Leitlinien. 10. Aufl., Bern.

Dittmann, Jörg (2005): Wandel in den Kriminalitätseinstellungen der Bundesbürger – eine Zeitreihenanalyse anhand allgemeiner Bevölkerungsumfragen. NK 17, 64-70.

Dittmann, Jörg (2013): Wahrnehmung und Bewertung der öffentlichen Sicherheit. In: *Statistisches Bundesamt, Wissenschaftszentrum Berlin für Sozialforschung* (Hrsg.): Datenreport 2013. Bonn, 299-304.

Dittmann, Jörg; Wernitznig, Beate (2003): Strafverfolgung und Sanktionierung bei deutschen und ausländischen Jugendlichen und Heranwachsenden. Eine Untersuchung am Beispiel des Einbruchdiebstahls. MschrKrim 86, 195-205.

Dittmann, Volker (1999): Kriterien zur Beurteilung des Rückfallrisikos besonders gefährlicher Straftäter. Arbeitsinstrument der Fachkommissionen des Strafvollzugskonkordats der Nordwest- und Innerschweiz. Basel.

Dölling, Dieter (1983): Strafeinschätzungen und Delinquenz bei Jugendlichen und Heranwachsenden. Ein Beitrag zur empirischen Analyse der generalpräventiven Wirkungen der Strafe. In: *Kerner, Hans-Jürgen; Kury, Helmut; Sessar, Klaus* (Hrsg.): Deutsche Forschungen zur Kriminalitätsentstehung und Kriminalitätskontrolle. Köln u. a., 51-85.

Dölling, Dieter (1990): Generalprävention durch Strafrecht: Realität oder Illusion? ZStW 102, 1-20.

Dölling, Dieter (1992): Die Weiterentwicklung der Sanktionen ohne Freiheitsentzug im deutschen Strafrecht. ZStW 104, 259-289.

Dölling, Dieter (Hrsg.) (1995): Die Täter-Individualprognose. Beiträge zu Stand, Problemen und Perspektiven der kriminologischen Prognoseforschung. Heidelberg.

Dölling, Dieter (2012): Menschenbilder in der Kriminologie. In: *Hilgert, Markus; Wink, Michael* (Hrsg.): Menschen-Bilder. Darstellung des Humanen in der Wissenschaft. Berlin/Heidelberg, 281-289.

Dölling, Dieter; Entorf, Horst; Hermann, Dieter; Rupp, Thomas (2009): Is Deterence Effective? Results of a Meta-Analysis of Punishment. European Journal on Criminal Policy and Research 15, 201-224.

Dollinger, Bernd (2018): Populistische Kriminalpolitik? Neuere Entwicklungen des politischen Umgangs mit Jugendkriminalität. ZJJ 29, 213-219.

Dollinger, Bernd (2021): Mit Risikofaktoren die Zukunft bearbeiten? Ein (neuerlicher) Aufruf zur Vorsicht. ZJJ 32, 13-20.

Dollinger, Bernd; Rudolph, Matthias; Schmidt-Semisch, Henning; Urban, Monika (2014): Konturen einer Allgemeinen Theorie der Kriminalität als kulturelle Praxis (ATKAP). Poststrukturalistische Perspektiven. KrimJ 46, 67-88.

Dollinger, Bernd; Schmidt, Holger (2020): Narrative Kriminologie? Eine kritische Reflexion neuerer narrativer Positionen der Kriminologie. KrimJ 52, 280-294.

Domenig, Claudio (2008): Restorative Justice und integrative Symbolik. Möglichkeiten eines integrativen Umgangs mit Kriminalität und die Bedeutung von Symbolik in dessen Umsetzung. Bern/Stuttgart/Wien.

Dostojewskij, Fjodor (1994): Verbrechen und Strafe. Zürich.

Downes, David; Hansen, Kristine (2006): Welfare and Punishment in Comparative Perspective. In: *Armstrong, Sarah; McAra, Lesley* (Hrsg.): Perspectives on Punishment. Oxford, 133-154.

Dreißigacker, Arne (2016): Befragung zu Sicherheit und Kriminalität. Kernbefunde der Dunkelfeldstudie 2015 des Landeskriminalamtes Schleswig-Holstein. KFN-Forschungsbericht Nr. 129. Hannover.

Dreißigacker, Arne (2017): Befragung zu Sicherheit und Kriminalität. Kernbefunde der Dunkelfeldstudie 2017 des Landeskriminalamtes Schleswig-Holstein. KFN-Forschungsbericht Nr. 135. Hannover.

Dreißigacker, Arne; Riesner, Lars (2018): Private Internetnutzung und Erfahrung mit computerbezogener Kriminalität. Ergebnisse der Dunkelfeldstudien des Landeskriminalamtes Schleswig-Holstein 2015 und 2017. KFN-Forschungsbericht Nr. 139. Hannover.

Dreißigacker, Arne; Wollinger, Gina Rosa; Blauert, Katharina; Schmitt, Anuschka; Bartsch, Tillmann; Baier, Dirk (2016): Wohnungseinbruch: Polizeiliche Ermittlungspraxis und justizielle Entscheidungen im Erkenntnisverfahren. KFN-Forschungsbericht Nr. 130.

Dremliuga, Roman I. (2014): Subculture of Hackers in Russia. Asian Social Science 10, 158-162.

Drenkhahn, Kirstin (2012): Entwicklung der Gefangenenzahlen im Erwachsenenstrafvollzug in Deutschland. Forum Strafvollzug 61, 319-324.

Drenkhahn, Kirstin; Habermann, Julia; Huthmann, Lukas; Jobard, Fabien; Laumond, Bénédicte; Michel, Matthias; Nickels, Johanna; Singelnstein, Tobias; Zum-Bruch, Elena (2020): Zum Stand der Punitivitätsforschung in Deutschland und darüber hinaus. KriPoZ, 104-107.

Dübgen, Franziska (2017): Strafe als Herrschaftsmechanismus. Zum Gefängnis als Ort der Reproduktion gesellschaftlicher Machtverhältnisse. KJ 50, 141-152.

Dunaway, R. Greogory; Cullen, Francis T.; Burton, Velmer S.; Evans, T. David (2000): The Myth of Social Class and Crime Revisited: An Examination of Class and Adult Criminality. Criminology 38, 589-632.

Dünkel, Frieder (1993): Untersuchungshaft: Alarmierender Anstieg. NK 5, 9-10.

Dünkel, Frieder (2003): Sicherheit als Vollzugsziel? NK 15, 8-9.

Dünkel, Frieder (2018): Strafvollzug. In: *Hermann, Dieter; Pöge, Andreas* (Hrsg.): Kriminalsoziologie. Handbuch für Wissenschaft und Praxis. Baden-Baden, 399-438.

Dünkel, Frieder; Geng, Bernd (1993): Zur Rückfälligkeit von Karrieretätern nach unterschiedlichen Strafvollzugs- und Entlassungsformen. In: *Kaiser, Günther; Kury, Helmut* (Hrsg.): Kriminologische Forschung in den 90er Jahren. Teilband 1. Freiburg, 193-257.

Durkheim, Émile (1968): Kriminalität als normales Phänomen. In: *Sack, Fritz; König, René* (Hrsg.): Kriminalsoziologie. Frankfurt a. M., 3-8.

Durkheim, Émile (1977): Über die Teilung der sozialen Arbeit. Frankfurt a. M.

Edelhoch, Marilyn J. (1980): The Biosociology of Criminal Action. Florida.

Edelman, Murray (2005): Politik als Ritual: Die symbolische Funktion staatlicher Institution und politischen Handels. 3. Aufl., Frankfurt a. M.

Egbert, Simon (2020): Datafizierte Polizeiarbeit – (Wissens-)Praktische Implikationen und rechtliche Herausforderungen. In: *Hunold, Daniela; Ruch, Andreas* (Hrsg.): Polizeiarbeit zwischen Praxishandeln und Rechtsordnung. Empirische Polizeiforschungen zur polizeipraktischen Ausgestaltung des Rechts. Wiesbaden, 77-100.

Egbert, Simon; Krasmann, Susanne (2019): Predictive Policing. Eine ethnographische Studie neuer Technologien zur Vorhersage von Straftaten und ihre Folgen für die polizeiliche Praxis. Projektabschlussbericht, Hamburg, https://www.wiso.uni-hamburg.de/fachbereich-sowi/professuren/hentschel/forschung/predictive-policing/egbert-krasmann-2019-predictive-policing-projektabschlussbericht.pdf.

Ehrlich, Isaac (1996): Crime, Punishment, and the Market for Offenses. Journal of Economic Perspectives 10, 43-67.

Ehrlich, Isaac; Zhiqiang, Liu (Hrsg.) (2006): The Economics of Crime. Cheltenham.

Ehrmann, Jeanette; Thompson, Vanessa E. (2019): Abolitionistische Demokratie: Intersektionale Konzepte und Praktiken der Strafkritik. In: *Mahlzahn, Rehzi* (Hrsg.): Strafe und Gefängnis. Theorie, Kritik, Alternativen. Stuttgart, 161-181.

Eifler, Stefanie (2002): Kriminalsoziologie. Bielefeld.

Eifler, Stefanie; Leitgöb, Heinz (2018): Handlungstheoretische Ansätze zur Erklärung von Kriminalität. Eine Darstellung aus der Perspektive der analytischen Soziologie. In: *Hermann, Dieter; Pöge, Andreas* (Hrsg.): Kriminalsoziologie. Handbuch für Wissenschaft und Praxis. Baden-Baden, 11-37.

Eisenberg, Ulrich (1980): Kriminologisch bedeutsames Verhalten von Staatsführungen und ihren Organen. MschrKrim 63, 217-231.

Eisenberg, Ulrich (2017): Beweisrecht der StPO. 10. Aufl., München.

Eisenberg, Ulrich; Conen, Stefan (1998): § 152 II StPO: Legalitätsprinzip im gerichtsfreien Raum? NJW 51, 2241-2249.

Eisenberg, Ulrich; Kölbel, Ralf (2017): Kriminologie. 7. Aufl., Tübingen.
Eisner, Manuel (1995): The Effects of Economic Structures and Phases of Development on Crime. In: *European Committee on Crime Problems* (Hrsg.): Crime and economy. Proceedings. Reports Presented to the 11th Criminological Colloquium. Strasbourg, 13-51.
Eisner, Manuel (2000): Die Expansion privater Sicherheitsdienste. Kriminologisches Bulletin 26, Nr. 2, 7-20.
Elonheimo, Henrik (2014): Evidence for the crime drop: survey findings from two Finnish cities between 1992 and 2013. Journal of Scandinavian Studies in Criminology and Crime Prevention 15, 209-217.
Endres, Johan; Schwanengel, Florian M. (2019): Anmerkungen zur deutschsprachigen Adaption der Psychopathy Checklist-Revised (PCL-R). Forensische Psychiatrie, Psychologie, Kriminologie 13, 81-91.
Endres, Johan; Stemmler, Mark (2021): Risikoorientierung und Risikobeurteilung in der Kriminalprävention. ZJJ 32, 32-39.
Enghofer, Sebastian; Müller, Daniel; Parrino, Alessandro (2020): Wie Cyberterrorismus stattfindet – und warum wir ihn nicht sehen. In: *Rüdiger, Thomas-Gabriel; Bayerl, Petra S.* (Hrsg.): Cyberkriminologie. Kriminologie für das digitale Zeitalter. Wiesbaden, 217-239.
Enzmann, Dirk (2015): Anzeigeverhalten und polizeiliche Registrierungspraxis. In: *Guzy, Nathalie; Birkel, Christoph; Mischkowitz, Robert* (Hrsg.): Viktimisierungsbefragungen in Deutschland. Band 1. Ziele, Nutzen und Forschungsstand. Wiesbaden, 511-541.
Enzmann, Dirk; Kivivuori, Janne; Marshall, Ineke Haen; Steketee, Majone; Hough, Mike; Killias, Martin (2018): A Global Perspective on Young People as Offenders and Victims. First Results from the ISRD3 Study. Cham.
Eser, Albin; Hecker, Bernd (2014): Einführung. In: *Eser, Albin* (Hrsg.): Schönke/Schröder. Strafgesetzbuch. 29. Aufl., München, 1-12.
European Institute for Gender Equality (2017): Gender Equality Index 2017. Measurement framework of violence against women. Vilnius.
European Union Agency for Fundamental Rights (2010): European Union Minorities and Discrimination Survey. Main Results Report. Luxembourg.
European Union Agency for Fundamental Rights (2015): Violence against women: an EU-wide survey. Main results. Luxemburg.
European Union Agency for Fundamental Rights (2017): Second European Union Minorities and Discrimination Survey. Main results. Luxembourg.
European Union Agency for Fundamental Rights (2021): Crime, Safety and Victims' Rights. Fundamental Rights Survey. Luxemburg.
Eurostat (2015): Crimes recorded by the police by offence category, https://appsso.eurostat.ec.europa.eu/nui/show.do?dataset=crim_gen&lang=en [31.03.2021].
Eurostat (2021): Personal in der Strafjustiz nach Geschlecht – Anzahl und Quote für die jeweilige Geschlechtsgruppe, https://appsso.eurostat.ec.europa.eu/nui/show.do?dataset=crim_just_job&lang=en [31.03.2021].
Fabricius, Dirk (2015): Allgemeine Theorie des Verbrechens? MschrKrim 98, 116-133.
Falkai, Peter; Wittchen, Hans-Ulrich (2015): Diagnostische Kriterien DSM-5. Deutsche Ausgabe. Göttingen.
Farall, Stephen; Bannister, Jon; Ditton, Jason; Gilchrist, Elizabeth (1997): Questioning the Measurement of the „fear of crime". Findings from a Major Methodological Study. The British Journal of Criminology 37, 658-679.
Farrington, David P.; Loeber, Rolf; Ttofi, Maria M. (2012): Risk and Protective Factors for Offending. In: *Welsh, Brandon C.; Farrington, David P.* (Hrsg.): The Oxford Handbook of Crime Prevention. Oxford, 46-69.
Farrington, David P.; Ohlin, Lloyd E.; Wilson, James Q. (1986): Understanding and Controlling Crime: Toward a New Research Strategy. New York.
Farrington, David P.; Piquero, Alex R.; Jennings, Wesley G. (2013): Offending from Childhood to Late Middle Age: Recent Results from the Cambridge Study in Delinquent Development. New York.
Fattah, Ezzat A. (1989): Victims and Victimology: The Facts and the Rhetoric. International Review of Victimology 1, 43-66.
Fattah, Ezzat A. (1991): Understanding Criminal Victimization. An Introduction to Theoretical Victimology. Scarborough.
Fattah, Ezzat A. (1997): Criminology. Past, Present and future. A Critical Overview. London.

Fazel, Seena; Danesh, John (2002): Serious mental disorder in 23 000 prisoners: a systematic review of 62 surveys. The Lancet 359, 545-550.

Feeley, Malcolm; Simon, Jonathan (1992): The New Penology. Notes on the Emerging Strategy of Corrections and its Implications. Criminology 30, 449-474.

Feeley, Malcolm; Simon, Jonathan (1994): Actuarial Justice: The Emerging New Criminal Law. In: *Nelken, David* (Hrsg.): The Futures of Criminology. London, 173-201.

Feest, Johannes (1993): Frauenkriminalität. In: *Kaiser, Günther; Kerner, Hans-Jürgen; Sack, Fritz; Schellhoss, Hartmut* (Hrsg.): Kleines Kriminologisches Wörterbuch. 3. Aufl., Heidelberg, 142-146.

Feest, Johannes; Blankenburg, Erhard (1972): Die Definitionsmacht der Polizei. Strategien der Strafverfolgung und soziale Selektion. Düsseldorf.

Feltes, Thomas (2009): Aussagewert der polizeilichen Aufklärungsquote. Kriminalistik 63, 36-41.

Feltes, Thomas; Goeckenjan, Ingke; Singelnstein, Tobias; Schartau-Engelking, Lara; Roy-Pogodzik, Christian; Voußen, Bettina; Kronsbein, Farina (2020): Abschlussbericht des Forschungsprojekts „Flucht als Sicherheitsproblem", Bochum, https://flucht.rub.de/images/pdf/Abschlussbericht_Flucht_als_Sicherheitsproblem_2020.pdf [31.03.2021].

Feltes, Thomas; Rauls, Felix (2020): „Clankriminalität" und die „German Angst". Sozial Extra 44, 372-377.

Feltes, Thomas; Reiners, Paul (2019): Sicherheit und Sicherheitsgefühl in Bochum. Exemplarische Befunde der Bochumer Dunkelfeldstudie 2015/2016 (Bochum IV). MschrKrim 102, 89-103.

Fenton, Steve (1984): Durkheim and modern sociology. Cambridge.

Ferrell, Jeff (1997): Criminological verstehen: Inside the immediacy of crime. Justice Quarterly 14, 3-23.

Ferrell, Jeff (2009): Cultural Criminology. In: *Miller, J. Mitchell* (Hrsg.): 21st Century Criminology. A Reference Handbook, Band 1. Thousand Oaks, 219-227.

Ferrell, Jeff; Hayward, Keith (2018): Cultural Criminology continued. In: *Carlen, Pat; França, Leandro Ayres* (Hrsg.): Alternative Criminologies. Abingdon/New York, 17-33.

Ferrell, Jeff; Hayward, Keith; Young, Jock (2015): Cultural Criminology. An Invitation. 2. Aufl., Los Angeles u. a.

Feuerhelm, Wolfgang (1991): Gemeinnützige Arbeit als Alternative in der Geldstrafenvollstreckung. Wiesbaden.

Feyerabend, Paul (1986): Wider den Methodenzwang. Frankfurt a. M.

Fink, Daniel; Jehle, Jörg Martin; Pilgram, Arn (2015): Strafrechtliche Sanktionen im internationalen Vergleich Deutschland – Österreich – Schweiz. Journal für Strafrecht, 81-94.

Fisher, Bonnie S.; Reyns, Bradford W. (2009): Victimization. In: *Miller, J. Mitchell* (Hrsg.): 21st Century Criminology. A Reference Handbook, Band 1. Thousand Oaks, 162-172.

Flanagan, Timothy J. (Hrsg.) (1995): Long-Term Imprisonment: Policy, Science and Correctional Practice. Thousand Oaks/London/New Delhi.

Flick, Uwe (2019): Qualitative Sozialforschung. Eine Einführung. 9. Aufl., Reinbek bei Hamburg.

Folter, Christian Tobias (2014): Die Abschreckungswirkung der Todesstrafe. Eine qualitative Metaanalyse. Berlin/Münster.

Foucault, Michel (1976a): Räderwerke des Überwachens und Strafens. Ein Gespräch mit J.-J. Brochier. In: *Foucault, Michel* (Hrsg.): Mikrophysik der Macht. Über Strafjustiz, Psychiatrie und Medizin. Berlin, 31-47.

Foucault, Michel (1976b): Überwachen und Strafen. Die Geburt des Gefängnisses. Frankfurt a. M.

Foucault, Michel (1994): Das Subjekt und die Macht. In: *Dreyfus, Hubert L.; Rabinow, Paul* (Hrsg.): Michel Foucault. Jenseits von Strukturalismus und Hermeneutik. 2. Aufl., Weinheim, 243-261.

Foucault, Michel (2000): Die Gouvernementalität. In: *Bröckling, Ulrich; Krasmann, Susanne; Lemke, Thomas* (Hrsg.): Gouvernementalität der Gegenwart. Studien zur Ökonomisierung des Sozialen. Frankfurt a. M., 41-67.

Foucault, Michel (2004): Geschichte der Gouvernementalität II. Die Geburt der Biopolitik. Frankfurt a. M.

Franke, Irina; Graf, Marc (2016): Kinderpornografie. Übersicht und aktuelle Entwicklungen. Forensische Psychiatrie, Psychologie, Kriminologie 10, 87-97.

Frankenberg, Hans-Magnus (1999): Offener Jugendstrafvollzug. Vollzugsbedingungen und Legalbewährung von Freigängern aus der Jugendstrafvollzugsanstalt in Rockenberg/Hessen. Frankfurt a. M.

Franklin, Bruce (1998): Prison Writing in the 20th-Century America. New York.

Franko, Katja (2020): Globalization & Crime. 3. Aufl., London.

Frehsee, Detlev (1991): Zur Abweichung der Angepassten. KrimJ 23, 25-45.

Frehsee, Detlev (1998): Politische Funktionen kommunaler Kriminalprävention. In: *Albrecht, Hans-Jörg; Dünkel, Frieder; Kerner, Hans-Jürgen; Kürzinger, Josef; Schöch, Heinz; Sessar, Klaus; Villmow, Bernhard* (Hrsg.): Internationale Perspektiven in Kriminologie und Strafrecht. Festschrift für Günther Kaiser zum 70. Geburtstag. Berlin, 739-764.

Frehsee, Detlev (2000): Kriminalität in den Medien – Eine kriminelle Wirklichkeit eigener Art. In: *Bundesministerium der Justiz* (Hrsg.): Kriminalität in den Medien. 5. Kölner Symposium. Mönchengladbach, 23-42.

Frehsee, Detlev (2003): Der Rechtsstaat verschwindet. Strafrechtliche Kontrolle im gesellschaftlichen Wandel von der Moderne zur Postmoderne. Gesammelte Aufsätze. Herausgegeben von Wolfgang Schild. Berlin.

Freud, Sigmund (1954): Totem und Tabu. Einige Übereinstimmungen im Seelenleben der Wilden und der Neurotiker. Gesammelte Werke Bd. IX. Frankfurt a. M.

Friedrichs, Jürgen (1990): Methoden empirischer Sozialforschung. 14. Aufl., Opladen.

Fuchs, Walter; Hofinger, Veronika; Pilgram, Arno (2016): Vom Wert quantitativer Methoden für eine kritische Kriminologie. KrimJ 48, 5-23.

Fuchs, Walter; Kremmel, Katrin; Kretschmann, Andrea; Pilgram, Arno (2016): Migration, Legalität und Kriminalität: Rechtssoziologische Wissensdefizite im Schatten administrativen Wissens. In: *Reinprecht, Christoph; Latcheva, Rossalina* (Hrsg.): Was wir nicht wissen. Forschungs- und Wissenslücken in der Migrationssoziologie. Österreichische Zeitschrift für Soziologie, Sonderheft 15. Wiesbaden, 103-123.

Fuhr, Gabriela; Guzy, Nathalie (2010): Europäische Dunkelfeldforschung in Deutschland. Kriminalistik, 636-643.

Funk, Friederike; McGeer, Victoria; Gollwitzer, Mario (2014): Get the Message: Punishment Is Satisfying If the Transgressor Responds to Its Communicative Intent. Personality and Social Psychology Bulletin 40, 986-997.

Fussey, Pete; Davies, Bethan; Innes, Martin (2020): „Assisted" facial recognition and the reinvention of suspicion and discretion in digital policing. The British Journal of Criminology 61, 325-344.

Gadd, David; Jefferson, Tony (2007): Psychosocial Criminology. An Introduction. London.

Gall, Franz Josef; Spurzheim, Johann G. (1809): Untersuchungen über die Anatomie des Nervensystems überhaupt und des Gehirns insbesondere. Paris/Strasbourg.

Garfinkel, Harold (1956): Conditions of Successful Degradation Ceremonies. AJS 61, 420-424.

Garland, David (1996): The Limits of The Sovereign State. Strategies of Crime Control in Contemporary Society. The British Journal of Criminology 36, 445-471.

Garland, David (1997): „Governmentality" and the problem of crime: Foucault, criminology, sociology. Theoretical Criminology 1, 173-214.

Garland, David (2001): The Culture of Control. Crime and Social Order in Contemporary Society. Oxford/New York.

Garland, David (2002): Of crimes and criminals. The development of criminology in Britain. In: *Maguire, Mike; Morgan, Rod; Reiner, Robert* (Hrsg.): The Oxford Handbook of Criminology. 3. Aufl., Oxford, 7-29.

Garland, David (2003): Penal Modernism and Postmodernism. In: *Blomberg, Thomas G.; Cohen, Stanley* (Hrsg.): Punishment and Social Control. 2. Aufl., New York, 45-73.

Garland, David (2004): Kriminalitätskontrolle und Spätmoderne in den USA und Großbritannien. KrimJ 36, 3-10.

Garland, David (2007): High Crime Societies and Cultures of Control. In: *Hess, Henner; Ostermeier, Lars; Paul, Bettina* (Hrsg.): Kontrollkulturen. Texte zur Kriminalpolitik im Anschluss an David Garland. 9. Beiheft des Kriminologischen Journals. Weinheim, 231-249.

Garland, David (2008): Kultur der Kontrolle. Verbrechensbekämpfung und soziale Ordnung in der Gegenwart. Frankfurt a. M.

Garland, David (2017): Punishment and welfare: social problems and social Structures. In: *Liebling, Alison; Maruna, Shadd; McAra, Lesley* (Hrsg.): The Oxford Handbook of Criminology. 6. Aufl., Oxford, 77-97.

Garofalo, Raffaele (1885): Criminologia. Napoli.

Gartner, Rosemary (2011): Sex, Gender, and Crime. In: *Tonry, Michael* (Hrsg.): The Oxford Handbook of Crime and Criminal Justice. New York, 348-384.

Gebhardt, Thomas; Heinz, Andreas; Knöbl, Wolfgang (1996): Die gefährliche Wiederkehr der „gefährlichen Klassen". Der IQ als Indikator sozialer Devianz in der neueren amerikanischen Kriminalitätsdiskussion. KrimJ 28, 82-106.
Geertz, Clifford (2000): Local Knowledge. Further Essays in Interpretative Anthropology. New York.
Geertz, Clifford (2003): Dichte Beschreibung. Beiträge zum Verstehen kultureller Systeme. Frankfurt a. M.
Geertz, Clifford (2008): Religion as Cultural System. In: *Lambek, Michael* (Hrsg.): A Reader in the Anthropology of Religion. 2. Aufl., Malden, 61-82.
Geis, Gilbert (2000): On the Absence of Self-Control as the Basis for a General Theory of Crime. Theoretical Criminology 4, 35-53.
Geißler, Rainer (1994): Soziale Schichtung und Kriminalität. In: *Geißler, Rainer* (Hrsg.): Soziale Schichtung und Lebenschancen in Deutschland. 2. Aufl., Stuttgart, 160-194.
Gelsthorpe, Lorraine (1993): Geschlecht und soziale Kontrolle. In: *Frehsee, Detlev; Löschper, Gabi; Schumann, Karl F.* (Hrsg.): Strafrecht, soziale Kontrolle, Disziplinierung. Opladen, 46-63.
Genet, Jean (1982): Querelle. Reinbek.
Giddens, Anthony (1984): Interpretative Soziologie. Eine kritische Einführung. Frankfurt a. M./New York.
Giddens, Anthony (1991): Modernity and Self-Identity. Self and Society in the Late Modern Age. Stanford.
Glaubitz, Christoffer; Bliesener, Thoma (2018): Analyse der Entwicklung der Kriminalität von Zuwanderern in Schleswig-Holstein. KFN-Forschungsbericht Nr. 137. Hannover.
Glaubitz, Christoffer; Bliesener, Thomas (2019): Flüchtlingskriminalität – Die Bedeutung des Aufenthaltsstatus für die kriminelle Auffälligkeit. Eine Untersuchung der Deliktbelastung von Geflüchteten in den Jahren 2013-2016. NK 31, 142-162.
Glaubitz, Christoffer; Bliesener, Thomas; Klatt, Thimna (2017): Junge Mehrfach- und Intensivtäter, persistierende Delinquenz und „callous-unemotional traits". Forensische Psychiatrie, Psychologie, Kriminologie 11, 349-354.
Glaubitz, Christoffer; Kudlacek, Dominic; Neumann, Merten; Fleischer, Stephanie; Bliesener, Thomas (2018): Ergebnisse der Evaluation der polizeilichen Videobeobachtung in Nordrhein-Westfalen gemäß § 15a PolGNRW. KFN-Forschungsbericht Nr. 143. Hannover.
Glueck, Eleanor; Glueck, Sheldon (1930): 500 Criminal Careers. New York.
Glueck, Eleanor; Glueck, Sheldon (1950): Unravelling Juvenile Delinquency. Cambridge.
Glueck, Eleanor; Glueck, Sheldon (1962): Family Environment and Delinquency. London.
Glueck, Eleanor; Glueck, Sheldon (1972): Jugendliche Rechtsbrecher. Wege zur Vorbeugung. 2. Aufl., Stuttgart.
Goddard, Tim (2012): Post-welfarist risk managers? Risk, Crime Prevention and the responsabilization of community-based organizations. Theoretical Criminology 16, 347-363.
Goddard, Tim; Myers, Randolph R. (2017): Against evidence-based oppression: Marginalized youth and the politics of risk-based assessment and intervention. Theoretical Criminology 21, 151-167.
Goeckenjan, Ingke; Schartau, Lara; Roy-Pogodzik, Christian (2019): „Flucht als Sicherheitsproblem". Forschungsperspektiven zu Kriminalität im Kontext von Flucht. NK 31, 123-141.
Goedelt, Katja (2010): Vergewaltigung und sexuelle Nötigung. Untersuchung der Strafverfahrenswirklichkeit. Göttingen.
Goffman, Erving (1961): Encounters. Two Studies in the Sociology of Interaction. Indianapolis.
Goffman, Erving (1977): Rahmen-Analyse. Ein Versuch über die Organisation von Alltagserfahrungen. Frankfurt a. M.
Golla, Sebastian J. (2020): Lernfähige Systeme, lernfähiges Polizeirecht. Regulierung von künstlicher Intelligenz am Beispiel von Videoüberwachung und Datenabgleich. KrimJ 52, 149-161.
Gollwitzer, Mario; Meder, Milena; Schmitt, Manfred (2011): What gives victims satisfaction when they seek revenge? European Journal of Social Psychology 41, 364-374.
Göppinger, Hans (1983): Der Täter in seinen sozialen Bezügen. Ergebnisse aus der Tübinger Jungtäter-Vergleichsuntersuchung. Berlin/Heidelberg.
Göppinger, Hans (1985): Angewandte Kriminologie. Ein Leitfaden für die Praxis. Heidelberg/Berlin.
Göppinger, Hans (2008): Kriminologie. Bearbeitet von Bock, Michael; Kröber, Hans-Ludwig; Brettel, Hauke; Maschke, Werner; Schneider, Hendrik; Münster, Peter; Wendt, Frank. 6. Aufl., München.
Gordon, Diana R. (1990): The Justice Juggernaut. Fighting Street Crime, Controlling Citizens. New Brunswick.

Gottfredson, Michael R.; Hirschi, Travis (1990): A General Theory of Crime. Stanford.

Gottfredson, Michael R.; Hirschi, Travis (2003): Self-Control and Opportunity. In: *Britt, Chester L.; Gottfredson, Michael R.* (Hrsg.): Control Theories of Crime and Delinquency. New Brunswick/London, 5-19.

Gottschalk, Marie (2013): The Carceral State and the Politics of Punishment. In: *Simon, Jonathan; Sparks, Richard* (Hrsg.): The SAGE Handbook of Punishment and Society. Los Angeles u. a., 205-241.

Graebsch, Christine (2020): Krimmigration im Deutschen Recht. In: *Grafl, Christian; Stempkowski, Monika; Beclin, Katharina; Haider, Isabel* (Hrsg.): „Sag wie hast du´s mit der Kriminologie?" Die Kriminologie im Gespräch mit ihren Nachbardisziplinen. Mönchengladbach, 697-714.

Graebsch, Christine; Schorsch, Melanie (2021): Polizeiliche Risikoprognose-Manuale im (Jugend-)Strafverfahren. Eine kritische Auseinandersetzung am Beispiel von MEIKs. ZJJ 32, 26-32.

Grafl, Christian (2007): Freiheitsstrafe als ultima ratio? Gedanken zur Effizienz von strengen Strafen. Juristische Ausbildung und Praxisvorbereitung 17, 196-200.

Gramsci, Antonio (1988): Gramsci's Prison Letters. London.

Gras, Marianne (2003): Kriminalprävention durch Videoüberwachung. Gegenwart in Grossbritannien – Zukunft in Deutschland? Baden-Baden.

Grasmick, Harold; Arneklev, Bruce; Tittle, Charles; Bursik, Robert (1993): Low Self-control and Imprudent Behavior. Journal of Quantitative Criminology 9, 225-247.

Green, Penny; Ward, Tony (2017): Understanding state crime. In: *Liebling, Alison; Maruna, Shadd; McAra, Lesley* (Hrsg.): The Oxford Handbook of Criminology. 6. Aufl., Oxford, 438-454.

Greer, Chris; McLaughlin, Eugene (2017): News power, crime and media justice. In: *Liebling, Alison; Maruna, Shadd; McAra, Lesley* (Hrsg.): The Oxford Handbook of Criminology. 6. Aufl., Oxford, 260-283.

Greer, Chris; Reiner, Robert (2012): Mediated mayhem: media, crime, criminal justice. In: *Maguire, Mike; Morgan, Rod; Reiner, Robert* (Hrsg.): The Oxford Handbook of Criminology. 5. Aufl., Oxford, 245-278.

Greve, Werner (2004): Kriminalitätsfurcht bei jüngeren und älteren Menschen: Paradoxien und andere Missverständnisse. In: *Walter, Michael; Kania, Harald; Albrecht, Hans-Jörg* (Hrsg.): Alltagsvorstellungen von Kriminalität. Individuelle und gesellschaftliche Bedeutung von Kriminalitätsbildern für die Lebensgestaltung. Münster, 249-270.

Groenemeyer, Axel (2003): Punitivität im Kontext – Konstruktionen abweichenden Verhaltens und Erklärungen der Kriminalpolitik im internationalen Vergleich. In: *Menzel, Birgit; Ratzke, Kerstin* (Hrsg.): Grenzenlose Konstruktivität? Standortbestimmung und Zukunftsperspektiven konstruktivistischer Theorien abweichenden Verhaltens. Opladen, 209-232.

Grundies, Volker (2013): Gibt es typische kriminelle Karrieren? In: *Dölling, Dieter; Jehle, Jörg-Martin* (Hrsg.): Täter • Taten • Opfer. Grundlagenfragen und aktuelle Probleme der Kriminalität und ihrer Kontrolle. Mönchengladbach, 36-52.

Grundies, Volker (2016): Gleiches Recht für alle? – Eine empirische Analyse lokaler Unterschiede in der Sanktionspraxis in der Bundesrepublik Deutschland. In: *Neubacher, Frank; Bögelein, Nicole* (Hrsg.): Krise – Kriminalität – Kriminologie. Mönchengladbach, 511-525.

Grundies, Volker (2018): Regionale Unterschiede in der gerichtlichen Sanktionspraxis in der Bundesrepublik Deutschland. Eine empirische Analyse. In: *Hermann, Dieter; Pöge, Andreas* (Hrsg.): Kriminalsoziologie. Handbuch für Wissenschaft und Praxis. Baden-Baden, 295-316.

Günther, Klaus (2002): Die symbolisch-expressive Bedeutung der Strafe – Eine neue Straftheorie jenseits von Vergeltung und Prävention? In: *Prittwitz, Cornelius; Baurmann, Michael; Günther, Klaus; Kuhlen, Lothar; Merkel, Reinhard; Nestler, Cornelius; Schulz, Lorenz* (Hrsg.): Festschrift für Klaus Lüderssen. Zum 70. Geburtstag am 2. Mai 2002. Baden-Baden, 205-219.

Guzy, Nathalie (2014): International vergleichende Viktimisierungssurveys. Aktuelle Herausforderungen und Ergebnisse des Methodentests „ICVS-2". In: *Eifler, Stefanie; Pollich, Daniela* (Hrsg.): Empirische Forschung über Kriminalität. Methodologische und methodische Grundlagen. Wiesbaden, 149-182.

Guzy, Nathalie; Birkel, Christoph; Mischkowitz, Robert (Hrsg.) (2015a): Viktimisierungsbefragungen in Deutschland. Band 1. Ziele, Nutzen und Forschungsstand. Wiesbaden.

Guzy, Nathalie; Birkel, Christoph; Mischkowitz, Robert (Hrsg.) (2015b): Viktimisierungsbefragungen in Deutschland. Band 2. Methodik und Methodologie. Wiesbaden.

Haapanen, Rudy A. (1990): Selective Incapacitation and the Serious Offender. A Longitudinal Study of Criminal Career Patterns. New York.

Haas, Henriette (1996): Grenzen der Behandlung persönlichkeitsgestörter Gewalttäter. Neue Zürcher Zeitung vom 31. August / 1. September 1996, 17.

Habermas, Jürgen (1967): Zur Logik der Sozialwissenschaften. Philosophische Rundschau, Beiheft 5. Tübingen.

Häder, Michael (2019): Empirische Sozialforschung. Eine Einführung. 4. Aufl. Wiesbaden.

Haffke, Bernhard (1976): Tiefenpsychologie und Generalprävention. Eine strafrechtstheoretische Untersuchung. Aarau/Frankfurt a. M.

Haffke, Bernhard (2005): Vom Rechtsstaat zum Sicherheitsstaat? KJ 38, 17-35.

Hagan, John; MacCarthy, Bill (1998): Mean Streets: Youth Crime and Homelessness. Cambridge.

Hagemann-White, Carol (2019): Opfer – Täter: zur Entwicklung der feministischen Gewaltdiskussion. In: *Kortendiek, Beate; Riegraf, Birgit; Sabisch, Katja* (Hrsg.): Handbuch Interdisziplinäre Geschlechterforschung. Wiesbaden, 145-153.

Halleck, Seymour L. (1971): Psychiatry and the Dilemmas of Crime: A Study of Causes, Punishment and Treatment. Berkeley.

Hallmann, Amina (2017): Wie ernst muss die Kriminologie die Neurowissenschaften nehmen? – Zum möglichen Aufkommen einer neuen Biokriminologie. NK 29, 3-14.

Hanak, Gerhard; Pilgram, Arno (1991): Der andere Sicherheitsbericht. Ergänzungen zum Bericht der Bundesregierung. Kriminalsoziologische Bibliografie 18. Heft 70/71. Wien.

Hanak, Gerhard; Stehr, Johannes; Steinert, Heinz (1989): Ärgernisse und Lebenskatastrophen. Über den alltäglichen Umgang mit Kriminalität. Bielefeld.

Hannah-Moffat, Kelly (2019): Algorithmic risk governance: Big data analytics, race and information activism in criminal justice debates. Theoretical Criminology 23, 453-470.

Hanschmann, Felix (2017): „Gefährder" – eine neue alte Figur im Öffentlichen Recht. KJ 50, 434-447.

Harrell, Erika; Langton, Lynn; Berzofsky, Marcus; Couzens, Lance; Smiley-McDonald, Hope (2014): Household Poverty and Nonfatal Violent Victimization, 2008-2012, Bureau of Justice Statistics Special Report, Washington.

Harrendorf, Stefan; Geng, Bernd (2019): Der rational kalkulierende Verbrecher? Zu Entwicklung, Stand und Zukunftsperspektiven ökonomischer Kriminalitätstheorien. In: *Körnert, Jan; Lege, Joachim; Grube, Klemens* (Hrsg.): Recht trifft Wirtschaft. Festschrift zur Ringvorlesung anlässlich der Wiedereröffnung der Rechts- und Staatswissenschaftlichen Fakultät der Ernst-Moritz-Arndt-Universität Greifswald vor 25 Jahren. Berlin, 181-212.

Hart-Hönig, Kai (1992): Gerechte und zweckmäßige Strafzumessung. Zugleich ein Beitrag zur Theorie positiver Generalprävention. Berlin.

Hartmann, Arthur; Schmidt, Marie; Kerner, Hans-Jürgen (2020): Täter-Opfer-Ausgleich in Deutschland. Auswertung der bundesweiten Täter-Opfer-Ausgleich-Statistik für die Jahrgänge 2017 und 2018. Berlin.

Hassemer, Winfried (1989): Symbolisches Strafrecht und Rechtsgüterschutz. NStZ 9, 553-559.

Hassemer, Winfried (1990): Einführung in die Grundlagen des Strafrechts. 2. Aufl., München.

Hassemer, Winfried (2000): Muss Strafe sein? Frankfurter Rundschau vom 20. Dezember 2000, 16.

Hassemer, Winfried (2005): Sicherheitsbedürfnis und Grundrechtsschutz: Umbau des Rechtsstaats? StraFo, 312-318.

Hassemer, Winfried; Reemtsma, Jan Philipp (2002): Verbrechensopfer. Gesetz und Gerechtigkeit. München.

Havel, Vaclav (1984): Briefe an Olga. Betrachtungen aus dem Gefängnis. Reinbek.

Haverkamp, Rita (2019): Ein Überblick zur Dunkelfeldforschung in Deutschland. Begriff, Methoden und Entwicklung. SIAK-Journal, Nr. 2, 15-30.

Haverkamp, Rita (2020): Das Böse und die Frauen – Frauen als Opfer und Täterinnen. In: *Jehle, Jörg-Martin* (Hrsg.): Das sogenannte Böse. Das Verbrechen aus interdisziplinärer Perspektive. Baden-Baden, 257-280.

Hayward, Keith J (2016): Cultural criminology: Script rewrites. Theoretical Criminology 20, 297-321.

Hayward, Keith; Young, Jock (2012): Cultural criminology. In: *Maguire, Mike; Morgan, Rod; Reiner, Robert* (Hrsg.): The Oxford Handbook of Criminology. 5. Aufl., Oxford, 113-137.

Healy, Deirdre (2014): Becoming a Desister. Exploring the Role of Agency, Coping and Imagination in the Construction of a New Self. The British Journal of Criminology 54, 873-891.

Heidensohn, Frances (1996): Women and Crime. 2. Aufl., Basingstoke.

Heidensohn, Frances; Silvestri, Marisa (2012): Gender and crime. In: *Maguire, Mike; Morgan, Rod; Reiner, Robert* (Hrsg.): The Oxford Handbook of Criminology. 5. Aufl., Oxford, 336-369.

Heinemann, Torsten (2014): Gefährliche Gehirne: Verdachtsgewinnung mittels neurobiologischer Risikoanalysen. KrimJ 46, 184-198.

Heinz, Wolfgang (1989): Datensammlungen der Strafrechtspflege im Dienste der Forschung. In: *Jehle, Jörg-Martin* (Hrsg.): Datensammlungen und Akten in der Strafrechtspflege. Wiesbaden, 163-201.

Heinz, Wolfgang (1990): Die deutsche Kriminalstatistik. Überblick über ihre Entwicklung und ihren gegenwärtigen Stand. In: *Bundeskriminalamt* (Hrsg.): Kriminalstatistik. Wiesbaden, 82-116.

Heinz, Wolfgang (1992): Diversion im Jugendstrafverfahren. Praxis, Chancen, Risiken und rechtsstaatliche Grenzen. ZStW 104, 591-638.

Heinz, Wolfgang (1999): Sanktionierungspraxis in der Bundesrepublik Deutschland im Spiegel der Rechtspflegestatistiken. ZStW 111, 461-503.

Heinz, Wolfgang (2006): Kriminalitätsentwicklung in Deutschland unter besonderer Berücksichtigung der Jugend- und Gewaltkriminalität. In: *Kury, Helmut; Karimov, Elmar* (Hrsg.): Kriminalität und Kriminalprävention in Ländern des Umbruchs: Beiträge einer Internationalen Konferenz in Baku/Aserbaidschan. Bochum, 3-22.

Heinz, Wolfgang (2009): Wegschließen, und zwar für immer! In: *Derschka, Harald; Hausmann, Rainer; Löhnig, Martin* (Hrsg.): Festschrift für Hans-Wolfgang Strätz zum 70. Geburtstag. Regenstauf, 233-269.

Heinz, Wolfgang (2014): Das strafrechtliche Sanktionensystem und die Sanktionierungspraxis in Deutschland 1882-2012. Konstanzer Inventar Sanktionsforschung, Berichtsjahr 2012, Version 1/2014. Konstanz.

Heinz, Wolfgang (2015): Vergleichsschwierigkeiten und Kombinationsmöglichkeiten. In: *Guzy, Nathalie; Birkel, Christoph; Mischkowitz, Robert* (Hrsg.): Viktimisierungsbefragungen in Deutschland. Band 2. Methodik und Methodologie. Wiesbaden

Heinz, Wolfgang (2016): Kriminalität und Kriminalitätskontrolle in Deutschland. Konstanzer Inventar Sanktionsforschung, Berichtsjahr 2013, Version 1/2016. Konstanz.

Heinz, Wolfgang (2017): Kriminalität und Kriminalitätskontrolle in Deutschland – Berichtsstand 2015 im Überblick. Konstanzer Inventar Sanktionsforschung, Berichtsjahr 2015, Version: 1/2017. Konstanz.

Heinz, Wolfgang (2019): Sekundäranalyse empirischer Untersuchungen zu jugendkriminalrechtlichen Maßnahmen, deren Anwendungspraxis, Ausgestaltung und Erfolg. Gutachten im Auftrag des Bundesministeriums für Justiz und Verbraucherschutz. Konstanz.

Hellmann, Deborah F. (2014): Repräsentativbefragung zu Viktimisierungserfahrungen in Deutschland. KFN-Forschungsbericht Nr. 122. Hannover.

Herbst, Sandra (2011): Untersuchungen zum Viktimisierungs-Furcht-Paradoxon. Ein empirischer Beitrag zur Aufklärung des 'Paradoxons' anhand von Vorsicht und Vulnerabilität im Alter. Baden-Baden.

Hermann, Dieter (2010): Die Abschreckungswirkung der Todesstrafe – ein Artefakt der Forschung? In: *Dölling, Dieter; Götting, Bert; Meier, Bernd-Dieter; Verrel, Torsten* (Hrsg.): Verbrechen – Strafe – Resozialisierung. Festschrift für Heinz Schöch zum 70. Geburtstag. Berlin, 791-808.

Hermann, Dieter; Kerner, Hans-Jürgen (1988): Die Eigendynamik der Rückfallkriminalität. KZfSS 40, 485-504.

Herren, Rüdiger (1973): Freud und die Kriminologie. Einführung in die psychoanalytische Kriminologie. Stuttgart.

Herzog, Felix (2016): Kriminalitätsfurcht – Kulturrassismus – rechte Kriminalpolitik. Ein Kommentar. NK 28, 243-250.

Hess, Ariane (2010): Erscheinungsformen und Strafverfolgung von Tötungsdelikten in Mecklenburg-Vorpommern. Mönchengladbach.

Hess, Henner (1996): New York zieht die Lehren aus den zerbrochenen Fensterscheiben. Eine neue Polizeistrategie zwischen Enthusiasmus und Kritik. KrimJ 28, 179-190.

Hestermann, Thomas (2010): Fernsehgewalt und die Einschaltquote: Welches Publikumsbild Fernsehschaffende leitet, wenn sie über Gewaltkriminalität berichten. Baden-Baden.

Hindelang, Michael; Gottfredson, Michael R.; Garofalo, James (1978): Victims of Personal Crime: An Empirical Foundation For a Theory of Personal Victimization. Cambridge.

Hinz, Stefan (1987): Gefährlichkeitsprognosen bei Straftätern: Was zählt? Eine experimentelle Untersuchung zum Gebrauch der Eingangsinformation bei der Vorhersage eines sozial definierten Kriteriums durch klinische Urteiler. Frankfurt a. M./Bern/New York.

Hirsch, Joachim; Roth, Roland (1986): Das neue Gesicht des Kapitalismus. Vom Fordismus zum Post-Fordismus. Hamburg.

Hirschi, Travis (1969): Causes of Delinquency. Berkeley/Los Angeles/London.

Hirschi, Travis; Gottfredson, Michael R. (2000): In Defense of Self-Control. Theoretical Criminology 4, 55-69.

Hirschi, Travis; Gottfredson, Michael R. (2001): Self-Control Theory. In: *Paternoster, Raymond; Bachman, Ronet* (Hrsg.): Explaining Criminals and Crime: Essays in Contemporary Criminological Theory. Los Angeles, 81-96.

Hirschmann, Nathalie (2018): Sicherheitsdienstleister im System der Sicherheit. Zu den Ausbaubestrebungen der Sicherheitswirtschaft und dem Wettbewerb mit der Polizei um Zuständigkeitsbereiche. ZeFKo 7, 95-130.

Hirtenlehner, Helmut (2006): Kriminalitätsfurcht – Ausdruck generalisierter Ängste und schwindender Gewissheiten? KZfSS 58, 307-331.

Hirtenlehner, Helmut (2019): Gefährlich sind immer die Anderen! MschrKrim 102, 262-281.

Hirtenlehner, Helmut (2020): Differentielle Abschreckbarkeit als Evidenzgrundlage negativer Generalprävention. Eine Bestandsaufnahme der kriminologischen Wissensbasis. In: *Grafl, Christian; Stempkowski, Monika; Beclin, Katharina; Haider, Isabel* (Hrsg.): „Sag wie hast du's mit der Kriminologie?" Die Kriminologie im Gespräch mit ihren Nachbardisziplinen. Mönchengladbach, 81-104.

Hirtenlehner, Helmut; Groß, Eva; Meinert, Julia (2016): Fremdenfeindlichkeit, Straflust und Furcht vor Kriminalität. Interdependenzen im Zeitalter spätmoderner Unsicherheiten. SozProb 27, 17-47.

Hirtenlehner, Helmut; Hummelsheim-Doss, Dina; Sessar, Klaus (2018): Kriminalitätsfurcht. Über die Angst der Bürger vor dem Verbrechen. In: *Hermann, Dieter; Pöge, Andreas* (Hrsg.): Kriminalsoziologie. Handbuch für Wissenschaft und Praxis. Baden-Baden, 459-474.

Hirtenlehner, Helmut; Hummelsheim, Dina (2011): Schützt soziale Sicherheit vor Kriminalitätsfurcht? Eine empirische Untersuchung zum Einfluss wohlfahrtsstaatlicher Sicherungspolitik auf das kriminalitätsbezogene Sicherheitsbefinden. MschrKrim 94, 178-198.

Hochstetler, Andy (2009): Classical Perspectives. In: *Miller, J. Mitchell* (Hrsg.): 21st Century Criminology. A Reference Handbook, Band 1. Thousand Oaks, 201-209.

Hoeve, Machteld; Stams, Geert Jan J. M.; van der Put, Claudia E.; Dubas, Judith Semon; van der Laan, Peter H.; Gerris, Jan R. M. (2012): A Meta-analysis of Attachment to Parents and Delinquency. Journal of Abnormal Child Psychology 40, 771-785.

Höffler, Katrin (2019): Die Rolle der Spezialprävention aus Sicht der Bevölkerung. In: *Kaspar, Johannes; Walter, Tonio* (Hrsg.): Strafen „im Namen des Volkes"? Zur rechtlichen und kriminalpolitischen Relevanz empirisch feststellbarer Strafbedürfnisse der Bevölkerung. Baden-Baden, 91-112.

Höffler, Katrin; Kaspar, Johannes (2015): Plädoyer für die Abschaffung der lebenslangen Freiheitsstrafe. GA 162, 453-462.

Hoffmann, Joachim (1993): Vorhersage und Erkenntnis: die Funktion von Antizipationen in der menschlichen Verhaltenssteuerung und Wahrnehmung. Göttingen.

Hofinger, Veronika (2013): Der Rückfalltäter von Lombrosos „geborenem Verbrecher" bis zu Moffitts „Life-Course-Persister". KrimJ 45, 8-24.

Hogh, Marie; Bögelein, Nicole (2021): Verurteilung als Kooperation? Erkenntnisse zur gerichtlichen Entscheidungsfindung und dem Einfluss der Staatsanwaltschaft. NK 33, 80-95.

Hoheisel-Gruler, Roland (2020): Der digitale Raum ist kein (grund-)rechtsfreier Raum. In: *Rüdiger, Thomas-Gabriel; Bayerl, Petra S.* (Hrsg.): Cyberkriminologie. Kriminologie für das digitale Zeitalter. Wiesbaden, 71-108.

Hollin, Clive R. (2012): Criminological psychology. In: *Maguire, Mike; Morgan, Rod; Reiner, Robert* (Hrsg.): The Oxford Handbook of Criminology. 5. Aufl., Oxford, 81-112.

Hood, Roger; Sparks, Richard (1970): Kriminalität, Verbrechen, Rechtsprechung, Strafvollzug. München.

Hörnle, Tatjana (2017): Straftheorien. 2. Aufl., Tübingen.

Hörnle, Tatjana (2018): Taten nach § 177 StGB in der Polizeilichen Kriminalstatistik. Zusammenhänge mit Zuwanderung. KriPoZ, 218-223.

Horten, Barbara; Guzy, Nathalie; Birkel, Christoph (2015): Aufklärungsquoten in der Polizeilichen Kriminalstatistik. Eine Untersuchung relevanter Einflussfaktoren und Aufbereitung des Forschungsstandes. MschrKrim 98, 96-115.

Hoyle, Caroline; Zedner, Lucia (2007): Victims, victimization and criminal justice. In: *Maguire, Mike; Morgan, Rod; Reiner, Robert* (Hrsg.): The Oxford Handbook of Criminology. 4. Aufl., Oxford/New York, 461-495.

Huisman, Wim; van Erp, Judith (2013): Opportunities for Environmental Crime. British Journal of Criminology 53, 1178-1200.

Huizinga, David; Weiher, Anne W.; Espiritu, Rachele; Esbensen, Finn (2003): Delinquency and Crime. Some Highlights from the Denver Youth Survey. In: *Thornberry, Terence P.; Krohn, Marvin D.* (Hrsg.): Taking Stock of Delinquency: An Overview of Findings from Contemporary Longitudinal Studies. Boston, 47-91.

Hummelsheim-Doß, Dina (2016): Kriminalitätsfurcht in Deutschland. Fast jeder Fünfte fürchtet, Opfer einer Straftat zu werden. Informationsdienst Soziale Indikatoren, Nr. 55, 6-11.

Hüsler, Gebhard; Locher, Jakob (1991): Kurze Freiheitsstrafen und Alternativen. Analyse der Sanktionspraxis und Rückfall-Vergleichsuntersuchung. Bern/Stuttgart.

Hutchings, Barry; Mednick, Sarnoff A. (1977): Criminality in Adoptees and their Adoptive and Biological Parents: A Pilot Study. In: *Mednick, Sarnoff A.; Christiansen, Karl O.* (Hrsg.): Biosocial Bases of Criminal Behaviour. New York u. a., 127-141.

Hyman, Herbert H. (1966): The Value System of Different Classes: A Social-Psychological Contribution to the Analysis of Stratification. In: *Bendix, Reinhard; Seymour, Martin L.* (Hrsg.): Class, Status and Power. 2. Aufl., New York, 426-442.

Ilan, Jonathan (2019): Cultural Criminology: The Time is Now. Crit Crim 27, 5-20.

Innes, Martin (2014): Signal Crimes. Social Reactions to Crime, Disorder, and Control. Oxford.

Intravia, Jonathan; Wolff, Kevin T.; Paez, Rocio; Gibbs, Benjamin R. (2017): Investigating the relationship between social media consumption and fear of crime: A partial analysis of mostly young adults. Computers in Human Behavior 77, 158-168.

Irwin, John (1987): The Felon. Berkeley.

Irwin, John; Austin, James (2012): It's About Time. America's Imprisonment Binge. 4. Aufl., Belmont.

Jack, Shane; Petrosky, Emiko; Lyons, Bridget H.; Blair, Janet M.; Ertl, Allison M.; Sheats, Kameron J.; Betz, Carter J (2018): Surveillance for Violent Deaths — National Violent Death Reporting System. Morbidity and Mortality Weekly Report Surveillance Summaries 67, Nr. 11.

Jacques, Scott (2014): The quantitative-qualitative divide in criminology: A theory of ideas' importance, attractiveness and publication. Theoretical Criminology 18, 317-334.

Jäger, Herbert (2016): Makrokriminalität (1989). In: *Klimke, Daniela; Legnaro, Aldo* (Hrsg.): Kriminologische Grundlagentexte. Wiesbaden, 309-329.

Jakobs, Günther (2003): Bürgerstrafrecht und Feindstrafrecht. In: *Hsu, Yu-hsiu* (Hrsg.): Foundations and Limits of Criminal Law and Criminal Procedure. An Anthology in Memory of Professor Fu-Tseng Hung. Taipei, 41-61.

Jehle, Jörg-Martin (2019a): Kriminelle Karrieren von jungen Tätern. Eine bundesweite Längsschnittuntersuchung von registrierten Tätern, Taten und Sanktionen. In: *DVJJ* (Hrsg.): Herein-, Heraus-, Heran- – Junge Menschen wachsen lassen. Dokumentation des 30. Deutschen Jugendgerichtstages vom 14. bis 17. September in Berlin. Mönchengladbach, 181-191.

Jehle, Jörg-Martin (2019b): Strafrechtspflege in Deutschland. Fakten und Zahlen. Herausgegeben vom Bundesministerium der Justiz und für Verbraucherschutz. 7. Aufl., Berlin.

Jehle, Jörg-Martin; Albrecht, Hans-Jörg; Hohmann-Fricke, Sabine; Tetal, Carina (2010): Legalbewährung nach strafrechtlichen Sanktionen. Eine bundesweite Rückfalluntersuchung 2004 bis 2007. Mönchengladbach.

Jehle, Jörg-Martin; Albrecht, Hans-Jörg; Hohmann-Fricke, Sabine; Tetal, Carina (2013): Legalbewährung nach strafrechtlichen Sanktionen. Eine bundesweite Rückfalluntersuchung 2007 bis 2010 und 2004 bis 2010. Berlin.

Jehle, Jörg-Martin; Albrecht, Hans-Jörg; Hohmann-Fricke, Sabine; Tetal, Carina (2016): Legalbewährung nach strafrechtlichen Sanktionen. Eine bundesweite Rückfalluntersuchung 2010 bis 2013 und 2004 bis 2013. Berlin.

Jehle, Jörg-Martin; Heinz, Wolfgang; Sutterer, Paul (2003): Legalbewährung nach strafrechtlichen Sanktionen. Eine kommentierte Rückfallstatistik. Berlin.

Jennings, Wesley G.; Piquero, Alex R. (2009): Life Course Criminology. In: *Miller, J. Mitchell* (Hrsg.): 21st Century Criminology. A Reference Handbook, Band 1. Thousand Oaks, 262-270.

Jones, James R. (2017): Media and Social Media's Impact on Citizens' Perception of the Frequency of Crime Occurrence in the United States. American International Journal of Social Science 6, 97-102.

Jung, Heike (1993): Viktimologie. In: *Kaiser, Günther; Kerner, Hans-Jürgen; Sack, Fritz; Schellhoss, Hartmut* (Hrsg.): Kleines Kriminologisches Wörterbuch. 3. Aufl., Heidelberg, 582-588.

Jung, Heike (2000): Zur Renaissance des Opfers – Ein Lehrstück kriminalpolitischer Zeitgeschichte. ZRP 33, 159-163.

Kaiser, Günther (1983): „Biokriminologie", „Staatskriminologie" und die Grenzen kriminologischer Forschungsfreiheit. In: *Kerner, Hans-Jürgen; Göppinger, Hans; Streng, Franz* (Hrsg.): Kriminologie – Psychiatrie – Strafrecht. Festschrift für Heinz Leferenz zum 70. Geburtstag. Heidelberg, 47-68.

Kaiser, Günther (1986): Das Bild der Frau im neueren kriminologischen Schrifttum. ZStW 98, 658-678.

Kaiser, Günther (1996): Kriminologie. 3. Aufl., Heidelberg.

Kaiser, Günther (1997): Kriminologie. Eine Einführung in die Grundlagen. 10. Aufl., Heidelberg.

Kamenowski, Maria; Baier, Dirk (2020): Einflussfaktoren der Punitivität im Vergleich verschiedener Erhebungsmethoden. In: *Grafl, Christian; Stempkowski, Monika; Beclin, Katharina; Haider, Isabel* (Hrsg.): „Sag wie hast du´s mit der Kriminologie?" Die Kriminologie im Gespräch mit ihren Nachbardisziplinen. Mönchengladbach, 855-869.

Kania, Harald (2004): Kriminalitätsberichte und die Konstruktion von Kriminalitätswirklichkeit. In: *Walter, Michael; Kania, Harald; Albrecht, Hans-Jörg* (Hrsg.): Alltagsvorstellungen von Kriminalität. Individuelle und gesellschaftliche Bedeutung von Kriminalitätsbildern für die Lebensgestaltung. Münster, 137-156.

Kannankulam, John (2008): Konjunkturen der inneren Sicherheit – vom Fordismus zum Neoliberalismus. PROKLA. Zeitschrift für kritische Sozialwissenschaft 38, 413-427.

Karstedt, Susanne (2004): „Das tun doch alle". Anmerkungen zur moralischen Ökonomie moderner Marktgesellschaften. In: *Walter, Michael; Kania, Harald; Albrecht, Hans-Jörg* (Hrsg.): Alltagsvorstellungen von Kriminalität. Individuelle und gesellschaftliche Bedeutung von Kriminalitätsbildern für die Lebensgestaltung. Münster, 331-352.

Karstedt, Susanne (2008): Kriminalität der Mächtigen – Kriminalität der Macht. In: *Prittwitz, Cornelius; Böllinger, Lorenz; Jasch, Michael; Krasmann, Susanne; Peters, Helge; Reinke, Herbert; Rzepka, Dorothea; Schumann, Karl F.* (Hrsg.): Kriminalität der Mächtigen. Baden-Baden, 9-28.

Karstedt, Susanne; Greve, Werner (1996): Die Vernunft des Verbrechens. Rational, irrational oder banal? Der Rational-Choice-Ansatz in der Kriminologie. In: *Bussmann, Kai-D.; Kreissl, Reinhard* (Hrsg.): Kritische Kriminologie in der Diskussion. Theorien, Analysen, Positionen. Opladen, 171-210.

Kassin, Saul M.; Gudjonsson, Gisli H. (2004): The Psychology of Confessions: A Review of the Literature and Issues. Psychological Science in the Public Interest 5, 33-67.

Katz, Jack (1990): Seductions of Crime. 2. Aufl., New York.

Kaufmann, Mareile; Egbert, Simon; Leese, Matthias (2019): Predictive Policing and the Politics of Patterns. The British Journal of Criminology 59, 674-692.

Kausch, Erhard (1980): Der Staatsanwalt – Ein Richter vor dem Richter? Untersuchungen zu § 153 a StPO. Berlin.

Keizer, Kees; Lindenberg, Siegwart; Steg, Linda (2013): The Importance of Demonstratively Restoring Order. PLOS ONE 8,°https://doi.org/10.1371/journal.pone.0065137.

Keller, Reiner (2012): Das interpretative Paradigma. Eine Einführung. Wiesbaden.

Kemme, Stefanie; Querbach, Maximilian (2020): Strafbedürfnis und Kriminalitätsfurcht im Cyberspace. In: *Rüdiger, Thomas-Gabriel; Bayerl, Petra S.* (Hrsg.): Cyberkriminologie. Kriminologie für das digitale Zeitalter. Wiesbaden, 507-546.

Kerner, Hans-Jürgen (1998): Vom Ende des Rückfalls. Probleme und Befunde vom Ausstieg von Wiederholungstätern aus der sogenannten Kriminellen Karriere. In: *Albrecht, Hans-Jörg; Dünkel, Frieder; Kerner,*

Hans-Jürgen; Kürzinger, Josef; Schöch, Heinz; Sessar, Klaus; Villmow, Bernhard (Hrsg.): Internationale Perspektiven in Kriminologie und Strafrecht. Festschrift für Günther Kaiser zum 70. Geburtstag. Berlin, 141-176.

Kerner, Hans-Jürgen; Dolde, Gabriele; Mey, Hans-Georg (Hrsg.) (1996): Jugendstrafvollzug und Bewährung. Bonn.

Kerner, Hans-Jürgen; Stroezel, Holger; Wegel, Melanie (2011): Gewaltdelinquenz und Gewaltaffinität bei jungen Menschen in verschiedenen sozialen Milieus. Trauma & Gewalt 5, 20-35.

Kersting, Stephan; Erdmann, Julia (2014): Analyse von Hellfelddaten – Darstellung von Problemen, Besonderheiten und Fallstricken anhand ausgewählter Praxisbeispiele. In: *Eifler, Stephanie; Pollich, Daniela* (Hrsg.): Empirische Forschung über Kriminalität. Methodologische und methodische Grundlagen. Wiesbaden, 9-29.

Khruakham, Seksan (2014): Institutional Anomie Theory. In: *Albanese, Jay S.* (Hrsg.): The Encyclopedia of Criminology and Criminal Justice. Chichester

Kilchling, Michael (2002): Opferschutz und der Strafanspruch des Staates – ein Widerspruch? NStZ 22, 57-63.

Kilchling, Michael (2017): Restorative Justice, insbesondere Täter-Opfer-Ausgleich im Strafvollzug. In: *Kerner, Hans-Jürgen; Kinzig, Jörg; Wulf, Rüdiger* (Hrsg.): Kriminologie und Strafvollzug. Symposium am 19. März 2016. Tübingen, 45-59.

Killias, Martin (1989): Les suisses face au crime. Grüsch.

Killias, Martin (2007): Kriminologie – eine harte Wissenschaft? „Evidence-based criminology" als Herausforderung der Kriminalpolitik. ZStrR 125, 315-329.

Killias, Martin; Aebi, Marcelo; Ribeaud, Denis (2000): Does Community Service Rehabilitate better than Short-term Imprisonment? Results of a Controlled Experiment. The Howard Journal of Criminal Justice 39, 40-57.

Killias, Martin; Kuhn, André; Aebi, Marcelo F. (2011): Grundriss der Kriminologie. Eine europäische Perspektive. 2. Aufl., Bern.

Kinzig, Jörg (2015): „Zu viel, zu schnell und zu lange!?" Neue Erkenntnisse aus Statistik und Rechtsprechung zur Untersuchungshaft, insbesondere wegen Fluchtgefahr. In: *Rotsch, Thomas; Brüning, Janique; Schady, Jan* (Hrsg.): Strafrecht – Jugendstrafrecht – Kriminalprävention in Wissenschaft und Praxis. Festschrift für Heribert Ostendorf zum 70. Geburtstag am 7. Dezember 2015. Baden-Baden, 501-518.

Kinzig, Jörg (2020): Noch im Namen des Volkes? Über Verbrechen und Strafe. Zürich.

Kitsuse, John (1962): Societal Reaction to Deviant Behavior: Problems of Theory and Method. Social Problems 9, 247-256.

Klein, Malcolm W.; Peterson, John (1988): Testing a Model of Sanction Sensitivity: Accommodation to an Existing Data Set. In: *Buikhuisen, Wouter; Mednick, Sarnoff A.* (Hrsg.): Explaining Criminal Behavior. Leiden/New York, 212-245.

Klimke, Daniela (2019): Sicherheitsmentalitäten: Eine Alternative zum Konzept der Kriminalitätsfurcht. In: *Klimke, Daniela; Oelkers, Nina; Schweer, Martin K. W.* (Hrsg.): Sicherheitsmentalitäten im ländlichen Raum. Wiesbaden, 23-56.

Köhler, Tanja (2012): Straffällige Frauen. Eine Untersuchung der Strafzumessung und Rückfälligkeit. Göttingen.

Kölbel, Ralf (2008): Wirtschaftskriminalität und unternehmensinterne Strafrechtsdurchsetzung. MschrKrim 91, 22-37.

Kölbel, Ralf (2014a): Corporate Crime, Unternehmenssanktion und kriminelle Verbandsattitüde. ZIS 9, 552-557.

Kölbel, Ralf (2014b): Opfergenugtuung oder rehabilitative Idee? StV 34, 698-703.

Kölbel, Ralf (2019): Die dunkle Seite des Strafrechts. Eine kriminologische Erwiderung auf die Pönalisierungsbereitschaft in der strafrechtswissenschaftlichen Kriminalpolitik. NK 31, 249-268.

Kölbel, Ralf (2020a): Migration und amtlich erfasste Sexualdelinquenz: Eine kriminologische Forschungsnotiz. NK 32, 321-340.

Kölbel, Ralf (2020b): Schwerpunkte der internationalen Kriminalitätsentwicklung. In: *Hoven, Elisa; Kubiciel, Michael* (Hrsg.): Zukunftsperspektiven des Strafrechts: Symposium zum 70. Geburtstag von Thomas Weigend. Baden-Baden, 13-32.

Kölbel, Ralf (2021): Kriminologische Analysen zur legislatorischen Herstellung des (Jugend-)Strafrechts. ZStW 133, 169-207.
Kollaborative Forschungsgruppe Racial Profiling in der Schweiz (2019): Racial Profiling: Erfahrung, Wirkung, Widerstand. Berlin/Bern.
König, René (1978): Emile Durkheim zur Diskussion. München/Wien.
Korsell, Lars (2007): A Theory of Selection in the Response to Economic Crime. MschrKrim 90, 140-157.
Kovandzic, Tomislav V. (2001): The Impact of Florida's Habitual Offender Law on Crime. Criminology 39, 179-204.
Kovandzic, Tomislav V.; Sloan, John J.; Vieraitis, Lynne M. (2004): „Striking out" as crime reduction policy: The impact of „three strikes" laws on rime rates in U.S. cities. Justice Quarterly 21, 207-239.
Kovandzic, Tomislav V.; Vieraitis, Lynne M.; Boots, Denise Paquette (2009): Does the death penalty save lives? New evidence from state panel data, 1977 to 2006. Criminology & Public Policy 8, 803-843.
Kramer, Ronald C. (2016): State-Organized Crime, International Law and Structural Contradictions. Crit Crim 24, 231-245.
Krasmann, Susanne (1999): Regieren über Freiheit. KrimJ 31, 107-121.
Krasmann, Susanne (2000): Gouvernementalität der Oberfläche. Aggressivität (ab)-trainieren beispielsweise. In: *Bröckling, Ulrich; Krasmann, Susanne; Lemke, Thomas* (Hrsg.): Gouvernementalität der Gegenwart. Studien zur Ökonomisierung des Sozialen. Frankfurt a. M., 194-225.
Krasmann, Susanne (2003): Die Kriminalität der Gesellschaft. Zur Gouvernementalität der Gegenwart. Konstanz.
Krasmann, Susanne; Volkmer, Michael (Hrsg.) (2007): Michel Foucaults „Geschichte der Gouvernementalität" in den Sozialwissenschaften. Internationale Beiträge. Bielefeld.
Kreissl, Reinhard (1997): Die Fake-Guerilla im Cybermarxismus. Vorüberlegungen zur Transformation sozialer Kontrolle und ihrer Kritik. In: *Frehsee, Detlev; Löschper, Gabi; Smaus, Gerlinda* (Hrsg.): Konstruktion der Wirklichkeit durch Kriminalität und Strafe. Baden-Baden, 522-548.
Kreissl, Reinhard (2009): Privatisierung von Sicherheit. KrimJ 41, 37-45.
Kretschmann, Andrea (2008): Anything goes? Eine kritische Betrachtung der Cultural Criminology. KrimJ 40, 200-217.
Kretschmann, Andrea; Legnaro, Aldo (2020): Die „drohende Gefahr" als Schlüsselbegriff einer Sekuritisierung des Rechts. ZfRSoz 40, 3–25.
Kreuter, Frauke (2002): Kriminalitätsfurcht: Messung und methodische Probleme. Wiesbaden.
Krieg, Yvonne; Rook, Leonie; Beckmann, Laura; Kliem, Sören (2020): Jugendliche in Niedersachsen. Ergebnisse des Niedersachsensurveys 2019. KFN-Forschungsbericht Nr. 154. Hannover.
Kromrey, Helmut; Roose, Jochen; Strübing, Jörg (2016): Empirische Sozialforschung. 13. Aufl. Konstanz/München.
Kubiciel, Michael (2006): Shame Sanctions – Ehrenstrafen im Lichte der Straftheorie. ZStW 118, 44-75.
Kuchartz, Udo (2020): Typenbildung. In: *Mey, Günter; Mruck, Katja* (Hrsg.): Handbuch Qualitative Forschung in der Psychologie. Band 2: Designs und Verfahren. Wiesbaden, 795-812.
Kuhn, André (2017): La juste peine selon la population et selon les juges: résultats d'une triple étude empirique. In: *Kuhn, André; Schwarzenegger, Christian; Vuille, Joëlle* (Hrsg.): Le genre devant la justice pénale: Des stéréotypes aux inégalités de traitement. Bern.
Kuhn, André; Villettaz, Patrice; Willi-Jayet, Aline; Willi, Florian (2004): Öffentliche Meinung und Strenge der Richter: Vergleich zwischen den von schweizerischen Richtern ausgesprochenen Strafen und den von der Öffentlichkeit gewünschten Sanktionen. Schweizerische Zeitschrift für Kriminologie 3, Nr. 1, 23-32.
Künkel, Jenny (2014): Intersektionalität, Machtanalyse, Theorienpluralität. Eine Replik zur Debatte um kritische Polizeiforschung. sub\urban. Zeitschrift für Kritische Stadtforschung 2, Nr. 2, 77-90.
Kunz, Harald J. (1976): Die Ökonomik individueller und organisierter Kriminalität. Köln u. a.
Kunz, Karl-Ludwig (1984a): Das strafrechtliche Bagatellprinzip. Eine strafrechtsdogmatische und kriminalpolitische Untersuchung. Berlin.
Kunz, Karl-Ludwig (1984b): Die Verdrängung des Richters durch den Staatsanwalt: eine zwangsläufige Entwicklung effizienzorientierter Strafrechtspflege? KrimJ 16, 39-49.
Kunz, Karl-Ludwig (1990): Kriminologie zwischen erfahrungswissenschaftlicher Autonomie und kriminalpolitischer Einflussnahme. In: *Kerner, Hans-Jürgen; Kaiser, Günther* (Hrsg.): Kriminalität. Persönlich-

keit, Lebensgeschichte und Verhalten. Festschrift für Hans Göppinger zum 70. Geburtstag. Berlin u. a., 89-101.

Kunz, Karl-Ludwig (1997): Innere Sicherheit und Kriminalitätsvorsorge im liberalen Rechtsstaat. In: *Kunz, Karl-Ludwig; Moser, Rupert* (Hrsg.): Innere Sicherheit und Lebensängste. Bern, 13-35.

Kunz, Karl-Ludwig (2000): Bürgerfreiheit und Sicherheit. Perspektiven von Strafrechtstheorie und Kriminalpolitik. Bern u. a.

Kunz, Karl-Ludwig (2001): Zum Verständnis der Kriminalität des Weissen Kragens. In: *Ackermann, Jürg-Beat; Donatsch, Andreas; Rehberg, Jörg* (Hrsg.): Wirtschaft und Strafrecht. Festschrift für Niklaus Schmid zum 65. Geburtstag. Zürich, 87-101.

Kunz, Karl-Ludwig (2002): Opferschutz und Verteidigungsrechte. Sonderbeilage Plädoyer: Forum Strafverteidigung, 2-13.

Kunz, Karl-Ludwig (2005): Grundzüge der heutigen Kriminalpolitik. NK 17, 151-156.

Kunz, Karl-Ludwig (2008): Die wissenschaftliche Zugänglichkeit von Kriminalität. Ein Beitrag zur Erkenntnistheorie der Sozialwissenschaften. Wiesbaden.

Kunz, Karl-Ludwig (2010a): Lebenswissenschaft und Biorenaissance in der Kriminologie. In: *Böllinger, Lorenz; Jasch, Michael; Krasmann, Susanne; Pilgram, Arno; Prittwitz, Cornelius; Reinke, Herbert; Rzepka, Dorothea* (Hrsg.): Gefährliche Menschenbilder. Biowissenschaften, Gesellschaft und Kriminalität. Baden-Baden, 124-137.

Kunz, Karl-Ludwig (2010b): Strafrechtsmodelle und Gesellschaftsstruktur. KrimJ 42, 9-23.

Kunz, Karl-Ludwig (2010c): Zur Symbolik des Strafrechts. In: *Dölling, Dieter; Götting, Bert; Meier, Bernd-Dieter; Verrel, Torsten* (Hrsg.): Verbrechen – Strafe – Resozialisierung. Festschrift für Heinz Schöch zum 70. Geburtstag. Berlin, 353-367.

Kunz, Karl-Ludwig (2013): Zum Konzept der „Punitivität" und seiner Entwicklung im internationalen Vergleich. In: *Boers, Klaus; Feltes, Thomas; Kinzig, Jörg; Sherman, Lawrence W.; Streng, Franz; Trüg, Gerson* (Hrsg.): Kriminologie – Kriminalpolitik – Strafrecht. Festschrift für Hans-Jürgen Kerner zum 70. Geburtstag. Tübingen, 113-126.

Kunz, Karl-Ludwig (2014): Die „wissenschaftliche Eigenständigkeit" der Kriminologie: Zur diskursiven Formation einer Disziplin. Vortragsmanuskript. Bern.

Kunz, Karl-Ludwig (2019): Strafrechtliche Sanktionen in der Schweiz: Gesetz und Vollzug. ZStW 131, 540-554.

Kunz, Karl-Ludwig (2020): Unentdeckte Straftaten aus konstruktivistischer Sicht – ein Beitrag zum Verständnis des Dunkelfeldes. MschrKrim 103, 150-157.

Kunz, Karl-Ludwig; Brandenstein, Martin; Schmid, Sophie (2014): Punitivität von Studierenden. Schweizerische Zeitschrift für Kriminologie 13, Nr. 1, 3-25.

Kunz, Karl-Ludwig; Sidler, Roger (1999): Kriminalpolitik in Entenhausen. Vom Umgang mit Kriminalität bei Micky Maus & Co. Basel/Genf/München.

Kury, Helmut (2000): Mehr Freiheitsstrafen – weniger Kriminalität? Zur (fraglichen) Wirkung härterer Kriminalsanktionen. ZfStrVo 49, 323-336.

Kury, Helmut (2013): Punitivität und Verbrechensfurcht – Zur Aussagekraft der Forschungsergebnisse. In: *Kuhn, André; Margot, Pierre; Aebi, Marcelo F.; Schwarzenegger, Christian; Donatsch, Andreas; Jositsch, Daniel* (Hrsg.): Kriminologie, Kriminalpolitik und Strafrecht aus internationaler Perspektive. Bern, 247-266.

Kury, Helmut; Dörmann, Uwe; Richter, Harald; Würger, Michael (1992): Opfererfahrungen und Meinungen zur Inneren Sicherheit in Deutschland. Ein empirischer Vergleich von Viktimisierungen, Anzeigeverhalten und Sicherheitseinschätzung in Ost und West vor der Vereinigung. Wiesbaden.

Kury, Helmut; Guzy, Nathalie; Leitgöb, Heinz (2015): Effekte des Erhebungsmodus. In: *Guzy, Nathalie; Birkel, Christoph; Mischkowitz, Robert* (Hrsg.): Viktimisierungsbefragungen in Deutschland. Band 2. Methodik und Methodologie. Wiesbaden, 77-105.

Kury, Helmut; Lichtblau, Andrea; Neumaier, André; Obergfell-Fuchs, Joachim (2005): Kriminalitätsfurcht. Zu den Problemen ihrer Erfassung. Schweizerische Zeitschrift für Kriminologie 4, Nr. 1, 3-19.

Kury, Helmut; Obergfell-Fuchs, Joachim (1998): Kriminalitätsfurcht und Alter. MschrKrim 81, 198-217.

Kury, Helmut; Obergfell-Fuchs, Joachim (2006a): Punitivität in Deutschland. Zur Diskussion um eine neue „Straflust". In: *Feltes, Thomas; Pfeiffer, Christian; Steinhilper, Gernot* (Hrsg.): Kriminalpolitik und ihre wissenschaftlichen Grundlagen. Festschrift für Professor Dr. Hans-Dieter Schwind zum 70. Geburtstag. Heidelberg, 1021-1043.

Kury, Helmut; Obergfell-Fuchs, Joachim (2006b): Zur Punitivität in Deutschland. SozProb 17, 119-154.

Kury, Helmut; Obergfell-Fuchs, Joachim (2008): Methodische Probleme bei der Erfassung von Sanktionseinstellungen (Punitivität) – ein quantitativer und qualitativer Ansatz. In: *Groenemeyer, Axel; Wieseler, Silvia* (Hrsg.): Soziologie sozialer Probleme und sozialer Kontrolle. Realitäten, Repräsentationen und Politik. Wiesbaden, 231-255.

Kury, Helmut; Obergfell-Fuchs, Joachim (2009): Verbrechensfurcht und Einstellungen der Bevölkerung zu Kriminalität und deren Kontrolle. In: *Schneider, Hans Joachim* (Hrsg.): Internationales Handbuch der Kriminologie. Band 2: Besondere Probleme der Kriminologie. Berlin, 455-479.

Kury, Helmut; Obergfell-Fuchs, Joachim; Würger, Michael (2000): Gemeinde und Kriminalität. Eine Untersuchung in Ost- und Westdeutschland. Freiburg.

Kürzinger, Josef (1977): Cesare Lombroso. In: *Fassmann, Kurt* (Hrsg.): Die Grossen der Weltgeschichte. Enzyklopädie. Band 8. Zürich, 626-635.

Kürzinger, Josef (1978): Private Strafanzeige und polizeiliche Reaktion. Berlin.

Kürzinger, Josef (1995): Kriminologie. Eine Einführung in die Lehre vom Verbrechen. 2. Aufl., Stuttgart/München/Hannover.

Lacey, Nicola (2008): The Prisoners' Dilemma. Political Economy and Punishment in Contemporary Democracies. Cambridge.

Lacey, Nicola (2012): Punishment in the Perspective of Comparative Political Economy. KrimJ 44, 9-31.

Lacey, Nicola (2013): Punishment, (Neo)Liberalism and Social Democracy. In: *Simon, Jonathan; Sparks, Richard* (Hrsg.): The SAGE Handbook of Punishment and Society. Los Angeles u. a., 260-280.

Lamnek, Siegfried (2018): Theorien abweichenden Verhaltens I. „Klassische" Ansätze. 10. Aufl., Paderborn.

Lamnek, Siegfried; Krell, Claudia (2016): Qualitative Sozialforschung. 6. Aufl., Weinheim.

Lamnek, Siegfried; Luedtke, Jens; Ottermann, Ralf; Vogl, Susanne (2012): Tatort Familie. Häusliche Gewalt im gesellschaftlichen Kontext. 3. Aufl., Wiesbaden.

Lamnek, Siegfried; Vogl, Susanne (2017): Theorien abweichenden Verhaltens II. „Moderne" Ansätze. 4. Aufl., Paderborn.

Lampe, Dirk (2018): Prävention. Praktiken, Kritiken und Leerstellen. KrimJ 50, 178-187.

Landeskriminalamt Mecklenburg-Vorpommern (2017): Erste Untersuchung zum Dunkelfeld der Kriminalität in Mecklenburg-Vorpommern. Abschlussbericht. Schwerin.

Lappi-Seppälä, Tapio (2010): Vertrauen, Wohlfahrt und politikwissenschaftliche Aspekte – International vergleichende Perspektiven zur Punitivität. In: *Dünkel, Frieder; Lappi-Seppälä, Tapio; Morgenstern, Christine; van Zyl Smit, Dirk* (Hrsg.): Kriminalität, Kriminalpolitik, strafrechtliche Sanktionspraxis und Gefangenenraten im europäischen Vergleich. Mönchengladbach, 963-1023.

Lappi-Seppälä, Tapio (2014): Imprisonment and penal demands. Exploring the dimensions and drivers of systemic and attitudinal punitivity. In: *Body-Gendrot, Sophie; Hough, Mike; Kerezsi, Klára; Lévy, René; Snacken, Sonja* (Hrsg.): The Routledge Handbook of European Criminology. Abingdon/New York, 295-336.

Lappi-Seppälä, Tapio (2008): Trust, Welfare, and Political Culture: Explaining Differences in National Penal Policies. Crime and Justice 37, 313-387.

Laub, John H.; Sampson, Robert J. (2006): Shared Beginnings, Divergent Lives. Delinquent Boys to Age 70. Cambridge.

Laubenthal, Klaus (1987): Lebenslange Freiheitsstrafe. Vollzug und Aussetzung des Strafrestes zur Bewährung. Lübeck.

Laubenthal, Klaus (2019): Strafvollzug. 8. Aufl., Berlin u. a.

Laue, Christian (2010): Evolution, Kultur und Kriminalität. Über den Beitrag der Evolutionstheorie zur Kriminologie. Berlin/Heidelberg.

Laumann, Edward; Gagnon, John; Michael, Robert; Michaels, Stuart (1995): The Social Organisation of Sexuality. Sexual Practices in the United States. Chicago.

Lautmann, Rüdiger (2014): Strafrecht und Soziologie. ZfRSoz 34, 5-31.

Lautmann, Rüdiger; Klimke, Daniela (2004): Punitivität als Schlüsselbegriff für eine Kritische Kriminologie. In: *Lautmann, Rüdiger; Klimke, Daniela; Sack, Fritz* (Hrsg.): Punitivität. 8. Beiheft des Kriminologischen Journals. Weinheim, 9-29.

Lavater, Johann C. (1775-1779): Physiognomische Fragmente. Leizpig/Winterthur.

Lazarus, Richard S.; Folkman, Susan (1984): Stress, Appraisal and Coping. New York.

Legnaro, Aldo (1997): Konturen der Sicherheitsgesellschaft. Eine polemisch-futurologische Skizze. Leviathan 25, 271-284.

Legnaro, Aldo (2010): Prekarität, Strafe und die Ökonomie der Freiheit. KrimJ 42, 59-67.

Legnaro, Aldo (2018): Kennzeichen des Gefährdens. Skizzen einer Ethnomethodologie des Sich-verdächtig-Machens. KrimJ 50, 123-138.

Legnaro, Aldo; Aengenheister, Astrid (1999): Die Aufführung von Strafrecht. Kleine Ethnographie gerichtlichen Verhandelns. Baden-Baden.

Lehne, Werner (1998): Kommunale Kriminalprävention. Die Reorganisation des Politikfeldes „Innere Sicherheit". In: *Hitzler, Ronald; Peters, Helge* (Hrsg.): Inszenierung: Innere Sicherheit. Daten und Diskurse. Opladen, 113-130.

Lehne, Werner (2008): Polizeikriminalität, ein strafrechtliches Problem? In: *Prittwitz, Cornelius; Böllinger, Lorenz; Jasch, Michael; Krasmann, Susanne; Peters, Helge; Reinke, Herbert; Rzepka, Dorothea; Schumann, Karl F.* (Hrsg.): Kriminalität der Mächtigen. Baden-Baden, 263-281.

Lehne, Werner; Schlepper, Christina (2007): Die „präventive Wende" in Deutschland: Auf dem Weg zum rationalen Sicherheitsmanagement? In: *Hess, Henner; Ostermeier, Lars; Paul, Bettina* (Hrsg.): Kontrollkulturen. Texte zur Kriminalpolitik im Anschluss an David Garland. 9. Beiheft des Kriminologischen Journals. Weinheim, 119-136.

Leitgöb-Guzy, Nathalie (2016): Strafeinstellungen in Deutschland. In: *Birkel, Christoph; Hummelsheim-Doss, Diana; Leitgöb-Guzy, Nathalie; Oberwittler, Dietrich* (Hrsg.): Opfererfahrungen und kriminalitätsbezogene Einstellungen in Deutschland. Vertiefende Analysen des Deutschen Viktimisierungssurvey 2012 unter besonderer Berücksichtigung des räumlichen Kontextes. Wiesbaden, 241-294.

Lemert, Edwin M. (1951): Social Pathology. New York.

Lemke, Thomas (1997): Eine Kritik der politischen Vernunft. Michel Foucaults Analyse der modernen Gouvernementalität. Berlin/Hamburg.

Lemke, Thomas (2000): Die Regierung der Risiken – Von der Eugenik zur genetischen Gouvernementalität. In: *Bröckling, Ulrich; Krasmann, Susanne; Lemke, Thomas* (Hrsg.): Gouvernementalität der Gegenwart. Studien zur Ökonomisierung des Sozialen. Frankfurt a. M., 227-265.

Lemke, Thomas (2008): Gouvernementalität und Biopolitik. 2. Aufl., Wiesbaden.

Lemke, Thomas; Krasmann, Susanne; Bröckling, Ulrich (2000): Gouvernementalität, Neoliberalismus und Selbsttechnologien. Eine Einleitung. In: *Bröckling, Ulrich; Krasmann, Susanne; Lemke, Thomas* (Hrsg.): Gouvernementalität der Gegenwart. Studien zur Ökonomisierung des Sozialen. Frankfurt a. M., 7-40.

Lessenich, Stephan (2008): Die Neuerfindung des Sozialen. Der Sozialstaat im flexiblen Kapitalismus. Bielefeld.

Lewis, Helen B. (1971): Shame and Guilt in Neurosis. New York.

Lindenberg, Michael; Schmidt-Semisch, Henning (2000): Komplementäre Konkurrenz in der Sicherheitsgesellschaft. Überlegungen zum Zusammenwirken staatlicher und kommerzieller sozialer Kontrolle. MschrKrim 83, 306-319.

Linder, Joachim (1997): Die Kunst des Strafverfahrens. Die Strafjustiz in Heinrich Bölls Erzählung „Ende einer Dienstfahrt" (1966). In: *Frehsee, Detlev; Löschper, Gabi; Smaus, Gerlinda* (Hrsg.): Konstruktion der Wirklichkeit durch Kriminalität und Strafe. Baden-Baden, 304-328.

Lipsey, Mark W.; Cullen, Francis T. (2007): The Effectiveness of Correctional Rehabilitation: A Review of Systematic Reviews. Annual Review of Law and Social Science 3, 297-320.

Lipton, Douglas; Martinson, Robert; Wilks, Judith (1975): The Effectiveness of Correctional Treatment: A Survey of Treatment Evaluation Studies. New York.

Loader, Ian; Sparks, Richard (2007): Contemporary landscapes of crime, order and control: governance, risk and globalization. In: *Maguire, Mike; Morgan, Rod; Reiner, Robert* (Hrsg.): The Oxford Handbook of Criminology. 4. Aufl., Oxford/New York, 78-101.

Loader, Ian; Sparks, Richard (2010): Public Criminology? Abingdon/New York.

Loader, Ian; Sparks, Richard (2017): Penal populism and epistemic crime control. In: *Liebling, Alison; Maruna, Shadd; McAra, Lesley* (Hrsg.): The Oxford Handbook of Criminology. 6. Aufl., Oxford, 98-115.

Loeber, Rolf (1996): Developmental Continuity, Change, and Pathways in Male Juvenile Problem Behaviours and Delinquency. In: *Hawkins, David* (Hrsg.): Delinquency and Crime. Current Theories. Cambridge, 1-27.

Loeber, Rolf; Le Blanc, Marc (1990): Toward a Developmental Criminology. Crime and Justice 12, 375-473.

Lombroso, Cesare (1887): Der Verbrecher in anthropologischer, ärztlicher und juristischer Beziehung. Hamburg.

Lombroso, Cesare (1902): Die Ursachen und Bekämpfung des Verbrechens. Berlin.

Lösel, Friedrich (1983): Empirische Persönlichkeitsforschung und Delinquenzerklärung. In: *Lösel, Friedrich* (Hrsg.): Kriminalpsychologie. Grundlagen und Anwendungsbereiche. Weinheim/Basel, 29-40.

Lösel, Friedrich (1993): Täterpersönlichkeit. In: *Kaiser, Günther; Kerner, Hans-Jürgen; Sack, Fritz; Schellhoss, Hartmut* (Hrsg.): Kleines Kriminologisches Wörterbuch. 3. Aufl., Heidelberg, 529-540.

Lück, Monika; Strüber, Daniel; Roth, Gerhard (2005): Psychobiologische Grundlagen aggressiven und gewalttätigen Verhaltens. Oldenburg.

Lüdemann, Christian (2006): Kriminalitätsfurcht im urbanen Raum. Eine Mehrebenenanalyse zu individuellen und sozialräumlichen Determinanten verschiedener Dimensionen von Kriminalitätsfurcht. KZfSS 58, 285-306.

Lüdemann, Christian; Bussmann, Kai-D. (1989): Diversionschancen der Mächtigen? Eine empirische Studie über Absprachen im Strafprozess. KrimJ 21, 54-72.

Lüderssen, Klaus (1991): Produktive Spiegelungen. Recht und Kriminalität in der Literatur. Frankfurt a. M.

Luhmann, Niklas (1985): Soziale Systeme. Grundriß einer allgemeinen Theorie. 2. Aufl., Frankfurt a. M.

Lynch, Mona; Bertenthal, Alyse (2016): The calculus of the record: Criminal history in the making of US Federal Sentencing Guidelines. Theoretical Criminology 20, 145-164.

Maamar, Niklas (2018): Social Scoring. Eine europäische Perspektive auf Verbraucher-Scores zwischen Big Data und Big Brother. Computer und Recht 34, 820-828.

Maddan, Sean; Marshall, Ineke Haen (2009): Labeling and Symbolic Interaction Theories. In: *Miller, J. Mitchell* (Hrsg.): 21st Century Criminology. A Reference Handbook, Band 1. Thousand Oaks, 253-261.

Maguire, Mike; McVie, Susan (2017): Crime Data and Criminal Statistics: A Critical Reflection. In: *Liebling, Alison; Maruna, Shadd; McAra, Lesley* (Hrsg.): The Oxford Handbook of Criminology. 6. Aufl., Oxford, 163-189.

Maier, Wolfgang; Helmchen, Hanfried; Sass, Henning (2005): Hirnforschung und Menschenbild im 21. Jahrhundert. Der Nervenarzt 76, 543-545.

Mair, George (1991): What Works – Nothing or Everything? Measuring the Effectiveness of Sentencing. Home Office Research and Statistics Department, Research Bulletin 30, 3-8.

Mansel, Jürgen (2008): Ausländer unter Tatverdacht. Eine vergleichende Analyse von Einstellung und Anklageerhebung auf der Basis staatsanwaltlicher Ermittlungsakten. KZfSS 60, 551-578.

Manzoni, Patrik; Schwarzenegger, Christian (2019): The Influence of Earlier Parental Violence on Juvenile Delinquency: The Role of Social Bonds, Self-Control, Delinquent Peer Association and Moral Values as Mediators. European Journal on Criminal Policy and Research 25, 225–239.

Markowitsch, Hans J.; Siefer, Werner (2007): Tatort Gehirn. Auf der Suche nach dem Ursprung des Verbrechens. Frankfurt a. M./New York.

Martin, James (2014): Drugs on the Dark Net. How Cryptomarkets are Transforming the Global Trade in Illicit Drugs. London.

Martin, Susan E.; Sechrest, Lee B.; Redner, Robin (Hrsg.) (1981): New Directions in the Rehabilitation of Criminal Offenders. Washington D.C.

Martinson, Robert (1974): What works? Questions and answers about prison reform. The Public Interest 54, 22-54.

Mathiesen, Thomas (1979): Überwindet die Mauern! Die skandinavische Gefangenenbewegung als Modell politischer Randgruppenarbeit. Neuwied.

Mathiesen, Thomas (2013): Towards a Surveillant Society: The Rise of Surveillance Systems in Europe. Sherfield-on-Loddon.

Mawby, Rob I.; Walklate, Sandra (1994): Critical Victimology. International Perspectives. London.

Maynard, Douglas (1988): Narratives and Narrative Structure in Plea Bargaining. Law and Society Review 3, 449-481.

Mayring, Philipp (2016): Einführung in die qualitative Sozialforschung. Eine Anleitung zu qualitativem Denken. 6. Aufl., Weinheim u. a.

McGuire, James (2004): Understanding psychology and crime. Perspectives on theory and action. Maidenhead.

McKenzie, Richard B.; Tullock, Gordon (1984): Homo oeconomicus. Ökonomische Dimensionen des Alltags. Frankfurt a. M.

McSherry, Bernadette (2020): Risk Assessment, Predictive Algorithms and Preventive Justice. In: *Pratt, John; Anderson, Jordan* (Hrsg.): Criminal Justice, Risk and the Revolt against Uncertainty. Cham, 17-42.

Mead, George H. (1968): Geist, Identität und Gesellschaft aus Sicht des Sozialbehaviorismus. Frankfurt a. M.

Mednick, Sarnoff Andrej; Gabrielli, William; Hutchings, Barry (1984): Genetic Influences in Criminal Convictions: Evidence from an Adoption Cohort. Science 224, 891-894.

Mednick, Sarnoff Andrej; Volavka, Jan (1980): Biology and Crime. Crime and Justice 2, 85-158.

Mehlkop, Guido; Graeff, Peter (2006): Mord, Selbstmord und Anomie. Ein neuer Ansatz zur Operationalisierung und empirischen Anwendung des Anomiekonstruktes von Emile Durkheim. Sozialwissenschaften und Berufspraxis 29, 56-69.

Meier, Bernd-Dieter (2019): Strafrechtliche Sanktionen. 5. Aufl., Heidelberg.

Meier, Bernd-Dieter (2021): Kriminologie. 6. Aufl., München.

Meinberg, Volker (1985): Geringfügigkeitseinstellungen von Wirtschaftsstrafsachen. Eine empirische Untersuchung zur staatsanwaltlichen Verfahrenserledigung nach § 153 a StPO. Freiburg.

Melossi, Dario (1976): The Penal Question in Capital. Crime and Social Justice 5, 26-33.

Menzel, Birgit; Wehrheim, Jan (2010): Soziologie Sozialer Kontrolle. In: *Kneer, Georg; Schroer, Markus* (Hrsg.): Handbuch Spezielle Soziologien. Wiesbaden, 509-524.

Merton, Robert K. (1968): Sozialstruktur und Anomie. In: *Sack, Fritz; König, René* (Hrsg.): Kriminalsoziologie. Frankfurt a. M., 283-313.

Messerschmidt, James W. (1997): Crime as Structured Action: Gender, Race, Class, and Crime in the Making. Thousand Oaks.

Messner, Steven F.; Rosenfeld, Richard (1997): Political Restraint of the Market and Levels of Criminal Homicide: A Cross-National Application of Institutional-Anomie Theory. Social Forces 75, Nr. 4, 1393–1416.

Messner, Steven F.; Rosenfeld, Richard (2012): Crime and the American Dream. 5. Aufl., Belmont.

Michalowski, Raymond J. (2016): What is Crime? Crit Crim 24, 181-199.

Micus-Loos, Christiane (2018): Geschlecht und Kriminalität. In: *Hermann, Dieter; Pöge, Andreas* (Hrsg.): Kriminalsoziologie. Handbuch für Wissenschaft und Praxis. Baden-Baden, 219-232.

Mitchell, Barry; Roberts, Julian V. (2012): Sentencing for Murder. Exploring Public Knowledge and Public Opinion in England and Wales. The British Journal of Criminology 52, 141-158.

Mizruchi, Ephraim H. (1964): Success and Opportunity. A Study of Anomie. New York.

Moffitt, Terrie E. (1993): Adolescent-Limited and Life-Course-Persistent Antisocial Behavior: A Developmental Taxonomy. Pschological Review 100, 674-701.

Moffitt, Terrie E.; Caspi, Avshalom; Rutter, Michael; Silva, Phil A. (2001): Sex Differences in Antisocial Behaviour. Conduct Disorder, Delinquency and Violence in the Dunedin Longitudinal Study. Cambridge.

Möhring, Peter (2014): Verbrecher, Bürger und das Unbewusste. Kriminologie mit psychoanalytischem Blick. Gießen.

Mokros, Andreas; Hollerbach, Pia; Nitschke, Joachim; Habermeyer, Elmar (2017): Hare Psychopathy Checklist – Revised. Deutsche Version des Hare Psychopathy Checklist – Revised (PCL-R) von R. D. Hare. Göttingen.

Momsen, Carsten; Washington, Sarah L. (2019): Wahrnehmungsverzerrungen im Strafprozess – die Beweisprüfung im Zwischenverfahren der StPO und US-amerikanische Alternativen. In: *Goeckenjan, Ingke; Puschke, Jens; Singelnstein, Tobias* (Hrsg.): Für die Sache – Kriminalwissenschaften aus unabhängiger Perspektive. Festschrift für Ulrich Eisenberg zum 80. Geburtstag. Berlin, 453-473.

Morris, Allison; Gelsthorpe, Lorraine (1991): Feminist Perspectives in Criminology: Transforming and Transgressing. Woman and Criminal Justice 2, 3-26.

Morus, Thomas; Campanella, Tommaso; Bacon, Francis (1960): Utopia (orig. 1516). In: *Heinisch, Klaus* (Hrsg.): Der utopische Staat: Utopia. Sonnenstaat. Neu-Atlantis. Reinbek, 9-110.

Mosquera, Vallerye; Wagner-Weir, Drew (2014): Strict, Stricter, and Strictest: An Analysis of Prison Sentencing in California Before and After „Three Strikes". California Initiative Review, Nr. 11, 171-192.

Moyer, Imogene L. (2001): Criminological Theories. Traditional and Non-Traditional Voices and Themes. Thousand Oaks/London/New Delhi.

Müller-Isberner, Rüdiger; Gonzalez Cabeza, Sara; Eucker, Sabine (2000): Die Vorhersage sexueller Gewalttaten mit dem SVR 20. Haina.

Müller-Isberner, Rüdiger; Gonzalez Cabeza, Sara; Jöckel, Dieter (1998): Die Vorhersage von Gewalttaten mit dem HCR-20. Haina.

Müller-Tuckfeld, Jens C. (1998): Integrationsprävention. Studien zu einer Theorie der gesellschaftlichen Funktion des Strafrechts. Frankfurt a. M. u. a.

Müller, Henning Ernst; Schmoll, Annemarie (2019): Deliktsschwereforschung als Grundlage eines gerechteren Strafrechtssystems? In: *Kaspar, Johannes; Walter, Tonio* (Hrsg.): Strafen „im Namen des Volkes"? Zur rechtlichen und kriminalpolitischen Relevanz empirisch feststellbarer Strafbedürfnisse der Bevölkerung. Baden-Baden, 117-130.

Müller, Jürgen L.; Stolpmann, Georg (2015): Legalbewährung nach rechtskräftiger Ablehnung einer nachträglichen Anordnung der Unterbringung in der Sicherungsverwahrung. MschrKrim 98, 35-47.

Müller, Ursula; Schröttle, Monika (2004): Lebenssituation, Sicherheit und Gesundheit von Frauen in Deutschland. Eine repräsentative Untersuchung zu Gewalt gegen Frauen in Deutschland. Hrsg.: Bundesministerium für Familie, Senioren, Frauen und Jugend. Berlin.

Müller, Ursula; Schröttle, Monika (2006): Gewalt gegen Frauen in Deutschland – Ausmaß, Ursachen, Folgen. In: *Heitmeyer, Wilhelm; Schröttle, Monika* (Hrsg.): Gewalt. Beschreibungen, Analysen, Prävention. Bonn, 77-97.

Murray, Charles; Herrnstein, Richard J. (1994): The Bell Curve. Intelligence and Class Structure in American Life. New York.

Murray, Joseph; Blokland, Arjan; Farrington, David P.; Theobald, Delphine (2014): Long-Term Effects of Conviction and Incarceration on Men in the Cambridge Study in Delinquent Development. In: *Farrington, David P.; Murray, Joseph* (Hrsg.): Labeling theory: Empirical tests. New Brunswick/London, 209-236.

Na, Chongmin; Paternoster, Raymond (2012): Can Self-Control Change Substantially Over Time? Rethinking the Relationship Between Self- and Social Control. Criminology 50, 427-462.

Nachtwey, Oliver (2016): Die Abstiegsgesellschaft. Über das Aufbegehren in der regressiven Moderne. Berlin.

Nagel, Alexander-Kenneth (2021): Vorbereitet auf den Untergang: Prepper als apokalyptische Szene? In: *Betz, Gregor J.; Bosančić, Saša* (Hrsg.): Apokalyptische Zeiten: Endzeit- und Katastrophenwissen gesellschaftlicher Zukünfte. Weinheim, 27-43.

Nagel, Thomas (1986): The View from Nowhere. New York/Oxford.

Nagin, Daniel S.; Trembla, Richard E (2005): What Has Been Learned from Group-Based Trajectory Modeling? Examples from Physical Aggression and Other Problem Behaviors. The Annals of the American Academy of Political and Social Science 602, 82-117.

Nagrecha, Mitali; Bögelein, Nicole (2019): Criminal-Legal System Actors' Practices and Views on Day Fines. KrimOJ 1, 267-283.

Nakhaie, M. Reza; Silverman, Robert A.; LaGrange, Teresa C. (2000): Self-Control and Social Control: An Examination of Gender, Ethnicity, Class and Delinquency. The Canadian Journal of Sociology 25, 35-59.

Naplava, Thomas; Walter, Michael (2006): Entwicklung der Gewaltkriminalität: Reale Zunahme oder Aufhellung des Dunkelfeldes? MschrKrim 89, 338-351.

Naucke, Wolfgang (1989): Die Modernisierung des Strafrechts durch Beccaria. In: *Deimling, Gerhard* (Hrsg.): Cesare Beccaria. Die Anfänge moderner Strafrechtspflege in Europa. Heidelberg, 37-53.

Naucke, Wolfgang (1999): Konturen eines nach-präventiven Strafrechts. KritV 82, 336-354.

Naucke, Wolfgang (2010): Die robuste Tradition des Sicherheitsstrafrechts. KritV 93, 129-136.

Nedopil, Norbert (1995): Neues zur Kriminalprognose – gibt es das? In: *Dölling, Dieter* (Hrsg.): Die Täter-Individualprognose. Beiträge zu Stand, Problemen und Perspektiven der kriminologischen Prognoseforschung. Heidelberg, 83-95.

Nedopil, Norbert (1997): Die Bedeutung von Persönlichkeitsstörungen für die Prognose künftiger Delinquenz. MschrKrim 80, 79-92.

Nedopil, Norbert (2005): Prognosen in der Forensischen Psychiatrie. Ein Handbuch für die Praxis. Lengerich.

Nedopil, Norbert; Müller, Jürgen Leo (2017): Forensische Psychiatrie. 5. Aufl., Stuttgart/New York.

Negnal, Dörte (2020): Gefährliche Gruppen. Zur Personifizierung sozialer Probleme. SozProb 31, 37-61.

Neubacher, Frank (2008): Jugendgewalt: weder häufiger noch brutaler! Zur Deutung des kriminalstatistischen Anstiegs der Gewalt- und Betrugsdelikte. ZRP 41, 192-195.

Neubacher, Frank (2017): Die Situational Action Theory – Ausgangspunkte, Standpunkte, Kritikpunkte. In: *Safferling, Christoph; Kett-Straub, Gabriele; Jäger, Christian; Kudlich, Hans* (Hrsg.): Festschrift für Franz Streng zum 70. Geburtstag. Heidelberg, 565-577.

Neubacher, Frank (2020): Kriminologie. 4. Aufl., Baden-Baden.

Neubacher, Frank; Boxberg, Verena (2018): Gewalt und Subkultur. In: *Maelicke, Bernd; Suhling, Stefan* (Hrsg.): Das Gefängnis auf dem Prüfstand. Zustand und Zukunft des Strafvollzugs. Wiesbaden, 195-216.

Neubacher, Frank; Oelsner, Jenny; Schmidt, Holger (2013): Gewalt und Suizid im Jugendstrafvollzug – Ein Zwischenbericht. In: *Dölling, Dieter; Jehle, Jörg-Martin* (Hrsg.): Täter – Taten – Opfer. Grundlagenfragen und aktuelle Probleme der Kriminalität und ihrer Kontrolle. Mönchengladbach, 672-690.

Newburn, Tim (2017): Criminology. 3. Aufl., Abingdon/New York.

Niederfranke, Annette; Drewes, Malte (2017): Neue Formen der Erwerbstätigkeit in einer globalisierten Welt: Risiko der Aushöhlung von Mindeststandards für Arbeit und soziale Sicherung? Sozialer Fortschritt 66, Nr. 12, 919-934.

Niggli, Marcel A. (1992): Kriminologische Theorien und ihre Bedeutung für die Kriminologie in Deutschland, der Schweiz und den USA – Ein empirischer Vergleich. MschrKrim 72, 261-277.

Niggli, Marcel A.; Pfister, Fritz (1997): Verlorenes Paradies? Über Romantik, Kriminalitätsentwicklung in der Schweiz und die Kunst, Geschichten zu erzählen. Aktuelle Juristische Praxis 6, 519-536.

Noble, Julien; Jardin, Antoine (2020): From Victimization to Fear: Fear of Crime and its Variations Among Victims. The British Journal of Criminology 60, 468-489.

Noelle-Neumann, Elisabeth; Köcher, Renate (2002): Allensbacher Jahrbuch der Demoskopie 1998-2002. München.

O'Malley, Pat (1996): Risk and Responsibility. In: *Barry, Andrew; Osborne, Thomas; Rose, Nikolas* (Hrsg.): Foucault and Political Reason. Liberalism, Neo-Liberalism and Rationalities of Government. Chicago/London, 189-207.

Obergfell-Fuchs, Joachim (2001): Ansätze und Strategien kommunaler Kriminalprävention. Begleitforschung im Pilotprojekt kommunale Kriminalprävention in Baden-Württemberg anhand der Stadt Freiburg im Breisgau. Freiburg.

Oberwittler, Dietrich (2016): Jugendliche und Polizei – Eine vergleichende Untersuchung zur Rolle verdachtsunabhängiger Personenkontrollen in französischen und deutschen Städten. RdJB 64, 414-427.

Oberwittler, Dietrich (2021): Jugend und Kriminalität. In: *Krüger, Heinz-Hermann; Grunert, Cathleen; Ludwig, Katja* (Hrsg.): Handbuch Kindheits- und Jugendforschung. Wiesbaden, 1-40.

Oberwittler, Dietrich; Gerstner, Dominik (2011): Kriminalgeographie Baden-Württembergs (2003-2007). Sozioökonomische und räumliche Determinanten der registrierten Kriminalität. Arbeitsberichte aus dem Max-Planck-Institut für ausländisches und internationales Strafrecht. Freiburg.

Oberwittler, Dietrich; Janssen, Heleen; Gerstner, Dominik (2017): Unordnung und Unsicherheit in großstädtischen Wohngebieten – Die überschätzte Rolle von „Broken Windows" und die Herausforderungen ethnischer Diversität. SozProb 28, 181-205.

Oberwittler, Dietrich; Lukas, Tim (2010): Schichtbezogene und ethnisierende Diskriminierung im Prozess der strafrechtlichen Sozialkontrolle. In: *Hormel, Ulrike; Scherr, Albert* (Hrsg.): Diskriminierung. Grundlagen und Forschungsergebnisse. Wiesbaden, 221-254.

Opp, Karl-Dieter (1974): Abweichendes Verhalten und Gesellschaftsstruktur. Darmstadt/Neuwied.

Opp, Karl-Dieter; Pauwels, Lieven (2018): Die weite Version der Theorie rationalen Handelns als Grundlage einer analytischen Theorie. MschrKrim 101, 223-250.

Ortmann, Rüdiger (2000): The Effectiveness of Social Therapy in Prison. A randomized Experiment. Crime & Delinquency 46, 214-232.

Ortmann, Rüdiger (2002): Sozialtherapie im Strafvollzug. Freiburg.

Ostermeier, Lars (2018): Der Staat in der prognostischen Sicherheitsgesellschaft. In: *Puschke, Jens; Singelnstein, Tobias* (Hrsg.): Der Staat und die Sicherheitsgesellschaft. Wiesbaden, 101-121.

Ostermeyer, Helmut (1972): Strafrecht und Psychoanalyse. München.

Otto, Hans-Jochen (1982): Generalprävention und externe Verhaltenskontrolle. Wandel vom soziologischen zum ökonomischen Paradigma in der nordamerikanischen Kriminologie? Freiburg.

Paternoster, Raymond (2010): How Much Do We Really Know About Criminal Deterrence? The Journal of Criminal Law and Criminology 100, 765-824.

Paternoster, Raymond; Brame, Robert (1997): Multiple Routes to Delinquency? A Test of Developmental and General Theories of Crime. Criminology 35, 49-84.

Patterson, Gerald; DeBaryshe, Barbara D.; Ramsey, Elisabeth (1989): A Developmental Perspective on Antisocial Behavior. American Psychologist 44, 329-335.

Patterson, Gerald; Yoerger, Karen (1993): Developmental Models for Delinquent Behaviour. In: *Hodgins, Sheilagh* (Hrsg.): Mental Disorder and Crime. Newbury Park, 140-172.

Paul, Bettina; Egbert, Simon (2019): Atemalkoholgesteuerte Wegfahrsperren als soziotechnische Vermittler von (automatisierter) Sicherheit. NK 31, 93-109.

Pearce, Frank (1976): Crimes of the Powerful. Marxism, Crime and Deviance. London.

Peters, Christian Helge (2015): Die Logik souveräner Vergesellschaftung: Ein theoretischer Rahmen für Analysen gegenwärtiger (Kriminal-)Politiken. KrimJ 47, 192-208.

Peters, Helge (1996): Als Partisanenwissenschaft ausgedient, als Theorie aber nicht sterblich: der labeling approach. KrimJ 28, 107-115.

Peters, Helge (2009): Devianz und soziale Kontrolle. Eine Einführung in die Soziologie abweichenden Verhaltens. 3. Aufl., Weinheim/München.

Peters, Helge (2014): Zunahme der Punitivität? Überlegungen zu einer alternativen Erklärung neuerer Strafrechtsentwicklungen. ZfRSoz 34, 309-320.

Pfeiffer, Christian; Schüler-Springorum, Horst (1987): Ein Volk aus Vorbestraften? Was passiert, wenn Institutionen ihre ungeschmälerte Existenz behaupten müssen. Die Zeit, Nr. 34/1987, 6.

Pfeiffer, Dietmar K.; Scheerer, Sebastian (1979): Kriminalsoziologie. Eine Einführung in Theorien und Themen. Stuttgart.

Phillips, Coretta; Bowling, Ben (2017): Ethnicities, racism, crime, and criminal justice. In: *Liebling, Alison; Maruna, Shadd; McAra, Lesley* (Hrsg.): The Oxford Handbook of Criminology. 6. Aufl., Oxford, 190-212.

Piquero, Alex R.; Farrington, David P.; Blumstein, Alfred (2007): Key Issues in Criminal Career Research: New Analyses of the Cambridge Study. Cambridge.

Pisoiu, Daniela (2015): Subcultural Theory Applied to Jihadi and Right-Wing Radicalization in Germany. Terrorism and Political Violence 27, 9-28.

Pitch, Tamar (1985): Critical Criminology, the Construction of Social Problems and the Question of Rape. International Journal of Sociology of Law 13, 35-46.

Pitch, Tamar (1995): Limited Responsibilities. Social Movements and Criminal Justice. London.

Pitschas, Rainer (2000): Polizei und Sicherheitsgewerbe. Wiesbaden.

Pitsela, Angelika (1986): Straffälligkeit und Viktimisierung ausländischer Minderheiten in der Bundesrepublik Deutschland, dargestellt am Beispiel der griechischen Bevölkerungsgruppe. Freiburg.

Piza, Eric L.; Welsh, Brandon C.; Farrington, David P.; Thomas, Amanda L. (2019): CCTV Surveillance for Crime Prevention. Criminology & Public Policy 18, 135-159.

Platt, Tony (1984): Kriminologie in den 80er Jahren: Progressive Alternativen zu „law and order". KrimJ 16, 149-159.

Pollich, Daniela (2017): Opferwerdung wohnungsloser Menschen. Ein Überblick zum Stand der Forschung zu Theorien, Methoden, Opfern und Tätern, IKG Working Paper Nr. 11, Bielefeld.

Popitz, Heinrich (1968): Über die Präventivwirkung des Nichtwissens. Dunkelziffer, Norm und Strafe. Tübingen.

Popper, Karl (1971): Logik der Forschung. 4. Aufl., Tübingen.

Popper, Karl (1980): Die offene Gesellschaft und ihre Feinde. 6. Aufl., Bern.

Posner, Richard A. (2014): Economic Analysis of Law. 9. Aufl., Austin u. a.

Potter, Hillary (2013): Intersectional Criminology: Interrogating Identity and Power in Criminological Research and Theory. Crit Crim 21, 305-318.

Potter, Hillary (2015): Intersectionality and criminology: disrupting and revolutionizing studies of crime. Abingdon/New York.

Poulton, Richie; Moffitt, Terrie E.; Silva, Phil A. (2015): The Dunedin Multidisciplinary Health and Development Study: overview of the first 40 years, with an eye to the future. Social psychiatry and psychiatric epidemiology 50, 679-693.

Powell, Anastasia; Stratton, Gregory; Cameron, Robin (2018): Digital Criminology. Crime and Justice in Digital Society. New York.

Prätor, Susann (2014): Ziele und Methoden der Dunkelfeldforschung. Ein Überblick mit Schwerpunkt auf Dunkelfeldbefragungen im Bereich der Jugenddelinquenz. In: *Eifler, Stefanie; Pollich, Daniela* (Hrsg.): Empirische Forschung über Kriminalität. Methodologische und methodische Grundlagen. Wiesbaden, 31-65.

Pratt, John (2007): Penal Populism. Abingdon/New York.

Pratt, John; Clark, Marie (2005): Penal populism in New Zealand. Punishment & Society 7, 303-322.

Pratt, John; Eriksson, Anna (2013): Contrasts in Punishment: An Explanation of Anglophone Excess and Nordic Exceptionalism. Abingdon/New York.

Prittwitz, Cornelius (1993): Strafrecht und Risiko. Untersuchungen zur Krise von Strafrecht und Kriminalpolitik in der Risikogesellschaft. Frankfurt a. M.

Prittwitz, Cornelius (2008): Kriminalpolitik in der Mediengesellschaft – Eine Skizze. In: *Michalke, Regina; Köberer, Wolfgang; Pauly, Jürgen; Kirsch, Stefan* (Hrsg.): Festschrift für Rainer Hamm zum 65. Geburtstag am 24. Februar 2008. Berlin, 575-585.

Prömmel, Erdmann (2006): Souveräne Ausnahme, nacktes Leben und modernes Strafrecht. KrimJ 38, 242-257.

Puschke, Jens (2010): Grund und Grenzen des Gefährdungsstrafrechts am Beispiel der Vorbereitungsdelikte. In: *Hefendehl, Roland* (Hrsg.): Grenzenlose Vorverlagerung des Strafrechts? Berlin, 9-39.

Puschke, Jens (2018): Interventionsstrafrecht. In: *Lange, Hans-Jürgen; Wendekamm, Michaela* (Hrsg.): Die Verwaltung der Sicherheit. Theorie und Praxis der Öffentlichen Sicherheitsverwaltung. Wiesbaden, 215-230.

Pütter, Norbert; Künkel, Jenny (2020): Drogen im öffentlichen Raum. Verdrängung, Schikane, kontrolliertes Gewährenlassen. Bürgerrechte & Polizei/CILIP 123, 10-19.

Quételet, Adolphe (1914): Soziale Physik oder Abhandlung über die Entwicklung der Fähigkeiten des Menschen. Band 1. Sammlung Sozialwissenschaftlicher Meister, XIX. Jena.

Quételet, Adolphe (1921): Soziale Physik oder Abhandlung über die Entwicklung der Fähigkeiten des Menschen. Band 2. Sammlung Sozialwissenschaftlicher Meister, XX. Jena.

Quinney, Richard (1970): The Social Reality of Crime. Boston.

Rafter-Hahn, Nicole (1997): Psychopathy and the Evolution of Criminological Knowledge. Theoretical Criminology 1, 235-259.

Rasch, Wilfried (1994): Verhaltenswissenschaftliche Kriminalprognosen. In: *Frisch, Wolfgang; Vogt, Thomas* (Hrsg.): Prognoseentscheidungen in der strafrechtlichen Praxis. Baden-Baden, 17-29.

Rasch, Wilfried; Kühl, Klaus-Peter (1978): Psychologische Befunde und Rückfälligkeit nach Aufenthalt in der sozialtherapeutischen Modellanstalt Düren. BewHi 25, 44-57.

Rauhut, Heiko (2018): Spieltheoretische Modelle und Experimente zur Erklärung von Kriminalität. MschrKrim 101, 272-296.

Reckless, Walter (1973): The Crime Problem. 5. Aufl., New Jersey.

Reckwitz, Andreas (2012): Die Transformation der Kulturtheorien. Zur Entwicklung eines Theorieprogramms. 3. Aufl., Weilerswist.

Reemtsma, Jan P. (2006): Das Scheinproblem „Willensfreiheit". Ein Plädoyer für das Ende einer überflüssigen Debatte. Merkur – Deutsche Zeitschrift für europäisches Denken 60, 193-206.

Reichertz, Jo (1990): „Meine Schweine erkenne ich am Gang": zur Typisierung typisierender Kriminalpolizisten. KrimJ 22, 194-207.

Reik, Theodor (1974): Geständniszwang und Strafbedürfnis. Probleme der Psychoanalyse und der Kriminologie (1925). In: *Moser, Tilman* (Hrsg.): Psychoanalyse und Justiz. Frankfurt a. M.
Reiner, Robert (2007): Law and Order. An Honest Citizen's Guide to Crime and Control. Cambridge.
Reiss, Albert J. Jr. (1986): Postscript. In: *Novak, Michael* (Hrsg.): Character and Crime. An Inquiry into the Causes of the Virtue of Nations. Notre Dame (Indiana), 135-152.
Rennie, Ysabel (1978): The Search for Criminal Man. A Conceptual History of the Dangerous Offender. Lexington.
Republik Österreich (2000): Sicherheitsbericht 1999. Bericht der Bundesregierung über die innere Sicherheit in Österreich. Österreich.
Rettenberger, Martin; von Franqué, Fritjof (Hrsg.) (2013): Handbuch kriminalprognostischer Verfahren. Göttingen.
Reuband, Karl-Heinz (2003): Steigende Repressionsneigung im Zeitalter der „Postmoderne"? Das Sanktionsverlangen der Bundesbürger 1989 und 2002 im Vergleich. NK 15, 100-104.
Reuband, Karl-Heinz (2007): Konstanz und Wandel in der „Strafphilosophie" der Deutschen: Ausdruck stabiler Verhältnisse oder steigender Punitivität? Ergebnisse eines Langzeitvergleichs (1970-2003). SozProb 18, 186-213.
Reuband, Karl-Heinz (2009): Kriminalitätsfurcht. In: *Lange, Hans-Jürgen; Ohly, H. Peter; Reichertz, Jo* (Hrsg.): Auf der Suche nach neuer Sicherheit. 2. Aufl., Wiesbaden, 233-251.
Reuband, Karl-Heinz (2010a): Dimensionen der Punitivität und sozialer Wandel. Eine Bestandsaufnahme bundesweiter Umfragen zur Frage steigender Punitivität in der Bevölkerung. NK 22, 143-148.
Reuband, Karl-Heinz (2010b): Steigende Punitivität oder stabile Sanktionsorientierungen der Bundesbürger? Das Strafverlangen auf der Deliktebene im Zeitvergleich. SozProb 21, 98-115.
Reuband, Karl-Heinz (2011): Changing punitiveness in the German population? A review of the empirical evidence based on nationwide surveys. In: *Kury, Helmut; Shea, Evelyn* (Hrsg.): Punitivity. International Developments. Vol. 2: Insecurity and Punitiveness. Bochum, 131-163.
Reuband, Karl-Heinz (2012): Paradoxien der Kriminalitätsfurcht. Welchen Stellenwert haben Kriminalitätsrisiken, Medienberichterstattung und generalisierte Ängste für die Veränderungen des lokalen Sicherheitsgefühls in der Bevölkerung? NK 24, 133-140.
Richter, Horst E. (1963): Eltern, Kind und Neurose: Psychoanalyse der kindlichen Rolle. Stuttgart.
Ricker, Daniel (2021): Anfangsverdacht und Vorurteil. Eine strafprozessrechtliche Untersuchung. Berlin.
Robinson, Robin A; Gadd, David (2016): Annihilation anxiety and crime. Theoretical Criminology 20, 185-204.
Ross, Jeffrey Ian (2015): Controlling state crime and alternative reactions. In: *Barak, Gregg* (Hrsg.): The Routledge International Handbook of Crimes of the Powerful. New York, 492-502.
Roth, Gerhard (2003): Fühlen, Denken, Handeln. Wie das Gehirn unser Verhalten steuert. Frankfurt a. M.
Roth, Gerhard; Grün, Klaus-Jürgen (Hrsg.) (2009): Das Gehirn und seine Freiheit. Beiträge zur neurowissenschaftlichen Grundlegung der Philosophie. 3. Aufl., Göttingen.
Rothe, Dawn; Friedrichs, David O. (2018): Crimes of the powerful. An Agenda for a twenty-first-century criminology. In: *DeKeseredy, Walter S.; Dragiewicz, Molly* (Hrsg.): Routledge Handbook of Critical Criminology. 2. Aufl., Abingdon/New York, 180-189.
Rothe, Dawn; Kauzlarich, David (2016): Crimes of the Powerful. An Introduction. Milton Park.
Rothschild-Elyassi, Gil; Koehler, Johann; Simon, Jonathan (2018): Actuarial Justice. In: *Deflem, Mathieu* (Hrsg.): The Handbook of Social Control. Oxford, 194-206.
Roupetz, Sophie (2018): Sozialisation und soziales Lernen. In: *Decker, Oliver* (Hrsg.): Sozialpsychologie und Sozialtheorie. Band 1: Zugänge. Wiesbaden, 155-171.
Rowe, David C. (1996): An Adaptive Strategy Theory of Crime and Delinquency. In: *Hawkins, J. David* (Hrsg.): Delinquency and Crime. Current Theories. Cambridge, 268-314.
Roxin, Claus; Greco, Luís (2020): Strafrecht. Allgemeiner Teil Band I. 5. Aufl., München.
Ruch, Andreas (2017): Polizeiliche Entscheidungsspielräume als Einfallstor für Diskriminierung – Zum Bewertungswandel polizeilicher Definitionsmacht innerhalb der polizeiwissenschaftlichen Forschung. MschrKrim 100, 328-343.
Ruggiero, Vincenzo (1996): Organized and Corporate Crime in Europe. Offers that Can't Be Refused. Dartmouth.

Ruggiero, Vincenzo (2002): Moby Dick and the Crimes of the Economy. The British Journal of Criminology 42, 96-108.
Ruggiero, Vincenzo (2003): Crime in Literature. Sociology of Deviance and Fiction. London.
Rusche, Georg; Kirchheimer, Otto (1981): Sozialstruktur und Strafvollzug. Frankfurt a. M.
Sack, Fritz (1968): Neue Perspektiven in der Kriminologie. In: *Sack, Fritz; König, René* (Hrsg.): Kriminalsoziologie. Frankfurt a. M., 431-476.
Sack, Fritz (1978): Probleme der Kriminalsoziologie. In: *König, René* (Hrsg.): Handbuch der empirischen Sozialforschung. Band 12. 2. Aufl., Stuttgart, 192-492.
Sack, Fritz (1990): Das Elend der Kriminologie und Überlegungen zu seiner Überwindung. Ein erweitertes Vorwort. In: *Robert, Philippe* (Hrsg.): Strafe, Strafrecht, Kriminologie. Eine soziologische Kritik. Frankfurt a. M., 1-55.
Sack, Fritz (1993a): Dunkelfeld. In: *Kaiser, Günther; Kerner, Hans-Jürgen; Sack, Fritz; Schellhoss, Hartmut* (Hrsg.): Kleines Kriminologisches Wörterbuch. 3. Aufl., Heidelberg, 99-107.
Sack, Fritz (1993b): Familie. In: *Kaiser, Günther; Kerner, Hans-Jürgen; Sack, Fritz; Schellhoss, Hartmut* (Hrsg.): Kleines Kriminologisches Wörterbuch. 3. Aufl., Heidelberg, 124-131.
Sack, Fritz (1996): Kriminalität dementieren – sonst nichts? KrimJ 28, 297-300.
Sack, Fritz (2003): Akteursmodelle in den Sozialwissenschaften. In: *Kunz, Karl-Ludwig; Besozzi, Claudio* (Hrsg.): Soziale Reflexivität und qualititative Methodik. Zum Selbstverständnis der Kriminologie in der Spätmoderne. Bern/Stuttgart/Wien, 73-117.
Sack, Fritz (2011): Symbolische Kriminalpolitik und wachsende Punitivität. In: *Dollinger, Bernd; Schmidt-Semisch, Henning* (Hrsg.): Handbuch Jugendkriminalität. Kriminologie und Sozialpädagogik im Dialog. 2. Aufl., Wiesbaden, 63-89.
Sahramäki, Ilna; Korsell, Lars; Kankaanranta, Terhi (2015): Prevention of environmental crime through enforcement—Finland and Sweden compared. Journal of Scandinavian Studies in Criminology and Crime Prevention 16, 41-59.
Sampson, Robert J.; Groves, W. Byron (1989): Community Structure and Crime: Testing Social-Disorganization Theory. AJS 94, 774-802.
Sampson, Robert J.; Laub, John H. (1993): Crime in the Making. Pathways and Turning Points Through Life. Cambridge.
Sampson, Robert J.; Laub, John H. (2003): Life-Course Desisters? Trajectories of Crime among Delinquent Boys Followed to Age 70. Criminology 41, 555-592.
Sartre, Jean-Paul (1952): Saint Genet, comédien et martyr. Paris.
Sautner, Lyane (2014): Viktimologie. Die Lehre von Verbrechensopfern. Wien.
Savelsberg, Joachim J. (2000): Kulturen staatlichen Strafens: USA und Deutschland. In: *Gerhards, Jürgen* (Hrsg.): Die Vermessung kultureller Unterschiede. USA und Deutschland im Vergleich. Wiesbaden, 189-209.
Savolainen, Jukka (2000): Inequality, Welfare State, and Homicide: Further Support for the Institutional Anomie Theory. Criminology 38, 1021-1042.
Scheerer, Sebastian (1978): Der politisch-publizistische Verstärkerkreislauf. Zur Beeinflussung der Massenmedien im Prozess strafrechtlicher Normgenese. KrimJ 10, 223-227.
Scheerer, Sebastian (2018): Abschaffung der Gefängnisse. KrimJ 50, 167-177.
Scheingold, Stuart A. (1984): The Politics of Law and Order. Street Crime and Public Policy. New York u. a.
Scheingold, Stuart A. (1991): The Politics of Street Crime. Criminal Process and Cultural Obsession. Philadelphia.
Scherr, Albert (2018): Jugendkriminalität, soziale Benachteiligungen und Belastungen. In: *Dollinger, Bernd; Schmidt-Semisch, Henning* (Hrsg.): Handbuch Jugendkriminalität. 3. Aufl., Wiesbaden, 281-296.
Schild, Wolfgang (1985): Alte Gerichtsbarkeit. Vom Gottesurteil bis zum Beginn der modernen Rechtsprechung. 2. Aufl., München.
Schlepper, Christina (2014): Strafgesetzgebung in der Spätmoderne. Eine empirische Analyse legislativer Punitivität. Wiesbaden.
Schlepper, Christina; Peter, Sascha; Lüdemann, Christian (2011): Self-Policing als Substitut formeller sozialer Kontrolle? KrimJ 43, 82-98.
Schmidt-Semisch, Henning (2002): Kriminalität als Risiko. Schadenmanagement zwischen Strafrecht und Versicherung. München.

Schmidt, Holger (2013): Ein grüner Zweig der Kriminologie? Überlegungen zur green criminology. KrimJ, 260-278.

Schneider, Hans Joachim (1983): Psychoanalytische Kriminologie. In: *Schneider, Hans Joachim* (Hrsg.): Psychologie des 20. Jahrhunderts. Kriminalität und abweichendes Verhalten. Band 1. Weinheim/Basel, 104-130.

Schneider, Hans Joachim (1987): Kriminologie. Berlin/New York.

Schneider, Hans Joachim (1993): Einführung in die Kriminologie. 3. Aufl., Berlin/New York.

Schneider, Hans Joachim (2007): Methoden der Kriminologie. In: *Schneider, Hans Joachim* (Hrsg.): Internationales Handbuch der Kriminologie. Band 1: Grundlagen der Kriminologie. Berlin, 209-254.

Schneider, Hans Joachim (2009): Kriminalität in den Massenmedien. In: *Schneider, Hans Joachim* (Hrsg.): Internationales Handbuch der Kriminologie. Band 2: Besondere Probleme der Kriminologie. Berlin, 255-296.

Schneiker, Andrea; Joachim, Jutta (2018): Privatisierung von Sicherheit in Deutschland – Einleitung zum Themenschwerpunkt. ZeFKo 7, 44-55.

Schnell, Rainer; Hill, Paul B.; Esser, Elke (2018): Methoden der empirischen Sozialforschung. 11. Aufl., Berlin/Boston.

Schöch, Heinz (1985): Empirische Grundlagen der Generalprävention. In: *Vogler, Theo; Herrmann, Joachim; Krümpelmann, Justus; Moos, Reinhard; Triffterer, Otto; Leibinger, Rudolf; Schaffmeister, Dieter; Meyer, Jürgen; Hüne, Peter* (Hrsg.): Festschrift für Hans-Heinrich Jescheck zum 70. Geburtstag. Berlin, 1081-1105.

Schönert, Jörg; Imm, Konstantin; Linder, Joachim (Hrsg.) (1991): Erzählte Kriminalität. Zur Typologie und Funktion von narrativen Darstellungen in der Strafrechtspflege. Tübingen.

Schreckling, Jürgen (Hrsg.) (1991): Bestandsaufnahme zur Praxis des Täter-Opfer-Ausgleichs in der Bundesrepublik Deutschland. Bonn.

Schreiber, Verena (2007): Lokale Präventionsgremien in Deutschland. Frankfurt a. M.

Schröer, Norbert (1992): Der Kampf um Dominanz. Hermeneutische Fallanalyse einer polizeilichen Beschuldigtenvernehmung. Berlin/New York.

Schröttle, Monika (2015): Sexuelle Gewalt und Gewalt in Paarbeziehungen. In: *Guzy, Nathalie; Birkel, Christoph; Mischkowitz, Robert* (Hrsg.): Viktimisierungsbefragungen in Deutschland. Band 1. Ziele, Nutzen und Forschungsstand. Wiesbaden

Schulte, Philipp (2019): Kontrolle und Delinquenz. Münster/New York.

Schulz, Sonja; Kroneberg, Clemens (2018): Die situative Verursachung kriminellen Handelns. Zum Anwendungspotenzial des Modells der Frame-Selektion in der Kriminologie. MschrKrim 101, 251-271.

Schumann, Karl F. (1989): Positive Generalprävention. Ergebnisse und Chancen der Forschung. Heidelberg.

Schumann, Karl F. (1998a): Empirische Beweisbarkeit der Grundannahmen von positiver Generalprävention. In: *Schünemann, Bernd; von Hirsch, Andrew; Jareborg, Nils* (Hrsg.): Positive Generalprävention. Kritische Analysen im deutsch-englischen Dialog. Uppsala-Symposium 1996. Heidelberg, 17-28.

Schumann, Karl F. (1998b): Schutz der Allgemeinheit vor rückfallträchtigen Tätern durch "selective incapacitation". Eine Skizze zur Subversität eines Strafprinzips. In: *Lüderssen, Klaus* (Hrsg.): Aufgeklärte Kriminalpolitik oder Kampf gegen das Böse? Band 1: Legitimationen. Baden-Baden, 456-467.

Schumann, Karl F. (2018): Jugenddelinquenz im Lebensverlauf. In: *Dollinger, Bernd; Schmidt-Semisch, Henning* (Hrsg.): Handbuch Jugendkriminalität. Interdisziplinäre Perspektiven. 3. Aufl., Wiesbaden, 261-279.

Schünemann, Bernd (1989): Die Verständigung im Strafprozess – Wunderwaffe oder Bankrotterklärung der Verteidigung? NJW 42, 1895-1903.

Schünemann, Bernd (2009): Risse im Fundament, Flammen im Gebälk: Die Strafprozessordnung nach 130 Jahren. ZIS 4, 484-494.

Schwarzenegger, Christian (1992): Die Einstellungen der Bevölkerung zur Kriminalität und Verbrechenskontrolle. Ergebnisse einer repräsentativen Befragung der Zürcher Kantonsbevölkerung im internationalen Vergleich. Freiburg.

Schwind, Hans-Dieter (2016): Kriminologie und Kriminalpolitik. Eine praxisorientierte Einführung mit Beispielen. 23. Aufl., Heidelberg u. a.

Schwind, Hans-Dieter; Ahlborn, Wilfried; Eger, Jürgen; Jany, Ulrich; Pudel, Volker; Weiss, Rüdiger (1975): Dunkelfeldforschung in Göttingen 1973/74. Eine Opferbefragung zur Aufhellung des Dunkelfeldes und zur Erforschung der Bestimmungsgründe für die Unterlassung von Strafanzeigen. Wiesbaden.

Schwind, Hans-Dieter; Ahlborn, Wilfried; Weiss, Rüdiger (1989): Dunkelfeldforschung in Bochum 1986/87. Eine Replikationsstudie. Wiesbaden.

Schwind, Hans-Dieter; Fetchenhauer, Detlef; Ahlborn, Wilfried; Weiß, Rüdiger (2001): Kriminalitätsphänomene im Langzeitvergleich am Beispiel einer deutschen Großstadt. Bochum 1975 – 1986 – 1998. Neuwied/Kriftel.

Searle, John R. (2006): Geist. Eine Einführung. Frankfurt a. M.

Sechrest, Lee; White, Susan O.; Brown, Elizabeth D. (Hrsg.) (1979): The Rehabilitation of Criminal Offenders: Problems and Prospects. Washington D.C.

Seddig, Daniel; Hirtenlehner, Helmut; Reinecke, Jost (2017): Beeinflussen Sanktionsrisikoeinschätzungen das delinquente Handeln junger Menschen oder ist es umgekehrt? KZfSS 69, 259-282.

Seelmann, Kurt (1992): Risikostrafrecht. Die „Risikogesellschaft" und ihre „symbolische Gesetzgebung" im Umwelt- und Betäubungsmittelstrafrecht. KritV 75, 452-471.

Seifarth, Sarah; Ludwig, Heike (2016): Dunkelfeld und Anzeigeverhalten bei Delikten gegen die sexuelle Selbstbestimmung. Ergebnisse einer Untersuchung zur Erforschung der Anzeigemotivation und Anzeigeverhalten bei sexueller Nötigung und Vergewaltigung. MschrKrim 99, 237-244.

Seitz, Carl; Specht, Friedrich (2001): Legalbewährung nach Entlassung aus den sozialtherapeutischen Einrichtungen des Niedersächsischen Justizvollzuges. In: *Rehn, Gerhard; Wischka, Bernd; Lösel, Friedrich; Walter, Michael* (Hrsg.): Behandlung gefährlicher Straftäter. Grundlagen, Konzepte, Ergebnisse. 2. Aufl., Herbolzheim, 348-363.

Seligman, Martin (1995): Erlernte Hilflosigkeit. 5. Aufl., Weinheim.

Sellars, Wilfrid (1997): Empiricism and the Philosophy of Mind. London.

Sellin, Thorsten (1938a): Culture Conflict and Crime. AJS 44, 97-103.

Sellin, Thorsten (1938b): Culture Conflict and Crime. Social Science Research Council Bulletin Nr. 41. New York.

Sellin, Thorsten (1959): The Death Penalty. A Report for the Model Penal Code Project of the American Law Institute. Philadelphia.

Selman, Kaitlyn J.; Myers, Randy; Goddard, Tim (2019): Young People, Shadow Carceral Innovations, and the Reproduction of Inequality. Crit Crim 27, 527-542.

Sessar, Klaus (1981): Rechtliche und soziale Prozesse einer Definition der Tötungskriminalität. Freiburg.

Sessar, Klaus (1986): Neue Wege der Kriminologie aus dem Strafrecht. In: *Hirsch, Hans J.; Kaiser, Günther; Marquardt, Helmut* (Hrsg.): Gedächtnisschrift für Hilde Kaufmann. Berlin/New York, 373-391.

Sessar, Klaus (2010): Kriminalitätseinstellungen und sozialer Wandel – Gleichzeitig eine Auseinandersetzung mit Forschungen zur Verbrechensfurcht und Punitivität. MschrKrim 93, 361-381.

Shah, Saleem; Roth, Loren H. (1974): Biological and Psychophysiological Factors in Criminality. In: *Glaser, Daniel* (Hrsg.): Handbook of Criminology. Chicago, 101-173.

Sharp, Susan F. (2009): Feminist Criminology. In: *Miller, J. Mitchell* (Hrsg.): 21st Century Criminology. A Reference Handbook, Band 1. Thousand Oaks, 245-252.

Shaw, Clifford; McKay, Henry D. (1942): Juvenile Delinquency and Urban Areas. Chicago/London.

Shearing, Clifford (1997): Gewalt und die neue Kunst des Regierens und Herrschens. In: *von Trotha, Trutz* (Hrsg.): Soziologie der Gewalt. KZfSS, Sonderheft 37. Köln, 263-278.

Sherman, Lawrence W.; Farrington, David, P.; Welsh, Brandon, C.; MacKenzie, Doris (Hrsg.) (2002): Evidence-Based Crime Prevention. London.

Shi, Luzi; Roche, Sean Patrick; McKenna, Ryan M. (2019): Media consumption and crime trend perceptions: a longitudinal analysis. Deviant Behavior 40, 1480-1492.

Shichor, David; Sechrest, Dale K. (Hrsg.) (1996): Three Strikes and You're Out. Vengeance as Public Policy. Thousand Oaks/London/New Delhi.

Simmler, Monika (2016): Sieben enttäuschte Hoffnungen? Zur statistischen Überprüfung der realen Folgen der AT-Revision. ZStrR 134, 73-99.

Simon, Jonathan (1997): Governing Through Crime. In: *Fisher, George; Friedman, Lawrence M.* (Hrsg.): The Crime Conundrum. New York, 171-190.

Singelnstein, Tobias (2009): Diskurs und Kriminalität. Außergesetzliche Anwendungsregeln als diskursive Praktiken im Wechselverhältnis zwischen Kriminalisierungsdiskursen und Strafrechtsanwendung. Berlin.

Singelnstein, Tobias (2011): Strafrecht und neoliberales Regieren. Entwicklungsgrenzen des Strafrechts als Einschreibung von Regierungstechniken im Sinne der Gouvernementalität. KJ 44, 7-15.

Singelnstein, Tobias (2012): Wirtschaft und Unternehmen als kriminogene Strukturen? Vernachlässigte Aspekte einer theoretischen Perspektive auf Corporate Deviance. MschrKrim 95, 52-70.

Singelnstein, Tobias (2014a): Logik der Prävention. Eine kriminologische Perspektive auf das Strafrecht und andere Formen sozialer Kontrolle. In: *Brunhöber, Beatrice* (Hrsg.): Strafrecht im Präventionsstaat. Stuttgart, 41-57.

Singelnstein, Tobias (2014b): Sieben Thesen zu Entwicklung und Gestalt des Strafrechts. ZfRSoz 34, 321-329.

Singelnstein, Tobias (2015): Steuerhinterziehung: steigende Moral, weniger Verfahren, mehr Verurteilte? MschrKrim 98, 48-68.

Singelnstein, Tobias (2018): Predictive Policing: Algorithmenbasierte Straftatprognosen zur vorausschauenden Kriminalintervention. NStZ 38, 1-9.

Singelnstein, Tobias (2019a): Fahrlässigkeit und Gesellschaft – kriminologische Befunde zur Bedeutung der Fahrlässigkeitsdelikte im System strafrechtlicher Sozialkontrolle. ZStW 131, 1069-1104.

Singelnstein, Tobias (2019b): Strafbare Strafverfolgung. Voraussetzungen und Grenzen der Strafbarkeit von Amtsträgern sowie von strafprozessualen Amtsbefugnissen gemäß dem Prinzip der Prozessrechtsakzessorietät. Baden-Baden.

Singelnstein, Tobias (2020): Preventive Turn. Wie Gefahr und Risiko zum zentralen Gegenstand von Strafrecht und sozialer Kontrolle werden. In: *Fischer, Thomas; Hilgendorf, Eric* (Hrsg.): Gefahr. Baden-Baden, 95-112.

Singelnstein, Tobias; Ostermeier, Lars (2013): Wissenssoziologische Diskursanalyse in der Kriminologie. In: *Keller, Reiner; Truschkat, Inga* (Hrsg.): Methodologie und Praxis der Wissenssoziologischen Diskursanalyse. Wiesbaden, 481-496.

Singelnstein, Tobias; Stolle, Peer (2012): Die Sicherheitsgesellschaft. Soziale Kontrolle im 21. Jahrhundert. 3. Aufl., Wiesbaden.

Singer, Wolf (2003): Ein neues Menschenbild? Gespräche über Hirnforschung. Frankfurt a. M.

Skogan, Wesley G. (2019): The future of CCTV. Criminology & Public Policy 18, 161-166.

Sling (alias Paul Schlesinger) (1929): Richter und Gerichtete. Berlin.

Sloterdijk, Peter (1999): Regeln für den Menschenpark: Ein Antwortschreiben zu Heideggers Brief über Humanismus. Frankfurt a. M.

Smith, David J. (2007): Crime and the life course. In: *Maguire, Mike; Morgan, Rod; Reiner, Robert* (Hrsg.): The Oxford Handbook of Criminology. 4. Aufl., Oxford/New York, 641-686.

Smith, Paula; Gendreau, Paul; Swartz, Kristin (2009): Validating the Principles of Effective Intervention: A Systematic Review of the Contributions of Meta-Analysis in the Field of Corrections. Victims and Offenders 4, 148-169.

Smith, William R.; Torstensson, Marie (1997): Gender Differences in Risk Perception and Neutralizing Fear of Crime: Toward Resolving the Paradoxes. The British Journal of Criminology 37, 608-634.

Snipes, Jeffrey B.; Bernard, Thomas J.; Gerould, Alexander L. (2019): Vold's Theoretical Criminology. 8. Aufl., New York/Oxford.

Sommerer, Lucia M. (2020): Personenbezogenes Predictive Policing. Kriminalwissenschaftliche Untersuchung über die Automatisierung der Kriminalprognose. Baden-Baden.

Sorensen, Jon; Wrinkle, Robert; Brewer, Victoria; Marquardt, James (1999): Capital Punishment and Deterrence. Examinating the Effect of Executions on Murder in Texas. Crime & Delinquency 45, 481-493.

Sorensen, Kurt; Nielsen, Johannes (1984): Klinefelter-Syndrom und Kriminalität. In: *Göppinger, Hans; Vossen, Rainer* (Hrsg.): Humangenetik und Kriminologie. Kinderdelinquenz und Frühkriminalität. Stuttgart, 33-44.

Spannagel, Dorothee; Seikel, Daniel; Schulze Buschoff, Karin; Baumann, Helge (2017): Aktivierungspolitik und Erwerbsarmut, WSI Report Nr. 36, Düsseldorf.

Springer, Simon (2015): Postneoliberalism? Review of Radical Political Economics 47, 5-17.

Stadler, Lena; Bieneck, Steffen; Pfeiffer, Christian (2012): Repräsentativbefragung Sexueller Missbrauch 2011. KFN-Forschungsbericht Nr. 118. Hannover.

Stanley, Elizabeth (2005): Truth Commissions and the Recognition of State Crime. The British Journal of Criminology 45, 582-597.

Stapel, Henning (2009): Das Auge der Macht? Videoüberwachungskameras im öffentlichen Raum. KrimJ 41, 46-57.

Statistik Austria – Bundesanstalt Statistik Österreich (2019): Gerichtliche Kriminalstatistik 2018. Wien.

Statistik Austria – Bundesanstalt Statistik Österreich (2021): Gerichtliche Kriminalstatistik 2020 – Tabellenband. Kapitel 3: Verurteilungsstatistik – Verurteilungen, http://www.statistik.at/wcm/idc/idcplg?IdcService=GET_NATIVE_FILE&RevisionSelectionMethod=LatestReleased&dDocName=126176 [19.06.2021].

Statistik Austria – Bundesanstalt Statistik Österreich (2021): Gerichtliche Kriminalstatistik 2020 – Tabellenband. Kapitel 4: Wiederverurteilungsstatistik, http://www.statistik.at/wcm/idc/idcplg?IdcService=GET_NATIVE_FILE&RevisionSelectionMethod=LatestReleased&dDocName=126177 [19.06.2021].

Statistisches Bundesamt (1993): Rechtspflege – Staatsanwaltschaften 1993. Fachserie 10 Reihe 2.6. Wiesbaden.

Statistisches Bundesamt (1996): Rechtspflege – Strafverfolgung 1993. Fachserie 10 Reihe 3. Wiesbaden.

Statistisches Bundesamt (2001): Rechtspflege – Staatsanwaltschaften 2001. Fachserie 10 Reihe 2.6. Wiesbaden.

Statistisches Bundesamt (2001): Rechtspflege – Strafvollzug 1999. Fachserie 10 Reihe 4.1. Wiesbaden.

Statistisches Bundesamt (2010): Rechtspflege – Strafvollzug 2010. Demographische und kriminologische Merkmale der Strafgefangenen. Fachserie 10 Reihe 4.1. Wiesbaden.

Statistisches Bundesamt (2015): Rechtspflege – Staatsanwaltschaften 2014. Fachserie 10 Reihe 2.6. Wiesbaden.

Statistisches Bundesamt (2016): Rechtspflege – Strafvollzug 2015. Demographische und kriminologische Merkmale der Strafgefangenen. Fachserie 10 Reihe 4.1. Wiesbaden.

Statistisches Bundesamt (2019): Rechtspflege – Bestand der Gefangenen und Verwahrten in den deutschen Justizvollzugsanstalten nach ihrer Unterbringung auf Haftplätzen des geschlossenen und offenen Vollzugs jeweils zu den Stichtagen 31. März, 31. August und 30. November eines Jahres – 2018. Wiesbaden.

Statistisches Bundesamt (2020): Bevölkerung und Erwerbstätigkeit – Ausländische Bevölkerung 2019. Ergebnisse des Ausländerzentralregisters. Fachserie 1 Reihe 2. Wiesbaden.

Statistisches Bundesamt (2020): Rechtspflege – Staatsanwaltschaften 2019. Fachserie 10 Reihe 2.6. Wiesbaden.

Statistisches Bundesamt (2020): Rechtspflege – Strafverfolgung 2019. Fachserie 10 Reihe 3. Wiesbaden.

Statistisches Bundesamt (2020): Rechtspflege – Strafvollzug 2019. Demographische und kriminologische Merkmale der Strafgefangenen. Fachserie 10 Reihe 4.1. Wiesbaden.

Statistisches Bundesamt (2020): Rechtspflege – Strafvollzug 2020. Demographische und kriminologische Merkmale der Strafgefangenen. Fachserie 10 Reihe 4.1. Wiesbaden.

Statistisches Bundesamt (2021): Bevölkerung und Erwerbstätigkeit – Ausländische Bevölkerung 2020. Ergebnisse des Ausländerzentralregisters. Fachserie 1 Reihe 2. Wiesbaden.

Steffen, Wiebke (1976): Analyse polizeilicher Ermittlungstätigkeit aus der Sicht des späteren Strafverfahrens. Wiesbaden.

Steffen, Wiebke (1983): Zielsetzung und Erfolgsmessung praktischer Kriminalistik. In: *Kube, Edwin; Störzer, Hans U.; Brugger, Siegfried* (Hrsg.): Wissenschaftliche Kriminalistik. Wiesbaden, 255-280.

Steinert, Heinz (2008): ‚Soziale Ausschließung': Produktionsweisen und Begriffs-Konjunkturen. In: *Klimke, Daniela* (Hrsg.): Exklusion in der Marktgesellschaft. Wiesbaden, 19-30.

Steinert, Heinz; Treiber, Hubert (1978): Versuch, die These von der strafrechtlichen Ausrottungspolitik im Spätmittelalter „auszurotten". KrimJ 10, 81-106.

Steinhilper, Udo (1986): Definitions- und Entscheidungsprozesse bei sexuell motivierten Gewaltdelikten. Eine empirische Untersuchung der Strafverfolgung bei Vergewaltigung und sexueller Nötigung. Konstanz.

Stemmer, Brigitte; Killias, Martin (1990): Récidive après une peine ferme et après une peine non-ferme: la fin d'une légende? RevIntCrim XLIII, 41-58.

Stemmler, Gerhard; Hagemann, Dirk; Amelang, Manfred; Spinath, Frank M. (2016): Differentielle Psychologie und Persönlichkeitsforschung. 8. Aufl., Stuttgart.

Stephan, Egon (1976): Die Stuttgarter Opferbefragung. Eine kriminologisch-viktimologische Analyse zur Erforschung des Dunkelfeldes unter besonderer Berücksichtigung der Einstellung der Bevölkerung zur Kriminalität. Wiesbaden.

Stevens, Alex; Berto, Daniele; Frick, Ulrich; Kerschl, Viktoria; McSweeney, Tim; Schaaf, Susanne; Tartari, Morena; Turnbull, Paul J.; Trinkl, Barbara; Uchtenhagen, Ambros; Waidner, Gabriele; Werdenich, Wolfgang (2007): The Victimization of Dependent Drug Users. European Journal of Criminology 4, 385-408.

Stolle, Peer (2015): Situative Kriminalprävention: Konzept, Empirie, Bewertung. Berlin u. a.

Stolle, Peer; Hefendehl, Roland (2002): Gefährliche Orte oder gefährliche Kameras? KrimJ 34, 257-272.

Storz, Renate (1997): Strafrechtliche Verurteilungen und Rückfallraten (Statistik der Schweiz, Reihe 19: Rechtspflege). Bern.

Strasser, Peter (2005): Verbrechermenschen. Zur kriminalwissenschaftlichen Erzeugung des Bösen. 2. Aufl., Frankfurt a. M.

Strasser, Peter (2013): Brains and Would-be Brains. Outlines of Neurocriminology. KrimJ 45, 58-68.

Stratenwerth, Günter (2002): Zur Rolle der sog. „Fachkommissionen". In: *Donatsch, Andreas; Forster, Marc; Schwarzenegger, Christian* (Hrsg.): Strafrecht, Strafprozessrecht und Menschenrechte. Festschrift für Stefan Trechsel. Zürich, 887-896.

Streng, Franz (2012): Strafrechtliche Sanktionen. Die Strafzumessung und ihre Grundlagen. 3. Aufl., Stuttgart.

Streng, Franz (2019): Studien zu Strafbedürfnissen der Bevölkerung. Methoden und aktuelle Ergebnisse. In: *Kaspar, Johannes; Walter, Tonio* (Hrsg.): Strafen „im Namen des Volkes"? Zur rechtlichen und kriminalpolitischen Relevanz empirisch feststellbarer Strafbedürfnisse der Bevölkerung. Baden-Baden, 131-160.

Stubbs, Julie (2020): Bringing Racialised Women and Girls into View: An Intersectional Approach to Punishment and Incarceration. In: *Walklate, Sandra; Fitz-Gibbon; Maher, JaneMaree; McCuhlloch, Jude* (Hrsg.): The Emerald Handbook of Feminism, Criminology and Social Change. Bingley, 295-316.

Suhling, Stefan; Schott, Tilmann (2001): Der Anstieg der Gefangenenzahlen in Deutschland – Folge der Kriminalitätsentwicklung oder wachsender Strafhärte? KFN-Forschungsbericht Nr. 84. Hannover.

Sutherland, Edwin H. (1937): The Professional Thief. Chicago.

Sutherland, Edwin H. (1968): Die Theorie der differentiellen Kontakte. In: *Sack, Fritz; König, René* (Hrsg.): Kriminalsoziologie. Frankfurt a. M., 395-399.

Sutherland, Edwin H. (1983): White Collar Crime. The Uncut Version. New Haven/London.

Sutherland, Edwin H.; Cressey, Donald R. (1978): Criminology. 10. Aufl., Philadelphia/Chicago.

Sutherland, Edwin H.; Cressey, Donald R.; Luckenbill, David F. (1992): Principles of Criminology. 11. Aufl., Lanham u. a.

Sutton, Robbie M.; Farrall, Stephen (2005): Gender, Socially Desirable Responding and the Fear of Crime. The British Journal of Criminology 45, 212-224.

Sykes, Gresham M.; Matza, David (1968): Techniken der Neutralisierung: Eine Theorie der Delinquenz. In: *Sack, Fritz; König, René* (Hrsg.): Kriminalsoziologie. Frankfurt a. M., 360-371.

Sykes, Gresham M.; Merton, Robert K. (1978): Criminology. New York.

Tag Cho, Joon; Park, Jisu (2017): Exploring the effects of CCTV upon fear of crime: A multilevel approach in Seoul. International Journal of Law, Crime and Justice 49, 35-45.

Taleb, Nassim Nicholas (2007): The Black Swan. The Impact of the Highly Improbable. New York.

Tannenbaum, Frank (1938): Crime and the Community. Boston.

Tannenbaum, Frank (1968): The Dramatization of Evil. In: *Rubington, Earl S.; Weinberg, Martin S.* (Hrsg.): Deviance. The Interactionistic Perspective. New York, 17-19.

Taylor, Charles (1985): Philosophical Papers Volume 1. Human Agency and Language. Cambridge.

Taylor, Ian; Walton, Paul; Young, Jock (1975): Critical Criminology in Britain: Review and Prospects. In: *Taylor, Ian; Walton, Paul; Young, Jock* (Hrsg.): Critical Criminology. London, 6-62.

Tetal, Carina (2018): Hat die Art der strafrechtlichen Sanktion Einfluss auf die Legalbewährung? In: *Boers, Klaus; Schaerff, Marcus* (Hrsg.): Kriminologische Welt in Bewegung. Mönchengladbach, 445-450.

Thommen, Marc (2018): Introduction to Swiss Law. Berlin/Bern.

Thompson, Vanessa E. (2018): „There is no justice, there is just us!“: Ansätze zu einer postkolonial-feministischen Kritik der Polizei am Beispiel von Racial Profiling. In: *Loick, Daniel* (Hrsg.): Kritik der Polizei. Frankfurt/New York, 197–219.

Thornberry, Terence P. (1987): Toward an Interactional Theory of Delinquency. Criminology 25, 863-892.

Tittle, Charles R. (1995): Control Balance: Toward a General Theory of Deviance. Boulder.

Tittle, Charles R. (1997): Thoughts Stimulated by Braithwaite's Analysis of Control Balance Theory. Theoretical Criminology 1, 99-110.

Tittle, Charles R. (2000): Theoretical Developments in Criminology. Criminal Justice, Nr. 1, 51-101.

Tittle, Charles R. (2004): Refining Control Balance Theory. Theoretical Criminology 8, 395-428.

Tong, Rosemarie (1984): Women, Sex and the Law. Totowa.

Tonry, Michael (2004): Thinking about Crime. Sense and Sensibility in American Penal Culture. Oxford.

Töpfer, Eric (2009): Videoüberwachung als Kriminalprävention? Plädoyer für einen Blickwechsel. KrimJ 41, 272-282.

Tracy, Paul E.; Wolfgang, Marvin E.; Figlio, Robert M. (1990): Delinquency Careers in Two Birth Cohorts. New York.

Travis, Jeremy; Western, Bruce; Redburn, Steve (2014): The Growth of Incarceration in the United States: Exploring Causes and Consequences. Washington D. C.

Trube-Becker, Elisabeth (1987): Gewalt gegen Kinder. Vernachlässigung, Misshandlung, sexueller Missbrauch und Tötung von Kindern. 2. Aufl., Heidelberg.

Tschorr, Sophie (2020): Der Kampf gegen Computerkriminalität in Europa. Normen, Institutionen und Kooperationen. Baden-Baden.

Tubex, Hilde; Green, David A. (2015): Special issue: Punishment, values and local cultures. Punishment & Society 17, 267-270.

Turanovic, Jillian J.; Reisig, Michael; Pratt, Travis (2015): Risky Lifestyles, Low Self-control, and Violent Victimization Across Gendered Pathways to Crime. Journal of Quantitative Criminology 31, 183-206.

Turner, Michael G.; Blevins, Kristie R. (2009): Theoretical Integration. In: *Miller, J. Mitchell* (Hrsg.): 21st Century Criminology. A Reference Handbook, Band 1. Thousand Oaks, 340-348.

US Department of Justice, Bureau of Justice Statistics (2020): Prisoners in 2019. Washington, https://www.bjs.gov/content/pub/pdf/p19.pdf.

Uysal, Burcu (2017): Interkulturelle Spezifika bei antisozialem Verhalten männlicher Jugendlicher. Längsschnittliche Auswirkungen der Diskriminierung auf Gewalt- und Delinquenzverhalten. Wiesbaden.

van den Brink, Henning (2015): Auslauf- oder Erfolgsmodell? Kommunale Präventionsgremien in Deutschland – ein Forschungsüberblick. Forum Kriminalprävention, 6-11.

van Dijk, Jan; Manchin, Robert; van Kesteren, John; Hideg, Gegerly (2007): The Burden of Crime in the EU. Research Report: A Comparative Analysis of the European Survey of Crime and Safety (EU ICS) 2005. Brüssel.

van Dijk, Jan; Mayhew, Pat; Killias, Martin (1990): Experiences of Crime Across the World: Key Findings from the 1989 International Crime Survey. Deventer/Boston.

van Dijk, Jan; van Kesteren, John; Smit, Paul (2007): Criminal Victimisation in International Perspective. Key findings from the 2004-2005 ICVS and EU ICS. Den Haag.

van Elsbergen, Gisbert (2005): Chancen und Risiken kommunaler Kriminalprävention. Eine qualitativ-empirische Analyse. Wiesbaden.

van Kesteren, John; Mayhew, Pat; Nieuwbeerta, Paul (2000): Criminal Victimisation in Seventeen Industrialised Countries. Key Findings from the 2000 International Crime Victim Survey. The Hague.

van Kesteren, John; van Dijk, Jan (2010): Key Victimological Findings from the International Crime Victims Survey. In: *Shoham, Shlomo Giora; Knepper, Paul; Kett, Martin* (Hrsg.): International Handbook of Victimology. Boca Raton, 151-180.

van Swaaningen, René (1989): Feminismus und Abolitionismus als Kritik der Kriminologie. KrimJ 21, 162-181.

Vazsonyi, Alexander T.; Huang, Li (2015): Hirschi's Reconceptualization of Self-Control: Is Truth Truly the Daughter of Time? Evidence from Eleven Cultures. Journal of Criminal Justice 43, 59-68.

Vetter, Marie; Bachmann, Mario; Neubacher, Frank (2013): Die Situational Action Theory (SAT). NK 25, 79-92.

Villmow, Bernhard; Stephan, Egon (1983): Jugendkriminalität in einer Gemeinde. Eine Analyse erfragter Delinquenz und Viktimisierung sowie amtlicher Registrierung. Freiburg.

Vilsmeier, Markus (1990): Empirische Untersuchung der Abschreckungswirkung strafrechtlicher Sanktionen. MschrKrim 73, 273-285.

Visher, Christy A. (1983): Gender, Police Arrest Decisions, and Notions of Chivalry. Criminology 21, Nr. 1, 5-28,°10.1111/j.1745-9125.1983.tb00248.x.

Vitiello, Michael (1997): Three Strikes. Can we Return to Rationality? The Journal of Criminal Law and Criminology 87, 395-481.

Vold, George B. (1958): Theoretical criminology. New York.

Völschow, Yvette; Helms, Marlene (2014): Vechtaer Bürgerbefragung zum subjektiven Sicherheitsempfinden. In: *Völschow, Yvette* (Hrsg.): Kriminologie ländlicher Räume. Eine mehrperspektivische Regionalanalyse. Wiesbaden, 89-186.

von Hirsch, Andrew (1976): Doing Justice. The Choice of Punishments. New York.

von Hirsch, Andrew; Bottoms, Anthony; Burney, Elizabeth; Wikström, Per-Olof H. (1999): Criminal Deterrence and Sentencing Severity. An Analysis of Recent Research. Oxford/Portland.

von Hirsch, Andrew; Jareborg, Nils (1991): Strafmaß und Strafgerechtigkeit. Die deutsche Strafzumessungslehre und das Prinzip der Tatproportionalität. Bonn.

von Liszt, Franz (1883): Der Zweckgedanke im Strafrecht. ZStW 3, 1-47.

von Liszt, Franz (1905): Strafrechtliche Aufsätze und Vorträge. Berlin.

von Schlieffen, Jasper; Uwer, Thomas (2017): Opferrechte im Strafverfahren. Policy Paper der Strafverteidigervereinigungen. Berlin.

von Wright, Georg H. (1974): Erklären und Verstehen. Frankfurt a. M.

Wächter, Gerd H. (1984): Der doppelte Charakter des Strafrechts. Ökonomie, Repression und Ideologie in der Theorie des Strafrechts. KJ 17, 161-185.

Wacquant, Loïc (2009): Bestrafen der Armen. Zur neoliberalen Regierung der sozialen Unsicherheit. Opladen/Farmington Hills.

Walburg, Christian (2016): „Crimmigration“: Die Ausweisung als Mittel der Migrations- und Kriminalitätskontrolle. NK 28, 378-388.

Walburg, Christian (2018): Migration und Kriminalität. Eine Frage der Kultur? In: *Hermann, Dieter; Andreas, Pöge* (Hrsg.): Kriminalsoziologie. Handbuch für Wissenschaft und Praxis. Baden-Baden, 171-184.

Walburg, Christian (2019): Migration und Kriminalität – komplexe Zusammenhänge und differenzierte Befunde. Journal für Strafrecht, 102-108.

Waldo, Gordon P.; Dinitz, Simon (1967): Personality Attributes of the Criminal: An Analysis of Research Studies 1950-1965. JRCD 4, 185-202.

Walter, Michael (1982): Praxisorientierte kriminologische Forschung. Möglichkeiten und Gefahren. In: *Kury, Helmut* (Hrsg.): Prävention abweichenden Verhaltens – Maßnahmen der Vorbeugung und Nachbetreuung. Köln, 29-50.

Walter, Michael (1999): Strafvollzug. 2. Aufl., Stuttgart/München/Hannover.

Walter, Michael (2000): Von der Kriminalität in den Medien zu einer Bedrohung durch Medienkriminalität und Medienkriminologie? In: *Kriminologische Forschungsstelle Köln* (Hrsg.): Kriminalität in den Medien. Eine Dokumentation des Bundesministeriums der Justiz. 5. Kölner Symposium. Mönchengladbach, 10-22.

Walters, Glenn D. (1992): A Meta-Analysis of the Gene-Crime Relationship. Criminology 30, 595-614.

Waubert de Puiseau, Berenike; Glöckner, Andreas; Towfigh, Emanuel V. (2019): Integrating theories of law obedience: How utility-theoretic factors, legitimacy, and lack of self-control influence decisions to commit low-level crimes. Judgment and Decision Making 14, 318-334.

Waubert de Puiseau, Berenike; Hoffmann, Adrian; Musch, Jochen (2015): Soziale Erwünschtheit in Viktimisierungsbefragungen. In: *Guzy, Nathalie; Birkel, Christoph; Mischkowitz, Robert* (Hrsg.): Viktimisierungsbefragungen in Deutschland. Band 2. Methodik und Methodologie. Wiesbaden, 187-216.

Weber, Max (1905): Die protestantische Ethik und der Geist des Kapitalismus. Tübingen.

Weber, Max (1976): Wirtschaft und Gesellschaft. Grundriss der verstehenden Soziologie. Studienausgabe. 5. Aufl., Tübingen.

Wehrheim, Jan (2008): Ausgrenzung, Ausschließung, Exklusion, underclass, désaffiliation oder doch Prekariat? Babylonische Vielfalt und politische Fallstricke theoretischer Begrifflichkeiten. In: *Klimke, Daniela* (Hrsg.): Exklusion in der Marktgesellschaft. Wiesbaden, 31-49.
Wehrheim, Jan (2012): Die überwachte Stadt – Sicherheit, Segregation und Ausgrenzung. 3. Aufl., Opladen/Berlin/Toronto.
Wehrheim, Jan (2014): Definitionsmacht und Selektivität in Zeiten neuer Kontrolltechnologien. In: *Schmidt-Semisch, Henning; Hess, Henner* (Hrsg.): Die Sinnprovinz der Kriminalität. Zur Dynamik eines sozialen Feldes. Wiesbaden, 137-153.
Weinberg, Martin S.; Rubington, Earl (2015): Deviance. The Interactionist Perspective. 10. Aufl., Abingdon/New York.
Weiss, Douglas; Testa, Alexander; Santos, Mateus Rennó (2020): Institutional anomie and cross-national differences in incarceration. Criminology 58.
Wenzelburger, Georg (2018): Political Economy or Political Systems? How Welfare Capitalism and Political Systems Affect Law and Order Policies in Twenty Western Industrialised Nations. Social Policy and Society 17, 209-226.
Wenzelburger, Georg (2020): The Partisan Politics of Law and Order. New York.
West, Donald J.; Farrington, David P. (1977): The Delinquent Way of Life. Third Report of the Cambridge Study in Delinquent Development. London.
Wetzels, Peter (1996): Kriminalität und Opferleben: Immer öfter das Gleiche? Defizite und Perspektiven repräsentativer Opferbefragungen als Methode empirisch-viktimologischer Forschung in der Kriminologie. MschrKrim 79, 1-24.
Wetzels, Peter; Brettfeld, Katrin; Farren, Diego (2018): Migration und Kriminalität. Evidenzen, offene Fragen sowie künftige Herausforderungen für die Kriminologie. MschrKrim 101, 85-111.
Wetzels, Peter; Grewe, Werner; Mecklenburg, Eberhard; Bilsky, Wolfgang; Pfeiffer, Christian (1995): Kriminalität im Leben alter Menschen. Eine altersvergleichende Untersuchung von Opfererfahrungen, persönlichem Sicherheitsgefühl und Kriminalitätsfurcht. Ergebnisse der KFN-Opferbefragung 1992. Stuttgart.
Wetzels, Peter; Pfeiffer, Christian (1995): Sexuelle Gewalt gegen Frauen im öffentlichen und privaten Raum. Ergebnisse der KFN-Opferbefragung 1992. KFN-Forschungsbericht Nr. 37. Hannover.
White, Rob D.; Heckenberg, Diane (2014): Green Criminology: An Introduction to the Study of Environmental Harm. London.
Whyte, William F. (1943): Street Corner Society. The Social Structure of an Italian Slum. Chicago/London.
Widom, Cathy S.; Fisher, Jacqueline H.; Nagin, Daniel S.; Piquero, Alex R. (2018): A Prospective Examination of Criminal Career Trajectories in Abused and Neglected Males and Females Followed Up into Middle Adulthood. Journal of Quantitative Criminology 34, 831-852.
Wikström, Per-Olof H. (2010): Situational Action Theory. In: *Cullen, Francis T.; Wilcox, Pamela* (Hrsg.): Encyclopedia of Criminological Theory. London.
Wikström, Per-Olof H. (2015): Situational Action Theory. MschrKrim 98, 177-186.
Wikström, Per-Olof H. (2017): Character, circumstances, and the causes of crime: towards an analytical criminology. In: *Liebling, Alison; Maruna, Shadd; McAra, Lesley* (Hrsg.): The Oxford Handbook of Criminology. 6. Aufl., Oxford, 501-521.
Wikström, Per-Olof H. (2020): Explaining Crime and Criminal Careers: the DEA Model of Situational Action Theory. Journal of Developmental and Life-Course Criminology 6, 188-203.
Wikström, Per-Olof H.; Oberwittler, Dietrich; Treiber, Kyle; Hardie, Beth (2012): Breaking Rules. The Social and Situational Dynamics of Young People's Urban Crime. Oxford.
Wikström, Per-Olof H.; Tseloni, Andromachi; Karlis, Dimitris (2011): Do people comply with the law because they fear getting caught? European Journal of Criminology 8, 401-420.
Wilde, Frank (2015): Die Geldstrafe – ein unsoziales Rechtsinstitut? MschrKrim 98, 348-364.
Wiley, Stephanie A. (2015): Arrested Development: Does the Grade Level at Which Juveniles Experience Arrest Matter? Journal of Developmental and Life-Course Criminology 1, 411-433.
Williams, Katherine S. (2012): Textbook on Criminology. 7. Aufl., Oxford.
Wilmers, Nicola; Enzmann, Dirk; Schaefer, Dagmar; Herbers, Karin; Greve, Werner; Wetzels, Peter (2002): Jugendliche in Deutschland zur Jahrtausendwende: Gefährlich oder gefährdet? Ergebnisse wieder-

holter, repräsentativer Dunkelfelduntersuchungen zu Gewalt und Kriminalität im Leben junger Menschen 1998-2000. Baden-Baden.

Wilson, Edward O. (1975): Sociobiology. The New Synthesis. Cambridge.

Wilson, James Q. (1981): What Works? Revisited: New Findings on Criminal Rehabilitation. The Public Interest 61, 3-17.

Wilson, James Q. (2013): Thinking about Crime. Revised Edition. New York.

Wilson, James Q.; Kelling, George (1996): Polizei und Nachbarschaftssicherheit: Zerbrochene Fenster. KrimJ 28, 121-137.

Wincup, Emma (2013): Researching crime and criminal justice. In: *Hale, Chris; Hayward, Keith; Wahidin, Azrini; Wincup, Emma* (Hrsg.): Criminology. 3. Aufl., Oxford, 98-117.

Windzio, Michael; Kleimann, Matthias (2006): Die kriminelle Gesellschaft als mediale Konstruktion? Zum Zusammenhang von Mediennutzung, wahrgenommener Kriminalitätsentwicklung und Einstellung zum Strafen. Soziale Welt 57, 193-215.

Windzio, Michael; Simonson, Julia; Pfeiffer, Christian; Kleimann, Matthias (2007): Kriminalitätswahrnehmung und Punitivität in der Bevölkerung – Welche Rolle spielen die Massenmedien? Ergebnisse der Befragungen zu Kriminalitätswahrnehmung und Strafeinstellungen 2004 und 2006. KFN-Forschungsbericht Nr. 84. Hannover.

Witkin, Herman A.; Mednick, Sarnoff A.; Schulsinger, Fini; Bakkerstrom, Eskild; Christiansen, Karl O.; Goodenough, Donald R.; Hirschhorn, Kurt; Lundsteen, Claes; Owen, David R.; Philip, John; Rubin, Donald B.; Stocking, Martha (1976): Criminality in XYY and XXY Men. Science 193, 547-555.

Wittenberg, Jochen (2014): Erhebungsdesigns für kriminologische Befragungen und Experimente. In: *Eifler, Stefanie; Pollich, Daniela* (Hrsg.): Empirische Forschung über Kriminalität. Methodologische und methodische Grundlagen. Wiesbaden, 95-122.

Wittgenstein, Ludwig (1969): Schriften 1. Tractatus logico-philosophicus. Frankfurt a. M.

Wittig, Petra (1993a): Der ökonomische Ansatz zur Erklärung kriminellen Verhaltens. MschrKrim 76, 328-335.

Wittig, Petra (1993b): Der rationale Verbrecher. Der ökonomische Ansatz zur Erklärung kriminellen Verhaltens. Berlin.

Wohlers, Wolfgang (2010): Das Strafverfahren in den Zeiten der „Eilkrankheit". NJW 63, 2470-2475.

Wolf, Lara (2017): Die Fluchtprognose im Untersuchungshaftrecht. Baden-Baden.

Wolfgang, Marvin E.; Figlio, Robert M.; Sellin, Thorsten (1972): Delinquency in a Birth Cohort. Chicago.

Wortley, Richard (2011): Psychological Criminology. An integrative approach. Abingdon/New York.

Young, Jock (2011): The Criminological Imagination. Cambridge.

Young, Jock (1999): The Exclusive Society. Social Exclusion, Crime and Difference in Late Modernity. London/Thousand Oaks/New Delhi.

Young, Jock; Matthews, Roger (1992): Rethinking Criminology. The Realist Debate. London.

Zang, Klaus D. (1984): Psychische Auffälligkeiten und Kriminalität bei Männern mit einem überzähligen Y-Chromosom. In: *Göppinger, Hans; Vossen, Rainer* (Hrsg.): Humangenetik und Kriminologie. Kinderdelinquenz und Frühkriminalität. Stuttgart, 19-31.

Zauberman, Renée; Robert, Philippe; Perez-Diaz, Claudine; Lévy, René (1990): Les victimes. Comportements et attitudes. Enquête nationale de victimisation, Vol. 1. Paris.

Zedner, Lucia (2007): Pre-Crime and Post-Criminology? Theoretical Criminology 11, 261-281.

Zerbin-Ruedin, Edith (1984): Gegenwärtiger Stand der Zwillings- und Adoptionsstudien zur Kriminalität. In: *Göppinger, Hans; Vossen, Rainer* (Hrsg.): Humangenetik und Kriminologie. Kinderdelinquenz und Frühkriminalität. Stuttgart, 1-17.

Zerbin-Ruedin, Edith (1985): Vererbung und Umwelt bei der Entstehung psychischer Störungen. 2. Aufl., Darmstadt.

Zimring, Franklin E.; Hawkings, Gordon (1997): Incapacitation. Penal Confinement and the Restraint of Crime. Revised edition. New York.

Zywietz, Bernd (Hrsg.) (2020): Propaganda des „Islamischen Staats". Formen und Formate. Wiesbaden.

Index

H

I

J

K